MICHAEL JÜRGS

Günter Grass

Buch

Die einen schelten ihn Oberlehrer, die anderen preisen ihn als das Gewissen der Nation. »Ich gebe kein Bild ab. Sinnlos, mich auf einen Nenner bringen zu wollen«, sagt Günter Grass über sich selbst. Der Sprachbildhauer ist durch seine Bücher weltberühmt geworden und hat sich politisch überall auf der Welt leidenschaftlich eingemischt. Am liebsten in Deutschland. Wie kein anderer Dichter hat er immer wieder den Elfenbeinturm verlassen und sich im Alltag engagiert. Bürger Grass hat getrommelt für Willy Brandt, hat geredet gegen das Vergessen, hat besungen die Demokratie. Auch wer noch nie etwas von ihm gelesen hat, kennt deshalb seinen Namen. Grass kann schreiben – Romane, Novellen, Gedichte, Essays, Reden, Dramen – und er kann zeichnen, malen, bildhauern. Seine Werke seit dem Erstling »Die Blechtrommel« haben sich millionenfach verkauft, seine Freunde und Feinde sind hochkarätig. Das Gesamtkunstwerk aus Danzig, Nobelpreisträger des Jahres 1999, ist überlebensgroß, die Spurensuche in seinem Leben eine lebendige Reise in die Vergangenheit. Basierend auf intensiven Gesprächen mit Grass, auf Interviews mit Menschen, die in seinem Leben mal Hauptrollen spielten oder noch spielen, ist dieses Buch entstanden: Die Geschichte des Schriftstellers und Verfassungspatrioten, des Vaters und Großvaters, des Mannes, der die Frauen liebte – und der seine Anhänger schockte, als er überraschend im August 2006 verkündete, als siebzehnjähriger Soldat sich freiwillig zur Waffen-SS gemeldet zu haben.

Autor

Michael Jürgs ist Journalist und war u.a. Chefredakteur von »Stern« und »Tempo«. Er schrieb Bestseller wie »Der Fall Romy Schneider« oder den Politthriller »Das Kleopatra Komplott«, »Der Fall Axel Springer«, »Die Treuhändler – wie Helden und Halunken die DDR verkauften«, »Alzheimer – Spurensuche im Niemandsland«, »Gern hab ich die Fraun geküsst – die Richard Tauber Biografie«. Viele seiner Bücher wurden verfilmt. Mit Angela Elis verfasste Michael Jürgs die Streitschrift »Typisch Ossi, typisch Wessi«. Im C. Bertelsmann Verlag erschien zuletzt eine Biografie der Künstlerin Eva Hesse »Eine berührbare Frau«.

Von Michael Jürgs ist im Goldmann Verlag außerdem erschienen:

Keine Macht den Drögen. Menschen, Medien, Sensationen (15199)
Der kleine Frieden im Großen Krieg (15303)
Typisch Ossi, typisch Wessi (mit Angela Elis, 15400)
Der Tag danach (15419)

Michael Jürgs

Günter Grass

Eine deutsche Biografie

GOLDMANN

FSC
Mix
Produktgruppe aus vorbildlich
bewirtschafteten Wäldern und
anderen kontrollierten Herkünften

Zert.-Nr. SGS-COC-1940
www.fsc.org

Verlagsgruppe Random House FSC-DEU-0100
Das FSC-zertifizierte Papier *München Super* für Taschenbücher
aus dem Goldmann Verlag liefert Mochenwangen Papier.

1. Auflage
Erweiterte Neuausgabe Oktober 2007
Wilhelm Goldmann Verlag, München,
in der Verlagsgruppe Random House GmbH

Umschlaggestaltung: Design Team München
Umschlagfoto: Dirk Reinartz
KF · Herstellung: Str.
Druck: GGP Media GmbH, Pößneck
Printed in Germany
ISBN: 978-3-442-15495-1

www.goldmann-verlag.de

Inhalt

Dank

zahlreichen Zeitgenossen und Wegbegleitern von Günter Grass, die mir bei meinen Recherchen in vielen Interviews und mit wertvollen Hinweisen halfen, darunter:

Rudolf Augstein, Egon Bahr, Arnulf Baring, Manfred Bissinger, Peter Brandt, Friedrich Christian Delius, Frieder Drautzburg, Karin Weber-Duve, Freimut Duve, Horst Ehmke, Björn Engholm, Jürgen Flimm, Helmut Frielinghaus, Günter Gaus, Bruno Grass, Peter Härtling, Daniela Hermes, John Irving, Eberhard Jäckel, Walter Jens, Joachim Kaiser, Hellmuth Karasek, Jörg Dieter Kogel, Siegfried Lenz, Erdmann Linde, Renate von Mangoldt, Hilke Ohsoling (Sekretariat Günter Grass), Anna von Planta, Fritz J. Raddatz, Toni Richter, Peter Rühmkorf, Volker Schlöndorff, Gerhard Schröder, Maria Sommer, Franziska Sperr, Carola Stern, Johano Strasser, Günter Struve, Elisabeth Unger (Archiv Akademie der Künste, Berlin), Klaus Wagenbach, Christa Wolf, Harro Zimmermann.

Den Fotografen, deren Fotos bekanntlich mehr sagen als tausend Worte, insbesondere Dirk Reinartz, dem zu früh Verstorbenen.

Dank

auch Günter Grass für intensive Gespräche in seinem Atelier in Behlendorf zwischen März und Dezember 2001.

Für meine Frau. Für meinen Sohn.

I

Vergegenkunft Danzig

2001–2002

Angelesene Bilder in meinem Kopf. Mitgebracht als Wegzehrung nach Danzig, das lange schon Gdansk auf Landkarten und Straßenschildern geschrieben wird. Erste geografische Annäherung an Grass, Günter, geboren an der Weichselmündung in Riechweite der Ostsee am sechzehnten Oktober 1927. Stippvisiten nach Markierungen auf dem Stadtplan, Stationen als Vorbereitung für die lange Reise in die Geschichte seines Lebens, die mir bevorsteht.

Grass machte mich kundig.

In seinen literarischen Ortsbeschreibungen ist er Schritt für Schritt, von Anfang an, stets unsichtbar dabei. Denn wer sich »kundig gemacht hat«, und deshalb gehört kundig zu seinen Lieblingsbegriffen, ist »kundig zu sein« eine Voraussetzung für alles, was er sagt und was er schreibt, kann anderen etwas kundtun.

Dies zum Beispiel:

»Es war einmal eine Stadt, die hatte neben den Vororten Ohra, Schidlitz, Oliva, Emaus, Praust, Sankt Albrecht, Schellmühl und dem Hafenvorort Neufahrwasser einen Vorort, der hieß Langfuhr. Langfuhr war so groß und so klein, daß alles, was sich auf der Welt ereignet oder ereignen könnte, sich auch in Langfuhr ereignete oder hätte ereignen können.«

Langfuhr heißt heute Wrzeszcz. Nur Erinnerungen sprechen und verstehen noch Deutsch, nur kundiges Wissen um diese verlorene Vergangenheit hilft beim Erleben der Gegenwart: Vom Kleinhammerpark gegenüber der graffitigen Unterführung am Bahnhof ist am halb geöffneten eisernen Tor einzig das Wort Park geblieben. Gitterzäune und Mauern umgeben eine struppige Wiese, altehrwürdige Bäume den sandigen Spielplatz. Das einstige Vereinslokal der Nazis, Marienstraße 13, in dem sich vor dem Zweiten Weltkrieg die braunen

Jungschläger mit Bier mutig tranken, bevor sie gegen polnische Studenten auf dem Heeresanger in eine Prügelei zogen: abgebrannte Geschichte, doch während der Reisen an Orte, »die hinter uns liegen, die zerstört wurden, verloren sind und nun fremd klingen und anders heißen, holt uns plötzlich Erinnerung ein«.

Ein nahe gelegener Teich, der mal bedrohlich den dunklen Eingang zum Eiskeller der Brauerei Hevelius spiegelte, der Teich, in dem der Strießbach verschwand und wieder auftauchte: längst mit Beton zugeschüttet. Mit Arrest in dem finsteren fensterlosen Gewölbe, diesem von Günter Grass in den »Hundejahren« beschriebenen Eiskeller, diesem Kasten mit Flachdach, der »roch wie die leere Hundehütte auf unserem Tischlereihof«, drohten Mütter ihren »Kindern, die ihre Suppe nicht löffeln wollten... und den kleinen Matzerath, so munkelte man, habe seine Mutter, weil er nicht essen wollte, für ein paar Stunden in den Eiskeller gesperrt, seitdem wachse er keinen Zentimeter mehr, zur Strafe«.

Da lagerten große Eisblöcke zur Kühlung der Bierfässer, die mit Pferdewagen an die Kneipen der Freien Stadt Danzig oder direkt per Waggon von fabrikeigenen Gleisen nach Polen geliefert wurden. Bier wird noch immer gebraut. Die Kuppel des Hauptgebäudes mit dem Ausblick, der oben vom Turm an klaren Tagen bis nach Zoppot und Brösen und Hela reichte, gibt es nach wie vor, aber Pferde und Schienen braucht keiner mehr. Schwere Laster dröhnen auf brüchig verschlaglochtem Straßenpflaster. Hevelius, Danziger Astronom des siebzehnten Jahrhunderts, ist Patron der Hevelius Brewing Company Ltd. geblieben.

Kopfgeburten des Günter Grass, die ihm aus der Erinnerung stiegen, haben dunkle Zeiten überlebt, die von Nazis bestimmten und die von Kommunisten. Oskar Matzerath und Tulla Pokriefke und Joachim Mahlke und Walter Matern und Eddi Amsel und Jenny Brunies und Harry Liebenau haben ihn von ihrer Kindheit und Jugend, die an diesen Orten auch ihm gehört, künden lassen, erzählen lassen. Er hat ihre und somit seine Geschichte in Romanen und in Novellen und in Gedichten aufgezeichnet und vor dem Vergessen bewahrt. Geschafft hat er so die »poetische Rettung jener kleinen Welt, in der Deutsche und Polen, Juden und Kaschuben zusammenlebten«, wie sein ihm gelegentlich naher, meist jedoch ferner intellektueller Antipode Hans Magnus Enzensberger bewundernd schrieb. Literatur brauche den Verlust von Heimat, geografisch oder moralisch, sagt

Grass, darum bleibe Wrzeszcz alias Langfuhr der Ort, an dem sich alles auf dieser Welt ereignet hat.

Das hat der geborene und sich zu seiner Herkunft bekennende Kleinbürger aus Langfuhr vielleicht schon geahnt, aber er hat es bestimmt nicht gewusst, als er in Paris seine »Blechtrommel« schrieb, die ihn dann 1959 über Nacht berühmt werden ließ. Selbst in der fernen Neuen Welt wurden Verleger damals trommelschlagartig aufmerksam auf »diese junge deutsche Stimme«, die sich in Oskars Gesang aus Danzig, aus der verlorenen Provinz Westpreußens bemerkbar gemacht hatte.

Die Stimme des echten Grass, der mir immer wieder sagte, um Himmels willen nicht alles autobiografisch zu interpretieren, bloß nicht nur zu vergleichen, was ich sehe, mit dem, was ich gelesen habe, vor allem nicht ihn mit Oskar zu verwechseln, verstummt im Off, weil der imaginäre Grass ruft. Die in seinen Romanen geborenen Kinder, die Unsterblichen aus der Danziger Trilogie, sie hören ihn und sie gehen, sich immer wieder suchend umblickend, ob wir ihnen auch ja folgen, uns voraus. Vorbei an der Pestalozzischule, in der Oskar an seinem ersten und einzigen Schultag der Lehrerin die Brille zersang, weil sie ihm die geliebte Blechtrommel wegnehmen wollte. Auch sein Schöpfer Grass hat hier gelernt – dann auf dem Conradinum, dann der St.-Petri-Oberschule, dann auf St. Johann, dann gar nicht mehr. Für Eddi Amsel und Walter Matern, deren Klassenleben auf St. Johann spielt, hat der Dichter Grass, aus der Erfahrung des Schülers Günter schöpfend, sich in den »Hundejahren« unterirdische Streiche ausgedacht. Wörtlich gemeint. Unter den Kellern der Schule haben sie sich herumgetrieben.

Wir gehen weiter, kommen direkt und ohne Ampel zum Max-Halbe-Platz. Der ist dreieckig, hat eine an Müttern reiche Mitte und Bänke am Rand der Anlage. Auf denen sitzen verbitterte alte Männer und erzählen ihren Hunden, die zuhören müssen, von der kommunistischen Vergangenheit, als sie noch nichts vermissten. Freiheit an sich, erst recht die zu reisen, scheint ihnen ein geradezu lächerlicher Fortschritt, weil in der alltäglichen Gegenwart ihre Rente knapp für Miete, Brot, Bier und die nötigen Straßenbahnfahrten reicht.

Da, der Labesweg. Der Grassweg. Der Matzerathweg. Ul. Lelewela. Ul. ist die Abkürzung von ulica, was auf Polnisch Straße bedeutet. Links und rechts die Reihe sich aneinander klammernder Häuser, dreistöckig, ohne Putz und seit ewig oder so ohne Anstrich, abgeblätterte Fensterrahmen, Satellitenschüssel für Fernsehkanäle aus jenem nahen fernen Land, das abends Millionäre sucht und gute Zeiten, schlechte Zeiten nur spielt. Eine einzige Fassade, Nummer 13, ist gestrichen in frisch anmutender Farbe, bis zur ersten Etage, dann wird sie wieder braungrau wie die anderen Gebäude, verläuft sich wellig im Ungewissen. Die Tafel über dem Fenster rechts neben der Eingangstür dokumentiert, dass hier der Dichter Günter Grass aufgewachsen ist. Als Zeitzeuge und Chronist für eben jenen Ort wird er zitiert: »Die Straße, das war Kopfsteinpflaster. Auf dem gestampften Sand des Hofes vermehrten sich Kaninchen und wurden Teppiche geklopft. Der Dachboden bot außer gelegentlichen Duetten mit dem betrunkenen Herrn Meyn Ausblick, Fernsicht und jenes hübsche, aber trügerische Freiheitsgefühl, das alle Turmbesteiger suchen, das Mansardenbewohner zu Schwärmern macht.«

Der Hausflur riecht anders als die Hausflure in diesem Viertel der kleinen Leute, von denen damals, als in den Höfen noch Teppiche geklopft wurden und keine Garagen standen, Beamte und Kleinbürger mit jenem ihnen als typisch zugeschriebenen Drang zu Höherem lebten, unter ihnen Helene Grass, die Mutter. Es mieft nicht unmittelbar nach Kohl und feuchter Wäsche und Etagenklo. Hat das »Ostseezentrum Kultur Danzig«, von dem das Geld für Tafel und Anstrich stammt, einen Luftfilter einbauen lassen? Über die Gegensprechanlage bitten wir, denn nicht nur ohne Grass und die anderen, sondern vor allem ohne meine Dolmetscherin Anna wäre ich längst verloren, im Namen des Dichters um Einlass und einen Blick in den Hof, den berühmten, in dem die anderen Kinder dem Blechtrommler Oskar diese detailliert beschriebene Brühe aus Pisse und Dreck eingeflößt haben. Anna muss nichts erklären. Als Türöffner genügt der Name Grass.

Gegenüber wuchern Vorgärten. Was ich lesend erfahren habe, das stimmt. Es gibt die Grünflecken tatsächlich auf nur einer Straßenseite. Den Labesweg queren Hertastraße und Luisenstraße und Elsenstraße, vom Augenschein her alles unverändert, nur verwittert, verblichen seit der Zeit, als Günter hier spielte und aufwuchs, in der Zweizimmerwohnung über dem Kolonialwarenladen der Eltern, »... Das war zur Zeit der Rentenmark/ Hier, nah der Mottlau, die ein Nebenfluß, / ... hier, wo ich meine ersten Schuhe/ zerlief, und als ich sprechen konnte, / das Stottern lernte ...« ... und auch sein Oskar aufwuchs und in der Elsenstraße Tulla Pokriefke und Harry Liebenau.

Ein bisschen weiter weg, aber überschaubar nahe, lebte Jenny Brunies, die Adoptivtochter des Studienrats Oswald Brunies, die wahrscheinlich von den Zigeunern stammte, so wie es in den »Hundejahren« geschrieben steht. Noch immer nahe wohnten Mahlke und Pilenz. Hier liegt überall Heimat begraben. Weil sie die verloren haben, für immer und ewig, hat Grass sie aufbewahrt, in seiner Danziger Trilogie, ihnen und sich.

Er hat sie nie loslassen können, diese versunkene Heimat. Im »Krebsgang«, der altersweisen Grass-Novelle, erschienen in einem anderen Jahrhundert, im Februar 2002, spielt Tulla eine Hauptrolle. Das wollte sie immer schon, und nur weil auch Jenny die spielen durfte in den »Hundejahren«, hat sie die mit ihrem Hass verfolgt. In der Erzählung vom »Krebsgang«, zwei Schritte zur Seite, einen Schritt vor, ist sie siebzehn, schwanger – aber von wem? Vom Obergefreiten, der ihr als Liebeslohn einen Fuchspelz schenkte, den sie auch als Großmutter in Schwerin noch tragen wird? Tulla überlebt, als das einst stolze Kraft-durch-Freude-Schiff »Wilhelm Gustloff« am dreißigsten Januar 1945 nach drei sowjetischen Torpedotreffern mit mehr als neuntausend Flüchtlingen und Verwundeten in die Ostseetiefe sinkt, während am Strand fast zeitgleich die SS dreitausend KZ-Häftlinge unter dem Schein von Leuchtraketen in die Brandung treibt und erschießt.

Wer Tulla tatsächlich geschwängert hat? Ich weiß es nicht. Grass auch nicht. Er lässt es bereits in den »Hundejahren« Harry in einem seiner vielen Briefe an Cousine Tulla fragen, mit denen der Dichter kunstvoll zurückgreift auf »Katz und Maus«, die eigene Novelle: »Wer dich suchte, fand dich auf dem Wrack eines polnischen Minensuchbootes, das nahe der Hafeneinfahrt auf Grund lag. Die Tertianer tauchten in dem Wrack und holten Zeug hoch … und du wolltest immer nur einunddasselbe: ein Kind. Machten sie dir eines auf dem Wrack?«

Aber das ist eine andere Geschichte.

Der Turm der Herz-Jesu-Kirche, in der Günter und sein Oskar getauft wurden, lugt über die Dächer. Auf dem Weg dorthin gehen wir die Magdeburger Straße entlang und über den Strießbach, der durch Langfuhr floss und durch Wrzeszcz fließt und vorbei an der Marienkapelle »in dem bekannten Vorort Langfuhr … das sich unterhalb des Jäschkentaler Waldes, in dem das Gutenbergdenkmal stand, in guter Wohnlage hinzog, in Langfuhr, dessen Straßenbahnlinien den Badeort Brösen, den Bischofssitz Oliva und die Stadt Danzig berührten, in Danzig Langfuhr also…«, wie das in den »Hundejahren« Grass schildert. In dieser Marienkapelle hat ein Junge aus der Osterzeile, der mit dem riesigen Adamsapfel als Kehlkopf, der Joachim Mahlke, der mit der Maus, der mit dem Ritterkreuz, vor dem Altar als Messdiener gekniet, und Pilenz, sein getreuer fiktiver Biograf, neben ihm. Und da, hinter dem roten Backsteingebäude, im Wohnheim der polnischen Studenten, als Danzig Freistaat war, hat Jan Bronski gelebt, der wahrscheinlich Oskar gezeugt hat, aber sicher ist das nicht, denn nur Grass hat das geschrieben, ausgedacht von ungefähr. Jan Bronski, den Oskar seinen Onkel nannte, gab es so wirklich nicht, nur wirklich so in der »Blechtrommel«.

Ein Sonntag in Wrzeszcz, irgendein Sonntag. Vor der Herz-Jesu-Kirche, hinterm Bahnhof links, dann nach der Kurve scharf rechts, am Bahndamm entlang, keine fünfhundert Meter, ach was, keine dreihundert, so wie es vor zehn Jahren Studenten in dem deutsch-polnischen Stadtführer »Oskar-Tulla-Mahlke« beschrieben haben. Es stehen an diesem Tag des Herrn seine Diener mit gefalteten Händen vor dem geöffneten Portal. Das Klingeln der Ministranten zum Ende des Gottesdienstes weht nach draußen. Christus, erbarme dich unser. Die Gläubigen fallen auf die Knie und schlagen das Kreuz. Dann ist die Messe gelesen, das Leben beginnt, die Kirche leert sich.

Wir treten ein und gehen gemeinsam zum Altar, der Dichter in unserer Mitte, Oskar und Tulla und Jenny und Walter am Rande. Diese ist auch ihre Kirche gewesen. Niemand kann sie sehen, sie bleiben nur bei mir im Kopf. Oskar erzählt mir flüsternd ins Gebetsgemurmel der alten Frauen, die vor uns knien voller Hoffnung auf das ihnen immer wieder versprochene bessere Jenseits, was Grass ihm dichtend in den Mund gelegt hat: »Es saß der nackte Jesusknabe immer noch auf dem linken Oberschenkel der Jungfrau, die ich nicht Jungfrau Maria nenne…«, und der sitzt da immer noch. Und auch das stimmt: Wenn Jesus einen Buckel gehabt hätte wie Oskar, dann hätten ihn die Römer schwerlich ans Kreuz nageln können.

Im grotesk verzweifelten Versuch, Gottes Sohn in Versuchung zu führen durch ein scheinbar unwiderstehliches Angebot, das kein moralisches war: wenn du für mich trommelst, nur einmal, dann glaube ich an dich, hatte ihm der böse Zwerg seine Blechtrommel umgehängt. Aber das Christuskind – »Liebst du mich, Oskar?« – hat sich nur ein einziges Mal wirbelnd offenbart, oder war selbst das nur geträumt?, hat »Lili Marleen« getrommelt und »Es geht alles vorüber« und sich ansonsten nicht gerührt, und Oskar blieb deshalb Zwerg des Bösen, des Teufels liebstes Kind.

Gepriesen in jener schwarzen Messe, als der Gotteslästerer Oskar selbst hinaufkletterte zum Jesusknaben, zur Statue, und sich da frech breit machte, bevor die Gestapo in die Kirche stürmte. Als die Stäuberbande, diese anarchistischen jungen Danziger Widerständler, deren Prophet, Erlöser und Verderber der kleine Oskar war, in der backsteingotischen Kirche aufflog und verhaftet wurde. Als Oskar, das ach so arme Opfer, das scheinbar verführte, scheinbar zurückgebliebene, angeblich nur benutzte Kind, auf dem Arm eines Häschers, na, mein Kleiner, haben sie dir auch nichts getan?, rausgetragen und nach Hause gebracht wurde, in den Labesweg Nr. 13.

Da aber war nur Grass dabei, nur er hat es gesehen: »Getauft geimpft gefirmt geschult./ Gespielt hab ich mit Bombensplittern./ Und aufgewachsen bin ich zwischen/ dem Heilgen Geist und Hitlers Bild./ Im Ohr verblieben Schiffssirenen,/ gekappte Sätze, Schreie gegen Wind,/ paar heile Glocken, Mündungsfeuer/ und etwas Ostsee: Blubb, pifff, pschsch...«

Die Straßenbahn nach Brösen, das jetzt Brzezno buchstabiert wird, ruckelt und zuckelt und stöhnt und schleudert und kostet nur einen Zloty pro Fahrt, also etwa fünfundzwanzig Cent, und kommt immer an in der Schleife am verlassenen Plattenbau mit den toten Fenstern, den ausgeschlagenen. Am Strand des Badeortes, der kein eigenes Gesicht mehr zeigt unter den vielen Fremden aus der nahen Stadt, hat der kleine Günter in den Dreißigerjahren gebadet und der große Grass in den Achtzigerjahren Muscheln gesammelt. Oskar und die anderen Matzeraths und auch Jan Bronski waren oft hier, und auch wir hätten in Oliva aussteigen und durch den Wald nach Sopot wandern können, so wie Grass sie damals hat laufen lassen: »Der Weg nach Zoppot führte über Oliva. Mama und Jan Bronski in der berühmten Flüstergrotte. Als uns die Strandpromenade nach Zoppot führte, kam uns der Sonntag entgegen und Matzerath mußte Kurtaxe bezahlen.«

Der Eintritt für die größte Mole der Welt, falls es stimmt, was da steht: fünfhundertsechzehn Meter lang, denn niemand wird es nachmessen wollen, macht mit 3,10 Zloty mehr aus als nachher die Straßenbahnfahrt zurück nach Wrzeszcz. Sommers dudelt hier bei Eis und Limonade des Volkes wahrer Himmel. Im Spätherbst und Winter ist ein Spaziergang auf der Mole für die dann vorherrschenden Alten kostenlos wie der Blick auf das unendlich graue Meer oder das Grandhotel, das sie sich nicht leisten können. In dem durfte der Tischlermeister Friedrich Liebenau beim Besuch des Reichskanzlers seine Schäferhundzüchtung Prinz wiedersehen, einst Geschenk Danzigs an Adolf Hitler, was Günter Grass in den »Hundejahren« erfunden und in den Liebesbriefen von Harry Liebenau, die der an seine geliebte Tulla geschrieben hat, die natürlich frei und doch genau erfunden wurden, präzise beobachtend wie ein Reporter beschrieben hat: »Heute muß ich mir Mühe geben, nichts tränenblind schwimmen zu lassen, was damals eckig, uniformiert, beflaggt, sonnenbeschienen, weltbedeutend, schweißdurchsuppt und tatsächlich war.« Der Palast am Meer verbirgt seine Trauer über die Jahre, die mal groß waren, hinter bröckelnder Fassade. Mondän und morbid zugleich wirkt Sopot, schwermütig senkt sich die Stille in Alleen. Aber in der breiten Fußgängerzone zwischen Bahngleisen und dünner Brandung tobt lautstark Leben aus zweiter Hand. Pizzaverkäufer und Straßenmusikanten und Wahrsagerinnen.

Hinten da, der Streifen am Horizont, rechts von der Steilklippe, das ist die Halbinsel Hela. Auch Heimat der Kaschuben, Altslawen, die ihre Sprache mischen aus Deutsch und Polnisch, etwa zweihundertfünfzigtausend von denen soll es heute noch geben. Heimat von Helene Grass, und deshalb auch ihr Sohn Günter dort verwurzelt. »Wer fragt noch wo? Mein Zungenschlag/ ist baltisch tückisch stubenwarm./ Wie macht die Ostsee? – Blubb, pifff, pschsch .../Auf deutsch, auf polnisch: Blubb, pifff,pschsch ...« Nach Hela sind im Herbst 1944 viele Kinder aus Danzig in die Landschulheime evakuiert worden. Unter ihnen Waltraut, die Schwester von Günter, drei Jahre jünger als er. Auf Hela, sagt meine kundige Dolmetscherin, haben die Kneipen bunte Muster in den hängenden Gardinen.

Rückfahrt in die Stadt. Die ist 1945 total zerstört und in den Jahren danach von den Polen aufgebaut worden, und zwar so, wie sie mal unter den Deutschen ausgesehen hat. Auf dem Weg ins wiedergeborene Herz Danzigs liegen biografische Ortstermine. Spurensuche Grass, Günter. Wieder müssen wir am Bahnhof Wrzeszcz aussteigen, den wir kennen, aber diesmal biegen wir nicht nach der Unterführung ab zur Herz-Jesu-Kirche, betet eure Fürbitten doch ohne uns, sondern gehen weiter über die ehemalige Hindenburgstraße in Richtung jenes grünen Waldhügels. Erbsberg früher. Und heute?

Und heute: Kopa Grochowa. Vorbei an Villen, die von anderen, von reicheren Zeiten künden. Vor einem großen Haus ohne Gesicht wehrt jetzt das russische Generalkonsulat Neugierige durch Zaun und Verbote und Überwachungskameras ab. Da hätte Eddi Amsel wohnen und seine wahnwitzigen lebensechten Vogelscheuchen basteln können. Da, im Garten, hätte es passieren können, in jener Winternacht, in der ihn sein Blutsbruderfeind Walter Matern, vermummt wie die braunen Schläger aus der Kneipe am Kleinhammerpark, überfallen hat und sie ihm alle Zähne ausgeschlagen haben, auf dass er in Zukunft den Roman »Hundejahre« als Goldmäulchen durchlebt, so genannt wegen der falschen goldenen Zähne, die er sich nach der Flucht nach Berlin dank seines Vermögens hat leisten können.

Scharf links nach jenem Haus hinauf, Philosophenweg damals, ein paar Stufen durch einen dunkelgrünen ruhigen Wald auf die Lichtung, von der fünf Pfade abgehen. Einer von denen führt zu Gutenberg, um dessen Denkmal, von gusseisern hängenden Ketten geschützt, sich Jenny, von Tulla getrieben, todgeweiht um den Verstand sprang in eben jener Nacht, als Eddi Amsel niedergeschlagen wurde: »Kaum stand Jenny, lag sie wieder. Wer hätte geglaubt, daß sie unterm Schnee einen flauschigen Teddymantel trug? Wir wichen gegen den Waldrand und schauten von dort aus zu, wie Tulla arbeitete. Über uns waren die Krähen begeistert. Das Gutenbergdenkmal war so schwarz, wie Jenny weiß war. Tulla lachte meckernd mit Echo über die Lichtung und winkte uns heran. Wir blieben unter den Buchen, während Jenny im Schnee gerollt wurde.« Als stummer Zeuge dieser Nacht steht stumm der Mann, ohne dessen Erfindung es den beredten Grass nicht gäbe.

Straßenbahn wieder ruckeldizuckeldikreischrumms. Während der Fahrt bereits sichtbar der spitze Giebel auf dem roten Backsteingebäude des Conradinums. Damals schon Gymnasium, besucht von dem Schüler aus dem Labesweg 13, der ganz in der Nähe, diesseits des Bahndamms, in einer Klinik zur Welt gekommen ist. Hat vor jenem roten Vorhang in der Aula der wegen Diebstahls eines Ritterkreuzes von der Anstalt gewiesene Joachim Mahlke, der mit dem Adamsapfel, und zwei Jahre danach selbst Ritterkreuzträger, von seinen Heldentaten reden wollen? Weil sie ihm das nicht erlaubten, weil er nicht die Genugtuung erfahren hat, zu den Schülern sprechen zu dürfen, ist er in »Katz und Maus« zum Deserteur geworden. Und ist er deshalb vom Tauchgang in das halb versunkene Boot draußen in der Bucht nicht wieder aufgetaucht? Sein Freund Pilenz hat das nie so recht geglaubt, der hat ihn nach dem Krieg bei den Treffen ehemaliger Ritterkreuzträger in vollen Sälen und voller Hoffnung, aber vergebens ausrufen lassen.

Meine nur mir sichtbaren, nur mir hörbaren Begleiter geben keine Antwort und schweigen, sind still verblüfft, vielleicht sogar beleidigt, weil der Pedell den Namen Grass noch nie gehört und uns nur deshalb eingelassen hat, weil er mich für einen ehemaligen Zögling der Anstalt hält, getrieben von nostalgischen Gefühlen, und weil Anna ihm nicht widersprochen hat.

Und wo ist die Maiwiese, das weite Feld am Steffenspark, das die Nazis für ihre feierlichen Fahnenaufmärsche nutzten und auf der sie ihre blutig ernst gemeinten Reden vom Ausmerzen und Auslöschen hielten? Wo unter der Holztribüne ein kleiner Blechtrommler ihnen auf seine Art den Marsch im Walzertakt trommelte und sie so lächerlich machte, denn die Waffe Lächerlichkeit ist die beste Methode, einen Gegner zu entwaffnen. Ein Bild in der Erinnerung meiner Weggefährten, die sich hier auskennen. Für mich nur Baracken, irgendwo dazwischen das Gebäude der Baltischen Oper.

Aus Langfuhr in die große Stadt fuhr Oskar, so weiß es Grass, fast jeden Donnerstag, wenn er seine Mutter begleitete, die sich in einer Pension in der Tischlergasse mit ihrem Geliebten Jan Bronski traf. Oskar wurde beim Spielwarenhändler Sigismund Markus abgestellt, der das außereheliche Verhältnis ahnte und schweigend darunter litt, weil er Oskars Mutter selbst so liebte. Im Zeughaus war sein Geschäft, in dem hat er sich auch umgebracht, als draußen der antisemitische Mob tobte, der deutschnationale, der in Danzig stärker war als anderswo, denn hier hatten die Nazis bei der letzten freien Wahl über fünfzig Prozent erzielt. So viel hatten sie im gesamten Reich, als noch gewählt wurde, nie bekommen. Aus dem verwüsteten Laden hat sich, so weiß es Grass, Oskar Matzerath ein paar greifbare Blechtrommeln geholt für die kommenden, die schlechteren Zeiten.

Im Zeughaus wird heute angeboten, was billig ist. Für Touristen ist die Welt, in der sie einkaufen, global preiswert geworden. In der Langgasse, an dessen Tor 1938 die Synagoge brannte, grinst mich von einem Plakat riesig Oskar an, aber er ist es gar nicht, er kann es ja gar nicht sein. Es ist eine Reklame für Coca-Cola. Mein Oskar steht schon hoch oben auf dem Stockturm am Ende der Gasse und singt die Fenster des gegenüberliegenden Theaters zu Bruch und pling und plong und pling. Grass lacht wie sein Oskar, als der in der »Blechtrommel« zum ersten Mal einen großen Auftritt genießt und außerhalb der Familie seine Stimme wirken lässt: »Es gelang mir, innerhalb einer Viertelstunde alle Fenster des Foyers und einen Teil der Türen zu entglasen. Vor dem Theater sammelte sich eine, wie es von oben aussah, aufgeregte Menschenmenge. Es gibt immer Schaulustige. Mich beeindruckten die Bewunderer meiner Kunst nicht besonders.«

Den Weg zur polnischen Post, dem nationalen Wahrzeichen, Symbol des heroischen Widerstandes gegen die Deutschen, kennt jedes Kind. Schon ein suchender Blick an irgendeiner Kreuzung hilft. Nächste Straße links, dann hinter der Mauer wieder links, dann seht ihr schon das Gedenkmal. Danke. Bitte. Der Platz vor dem roten Ziegelbau, der wieder eine Post mit Schaltern für Briefmarken und Verwaltung bis unters Dach beherbergt, gegenüber der Tür, die ins Museum führt, gehört wie so viele Plätze in Gdansk den Rentnern. Mit ihren Besen halten sie das Kopfsteinpflaster sauber. Selbst Tauben, diese fliegenden Ratten der Stadt, suchen vergeblich nach Abfällen.

Da, der schwarze Stein vor dem Eingang mit dem ewig brennenden katholischen Licht, der an jenen ersten September 1939 erinnert, an dem die SS-Heimwehr mit Flammenwerfern und Panzern heranrückte, gnadenlos präzise, wie es nun mal deutsche Art war, da der Zweite Weltkrieg hier und auf der Westerplatte begann. Die Kommunikation wollten sie den Polen zuerst nehmen, das im Versailler Vertrag festgelegte Recht auf Post und Eisenbahn und Wasserwege in der Freien Stadt Danzig. Damals, als sie den schlecht ausgebildeten polnischen Verteidigern, die auf Erden nur Postbeamte sein wollten und sonst gar nichts, die Hölle bereiteten.

Jan Bronski ist nur im Roman einer von ihnen gewesen, und wie die ist er nach der Kapitulation von der SS auf dem Friedhof Zaspa standrechtlich erschossen worden, deshalb steht sein Name nicht auf der Gedenktafel, auf der alle stehen, die hier ihr letztes Gefecht ums Leben, für Polen, fürs Vaterland kämpften. Der von Helene Grass' Cousin steht da, den hat es in der Wirklichkeit tödlich erwischt. Fürs Vaterland, das missbrauchte, das seine Söhne fraß und nur die Mütter zurückließ auf verbrannter Erde, in Ruinen, nicht nur hier, auch da, wo die anderen herkamen, die an jenem Tag und an so vielen, die folgten, zu den Mördern gehörten. Jan Bronski, den hat Oskar förmlich in die Post gezogen. Der wollte da nicht hin. Der wollte leben. Der hatte nicht den Wunsch, für Polen und die Mutter Gottes zu sterben. Der wurde da reingewirbelt von seinem wohl doch leiblichen Sohn, dem Blechtrommler: »Jedenfalls blieb ich vorerst in der Schalterhalle, suchte Jan und Kobyella, ging dem Doktor Michon aus dem Weg... Mein mutmaßlicher Vater hatte eine solche genaue und bei all seiner weich üppigen Phantasie realistische Vorstellung vom Krieg, daß es ihm schwerfiel, ja, unmöglich war, aus mangelnder Einbildungskraft mutig zu sein... Der Geliebte meiner armen Mama war mit seiner Angst so beschäftigt und ausgefüllt, daß meine ihn um Hilfe angehenden Gesten allenfalls geeignet waren, seine Angst zu steigern...«

Grobkörnige Fotos, von Wehrmachtssoldaten aus ihrer Angreiferperspektive aufgenommen, im Visier die polnische Post, riesig an den Wänden des Museums. Unter Vitrinen liegen zerbrochene Brillen, Kämme, Ausweise und Knöpfe. Entdeckt im Massengrab, das Bauarbeiter Jahre nach dem Krieg bei Ausschachtungen eher zufällig fanden. Die vielen zerschmetterten Knochen, die Beweise des Mordens, sind bestattet worden. Und die, denen sie gehörten, stehen auf der Gedenktafel. Günter Grass hat von den Ereignissen nichts erfunden, nur den Namen Bronski hinzugefügt, gemischt unter die echten.

Jan Michon, Direktor der Post, starb an jenem Sommertag. Ein Knochen blieb, ein Foto. Und ein Brief des Deutschen Roten Kreuzes, Führungsstab, Berlin SW 61, Blücherplatz, an Herrn Ferdinand Michon, Krakau. Leider sehe man sich nicht in der Lage, »Ihnen eine amtliche Sterbeurkunde zu beschaffen. Es wird Ihnen anheimgestellt, den Tod Ihres Vaters bei der zuständigen Behörde im Wege eines Aufgebotsverfahrens erklären zu lassen...« Bestätigen können die Schreibtischtäter aus Berlin nur, dass »der Obengenannte am ersten September 1939 beim Kampf um das Gebäude der Postdirektion erschossen wurde«. Für Jan Michon mahnt auf dem Friedhof Zaspa ein Kreuz. Neben denen für die Opfer aus dem KZ Stutthof, das zu benennen in jenen Jahren keiner wagte, von dem sie blauäugig nichts zu wissen vorgaben. Die Bürger von Danzig ahnten, was dort vor den Toren der Stadt geschah mit den Juden und den unbequemen Polen und auch mit Oskar Brunies, dem Studienrat und Vater von Jenny: »Ein dunkles Wort lebte in Mietshäusern, stieg treppauf, treppab, saß in Wohnküchen bei Tisch, sollte ein Witz sein, und manche lachten auch: Die machen jetzt Seife in Stutthof, man möchte sich nicht mehr waschen.«

Oskar und Tulla und Mahlke und Harry und Jenny haben ihren

Vater und mich in der Post zurückgelassen, sind weitergezogen zur Werft. Die kennen sie als Schichau-Werft, denn das Gedröhne der Hämmer und das Kreischen der Kräne und das Tuten der Schiffe haben sie bis Langfuhr hören können, wenn der Wind günstig stand. Lenin-Werft stand danach am riesigen Eingang unter der anderen Diktatur. So ist sie berühmt geworden, als der heute so einsame Lech Walesa zum Aufstand rief und als 1970 ein anderer Pole namens Jan dort erschossen wurde, den Grass aber erst in einem anderen Roman, im »Butt«, sterben lässt.

Heute heißt sie Stocznia Gdanska, die Aufträge reichen kaum zum Überleben, wie auf allen Werften. Das trotzige Versprechen WIR GEBEN NIE AUF, gepinselt an Wände, ist sichtbar. Anna hat es mir übersetzt. Um das riesige Dreikreuzdenkmal auf dem Platz vor den Toren, das man schon von der Post aus sehen konnte, stehen bei jedem Wetter die Revolutionäre von einst und erzählen den zur Schicht eilenden Arbeitern von der glorreichen Vergangenheit, die sie nicht satt macht. Singen ihre heroischen Geschichten den Touristen vor, die sie nicht verstehen: dass sie verraten worden sind und dass es in ihrer Werft kaum noch was zu tun gibt und dass dies eine Verschwörung sei, die späte Rache der Kommunisten, die sich jetzt anders nennen, aber immer noch so denken wie früher.

Zurück mit Grass in die Altstadt. Die lebt nur in der Gegenwart. Die ist jung und lässt die Handys in die Zukunft klingeln. Die hat so gar nichts Tödliches. Wir werden beobachtet. So einfach geht das in der Fantasie. Für diese Mischung aus Vergangenheit und Gegenwart und Zukunft hat Grass ja den passenden Begriff Vergegenkunft gefunden. Alexander Reschke schaut auf uns aus ihr runter, neben ihm am Fenster lehnt in der Hundegasse 78/79, der Ogarna, im dritten Stock, wie immer rauchend, Alexandra Piatkowska. Das merkwürdige alte Liebespaar aus den »Unkenrufen« ist Literatur geworden, also unsterblich, weil es die »Deutsch-Polnische Friedhofsgesellschaft« gegründet hat. Sie wollten denen, die einst bis zur Flucht 1945 hier lebten, im Tode einen Platz beschaffen in der so genannten Heimaterde.

Eine wahnwitzige Idee aber für eine Novelle, in der sie dann im Laufe der Handlung überrollt werden von geschäftstüchtigen Managern. Alles nur von Grass erdichtet, meinem Schatten. Erfunden hat er Alexander, den Professor aus Bochum, den Witwer auf Besuch in der Stadt, die er deutsch Danzig nennt. Erfunden hat er Alexandra, die Witwe, die Restauratorin aus Gdansk. Er hilft ihr, und so beginnt

Grass seine, also ihre Geschichte, die Pilze von der Dominikmarkthalle nach Hause zu tragen. Sie erklärt ihm wie nebenbei, was ihr Land überleben ließ und lässt: »Aber Denkmäler bauen können wir Polen immer noch. Überall Märtyrer und Denkmäler von Märtyrern.« Am Ende der »Unkenrufe« sind sie tot, in Neapel tödlich verunglückt auf der Hochzeitsreise. Da sie aber unsterblich sind, trinken sie jetzt da oben in der Ogarna zum Kaffee einen Likör und wärmen sich am Glauben an eine Zukunft ohne Denkmäler.

Zum Bahnhof. Anna musste in den Stadtplan schauen, Grass schien den Weg zu kennen und ging zielbewusst los. Er wurde dabei immer kleiner und durchsichtiger, verschwand mehr und mehr in seiner Vergangenheit, bis er nur noch zu ahnen war. Als wir endlich am Bahnhof angekommen sind, ist er nicht mehr zu sehen. Oder täusche ich mich? Auf dem Perron Nummer fünf, da hinten, steht ein Mann mit einem Jungen, etwa sechzehn Jahre alt, kurze Hosen, Pappkoffer in der Hand. Sie reden vertraut miteinander wie Vater und Sohn, bis der Zug kommt und...

...meine Reise mit den Kopfgeburten, den Bildern im Kopf, sie endet hier. Denn die eigentliche Geschichte beginnt. Die Biografie des Jungen mit dem Pappkoffer. Die von Grass, Günter, geboren am sechzehnten Oktober 1927.

II

»Ich rieche gern den Mief, zu dem ich gehöre«

1927–1944

Geboren wann? Nun sag schon, wo? Als Günter Grass mal wieder bedrängt wurde, über sich Auskunft zu geben, was er nicht mag, statt über sein Werk, was er mag, schlüpfte er in die Gestalt des Dichters und sein Bleistift beichtete: »Nicht auf Strohdeich und Bürgerwiesen,/ nicht in der Pfefferstadt – ach, wär ich doch/ geboren zwischen Speichern auf dem Holm! – / in Strießbachnähe, nah dem Heeresanger/ ist es passiert…«

Das ist zwar von ihm erdichtet, weil die Antwort auf die Frage, wo und wann, so in seinem Gedicht »Kleckerburg« steht.

Aber es stimmt.

Helene Grass, geborene Knoff, bringt am sechzehnten Oktober 1927, einem Sonntag, ihr erstes Kind zur Welt. Es ist ein Junge und der soll Günter heißen. Vom Schulhof des Conradinums aus, nicht weit entfernt, nur durch Bahndamm und Straße getrennt, wird er zwischen den Kastanienbäumen später die obersten Stockwerke der Städtischen Frauenklinik Langfuhr sehen können, seinen tatsächlichen Geburtsort. Sieben Jahrzehnte danach beginnt ein alter Günter Grass das Kapitel 1927 in seinem Buch »Mein Jahrhundert« mit dem Satz »Bis in die Mitte des Goldenen Oktobers trug meine Mama mich aus…«

Sie ist neunundzwanzig Jahre alt und katholisch, ihr Mann Wilhelm fast ein Jahr jünger und evangelisch. Wie üblich in solchen Mischehen wurde vor der Hochzeit festgelegt, in wessen Glauben mögliche Kinder zu erziehen sein sollten, und wie in anderen Fällen setzten sich auch bei dieser Familie die starken Frauen durch, zahlreich vertreten in Helenes Verwandtschaft aus dem im Danziger Hinterland liegenden katholischen Biotop der Kaschuben. Günter und seine 1930 geborene Schwester Waltraut sind deshalb in der Herz-

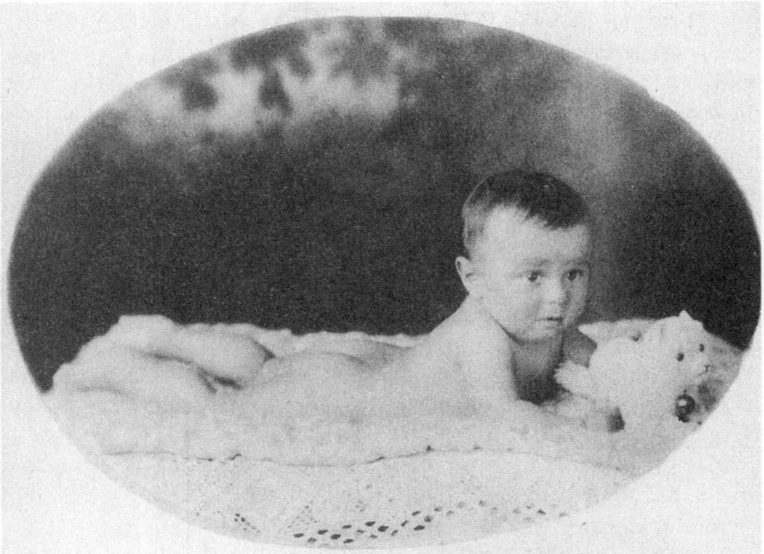

Günter Grass auf dem Wickeltisch eines Fotografen in Langfuhr.

Jesu-Kirche getauft und gefirmt worden, sie wuchsen katholisch auf, wurden jedoch tolerant erzogen. Bis zu seinem dreizehnten Lebensjahr, ergänzt Günter Grass, war er ein treuer Diener der ihrem Anspruch zufolge allein selig machenden Kirche. Also auch Messdiener.

Was als selbst erkniete Erfahrung hilfreich war für die genaue Schilderung vor und hinter dem Altar spielender Szenen in Büchern, die mal als seine »Danziger Trilogie« bekannt werden sollten: »Die Blechtrommel«, »Katz und Maus«, »Hundejahre«. Die erlebten Riten des Katholizismus, weihrauchgeschwängerte Messen, lustvolle Beschwörungen des Keuschen, barocke Formen zur Unterdrückung des Sinnlichen, die ganze verlogene heidnische katholische Pracht, haben sich so in ihn eingegraben, dass er zumindest schreibend nie total vom Glauben gefallen ist. Nicht das »Vaterunser« war sein liebstes Gebet, sondern das »Gegrüßet seist du, Maria«. Die Mutter Jesu ist Grass auch nach seinem Austritt aus der Kirche vertraut geblieben, näher jedenfalls als der prüde Protestantismus, der die Suche nach Gott als eine von dem so gewollte und jedem Gläubigen auferlegte Prüfung fürs nächste Leben verlangt.

Verdichtet hat er seine katholische Vergangenheit immer wieder. Deutlich in der Figur des Ritterkreuzträgers Joachim Mahlke, der Maria vergöttert wie eine irdische Geliebte, sie jeden Morgen zur Frühmesse in der Marienkapelle besucht. Der französischen Autorin und Übersetzerin Nicole Casanova vertraute Grass mal in einem Gespräch an: »Wenn der Katholizismus nicht Hand in Hand daherkommt mit Fanatismus und Intoleranz, die eben gleichermaßen auch katholisch sind, dann halte ich ihn für eine sehr lebbare, sehr phantasiereiche, sehr humane Form der Existenz.« Wie schwer Grass von christlichen Namen und Symbolen loskomme, schreibt Dieter Stolz in seiner Dissertation über den Schriftsteller, falle überhaupt im gesamten Werk des Dichters auf. Allerdings hat der »von katholischer Seite nie ein kritisches Wort gegen die Nazis gehört, ich habe noch die Schlußgebete im Kopf, in denen unsere tapferen Soldaten zu Lande und in der Luft und auf den Meeren in die Fürbitten mit eingeschlossen wurden. Von anderen war nie die Rede.«

Das Aufwachsen zwischen dem »Heilgen Geist und Hitlers Bild« hat zwangsläufig Narben hinterlassen in Romanen und Zeichnungen und Novellen und Gedichten: »Ein Credo leidet am Schüttelfrost. Im Miserere bibbert das R.« Vor allem seine persönlichsten Aufzeichnungen, sein politisches Tagebuch über die Schnecke, ein fortschrittliches Kriechtier, das auf den Namen Günter hört, laden zu vergleichender Suche ein, was denn wohl erlebt ist von ihm und was erdacht. Die Erinnerung kam mit dem Schreiben. Viele seiner Bücher beschwören die »untergegangene Stadt Danzig, deren gehügelte wie flache Umgebung, die matt anschlagende Ostsee«. Ohne den Ruhm späterer Jahre wäre seine frühe zwar eine ziemlich normale Kindheit gewesen, kaum der öffentlichen Nachrede wert, nun aber gehört sie, ob ihn das nun stört oder nicht, so wie der ganze große Grass, nicht mehr ihm allein, sondern allen.

In der elterlichen Wohnung – zwei Zimmer, Küche, kein Bad, Klo auf dem Flur –, die über dem kleinen Kolonialwarenladen am Labesweg 13 lag, hatten Günter rechts und dann seine Schwester unter dem Fensterbrett links eine Ecke für sich. Mehr eigene Welt gab es nicht in der beengten. Der Vater versprach manchmal am Sonntag, falls er in guter Stimmung war, dass er sich nach dem Krieg um eine größere Wohnung kümmern wolle. Kein Zimmer für sich gehabt zu haben sei prägend gewesen, denn erst 1951 in Düsseldorf, da ist Grass schon fast vierundzwanzig, wird es wenigstens dafür reichen.

Kleinbürgerliche Verhältnisse besingt Grass bis heute wortgewaltig, weil es der »Mief ist«, den er »gerne riecht«, zu dem er »gehört«. Aus provinzieller Enge, geografisch und moralisch, wuchs größenwahnsinniges Verbrechen, das deutsche Schuld bleibt für immer. »Doch kaum war unser Reich, das wir das Dritte nannten, zur Kapitulation gezwungen worden, suchten wir allesamt, soweit wir unsere eigene Hybris überlebt hatten, die zwar halbzerstörten, doch reparierbaren Idyllen wieder auf«, erklärt er den scheinbaren Widerspruch in einer seiner Reden, einer jener radikalen politischen Einwürfe des überzeugten Störenfrieds. Er verklärt, so erklärt, dennoch nichts.

Der Mief hat ihn fürs Leben gezeichnet. In dem war er zu Hause, aus dem Modder blubbern immer wieder Geschichten nach oben, die nicht nur seine Geschichte bestimmten, sondern die seiner Generation. Gegen den Verlust der moralischen Heimat schreibt er an, ohne je zu bezweifeln, dass die geografische Heimat verloren ist. Er ist, wie so viele, aus der Heimat vertrieben, wurde aber kein Heimatvertriebener wie so viele. An diesem Brocken der deutschen Geschichte reibt er sich seitdem. Gleich nach dem Frühstück hält er, den »Teelöffel noch in der Hand, mißtrauisch vor weißem Papier sitzend, besonders, wenn ihm was einfällt«, täglich die zerronnene Zeit fest, akribisch wie ein Buchhalter, artistisch wie ein Dichter.

In den Stoffen, aus denen er sich schreibend und zeichnend neue Mäntel schneidert, lauern getrocknete Salzflecken aus der Danziger Bucht. Man kann sie finden. Ihn aber, behauptet er, habe es nie gereizt, seinen persönlichen Spuren nachzugehen: »Für mich ist meine eigene Biografie immer nur dann interessant gewesen, wenn ich sie begriff mit Zeitströmungen, mit Wendemarken, mit Umbrüchen und Brüchen wie 1945.« Aber seine eigene Biografie ist, gehörig erzählt, auch eine ganz deutsche Geschichte. Deshalb wird es mitunter unerlässlich sein, ohne Grass zu fragen, sich ungehörig fragend in seine Vergangenheit zu begeben.

Kleinbürger treibt die Sehnsucht, große Bürger zu werden. Zur Erfüllung gehört entsprechend bürgerliches Auftreten mit den selbstverständlichen Attributen eines durch ehrliche Arbeit erworbenen Wohlstands. Grass ist wohlhabend, aber er zeigt es nicht. Grass ist zwar aufgestiegen, aber er ist nicht abgehoben. Sein kleinbürgerliches Herkommen half, dieser »miefgesättigte, durch abgebrochene Gymnasialbildung – ich blieb Obertertianer – gesteigerte Größenwahn«. Weil er dessen verborgene Treibkraft kannte, »bediente ich es, bei aller Anstrengung, spielend und kühl: Schreiben als distanzierter, darum ironischer Vorgang, der sich privat einleitet, so öffentlich seine Ergebnisse später auftrumpfen oder zu Fall kommen«.

Die Erfahrung allerdings, dass er sich spät erst einen Raum für sich hat leisten können, die hatte offensichtliche Konsequenzen. Ihm stehen im Alter eigene Häuser in Behlendorf und Lübeck, in Berlin, auf der dänischen Insel Møn, wo er zur Miete auf Dauer wohnen darf, und an der Algarve offen. Keines mit einer Hypothek belastet, manche weitläufig umgeben von Gärten, Wald, Teichen, Land. Das große Anwesen in Portugal finanzierte er durch den günstigen Verkauf des früheren kleineren Hauses zum bestmöglichen Zeitpunkt.

Arm sein wird er nie wieder. Es bleibt jedoch die unausgesprochene irrationale Sorge, morgen alles verlieren zu können. Denn der äußerliche Erfolg hat seine innere Einstellung nicht verändert, kleinbürgerliche Bodenhaftung ist seine feste Burg. Hämische Bemerkungen prallen deshalb an ihm ab: »Ach, dieser Spott über Kleinbürger. Einer der folgenreichsten Fehler in der Weimarer Republik war doch, daß die linken Parteien, daß die Sozialdemokraten und Kommunisten so lange auf dem Kleinbürgertum herumgehackt haben, bis die kleinen Leute 1933 politisch heimatlos waren und eine leichte Beute für Hitler. Denn der hat sie ernst genommen.«

Alternativ zu Berlin hätte Grass in den Sechzigerjahren im Ruhrgebiet leben können, weil er dort bei Wahlreden und Lesungen und anschließend in Kneipen den so vertrauten Mief glaubte noch riechen zu können, weil dort die Menschen noch nicht ihre Herkunft verleugnet haben, die proletarische. »Als Kleinbürger in Danzig waren wir unterer Mittelstand«, definiert er stolz das Milieu, das seines war. Dessen Eigenheiten haben sich bei ihm gehalten. Er liebt Feste der Art, die das Kleinbürgertum feiert, »und wenn zum Beispiel meine Schwester 'nen runden oder halbrunden Geburtstag hat, dann fahre ich da natürlich hin, die machen da so ein richtiges Geburtstagsprogramm, und ich habe das auch gern«. Der nach seinem Welterfolg »Die Blechtrommel« in diesem seinen Land als Bürgerschreck schaudernd bewunderte Dichter passte nie in die Schublade Bürgerschreck. Der unbehauste Grass hat mithilfe der Literatur zurückgefunden zur bürgerlichen Heimat.

Wollte der junge Günter in der tatsächlichen Heimat allein sein, musste er sich in sich selbst zurückziehen, in die Welt seiner Gedanken und Träume reisen. Vater und Mutter hätten manchmal nicht gewusst, »wer und wo ich gerade war, auch wenn ich am Tisch saß«. Mitschüler aus der Zeit, die sich nach Auftritten des dann ja schon Berühmten als ehemalige Kameraden vorstellten, haben ihm gesagt, sicher, gespielt hast du schon auch mit uns, Günter, aber meist hast du ein Buch dabei gehabt oder einen Zeichenblock. Den vor allem. Oft sei er so weit weg gewesen, zitiert er rückblickend seine Mutter, dass sie ihm ein Stück Seife statt des mit Pflaumenmus beschmierten Butterbrotes auf den Teller hätte legen können und er, in Gedanken woanders, reingebissen hätte. So habe sie es einer Nachbarin erzählt und sogar beim Besuch ihrer Schwester unter Beweis gestellt, denn einmal wurde Ginterchen, weil er wieder mal geistesabwesend lesend in einer fernen Welt der Windhühner saß, mit diesem Stück Seife, »wahrscheinlich Palmoliv«, gar wie ein Versuchskaninchen vorgeführt. Nur zwischen den Mahlzeiten »gehörte der Eßtisch mir«, ihm und seinen wasserlöslichen Deckfarben, seinen Knetbrocken aus Plastilin, die er zu kindlichen Figuren formte.

Um diesen Tisch saßen sie. Die auf dem Land lebenden kaschubischen Verwandten brachten an Geburtstagen oder Beerdigungen oder zum regelmäßigen Sonntagskaffee mit anschließender Skatrunde polnische Würste, Eier, Butter und ihre Lebensart mit. Die vom Klan aus Danzig, bereits in zweiter Generation in der Stadt lebend, waren ähnlich gute Deutsche geworden wie die Sippe des Vaters. Das mischte sich bis Mitte der Dreißigerjahre im Freistaat Danzig, der von 1920 bis 1939 eigene Staatsangehörigkeit verlieh, eigene Währung gebrauchte und als traditionell weltoffene Hansestadt selbstverständlich Minderheiten integrierte, ohne national bedingte Störungen. Der kaschubische Vetter Franz Krause, angestellt damals bei der polnischen Post und dort heute als Opfer der Deutschen auf dem Gedenkstein als Frantizek Krauze geehrt, stiller Verehrer von Günters Mutter, wurde bei einem Grand mit Vieren, falls es sich so ergab, erbarmungslos abgebürstet wie andere bei passender Gelegenheit auch.

Doch im Gegensatz zur Entscheidung in Sachen Religion und Jenseits zeigte sich bald deutlich, wer in Sachen Ideologie und Diesseits auf Dauer mächtiger sein würde. »Meine Mutter konnte zwar kaschubisch, und als Kind hatte ich ein paar Brocken parat, aber das war erstens nicht fein und irgendwann ja auch nicht mehr opportun, politisch gesehen, kaschubisch oder gar polnisch zu sprechen.«

Sonntagnachmittage im Labesweg. Kaffee und Kuchen, Zigarren und Bier, Radiokonzerte und Kartenspiele. Langweilig für Kinder. Draußen auf dem Heeresanger und im Hof, am Strießbach und auf den Straßen in Langfuhr, im ganzen Kleckerburg, war aber genügend Platz zum Spielen. Wenn es schneite, zogen sie mit den Schlitten Richtung Philosophenweg; vom Hügel runter, auf dem das Gutenbergdenkmal stand, ließ sich gut rodeln. Wenn es regnete, bot sich allen gemeinsam der Hausflur an. Und Günter blieb der Platz unter dem Fensterbrett, zeichnend, lesend, dabei meist Zeigefinger in den Ohren, oder nur träumend, die Grillen beobachtend, die er im Schuhkarton, bespannt mit einem Rest Gardine, gefangen hielt.

Am schönsten waren die Sommer, in der Erinnerung stets barfüßig erlebt. Da fanden, Abfahrt jeweils morgens per Straßenbahn Linie neun, Familienausflüge an die Ostsee in den Badeort Brösen statt. Ein Foto aus dem Jahr 1928 hält solche Idylle fest. Die Großeltern, in ihrem Rücken ein Boot auf Kiel, dahinter ein paar flache Wellen. Lagernd am Strand Vater und Mutter mit ihrem kleinen Günter im Schoß, Sand häufend, links Tante und Onkel mit Töchtern Hannelore und Ingrid. Alle im offenbar sonntäglichen Staat, Jacken abgelegt, Ärmel aufgekrempelt, Röcke geschürzt. Eine Cousine hat Grass, der sich da dank der Tantiemen aus seinen Romanen schon locker hat leisten können, wovon Kleinbürger ein Leben lang träumen,

Sonntagsidylle am Strand von Brösen in der Danziger Bucht: Tante Elly Preuß mit ihrem Ehemann im Vordergrund. Daneben die Großeltern Mathilde und Friedrich Grass, bei ihnen ihre Enkelinnen, Günters Cousinen Hannelore und Ingrid, dann Vater Wilhelm und Mutter Helene Grass, die ihren im Sand spielenden Sohn stützt.

1969 in Wilhelmshaven besucht, nach einem Wahlkampfauftritt für die SPD. Das familiäre »Weißt du noch«, das gemeinsame Blättern im Familienalbum, das Austauschen der Erinnerungen habe bis morgens vier Uhr gedauert, notierte ein von so viel Familiensinn des Dichters beeindruckter Germanist aus Toronto.

Erlebnisse von früher können ohne persönlichen Anstoß, ganz von ungefähr, zu einem Angriff in die Gegenwart starten, sie dürfen außerdem »schummeln, schönfärben, vortäuschen« und »mich, der ich immer noch gerne in die Pilze gehe, überfällt gelegentlich die Erinnerung an jenen Augenblick, in dem ich als Kind in den Wäldern der Kaschubei plötzlich vor einem vereinzelten Steinpilz stehe. Er ist größer und herrlicher von Gestalt, als ich ihn später jemals gefunden habe.« Später hat der Linkshänder, der auch mit der rechten Hand zeichnen kann, sie nicht direkt in der Pfanne zubereitet, sondern erst einmal in kraftstrotzender Phallusfülle auf einem Blatt festgehalten, immer wieder voller Lust.

Den katholischen Großvater Knoff, von Beruf Büchsenschmied, kennt Grass nur aus Mutters Erzählungen, er fiel im großen Krieg, der heute in den Geschichtsbüchern Erster Weltkrieg heißt. Er machte ihn sich vertraut in ein paar Versen des Gedichts »Bratkartoffeln«, und zwar ganz einfach so: »Ich will mit Zwiebeln und erinnertem Majoran/ einen Stummfilm flimmern, in dem Großvater,/ ich meine den Sozi, der bei Tannenberg fiel,/ bevor er sich über den Teller beugt, flucht/ und mit allen Fingern knackt.« Den protestantischen Großvater Grass hat er als Kind noch selbst erlebt, dessen Werkstatt in Langfuhr holte er sich als Erwachsener für die Schilderung der Tischlerei Liebenau in den »Hundejahren« aus dem Gedächtnis zurück.

Dieser Großvater ist indirekt verantwortlich für eine andere Eigenschaft des Mannes mit vielen Eigenschaften. Die Eigenschaft, so gut tanzen zu können. Bei den bürgerlichen Schützenfesten draußen vor der Stadt, die sein Großvater mit organisierte, auf einer großen Wiese, hat er es gelernt, beginnend im Sommer 1940: »Da war ein Tanzpodest aufgebaut und als Musik gab es Schieber und Walzer und alles Mögliche noch, und die jungen Mädchen waren schon ohne Männer, denn die Männer waren als Soldaten im Krieg, und da hielt ich als knapp Dreizehnjähriger alle jungen Frauen im Arm, die viel älter waren, so siebzehn, achtzehn, und die haben mich zum Tanzen angeleitet und mir den Rhythmus beigebracht. Unterricht hatte ich nie.« Aber gemerkt hat sich der alles Neue aufsaugende Autodidakt jeden Schritt, jede Bewegung.

Nach dem festlichen Ball zum Nobelpreis 1999 feierten schwedische Zeitungen den großen Tänzer Günter Grass mit Fotos auf Seite eins, nicht nur den würdigen Großschriftsteller. Als Tangojüngling soll er selbst im Alter unschlagbar geblieben sein. Andere sagen, man wisse vorher nie, ob er behend wie ein Faun leichtfüßig zum Klang der Musik über die Tanzfläche dahinschwebe und sich drehe oder sich so in eine Partnerin verschlinge, dass es einem Liebesakt gleiche.

Von seinem Vater gibt es wenig konkret Überliefertes, wenn man in ihm nicht nur des Blechtrommler Oskars Vater Alfred Matzerath sehen möchte, also den literarischen Vater. Über den echten, Wilhelm Grass, der einundachtzigjährig starb, der den Ruhm des Sohnes noch sehr bewusst erlebte, lässt dieser nur biografisch angefütterte, eher distanzierte Sätze fallen. Dass er gut kochen konnte und dass er gerne Skat spielte, was beides so auch auf Günter Grass zutrifft, dass er jeglicher Kunstform, geschrieben oder gezeichnet oder geformt, fern gestanden habe und dass er 1936 in die NSDAP eingetreten ist, um bloß keine Kunden zu verlieren – obwohl Danzig da noch ein Freistaat mit polnischem Zollgebiet war und kein strammes Filetstück am Arsch des Hitlerschen Volkskörpers.

In der »Blechtrommel« ist er plastischer geschildert, falls er es denn ist, aber das mag jeder selbst entscheiden: »Es war einmal ein Kolonialwarenhändler, der schloß an einem Novembertag sein Geschäft, weil in der Stadt etwas los war, nahm seinen Sohn Oskar bei der Hand und fuhr mit der Straßenbahn Linie Fünf bis zum Langgasser Tor, weil dort wie in Zoppot und Langfuhr die Synagoge brannte.« Doch ich muss mich, nachschreibend auf den Spuren der Grassschen Kindheit, immer wieder davor hüten, einfach die Szenen der »Blechtrommel« als eine Art geheimes Tagebuch des kleinen Günter zu betrachten und sie seiner echten Welt zuzuordnen.

Wilhelm Grass, in der Verwandtschaft Willy gerufen, kümmerte sich um den Einkauf vom Danziger Großmarkt, sorgte für die nötigen Vorräte im Keller des Ladens. Er schätzte, opportunistisch oder überzeugt wie fast alle anderen auch, die Freuden der braun uniformierten Pflichten, wollte eigentlich, bis er 1945 dann mit Frau und Tochter und Eltern fliehen musste, nie aus Langfuhr hinaus. Die Neigung des Sohnes, sich den Hinterhöfen und Straßen und Wäldern und Badeanstalten und Stränden der Heimat tagträumend zu entzie-

Viele Mädchen brachten dem dreizehnjährigen Günter das Tanzen bei. Er war begehrt, weil die jungen Männer im Krieg waren und deshalb auf sommerlichen Festwiesen vor Danzig die Partner fehlten. Die Schritte hat er nie verlernt. Auch im Alter ist Grass ein Meister, der jeden Rhythmus beherrscht. Bei Gelegenheit stellt er seine Kunst graziös unter Beweis. Das Foto des tanzenden Paares Ute und Günter Grass machte Robert Lebeck 1997 in Italien.

hen, hat er deshalb stets voller Misstrauen betrachtet. Die Anekdote, dass er auf dem Kopf des widerborstigen Sprösslings, wütend über eine Fehlleistung, die bis zum Ende des Freistaats auch Schulgeld kostete, einen Malkasten zerbrochen habe, könnte durchaus wahr sein. Zwar hatte Günter durchweg eine glatte Eins in Deutsch, aber eben auch eine sichere Fünf in Mathematik. Eine Eins in Zeichnen, aber eine nur wackelige Vier in Latein. Den beiden Zweien in Erdkunde und Geschichte stand die Vier in Englisch gegenüber.

Nach dem Krieg und dem Verlust der kleinen Sicherheit hat Wilhelm Grass erst recht nicht begreifen wollen, dass Günter einen Hungerberuf wählte. Seine Ängste waren zwar verständlich, aber den hat das nicht interessiert, der war jung, der hat ihm einfach gesagt, das verstehst du nicht, basta. Sie blieben einander lange Zeit fremd. »Als ich dann mit der Blechtrommel berühmt wurde, sahen wir uns wieder und da sagte er: Mein Sohn, ich bin so stolz auf dich, ich habe immer an dich geglaubt, und ich gucke ihn an, blaue Augen, und ich dachte, der glaubt das, der lügt nicht, der glaubt das wirklich, und dann habe ich ihm gesagt: Ja, Papa, ohne dich hätte ich das nie geschafft, was auch in einem gewissen Sinne stimmte. Danach hat es nie wieder Streit gegeben zwischen uns.« Bis zu seinem Tod trug Wilhelm Grass aus Langfuhr eine im Laufe der Jahre vergilbte, aber eben hymnische Zeitungskritik der »Blechtrommel« gefaltet in der Brieftasche bei sich. Das Buch hat mein Sohn geschrieben, mein Sohn. Der Sohn ließ ihn, da selbst lange schon Vater und gütiger geworden mit seinem, in dem Glauben sterben, dass er am Erfolg mitgetrommelt hatte.

Der wichtigste Mensch in Günters Leben war seine Mutter. Sie ist es über ihren Tod hinaus für Grass bis heute geblieben. Er spricht ironisch von seinem Mutterkomplex, von dem er sich nie befreit habe. Aber so ironisch, wie es klingen soll, ist es nicht gemeint. Denn ausgerechnet sie, die in ihm als Erste das Besondere sah, hat nichts mehr von dem Besonderen sehen können, als er erstmals so weit war. Das Einzige, was er ihr hat stolz vorweisen können, war eine Skulptur, als in der Kunstakademie Düsseldorf ausgewählte Semesterarbeiten gezeigt wurden, und da war diese Plastik von ihm dabei, ein in Bronze gegossenes stehendes Mädchen, fünfundneunzig Zentimeter hoch, abgebildet in einem der ersten Kataloge nach dem Krieg, mit dem Namen ihres Schöpfers darunter, Günter Grass.

Helene Grass ist bereits im Frühjahr 1954 an Krebs gestorben, das ganz andere Talent ihres Sohnes, das Schreiben, hat sie nicht erlebt, denn sein erstes Buch, der Gedichtband »Die Vorzüge der Windhühner«, erschien 1956. »Meine Mutter hat mir beide Talente mitgegeben und ich habe nie einen Grund gesehen, das eine oder das andere zu vernachlässigen und da sie sich gut ergänzen, oft auch widersprechen, zum Teil sogar gleichzeitig geschehen können, bin ich dabei geblieben.«

Aber die tote Mutter pflegte ihm auch noch später über die Schulter zu schauen, hatte »Einwände beim Schreiben der Blechtrommel, wenn ich zu drastisch wurde«. Manchmal hat er dann einen Halbsatz gestrichen. Ihr zuliebe. Er gibt zu, zeitlebens daran »knacksen zu müssen«, damit nie fertig zu werden, dass sie es nicht mehr erfahren hat, wie sehr es sich gelohnt habe, ihm zu vertrauen. Sie hat doch als Einzige und früh an ihren einzigartigen Sohn geglaubt. Hat ihn verteidigt, wenn sich die Lehrer über seine Frechheiten und seine Faulheit beschwerten und der Vater schimpfte. Hat ihn liebevoll Peer Gynt genannt, aber »früh begriffen, daß ich immer dann Lügen brauchte, mit ihnen spielen mußte, wenn mich die Wahrheit langweilte«.

Während er noch vor sich hin träumte, sah sie vor sich die Erfüllung dieser Träume. Während er noch kindlich Unfertiges zeichnete, bewunderte sie das künftige fertige Bild. Seine ersten künstlerischen Zeichnungen Ende der Vierzigerjahre nach dem Krieg fand sie mitunter schrecklich, und als sie ihn fragte, kannst du nicht mal ein schönes Ölbild malen?, hat er sich von einem befreundeten Maler Farben geliehen und das einzige Ölbild seines Lebens gemalt, einen Strauß Blumen. »Das hängt heute noch bei meiner Schwester Waltraut.« Seine Augen werden dunkel, wenn er von seiner Mutter erzählt. Er hätte sie gern in ihren Augen gesehen, die Freude über den berühmten Sohn und dass sie, Helene Grass aus dem Labesweg 13, Langfuhr, doch Recht behalten hat.

Ihr Hang zu so genanntem Höheren, was auch die Mitgliedschaft in einer Buchgemeinschaft bedeutete, ist in Bruchstücken dokumentiert. Ein paar Rätselreime für die Wochenendbeilage einer Danziger Zeitung sind überliefert. Gern habe sie auf dem Klavier gespielt, das man sich irgendwann habe leisten können. Oder, wenn der Laden geschlossen war, den sie nach der Handelslehre bei »Kaisers Kaffee« im Labesweg eröffnet hatte und nach der Hochzeit weiter führte, den Liedern von Richard Tauber gelauscht. Bei Arien des Tenors, golden weich klingend vom Grammophon im Wohnzimmer, den »damals auf allen Operettenbühnen gefeierten Zarewitsch auf den Lippen gehabt«. Hat sie ihn vielleicht wirklich erlebt in der Waldoper in Zoppot, wo Tauber einst neben Lotte Lehmann im »Freischütz« brillierte?

Im mondänen Ostseebad traten damals sommers alle Größen der internationalen Opernwelt auf, die Luft war gesund, das Kasino berühmt, das Grandhotel edel und die Gagen hoch. Günter Grass glaubt, jenseits von Tauber, der wegen seines jüdischen Vaters und weil die Nazis den singenden König von Berlin so hassten, ab 1933 Deutschland meiden musste, mit seiner Mutter dort eine Wagner-Oper gehört zu haben. Aber sicher ist er sich nicht.

Drei Brüder seiner Mutter, die er Onkel hätte nennen dürfen, waren schon tot, als Günter laufen lernte. Verblutet in irgendeinem Schützengraben, gestorben an der Grippe. Sie spiegeln seine Begabungen. Der eine konnte zeichnen, sichtbar anhand von ein paar Entwürfen für Bühnenbilder, der zweite soll ein guter Koch gewesen sein. Der dritte hatte Gedichte geschrieben, wie sich herausstellte, als der zwölfjährige Neffe einen verstaubten Koffer auf dem Dachboden öffnete und hinterlassene Verse fand. Noch unfertig, romantisch im Stil Joseph von Eichendorffs verfasst, der im zeitweiligen Wohnort Danzig seinen legendären »Taugenichts« geschrieben hat. Zwei Gedichte waren sogar in den »Danziger Neuesten Nachrichten« gedruckt worden. »Alle drei Onkel spuken bei mir immer rum, als ungelebte Leben«, und in diesem Sinne leben sie in ihm weiter, wenn er zeichnet, wenn er schreibt, wenn er kocht.

Dem sprachbegabten Onkel hat er ein Leben nachgereicht, ein Denkmal geschrieben. Mitte der Sechzigerjahre in Berlin hatte Grass nach seiner Danziger Trilogie, also nach den beiden großen Romanen und der Novelle, einige Kurzgeschichten verfasst, und da er nichts verkommen lässt, sollten sie veröffentlicht werden. »Doch der Gedanke, sie unter meinem Namen zu veröffentlichen, also all jenen Großkritikern zum Fraß vorzuwerfen, die sich von Berufs wegen eine Super-Blechtrommel erwarteten, dieser Gedanke kam mir abstrus vor.« Gedruckt wurden die Zwischenspiele 1968, versehen mit einer halbwegs glaubwürdig klingenden und von Grass erfundenen Vita deshalb unter einem Pseudonym, dem Namen des gefallenen Onkels Artur Knoff. Titel des kleinen Buches: »Geschichten«. Der junge, bislang unbekannte Verfasser, 1937 in Hirschberg, Schlesien, geboren, wie es im Klappentext hieß, war angeblich eine Entdeckung von Walter Höllerer, dessen Gespür für Talente, zum Beispiel Günter Grass,

Anna Grass als junger Mann: Den noch unbekannten Autor, angeblich Artur Knoff, hat Renate von Mangoldt fotografiert. Grass benutzte den Namen eines toten Onkels als Pseudonym für seinen Band »Geschichten«. Auf dem zu sehen Artur alias Anna.

man ja kannte. Der zarte Intellektuelle Höllerer, gerühmter Literaturprofessor, Leiter des Literarischen Colloquiums und Herausgeber der Zeitschrift »Akzente«, einer der frühen Freunde von Grass, machte mit im ironischen Spiel.

Die Fotografin Renate von Mangoldt musste es natürlich auch erfahren, Höllerers damals junge und bis heute schöne Frau, denn sie produzierte das Titelbild mit dem Dichter Artur Knoff, dem toten Onkel. Ohne Anna Grass hätte die Maskerade aber nicht funktioniert, denn sie gab Artur ein Gesicht, ihres. Für das Foto des Jungautors hatte sie sich einen Schnurrbart angeklebt, eine der Schiebermützen ihres Mannes aufgesetzt und frech verwegen in die Kamera geschaut. Ein paar Kritiken bescheinigten Talent, einer immerhin erkannte sogar »eine gewisse Abhängigkeit von einem Romanschriftsteller namens Grass«. Die wahre Geschichte der Geschichten flog erst auf, als Klaus Roehler, damals Lektor von Grass bei Luchterhand und von dem eingeweiht, sich im Suff verplauderte.

Es ließe sich aus den Wurzeln des Stammes Knoff also genetisch erklären, was Günter Grass außer dem nur ihm gegebenen einzigartigen Talent zum Gesamtkunstwerk macht, zur Triplebegabung des Dichters, des Zeichners, des Bildhauers. Aber so einfach ist er nicht zu fassen. Denn auch Wilhelm Grass, dem Günters eigene Welt stets so fern blieb, hat im Sohn außer der Lust zu kochen und dem ernsten Spaß am Skat Spuren hinterlassen. Die vom Vater geerbte Geschäftstüchtigkeit eines Kaufmanns, der bei Soll und Haben nicht etwa an Gustav Freytag dachte, sondern die Gewinnspanne zwischen Einkauf und Verkauf berechnete, haben zum Beispiel Buchverleger kennen gelernt, die mit dem berühmten Dichter Grass Verträge verhandelten. Und Galeristen, die Radierungen und Skulpturen des Grafikers und Bildhauers Grass ausstellten. Und Freunde, die glaubten, Zeichnungen seien immer, und nicht nur aus guter Laune heraus, ein Geschenk, bis sie um Bargeld gebeten wurden oder von Günter eine Rechnung mit Angabe seiner Kontonummer bekamen.

Rudolf Augstein übrigens hat in einem solchen Fall, eigenen Angaben zufolge, so reagiert, dass es hier für eine Anekdote reicht. Nach einem Abendessen bei Grass, der Fisch zubereitet hatte, gab ihm der Gastgeber fünf Zeichnungen mit auf den Weg nach Hamburg. Vier Tage später kam eine Rechnung über fünf Zeichnungen à dreitausend Mark, machte zusammen fünfzehntausend. Augstein schickte zwei zurück und ließ neuntausend Mark überweisen.

Seinen Geschäftssinn bewies Grass schon als Junge. Um sein Taschengeld aufzubessern, half er seiner Mutter, säumige Zahler, die im Geschäft hatten anschreiben lassen, zum Begleichen ihrer Schulden zu bewegen. Jeden Sonntag nach der Messe, die zu besuchen aber keine Pflicht war in der Familie, und vor dem Mittagessen zog er los in die Nachbarschaft und klingelte bei Schuldnern, die auf seiner Liste standen. Meist waren es kleine Beamte. Die waren nicht sehr erfreut über diesen unerwarteten Gast, wie man sich vorstellen kann, aber Ginterchen war damals schon stur. Denn von jeder eingetriebenen Schuldsumme durfte er fünf Prozent für sich behalten. Allerdings machte Helene Grass daraus bald drei Prozent, weil er ihr zu erfolgreich war. Hans Werner Richter, Gründer der Gruppe 47 und ein geliebter Ersatzvater des erwachsenen Günter Grass, meinte einst, die Erfahrung dieser Sonntage habe wohl auch sein Leben geprägt.

Hat sie wohl auch, sagen Kollegen und berichten voller Bewunderung über seine beinharte Taktik des Feilschens. Nicht nur für sich, auch für andere. Peter Härtling weiß zu erzählen von einer ziemlich weinseligen Nacht mit Ingeborg Bachmann, in deren Verlauf die rehscheue Autorin klagte, dass sie nur sieben bis höchstens acht Prozent pro verkauftem Buch erhalten würde. Günter Grass bekam einen Wutanfall, erst allgemein zum Thema arme Dichter und verlegerische Ausbeuter, dann konkret wegen der geliebten Ingeborg, und versprach ihr empört, am nächsten Morgen für Abhilfe zu sorgen. Was er in einem langen Telefongespräch mit dem Verleger Klaus Piper auch tat, denn Ungerechtigkeiten vergisst er selbst dann nicht, wenn er sie im nicht nüchternen Zustand erfahren hatte. Was wären die Verlage ohne uns Dichter? Eben.

Das ist die eine Seite des früh antrainierten Geschäftssinns, die positive. Die andere, meist mit der Bitte um Verzicht auf Quellenangabe beschrieben, lässt sich allgemein so zitieren, dass er selten Bargeld bei sich trägt und deshalb wie selbstverständlich von anderen alles bezahlen lässt, vom Tabak bis zu Zeitungen, vom Mittagessen bis zum Tee. Er würde niemals Geld verleihen, ohne dafür Sicherheiten zu bekommen, sagt ein enger Freund, aber fügt anerkennend hinzu, dass sich Grass vom erworbenen Wohlstand nie habe blenden lassen, unverändert normal geblieben sei. Allerdings sei er sich seines Marktwertes bewusst.

Das Adjektiv kaschubisch, im deutschen Wortschatz kaum noch nötig, trifft auf Grass auch optisch nach wie vor zu. »Kaschubisch«

wecke sofort Assoziationen wie »Schnauzer, Augenschnitt und Kinnpartie, der dicht-dunkle Haarwuchs, das gebremste, durch Singsang gemilderte Stakkato seiner Sprache, die leicht untersetzte Gestalt, seine Anzüge…«, stellte einst Hellmuth Karasek fest, ein Kritiker, mit dem der Dichter inzwischen nicht mehr spricht. Da aber keiner weiß, wie Kaschuben eigentlich aussehen und was sie typisch macht, wird Grass als Typ des Kaschuben an sich genommen. Sie sehen vielleicht so aus wie er oder doch eher wie Horst Ehmke, der auch einer ist? Beschreiben könnte man Grass, im Alter naturgemäß ein wenig gebeugter daherschreitend, rund drei Zentimeter geschrumpft im Vergleich zu seinen besten Zeiten, wie er seinem Freund Peter Härtling klagte, etwa so immer noch. Der Schnauzer, der einst wuchs, um den deutlichen Vorderbiss zu verdecken, der auf frühen, bartlosen Fotos ins Auge springt, hängt zwar grau an ihm, ist jedoch unverkennbar Grass.

Wenn er an dem zupft, wird's immer noch gefährlich. Dann bereitet er einen verbalen Angriff vor. Stakkato heißt der Rhythmus. Zuvor hat er einen Gegner abgetastet, eine schwache Stelle entdeckt und nur noch auf den besten Moment zum Angriff abgewartet. Die Geschichte der aus Freundschaft gewachsenen Feindschaft mit Karasek übrigens soll nicht verschwiegen, muss aber, wie die zwischen Marcel Reich-Ranicki und Günter Grass, an dieser Stelle noch nicht erzählt werden.

Für die Geschichte hier ist Günters Onkel Walther wichtig, Bruder des Vaters. Als der 1937 Filmvorführer im Tobis-Palast wurde, durfte der Zehnjährige aus der Vorstadt, dessen Taschengeld trotz aller Nebenverdienste nur für den »Rasiersitz in der ersten Reihe« und dessen Alter nur für Tom-Mix-Streifen oder »den Fassadenkletterer Harold Lloyd« reichte, endlich die Filme sehen, die eigentlich erst ab vierzehn freigegeben waren. Eintrittskarten fürs Kino musste er auch nicht mehr kaufen, denn das »viereckige Guckloch« aus Onkel Walthers Reich in »alle Himmelreiche« öffnete sich ihm kostenlos: »So sah ich eine nackte Frau in einem hölzernen Badezuber Schaum schlagen – der Film hieß ›Das Bad auf der Tenne‹ und muß einer der ersten in Deutschland gedrehten Farbfilme gewesen sein.«

Kino interessierte den Jungen mehr als Schule. Indirekt war das Kino Auslöser seines dann letzten Schulverweises. Er war stets ein schwieriger Schüler. Was sich damit belegen lässt, dass er nach Erlangen der Oberschulreife dreimal die Anstalt hat wechseln müssen. Erst ging er zum Conradinum im heimischen Vorort Langfuhr, in Blickweite der Frauenklinik, dann kam er auf die Petri-Oberschule, die stand im Altstadtgebiet Danzigs, dann landete er auf St. Johann, in einem anderen Teil der Altstadt gelegen. Die Gründe sind vage umschrieben, weniger mit schlechten Leistungen in den Pflichtfächern als mit schlechtem Verhalten. Er war aufsässig und hatte anderes im Kopf als Hausaufgaben. Nicht nur Lesen, Zeichnen, auch ganz konkrete Abenteuer, also mit dem Jungvolk in Wälder zu ziehen, bei Dunkelheit am Feuer Lieder zur Klampfe, jenseits des Tales standen ihre Zelte. Abende der Hitlerjugend waren ihm früh zu öde, da ging es um Intrigen und Karrieren und Einfluss und Partei, weniger um jungenhaften Spaß, er hat zwar »die Indoktrination und die Verführung durch den Nationalsozialismus erlebt, aber ich kann nicht sagen, daß ich begeisterter Hitlerjunge gewesen bin«.

Wie alle in seinem Alter spielte er Schlachten nach, bevor im Kanonendonner von der nahen Westerplatte mit dem deutschen Überfall auf Polen das Schlachten begann und am ersten September 1939 »erst nach den Ferien im Radio Krieg war«. Die Jungs wussten selbstverständlich die Namen aller Kriegsschiffe samt Panzerdichte und Wasserverdrängung und Baujahr, fragten sich gegenseitig ab. Das alles auswendig zu können, schien wichtiger als die dauernden Mahnungen der Lehrer, man müsse fürs Leben lernen. Fürs Leben? Das war ja eh bald in Todesgefahr... »Fettes Papier blüht im Hof./ Langsam nur weicht der Geruch/ später vor Tobruk, bei Kursk,/ am Volturno gefallner Primaner.«

Zwei Jahre zuvor hatten sie zu Friedenszeiten im Conradinum noch den Spanischen Bürgerkrieg nachgestellt, auf dem großen Schulhof zwischen Kastanienbäumen und Toilettengebäude, wo heute, sichtbar friedlichere Zeiten, Basketballmannschaften trainieren. »Unsere Pausenspiele endeten nicht mit dem Klingelzeichen, sondern wurden von Pause zu Pause fortgesetzt«, notiert in »Mein Jahrhundert« Günter Grass, »wir kämpften miteinander. Die an die Turnhalle anschließende Pißbude galt als Alcazar von Toledo.« Keiner wollte verlieren, alle selbstverständlich auf der Seite der historisch ja bereits feststehenden Sieger mitmachen, im Heer des Faschistengenerals Franco, deshalb wurde per Los entschieden, wer bei den Kommunisten, den Roten, anzutreten hatte. Günter zog Rot, »ohne die spätere Bedeutung dieses Zufalls erahnen zu können, offenbar zeichnete sich Zukünftiges bereits auf Pausenhöfen ab«.

Dass ab 1937 die jüdischen Händler vom Markt in Danzig und in

Langfuhr und Zoppot vertrieben wurden, nur noch in Seitenstraßen ihre Stände aufstellen durften, bei ihnen kaufende Hausfrauen unter »Pfuirufen bis in ihre Wohnungen« Spießruten laufen mussten, hat Grass in den abgehefteten Jahrgängen des »Danziger Vorposten« fürs »Tagebuch der Schnecke« recherchiert, um sich »kundig zu machen«. Und weil er Hermann Ott, seinem Lehrer Zweifel, der freiwillig an einer jüdischen Privatschule unterrichtet, obwohl er kein Jude ist, ein Denkmal setzen wollte, sozusagen stellvertretend für die zehntausendvierhundertachtundvierzig Juden Danzigs, die von den Nazis vertrieben und ermordet wurden. Damals hatte er nicht begriffen, was um ihn herum vorging, das Verbrechen, die Schande, da war er noch zu klein und große Zusammenhänge waren ihm fremd. Hingen Naziflaggen vor den Häusern, war das für die Kinder von Langfuhr eine farbenfrohe Abwechslung im Stadtbild. Marschierten zu Trommelwirbel und üblichem Tamtam die Uniformierten mit dem Hakenkreuz, rannten sie am Straßenrand mit und übten den festen Schritt und Tritt.

Was ihm aufgefallen ist und »auffallen mußte«, war der sonntags beim Skat immer öfter fehlende Vetter der Mutter. Dann war er auf einmal für immer weg und später kam dann raus, dass er beim Sturm auf die Polnische Post am ersten September 1939 erschossen worden war. Da erfuhr Günter auch von jenem geheimnisvollen Lager außerhalb der Stadt, dem Konzentrationslager Stutthof, und vom Grauen werden ihm Erwachsene erzählt haben, wer weiß heute noch, mit welchem auf ihn gemünzten drohenden Unterton. Studienrat Oswald vom Gymnasium, der plötzlich nicht mehr auftauchte in der Schule, war nach Stutthof gebracht worden, man hat nie mehr etwas von ihm gehört. Keiner hat je nach ihm gefragt, natürlich auch nicht sein Schüler Günter.

Grass kann sich vage noch an ein Gespräch im Kreis der Familie erinnern, in dem seine Mutter sinngemäß etwa erklärt habe, ihr könnt mir erzählen, was ihr wollt, und die Nazis können sagen, was sie wollen, aber mich haben die Juden immer anständig behandelt, und außerdem sind sie die besten Kaufleute, und »das war für sie das entscheidende Argument«.

Eine Geschichte vom Sommer 1940, die wie eine passend erfundene Geschichte des Dichters klingt, lässt unter der Oberfläche noch friedlich anmutender Kriegsspiele auf Schulhöfen etwas ahnen vom wirklichen, dem alltäglichen Horror in Danzig. Ein Ferientag an der

Ostsee. Strandbad Brösen, ein paar Stationen nur mit der Straßenbahn. Die Jungs messen sich, miteinander im Sand ringend, dann prüfen sie, körperlich erschöpft, ihr Wissen über Kriegsschiffe. Einer preist stolz, als habe er sie selbst gebaut, die Macht deutscher Zerstörer bei Narvik, aber dazwischen sagt ein anderer, also von wegen, dieser ist gerade gesunken und jener ist schwer beschädigt und der ist auf Grund gelaufen und der Kreuzer Blücher ist durch norwegischen Artilleriebeschuss versenkt. Alle bewundern den Erzähler und keiner fragt ihn, woher er weiß, was sie nicht wissen.

Fünfzig Jahre später wird einer dieser Jungs mit seiner Frau nach Hiddensee fahren, wo sie geboren und aufgewachsen ist. Sie besuchen gemeinsam einen früheren Freund aus ihrer Nachbarschaft. Also, sagt der im Laufe des Gesprächs, hier in der Nähe wohnt doch tatsächlich einer, der behauptet, mit Ihnen, Herr Grass, zur Schule gegangen zu sein. Wie heißt der? Wolfgang Heinrich. Wolfgang Heinrich? Hat der links eine verkrüppelte Hand und singt der gerne und ganz gut? Ja, der singt und hat auch eine verkrüppelte Hand.

Günter Grass hat sich die Adresse geben lassen und den mit der verkrüppelten Hand am selben Abend noch getroffen, sie haben von Danzig gesprochen und der Kindheit und »ich habe diese Geschichte mit den Narvik-Zerstörern erzählt. Sagt er, au ja, ich erinnere mich, ich hab dafür Prügel bekommen. Ich bin abends nach Hause gekommen von diesem Nachmittag, als wir alle in Brösen waren, und hab meinem Vater erzählt, wie blöd ihr alle seid und keine Ahnung habt und nichts wisst, da hat er mir links und rechts eine gescheuert. Der hatte das natürlich alles aus einem verbotenen englischen Sender.«

Wolfgangs Vater, im Freistaat Danzig bis zur Machtübernahme durch die Nazis sozialdemokratischer Abgeordneter im Senat, ist bald nach jenem Sommer 1940 ins KZ nach Stutthof eingeliefert und von dort in eine Strafkompanie gepresst worden, zum Minenräumen, einem Todeskommando. Die Mutter des Schulfreundes beging nach der Verhaftung ihres Mannes Selbstmord. Der aber hat den Krieg und ein sowjetisches Gefangenenlager überlebt, ist mit seinen Kindern, die bei der Großmutter aufgewachsen waren, nach Rostock in die Sowjetische Besatzungszone gezogen, hat dort einen SPD-Ortsverein begründet, bekam natürlich nach der Zwangsvereinigung einen Riesenkrach mit der SED und ist verbittert gestorben. Der Sohn machte Karriere in der kommunistischen Einheitspartei und verlor, weil er als untragbar belastet galt, deshalb nach der deutschen Wiedervereinigung seinen Posten in der Akademie der Wissenschaften.

Wäre er am Ende des Krieges nicht von den Amerikanern gefangen genommen worden, sondern von den Russen, sagt Günter Grass, hätte auch seine Geschichte so verlaufen können, seine Biografie, ruck, zuck wechselnd vom Braunhemd ins FDJ-Blauhemd, von der einen Diktatur in die nächste, die mit der nicht vergleichbare. Damals am Strand an der Ostsee waren sie noch gleichaltrige Jungs mit gleichen Interessen.

Und was hätte gar aus ihm werden können, falls er ein paar Jahre früher auf die Welt gekommen wäre, 1924, wie Oskar? »Aus kleinbürgerlicher, die halbkaschubische Herkunft verdrängender Familie, deutsch-idealistisch erzogen und auf das Prinzip der Reinheit vergattert«, wie er es in den »Kopfgeburten« beschreibt, wäre er sicher ein Kandidat für die Danziger Heimwehr gewesen. Hätte wahrscheinlich durch sein Talent zu Festen der Bewegung und über gewonnene Schlachten der ersten Kriegsjahre schwülstige Hymnen verfasst. Oder »es hätte mich – angeregt von feinsinnigen Deutschlehrern – naturbeflissene Innerlichkeit lammfromm gemacht..., immer fleißig den Jahreszeiten hinterdrein«. Wäre er nicht nur Augenzeuge geworden bei Judendeportationen, sondern auch verwickelt gewesen in Partisanenerschießungen? Und wäre ihm wenigstens ab Stalingrad ein »trostloses Lichtlein« aufgegangen? Der in seinem Fall berechtigte Begriff »Gnade der späten Geburt«, eine Gnade, die andere für sich zu weit auslegten, hat ihn davor bewahrt. Sein Jahrgang 1927 war für diese individuelle Schuld zu jung, nicht aber für Scham, denn »mein Jahrgang ist kein Verdienst, sondern eine Verpflichtung«.

Der unschuldig bleibende Junge holt sich Hilfe aus einem Schränkchen seiner Mutter, dessen Glasscheibe mit einer grünen Gardine verhängt war: Romane von Tolstoj und Dostojewski und Vicki Baum. Helene Grass wusste nicht, dass die inzwischen verboten war. Vor allem deren Roman »Stud. med. Helene Willführ« hat Günter fasziniert: »Da kam eine Abtreibung vor, und das war aufregend für mich.« Als ausgelesen war, was es zu Hause gab, fand er beim Bruder des Vaters, der bei einem Tischlermeister wohnte und der Jüngste war, andere Bücher. Erich Maria Remarques »Im Westen nichts Neues«, und auch dieser Onkel hatte keine Ahnung, dass der Antikriegsroman zu den Werken gehörte, die von den Nazis verbrannt worden waren. Die Schilderung des schrecklichen, des blutigen, des nicht heroischen Krieges machte ihn nicht immun, aber sie legte

Zweifel. War eine Art vorbeugende Impfung gegen die den Geist vergiftenden Nazidichter, die eingängig simplen, obwohl »ich bei Remarque nicht alles habe verstehen können«.

Hilfe gab es sogar in der Schule. Viele Lehrer stellten zwar selbstverständlich und überzeugt Aufsatzthemen, warum die »Juden unser Unglück« sind, doch Günter hatte auch andere. Ein zwar deutschnationaler, aber nicht nazitreuer Deutschlehrer an der St.-Petri-Oberschule stopfte seine Zöglinge nicht mit Dreck à la Dwinger voll, sondern empfahl ihnen wenigstens »Stahlgewitter« von Ernst Jünger. Beide, Remarque wie Jünger, gaben – in so unterschiedlicher Diktion und Haltung, dort realistisch, auf der anderen Seite verherrlichend – den Alltag des großen Krieges wieder. Remarque aus der Sanitätersicht, er hatte mit den Resten zu tun, während Jünger so »ein Tausendsassa war, ohne Stahlhelm, mit Offiziersmütze, Lederhandschuhen und Pistole, der noch einmal einen Stoßtrupp anführte in der Hoffnung, irgendwo hinter feindlichen Linien eine Flasche Cognac aufzutreiben. Gleichzeitig ist das Grauenhafte auch bei ihm drin, nur anders gepolt.« In seinem »Jahrhundert« hat sich Grass etwas Irrsinniges einfallen lassen und sich in berichtender Drittperson als Schweizer Journalistin eine Begegnung der beiden, die wirklich nie stattgefunden hat, in Zürich ausgedacht: »Betont legten sie Wert darauf, in Sachen Krieg unterschiedlicher Meinung zu sein, einen gegensätzlichen Stil zu pflegen und auch sonst aus jeweils anderem Lager zu kommen. Wenn sich der eine noch immer als ›unverbesserlicher Pazifist‹ sah, verlangte der andere, als ›Anarch‹ begriffen zu werden.«

Die außer seiner Mutter andere entscheidende Frau trifft Günter Grass in der Schule, die Kunstlehrerin Lily Kröhnert. Sie ist etwa fünfundzwanzig Jahre alt, ihr Mann an der Front, sie nach Danzig zwangsverpflichtet worden. Was die studierte Bildhauerin unterrichtet, interessiert die meisten ihrer Schüler nicht. Die wollen nicht malen und nichts von Kunstgeschichte wissen, die wollen in den Krieg, und zwar bald. Günter muss ihr aufgefallen sein, weil er zuhört und weil er zeichnen kann. Eines Tages lädt sie ihn ein zu sich nach Zoppot, wo sie wohnt. Auf dem Tisch liegen Ausstellungskataloge aus den Zwanzigerjahren. Zufällig? Absichtlich? Sie sprechen nie darüber. Reproduktionen von Expressionisten und anderen Größen der von den Nazis als entartet bezeichneten, der verbotenen Kunst, Abbildungen der Werke von Kirchner, Beckmann, Barlach, Picasso, Nolde, Heckel. Günter Grass weiß seit diesem Nachmittag, was er werden will. Künstler. Bildhauer. Grafiker. Maler. Nichts wird ihn daran hindern können.

Die Lehrerin hat sein Talent, das bisher nur die Mutter sah, erkannt und gefördert. Sie hat viel riskiert, wie Grass heute ahnt, denn er hätte ja plaudern können über das Verbotene, das er bei ihr anschauen durfte. Als er viele Jahrzehnte nach diesem Nachmittag in einer Galerie in Schleswig-Holstein eine Ausstellung seiner Werke eröffnet, ist die Kunstlehrerin von damals, inzwischen eine alte Dame, sein Ehrengast. Und als er in seiner Rede von Zoppot und ihrem Mut erzählt, errötet sie sanft.

Nein, ich habe es nicht vergessen, das Kino. Im vorletzten Kriegsjahr erlebte er, nicht beim Onkel im »Tobis«, sondern im Ufa-Palast, wo er Eintritt zahlen musste, den Film, der indirekt seine Schulzeit beenden sollte. »Wir machen Musik« mit Ilse Werner. Eine Musik, die seine Freunde und er toll fanden. Ihr Lehrer weniger. Der spielte ihnen am Klavier Franz Schubert vor, sang dazu und von hinten sangen sie dagegen an. »Wir machen Musik, da geht euch der Hut hoch, wir machen Musik, da bleibt euch die Luft weg.« Wütend sprang der Pianist auf und packte ausgerechnet Günter, weil der in Griffweite in der ersten Reihe saß. »Da habe ich ihn dann auch gepackt, und zwar an der Krawatte, und das waren ja Papierkrawatten im Krieg, und plötzlich bekommt der so einen platzrunden Kopf, wahrscheinlich hatte ich zu fest zugezogen, und dann blieb dem tatsächlich die Luft weg…«

Das wäre zu normalen Zeiten ein Rauswurf geworden, der dritte. Aber die Zeiten sind nicht normal. Die Alternative heißt Arbeitsdienst, was Günter nicht als schlimm empfindet. Willig meldet er sich an passender Stelle. Er nutzt aber sein Talent und wird, statt Bäume zu fällen und Holz zu hacken, abkommandiert, um Aquarelle von kaschubischen Landschaften für die Kantine zu produzieren.

Bis heute nicht verdrängt hat er einen Gleichaltrigen, einen Zeugen Jehovas, der die übliche Ausbildung am Spaten zwar mitmachte, aber kein Gewehr anfasste. Ein netter, lieber, einfacher Junge. Bei Übungen mit dem Gewehr ließ er das fallen, rumms, das galt bei denen als das Schlimmste, was einem passieren konnte, ein Gewehr fallen zu lassen. Er aber, nein, ich fasse kein Gewehr an. Darf ich nicht. Keine Erklärung sonst, nur: darf ich nicht. Er wurde bestraft mit Latrinenreinigung, der übelsten Scheißarbeit. Danach ging es wieder auf den Kasernenhof, Gewehre wurden verteilt, wieder ließ er seines fallen. »Sie fingen an, uns mitverantwortlich zu machen, weil wir auf einer Stube mit ihm zusammen lagen, also wurden wir mit ihm geschliffen, um Druck auf ihn auszuüben.« Half aber nichts, der blieb sich und seinem Glauben treu. Daraufhin wurde er von den anderen Jungs, auch von Günter, als widerspenstiger Außenseiter verprügelt. Immer wieder.

Das ging so sicher zwei, drei Wochen lang, dann, eines Tages, war er verschwunden, wahrscheinlich im KZ gelandet? Die Vorgesetzten hatten wohl Sorge, er könnte die Moral der ganzen Truppe untergraben. Grass: »Das ist mir lange nachgegangen, eigentlich bis heute. Dieser unartikulierte, aber ungeheuer starke Widerstand. Einer, der sich nicht ausdrücken konnte, aber keinem Druck beugte.«

Im Sommer 1944 wird er, sechzehn Jahre alt, nach dem Arbeitsdienst als Flakhelfer ausgebildet, darf noch an jedem Wochenende nach Hause. Bevor das nächste Schuljahr beginnt – auf welcher Schule eigentlich? –, bekommt er jedoch den so genannten Gestellungsbefehl und wird zur deutschen Wehrmacht einberufen. Es hat damals sogar Jüngere als ihn getroffen. Anfang September steht er in kurzen Hosen, Pappkoffer in der Hand, begleitet von seinem Vater, auf dem Bahnsteig in Danzig und wartet auf den Zug, der ihn zu seiner Einheit, einer Panzerkompanie, bringen soll. Seine Mutter ist weinend zu Hause geblieben, sie hat es nicht übers Herz gebracht, den geliebten Sohn zu verabschieden. Sie hat Angst um ihn. Er hat keine Angst. Er ist nur aufgeregt. Er wird sie und seinen Vater und seine Schwester Waltraut, die im Landschulheim auf Hela ist, erst im Winter 1946/1947 wiedersehen.

Die Kirchenglocken läuteten, es war ein klarer Sonntagmorgen, und Danzig hatte noch ein knappes halbes Jahr, bevor es unterging.

III

»Als ich die Angst schätzen lernte«

1944–1952

Zunächst sieht er von Berlin nur brennende Hinterhöfe. Der Truppentransport, in dem der sechzehnjährige Günter Grass mit vielen anderen hockt, die auch erst so alt sind wie er, fährt im Schritttempo an rauchenden Trümmern vorbei. Die Häuser, zu denen sie mal gehörten, stehen dicht an den Schienen, die sich wie Schneisen durch die Großstadt ziehen. Wer da wohnt, hat mit dem nie endenden Rattern der Räder, das sich Tag und Nacht an den Mauern bricht, zu leben gelernt. Seit den Angriffen der alliierten Bomber jedoch kommen Tag und Nacht neue Geräusche hinzu. Die Mauern brechen tatsächlich. Plötzlich stoppt der Zug. Heulende Sirenen. Feindliche Flugzeuge dröhnen am Himmel. Alle raus, schnell, schnell. So etwas hatte Günter Grass noch nie erlebt. So viele Bomben sind bis zu seiner Abreise auf Danzig noch nicht gefallen.

Es blieben die folgenden Stunden im nahe gelegenen Luftschutzraum, dem ehemaligen Bierkeller der Thomasbrauerei, Einschlag um Einschlag, gespeichert im Kopf. Eine ähnliche Situation des Schreckens – flackernde Glühbirnen, weinende Kinder, luftraubender Staub – ist in der »Blechtrommel« beschrieben, wenn sich Oskar mit der Liliputanerin Roswitha Raguna in einem Berliner Luftschutzkeller in Sicherheit bringt, weil Luftalarm ausgelöst wurde. Autobiografisch diese Angst, absolut autobiografisch, bedrohlich, wie sie der junge Günter erlebt haben muss. »Absolut nicht, das ist in ganz andere Dimensionen übersetzt, aber natürlich begünstigt aus eigener Erfahrung und Erkenntnis«, widerspricht der alte Grass.

Eigene Erfahrung also: Weiterfahrt, raus aus der brennenden Metropole, bis zur vorgesehenen Endstation in der Nähe von Dresden, das noch unzerstört ist. Unterbringung in einer Kaserne. Da gibt es genügend leere Betten. In denen lagen vor ihnen andere, kaum neunzehn, zwanzig Jahre alt, die ungeduldig auf den Krieg warteten. Sie kommen nicht mehr zurück, liegen jetzt irgendwo verscharrt in den Weiten Russlands. Jeden Tag, noch bevor es richtig hell ist, müssen die Neuen antreten, werden in einer Ausbildungskompanie gedrillt. Es läuft so brutal ab, wie es der Schüler Günter in Erich Maria Remarques Roman »Im Westen nichts Neues« gelesen hat. Davon erzählt er übrigens mal dem Kollegen Remarque anlässlich eines nachbarschaftlichen Besuchs im Tessin, wo Grass in den Sechzigerjahren mit seiner Familie regelmäßig den Sommer verbringt.

Die Jungen werden schikaniert und geschliffen, zynisch unter dem Motto »Bodenfreiheit messen« angekündigt, was konkret bedeutete, unter einem verrosteten Panzer, der unsicher im bereits herbstsumpfigen Schlamm stand, vorsichtig auf dem Rücken liegend durchzukriechen. Allen war die tödliche Gefahr bewusst, jederzeit von der Masse erdrückt werden zu können. Die Ausbilder genossen ihre Macht und spielten mit der Furcht der Rekruten. Jagten sie anschließend mit aufgesetzter Gasmaske auf schrägem Hang so lange im Kreis herum, bis sie aus Erschöpfung nicht mehr konnten. Die Wut der Getriebenen ist groß, aber ohnmächtig. Einige schwören, sich zu rächen, falls sie einem dieser verdammten Schleifer mal zufällig an der Front begegnen würden. Ist wohl auch passiert, aber leider wohl zu selten.

In den letzten Monaten des Krieges treffen hier auf weitem Feld hinter den Kasernen die Jungen, die Abenteuer herbeisehnen, auf desillusionierte Alte, die abkommandiert wurden von der Luftwaffe, weil die kaum noch Maschinen hat, also kein Bodenpersonal mehr braucht. Die Männer werden deshalb verächtlich, aber wegen möglicher linientreuer Mithörer lieber flüsternd, Hermann-Göring-Spende genannt. Ihr täglich ausgeübter Druck, der die pubertären Aggressionen von Jugendlichen gegen Erwachsene steigert, hat allerdings manchmal grotesk anmutende Folgen.

An die erinnert sich der Liebhaber des Grotesken natürlich genau. Ob ich denn wisse, was ein Richtschütze sei, fragte mich Günter Grass, als er davon erzählte, und nuckelte an der Pfeife. Ich schüttelte den Kopf, keine Ahnung, Militärisches hat mich noch nie interessiert.

Also macht er mich kundig: »In den drei noch funktionstüchtigen Panzern auf dem Gelände wurde, jeweils in wechselnder Besetzung, trainiert für den bevorstehenden Ernstfall. Ein Leutnant als Kommandant, ein Feldwebel als Ladeschütze, ich als Richtschütze, abwechselnd Ziel suchend, Turm schwenkend. Der Kommandant saß über mir, gab seiner Bezeichnung entsprechend Kommandos und schaute aus seinem Zielfernrohr raus, dem ging mein Schwenk nicht schnell genug, und er trat mich ins Kreuz. Ich schlug mit dem Auge gegen einen metallenen Aufsatz und wurde richtig wütend vor blindem Schmerz. Am liebsten hätte ich dem gleich eine reingehauen, aber der Feldwebel hielt mich fest, beruhigte mich. Am Ende der Übung ging es zurück in die Kaserne. Der Feldwebel befahl mir, meinen Stahlhelm aufzubehalten und ihn zum Rapport zu begleiten. Und dann hat er einem höheren Vorgesetzten Meldung erstattet, wie unmenschlich mich, den ihm ja anbefohlenen Richtschützen, der Leutnant behandelt hatte. Er wurde degradiert, stellen Sie sich das vor, degradiert. Auf der einen Seite haben die in diesem Verbrecherregime Menschen gequält, bis denen buchstäblich Blut und Wasser aus allen Poren lief, aber auf der anderen Seite galt bis zum Schluss irgendeine Heeresvorschrift, die unter Strafandrohung eingehalten werden musste.«

Noch funktioniert die Post einigermaßen, Günter Grass hätte Briefe nach Hause schreiben und zu seinem siebzehnten Geburtstag auch welche bekommen können. Mit kleinen Freuden des Alltags ist es vorbei, als nach ein paar Wochen der Ausbildung wirklich der Ernstfall beginnt. Angekündigt wird dieser mit martialischen Parolen als Entlastungsangriff für die kämpfende Truppe mittels moderner Jagdpanzer, doch es bleibt bei der Ankündigung. Die Panzer waren zuvor schon auf Minen gefahren und deshalb ausgefallen. Grass ist bei seinem ersten Einsatz ein Panzergrenadier ohne Panzer und schon diesen ersten Einsatz hat er nur knapp überlebt. Was dabei allerdings passierte, hört sich, trotz aller Tragik einzelner Schicksale, nacherzählt wieder so absurd, so komisch an, wie von Grass, Dichter, erfunden und nicht wie von Grass, Soldat, selbst erlebt.

Geschehen ist es in der Nähe von Spremberg. Die deutschen Truppen waren auf der Flucht, nicht nur an diesem Frontstück hatte die Dämmerung der braunen Götter begonnen. Sie brauchten dringend Kanonenfutter. Letzte Reserven wurden, wenig mehr als hundert Kilometer von den Grenzen Berlins entfernt, gegen die vorrückende sowjetische Armee eingesetzt. Alles natürlich längst nur noch Rückzugsgefechte, doch im Großdeutschen Rundfunk als taktische Meisterleistung des Führers, als freiwillige Frontbegradigung verkündet. Grass, siebzehn Jahre alt, war einem Stoßtrupp zugeteilt, der die in

Wahrheit unübersichtliche Lage erkunden sollte. Unterwegs hatten sie zwei Verwundete aufgesammelt, so genannte Freiwillige, die zum Volkssturm gezwungen worden waren. Fahrzeuge gab es nicht.

Dem Jüngsten wurde befohlen, sich in der Dunkelheit an die nächste erreichbare Straße zu stellen und zu warten, ob ein Lastwagen vorbeikomme, der die verletzten alten Männer mitnehmen könnte. Es kam tatsächlich einer, aber der fuhr mit aufgeblendeten Scheinwerfern und hatte eine Stalinorgel auf der Ladefläche, gehörte also ganz offensichtlich nicht zur deutschen Wehrmacht. »Ich habe noch gerufen ›Iwan, Iwan‹ und mich instinktiv rechts in eine Kiefernschonung geworfen, und da hörte ich auch schon eine Explosion.« Was aus den anderen seiner Gruppe geworden ist, hat er nie erfahren.

Soldat Grass war allein im Wald und es war Nacht und er hatte Angst. Es roch nicht nach Heldentod und Abenteuer, es roch nach seiner voll gepinkelten Hose. Irgendwann vernahm er näher kommende Geräusche, hörte jemanden durchs Unterholz tapsen. Da pfiff der Junge in seiner Furcht den Anfang von »Hänschen klein, geht allein, in die weite Welt hinein«, denn »laut pfeifen, sich so Mut zu machen ist als Methode überliefert«, wird Dichter Grass mal in einer seiner Reden als Empfehlung für alle Fälle des Lebens vortragen. Klingt im Nachhinein souverän und gut, aber damals ging es um Leben oder Tod und war nur ein spontaner, riskanter Einfall aus Verzweiflung. Erst als der Unbekannte die Melodie zurückpfiff, wusste er, dass es kein Feind sein konnte, der im Dunkeln auf ihn lauerte.

Wie sich herausstellte, war der Pfeifer aus dem Wald ein »mit allen Wassern gewaschener« Obergefreiter, im Zivilberuf Friseur in Berlin. Junge, sagte der, als Erstes müssen wir hier weg, und dies schnell. Gemeinsam robbten sie raus aus dem Wald. Am Rand der Wassergräben, die den Forst umgaben und gegen die abgeernteten Weizenfelder abgrenzten, sahen sie viele Biwakfeuer mit dunklen Gestalten, aber die sangen russische Lieder, keine vom Hänschen klein. Sie waren von Feinden umgeben. Also schlugen sie sich möglichst geräuschlos durchs Gebüsch, immer in der Sorge, entdeckt zu werden. Grass schleppte zwar eine italienische Maschinenpistole mit, hätte aber im Bedarfsfall gar nicht gewusst, wie er die bedienen musste. Nach einem Spurt über eine Brücke, begleitet von Schüssen, die sie aber verfehlten, nach einem Dauerlauf über lehmige Äcker, erreichten sie ein Dorf. Am Ortseingang war ein deutscher Panzer als Sperre eingegraben. Daneben ein Haus, in dem Licht brannte. Davor Soldaten in vertrauten Uniformen. Sie glaubten, unter Kameraden zu sein. Von wegen. Sie hatten auf deren Befragen keine Marschbefehle vorzuweisen, nur eine passende Geschichte zu erzählen.

Wer aber ohne gültige Papiere erwischt wurde in diesem Mittelabschnitt, der dem Nazibluthund Feldmarschall Schörner unterstand, galt als Deserteur, wurde von einem Standgericht zum Tode verurteilt und anschließend aufgeknüpft. Überall schon hatte Günter Grass sie hängen sehen in den Dörfern, durch die er vor jener Attacke am Kiefernwald gekommen war, Jungs seines Alters an den Bäumen der Hauptstraßen, die »in der Regel Adolf-Hitler-Straße hießen« oder erwachsene Männer, Pappschilder um den Hals, auf denen stand: »Ich bin ein Feigling.«

Auch dieses verdrängte Kapitel deutscher Geschichte hat Grass nie vergessen. Mehr als zwanzigtausend deutsche Soldaten sind als Deserteure zum Tode verurteilt worden. Immer wieder fordert er öffentlich Gerechtigkeit für die »eigentlichen Helden des Krieges«, weil die es waren, die »den Mut hatten, sich der verbrecherischen Tat zu verweigern. Sie brachten die Größe auf, Angst zu zeigen. Sie folgten nicht blindlings jedem Befehl. Ungehorsam hieß ihre Tugend«, schreibt er zum fünfzigsten Jahrestag des Kriegsendes an den japanischen Literaturnobelpreisträger Kenzaburô Ôe, der in seinem Antwortbrief eigene Erfahrungen des Umgangs mit Deserteuren in Japan schildert. Die entsprechenden Urteile der Kriegsgerichte sind im Mai 1995, als sie ihren Briefwechsel beginnen, in beiden einst verbündeten Ländern noch immer nicht aufgehoben, das Thema Deserteure ist noch immer ein Tabuthema.

Der Friseur aus Berlin und der Junge aus Danzig, die ein Zufall zu Kriegskameraden gemacht hat, wurden über Nacht in den Keller gesperrt, alles Weitere sollte am nächsten Tag verhandelt werden. Todesangst hatten sie, wie sich Grass erinnert, seltsamerweise nicht, aber gewaltigen Hunger. Deshalb machten sie sich erst einmal über die Töpfe und Einweckgläser in den Regalen her, stopften sich und ihre Taschen mit allem voll, was es gab. Es schien sich um den Vorratskeller eines Bauernhofs zu handeln. Auch aus diesem klassischen Mundraub sollte sich wieder eine klassische Grass-Geschichte mit absurden Folgen entwickeln. Da sie am anderen Morgen keine Geräusche mehr über sich hörten, schlich Günter vorsichtig die Treppe hinauf. Die Kellertür war nicht mehr verschlossen. Er schaute raus und machte sich kundig. Die Panzersperre war verlassen, die gestern noch strammen Verteidiger des deutschen Restvaterlandes hatten sich nachts aus dem Staub gemacht, nach Westen.

So machten sich auch die beiden aus dem Keller auf den Weg. Richtung Cottbus. Im Nacken die vorrückende feindliche Infanterie, neben sich einen stetigen Strom von Flüchtlingen. Als sie auf eine Einheit der Wehrmacht stießen, konnte sie nach ihren Papieren keiner fragen. Denn es begann an genau diesem Zeitpunkt überfallartig ein Gefecht, schlugen Granaten von russischen Panzern ein, fielen Schüsse, schrien voller Panik jene Offiziere, die gerade den starken Mann gegeben hatten. Günter Grass erwischte es mit einem Splitter in der Schulter, der verkapselt heute noch in ihm steckt, und einem Streifschuss am Bein. Diese Kugel hatte Folgen. Getroffen worden war dabei eins der aus dem Keller geklauten Gläser mit Stachelbeergrütze. Die lief nun süß klebrig an ihm herunter und lockte in den nächsten Tagen ganz andere Heerscharen an, hungrige Ameisen. Deren Bisse waren schmerzhafter als die Verwundung. Waschen konnte er sich nirgends, eine zweite Hose besaß er nicht.

In einer »Kurzen Geschichte« hat sich Grass in den ironisch-biografischen »Fundsachen für Nichtleser« verdichtend erinnert: »Als ich mit meinen siebzehn Jahren/ und einem Kochgeschirr in der Hand,/ gleich jenem, mit dem meine Enkeltochter Luisa/ auf Pfadfinderreise geht, am Rand/ der Straße nach Spremberg stand/ und Erbsen löffelte,/ schlug eine Granate ein:/ Die Suppe verschüttet,/ doch ich kam/ leicht angekratzt nur/ und glücklich davon.«

Seinen Begleiter, den Friseur, hatte es an diesem 20. April 1945 wirklich schlimm getroffen, dem hatte eine Granate beide Beine zerfetzt. Er lag da, blutend, stöhnend, grün im Gesicht und bat ihn um eine Zigarette. Bevor Grass ihm die anzünden und zwischen die Lippen stecken konnte, richtete er sich aber halb auf und »verlangte von mir: schau nach, Junge, ob mein Sack noch dran ist, los, mach schon.« Der war noch dran.

Auch dieses Erlebnis hat Günter Grass, der gerühmt wird, sich alles merken zu können, alles zu speichern und bei Bedarf abzurufen, für eine Szene in der »Blechtrommel« verfremdend benutzt. Während des Kampfes um die Polnische Post in Danzig wird Hausmeister Kobyella getroffen. Schon tödlich verwundet, fordert er seinen Mitstreiter Jan Bronski auf, zwischen seinen Beinen zu forschen, ob noch alles da sei. Erst danach beginnt das makabre letzte Skatspiel, in dessen

Verlauf er stirbt und dennoch als Toter die Karten in den Händen halten muss, weil man den dritten Mann zum Skat eben braucht.

So plötzlich, wie er begann, ist der Angriff vorbei. Es liegen um Grass herum die Leichen zerrissener Soldaten, die meisten nicht älter als er. Es zwitschern wieder die Vögel in der Schonung, als ob nichts geschehen wäre. Es verlangt ein Major, der gerade vor Angst die Hosen voll geschissen hat und noch stinkt, wieder Respekt vor seinem Rang. So wie die frühen Erlebnisse seiner Kindheit haben ihn einige Erkenntnisse nach diesem Angriff geprägt: Dass man vor angeblichen Helden keinen Respekt haben muss. Dass sich die Natur um den Tod von Menschen nicht schert. Vor allem seine Erfahrung, »als ich die Angst schätzen lernte«, war hilfreich. Denn wer einmal richtige Todesangst gehabt hat, beschissene Furcht, stürmt nie mehr blindlings auf Befehl ins Verderben. Grass umschreibt es so, »daß ich nur zufällig lebe« und er deshalb die Pflicht habe, auch im Namen derer zu sprechen, die gefallen sind.

Die Verwundeten wurden notdürftig verbunden und dann nach Meißen transportiert. Auf der Burg über der Stadt gab es ein Hospital. Dem so schwer verletzten Obergefreiten mussten die Ärzte beide Beine amputieren, aber er überlebte die Operation. Günter Grass hat ihn noch einmal gesprochen, bevor er einen Marschbefehl und gültige Papiere bekam. Seine nächste Station war Marienbad. Quer durchs Erzgebirge ging es, aber da er fieberte, kann er sich nicht mehr an Einzelheiten erinnern. Er wollte nur, was alle wollten, möglichst schnell weg von den Russen, weg Richtung Westen. Scheinbar ungebrochen sprachen Verwundete, die mit Grass in einem Waggon lagen, die gerade knapp mit dem Leben davongekommen waren, die eigentlich die Schnauze voll haben mussten vom Krieg, voller Hoffnung über ihre Zukunft. Bestimmt werde es für sie nur eine kurze Pause geben und bald würde man sie brauchen, um gemeinsam mit den Amerikanern gegen die Russen zu ziehen: Wirst schon sehen, sach' ich dir, glaub mir.

So wahnsinnig waren sie, dass sie selbst jetzt, Ende April 1945, noch immer »keinen Zweifel hatten an der Berechtigung des Krieges«. Grass war genauso verblendet und dumpf verankert in seiner Vorstellung, denn er war aufgewachsen unter Hitlers Bild mit Schießübungen im Wald, morgendlichen Appellen bei wehenden Hakenkreuzfahnen, vaterländischen Gesängen an nächtlichen Feuern.

Zu der Zeit wohnen Helene und Wilhelm Grass mit ihrer Tochter

Waltraut noch in Danzig, aber sie besitzen nichts mehr. Ihre kleinbürgerliche Existenz ist zerstört, ihre Welt liegt in Trümmern. Mühsam erworbene, sorgsam gehütete Errungenschaften, materielle und ideelle, haben keinen Tauschwert mehr. Nach der Eroberung Danzigs am dreißigsten März 1945 sind ihre Wohnung und ihr Laden von den Siegern beschlagnahmt worden. Neue Mieter aus dem Osten des verwüsteten Landes, umgesiedelte Polen, werden einquartiert. Die Familie Grass kommt bei den Großeltern in der Elsenstraße unter. Zurück im Labesweg bleiben ihre Möbel und ihre Garderobe, Bücher und Klavier, Schnapsflaschen und Bierkisten, Fässer mit eingelegten Heringen und Gläser mit sauren Gurken, bleiben die ganz persönlichen Erinnerungen und damit ihre Biografien.

Die Stadt, vor wenigen Monaten bei Günters Einberufung kaum vom Krieg gezeichnet, gibt es nicht mehr. Sie ist versenkt und untergegangen wie eines der Flüchtlingsschiffe in der vorgelagerten Bucht, wie am dreißigsten Januar die »Wilhelm Gustloff«. Danzig ist eine Ruine, und bald müssen auch die letzten Deutschen ihre Stadt verlassen. Die alttestamentarische Konsequenz der Sieger, Auge um Auge, Zahn um Zahn, ist nicht christlich. Zwar ist die Vertreibung die Folge der Hitlerschen Verbrechen, aber ein Verbrechen gegen die Menschlichkeit bleibt sie gleichwohl.

Wenn auch verständlich. Gerade hier an der Weichsel waren der Führer und sein Reich besonders laut jubelnd von denen empfangen worden, die jetzt fliehen müssen. In Danzig haben wie überall die »Bischöfe beider Kirchen wie unbeholfen zur Seite« geschaut, als die Synagogen brannten, als der braune Mob die Straßen beherrschte und bald nur sein Gesetz noch galt. Polnische und jüdische Mitbürger wurden gejagt und erschlagen wie die Ratten, im Konzentrationslager Stutthof, in einem Wäldchen an der Grenze. Wo es den Mördern gefiel. Es steht nach den Bombardierungen der Altstadt kaum noch ein Gebäude. Deshalb lässt sich ein ehemaliger Widerstandskämpfer, der den Terror der Nazis im Gegensatz zu sechs Millionen anderer Polen überlebt hat, mit seiner Familie von der sowjetischen Kommandantur ein Haus außerhalb der Stadt zuweisen. Da haust, zurückgelassen von bereits gen Westen Geflohenen, nur noch eine alte Frau. Sie hat Typhus. Obwohl »meine Mutter die Deutschen so hasste wie ich«, schrieb er vier Jahrzehnte danach in der Fußnote zu einem Gedicht, das damals geboren ist, habe sie die kranke Deutsche gepflegt, sei dabei von der angesteckt worden und gestorben.

Der Mann, der das berichtet, heißt Czeslaw Milosz. Ihn wird Günter Grass aus Langfuhr zum ersten Mal 1956 in Paris treffen, dessen Hauptwerk »Verführtes Denken« hatte er da gerade gelesen, diese sieben Biografien von Intellektuellen, die den Verlockungen in sich geschlossener Systeme erliegen und schuldig werden. Was der andere Nobelpreisträger, der im hohen Alter konservativ geworden ist, in diesem Buch über verbrecherische Ideologien und ihren Einfluss auf Menschen geschrieben hat, beeindruckte Grass und beeindruckt ihn noch immer.

Die Befreiung, von den meisten Deutschen »Zusammenbruch« oder »Kapitulation« oder »Stunde Null« genannt, als müsse man nur die Ruinen wegräumen und die Opfer begraben und neu anfangen, erlebt Grass am achten Mai 1945 in einem Militärlazarett in Marienbad. Er hat Glück und wird, bevor es in die andere Richtung geht, ein paar Tage darauf nach Bad Aibling in ein Kriegsgefangenenlager der Amerikaner verlegt. Wie hunderttausend andere Soldaten auch muss er sich in Erdlöchern einrichten unter freiem Himmel, bis es Platz für alle gibt in Baracken und in Zelten. Günter weiß nicht, was aus seinen Eltern und seiner Schwester geworden ist, ob sie in Danzig den Krieg überlebt haben oder wo sie jetzt sind. Was ihn stark macht, ist sein »unbegrenzt jugendlicher Überlebenswille«, und der ist stärker als der Schmerz über den möglichen Verlust seiner Familie.

Wichtig ist jetzt erst einmal durchzukommen, irgendwie durchzukommen, die Wunden auszuheilen und nicht zu hungern. Zu essen ist wichtiger, als zu trauern. Er registriert, dass Offiziere, die gestern noch seinesgleichen in Führers Namen zum Sterben haben antreten lassen, nun wie sie in den Mülltonnen der Amerikaner nach Essbarem wühlen und sich gierig nach Stummeln weggeworfener Zigaretten bücken. Der siebzehnjährige Günter raucht nicht.

Erste Berichte über die Verbrechen der Vätergeneration hält er für Propaganda der Sieger. Das will er nicht glauben. Darüber redet er mit Kameraden in den Baracken, und die denken wie er. Das können Deutsche einfach nicht getan haben, nein, das würden Deutsche niemals tun. So schützen sie sich gegen den Anblick der Fotos von Leichenhaufen und Verbrennungsöfen aus Bergen-Belsen, die den Kriegsgefangenen als Beweis für die Verbrechen der Nazis vor Augen gehalten werden. Das ist jenseits ihrer Vorstellungen. Die Bewohner der dem Konzentrationslager benachbarten Orte in Niedersachsen wollten selbst dann noch nichts begreifen, als sie unmittelbar nach der Befreiung durch die Engländer mit den stummen Beweisen konfrontiert und gruppenweise durchs Lager geführt wurden, vorbei an Haufen von Haaren, Schuhen, Brillen, Kleidung.

Um Dolchstoßlegenden im Keim zu ersticken, gibt es auch in Bayern »education«-Programme vor Ort. Die Wehrmachtssoldaten werden in Bussen und Lastwagen nach Dachau gefahren und dort durchs ehemalige KZ geführt. Bei den Jungen aus Bad Aibling bleibt der erwünschte Effekt aus, der aufklärende Schock, der Auslöser einer Katharsis. Im Gegenteil: »Einer aus unserer Gruppe war gelernter Maurer, und als sie uns die Duschräume der Häftlinge zeigten, sagte der nur, alles frisch gebaut, alles erst letzte Woche fertig geworden.« Das bestätigt ihr Misstrauen gegen alle Beweise, die man ihnen vorlegt. In ihrem Übereifer hatten die Amerikaner, um den Horror anschaulicher zu machen, Dachau als Vernichtungslager rekonstruiert, was es tatsächlich nie gewesen ist. Es war ein Konzentrationslager. Hier wurden Menschen gequält, deren Leiden sogar bewusst eingesetzt und verbreitet als Abschreckung gegen andere.

Grass ist als erwachsener Mann 1969 wieder in diesem Lager, lässt sich nach einer Wahlrede in einer Dachauer Maschinenfabrik noch mal zeigen, was er als Junge gesehen hatte. Ins Besucherbuch schreibt er in fast beiläufig klingender Kühle: »Hiervon – so sagt der heutige Bundeskanzler Kurt Georg Kiesinger – habe er nichts gewußt.« Eine für alle deutschen Kiesingers typische Entschuldigung.

Nichts wirklich gewusst zu haben, akzeptiert Grass als Erklärung nach dem Krieg nur für seine Generation, die bis zuletzt gläubige und deshalb alles ungläubig abwehrende, was die Verbrechen ihrer Idole und Helden belegte. Von solchen Vorbildern waren sie geprägt. »Geglaubt habe ich erst, was sie uns erzählten, und das ist das Absurde, als ich die Radioübertragung von den Nürnberger Prozessen hörte und mein ehemaliger Reichsjugendführer Baldur von Schirach die Verbrechen zugab, um seine Schuld zu gestehen und um die Hitlerjugend, also uns, vor dem Vorwurf zu schützen, eine verbrecherische Organisation gewesen zu sein. Da war noch dieser Rest des Autoritätsglaubens übriggeblieben, denn wenn es die eigenen Leute sagen, dann muß was dran sein.«

Als endlich Zweifel gesät war, begann das Erwachen der Scham, das Erkennen der Schuld, das nie mehr endende Entsetzen. Die Verbrechen der Deutschen sind so wenig zu entschuldigen wie die der anderen, aber nicht vergleichbar mit den Verbrechen anderer. Es macht ihn zunächst sprachlos. Bis ihm viel später klar wird, dass die Chiffre 1945 für ihn bedeutet, mit dem Verlust der moralischen Heimat leben zu müssen. Dass nach Auschwitz allerdings Gedichte zu schreiben barbarisch sei, ist zwar ein oft zitiertes historisches Urteil von Adorno, aber gefordert war nicht, fortan zu schweigen. Gefordert war in »Minima Moralia« eine andere Sprache, waren nach dem »unheilbaren Bruch« der Zivilisationsgeschichte andere Sätze, die sich, so Grass, »den Maßstab Auschwitz gefallen lassen müssen«.

Hinter der Chiffre 1945 steht eine unendliche Geschichte und nicht nur ein endliches Datum. Günter Grass wird sie erst schreibend fassen können, im Wortsinne seine Fassung gewinnen, als er beginnt, denen seine Stimme zu leihen und sie damit vor dem Vergessen zu bewahren, die tot sind. »Wer in den zwanziger Jahren... geboren wurde, wer, wie ich, das Kriegsende nur zufällig überlebt hat, wem die Mitschuld – bei all seiner Jugend – an dem übergroßen Verbrechen nicht auszureden ist, wer aus deutscher Erfahrung weiß, daß keine noch so unterhaltsame Gegenwart die Vergangenheit wegschwätzen kann, dem ist der Erzählfaden vorgesponnen, der ist nicht frei in der Wahl seines Stoffes, dem sehen beim Schreiben zu viele Tote zu«, begründet er seine Art der Aufarbeitung bei der Verleihung des Sonning-Preises 1996 in Kopenhagen.

Salman Rushdie bewundert deshalb an Grass, dem er sich als Schüler im Geiste verbunden fühlt, dass er ein »Emigrant aus seiner Vergangenheit« sei und auf seiner Reise über die Grenzen der Geschichte hinaus eines früh schon gelernt habe: zu zweifeln. Grass hatte ihm bestätigt, Verlust »ist die Voraussetzung unserer Geschichten«, erst Verlust habe sie beide beredt gemacht.

Weil er seine sich bald erweisende Begabung, Unsägliches sagen zu können, als Verpflichtung empfand, ist Grass nie der nahe liegenden Versuchung erlegen, zum Zyniker zu werden. Er hat auch nach Niederlagen nie resigniert, ist nie über die Zustände in der Welt in Verzweiflung geraten. Ein Schriftsteller, sagt er im »Tagebuch einer Schnecke« seinen Kindern, ist »jemand, der gegen die verstreichende Zeit schreibt«. Ist ein Zeitgenosse, der Anteil nimmt an den Problemen, die alle bedrücken, alle umgeben, auch »den Bürger Grass umgeben und auch den Familienvater Grass umgeben«. Bis zum heutigen Tag glaubt er, dass die Welt durch Vernunft, die schließlich »keine Blitzkriege« führe und nur langsam wirke, veränderbar sei. Der Fortschritt ist nun mal eine Schnecke. Um den zu beschreiben, in Worte zu fassen, muss er Heutiges an dem messen, was in seiner Vergangenheit passiert ist.

So findet er 1967 im Archiv seines Gehirns unter dem Stichwort Sommer 1945 bei der Vorbereitung eines Auftritts in der Universität von Jerusalem wieder, was er damals im Alltag der Gefangenschaft beobachtet und danach gespeichert hat. Der Deutsche aus Danzig redet zwar im Vorlesungssaal allgemein von »Zufallsprodukten« am Beispiel seiner Generation. Es genügt ihm aber nicht, mit Hinweis auf sein Geburtsjahr von dem deshalb nur zufälligen Verdienst zu sprechen, unbelastet zu sein. Grass erzählt, typisch Grass, lieber eine Geschichte. Eine aus jenem Sommer 1945, die von Ben und von Dieter.

Und die geht so: Der eine noch rechtzeitig befreit aus dem KZ Theresienstadt, der andere noch rechtzeitig in den letzten Kriegstagen in Gefangenschaft geraten. Der eine wartete im Lager für »Displaced Persons« auf seine Papiere für die Ausreise nach Israel, der andere hoffte auf baldige Entlassung für die Reise nach Hause. Wenn sie aufeinander trafen, weil beide auf dem Flugplatz Fürstenfeldbruck für die Amerikaner im Küchenbereich arbeiteten, wo auch Günter eingeteilt war, prügelten sich die Siebzehnjährigen in den Pausen, im Hass aufeinander unterstützt jeweils von der Gruppe, zu der sie gehörten.

Das übliche Ritual endete erst an dem Tag, als »eine Art Kulturoffizier« versuchte, Frieden unter ihnen zu stiften. Dessen Intention war in der Theorie vernünftig und gut: Erziehung zu demokratischen Umgangsformen durch Unterricht. Aber es funktionierte nicht in der Praxis. Bereits von der ersten Stunde an schlossen sich Ben und Dieter zusammen gegen den Mann aus der anderen Generation. Ihnen war egal, woher er stammte, woran er glaubte, wessen Uniform er trug. Sie hatten eine gemeinsame Basis gefunden, die stärker war als ihre bis dahin täglich ausgetragene Feindschaft, denn »wer Theresienstadt oder die Ardennenoffensive als Siebzehnjähriger überlebt hatte, haßte Erwachsene«.

Ben bekam irgendwann seine Papiere für die neue Heimat, Dieter wurde irgendwann in die alte entlassen. Die Geschichte, die Grass in Jerusalem erzählte, endet damit, weil er nicht mehr aus eigener Beobachtung berichten konnte, wie sie weiterging. Gedruckt wurde sie in der »New York Review of Books«, Lieblingsblatt der Ostküstenintelligenz in den USA, das Honorar betrug dreihundert Dollar.

Der Kriegsgefangene Grass hat damals Probleme mit seiner persönlichen Geschichte. Die sind nicht abstrakt moralischer Natur, sondern ganz konkret. Günter hat keine Heimat mehr, keine Adresse. Wo soll er hin, falls die Amerikaner ihn entlassen? Deswegen bleibt er selbst dann noch im Lager, als sich für andere längst die Tore öffnen. Ein Kumpel, denn »Kumpel nannte man damals alle«, schreibt ihm vorsorglich die Adresse seiner Eltern auf, falls sie sich mal aus den Augen verlieren. Der Kumpel heißt Philip Scherbaum. Ja, Scherbaum, wie im Roman »örtlich betäubt« jener Schüler, der aus Protest gegen den amerikanischen Vietnamkrieg auf dem Berliner Kurfürstendamm seinen Dackel verbrennen will und sich dann doch für den anderen Weg entscheidet, den durch die Institutionen, den Schneckenweg.

Bis Munster-Lager, wohin sie 1946 in die britische Besatzungszone überstellt werden, bleiben Günter und Philip noch zusammen. Dann trennen sich ihre Wege. Die Engländer brauchen junge Männer für die Arbeit in ihren Bergwerken und es beginnt im Lager eine Musterung wie für einen neuen Einsatz. Grass verweist auf den Splitter in der Schulter, der ihn trotz längst verheilter Wunde behindere, und ein Röntgenbild ergibt, dass es keine Notlüge ist. Bohnengroßer Splitter, verkapselt. Philip wird genommen, Günter ausgemustert und bald darauf entlassen. Immerhin hat er jetzt ein vorläufiges Ziel, besitzt er eine Adresse, die von Scherbaums Eltern in Köln-Mülheim, Neue Straße 7. Deren Sohn Philip blieb bis 1951 in England.

»Dieser Dussel« hatte sich nach der Arbeit im Bergwerk freiwillig zum Minenräumen gemeldet, wie Grass Ende der Neunzigerjahre durch einen Brief von Philip Scherbaums Sohn erfuhr. Er hatte zufällig im Radio gehört, wie der ehemalige Kumpel seines inzwischen verstorbenen Vaters ihre Geschichte aus Bad Aibling erzählte und ihm daraufhin einen Brief geschrieben.

In den Ruinen von Köln sieht Günter Grass ein halb zerstörtes Kino, das Erinnerungen ans »Tobis« in Danzig auslöst, an Kindheit in einer anderen Zeit. Auf dem Plakat ist noch zu lesen, welcher Film lief, als die Bomben fielen: »Romanze in Moll« mit Marianne Hoppe und Paul Dahlke. Günter kann sich nostalgische Gefühle nicht leisten, er muss an den nächsten Tag denken, immer nur den nächsten. Er findet eine Arbeit, keine ganz legale, aber das stört niemand. Die Mutter seines Kumpels bietet auf dem Kölner Schwarzmarkt Vierfruchtmarmelade direkt aus gehamsterten Eimern an, er hilft ihr und bekommt als Gegenleistung bei den Scherbaums Kost und Logis.

Nachdem der Vorrat ausgeschöpft ist, zieht er weiter und ackert zunächst als Erntehelfer bei einem Bauern. »Was sollte ich denn tun? Ich mußte ja irgendwo schlafen, irgendwas essen, ich wußte ja nicht, wo meine Eltern waren.« Danach geht er für drei Wochen ins Saarland und findet auch dort eine Gelegenheitsarbeit.

Diese Stationen werden in seinen »Hundejahren« als grotesker Hintergrund für eine Nachkriegsgeschichte benutzt, in der Walter Matern auf Durchreise ehemalige Nazigrößen dadurch bestraft, da es sonst keiner tut, indem er ihre weiblichen Familienangehörigen mit einem Tripper ansteckt.

Es ergab sich überraschend eine andere Gelegenheit für Grass, die in der Konsequenz sein Leben vielleicht in andere Bahnen hätte lenken können. Was wäre aus ihm geworden, wenn es geklappt hätte? Redakteur im Nachtstudio eines Rundfunksenders? Kunstlehrer auf einem Gymnasium? Oder Literaturkritiker einer Zeitung? »Manchmal glaube ich, daß mich die bloße, doch Vater und Mutter tief grämende Tatsache, kein Abitur gemacht zu haben, geschützt hat.« Geschützt vor einer Existenz in geordneten Bahnen; Träume abgelegt in Schubladen.

Da er eingezogen worden war, bevor er einen Abschluss geschafft hatte, wollte es der ehemalige Obertertianer des Petri-Gymnasiums aus Danzig damals aber noch einmal wissen. Was fürs Leben lernen. Auf dem Bahnhofsvorplatz in Göttingen, wohin es ihn nach dem Zwischenspiel Saarland verschlagen hatte, traf er per Zufall einen ehemaligen Mitschüler. Der erzählte ihm, dass überall besondere Klassen eingerichtet wurden, in denen man Abitur nachmachen konnte, unabhängig von Alter oder letzter Adresse. Das mache er zum Beispiel auch und wohnen könne Günter ja bei ihm und seinen Eltern. »Ich ging mit, weil ich hoffte, daß es da auch was zu essen geben würde. Gab auch was.«

In der ersten Schulstunde ein paar Tage darauf ging es um Lateinvokabeln, in der zweiten um Geschichte. Diese Stunde war für Grass schon die letzte. Neben ihm saßen einander fremde Achtzehnbis Fünfundzwanzigjährige mit allerdings einer hautnahen gemeinsamen Erfahrung, der Erfahrung verlorener Illusionen. Vor ihnen baute sich ein drahtiger, kleiner Studienrat auf. Er begann seinen Unterricht mit der rhetorischen Frage: Wo waren wir stehen geblieben? Und gab gleich selbst die Antwort: bei der Emser Depesche. Das kann doch nicht wahr sein, dachte Grass, für den ist die Geschichte tatsächlich, als ob nichts, gar nichts sonst mit uns und hier geschehen ist, bei der Emser Depesche stehen geblieben. »Da stand ich auf und nahm meinen Brotbeutel, in dem waren meine paar Sachen drin, Socken und ein Hemd, ging raus aus der Klasse, und alle schauten mir nach.«

Schulen hat er mit dem guten Vorsatz, was fürs Leben lernen zu wollen, nie wieder betreten. Allenfalls auf Einladung besucht, wenn er später zu Veranstaltungen mit Primanern gebeten wurde, die unter dem üblichen Motto standen: Was will uns der Dichter mit diesem oder gar jenem Gedicht sagen? Diesem zum Beispiel, das auch noch »Der Dichter« betitelt ist: »Böse, / wie nur eine Sütterlinschrift böse sein kann,/ verbreitet er sich auf liniertem Papier./ Alle Kinder können ihn lesen/ und laufen davon/ und erzählen es den Kaninchen,/ und die Kaninchen sterben, sterben aus –/für wen noch Tinte, wenn es keine Kaninchen mehr gibt!«

Ein Schüler der Unterprima 1 des Rudolf-Koch-Gymnasiums Offenbach wandte sich an die »Frankfurter Allgemeine Zeitung«, die diesen Grass im Januar 1960 veröffentlicht hatte. Der Unterzeichner Michael Scholz schrieb im Namen seiner Mitschüler: »Wir stellten aber doch die Frage, begibt sich das moderne Gedicht nicht in die Gefahr, sich in der Manier der Verschlüsselungen zu verlieren und schließlich das Ende des Gedichtes überhaupt heraufzubeschwören? Wo ist da noch Gesang? Wo die Nähe Gottes?«

Das Erlebnis mit der Emser Depesche hat Grass bis ins hohe Alter geprägt. Das Leben wurde seine höchsteigene Schule. Auf der hat er sich unentwegt aufs Abitur vorbereitet. Hat Wissen in sich reingestopft und sich »kundig« gemacht. Der abgebrochene Obertertianer, dessen Lehrer »Krieg« hieß, war immer bestens vorbereitet bei jedem Auftritt mit politischen Gegnern. So wie ein Kandidat vor der Prüfungskommission. Da gab der Kleinbürger, aus dem unter normalen Verhältnissen was Besseres hätte werden können, aus dem aufgrund nicht normaler Verhältnisse das Beste geworden ist, den anderen nicht nur gehörig Bescheid, sondern wusste unerhört vieles besser. Das trug Günter Grass dann den Ruf ein, ein notorischer Besserwisser zu sein, laut Augstein fast so nervig wie Helmut Schmidt, ein Oberlehrer in seiner Schule der Nation.

Was außerdem blieb, ist eine »literarische Fixierung auf Lehrer«: Turnlehrer Mallenbrandt und Oberstudienrat Klohse in »Katz und Maus«, Fräulein Spollenhauer in der »Blechtrommel«, die vergeblich versucht, Oskar in der ersten Schulstunde sein Instrument wegzunehmen. Studienrat Brunies in den »Hundejahren«, Harm und Dörte in den »Kopfgeburten« usw. Am liebsten ist ihm, schreibend betrachtet, Hermann Ott alias Zweifel aus dem »Tagebuch einer Schnecke«. So einen Lehrer hätte Günter Grass sich gewünscht, damals in Göttingen.

Als er da mit seinem Brotbeutel und seiner Wut vor der Schule steht, hilft wieder der Zufall weiter. Zunächst verabschiedet er sich, dankend für alles, von der Familie seines ehemaligen Mitschülers. Dann geht er zum Bahnhof, denn nur von Bahnhöfen kam man damals irgendwohin, Autos fuhren kaum. Wieder trifft er einen, den er von früher kennt, der gibt ihm einen guten Rat, nimm den nächsten Zug, fahr Richtung Hannover, und melde dich bei der Burbach-Kali-AG, die suchen für ihre Salzbergwerke kräftige Leute. Da gibt es Essensmarken für Schwerstarbeiter, so schwer, wie sie sich anhört, ist die Arbeit unter Tage gar nicht, weil oft Stromsperre herrscht. Da könne man sein Geld im Warten verdienen. Das scheint Günter, der eh nicht weiß, wohin er gehen soll, eine gute Idee zu sein. Er verlässt Göttingen und bewirbt sich bei der Burbach-Kali-AG, gelegen in Groß-Gießen zwischen Hannover und Hildesheim, Werk Siegfried, als Koppeljunge – und wird genommen. Koppeljungen heißen so, weil sie auf der neunhundertfünfzig Meter tiefen Sohle die vollen Loren aneinander koppeln müssen.

In dieser Finsternis tief unter der Erde, als wie erwartet wieder mal Stromsperre herrschte und alle Arbeiter im fast totalen Dunkel saßen, nur punktuell erleuchtet durch den Schein ihrer Karbidlampen, erwachte beim fast neunzehnjährigen Günter Grass im Frühjahr 1946 das politische Bewusstsein. Wenn angesichts der Lage das Bild hier nicht so stilblütig wäre, dürfte man sagen: Es ging ihm ein Licht auf. Denn was taten die um ihn herum, zur Untätigkeit gezwungen, da es keinen Strom gab und die Aufzüge nach oben deshalb auch nicht funktionierten? Sie diskutierten über Politik, sie redeten über das, was hinter ihnen lag. Es arbeiteten in der Schicht harmlose kleine Nazis, und es waren da verbitterte Kommunisten und dazwischen brave Sozialdemokraten. Nach einer halben Stunde gab es Streit, und weil sie den Krieg einfach ausließen, waren sich wie einst beim Ende der Weimarer Republik die sonst verfeindeten Braunen und Roten einig gegen die Sozis.

Typisch?

Typisch. Viele Jahre später hat der Autor Grass in einem Archiv ein Foto entdeckt, das die frühen Erfahrungen des Koppeljungen Günter bestätigte. Auf dem Bild sind Walter Ulbricht und Joseph Goebbels zu sehen, nebeneinander einträchtig an einem Tisch sitzend, beide leitende Mitglieder eines überparteilichen Streikkomitees. Nach dem so genannten Kominternbeschluss hatten Nazis und Kommunisten in Berlin gemeinsam Front gemacht gegen die sozialdemokratische Stadtregierung. Die Weimarer Republik ist nicht gestorben, weil es zu wenige Demokraten gab, sondern zu wenige, die sie verteidigt haben.

Eher instinktiv hat Günter Grass nach den Disputen im Bergwerk geahnt, wohin er gehört. Nicht zu den wortgewaltigen Ideologen, sondern zu den wortkargen Sozialdemokraten, die »weder vom Tausendjährigen Reich noch von der Weltrevolution faselten«. Sein Misstrauen gegen alle Heilslehren von links und von rechts, die den Himmel auf Erden versprechen, ist unter der Erde geboren worden.

Was ihm einer der Sozis aus seiner Schicht sagte, weißt du, Junge, wenn du die Welt verbessern und die Menschen ändern willst, musst du Schulen bauen, Schulen, hörst du, hat er sich fast wörtlich gemerkt. Schulen bauen!, forderte er in seinen Auftritten für die SPD in den Sechzigerjahren, »so viele, daß blöd bleiben Kunst wird. Nie mehr über Gräber vorwärts.« Und was an einem freien Sonntag auf einem Platz im völlig zerstörten Hannover ein einarmiger schwer kriegsgeschädigter Redner namens Kurt Schumacher verkündete, leuchtete ihm ebenso ein: Nie wieder Krieg. Schumachers Gebrüll, seinen lauten Tonfall, mochte er nicht, gegen Geschrei war er nach seinen Erlebnissen allergisch geworden. Aber die Argumente gefielen ihm und die Aufforderung, den Toten, die ihre Stimme zuerst auf dem Vormarsch und dann auf dem Rückmarsch verloren hatten, wenigstens eine beim Kreuzemachen in der Wahlkabine zu geben, diesmal an der richtigen Stelle. So ist Günter Grass zum Sozialdemokraten geworden und das ist er, manchmal mit und meist ohne Parteibuch, bei stets kritischer Sympathie auch geblieben.

Die Ungewissheit, was aus seinen Eltern und seiner Schwester geworden ist, lässt ihm keine Ruhe. Wie in jeder deutschen Kleinstadt hängen auch im Bürgermeisteramt von Groß-Gießen lange Listen mit Namen von Vermissten. Dieser Suchdienst des Roten Kreuzes wird regelmäßig auf den letzten Stand gebracht, die neuesten Listen täglich im Rundfunk vorgelesen. Jeder sucht jemanden. Vielleicht forscht seine Familie auf die gleiche Weise nach ihrem verschollenen Sohn, von dem sie nicht wissen kann, ob er noch lebt oder längst irgendwo vermodert. Jeden Tag nach Schichtende geht er zum Aushang am

Rathaus, bis er auf der Liste einen bekannten Namen entdeckt, den eines entfernten Verwandten aus Danzig. An den schreibt er und der hat nach Wochen dem Koppeljungen geantwortet, kann ihm tatsächlich sogar weiterhelfen, denn er kennt den Aufenthaltsort seiner Großeltern, und »die wußten, daß meine Eltern und meine Schwester aus der sowjetisch besetzten Zone in die britisch besetzte gewechselt waren und im Rheinland irgendwo lebten. Sie schickten mir einen Brief mit ihrer Adresse.«

Das war im Winter 1946. Günter beschloss, sich auf den Weg nach Hause – nach Hause? – in den Erftkreis zu machen. Er kündigte die Arbeit im Kalibergwerk. Doch selbst diese Geschichte, die chronologisch fortgesetzt werden wird, führt mit grotesken Zügen noch in die Zukunft. Als der Dichter Günter Grass 1969 beim Wahlkampf für die SPD in der Gegend zwischen Hannover und Hildesheim war, hat er dem Bundestagsabgeordneten Ulrich Lohmar von seiner »Erweckung« unter Tage, von seinem SPD-Urerlebnis berichtet. Der hat das offenbar nicht geglaubt, sondern für die schöne Geschichte eines professionellen Geschichtenerzählers gehalten. Vier Wochen später jedenfalls hat »er mir geschrieben, er sei im Werk Siegfried der Burbach-Kali-AG gewesen und habe in den Stammrollen nachgeschaut, ob er dort eine Eintragung Grass, Günter, 1946, finden könne. Und da stand mein Name mit dem Zusatz: Verließ das Werk am soundsovielten 1946 unter der Mitnahme werkeigener Holzschuhe. Ist doch toll, oder?«

In Niederaußem bei Köln traf er seine Eltern wieder und seine Schwester war inzwischen kein Kind mehr. Er hatte sogar daran gedacht, ihnen etwas mitzubringen, ein wenig Rübenkraut in einer Büchse, ein wenig Butter. Damals seltene Schätze. Wie gebrochen seine Mutter trotz der Freude über die ersehnte Heimkehr ihres Ginterchen auf ihn wirkte, hat Grass nie vergessen. Ursachen für ihren Zustand waren nicht nur der quälende Verlust ihrer kleinbürgerlichen Welt, an der sie hing, nicht nur die dauernde Angst um ihren geliebten Sohn, von dem sie lange nichts gehört hatte, nicht nur die schlechte Behandlung durch den katholischen Großbauern, bei dem sie in einer ehemaligen, ungeheizten Küche einquartiert worden waren. Schlecht behandelt wurden viele der Flüchtlinge aus dem verlorenen Osten. Wie sich herausstellen würde, waren es auch besondere Umstände auf der Flucht. Seine Mutter hatte sich, um ihre Tochter vor russischen Soldaten zu schützen, für die fast fünfzehnjährige Waltraut geopfert und war wiederholt vergewaltigt worden. Darüber hat sie mit ihrem Sohn natürlich nie gesprochen. Grass erfuhr es nach dem Tod seiner Mutter von seiner Schwester und selbst darüber gesprochen hat er erst nach dem »Krebsgang«.

Nichts war mehr so, wie es früher mal war. Nichts?

Doch, da gab es etwas, was den Krieg überdauert hatte und die furchtbaren Geschichten von Verlust und Flucht, Lager und Hunger. Die Streitigkeiten zwischen Vater und Sohn. Denn schon bald nach der Wiedervereinigung brachen die wieder auf. Stärker und lauter als zuvor, denn Günter war umständehalber ein erwachsener Mann geworden, neunzehn Jahre alt. Zwar noch lange nicht volljährig, das wurde man tief bis in die Sechzigerjahre erst mit einundzwanzig, aber gewohnt, Entscheidungen selbst zu treffen. Zum Konflikt mit Folgen kam es, als Wilhelm Grass dem Sohn stolz verkündete, er habe ihm dank seiner guten Beziehungen im Braunkohlewerk, wo er derzeit als Pförtner arbeite, eine Lehrstelle in der Verwaltung besorgt. Das würde Zukunft haben.

Der wollte von so einer Zukunft aber nichts wissen, der bestand in»egozentrischer Unbeirrbarkeit« darauf, selbst seine Zukunft zu bestimmen. Der kaschubische Sturkopf machte in klaren Sätzen klar, was er wollte: Bildhauer werden, auf die Akademie gehen, was Eigenes lernen, was Künstlerisches. Nie habe er etwas anderes im Sinn gehabt, schon als zwölfjähriger Schüler in Danzig, und erst recht nicht nach dem Urerlebnis an jenem Nachmittag bei der Kunstlehrerin in Zoppot, die ja Bildhauerin war. Sein Vater hielt brotlose Kunst für blanken Wahnsinn. Seine Mutter, die wie immer auf der Seite ihres geliebten Peer Gynt stand, blieb ihm auch jetzt treu und setzte sogar durch, dass er aus einer Rente mit fünfzig Mark pro Monat unterstützt werden sollte. Als es der Familie besser ging und sie in der Gegend eine richtige Wohnung fand, wurden sechzig daraus.

Nur drei Wochen nach der Heimkehr macht sich Günter Grass wieder mal allein auf den Weg. Er hat diesmal ein konkretes Ziel. Zunächst den Bahnhof. Die Straße ist nur an den Strommasten erkennbar, unter meterhohem Schnee verweht. Vom Bahnhof dann geht es per Zug nach Düsseldorf. Auch diese Stadt ist gezeichnet vom Krieg und den Bomben, aber da gibt es eine Akademie, das weiß er, dort will er hin.

Natürlich hat er es geschafft, allerdings stand er, als er sich durchgefragt hatte, nach der Ankunft vor verschlossenen Räumen. Ein Professor, den er zufällig traf – weil Zufälle sein Leben bestimmten, glaubt

Grass an Zufälle –, erklärte ihm, warum: Man hatte keine Kohle, um die Räume zu heizen. Und was jetzt? Ganz bestimmt nicht zurück nach Hause, das ihm so eng geworden war. Einen guten Rat hatte der Mann. Nebenan, nur ein paar Straßen weiter, würden Lehrlinge gesucht bei einem Steinmetz. Der hatte viel zu tun. Grabsteine für den Stommeler Friedhof. Es starben ja so viele in diesem Hungerwinter 1946/47, dem kältesten seit vielen Jahren. Ein Praktikum als Steinbildhauer war außerdem Teil der Ausbildung zum Bildhauer, und wann er die nun machte, vor dem Studium oder in kommenden Semesterferien, das war egal. An Steinen zu üben, sich zu messen, konnte schließlich nicht schaden bei der späteren Aufnahmeprüfung.

Günter Grass arbeitete so ein Jahr lang und bestand beim Steinmetzbetrieb Moog seine Gesellenprüfung. Er hatte einen soliden Beruf erlernt, und da es um Grabsteine ging, sogar einen krisenfesten. Darauf blieb er stolz. Als ausgebildeter Steinmetz, sagte mal ein wenig kokett der bekannte Blechtrommler, sei er immerhin, um seine Familie zu ernähren, »in der Lage, notfalls, sollte man mir eines Tages das Kochen, Schreiben und Zeichnen verbieten, auf den Bau zu gehen und Muschelkalkfassaden zu versetzen«.

Muschelkalkfassaden am Beispiel der Dresdner Bank in Düsseldorf lernte Grass kennen, als er sein Handwerk ausübte, um nebenher Geld zu verdienen. Das war im Juni 1948, so genau weiß er noch den Zeitpunkt, weil er in einer Arbeitspause durch »die Löcher einer Zwischendecke in den darunterliegenden Schalterraum linsen« konnte und dort Stapel von Geld sah. Frisch gedrucktes Geld. »Demnächst sollte es ausgeteilt werden, gerecht, wie es hieß: Anstelle der schier wertlos gewordenen Reichsmark sollten 40 DM pro Kopf nicht nur die Währungsreform einleiten, sondern – wie sich zeigte – ein neues Zeitalter begründen.« Seine vierzig Mark gab er, als Anteil an der Gesamtsumme, seiner Mutter für den Kauf einer Armbanduhr, die Schwester Waltraut als Geschenk bekam. Angeblich geht die Uhr immer noch.

Der Lehrling wurde da noch in Reichsmark bezahlt, aber zusammen mit dem Zuschuss der Eltern reichte es gerade, um zu essen und im Caritas-Heim der Franziskaner, ganz in der Nähe der Werkstatt, ein Bett im Schlafsaal zu mieten. Der Leiter der Bibliothek, Pater Stanislaus, verschaffte ihm Nahrung für den Kopf, machte ihn kundig, gab ihm Gedichtbände zu lesen von Georg Trakl und Baudelaire und Rainer Maria Rilke und Apollinaire. Günter hörte zu, wenn er ihm die Gedichte interpretierte und seine Fragen beantwortete, er hörte weg, wenn er versuchte, den einstigen Messdiener wiederzugewinnen für die Rückkehr zum nichts hinterfragenden Glauben der Kindheit.

Außer als Steinbildhauer mit Inschriften und Symbolen auf Grabsteinen übt sich Günter an den Gesichtern der Männer im Heim. Eine Abteilung für Alte gehört zum Kloster. Denen schenkt er Zigaretten, dafür schenken sie ihm ihre Zeit. Von der haben sie genug. »Es war natürlich günstig, daß ich damals Nichtraucher war, deshalb konnte ich den alten Männern was bieten. Die hatten fast alle Asthma und rauchten wie die Schlote, denen gab ich dann ein, zwei Zigaretten, und dann saßen sie mir für ein bis zwei Stunden für Porträts. Und diese Bleistift-Zeichnungen, leider habe ich keine davon mehr, die waren, glaub ich, ganz gut, und die waren neben einigen Arbeiten, die ich in Stein auf meiner Lehrstelle gemacht hatte, mit ausschlaggebend, um angenommen zu werden auf der Kunst-Akademie, als sie endlich 1948 wieder eröffnet wurde. Die Anforderungen waren hoch. Ich glaube, es gab siebenundzwanzig Bewerber, und nur zwei haben sie genommen, eine junge Frau aus Krefeld und mich.«

Seine Begabung ist bereits aufgefallen während der Lehrzeit, er ragte heraus unter den anderen Steinmetzen. Nun wird sie in Form gebracht. Der Junge mit dem markanten Gesicht, große Nase, dunkeltiefe Augen und weit über die Ohren reichende schwarze Haare gilt als Talent. Er trägt noch keinen Bart. Dass seine unteren Zähne vorstehen, stört ihn nicht. Viel später, längst in Berlin, unternimmt er Versuche, sein Profil durch verschiedene Formen eines Bartes auszugleichen. Schließlich bleibt er beim Schnauzer. Der wird zum Markenzeichen.

In der Akademie teilt er sich ein kleines Atelier mit einem anderen, der als ebenso talentiert gilt, Franz Witte. Nebenan arbeitet ein gewisser Joseph Beuys, man hat wenig Kontakt, denn Beuys lernt bei Ewald Mataré. »Beuys hat sehr gut gezeichnet, aber später hat er mit seinem Satz, daß jeder ein Künstler sei, doch sehr viel Unsinn angerichtet und dem Dilettantismus Tür und Tor geöffnet.«

Grass wohnt nach wie vor im Caritas-Heim, zu einem Raum für sich reicht es nicht. Sein erster Professor heißt Sepp Mages. Der schafft feste Grundlagen für die freie Kunst. Er bringt ihm bei, was das reine Handwerk des Bildhauers ausmacht, aber Mages' klassisch geprägte Formenwelt wird ihm bald zu eng. »Im ersten Semester habe ich zwar geflucht, weil ich so einen römischen Mädchenkopf kopieren mußte, das mußten wir alle, so eine mit Lockenhaar, dreimal verschiedene Neigungen des Kopfes, aber ich habe es gemacht und dabei viel gelernt«, doch als der begann, an »mir rumzumäkeln, weil ich mich an einem weiblichen Akt mit weit geöffneten Beinen versucht habe«, kommt es zum Streit. Grass bleibt stur, Mages verhält sich dennoch fair. Er ermöglicht ihm den Wechsel in die Klasse von Otto Pankok.

Der ist zwar kein besonders guter Lehrer, aber einer, der auf Grass über die Kunst hinaus prägend wirkt. Pankok ist ein überzeugter Pazifist: »Er ließ uns außerdem viel Freiraum. Gesehen haben wir ihn selten, weil er in seinem Atelier mit seiner eigenen Kunst beschäftigt war, meist Zigeunermotiven.« Wichtiger sind die verrückten Typen, die bei ihm studieren, schräge, bunte Vögel. Mit denen befreundet sich Günter Grass über den Tag hinaus. In Gemeinschaftsarbeit verdienen sie sich zum Beispiel beim Bau von Wagen für den Rosenmontagszug ein bisschen Geld, das sie dann im rheinischen Karneval in schon wieder fröhlichen Nächten ausgeben. Grass beweist, kein Wunder bei seiner besonderen Ausbildung auf der Festwiese vor den Toren Danzigs, tanzend sein anderes Talent. Das gefällt vielen Mädchen. Er kauft sich vom Überschuss richtige Wasserfarben, »in viereckigen Näpfchen, ein jedes in Silberpapier eingepackt, sagten sie auf einer Banderole ihren Namen her: Karminrot, Kobaltblau, Neapelgelb, Siena, Umbra, Lichter Ocker, Chromoxidgrün ...«

Otto Pankok ist schon lange tot, aber nicht nur eine Schule in Mülheim ist nach ihm benannt, auch sein ehemaliger Student hat ihm Unsterblichkeit verschafft. Eine der vier Stiftungen des Nobelpreisträgers, die Stiftung für die Pflege der Kunst von Sinti und Roma, verleiht ihren jährlichen Preis in Otto Pankoks Namen. Und »das Gegensätzliche dieser beiden Künstler ... hat mich später gereizt, beide auf satirische Art und Weise in meinem Roman ›Die Blechtrommel‹ zu porträtieren«, bekennt Günter Grass. In diesem Buch kommen noch andere, erkennbar verfremdet, aus der Zeit in Düsseldorf vor, so wie es viele gibt, die mal mit Oskar in Danzig gelebt haben könnten. Aber dieses Spiel, wer ist wer?, hat viel an Reiz verloren, weil es zu viele gespielt haben, die dem wahren Grass ausschließlich in seinen Werken nachgeforscht und sich ihm nur in der Interpretation seiner Romane genähert haben.

In Düsseldorf lernte Grass nicht nur Zeichnen und Bildhauern und Fassadenklopfen, er machte auch Musik. Dafür brauchte er keine Ausbildung. Die kreativen Könner der Band sind Horst Geldmacher, der

Im Düsseldorfer Jazzkeller »Czikos«: Günter Grass sitzt am Waschbrett, Günther Scholl spielt auf dem Banjo und Horst Geldmacher beherrscht virtuos die Flöte.

Flötist, und Günther Scholl am Banjo. Grass bearbeitete das Waschbrett im passenden Schlag. Die nächtlichen Auftritte brachten regelmäßige Honorare und mit denen reichte es Günter Grass zum ersten eigenen, allerdings noch fensterlosen Zimmer. Bald zog er mit Geldmacher zur Untermiete in eine Art Wohngemeinschaft. Diese Zustände und seinen »detailversessenen Freund« hat er in der »Blechtrommel« beschrieben, Horst musste für die Figur des Klempner herhalten, doch die Einzelheiten stimmen, »so etwa war der«.

Da Grass selbst mir das erzählt, lasse ich es gelten.

Musik seiner frühen Jahre rettet er in den Rhythmus einer anderen Zeit. Im noch geteilten Berlin trat Günter Grass, Prosa und Gedichte vortragend, mit dem Flötisten Aurèle Nicolet auf. Die Säle waren so voll wie damals der Jazzkeller in Düsseldorf. Er ging auch immer wieder mit dem Perkussionisten Günter »Baby« Sommer auf Tournee, der noch in der DDR lebte, in Dresden, als sie zum ersten Mal miteinander Kontakt hatten. Zu Beginn ihrer Zusammenarbeit mussten sie sich konspirativ treffen und Pläne, Noten, Gedichte, Ideen austauschen. Von späteren gemeinsamen Darbietungen gibt es viele Aufnahmen. Die Stimme von Grass ist dabei immer das Leitmotiv, die Melodie. Er liest scheinbar wie üblich seine Texte, doch getragen von der Perkussion »Baby« Sommers fliegt seine Stimme als Melodie durch den Raum. Muss Grass lange gelernt haben, um es so gut zu können.

Gelernt im Klackklackschruppschrupp der auf dem zum Instrument umfunktionierten Waschbrett tanzenden Fingerhüte. Die Extraeinnahmen aus dem Keller langten für ein paar Extraausgaben: Karten für Gründgens-Inszenierungen am Düsseldorfer Schauspielhaus, Ausstellungen von Henry Moore und Marc Chagall, eine Reise mit dem Bus nach Hamburg, wo die erste große Picasso-Ausstellung nach dem Krieg stattfand. Abbildungen von seiner Kunst hatte Günter Grass in Zoppot bei Frau Kröhnert gesehen, aber noch nie ein Original von ihm. Die Kunststudenten fuhren »natürlich alle nach Hamburg. Unser Quartier war die Jugendherberge am Bismarck-Denkmal, doch die brauchten wir eigentlich nicht. Wir waren zwar die ganze Nacht auf der Reeperbahn, aber am wichtigsten war das Erlebnis Picasso.«

Ein anderer Großer kam persönlich zu ihnen in den Keller des »Czikos«, in dem sie ihre Musik machten, Louis Armstrong. Er war durch Zufall nach seinem Düsseldorfer Auftritt in dieser Kneipe gelandet und hatte Geldmacher und Scholl, den beiden herausragenden Solisten, ein wenig zugehört. Es musste ihm gefallen haben, was sie spielten, denn er ließ per Taxi aus dem Hotel seine Trompete holen und dann gab es eine Dixieland-Jamsession, die Grass nie vergessen wird.

Auch Waltraut Grass war nach Düsseldorf gezogen. Ihre Eltern blieben in der Nähe des Braunkohlebergwerks am Arbeitsplatz des Vaters. Sie hatte in einem katholischen Krankenhaus eine Lehrstelle als Krankenschwester bekommen. Daraus entwickelt sich wieder eine fast groteske Geschichte. Nach der Ausbildung fühlt sie sich berufen und wechselt als Novizin in verschiedene Klöster eines Ordens, zunächst nach Rom, dann nach Aachen. Ihr Bruder besucht sie, erkennt seine Schwester kaum wieder. Er kann sie erst unter Drohungen, die er allerdings wild und entschlossen vorträgt, sodass die erschreckte Oberin ihn für des Teufels hält, aus den engen Umarmungen der Nonnen befreien. Aber die Geschichte, wie er mit List und Lust verhinderte, dass aus Waltraut Grass eine Braut Christi wurde statt der Hebamme, die sie werden wird, will Grass außerhalb der Feststellung, sie habe sich verrannt und er sie »aus einem katholischen Kloster« geholt, lieber für sich behalten.

Deshalb weiter in seiner Geschichte.

Als sechs Jahre nach Kriegsende die noch geltenden Beschränkungen aufgehoben werden, als neue Pässe ausgegeben werden, als sich Grenzschranken unter Vorlage solcher Dokumente für Deutsche wieder öffnen, geht der dreiundzwanzigjährige Günter Grass im Sommer 1951 zum ersten Mal freiwillig auf eine Reise. Dreihundert Mark hat er sich erspart, Devisen sind noch bewirtschaftet, aber mehr als dreihundert Mark hätte er eh nicht umtauschen dürfen. Er wechselt sie in Lire, weil er wie »Tausende von Gleichaltrigen« nach Italien will. Dort führt er fast ein Vierteljahr das leichtfüßige Leben eines Taugenichts, solange eben sein Geld reicht. Per Autostopp von Mailand nach Palermo, von Perugia nach Florenz und Rom. Immer unterwegs. Sehnsucht über Grenzen hinweg: Die Jugend Europas, die den Krieg überlebt hat, trifft sich in Frieden. Abgelegt die Uniformen und die Stahlhelme, befreit von Baracken und Kasernen, endlich ohne Angst vor dem Tod. Italien unter südlicher Sonne war so etwas wie Nazareth für die Anhänger Jesu, umschreibt er das einmal bildhaft, man begab sich auf Pilgerfahrt.

Ein Foto, aufgenommen auf jener Italienreise, zeigt ihn mit aufge-

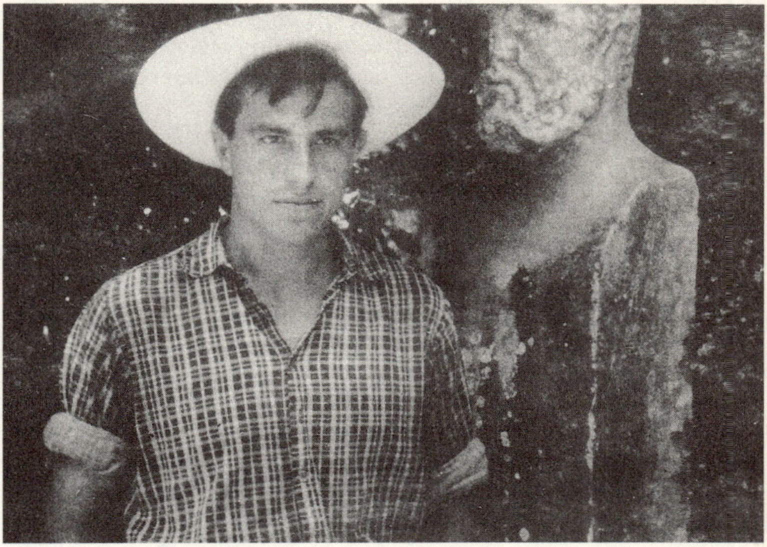

Kunststudent Günter Grass bei seiner ersten Auslandsreise 1951 in Italien.

krempelten Hemdsärmeln, neugierigem Blick unterm weißen Strohhut. Er hat von damals noch ein Skizzenbuch mit Zeichnungen aufbewahrt und ein paar Fetzen Packpapier, auf die er gemalt hat, die sich über die Jahrzehnte erhalten haben. Ingresbögen hätte er sich nicht leisten können. Im Rucksack waren Bleistifte verstaut und in Socken gewickelt ein Zwölferkasten mit Malfarben. Ein erster lyrischer Versuch lässt ahnen, was er aufgesogen und gelesen, aber noch längst nicht zu eigenem Stil verarbeitet hatte – »Tanz der Kakteen./ Weiß hält der Mörtel/ Bräunlichen Tuff./ Mittags sind alle Bettler/ Aus Stein./ Im Brunnen kühlen/ Glühende Mütter/ Die dunklen Hände./ Sie schreiten mächtig,/ Von Krügen gekrönt./ Da, der König ohne Schatten/ Legt sich aufs Dach,/ Atmet durchs Fenster,/ Steht schon im Garten,/ Nun verstummt auch die Grille.« –, und er sprudelt über in glückseliger Erinnerung: »Es war einfach ungeheuer, dieses Gefühl des Miteinander, diese Erfahrung von Ungebunden sein. Von Pfennigen konnte man leben, außer Spaghetti haben wir viel Kutteln gegessen, Rotwein getrunken, und zum ersten Mal in meinem Leben habe ich Zitronen am Baum gesehen.«

Vor allem hat der Student Grass die Kunst der alten Meister gesehen, in Kirchen, Museen, Klöstern. In denen durfte er oft kostenlos übernachten. Zurück an der Akademie in Düsseldorf setzt er das Erlebte um in einen Torso aus Gips und in die Zeichnung einer jener besungenen Mütter mit den braunen Händen.

Doch wichtig wird im Jahr darauf nicht der Studienaufenthalt in Frankreich, obwohl sich jetzt schon deutlicher seine Kunst zeigt, zu sehen in einigen erhaltenen Aquarellen – im »Mann mit roter Mütze«, in »Frau mit Hut«, im »Mann mit Baskenmütze« –, in denen er das festhält, was er in Paris erlebt hat. »Ich lebte von nichts, zeichnete auf Packpapier und schrieb ununterbrochen.« Drastischer hat er seine beginnende Schreiblust mal so umschrieben, dass ihn die Sprache als Durchfall erwischt habe. Die Lust des jungen Günter am Drastischen bleibt unheilbar. »Die Geschichte, genauer, die von uns angerührte Geschichte, ist ein verstopftes Klo. Wir spülen und spülen, die Scheiße kommt dennoch hoch«, schreibt der alte Grass im »Krebsgang«.

Und wichtiger wird kurz vor Semesterbeginn im Herbst 1952 die Rückreise über die Schweiz. »Ich hab' bei einem Zwischenstopp eine Freundin besucht, und die hat mich eingeladen. Lauter Erwachsene saßen bei Kaffee und Kuchen und unterhielten sich, da kommt plötzlich ein Junge rein mit 'ner Blechtrommel und marschiert trommelnd durch das Zimmer und würdigt die Erwachsenen nicht eines Blickes, zieht da zwei-, dreimal rum und verschwindet wieder. Das ist mir als Bild haften geblieben, diese Welt zwischen den Erwachsenen und diesem völlig in sein Trommeln versunkenen Kind.« Der Blechtrommler hatte zum ersten Mal bei seinem Schöpfer angeklopft, aber der achtet noch nicht auf solche Klopfzeichen. Er merkt sich nur das Bild.

Zurück in der »Düsseldorfer Butzenscheibenwirklichkeit«, die schon beginnendes Wirtschaftswunder spiegelte, schrieb Grass einen Gedichtzyklus, den er nie beendete, betitelt »Der Säulenheilige«. Hauptfigur war ein »Zwerg, der die Röcke der alten Weiber zählt«, der zwar die Lüge verkörpert, aber schon so »hoch auf der Säule, daß jeder es merkt, ich bin drei große Männer zusammen«. Das Frühwerk hält Grass zwar für schlecht gelungen und für einen epigonalen Aufmarsch von Metaphern, interessant allein war die spürbare Suche nach einer anderen, wie er es nennt »entrückten Perspektive«. Bald wird die Perspektive stimmen, wird aus dem Zwerg sein Oskar Matzerath, ein umgepolter Säulenheiliger.

Am wichtigsten aber für ihn ist eine Begegnung in Lenzburg. Die bestimmt nicht nur seine Bilderwelt, sondern für viele Jahre seine reale Welt. An jenem Nachmittag, an dem der kleine Junge trommelnd durchs Zimmer zieht, lernt er bei eben jener Freundin, die er nur kurz zum Kaffee besucht, ein junges Mädchen kennen. Günter Grass verliebt sich auf den ersten Blick. Sie heißt Anna Margaretha Schwarz, ist neunzehn Jahre alt und kommt aus gutbürgerlichem Elternhaus. Sie hat große, scheinbar alles durchdringende Augen und in ihrem schmalen Gesicht wirken die Wangen kantig. Sie trägt die dunkelbraunen Haare kurz, wie auf einem damals von Grass gezeichneten Porträt zu erkennen ist. Sie erzählt ihm, dass sie Ballettunterricht habe in Lenzburg, aber nach der Schule Ausdruckstanz in Berlin studieren will. Sie ist ein wenig größer als er und sie wird seine Frau werden.

Viele Männer, die sie dann erlebten als Frau Anna Grass, bekommen noch immer einen verklärten Blick, wenn sie von ihr erzählen. In ihrer Gegenwart hätte keiner gewagt, einen der üblichen Witze loszulassen, sich wortstark angeberisch gehen zu lassen. Anna war eine schöne Blüte im Berliner Biotop schreibender, malender, schauspielernder, singender Weltveränderer, aber das Treiben der Männer vom Rande aus eher spöttisch beobachtend. Zwar unerreichbar, aber eben nicht unnahbar, eben nicht kühl und dem Klischee höhere Tochter entsprechend. Sie hatte im Gegenteil eine erotische Ausstrahlung, die nichts versprach, nur alles spürbar ahnen ließ. Uwe Johnson und Klaus Roehler zum Beispiel haben zu den Verehrern von Anna Grass gehört, seien selbst im betrunkenen Zustand, der beiden ja nicht fremd war, bis tief in die Nacht bei einem Fest im Hause Grass stumm dagesessen und hätten sie mit sehnsuchtsvollen Blicken angebetet. Bis es ihrem Ehemann zu dumm geworden sei und er beide mit Hinweis auf die späte Stunde rausgeworfen habe.

Grass verabschiedete sich an einem Herbsttag 1952 in Lenzburg von ihr und beide wussten, dass sie sich wiedersehen mussten. Die Absicht des jungen Mädchens, nach Berlin zu ziehen und dort ihre Ausbildung im Ausdruckstanz fortzusetzen, mochte auch damit zu tun haben, dass Grass nach seiner Rückkehr in Düsseldorf gleich wieder wegwollte. Begabte Burschen versoffen ihre Zukunft in der Altstadt. Dieses »Klein-Paris-Spielen« war verlockend, er war gegen den Reiz, dort mitzumachen, nicht gefeit. Hauptsächlich fühlte er sich aber nicht mehr genügend gefordert von seinem Lehrer, Günter Grass wollte wieder neue Grenzen erfahren. Kunst hieß für ihn immer: Lust auf Abenteuer. Ein Zufall half, wie ja oft in seinem Leben Zufälle entscheidend waren. Auch Anna hatte er letztlich nur zufällig getroffen, denn wäre er beim Autostopp einen Tag später in Lenzburg eingetroffen …

Zu Beginn des neuen Semesters sah der Schüler Grass – die Bezeichnung Student lehnt er ab, weil Bildhauer und Maler nicht studieren wie Gleichaltrige in anderen Fächern, die ein Abitur vorweisen müssen – eine Ausstellung von Plastiken Karl Hartungs. Darunter waren kleine Bronzen, liegende, kompakte Körper, geschliffen bis »auf das endliche Maß. Einfach gearbeitet, das hat mir imponiert, und ich habe ihm spontan einen Brief geschrieben, wie dringend ich einen unbedingten Lehrer brauche und ob er mich nehmen würde.« Dass der Düsseldorfer Maler und Bildhauer Ludwig Gabriel Schrieber einen Ruf nach Berlin angenommen hatte, bestärkte Grass in seinen Wünschen. Dessen Anregungen verdankte er viel, der ist zwanzig Jahre älter als er, der ist sein Freund.

Hartung reagierte sofort auf den Brief von Grass: »Ich habe eine Mappe mit meinen Arbeiten geschickt, Fotos mit Plastiken, und wurde, wohl eher der Form halber, zu einem persönlichen Gespräch

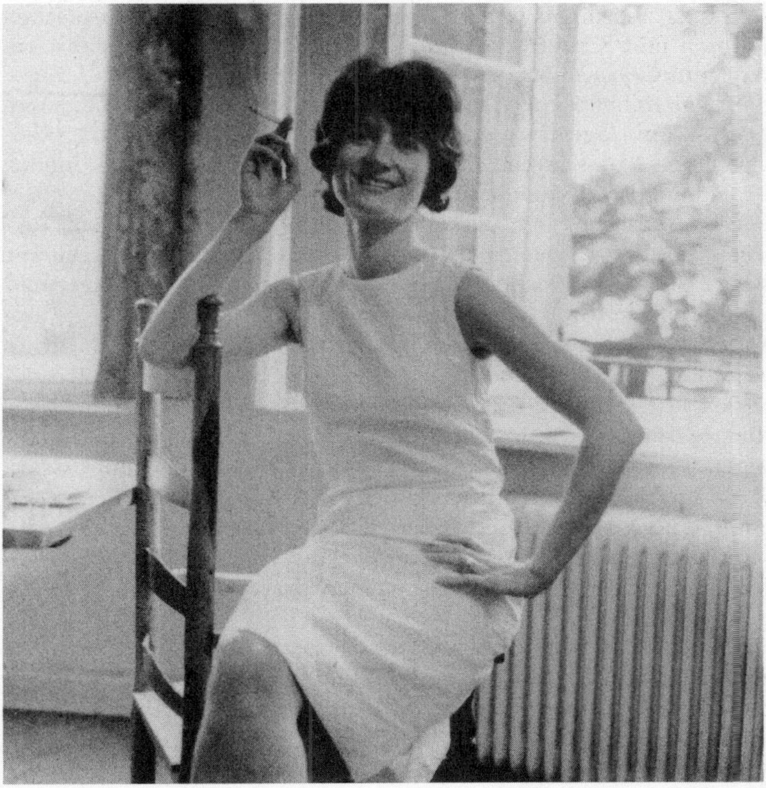

Ein Bild von einer Frau: Anna Grass in den frühen Sechzigerjahren in Berlin.

gebeten.« Bei dem ging es schon weniger um seine handwerklichen Fähigkeiten. Er hatte wahrscheinlich kurz erwähnt, dass er nicht nur male und zeichne und Körper forme, sondern auch schreibe, vielleicht sogar ein Gedicht beigelegt. Die früheren Gespräche mit Pater Stanislaus im Caritasheim und dessen Empfehlungen, was er lesen sollte, zahlten sich aus. Ein Professor des Prüfungskollegiums fragte Grass wie nebenbei nach seiner Meinung über Rilke und der legte sofort los, Schwerpunkt Malte Laurids Brigge. »Danach war alles gelaufen.« Mitten im Wintersemester 1952/53 wurde Günter Grass an der Hochschule für Bildende Künste angenommen.

Künstlerisch ist die Rückkehr zur Realität, die Berlin heißt, ein Fortschritt, materiell ein Rückschritt. Die sicheren Einnahmen mit den dreimal pro Woche stattfindenden Auftritten im Jazzkeller entfallen, einziges Einkommen sind die sechzig Mark aus der Knappschaftskasse des Vaters. Es gibt keine Chance, die Summe aufzustocken durch Arbeiten am Bau, Muschelkalkfassaden ausbessernd. Damit sieht es in den Ruinen schlecht aus. Da stehen Brandmauern. Die sind übrig geblieben von den Bränden, die er vor fast zehn Jahren erlebt hat.

Berlin begreift der Bildhauer deshalb als Sprachbildhauer. Er grüßt die Stadt, indem er dichtend dreimal seine Stirn an eine dieser Brandmauern schlägt: »Ein einziger Schneeball haftet./ Ein Junge warf ihn, weil etwas/ tief in dem Jungen los war.«

IV

»Mein großes Ja bildet Sätze mit kleinem nein«

1953–1956

Für fünfunddreißig Pfennige bekommt er ein Pfund grüner Heringe. Die Fische brät sich Günter Grass auf einer Kochplatte, die in einer Ecke der Klasse in der Hochschule für Bildende Künste steht. Vor dem Essen liegen sie ihm Modell, er zeichnet sie. Täglich frische Heringe, mit Zwiebeln garniert und in Margarine gewendet, sind sein Grundnahrungsmittel. Ihr Gestank bleibt gegen den bohemigen Geruch von Ton, Farben, Gips in der Luft und in seinen Haaren hängen. Der setzt sich gegen geöffnete Fenster durch und steigt dem Lehrer Karl Hartung in die Nase, wenn er im Atelier hinter den Schüler Grass tritt, um eine Arbeit zu korrigieren.

Aus Düsseldorf hat Grass nach Berlin außer großen Hoffnungen nur die »Hebammentasche voller Werkzeug«, Socken und ein Hemd zum Wechseln mitgebracht. Mehr besitzt er nicht. Deshalb hält sich der Geruch der gebratenen Heringe. Berlin war im Vergleich zum »blank geputzten« Düsseldorf dreckig und laut, voller Rentner und Ruinen, zeigte schamlos stolz nicht verheilte Kriegsverletzungen. Es knirschte noch an allen Ecken, doch Grass mochte den Geschmack: »Die meisten Trümmer waren zwar weg, aber man hatte immer noch Ziegelsplitt zwischen den Zähnen, sobald ein bißchen Wind aufkam. Ich kam in eine Stadt, die schien aus leer geräumten Plätzen zu bestehen. In Berlin war ich sofort wieder mit der Nachkriegsrealität konfrontiert, die im Westen durch das beginnende Wirtschaftswunder schon verschwand.«

In der Schlüterstraße nahm er zu günstigem Mietpreis ein möbliertes Zimmer, doch in dem hielt er sich außer zum Schlafen kaum auf. Draußen waren Menschen. Draußen passierten Geschichten. Draußen speicherte er Realität und daraus machte er Kunst. Zunächst in Zeichnungen, Radierungen, Skulpturen. Dieses Handwerk hatte er gelernt, darin war er ausgebildet worden. Dann in Gedichten, Theaterstücken, Romanen. Eine konsequente Entwicklung. Ein Gedicht beginne immer beim Torso: »Das soll heißen, es genügt, eine Planke am Strand zu finden und ein Stück vom Ruder, um ein Schiff nachzuweisen, um nach Amerika zu segeln.« Von solchen Momenten, die er selbst »lyrisch« nennt, wird seine Fantasie angeregt. Die schlagen sich nieder in Sprache.

Das reine Handwerk des Schreibens hat sich der stets wachsame Autodidakt selbst beigebracht. Weil Grass sein Leben lang nie zu staunen vergaß, weil er selbst sein bester Schüler blieb, der sich immer neue Fragen stellte, weil er sich die Naivität eines Kindes bewahrte, wurde er zum Gesamtkunstwerk. Es wuchs in nationaler Landschaft zum Monolithen und blieb zwischen internationalen Gipfeln unübersehbar. Das war für viele unerträglich und deshalb wurde er zum Anpissen freigegeben.

Günter Grass vereinnahmt die geteilte Metropole als seine ganz private Muse, denn »mit den Augen eines Radiergummis gesehen«, wie er seine jetzige Ausbildung mal verdichtet, ist ganz Berlin eine schöne Stadt. Deren Trümmer können einfach wegradiert werden. Das schafft die Kunst der Fantasie. In den Ruinen des Lehrter Bahnhofs hilft sein Radiergummi den Baggern beim Abtransport der großen Brocken. Wenn der Radiergummi schläft, bleibt sein Besitzer wach und zeichnet emsig Skizzen von Hühnern, die beim Bildhauer als Bronzeplastik enden werden oder sich beim Sprachbildhauer gereimt als Windhühner auf die Leine setzen.

In Gedichten kann er experimentieren, sich infrage stellen, sich »neu vermessen«. Gedichte bedeuten Bestandsaufnahme. Viele Germanisten schätzen im Rückblick auf seine dichterischen Anfänge die frühe Lyrik höher ein als die späte Prosa oder insgesamt die Theaterstücke, doch könnte, wer ihnen in die Tiefen kluger Interpretationen folgt, in die Gefahr geraten abzustürzen und dabei Günter Grass aus den Augen zu verlieren. Der interpretiert sich höchst ungern, wirkt mundfaul und spricht deshalb wortkarg: »Der lyrische Vers erlaubt kein Ausweichen. Er schließt das Autobiographische ein, er nimmt den jeweiligen Zustand des Autors wahr, denn wenn der sich nicht mitteilt, stimmt der Vers nicht, kommt er nicht zustande.« Grass kann den Grass-Forschern bei Bedarf auch bedeutungsschweres Futter geben: »In meinen Gedichten versuche ich, durch überscharfen Realismus faßbare Gegenstände von aller Ideologie zu befreien, sie auseinanderzunehmen, wieder zusammenzusetzen und in Situationen zu bringen, in denen es schwer fällt, das Gesicht zu bewahren …« Klingt zwar irgendwie gut, könnte aber auch pure Ironie sein. Es macht ihm schließlich Spaß, gelehrte Germanisten hinters Licht zu führen.

Leichtfüßig und nicht akademisch schwer ist Grass, wenn er ganz simpel erklärt, warum ihm seine Gelegenheitsgedichte die liebsten sind. Die überkommen ihn bei Gelegenheit. Die sind Atemübungen. Die bastelt er sich nicht aus Karteikästen zusammen, die stoßen ihm auf, die rumoren in ihm. Da sei es erforderlich, mal vier Wochen lang keine Hülsenfrüchte zu essen, Taxi zu fahren, was ihn teuer ankomme, und dann die Luft rauszulassen. Insofern ist Lyrik Therapie.

Grass reimt sich, vom Druck befreit, nicht nur scheinbar Banales vom Leib in Ironie, Grotesken, Kapriolen. Auch so genannte große Themen entweichen ihm dabei. Die gefährdete Idylle der Natur, die Verkrustungen im restaurativen System Adenauer, die doppelmoralischen Katholizismen der Kirche, das bequeme Verdrängen der deutschen Schuld. Lebensfreund Peter Rühmkorf, höchstselbst ein witziger, kluger, politischer Lyriker, rühmt die frühen Gedichte von Grass und Enzensberger, die als Archetypen ansonsten nicht zu vergleichen sind, wegen der ihnen gemeinsamen Offenheit »gegenüber Weltstoff und Wirklichkeit. Diese Lyrik spielte sich nicht mehr im Luft- und Leute leeren Raume ab, sondern bezog sich auf, verhielt sich zu, brach sich an: Gegenstand und Gegenwart.«

Pathetisch-getragene Klagelieder aber hält Grass für die falsche Antwort auf das Adorno-Gebot, nach Auschwitz müsse man anders Gedichte schreiben. Das spürt er instinktiv früh, erklärt es spät so: »Wir alle, die damals jungen Lyriker der fünfziger Jahre – ich nenne Peter Rühmkorf, Hans Magnus Enzensberger, auch Ingeborg Bachmann – waren uns deutlich bis verschwommen bewußt, daß wir zwar nicht als Täter, doch im Lager der Täter zur Auschwitz-Generation gehörten, daß also unserer Biographie, inmitten der üblichen Daten, das Datum der Wannsee-Konferenz eingeschrieben war.« Während der Konferenz am Wannsee in Berlin war von den Nazis im Januar 1942 die so genannte Endlösung beschlossen worden, die Vernichtung der Juden Europas.

Grass zog eine Konsequenz. Die spielerischen Talente, die er aufzählte und zu denen auch er nach seinen ersten Gedichten gehörte, brauchten Bodenhaftung, um nicht abzuheben. Brauchten Bleigewichte, um nicht davonzuschweben. Er fand für sich sein Gewicht im

»Verzicht auf reine Farbe«, er hielt sich am Grau fest. Was mehr ist als nur ein Wortspiel mit Farben unter dem Motto Rot = Kommunismus, Schwarzweißrot = Faschismus, Schwarzweiß = Preußentum, Blau = Katholizismus etc. Grau entzog sich jedweder Ideologie. Als die Farben einander den Krieg erklärten, zwang ihnen das Grau den Frieden auf.

Das von Adorno gemeinte Grau stand gegen Schwarzweißdenken. Ein Gedicht nach Auschwitz klang bei Grass deswegen zum Beispiel so: »Grau ist die Messe./ Denn zwischen Schwarz und Weiß,/ immer verängstigt,/ grämen sich Zwischentöne./ Mein großes Ja/ bildet Sätze mit kleinem nein:/ Dieses Haus hat zwei Ausgänge;/ ich benutze den dritten.« Übersetzt in Alltägliches am Ende eines anderen Gedichtes, das sogar schlicht »Grau« heißt: »Wie geht es Ihnen? – Ganz gut./ Hat es Spaß gemacht? – Teilweise schon./ Wie war denn der Film? – Schwarzweiß.«

Typisch für ihn, dem auch alle Theorie grau ist, allerdings ein anderes Grau, das nicht vom Grauen kommt. Grau sind die Zwischentöne der Fantasie. In »Askese«, einem seiner frühen und schönsten Gedichte, bedeutet Askese nicht etwa Selbstkasteiung, sondern täglicher Zustand des Kreativen auf der Suche nach Erlösung, Verzicht auf Rilkeschen Klingklang, Festhalten des Standorts. Da spricht die Katze, und was spricht die Katze denn? »Du sollst mit einem spitzen Blei/ die Bräute und den Schnee schattieren,/ du sollst die graue Farbe lieben,/ unter bewölktem Himmel sein.« Zwischen allen Stühlen und über allen Wipfeln herrscht skeptisches Grau. Das ist die Farbe des Zweifels, eben nicht Schwarz, eben nicht Weiß: »Auf der einen Seite ist das eine graphische Erfahrung, weil es die abstrakten Werte Schwarz und Weiß in absoluter Form nicht gibt, sondern nur Grauwerte. Das auf Realität übertragen, und aufs Schreiben, bedeutet Absage an Schwarz-Weiß-Denken, an Freund-Feind-Muster, an politische Postulate wie Gut und Böse.«

Der inzwischen zum Raucher gewordene Linkshänder, der sich die Zigaretten selbst dreht, denn selbst gedreht ist halb geraucht und auch Gottvater drehte sich wahrscheinlich ja seine selbst, nachdem er »uns beinahe nicht erschaffen hat«, legt in Schubladen ab, was in dieser frühen Zeit noch nicht in Bücher passt. »Papier und Tabak sind billig./ Der Aufwand ist schnell verpufft./ Es lag kein Gedicht in der Luft.«

Gelegenheitsgedichte warten auf eine Gelegenheit, an die Berliner

Luft zu kommen. Noch pflegt Grass aber hauptsächlich seine erste Geliebte, die Kunst. Vögel bleiben ihm gezeichnet dabei näher als Fische. »Natur, und doch bewußt«, predigt Hartung als Arbeitsprinzip seinen Studenten. Debatten um Pläne zur Wiederbewaffnung und Wiedergutmachung sind längst nicht so wichtig wie ein ausbrechender Streit um wahre Kunst. Er wird theoretisch auch in der Zeitschrift »Monat« ausgetragen. Von der wussten nur Eingeweihte, dass hinter dem Geldgeber Ford Foundation der amerikanische Geheimdienst CIA steckt. Dieser Konflikt zwingt den Kunstschüler Grass, sich auf eine Seite zu schlagen. In der Kontroverse zwischen Karl Hofer, Direktor der Hochschule, der rein Abstraktes ablehnte, und seinem Kollegen Will Grohmann, der für das Gegenstandslose in der Kunst plädierte, ergreift Grass Partei für Hofer.

Grass entscheidet sich für die gegenständliche Moderne und er bleibt dieser Entscheidung bis heute in Zeichnungen, Radierungen, Lithografien, Kupferstichen und Plastiken treu. Gelegentlich seine Art auf seine Art erklärend, wortgewaltig überhöht, um nicht am Ende doch als spießiger Feind der Moderne verdächtigt zu werden. Gegenstandslose Kunst bedeutet in der Interpretation des Künstlers Grass, übersetzt ins politische Bewusstsein, dass durch sie verdrängt werde, was als historische Verantwortung der Deutschen erkennbar zu sein habe. Eine solche Verdrängung lässt Bürger Grass nicht zu.

Alles verdrängend, Abstraktes und Gegenständliches, Unpolitisches und Politisches, Heringe und Hühner, Federn und Farben: Anna. Sie kommt Ende Januar 1953 endlich nach Berlin. Anna, die bei Tatjana Gsovsky Pirouetten und bei Mary Wigman barfuß den Ausdruckstanz üben will. Anna, die Jean Cocteaus »Orphée« schon fünfmal gesehen hat. Anna, die er liegend, stehend, wartend andichtet, denn der Durchfall Schreiben, der Günter Grass im Sommer zuvor in Frankreich befallen hat, ist nicht abgeklungen. Was er bei Karl Hartung im Atelier nachbildend übt, ist allerdings beim Schreiben hilfreich.

Einfach sind die Regeln des Kunstprofessors, an die sich der Schüler hält: Alles Unnütze weglassen. Verzierungen abbrechen. Entfleischen des Stoffes bis zum Skelett. Dann mit der Form einer eigenen Skulptur beginnen. Der Bildhauer übernimmt die Methode für seine andere Kunst.

Ach, Anna, mon amour: »Hab keine Angst./ Solange es regnet,/ wird niemand bemerken,/ daß deine Puppen weinen./ Fürchte dich nicht./ Ich habe den Revolver entmündigt,/ alles Blei gehört uns,/ wir könnten die Uhr damit füllen./ Hab keine Angst./ Ich werde die Geräusche fangen,/ in kleine Schachteln sperren/ und zur Post bringen./ Fürchte dich nicht./ Unsere Namen habe ich verkleidet./ Niemand soll wissen, wie wir uns nennen,/ wenn wir uns rufen.«

Grass, der Mann, spricht nicht über seine große Liebe Anna. Das ist ihm zu privat. Grass, der Dichter, lässt für sich sprechen in dem, was er, oft geschickt versteckt in Andeutungen, in kurzen Nebensätzen, über sie geschrieben hat. Er markiert diese Stellen nicht, er macht mich nicht etwa kundig, ich muss sie selbst finden, bin angewiesen auf Vermutungen, auf Annäherungen. Beginnend mit dem frühen Essay »Die Ballerina« vielleicht? »Wenn es den Dichter ankommen sollte, die Ballerina zu beschreiben – Anlaß genug gab ihm ihr Tanz, der spröd kühle Raum aus ihrer Bewegung entworfen – wird er näher treten, wird er dahinter blicken, wird er entzaubern wollen.«

Geschickt schlüpft der Dichter in die sich spiegelnden Figuren, teilt sich auf in viele Rollen, bis ich nicht mehr weiß, ob es die echte Figur ist, die ich gerade im Spiegel sehe, oder nur ihr Double. Ereignisse einzufangen und »zu spiegeln und zu brechen, in Hohlspiegeln und in Konvexspiegeln, sich dadurch viele Erzählmöglichkeiten und Sichtweiten zu eröffnen«, sagt Grass in zugegeben anderem, aber passendem Zusammenhang, »auch durch die Hineinnahme von privat Erlebtem«. Das mache den Reiz des Schreibens ja aus.

Ist vielleicht die Zeichnung, die der fiktive Erzähler bei einem Restaurateur aufstöbert und mit der er die Geschichte »Ballerina« beginnt, schon ein Abbild der Wirklichkeit? Hat sie also der reale Grass entdeckt und dann für seine Geschichte benutzt? In der steht die Tänzerin, ihre Brüste atmend »unter Perlen und durchbrochenem Besatz«, auf einem Tisch, jederzeit bereit, aus dem geöffneten Fenster in den Himmel zu entfliehen. Davor ist ein zerwühltes Bett gezeichnet, im Vordergrund, nachlässig auf seinem Stuhl hängend, ein Dichter in Hemd und Hose. Er lässt »die Hand mit der Feder hängen, hat links das blanke Papier ergriffen«. Mit gefüllten Händen aber, weiß der Erzähler, wird er die Tänzerin nicht halten können, falls sie in einem großen Sprung nach oben entschwebt.

Die Ballerina lebe, einer Nonne gleich, allen Verführungen ausgesetzt, im Zustand strengster Askese, immerhin habe sie sich kürzlich verlobt, doch nicht ausgeschlossen sei baldige Entlobung. Bei Übungen zwischen dritter und vierter Pirouette erreiche sie »jenen Grad der Verlassenheit, den selbst das deutscheste Dichterlein nicht erreicht«. In ihrem Zimmer hänge eine afrikanische Maske, eine Reproduktion nach Paul Klee und das »Foto einer siamesischen Tempeltänzerin«. Ihre langen wunderschönen Haare trage sie nie zum Friseur. Blusen und Röcke schneidern könne sie auch. Da sie früh zu Bett gehe, sei »ihr Nachtleben, bis auf einige Kinobesuche, auf recht harmlose Art geregelt«. Sie stricke in Probenpausen Wollsocken für den kleineren Bruder, sei kurzsichtig und wohne bei ihrer Mutter.

Alles Camouflage. Anna Schwarz ist nicht kurzsichtig, strickt nicht, hat keinen kleineren Bruder, und als sie nach Berlin zog, blieb ihre Mutter selbstverständlich in Lenzburg. Vor allem diese gebildete Frau, künftige Schwiegermutter von Grass, hat den wilden jungen Mann, der nichts zu bieten hatte außer dem Glauben an seine strahlende Zukunft, von Beginn an akzeptiert. Solche Toleranz ist keinesfalls üblich in ihren Kreisen. Nach bürgerlichen Maßstäben war er eigentlich ein brotloser Künstler mit armseliger Vergangenheit und ungewissen Aussichten. Doch die liberale Familie Schwarz, wohlhabende Besitzer einer Eisenwarenhandlung, hat ihn seine kleinbürgerliche Herkunft und gegenwärtig unsichere Lage nie spüren lassen. Als Annas Eltern ihm dann tatsächlich und mit ihrem Segen die Tochter anvertrauten, schloss Grass sie ein in die ihm eigene anhängliche Liebe. Mit der gleichen sturen Unbedingtheit, die ihn getrieben hatte, das Abenteuer Kunst statt der Sicherheit Bürokaufmann anzugehen, mit dem »existentiellen Antrieb«, verschrieb sich der anarchistische Kleinbürger Grass der »bürgerlichen Arbeits- und Leistungsmoral«.

Er will es aber nicht nur der Welt an sich zeigen, über seinen ungläubigen Vater triumphieren, seiner gläubigen Mutter ihre unerschütterliche Zuversicht vergelten. Nicht nur die Eltern von Anna, die wohl ahnten, in wessen Arme ihre behütete Tochter nach Berlin geeilt war, auf keinen Fall enttäuschen. Der überzeugte Einzelgänger übernimmt Verantwortung. Zwar durchtanzt er in Berlin mit Anna in der »Eierschale« manche Nacht, und tanzend kann den in dieser Körperkunst früh Vollendeten kein Mann besiegen. Jeden Rhythmus, jedes Tempo geht er mit, dabei wild sich verrenkend wie Laokoon, aber Anna selbst dann fest in den Armen haltend, wenn sie unter ihm gebeugt fast den Boden berührt. Eine Tanzpartnerin wie sie wird Günter Grass nie wieder finden und sie nie wieder einen Tanzpartner wie ihn. So gesehen ein ideales Paar.

So gesehen.

Aber tagsüber stürzt er sich in Arbeit. Da macht ihm außer seinem Lehrer Karl Hartung bald auch keiner mehr was vor. Grass übt sich, ganz gegen seine so aufbrausend spontane Natur, in der Kunst der Langsamkeit. Befolgt sogar Ratschläge, gegen die allzu leichte Hand zu arbeiten. Lernt, nach einfachen Formen zu suchen. Die finden sich, gottgegeben, in der Natur.

Diesseits des Wahren und Guten und Schönen und Erhabenen im Atelier, jenseits der Grenze, ziehen nach Stalins Tod im März 1953 dunkle Wolken heran. Versprechen stürmische Zeiten. Und die kommen. Im Frühsommer beschweren sich, wie über den Sender RIAS verbreitet, drüben im Osten Berlins Bauarbeiter gegen Normerhöhungen bei gleich bleibendem Lohn. Ihre Proteste steigern sich, als die Verordnungen nicht zurückgenommen werden. Aus dem Protest gegen herrschende Arbeitsbedingungen wird ein Protest gegen das herrschende System der deutschen Stalinisten. Der äußert sich in Demonstrationen. Am siebzehnten Juni gehört den Arbeitern die Straße. Nicht nur eine, sondern viele, nicht nur in Ostberlin, sondern in vielen Städten der DDR, die im anderen Deutschland selbstverständlich SBZ genannt wird, sowjetische Besatzungszone.

Der Lärm ist grenzenlos und deshalb auch im Westen zu hören. Günter Grass will sich kundig machen. Dafür reicht eine kurze S-Bahn-Fahrt. Anna begleitet ihn. Ein paar Schritte vom Bahnhof entfernt sind sie schon an der »Front«, der Sektorengrenze Potsdamer Platz. Sie beobachten, inmitten empörter und zugleich ängstlicher Westberliner, sowjetische T34-Panzer, die drüben von einer wütenden Menschenmenge eingekesselt sind und drohend ihre Rohre schwenken. Solche Panzer hat Grass zuletzt als Soldat gesehen, bevor ihn damals in Cottbus dieser Splitter erwischte.

Rauchwolken hängen über dem Haus Vaterland, laute Sprechchöre skandieren Freiheit. Steine fliegen in Richtung Panzer, Volkspolizisten lauern in Hinterhöfen, noch fallen keine Schüsse. Noch. Auf dem nahen Brandenburger Tor weht sie nicht mehr, die verhasste rote Fahne. »So hab ich den 17. Juni erlebt, vom Rande aus, mit meiner Anna. Ich kann nicht sagen, daß ich bis dahin besonders politisch engagiert war. Als ich in Düsseldorf zum ersten Mal gewählt habe, habe ich Sozialdemokraten gewählt. Ich war ja nie für den Kommunismus anfällig. Was mir und vielen auf die Nerven ging, war dieser Kalte Krieg, diese ideologische Lautsprecherbeschallung von der

Günter Grass, Meisterschüler der Berliner Hochschule für Bildende Künste, ist 1954 noch bartlos. Erst später lässt er sich den heute berühmten Schnauzer wachsen.

Seine geliebte Frau Anna umsorgt er zärtlich, zeichnet sie in frühen Skizzen und schreibt ihr wunderbare Gedichte.

einen Seite zur anderen, das gehörte alles schon zum normalen Alltag in Berlin. Da hinein platzte dieser Aufbruch, diese Wut, und was mich am meisten beeindruckt hat, das waren diese mutigen jungen Arbeiter, die mit Steinen gegen die Panzer vorgingen.«

Die Plebejer proben den Aufstand. Viele Jahre danach wird Grass unter diesem Titel ein Drama schreiben, in das er seine gespeicherten Eindrücke vom siebzehnten Juni 1953 einbaut. Es war damals kein Volksaufstand, obwohl der so jahrzehntelang in den Gedenkfeiern zur deutschen Einheit hüben genannt wurde, sondern ein Arbeiteraufstand. Kein Dichter zog mit den Arbeitern, kein Student hielt ihnen die Fahnen, kein Bürger reihte sich ein. Darauf hinzuweisen wurde Grass nie müde. Arbeiter werden es deshalb in seinem Stück sein, die den Intellektuellen BB bitten, ihrem Protest mit seiner Sprache zu helfen. Wortgewalt, die ihm gegeben ist, gegen die andere Gewalt zu setzen. Brecht hat Wesentlicheres im Sinn. Er probt gerade im Theater am Schiffbauerdamm den »Coriolan« von Shakespeare und betrachtet die Plebejer allenfalls prüfend mit dem Blick des Regisseurs, ob sie eventuell in ein Bild seiner Inszenierung passen.

Am sechzehnten Juni 1953 hatten Ostberliner Bauarbeiter eine Delegation zum Westberliner Rundfunksender RIAS geschickt. Eigentlich mussten sie, um Druck zu erzeugen, den Generalstreik ausrufen, aber das durften sie per DDR-Gesetz nicht und so einfach wollten sie es den Behörden nicht machen, ihren Protest als illegal zu verbieten. Außerdem hatten sie keine der notwendigen Strukturen, einen Streik flächendeckend in der DDR zu organisieren. Vom RIAS, dessen Programme über die Grenzen hinaus gehört wurden, was jeder wusste, wollten sie deshalb eine ganz besondere Hilfe. Die wurde ihnen sofort zugesagt.

Die Arbeiter baten in einer dramatischen Sondersendung alle Kollegen Genossen, sich ihren Forderungen anzuschließen und sich am kommenden Tag auf dem Strausberger Platz in Ostberlin zu versammeln. In jeder Stadt, so fügten sie hinzu, würde es einen freien Platz geben wie den Strausberger. Der listige Aufruf, sich am siebzehnten Juni den Strausberger Platz ihrer Stadt zu suchen, also die Arbeit niederzulegen, wurde richtig verstanden. In Magdeburg. In Leipzig. In Halle. In Bitterfeld. In Merseburg. In jeder Stadt. Nachdem der Aufstand von sowjetischen Panzern blutig beendet worden war, die Rädelsführer genannten Vorkämpfer erschossen und hingerichtet, darunter auch die wenigen mutigen Volkspolizisten, die sich solidarisiert hatten mit dem Volk, gab es in Zuchthäusern keine freien Zellen mehr. In Bautzen. In Waldheim. In Brandenburg. In jeder Stadt.

Das alles hat Grass erst bei den Vorarbeiten zu seinen selbst geformten Plebejern erfahren, als er die Hintergründe des Aufstandes vom siebzehnten Juni 1953 recherchierte, der im Westen unter diesem Datum zum Mahn-»Tag der Deutschen Einheit« erhoben wurde. Für den aufregenden Mittwoch mit Anna am Potsdamer Platz galt einerseits zwar seine simple Einschätzung »Wir liebten uns und die Kunst sehr und waren keine Arbeiter, die Steine in Richtung Panzer warfen«, andererseits aber half ihm die Erfahrung jener anderen Wirklichkeit, seinen eigenen Ton zu finden. Was war wirklich wichtig? Was zählte jenseits der Welt reiner Kunst? Wie drückte man das möglichst klar aus? Gedichte im Debütband »Die Vorzüge der Windhühner« sind formal schon von solchen Überlegungen geprägt, sagt er rückblickend, »weg von der epigonal übernommenen Metaphorik und den Genitiv-Metaphern, und den Anklängen an Früh-Expressionisten«.

Und grundsätzlich war er bereits davon überzeugt, dass seine Schreibübungen nicht nur nützlich sein könnten als eine Art eigener Bildunterschrift für seine Zeichnungen. Dass seine Gelegenheitsgedichte, die auf konkreten Erlebnissen beruhten und sich Luft verschafften, die aufflogen wie »Windhühner, die ich nähre, weil sie die Tür offenlassen«, mehr waren als eine weitere Form, Gefühle zu verewigen. Gezeichnet hatte er Anna in einem Porträt ja bereits festgehalten. Seiner Begabung war sich Grass grafisch, formend, radierend sicher. Aber wie das in einem Fall von Lyrik gehen sollte, wie er es schaffen sollte, die öffentlich vorzutragen und wer ihm dabei helfen könnte, die zu drucken, davon hatte er keine Ahnung. Zu seinem Freundeskreis zählten Maler und Bildhauer, die kannten sich aus in Kneipen, das sicher auch, aber vor allem in Galerien und wo man sonst Räume bekommen konnte für Ausstellungen.

Es ist auch plötzlich nicht mehr wichtig. Das Leben holt ihn aus den Wolken auf die Erde zurück. Seine Mutter ist schwer erkrankt, die Diagnose lautet Krebs und da gibt es keine Hoffnung auf Heilung. Günter Grass, der reich an Träumen, aber arm ist und mit den sechzig Mark auskommen muss, die er monatlich zur Verfügung hat, fährt, sooft es noch geht, per Autostopp ins Rheinland. Helene Grass stirbt im März 1954, doch lernt sie noch Anna kennen, die überlebensgroße Liebe des Sohnes. Ihre Heimat Langfuhr hat sie nicht mehr gesehen, vielleicht hat Günter Grass, der manche ihrer Eigenschaften in Oskars Mutter aufleben ließ, in der »Blechtrommel« sie wenigstens dort sterben lassen. Tatsächlich wird Helene Grass auf dem Friedhof in Oberaußem beerdigt, auf einer Anhöhe gelegen, von der aus man ins Braunkohlenrevier des Erftlandes blicken konnte.

Seinen Mutterkomplex, wie er ihn selbstironisch nennt, behält er. Das dürfe durchaus mal auf seinem Grabstein stehen. Er hat es nicht mehr geschafft, ihr die als Kind versprochene Reise egal wohin, sogar nach Neapel, zu schenken, wenn er einmal groß und reich sein würde. Sie hat nicht mehr erlebt, dass er ja nicht nur erfolgreich log wie gedruckt, sondern dass er erfolgreich gedruckt log und dass ihn dies reich machen würde und groß. Wovon sie ja stets überzeugt gewesen ist.

Günter Grass hat sie nicht Mutter genannt, sondern Mama. In Mama ist lautmalerisch mehr Liebe drin als in Mutter. Auch die nachgerufene Liebe des dichtenden Sohnes ist stärker als der Tod. Im Schlusskapitel seines »Jahrhunderts« lässt er 1999 seine Mutter wieder auferstehen und in seinen Worten zu Worte kommen: »Gezwungen hat er mich nicht, aber überredet, der Bengel. Das konnt er schon immer, bis ich endlich ja gesagt hab. Und nun leb ich angeblich immer noch, bin über hundert, weil er das so will.« So erfährt sie im Zwischenreich Literatur noch, dass er sich einen Namen gemacht hat und berühmt geworden ist oder dass er sich selbst als Siebzigjähriger noch beim Skat überreizt, wie es ihm als Zehnjährigem in Langfuhr passiert ist, als sie ihm das Spiel beibrachte. Dass die Kinder, die sie im Park spielen sieht, in ihrem Seniorenheim mit Seeblick, seine Enkel sind und ihre Urenkel.

Wenige Monate nach dem Tod seiner Mutter heiratet Günter Grass das Mädchen, das er zufällig vor zwei Jahren in Lenzburg getroffen hat. In einer Verlagsmitteilung, die mit seinem ersten Gedichtband verschickt werden sollte, nennt er die Hochzeit das »bisher größte Ereignis« seit seiner Geburt. Aus Fräulein Anna Margaretha Schwarz wird Frau Anna Grass, sie mit ihren einundzwanzig Jahren ist knapp volljährig, er sechsundzwanzig. Sie trägt ein hochgeschlossenes dunkles Kleid, geschmückt nur von einer schmalen Perlenkette um den Hals, er hat sich zum Termin auf dem Standesamt einen Anzug geliehen und eine Krawatte umgebunden. Beide lächeln sich liebevoll an. Für eine gemeinsame Berliner Kellerwohnung, die wenig Miete kostet, weil das Haus eine ansonsten unbewohnbare Kriegsruine ist, reicht es mithilfe seiner Schwiegereltern auch.

Anna und Günter Grass leisteten sich sogar eine Hochzeitsreise der etwas anderen Art. Sie fuhren per Autostopp nach Italien. Natürlich über die Schweiz, über Lenzburg, dann durchs Tessin hinüber ins Land, wo die Zitronen blühen. Weil sie ein paar Tage in Bologna blieben, wollten sie die Gelegenheit nutzen und den berühmten Maler Giorgio Morandi in seinem Atelier besuchen. Beide bewunderten seine Radierungen und seine vollendeten Stillleben. Er malte mit erdigen Farben, einfach und ruhig, die immer gleichen Motive. Manchmal nur Variationen des Blicks aus seinem Fenster auf Hügel und Zypressen, aber eben nicht nur großartige Landschaften, sondern Kunstwerke in Formen und Farben, wie sie keinem so wunderbar gelangen.

Das junge Ehepaar erkundigte sich bei Kunststudenten an der Universität Bologna und bekam von denen die Adresse. Naiv, wie sie waren, gingen sie einfach ohne Anmeldung hin. Als sie klingelten, machte eine alte Dame auf, eine der beiden Schwestern des Malers, die ihm den Haushalt führten. »Meine Frau konnte sehr gut Italienisch, ich nicht so viel. Sie sagte, wir wollten den Meister besuchen, als ob das eine ganz normale Sache wäre.« Morandis Schwester führte beide in ein Vorzimmer, bat sie Platz zu nehmen an einem runden Tisch, stellte ihnen ein Glas Likör hin und versprach, mit ihrem Bruder zu reden. Sie sollten warten. Nach ein paar Minuten kam sie zurück und wollte wissen, ob Anna und Günter Grass denn »Americani« seien. Nein, waren sie nicht. Daraufhin durften sie mitkommen.

Der alte Mann, verschmitzte Augen hinter runden Brillengläsern, erzählte ihnen kichernd, warum seine Schwester sich so genau erkundigt hatte, aus welchem Land sie denn kämen. Überall waren leere Leinwände gestapelt. Auf derer Rückseiten standen bereits Namen der Käufer und das waren Namen von Amerikanern, die bei ihm vorbestellt und auch schon bezahlt hatten. Er freute sich diebisch darüber, denn er malte schon lange nicht mehr und würde auch nie mehr für sie malen. Eine andere Art von seiner Kunst stand stattdessen im Atelier herum. Verstaubte Anordnungen von Kannen und Stoffen, die Morandi vor langer Zeit gemalt hatte. »Heute würde man es Konzept-Art nennen, es wirkte wunderbar auf uns, wie der Geist von Morandi.« Sie verabschiedeten sich nach einer Stunde, die sie nie vergaßen. Natürlich hatten »wir kein Geld, etwas von ihm zu kaufen. Nicht mal für eine kleine Radierung hätte es gereicht.«

Das war im Spätsommer 1954. Etwa ein dreiviertel Jahr später begann in Berlin die eigentliche Laufbahn des Dichters Günter Grass. Angestoßen nicht etwa von ihm, dem Bildhauer, der Hühner in Bronze formte und schwebende Ballerinen zeichnete, gelegentlich Gedichte schrieb, sondern von Anna und von Waltraut Grass. Seine Schwester war zu Besuch in Berlin und hatte mit ihrer Schwägerin in der Zeitung, es war die »Frankfurter Allgemeine«, um genau zu sein, zufällig eine kleine Notiz entdeckt. Darin stand, dass der Süddeutsche Rundfunk einen Wettbewerb für junge Lyriker ausgeschrieben habe und es nicht nur Ruhm, sondern auch Geld zu gewinnen gäbe.

Klingt unglaubwürdig, ich gebe es zu, dass schon wieder der Zufall erwähnt werden muss, der im Leben von Grass so wichtig ist wie in anderen Kreisen eine Schritt für Schritt geplante Karriere. Aber so war es nun mal.

In seiner Gedichtmappe stöbern die jungen Frauen nach dem, was ihnen gefällt, und machen daraus ein kleines Paket. Die Auswahl legen sie Günter vor. Der erzählt: »Ich hab gelacht und gesagt: Alles Quatsch, aber wenn ihr wollt, dann schickt es halt hin. Passieren kann ja nichts, außer einer Absage.« Sie schickten sechs Gedichte ein, darunter auch aus dem abgebrochenen »Säulenheiligen« jene Zeilen vom prahlenden Vogel, vom feuchten Haar der Liebenden, und hörten danach erst einmal nichts mehr. Waltraut fuhr zurück nach Düsseldorf, wo sie arbeitete, Anna und Günter in Berlin widmeten sich ihrem Studium und sich.

Bis eines Tages ein Brief bei ihnen eintraf, Absender Süddeutscher Rundfunk, in dem mitgeteilt wurde, dass Herr Günter Grass mit dem Gedicht »Lilien aus Schlaf« den dritten Preis im Wettbewerb gewonnen habe. Die beiden Lyriker, die vor ihm mit ihren Werken auf Platz eins und zwei lagen, sind längst vergessen. Als Preisgeld wurden immerhin dreihundert Mark angekündigt, unter ihren damaligen Verhältnissen ein Vermögen. Abzuholen in Stuttgart anlässlich einer feierlichen Verleihung, Hin- und Rückflug würden selbstverständlich übernommen. Grass flog zum ersten Mal in seinem Leben, aber wichtiger als die Ehre waren die dreihundert Mark, denn die brauchten sie nicht nur für den Haushalt, von denen konnte sich der junge Dichter auch den dringend benötigten Wintermantel leisten.

Als der Preisträger wieder aus Stuttgart zurückkam, lag ein Telegramm vor. Offensichtlich war der Wettbewerb des Süddeutschen Rundfunks nicht ganz unbemerkt geblieben, in der Jury hatte ein Autor mit Beziehungen gesessen. Inhalt der Nachricht etwa, dass die

Gruppe 47 im Mai in Berlin tagen werde, Günter Grass mit einer Auswahl seiner Werke zu einer Lesung am vierzehnten Mai ins Haus am Rupenhorn kommen solle, gez. Hans Werner Richter. Natürlich wusste Grass, dass die Gruppe 47 das wichtigste Forum war für junge Schriftsteller, er hatte aus Zeitungen erfahren, die er sich gelegentlich leisten oder ausleihen konnte, vor allem aber aus dem Rundfunk, welche Bedeutung die Gruppe hatte im literarischen Diskurs der Republik. Wie alle anderen ging er davon aus, dass sie im Jahre 1947 gegründet worden war und daher ihren Namen hatte.

In einer weinseligen Nacht, als er dann zum inneren Kreis gehörte, hörte er von Wolfgang Bächler die wahre Geschichte. Man habe 1952 in Niendorf die Hochzeit von Ilse Aichinger und Günter Eich gefeiert, es seien aber außer dem Brautpaar nur noch drei Menschen anwesend gewesen, das ganze Fest war ein wenig öde, aber dann sei es Hans Werner gelungen, über Nacht zweiundvierzig deutsche Autoren an die Ostsee zu locken, Spesen wurden vom Nordwestdeutschen Rundfunk (NWDR) übernommen, somit waren es siebenundvierzig und die Gruppe hieß fortan so.

Das war wunderbar gesponnen, alles Blödsinn, alles erfunden bis auf die Namen der Hauptpersonen. In der Tat waren Günter Eich und Ilse Aichinger ein Paar, in der Tat waren 1952 Dichter und Kritiker und dichtende Kritiker in Niendorf versammelt. Ilse Aichinger hatte den ersten Preis in der Stichwahl mit einer Stimme Vorsprung gegen Walter Jens gewonnen, der von dieser Entscheidung tief getroffen war, und sie hatte vom Geld im Wiener Pfandhaus den Wintermantel ihrer Mutter, der dort während des Sommers hinterlegt worden war, wieder auslösen können.

Grass kannte kein Mitglied persönlich, nur einige, wie zum Beispiel Günter Eich oder Ingeborg Bachmann, vom Namen her. Andere Anfänger hätten gezögert, sich den Großen zu stellen. Günter Grass jedoch hatte keine Angst und nahm die Aufforderung zum Tanz selbstverständlich an. Eine Antwort zu geben war nicht nötig und wurde auch nicht erwartet, weil es unvorstellbar war, dass jemand nicht kommen würde, wenn die Gruppe rief.

Er fuhr also direkt von der Hochschule am vorgegebenen Tag per S-Bahn zum angegebenen Ort, seine Manuskripte trug er in einem Umschlag bei sich. Bereits berühmte Dichter wie Heinrich Böll oder Milo Dor saßen im Gras des Parks, der sich vom Haus in sanfter Neigung zum Ufer der Havel dehnte, und auch der ehrfürchtig umringte

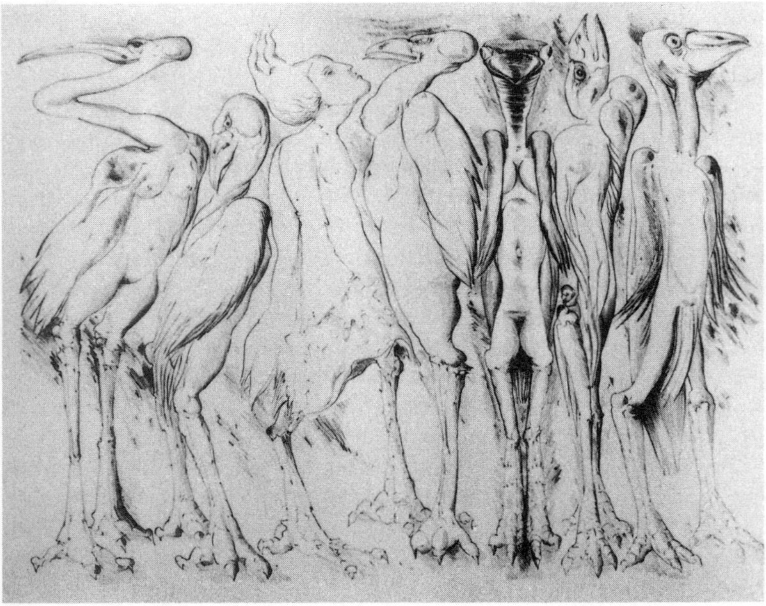

Die erste Ausstellung des jungen Grafikers findet 1955 in Stuttgart statt. Für seinen Lyrikband »Die Vorzüge der Windhühner« gestaltet er auch den Umschlag. Das wird Grass-Art bei allen seinen Büchern.

Erich Kästner war da. Er kam nie wieder. Andere noch unbekannte Autoren tranken ihren Kaffee auf der Terrasse. Es war ein warmer Frühlingstag. Grass setzte sich an einen freien Tisch. Eine Kellnerin fragte, ob er auch ein Dichter sei, und er antwortete trocken: »Ich glaube, ja.« Da servierte sie ihm wie den anderen Streuselkuchen und Kaffee.

Das Telegramm mit der Aufforderung, sich hier einzufinden, legte er neben seinen Teller. Die würden ihn bestimmt aufrufen, wenn es so weit war. »Doch zunächst kam ein rundlicher strammer Mann auf mich zu, das war Hans Werner Richter, den ich nicht kannte, und der fragte: Was suchen Sie hier?« Wie Grass dann oft auch persönlich erlebte, war Richter immer in Sorge, dass bei den Tagungen Leute zuhörten, die nicht zur Gruppe gehörten. Grass antwortete lakonisch, er habe ein Telegramm bekommen, dass er hier was vorlesen solle. Richter daraufhin, »immer noch streng: Wer sind Sie? Ich sagte es ihm. Ah, ja, ja. Gut, jetzt liest der, dann der, dann liest Ingeborg Bachmann, dann liest der, und dann lesen Sie. Im Weggehen drehte er sich noch mal um und meinte: Aber lesen Sie laut und deutlich.«

Toni Richter, Witwe des Gruppengründers Hans Werner Richter, erinnert sich ebenfalls an diese Szene und weiß noch genau, wie dieser unbekannte Mensch ganz ruhig vor seiner Kaffeetasse saß, Jacke leicht verstaubt, weil er wohl gerade aus der Akademie kam und gearbeitet hatte, wie man später erfuhr, gerade bedacht mit einer Verwarnung der Polizei wegen Pinkelns an eine Hauswand, wie man auch später erfuhr, von ihm selbst lachend erzählt. Zum Fürchten gar habe er ausgesehen, raubtierhaft wild, zigeunerhafte Gesichtszüge. Ihrem Mann, der Zigeuner zu seinen Ahnen zählte, sei das auch aufgefallen. Nachdem er von den kaschubischen Wurzeln des Neuen erfahren hatte, setzte er seine Zigeuner und dessen Kaschuben zukünftig in etwa gleich.

Grass hatte kein Lampenfieber vor seinem ersten Auftritt als Dichter, der ausgerechnet bei der renommierten Gruppe 47 und nicht bei einem studentischen Lyrikabend stattfand. Er war einerseits zu verdorben durch spielend errungenen Beifall aus den Nächten im Düsseldorfer Jazzkeller, er war andererseits zu unverdorben, um sich in seiner Naivität möglicherweise auf ihn wartende intellektuelle Wortakrobaten, fein in Sprache verpackte Hinrichtungen vorstellen zu können. Die Kritiker der literarischen Tafelrunde sind ihm noch fremd. Sie saßen immer in der ersten Reihe. Wer vorlesend seine vermeintlichen Freunde, die Kollegen Dichter, erreichen wollte, musste mit seinen Texten erst einmal über diese Hürde der Denker springen, die Phalanx der Besserwisser oder sich zumindest besser wissend Gebenden durchbrechen.

Zunächst hört sich Günter Grass neugierig wie ein zahlender Gast an, was an diesem Maiennachmittag auf der Bühne so geboten wird. Den Kritikern, zu denen seine später liebsten Todfreunde noch nicht gehören, hätte er eh nichts zu sagen gehabt. Also, da sitzt jemand, den er auch nicht kennt, vorn auf einem Stuhl, neben ihm dieser streng freundliche Mensch, Hans Werner Richter, der ihn gerade ermahnt hat, bloß laut zu sprechen, und der Mann neben Richter liest aus einem Manuskript vor. Aha, so also läuft das hier ab.

Als er fertig ist, senkt der Delinquent sein Werk und Kritiker, die in seinem Blickfeld in der ersten Reihe Platz genommen haben, senken den Daumen. Es beginnt ein fein formuliertes Schlachten. Dem Opfer ist verteidigende Gegenrede nicht erlaubt, wie Grass flüsternd auf Nachfrage erfährt, so brutal und einfach lauten die Regeln der Gruppe. Grass merkt sich, was gesagt wird. Besonderen Eindruck macht auf ihn die Eloquenz eines jungen Mannes, etwa in seinem Alter, vielleicht ein bisschen jünger, kindliches Gesicht. Leicht ostpreußischer Akzent, was ihn anheimelt. Das ist Joachim Kaiser. Der schreibt schon damals nicht nur exorbitant gut, er spricht auch druckreif. Den großbürgerlichen Intellektuellen wiederum beeindruckt die erste Begegnung mit dem kleinbürgerlichen Autodidakten Grass ebenso, weil er nicht nur gute Gedichte vorliest, sondern provozierend proletenhaft in sich ruhend eine eben nicht akademische, eine Gegenwelt verkörpert. Aus dieser früh geborenen gegenseitigen Bewunderung wächst über Jahrzehnte eine dauerhafte Duz-Freundschaft.

Was angesichts des tiefen Abscheus, mit dem Grass seinen Kritikern später begegnete, vor allem akademisch gebildeten, diesen Jägern der verlorenen Adjektive, bemerkenswert ist. Im Gegensatz zu Berufskritikern, die immer Bezüge herstellten zu dem, was sie schon mal woanders gelesen hatten, blieben Autoren in ihrer Gegenrede oder ihrem Zuspruch stets beim Handwerklichen, bei dem, was sie gerade gehört hatten. Sie wussten aus eigenem Erleben um die Qual des Schreibens, sie kannten den fordernden Blick des leeren Papiers, hatten ebenso die Nächte der Verzweiflung durchlitten, auf der Suche nach Sätzen gegen verstreichende Zeit.

Kritiker kannten das nicht, die kannten die richtigen Satzzeichen.

Bei einer der letzten Tagungen der Gruppe 47, kurz vor ihrem Ende, hat Grass mal durchgesetzt, die Rollen zu wechseln. Die Herren Kritiker mussten sich neben Hans Werner Richter setzen und eine Kritik vorlesen, die sie über einen der anwesenden Autoren verfasst hatten, die in der ersten Reihe vor ihnen saßen, Rachelust im Auge. Das geschah unter allgemeiner Schadenfreude. Verrisse standen an und anschließend hauten die Dichter zurück. Genüsslich auf die Regeln hinweisend, dass der Kritisierte nicht antworten dürfe.

Kritiker, ach Kritiker...

Die machten an diesem schönen Nachmittag im Mai, angeführt von einem Ostberliner Gast namens Fritz J. Raddatz, heute bekennender Freund von Grass, als Nächstes einen fertig, an dessen Namen Grass sich nicht mehr erinnert – es war wohl Helmut Heißenbüttel –, dann las die Bachmann, »und die weinte fast ihre Texte, hatte immer mit ihren Haaren zu tun, und ich dachte noch, wenn sie das arme Mädchen auch so fertig machen, dann sagst du aber was. Mir gefielen die Gedichte nämlich, ich fand die gut.« Die anschließende Debatte über Bachmann verlief jedoch ziemlich friedlich. Etwa in dem Sinne, dass die Inge sich verändert habe, wie einer meinte, nein, eben nicht, wie ein anderer entgegnete, und das sei gut.

Dann war Günter Grass dran. Er stand gelassen auf, ging ruhig nach vorne, in der Erinnerung von Joachim Kaiser fast raubtierhaft in den Bewegungen, setzte sich neben Hans Werner Richter, räusperte sich einmal und las dann vor, laut und deutlich, wie ihm befohlen. Nach den gerade in Stuttgart gekrönten »Lilien aus Schlaf« – »Zwischen den Lilien aus Schlaf/ Müht sich des Wachenden Schritt« – und Dialogfetzen aus unfertigen Theaterstücken wie »Beritten hin und zurück« und »Hochwasser« trug er sein Gedicht »Polnische Fahne« vor. Das ließ wie jener abgebrochene Zyklus vom Säulenheiligen des Dichters Günter Grass Lebensthema ahnen:

»Viel Kirschen die aus diesem Blut/ im Aufbegehren deutlich werden,/ das Bett zum roten Inlett überreden./ Der erste Frost zählt Rüben, blinde Teiche,/ Kartoffelfeuer überm Horizont,/ auch Männer halb in Rauch verwickelt./ Die Tage schrumpfen, Äpfel auf dem Schrank,/ die Freiheit fror, jetzt brennt sie in den Öfen,/ kocht Kindern Brei und malt die Knöchel rot./ Im Schnee der Kopftücher beim Fest,/ Pilsudskis Herz, des Pferdes fünfter Huf,/ schlug an die Scheune, bis der Starost kam./ Die Fahne blutet musterlos,/ so kam der Winter, wird der Schritt/ hinter den Wölfen Warschau finden.«

In diesem Gedicht hatte Oskar Matzerath deutlicher denn je zuvor angeklopft und seine Geschichte eingefordert. Noch einmal wird er sich mit Lyrik zufrieden geben wie in der »Blechmusik«, die um diese Zeit von Grass komponiert wurde: »War es ein Kind, auf dem Kopf/ einen Helm aus gelesener Zeitung,/ war es ein irrer Husar,/der auf Befehl aus dem Bild trat,/ war es schon damals der Tod,/ der so seinen Stempel behauchte?«

Beim nächsten Anklopfen wird Grass dem Zwerg nicht mehr widerstehen können und mit diesem Riesenbrocken beginnen müssen, mit Oskars Geschichte, mit der »Blechtrommel«. Der Buchumschlag, den Grass dann zeichnete, zeigt einen Jungen mit einem Helm aus gefalteter Zeitung.

Den ersten Preis gewann zwar Martin Walser für seine Erzählung »Templones Ende«, aber der staubbedeckte Wilde war auch aufgefallen. Das hat er nicht vergessen und allen, die ihn nach dem berühmten ersten Mal befragten, gern ausgemalt: »Ich wurde umringt von gleichaltrigen jungen Leuten, die sich vorstellten mit Fischer Verlag, Suhrkamp Verlag, Rowohlt Verlag und die mir fast die Manuskripte aus den Fingern rissen. Ich dachte, jetzt bricht für uns das goldene Zeitalter an.« So erzählte er es abends auch Anna. Aber gemeldet hat sich dann keiner mehr.

Da ist auf einen anderen mehr Verlass, den Grass an diesem Nachmittag in Richters »Etablissement der Schmetterlinge« kennen lernt. Walter Höllerer. Er nimmt Grass im Taxi mit zurück in die Stadt und berichtet ihm auf der Fahrt von seiner Zeitschrift »Akzente«, die er gemeinsam mit Hans Bender seit einem Jahr herausgab, dort wolle er die »Lilien aus Schlaf« drucken. Was er tatsächlich im kommenden Heft 3 auch tun wird. Im selben Jahr folgen die Prosatexte »Kürzestgeschichten aus Berlin« und »Meine grüne Wiese«.

In der Gruppe 47 hatte Grass eine Großfamilie gefunden, was er beim ersten Familientreffen als Neuzugang noch nicht so empfand. Das Gefühl, nach Hause zu kommen, entwickelte sich erst beim nächsten Treffen im Herbst. Bis zu ihrem Ende hat er nie eine Tagung versäumt, kam anfangs erst aus Berlin und dann aus Paris angereist, obwohl lange Zeit sein Geld gerade reichte für die Hinfahrt. In »Akzente« gedruckt zu werden, hatte literarischen Marktwert, doch wenig Mehrwert. Pro Gedicht gab es fünfundsiebzig, pro Erzählung zweihundertundfünfzig Mark. Grass brachte voller Vertrauen in seine Kunst zu den Gruppesitzungen ein paar Zeichnungen mit und hoffte, dass sie ihm einer abkaufen würde, hundert Mark das Stück, eine einmalige Gelegenheit. Wolfgang Hildesheimer zum Beispiel würde das tun, auch Joachim Kaiser. So reichte es immer gerade für die Rückfahrt und manchmal sogar ein Zubrot, bis er dann 1958 selbst den ersten Preis gewann. Das soll im nächsten Kapitel erzählt werden, wo es hingehört.

Gruppenvater Hans Werner Richter, der literarische Patron, wurde sein Ersatzvater, was Richter voller Rührung in seinen Memoiren bestätigte, denn als Vater habe ihn Günter, mit dem er eng befreundet war und der ihm gleichzeitig fremd blieb, selbst bezeichnet, er ihn wiederum nie jedoch Sohn Günterchen genannt. Der andere Ersatzvater wird dann Willy Brandt.

Vier, vielleicht waren es auch fünf Wochen nach seiner Lesung bekam Grass einen Brief von Peter Frank aus dem Luchterhand Verlag. Eigentlich war Luchterhand ein juristischer Fachverlag, aber er unterhielt damals eine Dependance in Berlin, seine literarische Abteilung. Frank schrieb, er sei zwar auf der Tagung an der Havel gewesen, aber im Gedränge nicht an ihn herangekommen. Wahrscheinlich sei der Lyriker schon an einen Verlag vergeben, aber er wolle vorsichtshalber noch mal anfragen. Auf diesem Umweg kam Grass zu Luchterhand. Dessen Verleger Eduard Reifferscheid lernte den nicht nur in Lyrik, sondern auch in Verhandlungen starken Autor beim ersten gemeinsamen Projekt gleich richtig kennen: »Ich habe durchgesetzt, daß im ersten Gedichtband auch Zeichnungen von mir sein sollten und daß ich auch den Umschlag gestalte.« So hat er es in Zukunft immer gehalten. Die Umschläge aller Bücher des Dichters Günter Grass stammen vom Grafiker des selben Namens.

Nur mit dem goldenen Zeitalter klappte es nicht ganz so schnell und nicht über Nacht. Von den »Vorzügen der Windhühner« sind bis 1959, als die Blechtrommel laut alles übertönte, vierhunderteinundfünfzig Stück verkauft worden. Kritiken wie die von Johannes Bobrowski, der zwar verhalten lobte, aber doch die Neigung des Autors zum Kunstgewerbe erwähnte, spielten dabei keine Rolle. Es gab einfach zu viele Lyriker in Deutschland. Die meisten jungen Autoren suchten dichtend noch die ihnen gemäße eigene Form. Deutsche Dichter aus der Vätergeneration, die im Lande der Mörder geblieben waren, hatten ihnen nichts zu sagen. Es halfen ihnen die Klassiker und die Emigranten.

Auch Grass sucht. Vertieft sich in Literatur, die ihm noch fremd ist,

Bald nach ihrer ersten Begegnung wird Hans Werner Richter für Günter Grass ein zweiter Vater. Dem bleibt er bis ins Alter verbunden. In der »Kleber Post« in Saulgau trinken die beiden 1977 auf ihre Freundschaft.

und holt Buch für Buch die Schule nach. Für sich. Hans Werner Richter sieht bei dem jungen Bildhauer, als er ihn einmal in der Kellerwohnung im Grunewald besucht, aufgeschlagene Bücher von Jean Paul. Das hat einen blechernen Grund, wie man knapp vier Jahre nach diesem Sommer 1955 hören wird. Neben »Tristram Shandy« des nachgerade verrückten Laurence Sterne, neben Herman Melvilles »Moby Dick« und Cervantes' »Don Quijote« und Grimmelshausens »Simplicissimus« und Rabelais, dessen Gesamtwerk Grass schon Pater Stanislaus im Düsseldorfer Caritas-Heim ans Herz gelegt hatte, gehört Jean Pauls trotz des ihm eigenen Wahns so witziger, abgebrochener Roman »Der Komet oder Nikolaus Marggraf« in die Ahnengalerie Oskars. Seine Trommel aus der Ferne ist hörbar.

Ein anderer für die Entwicklung von Grass wichtiger Schriftsteller ist Alfred Döblin, der 1933 mit knapper Not den Nazis entronnen und nach Paris geflüchtet war. Dort arbeitete der dichtende Kassenarzt aus Berlin in einer intellektuellen Widerstandsgruppe, die bis zur Besetzung Frankreichs Flugblätter und Denkschriften verfasste, die aber keiner wirklich brauchte. Einer seiner Mitstreiter war der Emigrant Kurt Wolff, und wieder schließt sich ein Kreis des Zufalls: Kurt Wolff wird mal des Trommlers Siegeszug durch die Welt begleiten, sein Verlag in New York »The Tin Drum« zum Bestseller in den USA machen.

Günter Grass nennt Alfred Döblin, wie auch Jean Paul, ohne die Sehnsucht nach Erlösung aus irdischer Zerrissenheit nicht erklärbar, anlässlich einer Rede zum zehnten Todestag des Verjagten in der Berliner Akademie der Künste sogar seinen eigentlichen Lehrer: »Ich könnte mir meine Prosa ohne die futuristischen Komponenten seiner Arbeit von ›Wang-lun‹ über den ›Wallenstein‹ und ›Berge, Meere und Giganten‹ bis zum ›Alexanderplatz‹ nicht vorstellen.« Genies fallen nicht vom Himmel, betont Grass immer wieder, Schriftsteller sind nicht selbstherrlich, sondern »haben ihr Herkommen«. Seines verdanke er Döblin und er wirft ein paar Merksätze ins Publikum: Ein Buch muss mehr sein als der Autor. Ein Autor ist nur Mittel zum Zweck. Ein Autor braucht Verstecke. Ein Autor sucht Zuflucht hinter seinem Buch.

Unermüdlich preist Grass den Emigranten Döblin. Nach ihm benennt er einen von ihm finanzierten Literaturpreis. Döblins Bücher, die kaum Freunde und nicht mal Feinde haben, liegen jenseits von »Berlin Alexanderplatz« unbeachtet als großer Haufen in literarischen Hinterhöfen. Schüler Grass, der sich lesend in ihnen herumgetrieben hat, der in der Tradition von Döblin und nicht nur auf Fontanes Spuren mit dem »Weiten Feld« seinen eigenen Berlinroman geschrieben hat, empfiehlt sie zur gefälligen Lektüre bei passenden Gelegenheiten. Von dem, sagt mal der alte Mann Grass, könnten diese jungen deutschen Schriftsteller, würden sie ihn denn bloß lesen, diese Ignoranten, noch viel lernen. Auch in seiner Eigenschaft als Kritiker ist Döblin ihm lieb, haben doch dessen Meinung nach »die Götter vor das Urteil das Verständnis und nicht das große Maul gesetzt«. Diesen Döblin zitiert Grass besonders gern, wenn Kritiker über ihn herfallen.

Dass ein Dichter mitzuarbeiten habe an der Neugestaltung der Welt, wie Döblin es glaubte, gilt als Maxime auch für Günter Grass. Natürlich sagt er das mit dem ihm eigenen absurden Ansatz: Wer die Spannung aushalte zwischen Gedichten, die keine Kompromisse erlauben, und dem Leben, das Kompromisse brauche, »nur der ist ein Narr und ändert die Welt«. Ein politischer Ansatz war eigentlicher Antrieb für Hans Werner Richter bei der Gruppe-47-Gründung im Jahre 1947, zwei Jahre nach dem Krieg: »Wir waren überzeugt davon, daß der Mensch mit Hilfe des Wortes, d.h. der Literatur, verändert werden kann.«

Im notwendigen Überleben aber war für Grass die Meierei Bolle in Berlin wichtiger als Jean Paul und wichtiger als Alfred Döblin. Die literarischen Vorbilder zahlten sich aus, Bolle dagegen zahlte bar. Deshalb nahm er dankbar den Auftrag an, ein Werbekonzept zu entwerfen. »Die Milchflaschenpost«, schrieb er als Einleitung seiner Idee, »wollen wir dieses Heft, herausgegeben von der Meierei C. Bolle, nennen.« Der Autor erdachte dafür die Geschichte eines irischen Fischers mit neun Kindern, der Mac O'Limerick hieß, nun ja, und eines Tages eine Flaschenpost fand. Inhalt die Nachricht eines offenbar Dürstenden: »Bin armer Schiffbrüchiger. Sitze seit sieben Jahren auf einer Insel in der Südsee. Habe Kokosnüsse, Bananen und eine echte Hula-Hula-Frau. Was mir fehlt, ist Milch, weiße Milch, gesunde Milch, Bolle-Milch zu jeder Tageszeit. Bitte um Versorgung mit Bolle-Milch, sonst Lage auf Südseeinsel hoffnungslos.«

Nach diesem irren Anfang, den man in der Werbung als Einstieg irre gut nennen würde, erzählte Grass die Geschichte des Hauses Bolle und blieb kurz bei den Facts, über die er sich hatte informieren lassen: Jährlich würden von Bolle fünfundvierzig Millionen Liter

Milch verarbeitet, in modernen Abfüllstationen, die immerhin zweitausendvierhundert Liter pro Stunde schaffen. Dann hob er aber wieder ab: Durch den Einsatz der »Fernmilchlangstreckenrakete Bolledor« habe man dem darbenden Mann in der Südsee helfen können. Dies ist die Aktion »Von Insel zu Insel», mit der einen ist Berlin gemeint, wo Bolle, gegründet 1881, in »heute 150 Geschäften, davon 30 Selbstbedienungsläden« seine Produkte verkaufe. Eine Zeichnung illustrierte die beschriebene Werbeidee, doch dürfte den Auftraggebern weniger gefallen haben, dass an den Euterzitzen der Kuh nicht durstige Berliner hingen, sondern eindeutig – Aale.

Die Geschäftsverbindung Bolle – Grass muss dennoch erfreulich verlaufen sein, für beide Seiten. Dichtung über die Meierei Bolle ernährte den Dichter. Hat nicht auch Bertolt Brecht Texte für die Werbung erfunden? In Paris wird Grass Anfang 1957, weil er dringend Geld braucht, ein Exposé für einen »Werbefilm über Bolle-Pommersche-Selbstbedienungsläden« verfassen, Länge fünfundvierzig Minuten, gedacht als farbiger Zeichentrickfilm. Kängurus spielen darin die Hauptrollen, die sich in Berlin hüpfend umhertreiben und dann, wenn sie ihre Ziele gefunden haben, die leeren Beutel mit Waren der Selbstbedienungskette Bolle-Pommersche-Meierei füllen. Das verrückte Treiben lockt vor den Schaufenstern Massen an, die erst staunen und dann dem Beispiel der Kängurus folgen. Die Mittel des Zeichentrickfilms, untermalt von rhythmischer Musik, geben »den Herstellern die weitreichenden Möglichkeiten, eine heiter absurde Phantasie sichtbar zu machen, ohne den Zuschauer durch lautstarke Werbeslogans an die Wand zu drücken«.

Wesentlicher in ihrer Wirkung, na klar, war die erste Ausstellung des Grafikers und Bildhauers. In der Stuttgarter Galerie Lutz und Meyer, deren Besitzer er bei der Preisverleihung des Süddeutschen Rundfunks getroffen hatte, wurden Zeichnungen und Skulpturen gezeigt. Es gab sogar gedruckten Beifall. Nach der Information, dass der Abdruck von Grass-Gedichten in »Akzente« einige »empörte und zustimmende« Leserzuschriften ausgelöst habe, schrieb ein Kritiker der »FAZ« Lobendes: »Alles Umrahmende und Beschwichtigende fällt ab ... Grass überrascht durch Energie und sicheren Strich ... Sein Griff läßt nur die harten Konturen oder das Knochengerüst der Dinge bestehen ... Damit unterscheidet er sich in seinen Zeichnungen, obwohl er auf seinem Weg weit ins Losgelöste vordringt, von vielen seiner gleichaltrigen Kollegen, wie in der Lyrik (etwa von Helmut

Heißenbüttel)...« Zwar sei er in vielem noch verbissen, der inzwischen 27-Jährige, gar überanstrengt, hieß es am Ende der Kunstkritik, aber man sollte ihm eine weitere Chance geben.

Die erarbeitet sich der Meisterschüler von Hartung lieber selbst. Der Bildhauer schreibt sich Prosastück für Prosastück frei von Vorbildern, ganz so, wie es ihm bereits in der Lyrik gelungen ist. Sein Ruhm sei dann zwar durch Prosa über ihn gekommen, schrieb mal Karl Krolow, aber die war vorbereitet durch seine Gedichte, die schon alles auf »engem Raum« durchspielten, was der Romancier dann souverän ausspielte. So trainiert, trat er bald an zum ersten Match, um sich Oskars Attacken zu stellen. Zum zweiten Auftritt in der Familie Gruppe 47 bereits hatte Grass neben neuen Gedichten eine Erzählung mitgebracht und im Spätherbst 1955 daraus gelesen: »Meine grüne Wiese«. Ein weiteres Tier neben den Hühnern taucht auf und wird von nun an seinen Weg begleiten, mal vor ihm, mal hinter ihm. Die Schnecke.

Da sie »durch die Zeit rast« und niemand etwas versteht von ihrer Schnelligkeit, ist sie das eigentliche Symbol für Fortschritt, denn wenn sie scheinbar hinter uns liegt, setzt sie gerade zur Überrundung an: »Die Schnecke hält ihre Fühler in ein kommendes Jahrhundert.« Die Schnecke liebt der Dichter Grass wie die Farbe Grau. Die Schnecke ist Natur und stetig, die Schnecke ist geduldig, hat Bodenhaftung und kennt doch den Weg in die Zukunft. Bei Grass reitet der Weltgeist auf ihr und nicht wie bei Hegel auf einem Pferd, was seiner Neigung zur Schnecken Partei Deutschlands entgegen kommt, der SPD.

Als Anna Grass im folgenden Sommer mit ihrer Ausbildung fertig ist, steht sie vor der aufregenden Wahl, entweder in Pforzheim beim Stadttheater mit einem so genannten Gruppenvertrag samt Soloverpflichtung anzufangen, wobei die vage Chance auf einen Einsatz als Solistin schon die Erfüllung aller Träume bedeutet hätte, oder an einem der größeren Theater ausschließlich im Corps de Ballet aufzutreten. Keine besonders rosigen Aussichten. Das Bild von der vagen Zukunft gilt auch für den Meisterschüler Günter Grass, dessen Zeichnungen im Sommersemester 1956 vom Künstlerbund als »zwar ausgezeichnet«, aber eben leider gegenständlich für den Wettbewerb nicht zugelassen werden. »Da meine Frau außerdem überzeugt war, in Paris bei einer ganz bestimmten Lehrerin noch was lernen zu können, da ich meinen Roman im Kopf, schon Notizen dazu gemacht hatte, sagte ich, mir ist das gleich, Anna, denn wo immer wir auch hingehen, schreib ich da meinen Roman. Paris wäre mir allerdings lieber als Pforzheim.«

Ihr auch. Und so ziehen Anna und Günter Grass mittellos, aber unbekümmert, reich an Plänen, aber arm an »notwendigem Unterfutter« im Juli 1956 mit leichtem Gepäck nach Paris. In ihre Koffer haben sie ein paar Träume gepackt und jede Menge Federn. Die lassen sich in den Himmel blasen.

V

»Dann werde ich meinen Söhnen Linsen kochen«

1956–1959

Vor einem Wiener Schnitzel und einem Glas Rotwein sitzt der alte Klaus Wagenbach und lacht sich jung. Was er mir gerade erzählt hat, ist ja auch eine zu schöne Anekdote. Doch nur er kann sich in angemessener Würde darüber freuen, denn er hat sie erlebt, diese Geschichte, als er, unwürdig jung, damals in Paris seinen Freund Günter Grass besuchte. War es 1957? War es 1958? Jedenfalls hatte der eine Holzlatte in der Hand, als sie über den Hof zu seinem Arbeitsraum gingen. Wagenbach wunderte sich, aber bevor er fragen konnte, stellte sich heraus, wofür das Ding gebraucht wurde: zum Vertreiben der Ratten. Die waren groß und fett und hatten keine Angst.

Ganz so, sagt Günter Grass, war es nicht. Da er dafür berühmt ist, bei Bedarf seine Erinnerungen detailgetreu aus dem Gedächtnis abrufen zu können, wird seine Version wohl eher stimmen. Macht andererseits die Geschichte kaum schlechter. Nicht mit einem Stück Holz habe er die Ratten zurück in ihre Löcher gejagt, sondern mit einer Kohlenschaufel. Die lehnte griffbereit, wenn er im Winter in den Keller ging, um die beiden Eimer mit Koks für den Ofen zu füllen, in einer Ecke des Hofes und dort stand sie wegen der Ratten auch im Sommer.

Trotz ihres eingeengten Spielraums spielten Anna und Günter Grass in Paris ein Fest fürs Leben, trotz ihrer tatsächlichen Armut fühlten sie sich reich. »Wir haben wunderbare Zeiten gehabt, ich hab' mir, und so ging es Anna auch, keine großen Sorgen gemacht, obwohl wir nichts hatten.« Sie bewegten sich leichtfüßig unterhalb einer für die Steuer relevanten Schwelle des Einkommens. Die Neigung des Künstlers, für gezeichnete Arbeit spontan zu kassieren wie ein Händler auf dem Markt, Scheine direkt in die Taschen seiner Cordhose zu stecken, ist nicht in Paris entstanden, aber dort ist sie alltäglich. Keine Malerin, kein Bildhauer würde auf die Idee kommen, eine Rechnung zu schreiben, falls er mal etwas verkaufte, oder gar vom Erlös dem Staat abzugeben, was des Staates ist. Grass war nicht angewiesen auf deren Tipps, geschäftliches Talent, tief verwurzelt, lag ihm genetisch so nahe wie die Kunst. Sein ausgeprägtes Gespür für Mehrwert muss gar nicht mal direkt von Mutter und Vater, mag viel eher von den schlauen Bauern der kaschubischen Sippe der Knoffs stammen.

Die Lichterstadt Paris jenseits ihres Viertels bleibt Anna und Günter Grass fremd. Dafür reicht ihr Budget nicht. Mit etwa dreihundert Mark im Monat müssen sie auskommen, das hat der in Soll und Haben erfahrene Kaufmannssohn aus Langfuhr sorgfältig ausgerechnet. Deshalb schnüffelt er regelmäßig auf einem der vielen Märkte nach günstigen Angeboten des Tages. Sucht Gemüse oder Pilze oder Hammel oder Huhn oder Fisch. Der Dichter persönlich kocht. Das zumindest theoretisch vom dritten Onkel Knoff vererbte Talent macht sich praktisch am Herd bemerkbar. Abgeschaut hat er das Handwerk des Kochens seiner Mutter in Danzig. In eigenen und eigenwilligen Rezepten wird er es zur Meisterschaft bringen, von Gästen des Hauses Grass dann als Maître ihrer Plaisirs gerühmt. Hier in Paris ist Kochkunst aus Not geboren, von dem bestimmt, was man sich leisten kann, und dadurch aufs Einfache beschränkt.

Anna und Günter Grass zogen bis Ende 1956 zweimal um, ein »mühsames Unterfangen im Benzin armen Paris«, wie er in einem Brief betonte, bis es schließlich etwas Besseres gab als die gängigen Mansarden unterm Dach und ohne Bad, die nur in Filmen so romantisch aussehen. Wesentlicheres blieb in der Erinnerung des Dichters, der polnische Oktober und die ungarische Revolution, was »die Grenzen literarischen Engagements aufzeigte«, der Tod von Brecht und Benn. Jeder starb in seinem Teil Berlins und sie hinterließen, »neben den ablesbaren Spuren ihrer Größe und ihrer zeitgebundenen Verwandtschaft«, die einfache Lösung, Döblin zu wählen, falls er sich »zwischen Benn und Brecht« zu entscheiden habe.

Erst im Januar 1957 finden sie, vermittelt von Madame Nora, der russischen Ballettlehrerin Annas, eine kleine Wohnung in der Avenue d'Italie 111. So hingeschrieben sieht das nach einer Adresse aus, doch es ist nur eine Anschrift im 13. Arrondissement von Paris, die ihren finanziellen Verhältnissen entspricht. Grass mag die »proletarische Kleinbürgergegend«, deren Atmosphäre ihn an seine Jugend er-

Meister Grass in der Küche. Freunde rühmen vor allem seine Pilz- und Fischsuppen.

innert, die vom Flair aber gleichzeitig »am weitesten von der Stadt entfernt« ist, die er beschreiben will, von Danzig. Die beiden Zimmer sind nicht im Vordergebäude zur Straße gelegen, sondern im ersten Stock des kleinen Hinterhauses. Über ihnen leben die Vermieter, ein junges Ehepaar mit Kind.

Da der Bildhauer seinen Beruf trotz wachsender Schreiblust weiter ausüben will, braucht er nicht nur einen Tisch, sondern eine Art Atelier. Im Heizungskeller, von dem die Wärme direkt nach oben in ihre Wohnung geleitet wird, richtet er sich ein. Mit Feinarbeit an Gipsfiguren wird es nichts in dem seltsamen Werkraum. Die Luft trocknet den feuchten Stoff zu schnell aus. Dennoch rinnen gleichermaßen in feiner Stetigkeit Wassertropfen von den nur nachlässig verputzten Wänden, was insgesamt, wie sich herausstellen sollte, seiner Gesundheit mehr schaden wird als Dutzende von Selbstgedrehten, die Günter Grass inzwischen täglich raucht. Bleistiftzeichnungen und Radierungen sind trotz widriger Umstände möglich, aber es drängt ihn zu schreiben. Er bleibt dabei seinem Prinzip treu, und das macht er bis heute so, zunächst handschriftlich seine Geschichte zu erzählen und die erst im nächsten Arbeitsgang in die Schreibmaschine zu tippen.

Anna geht täglich nach draußen zum Tanzen, in Madame Noras Ballettstudio an der Place Clichy, und ihr Mann eine Treppe nach unten zum Dichten. Er arbeitet noch nicht an seinem ersten Roman, aber der Stoff in ihm. In den Planungen heißt die Blechtrommel »Oskar, der Trommler« oder vielleicht auch nur »Der Trommler«. Grass schreibt lieber Prosatexte für »Akzente«, denn die bringen sofort Bargeld. Der Zufall, dass er vor zwei Jahren mit Walter Höllerer per Taxi vom Gruppe-47-Auftritt zurückfahren durfte in die Berliner Innenstadt und dass der ihn dabei zur Mitarbeit an seiner Zeitschrift eingeladen hatte, erweist sich als segensreiche Fügung. Grass verfasst, falls ihm zum richtigen Moment die dafür nötige lyrische Luft entweicht, was bei anderen ein Kuss der Muse auslöst, auch ein paar seiner so genannten Gelegenheitsgedichte, die nach Abgabe ebenfalls sofort bezahlt werden. »Meinen Söhnen werde ich Linsen kochen«, aber als er es symbolisch im Gedicht »Erstgeburt« schreibt, reichen seine Honorare für mehr als alles andere diesseits der Linsen auch schon.

Und er schreibt fürs Theater. Der Zweiakter »Hochwasser« wird am neunzehnten Januar 1957 in Frankfurt an der auf Experimente abonnierten Neuen Bühne uraufgeführt. Es ist die Premiere des Dramatikers Grass und wird deshalb hier, im Gegensatz zu weiteren Inszenierungen der kommenden Jahre bis zum »Plebejer«-Drama, ausgiebig besprochen. Der Kritiker Hans Schwab-Felisch, den Günter Grass nicht kennt, doch bald kennen lernen wird, gehört zu den wenigen Journalisten, denen Hans Werner Richter bei Tagungen seiner Gruppe den Zutritt gestattet. Hans Schwab-Felisch hat Grass bereits in Berlin und in Bebenhausen erlebt, weiß also mehr über ihn als das, was im Programmheft steht. »Von Hause aus Bildhauer und Zeichner«, schreibt er nach der Premiere in der »FAZ«, »hat er heute schon auch als Schriftsteller eine eigene Handschrift. Freilich ist sie noch nicht ausgeschrieben, noch störrisch, bisweilen ungelenk... aber ein kräftiger Zug zeichnet diese Handschrift aus, ein fast barbarischer Wille, aus der Sackgasse der Konvention auszubrechen... Grass ist ein Neuerer auf dem Wege der Büchner, Wedekind, Kaiser, Beckett. Er ist explosiv und ungebärdig. Was dabei herauskommt, stehe dahin. Vielleicht gar nichts.«

Vielleicht doch was: Der Dichter bastelt in Paris an weiteren Stücken wie »Beritten hin und zurück« oder »Onkel, Onkel« oder »Zehn Minuten bis Buffalo«, von denen er sich Tantiemen erhofft. Die im ersten Halbjahr 1957 entstandenen Stücke bestätigen Schwab-Felischs Vermutung, dass sich einer auf den Weg zu Beckett gemacht habe. Sie sind witzig, aber letztlich Ouvertüren, Vorspiele für das große Spiel, dessen Stoff in ihm schlummert. Die nötigen Zutaten für sein Drama der »Plebejer« hatte er 1953 am Nachmittag des Arbeiteraufstandes am Potsdamer Platz im Kopf gespeichert. Grass: »Es war ein Vergnügen für mich, Dramolette zu schreiben, erst Einakter, dann mehrere Akte, dann ein geschlossenes Stück, die ›Bösen Köche‹. Alle mit einer absurden Handlung, alle in Deutschland zunächst an Studentenbühnen aufgeführt.« Absurdes Theater ist im Trend der Zeit modernes Theater, es lassen grüßen Samuel Beckett und Eugène Ionesco, doch Grass mit seinen bitter-komischen kleinen Stücken ist kein Epigone der Großen. Er hat bereits in seinen Gedichten bewiesen, wie sehr ihm das Absurde liegt.

Annas Tanzkunst regt den nie müden Geist zu einem künstlerischen Versuch der ganz anderen Art an. In Berlin war seine Liebe der Stoff, aus dem er das Modell für die Ballerina in einem seiner ersten Prosastücke formte. In Paris schneidet er aus Annas Welt das Libretto für ein Ballett unter dem Titel »Stoffreste«. Die werden zusammengenäht und Marcel Luipart zur Choreografie übergeben, bevor Grass mit der »Blechtrommel« beginnt. Luipart war nicht irgendwer, er hatte den Faust in Werner Egks »Abraxas« getanzt und das Stück auch inszeniert, das CSU-Kultusminister Alois Hundhammer aus moralischen, also katholisch unterfütterten Gründen vom Spielplan der Bayerischen Staatsoper 1948 hatte absetzen lassen. Der Skandal und die anschließend vor Gericht erstrittene Freigabe von »Abraxas« machten Marcel Luipart berühmt. Deshalb zog er danach mit seiner Compagnie und dem angeblich unzüchtigen Stück in Deutschland von Stadt zu Stadt, tanzte vor stets ausverkauftem Haus, lebte aber seit Jahren wieder in Paris.

Und die Musik für die »Stoffreste«? Anna und Günter Grass kennen aus Berliner Zeiten einen jungen Komponisten, dem sie so etwas zutrauen, zweiundzwanzig Jahre alt und hoch begabt, er heißt Aribert Reimann. Der macht sich an die Arbeit. Das wird dauern. Die Uraufführung des gemeinsamen Balletts findet deshalb erst knapp zwei Jahre danach statt.

Was er in Deutschland verdient durch Veröffentlichungen oder gelegentlich durch Verkäufe einzelner Radierungen, muss fürs Leben in Frankreich reichen. Zwar stehen für Notfälle im Hintergrund die wohlhabenden Schwiegereltern bereit, gern wird Grass in den kommenden Jahren ihr Angebot annehmen, jeweils den Sommer in ihrem Haus im Tessin zu verbringen, dort in Vira-Magadina auf einer Terrasse mit Blick auf den Lago Maggiore zu schreiben, aber sorgen für deren Tochter Anna, seine so geliebte Frau, das will er ansonsten stolz schon selbst. Immer dann, wenn in Paris das Geld zur Neige geht, »mußte ich halt wieder nach Westdeutschland trampen und für Nachschub sorgen«.

Das als »Vorspiel auf dem Theater« konzipierte »Beritten hin und zurück« ist bereits in Berlin fertig geworden, ebenso der Zweiakter »Hochwasser«. Beide sind noch nicht gedruckt, aus beiden hat er aber schon im Oktober 1956 am Starnberger See gelesen, als sich dort die Gruppe 47 zu ihrer Herbsttagung traf. Außer der Anerkennung seiner auch dramatischen und nicht nur, wie bewiesen, lyrischen Begabung hat ihm das nichts gebracht. Umso dankbarer war er Wolfgang Hildesheimer, dass der ihm für hundert Mark eine der Zeichnungen abkaufte, die er im Turmzimmer des Tagungsgebäudes zum gefälligen Erwerb durch besser verdienende Kollegen ausgelegt hatte. Hildesheimer animierte danach Richter, sich für den jungen Mann einzusetzen, er wisse zwar nicht, ob aus dem ein großer Dichter würde, aber er sei sicher, dass er schon jetzt ein großartiger Grafiker sei.

Grass hatte sich zum literarischen Familientreffen nicht mal die Eisenbahnfahrt nach Deutschland leisten können. Er reiste zunächst per Autostopp bis Köln, wo er als Vertreter in Sachen Kunst eine Verkaufstournee mit selbst Erzeugtem begann, von Nachtstudio zu Nachtstudio bei deutschen Rundfunkanstalten. Da saßen gebildete Redakteure mit literarischem Anspruch, bei denen es zwar für großartig Eigenes nicht gereicht hatte, die aber ihren öffentlich-rechtlichen Auftrag ernst nahmen, Kultur zu fördern. Er las seine jeweils neuesten Werke selbst, das brachte ihm zusätzliche Einnahmen, denn dann wurde er nicht nur als Urheber, sondern auch als Vortragender honoriert. Über den Westdeutschen und den Hessischen Rundfunk in Frankfurt, wo Joachim Kaiser arbeitete und Walter Höllerer lebte, kam er zum Bayerischen Rundfunk, überall gab es für die erbrachte doppelte Leistung die Gage cash an der Kasse. Von München aus nahm ihn ein Redakteur mit nach Niederpöcking zur Gruppe 47.

Da wird Grass erfahren, dass die vielversprechenden Sätze nach der Frankfurter Premiere von »Hochwasser« über ihn, den noch kaum Beachteten, keineswegs unbeachtet geblieben sind. Die Verlage suchten stets nach Software für ihre Hardware und ihre Scouts lasen genau. Die Rechte am Dramatiker Günter Grass sicherte sich rechtzeitig für den Gustav Kiepenheuer Theaterverlag eine junge Frau, die an sein Talent glaubte. Maria Sommer ist nur einige Jahre älter als er. Sie gehörte zur Gruppe der still lauschenden und eifrig Notizen machenden Gruppe in der Gruppe, Lektoren und Verleger, die in Hans Werner Richters Etablissement einmal im Jahr nach Schmetterlingen Ausschau hielten, die sie exklusiv für sich fliegen lassen konnten.

Näher kennen gelernt haben sich Maria Sommer und Günter Grass beim Tanz, denn traditionell gab es in der Gruppe 47 zum Abschluss des redlichen Schaffens und Dichtens und Kritisierens stets ein rauschendes Fest, häufig finanziert von einer Rundfunkanstalt, die dafür die Lesungen mitschneiden und senden durfte. So lief es auch in Niederpöcking ab. Dass der mit dem Schnauzbart, den sie später aus gelesenem Anlass liebevoll Onkelchen nannten, zumindest auf dem Parkett schon der Beste war, machte ihn für Frauen noch attraktiver. Mag sein, habe Grass gesagt, während er sie in den Armen hielt und schwenkte, mag sein, dass Sie Ihren Verlag führen, meine Liebe, aber hier führt nur einer, das bin ich. Daran jedenfalls erinnert sich Maria Sommer beim Tee auf der Terrasse ihres Hauses in

Berlin und lacht dabei ähnlich sehnsüchtig ihrer Vergangenheit nach wie Klaus Wagenbach vor seinem Rotwein.

Maria Sommer aber ließ ihn auf ihre Art auch nicht los und holte sich nach längerem Briefwechsel – »wahrscheinlich haben Sie mich schon verflucht, weil ich mich noch nicht gemeldet habe« – per Datum vierundzwanzigster Juli 1957 die Vertragsunterschrift des Autors höchstpersönlich ab, als sie das Ehepaar Grass in der Normandie besuchte, in Bavent. Anna war da im siebten Monat schwanger. Ihre Eltern hatten den Urlaub finanziert, ihre Tochter sollte in frischer Seeluft Kraft tanken für die bevorstehende Geburt. Auf Maria Sommers Rat hörte er fortan. Falls sie sich an seinen »Lyrizismen das Knie stößt«, bearbeitet er zähneknirschend seinen Text. Anderen hätte er vorgeschlagen, bei Problemen mit dem Knie zum Orthopäden zu gehen und nicht ihn damit zu behelligen. Sie verhandelte ab 1957 in Sachen Theater und später Fernsehen und Film im Namen von Grass. Maria Sommer ist im Laufe der Jahrzehnte, obwohl seiner Generation zugehörig, eine andere Mutter für ihn geworden, die Mutter, die seinen Ruhm erlebt hat – und die stolz auf ihn ist.

Zurück nach Paris, wo Anna auf ihn wartete, ging es nach Beendigung des Gastspiels in Deutschland erneut per Anhalter. Auf dem Heimweg hatte ihm bei einem Zwischenstopp in Köln der Schriftsteller Paul Schallück geraten, nach den durch »Die Vorzüge der Windhühner« bekannten Gedichten nun möglichst bald »mit dem großen Knochen« anzufangen, einem Roman. Noch spielte Grass mit dem Knochen nur rum, prüfte den Geschmack, aber nagte nicht an ihm. Unfertige Szenen aus Oskars Leben lagen zwar bereits im Stapel der vielen Manuskripte im Keller, aber Grass konnte parallel Gedichte, Essays, Erzählungen schreiben, also außer den üblichen Schwierigkeiten, Kopfgeburten in lebendige Sprache umzusetzen, spielend zwischen einzelnen Formen hin und her springen. So hatte er es als bildender Künstler zwischen Radierungen, Zeichnungen, Skulpturen geübt, so bildete er sich auch schreibend aus.

Typisch allerdings für den überzeugten Autodidakten: Er macht sich erst bei anderen kundig, bevor es wirklich losgeht mit der »Blechtrommel« und er den berühmt werdenden, den Knoten lösenden ersten Satz findet: »Zugegeben: ich bin Insasse einer Heil- und Pflegeanstalt, mein Pfleger beobachtet mich, läßt mich kaum aus dem Auge; …«

Pikaro überlagert deshalb Picasso.

Maria Sommer kümmert sich seit 1957 um die Fernseh-, Film- und Theaterrechte aller Werke. Sie ist zu einer mütterlichen Freundin geworden, auf deren Rat Grass hört.

Wer ist Pikaro? Ein Eulenspiegel, ein Schelm. Das im siebzehnten Jahrhundert erdachte spanische Epos »Don Quijote« von Cervantes wird in der Literaturgeschichte als Urahne des so genannten pikaresken Schelmenromans aufgeführt. Grass hatte, wie es nun mal seine Art war, den Roman verschlungen, und die Art zu erzählen faszinierte ihn. Er suchte nach ihm gemäßen, zu ihm passenden Formen nicht nur in Gedichten wie beispielhaft »Im Ei«, das noch in der absurden und gleichzeitig realen Situation Berlin entstand. Da sitzt eine brütende Henne auf dem Weltei, in dem die Menschen hocken und hoffen, ausgebrütet zu werden. Schon mal neugierig fordernd an der Schale kratzten, ähnlich drängten wie Oskar, der mit der dringenden Bitte um Leben wiederholt bei seinem Geburtshelfer angeklopft hatte. Grundsätzlich mochte Grass Geschichten von absurd agierenden Helden, die sich außerhalb jeder Ordnung durchschlugen. Die scheinbar Erhabenes mittels Satire und Witz lächerlich machten. Amoralische und nie unmoralische Typen, die ihrer eigenen Moral folgten und nicht der jeweils herrschenden, deswegen als unmoralisch fehlgedeutet wurden.

Er brauchte Antihelden, mit denen sich bestimmte Epochen auf ganz bestimmte Weise verdichten ließen. Heldensagen der üblichen Machart, egal wie gut geschrieben, interessierten ihn nicht. Die Epoche, von der er erzählen will, dieser Brocken, der auf ihm liegt, an dessen Widerstand er sich reibt, diese Epoche entzog sich wegen ihrer grauenvollen Geschichten der üblichen Form eines üblichen Romans. Nicht nur für Gedichte galt das Gebot Adornos, dass man nach Auschwitz anders schreiben müsse. Grass akzeptierte deshalb die moralische Verpflichtung des zufällig Davongekommenen.

Der pikareske Roman ist, wie der ungebildete Günter Grass lesend sich bildet, eine »typisch europäische Erzählform mit morgenländischen Einflüssen«, die im maurischen Spanien begann. Als Hauptperson agiert ein Mensch, in dessen Verhalten und in dessen Leben sich die zeitgenössische Gesellschaft spiegelt. Eine gargantueske, gebrochene, verrückte, absurde Kunstfigur, die sich ideal in tatsächliche Ereignisse einpflanzen und deshalb auf allen literarischen Ebenen benutzen lässt. Solche merkwürdigen Helden sind Grass stets die liebsten, Franz Biberkopf zum Beispiel gehört zu denen. Döblins »Alexanderplatz« ist in diesem Sinne ein pikaresker Roman und Sternes »Tristram Shandy« ist einer und »Gargantua« von Rabelais, den er in einem Interview mit »Le Monde« mal überschwänglich »meine Bibel« nannte, und Voltaires »Candide« gehören dazu und auch »Ulysses« von James Joyce mit seinem Helden Leopold Bloom und »sogar Moby Dick, der Wal, ist im Grunde, wie ich ihn begreife, ein Schelm, ein Pikaro«.

Und daher rührt wohl die Liebe zum Walgesang der Sprache und die Lust, mit dem Wörtchen »und« zu erzählen, und dann kam das und dann kam der und dann die und das ist in Fabeln zu finden und fabelhaft in denen aus »Tausendundeiner Nacht« und »die Form des Märchens schien mir immer einleuchtend«.

In der Form erlesen, mit selbst Erlebtem aus Langfuhr und aus den kleinen und großen Fluchten durch Nachkriegsdeutschland gefüttert, wird Günter Grass seine märchenhaft böse, rücksichtslos komische, typisch deutsche Geschichte schreiben, die des alltäglichen Faschismus der kleinen Leute von überall, die des Pikaro aus Danzig, die des Zwergs Oskar Matzerath. Auf zwei Zeitebenen fügen sich kunstvoll ineinander die von Oskar erzählten realen und surrealen Geschichten, von der Zeugung seiner Mutter unterm Rock seiner Großmutter Anna Bronski am Feuer des Kartoffelackers 1899 bis zu seiner irrtümlichen Verhaftung in Paris 1952. Und parallel dazu, was er zwischen 1952 und 1954 in der Heilanstalt, in der er dies alles aufschreibt, ganz spezifisch selbst erlebt bis zur Angst vor der bevorstehenden Entlassung ins wirkliche Leben nach draußen.

Grass wird sich seinen Schelm zurechtdichten, ihn seinen Verhältnissen entsprechend umdrehen und umpolen, wie einst den Säulenheiligen. »Don Quijote« ist eine Parodie auf den damals zeitgemäßen Ritterroman, »Die Blechtrommel« kann als eine wahnwitzige Parodie auf den deutschen Bildungsroman gelesen werden, denn auch Wilhelm Meister hat Blech getrommelt. Grass sieht sich erzählend in dieser Tradition, ist »nicht als Genie« vom Himmel gefallen. Deshalb schauten sie ihm beim Schreiben über die Schulter, die Ahnen Döblin, Rabelais, Melville. Von den nachgeborenen Schriftstellern gehören Kurt Vonnegut und John Irving und Salman Rushdie in die pikaresk-literarische Gattung im Geiste von Grass, den sie wiederum als ihren »Meister« preisen. »Meine Art zu schreiben«, betont er später, »hat wohl mehr im Ausland Schule gemacht.« Das stimmt. In Deutschland wurde sein Oskar in die Schule geschickt, auseinander genommen und als Nachfolger von Mephisto und Adrian Leverkühn behandelt.

Man darf sich den bald dreißigjährigen Dichter in Paris nicht ausmalen als schnauzbärtige Spitzwegfigur, die statt im Kämmerlein im Keller sitzt und darbt und denkt und schreibt und wegwirft und raucht und stöhnt und Kohlen holt und einkaufen geht und kocht und Geld zählt. Der Dichter lebt, und der Dichter lebt leidenschaftlich gern. Anna und Günter Grass gehen zu Ausstellungen und sie gehen tanzen und sie gehen ihrer Liebe nie aus dem Weg. Wenig Geld haben viele ihres Alters an der Seine, aber für ein Leben reicht es. Kneipen in ihrer Gegend sind allabendlich natürliche Höhlen von Träumern, die bei billigem Rotwein und filterlosen Zigaretten eine neue Kunstrichtung erfinden oder den Streit zwischen Camus und Sartre in eigenen Diskussionen schlichten oder für nur eine und nur für die eine Nacht alle Sterne vom Himmel holen.

Die Cafés, in denen sich die wirklichen Existentialisten treffen, sind zu teuer. Grass könnte sich zudem – im Gegensatz zu seiner sprachbegabten Frau Anna – mit denen schlecht unterhalten, er spricht gerade mal so viel Französisch, wie er für den Alltag braucht. Er ist völlig unbekannt in dieser europäischen Hochburg intellektueller Literaten und außerdem kein Intellektueller. Das will er bis heute nicht sein, obwohl ihn im Januar 2002 die »FAS«, die »Frankfurter Allgemeine am Sonntag«, in ihrer Liste der hundert wichtigsten deutschen Intellektuellen auf Platz eins gesetzt hat und er sich darüber freuen könnte.

In Paris lebende Intellektuelle aber, die seine Sprache sprachen, halfen so oder so. Bei François Bondy gab es literarisches Futter, beispielsweise den Hinweis auf Orwells »Mein Katalonien«, das Grass noch nicht kannte, und tatsächliches in der Küche, in der sich er und Anna »wie auf Vorrat« satt aßen. Bei Orwell fand er eine Bestätigung seiner Vorliebe für die Lieblingsfarbe Grau. Da hat er gelesen, dass es zum Beispiel nicht so gewesen war, wie man es bei vielen Linken so gerne gehabt hätte: hier die guten Roten, dort die bösen Braunen, sondern erfahren, wie mörderisch die Kommunisten hinter ihren eigenen Linien gegen angebliche Abweichler gewütet haben. Das tatsächliche Grau zu begreifen war wichtig für die eigene Standortbestimmung zwischen den Stühlen. Gleichaltrige aus seiner Generation im Osten wurden, kaum hatten sie die der Nazis überstanden, von ebendiesen Kommunisten gleich mit der nächsten menschenfeindlichen Ideologie überfallen. Wurden zu Antifaschisten erzogen samt dem dazu passenden Weltbild. »Ich dagegen wurde nach der Gefangenschaft auf die freie Wildbahn im Westen geworfen, darüber bin ich froh. Die Altersgenossen Ost schlüpften vom braunen ins blaue FDJ-Hemd, ohne Zwangspause. Auch ich hätte schuldig werden können.« Da es für ihn aber keine verordneten Vorbilder gab, musste er sich Koordinaten für ein eigenes System suchen.

Das ist seine Chance. Orientierung braucht er. Die Republik der Restauration, in der man sich totschweigend auf Verdrängung statt auf Verarbeitung geeinigt hat, auf Vergessen statt auf Verurteilen, bleibt ihm fremd. Politisches Bewusstsein schläft noch. Der 1957 wieder gewählte Adenauer ist ihm keiner Nachrede wert. Tiefes Misstrauen gegen alles, was er nicht riechen und fühlen und schmecken kann, bestimmt sein Schreiben, gilt aber nicht für seinen Bildungsdrang. Gott bewahre ihn, nicht Bildung im akademischen Sinne von gebildet zu werden, sondern um sich kundig zu machen, um sich fortzubilden, um sich Wissen anzueignen, um Erkenntnisse zu gewinnen. Grass, ein unentwegt fragender Schüler. Der sich seine Lehrer selbst sucht.

Czeslaw Milosz ist so einer. Der Pole, der in Danzig nach dem Krieg kurzfristig jenes von geflüchteten Deutschen verlassene Haus mit der kranken Frau bewohnte, hatte sich schon wieder in Sicherheit bringen müssen, dieses Mal vor den anderen Ideologen, den Kommunisten. Er war Diplomat seines Landes in Paris gewesen und hatte dort 1951 um Asyl gebeten. Seitdem lebte er im Exil und gab in einem Pariser Vorort eine Zeitschrift namens »Kultura« heraus. Ihn lernte Grass kennen, als Milosz' »Verführtes Denken« übersetzt war und er es lesen konnte. Als er ihn wieder traf, bei einem politisch höchst kontroversen P.E.N.-Kongress in den Achtzigerjahren in New York, war der inzwischen in den USA lebende Schriftsteller ein Erzkonservativer geworden und der einst Antworten Suchende berühmter als er. »Ich habe mich zu ihm gesetzt und gesagt, Sie werden sich nicht mehr an mich erinnern, aber es ist nicht das erste Mal, daß wir uns begegnen. Ich war damals als junger Autor bei Ihnen in Paris und wir haben über das ›Verführte Denken‹ geredet und wie sehr mich dieses Buch beeindruckt hat, aber da merkte ich, daß er damit nichts mehr zu tun haben wollte.« Was allerdings Günter Grass in seiner Bewunderung, die bis heute anhält, nicht wanken ließ.

Der einzige Deutsch sprechende Dichter in Paris, dem Grass näher kommt, heißt Paul Celan. Sein deutschsprachiges Gedicht »Todesfuge« aus dem Lyrikband »Mohn und Gedächtnis«, die Ballade über die Judenvernichtung durch die Nazis, Verse vom Tod mit den blauen

Augen, der ein Meister aus Deutschland ist, erschienen 1953, hat er gelesen wie alle jungen deutschen Autoren, die jenseits der Schuld ihrer Väter ihre Ziele suchten. Paul Celan, geboren in Czernowitz unter dem Namen Paul Anczel – Celan ist ein Anagramm aus der rumänischen Aussprache von Anczel –, war zwar berühmt, aber selbst er konnte von seinem Ruhm nicht leben. Als er zum ersten und einzigen Mal 1952 bei der Gruppe 47 auftrat, die Emigranten wie ihm eine geistige Heimat im Land der Mörder bot, hatte er zwar bei Ingeborg Bachmann Erfolg, seine Lesung aber versank im ehrfürchtigen Schweigen. Der 1948 als Staatenloser in Paris gestrandete Sohn jüdischer Eltern, die im KZ ermordet worden waren, verdiente seinen Lebensunterhalt als Lehrer für deutsche Literatur an der École Normale Supérieure.

Celan umgibt aber die Aura eines Meisters, um ihn versammeln sich deshalb nicht nur ungläubige Studenten, sondern auch gläubige Jünger. Grass ist gespannt, als ihn ein befreundeter Lyriker aus Berlin, Christoph Meckel, zu einem Abend bei Paul Celan mitnimmt. Er kennt das Werk, aber braucht das Gespräch. Mit Franzosen seines Metiers kam er außer in Bistros und Kneipen kaum in Kontakt, anderen ausländischen Künstlern und sogar Celan, der jahrelang schon in Paris lebte, ergeht es ebenso. Celan hört sich den jungen Dichter an und nimmt sich seiner Fragen an. Grass und Celan, die eine Generation trennt, und die Erfahrung des Holocaust, den der eine schreibend begreift und an dem der andere zerbrechen wird, treffen sich regelmäßig zu Spaziergängen, auf denen sie nicht auf Menschen und Umgebung achten, sondern reden, reden. Meistens der eine, der andere hört zu: »Ein Vorbild war er nie, er war ein schwieriger Freund in einer schwierigen Zeit.«

Grass erzählt ihm von dem großen Knochen, an dem er knabbert, aber immer wieder zugunsten einer Zeichnung, eines Gedichts in die Ecke legt. Celan erzählt vom Schatten Auschwitz und warum der nie weichen wird.

Er entdeckt Albert Camus und den Mythos von Sisyphos und der prägt ihn fürs wahre Leben so wie die literarischen Lehrer Döblin, Grimmelshausen, Cervantes fürs erdichtete. Die antike Sage von Sisyphos, der die Götter versucht hat und von ihnen verurteilt ist, bis in alle Ewigkeit den Stein auf den Berg zu rollen, schreckt Grass nicht etwa ab. Was unmöglich schien, war ihm stets die liebste Möglichkeit unter vielen. Er stimmt Camus zu, der das philosophisch definiert, und sieht in Sisyphos »einen glücklichen Menschen«. Dieses Glück strebt er an. Auf den Berg einen Stein zu rollen, der immer wieder zurückrollt, ist zwar vordergründig betrachtet eine Horrorvision. Für Grass aber nur eine Parabel für die ihn antreibende Kraft, sich nie aufzugeben und nie zu resignieren. Der Stein muss bewegt werden. Sisyphos Grass nimmt seinen nicht wie der klassische Sisyphos gezwungenermaßen auf sich, er ist geradezu glücklich mit seinem rastlosen Stein. Nur in »Diktaturen sind Anstrengungen verboten, die stets von neuem begonnen werden müssen«. Widerstand zu leisten gehöre ebenso zum Sisyphos-Mythos wie die Einsicht in die Vergeblichkeit. Widerstand zu leisten gegen manchen Zeitgeist sei Pflicht. Nie zu verharren auf der ideal scheinenden Spitze des Berges, immer wieder neu zu beginnen und alles infrage zu stellen – das alles ist in der Legende von Sisyphos, und das alles ist auch in Grass.

Mit Paul Celan wird aber nicht nur bedeutungsschwer um Erkenntnisse eines Camus oder eines Orwell gerungen, und ob die fürs eigene Dasein wichtig sind. Grass erinnert sich an einen Abend mit ihm, als sie beide kräftig dem frischen siebzigprozentigen Calvados zusprachen, den er direkt bei einem Bauern in der Normandie erworben hatte. Der Schnaps lockte hell und klar, weil er noch nicht in Fässern braun gelagert worden war. »Immer dann, wenn er ein paar Gläser getrunken hatte, verließ ihn die Tragik, die ihn sonst umwölkte, dann wurde Celan sehr ausgelassen und konnte sehr komisch sein und fing sogar an, revolutionäre russische Lieder zu singen.« Celan wiederum bewunderte die ebenso sinnliche Begabung des jungen Deutschen, die Nacht durchzusaufen und zu reden und dennoch pünktlich am Morgen vor dem fordernden leeren Papier zu sitzen.

Paul Celan erlebt die Geburt Oskars aus der Nähe. Er gibt dem Jüngeren dabei Ratschläge, doch auf die hört Grass dann kaum mehr. Er ist nur noch konzentriert auf den Knochen, erscheint seiner Frau Anna zumindest tagsüber nur noch als ferne Figur im Zigarettenqualm, hat sich endlich festgebissen. Grass verspricht aber seinem schwierigen Freund, ihm sofort Fahnen schicken zu lassen, wenn es so weit sein wird. Das vergisst er nicht und Celan wird ihm daraufhin im Mai 1959 schreiben: »Lieber Günter, Luchterhand schickt also Fahnen, was ja – wenn ich mir hier einiges Blech – kein Trommelblech, bewahre – erlauben darf, für den Herbst einen recht erfreulichen Wirbel vorbereitet (was mich betrifft, so bin ich schon, Du weißt ja, seit längerem Zwerg genug, um mich über einige Lesungen zu freuen). P.S. Wo steckt eigentlich Höllerer?«

Der kommt oft nach Paris, als die Blechtrommel hörbarer wird. Ein begehrter, aber noch nicht eingefangener Junggeselle mit leichtem Gepäck. Meist reicht ihm ein Schirm. Er hört sich nicht nur die üblichen Geschichten von der mühsamen Arbeit im Keller an und lädt abends das Ehepaar zum Essen ein, ihn lässt Grass schon vor der Menschwerdung Oskars einiges lesen.

Es gibt in der Gegenwart des Jahres 1957, zwei Jahre vor der Geburt Oskars, aber eine richtige Geburt. Anna Grass ist schwanger. Die Zwillinge Raoul und Franz kommen am vierten September 1957 nicht in Paris, sondern in der Schweiz auf die Welt, Grass ist mit seiner Frau zu ihren Eltern gereist, dort ist alles für sie gerichtet. Grass nimmt begeistert die neue Rolle an, der geborene Familienmensch aus Langfuhr ist nicht nur theoretisch dank Camus, sondern praktisch dank Anna ein glücklicher Mensch. Er bleibt zeitlebens ein Linsen kochender überzeugter Vater, nicht immer ein anwesend guter. Ab Ende 1957 muss er sich ganz auf die bevorstehende literarische Geburt konzentrieren, doch viel Zeit darf er sich damit nicht lassen, dreihundert Mark werden jetzt zum Leben in Paris nicht mehr genügen, die Familie ist gewachsen und damit auch seine Verantwortung. Die finanzielle Lage war also »ein bißchen beängstigend, als die Zwillinge auf die Welt kamen, aber da ich mit der ersten handschriftlichen Fassung der Blechtrommel schon auf Seite fünfhundert war, und das Ende absehbar, machte ich mir keine Sorgen«. Eine etwa zur gleichen Zeit eröffnete Ausstellung in Berlin bringt kaum Einnahmen, aber Aufsehen. Die CDU sieht in seinen gezeichneten weiblichen Akten unübersehbare Sauereien und protestiert gegen diesen Künstler Günter Grass.

»Episch dickarschig« sitzt der ab Januar 1958 in Paris und schreibt. »Erstens und zweitens und drittens für Anna«, der sein Erstling deshalb gewidmet sein wird, dann für Freunde wie Klaus Wagenbach oder Walter Höllerer, die ja mitunter anhören durften, was fertig schien. Schreibt für Tote und Lebende, die in seiner Vorstellungswelt um ihn herum hocken, darunter »meine literaturkundige und gleichwohl an das Schöne, Wahre, Gute glaubende Schwiegermutter« und seine eigene, die verstorbene Mutter, »deren Einwänden und Berichtigungen ich mit Dokumenten zu begegnen versuchte, aber sie glaubte mir nur mit Vorbehalt«.

Es gibt Anregungen, die aus anderer, zwar auch imaginärer Welt kommen. Aber die liegt leicht erreichbar um die Ecke – die Welt des Kinos. Ein ganz besonderer Film ist wichtig für die Sichtweise, aus der er schreibt, für die kunstvolle Haltung von unten nach oben, die er für sich gefunden hat: »Im ›Dritten Mann‹ von Orson Welles gibt es eine Szene, nachdem in diesem Haus der Mord passiert ist. Der kleine Sohn des Hausmeisters, den Paul Hörbiger spielt, ist der einzige Zeuge, der die Tat wirklich gesehen hat, da nimmt die Kamera auf einmal alles aus seinem Blickwinkel auf, man sieht also, wie die oben reden, mit verzerrter Optik, und der Junge steht unten, nur seine Perspektive wird genommen. Das hat mich fasziniert, das habe ich mir gemerkt.«

Tricks des Schreibens trainiert er sich an, aber solche oder so ähnliche ganz persönliche Tricks erfinden alle, die schreiben, so wie er oder nur so wie ich. Wenn Grass eine Seite fertig getippt hat auf seiner Olivetti, auf der die dann zweite Fassung nach der ersten handschriftlichen entstand, »lehnte ich mich nicht etwa zurück und sagte zufrieden, so, das hast du jetzt, sondern ich habe den nächsten Bogen eingespannt und die nächste Seite angefangen, so daß ich mich am nächsten Morgen zwar über den Anfang geärgert habe, aber gleich wieder drin war im Fluß«.

Ebenso hielt er es mit einzelnen Kapiteln, da hat der Trick noch besser funktioniert. Was ihm nicht gefiel am anderen Morgen, Teile der Ur-»Blechtrommel«, wurde nicht etwa verbrannt im Ofen, wie es die gegen »mögliche Geilheit von Germanisten« vom Verfasser genährte Legende will, das packte Grass in einen alten Koffer. Weil er den beim Auszug vergaß, hatte ein englischer Wissenschaftler Glück, als er sich 1970 für seine Studie »The Danzig Trilogy of Günter Grass« im Hinterhaus der Avenue d'Italie 111 über den Vater der »Blechtrommel« informieren wollte und auf Spurensuche ging. Dabei fand John Reddick eher zufällig, angestoßen von der Concierge, diesen Koffer.

John Reddick konnte sein Glück zwar nachlesend fassen, entdeckte dabei, dass in der ersten Fassung Oskar kein Zwerg war, der nicht mehr wachsen wollte, sondern ein Behinderter, der unter seinem Körper leidet. Dass ursprünglich die Geschichte so konzipiert war, dass nach breiter Schilderung der Gegenwart im Heim die Rückblende einsetzt, Oskar sich Stöcke wirbelnd an seine Anfänge erinnert. Aber Reddick behielt es nicht für sich, sondern gab seinen Fund an die geeignete Stelle weiter, an das von Walter Höllerer in seinem Geburtsort Sulzbach-Rosenberg eingerichtete Literaturarchiv.

Die erste Fassung seiner Texte schreibt Grass mit der Hand auf große Bögen, die zweite tippt er dann in die Olivetti.

Da steht der Koffer mit Oskars ersten Schritten heute. »Ich habe die ersten Fassungen, bei allen Büchern, immer relativ schnell geschrieben und auch bewußt Löcher gelassen, wenn da nichts war oder was fehlte oder mir nichts einfiel. Pauschal gesprochen: Die zweite Fassung war dann sehr gründlich, aber ledern, die dritte war dann der mehr oder weniger geglückte Versuch, die Spontaneität der ersten mit der Gründlichkeit der zweiten zu verbinden, und das ist immer die größte Arbeit geblieben.« Bei Gedichten und bei Zeichnungen gilt das Prinzip vom Wurf, dem einzigen. Mehr oder weniger geglückt.

Was Günter Grass von anderen Autoren unterscheidet, ist nicht nur die Kunst, sondern auch das Handwerk des Schreibens. Der Bildhauer macht getreu seiner Gewohnheit in der Vorbereitung Arbeitspläne, Skizzen, Aufrisse. Er malt sich seine Kopfgeburt an die Wand. Er will sie vor Augen haben. Er spricht hin und her gehend seinen Text. Er schlüpft in viele Biografien und manchmal auch in seine eigene. Manchmal. Ein Schriftsteller, wie er ihn definiert, ist von »Buch zu Buch die Summe seiner Figuren«, also auch gegenwärtig in den Nebenfiguren, die bei gern ausgeübter simpler Interpretation Oskar gleich Günter stets vergessen werden. Er formt sich seine Geschichten in Modellen zurecht, die er umschleicht. Witternd, ändernd, ausmalend. In seinem Kunststudium hatte Grass so zu arbeiten geübt. Was er inzwischen erlebt und gelernt hat, ist zu gewaltig geworden für Gedichte und Einakter. Er musste sich von der Last befreien. Irgendwann war es so weit, dann musste es nur aufgeschrieben werden. Dann dichtete er seine pikareske Romanform einem Sprachrohr der Kleinbürger namens Oskar passend auf den Leib und sich aus dem Kopf.

Sein Zwerg Oskar, zu Hause in Danzig und in den Biografien von Goethe und Rasputin, trommelt mit der Zeit und gegen die Zeit, macht die jeweils Herrschenden lächerlich, so die Volksgenossen in jener grandiosen Szene auf dem Maifeld, als die Nazis in Kohorten aufmarschiert sind und er ihnen so lange den Marsch verdirbt, bis sie Wiener Walzer tanzen. Das war kein politischer Widerstand, betont Oskar in der Heilanstalt und lässt es Grass so weitergeben, sondern aus ästhetischem Widerwillen geborener Protest gegen Uniformen und Einheitsfarbe und fürs Schlachten missbrauchte Musik. Diese Aussage gilt auch für Grass, dem sind viele Genossen von der Farbe Rot gleich widerwärtig wie die braunen Volksgenossen. Im virtuosen Spiel von Wahrheit, Lüge und tieferer Bedeutung spiegelt sich am

Ende des Romans die herrschende Zeit der Ära Adenauer, das beginnende Wirtschaftswunder. Aus Ekel rettet sich Oskar in die Heilanstalt, scheinbar ist er verrückt geworden. Oder sind es die anderen?

Je fantastischer die Geschichte des Zwerges wird, der im Alter von drei Jahren das Wachstum einstellt und der im Hospitalbett sein Leben aufschreibt, der alten Weibern unter den Rock schaut und bei der jungen nackten Maria auf seiner Augenhöhe den erdigen Vanillegeruch schmeckt und der Danziger Glas zerspringen lassen kann und der sich mit dem Jesusknaben um den besten Sitzplatz für die Ewigkeit streitet und der für die deutsche Wehrmacht Fronttheater macht…, »um so genauer muß die Geschichte in der Realität wurzeln, sonst wird es bloße Phantasie, losgelöst«. Es schreibt nicht mehr die Privatperson Günter Grass, es schreibt Oskar Matzerath. Grass aber muss bei dem nicht nur Rasputin abschütteln, bis Goethe daraus wird, er muss ihm Überlebensmittel liefern, die ihn nähren. Alles soll stimmen und eine solche Recherche »setzt manchmal Detektivarbeit voraus, das kann nicht alles am Schreibtisch erarbeitet werden«.

Um wie ein Detektiv nach Spuren am Tatort zu suchen, fährt er im Juni 1958 deshalb nach Danzig, kehrt zum ersten Mal zurück in die Stadt, die er vor vierzehn Jahren als Sechzehnjähriger verlassen hat. Will sich aus der professionellen Pflicht des besessenen Geschichtenerzählers, der aber seiner Erinnerung nicht traut und darum sein Gedächtnis auffrischen muss, kundig machen im Lesesaal der Bibliothek, wo die gesammelten Ausgaben des »Danziger Vorposten« archiviert sind. Grass recherchiert wie ein Journalist für fehlende Einzelheiten von Oskars Geschichte – und er wird dabei auch Persönliches finden, in Bruchstücken, Orte und Geschichten aus seinem frühen Danziger Leben: Waldwege, Herz-Jesu-Kirche, Schulmief.

Im Fischerdorf Brösen, wo er den »schlappen Anschlag der Ostsee als unverändert erkannte«, erinnerte er sich an den Fleischermeister in der Badeanstalt, hieß der nicht Kratzke?, fragte er mal seinen ehemaligen Mitschüler Karlheinz Wollf, der im Landschulheim Nickelswalde durch seine auch Günter so beeindruckende Begabung als Stimmenimitator aufgefallen war. Und es stiegen in ihm die Freuden seiner Kindheit auf, und er meinte den Geschmack des Brausepulvers im Mund zu haben, und das so »erinnerte Erfrischungsgetränk begann Geschichten zu hecken, wahrhafte Lügengeschichten, die nur auf das richtige Kennwort gewartet hatten«.

Diese Reise musste er nicht mehr wie üblich per Autostopp gestalten, also angewiesen auf den Zufall. Er konnte sich eine Fahrkarte kaufen. Die bezahlte er vom Erlös einer Ehrung. Der junge Vater hatte es sich nicht leisten können, den »Förderpreis des Kulturkreises im Bundesverband der Deutschen Industrie« etwa aus ideologischen Gründen abzulehnen. Das Geld brauchte er und mit der Preisannahme war ja keine Verpflichtung verbunden, Produkte zu preisen. Grass hatte sich nicht beworben. Den Juroren waren Stücke und Gedichte aufgefallen, sogar ein von ihm über Höllerer nachgereichtes Kapitel aus der »Blechtrommel«, das ihnen zwar gefiel, jedoch in der Form und im Inhalt zu gewagt schien. Die zweitausendfünfhundert Mark Preisgeld kamen im richtigen Moment.

In ein anderes System zu reisen ging in Zeiten des Kalten Krieges aus anderen Gründen nicht einfach mal so über Nacht. Das kommunistische Polen war vom Westen aus betrachtet Feindesland und von Polen aus betrachtet der Westen wiederum auch. Jeder Ortstermin musste angemeldet werden, erforderte genaue Vorbereitungen und vor allem gute Beziehungen. Der unentbehrliche Freund Walter Höllerer, der auch beim Kulturkreis seine Beziehungen hatte spielen lassen, hilft bei der Lösung. Er kennt den Warschauer Germanisten und Übersetzer Andrzej Wirth, Herausgeber der polnischen Literaturzeitschrift »Nowa Kultura« und viele Jahre lang Gast der Gruppe 47, der wiederum die passenden Ansprechpartner bei den richtigen Stellen in Warschau hat. Wirth besorgt die nötigen Genehmigungen für Grass. Der Pole, der ihm das Visum beschafft, wird ein Freund fürs Leben, Andrzej Wirth zog nach Berlin, als die Mauern fielen.

Als Grund der Reise wird im Visumantrag vermerkt: Recherche für ein Buch über Opfer und Hintergründe des deutschen Überfalls auf die Polnische Post in Danzig. Offiziellen Angaben zufolge hatte es am ersten September 1939 beim Sturm der SS-Heimwehr keine Überlebenden gegeben, aber es fanden sich dank des beharrlich nachfragenden Grass schließlich im Büro für Naziverbrechen in Warschau drei Adressen von Angestellten der Post, die möglicherweise das Morden überlebt haben könnten. Ob die Adressen noch stimmten? Achselzucken. Der deutsche Besucher könne sein Glück ja selbst versuchen und, falls er sie fände, auch gern mit denen sprechen. »Daraufhin bin ich also nach Danzig gefahren, habe zwei von denen tatsächlich gefunden und die haben mir so genaue Einzelheiten geben können, daß ich bald wußte, ihre Geschichte stimmte, da war nichts erfunden.« Unterhalten haben sie sich in jenem Danziger Deutsch, das, ach, mecht schon sein, mal das Deutsch war, das Günter sprach.

Die Erzählungen der wenigen Überlebenden hat Günter Grass nicht nur in das Kapitel mit Jan Bronski und seinem von Oskar erzwungenen Kampf in der Polnischen Post eingebaut, er hat sie nicht nur in seinem Roman auf der Basis jener Recherchen aus dem Sommer 1958 auf seine Art ausgesponnen, er hat sie in der Realität nie vergessen. Seiner Intervention wird es mal zu verdanken sein, dass der sozialdemokratische Duzfreund und Kanzler Gerhard Schröder aus dem Bundeshaushalt für die Hinterbliebenen der Opfer eine monatliche Rente überweisen lässt.

Das Danzig seiner Jugend war tot, das wusste Grass. Bilder der Zerstörung waren ihm aus deutschen Städten vertraut. Aber hier war das Vertraute zerstört und deshalb traf es ihn tief. Mögliche Nachbarn aus Langfuhr, die er hätte nach den Jahren befragen können, die ihm fehlten, gab es nicht mehr. Danzig hatte nach dem Krieg, als es zu Gdansk wurde, eine neue Bevölkerung bekommen, »die mir fremd und doch nicht fremd war. Die Menschen waren zwangsumgesiedelt worden aus Regionen, die heute zu Weißrußland und Litauen gehören, die waren aus ihrer Heimat vertrieben worden, so wie Deutsche aus ihrer, die verstanden sofort meine Empfindungen.«

Diese Gefühle von Verlorenheit rühren ihn bis zur Sprachlosigkeit, als er Menschen besucht, die ihm tatsächlich nicht fremd sind, seine kaschubischen Verwandten. Die Schwester seiner Großmutter, Tante Anna, ist zunächst nicht sicher, ob es sich bei dem Schnauzbärtigen aus dem anderen, dem ihr fernen Deutschland wirklich um das kleine Ginterchen aus dem Labesweg handele, bis Günter ihr seinen Pass zeigt. Da meint sie, von sich und ihm überzeugt, gewachsen sei er zwar, aber sonst doch kaum verändert. Und sie erzählen sich Geschichten von früher und »ech waiß, Ginterchen«, habe ihm Großtante Anna ins Ohr geflüstert, »em Wästen is bässer, aber em Osten is scheener«.

Auf der Rückfahrt trifft Grass in Warschau einen Kritiker, der in Berlin aufgewachsen ist, ins Warschauer Getto verschleppt wurde und den deutschen Mördern in einem Versteck in Polen knapp entkommen ist. Man hätte sich, aus verschiedener Lebenserfahrung kommend, im gemeinsamen Hass auf die Verbrecher verständigen können, aber von gegenseitiger Sympathie ist schon diese erste Begegnung zwischen Marcel Reich-Ranicki und Günter Grass nicht geprägt. Allerdings wird sie Folgen haben.

Verabredet sind sie um fünfzehn Uhr im Hotel »Bristol«, dem besten Hotel Warschaus, Herberge für ausländische Besucher. Reich-Ranicki hat keine Ahnung, wie Grass, und auch keine Vorstellungen, wie ein westdeutscher Schriftsteller aussieht, aber er ist sicher, nicht so wie jener schnauzbärtige junge Mann, »nachlässig gekleidet«, der in einem Sessel in der Hotelhalle mehr lag als saß und offenbar schlief. Ruckartig sei er plötzlich aufgestanden und habe sich dann »durchaus manierlich« vorgestellt. Mag sein, dass der Rest der Geschichte stimmt und nicht nachgetreten ist, dass Grass ihm bei einem mehrstündigen anschließenden Spaziergang gestanden habe, warum er so müde war, weil er zum Mittagessen eine Flasche Wodka getrunken hatte, was wiederum jeder versteht, der je die polnische Küche versucht hat. Seinen Bewegungen habe man aber nichts angemerkt. Sie diskutieren über Literatur und über Dichter und auf die nahe liegende Frage, woran er denn schreibe, spricht Grass von Oskar, dem Zwerg, der, in einer Irrenanstalt liegend, rückblickend sein Leben erzählt. Marcel Reich-Ranicki in seiner Autobiografie »Mein Leben« lakonisch: »Eines schien mir sicher, aus dem Roman wird nichts werden.« Man trennt sich in Distanz.

Dass Reich-Ranicki diesen seltsamen Deutschen anfangs eher für einen bulgarischen Spion gehalten hat statt für einen Dichter, hält er selbst für ein Gerücht und wahrscheinlich von Günter Grass erfunden, doch hat er tatsächlich nach dieser ersten Begegnung in einem Gespräch mit Andrzej Wirth zumindest den optischen Zusammenhang hergestellt zwischen Grass und einem »ehemaligen bulgarischen Partisanen«, der inzwischen als Sportfunktionär in Sofia tätig sei.

Schon vier Monate später treffen sie sich auf neutralem Boden wieder, im Kreis der Gruppe 47. Tagung in Großholzleute im Gasthof »Adler«, der schlecht beheizt war, wie sich Teilnehmer schaudernd erinnern, vom einunddreißigsten Oktober 1958 bis zweiten November. Man versammelt sich im großen Festsaal, auf halber Höhe hängen dicht an dicht Geweihe an den Wänden, die von abgeschossenen Böcken. Ein schlechtes Zeichen? Ach was, kein schlechtes Zeichen, man könnte sie ja gegebenenfalls mit Girlanden verhängen. Günter Grass sitzt zum vierten Mal auf dem Stuhl neben Hans Werner Richter, Marcel Reich-Ranicki zum ersten Mal unter den Kritikern, aber noch nicht in der ersten Reihe der Wichtigen.

Als Männer mit ganz besonderen Eigenschaften werden die später von Martin Walser aufgespießt. Spöttisch beschreibt er die »Glorreichen Fünf« in seinem »Brief an einen ganz jungen Autor«. Dem schildert er scheinbar witzig – »Du mußt zusehen, wie sie einander begrüßen. Manche gehen mit ausgebreiteten Armen aufeinander zu. Laß Dich nicht täuschen« –, wie es so zugeht beim Herbstmarkt der Eitelkeiten, dem Treffen der Gruppe 47. Und was er nach seiner Lesung zu erwarten habe, ohne sich den Regeln entsprechend gegen die Kritik wehren zu dürfen: Walter Höllerer »wird Dein Vorgelesenes flink tranchieren, in Schnitte, wie fürs Mikroskop, zerlegen …« und Hans Mayer werde ihn besprechen wie »eine allzu gut bekannte alte Krankheit« … und bei Walter Jens »wirst Du an Kinski oder Demosthenes denken« und Joachim Kaiser, Kopf in Schrägstellung, »findet es hübsch, das sagt er auch, weil er weiß, daß alle wissen, was er sagt, wenn er ein Wort sagt, das er eigentlich nicht sagt« … und Marcel Reich-Ranicki wird alles sagen, was er schon vor der Lesung wusste. Es sei doch Schuld des Autors, dass ihm das jetzt wieder einfällt, denn der »Autor ist verantwortlich für das, was dem Kritiker zu ihm einfällt«.

Ausgerechnet beim ersten Auftritt von Reich-Ranicki, der noch keinen Ruf zu verteidigen hatte, der seit jener Warschauer Erzählung von Oskar, dem buckligen Irren, alles über den Dichter zu wissen glaubte, es vor der Lesung nur noch nicht gesagt hat, wird Günter Grass seinen großen Triumph feiern können. Er hat die Kapitel eins und vierunddreißig der »Blechtrommel« mitgebracht, aus denen will er einiges vortragen. Auf Raoul und Franz passen die Schwiegereltern auf, ihre Mutter sitzt an diesem Samstag ebenfalls im Saal unter den Zuhörern, ihr Mann will Anna unbedingt in seiner Nähe haben, denn heute möchte er seinen Durchbruch schaffen, heute soll es so weit sein. Grass hat dennoch kein Lampenfieber, springt die Zuhörer direkt mit dem berühmt werdenden ersten Satz an und lässt sie nicht mehr aus den Fängen. Er verführt sie mit der Kraft seiner Wörter, dem Klang seiner musikalischen Sprache und zieht sie unaufhaltsam in das Märchen von Oskar, dem Trommler:

»Ich beginne weit vor mir; denn niemand sollte sein Leben beschreiben, der nicht die Geduld aufbringt, vor dem Datieren der eigenen Existenz wenigstens der Hälfte seiner Großeltern zu gedenken. Ihnen allen, die Sie außerhalb meiner Heil- und Pflegeanstalt ein verworrenes Leben führen müssen, Euch Freunden und allwöchentlichen Besuchern, die Ihr von meinem Papiervorrat nichts ahnt, stelle ich Oskars Großmutter mütterlicherseits vor. Meine Großmutter Anna Bronski saß an einem späten Oktobernachmittag in ihren Röcken am Rande eines Kartoffelackers…«

Als er merkt, wie gut ankommt, was er vorträgt, setzt er nach mit der Erzählung des Pflegers Bruno aus dem vierunddreißigsten Kapitel: »Herr Matzerath ist mein harmlosester Patient… Er schreibt und trommelt etwas zu viel. Um seine überanstrengten Finger schonen zu können, bat er mich heute, für ihn zu schreiben… Herr Matzerath fuhr am zwölften Juni fünfundvierzig etwa um elf Uhr vormittags von Danzig, das zu jenem Zeitpunkt schon Gdansk hieß, ab. Ihn begleiteten die Witwe Maria Matzerath, die mein Patient als seine ehemalige Geliebte bezeichnet, Kurt Matzerath, meines Patienten angeblicher Sohn…«

Als er fertig ist, flüstert Siegfried Unseld voller Begeisterung Hans Werner Richter zu, in diesem Jahr sei aber mal wieder ein Preis fällig. So hat es Toni Richter mitgehört. Der Preis der Gruppe 47, zu normalen Zeiten dotiert mit dreitausendfünfhundert Mark aus dem Topf interessierter Verleger, wurde nicht regelmäßig vergeben, nur aus gegebenem Anlass, und der letzte war vor drei Jahren in diesem Sinne gegeben, ging an Martin Walser. »Beide Kapitel hatten mich beeindruckt, ja nahezu begeistert – übrigens im höheren Maße als der im folgenden Jahr erschienene ganze Roman», schreibt in seinen Memoiren Marcel Reich-Ranicki und webt an der Legende, der wahre Entdecker des Günter Grass zu sein.

Aber so ist es nicht gewesen. Der Kritiker und damalige Piper-Lektor Reinhard Baumgart erinnert sich an Reaktionen jener fünf, alle außer Reich-Ranicki akademisch geschulte Intellektuelle mit scharfem Verstand: »Unvergeßlich und doch fast vergessen, wie die schon damals und immer noch lauteste Stimme unter den fünf die Grass'sche Blechtrommel schon vor Erscheinen für gescheitert erklärte.« Das bestätigt auch Joachim Kaiser. MRR sei in Sachen Grass ziemlich vollmundig daneben gelegen. Dass Walter Jens den ehemaligen Freund Reich inzwischen für einen letztlich doch unverbesserlichen Stalinisten hält, der zudem nicht mal gut schreiben könne, steht auf einem anderen Blatt, aber davon wird man nichts mehr erfahren, nachdem Jens den Plan aufgegeben hat, seine Autobiografie zu schreiben.

Der Gewinner aus gegebenem Anlass, und alles nur für Anna, die so glücklich ist wie er, heißt Günter Grass. Gegen ihn hatten weder

Hans Magnus Enzensberger, der nach ihm las, noch Klaus Roehler eine Chance. Roehler schaffte nie mehr den Roman, den er hatte schreiben wollen, zu gut war der andere, der Freund aus Berlin. Roehler wird Grass aber über viele Bücher und Jahre hinweg als strenger und unerbittlicher Lektor begleiten. Grass wird gefeiert und er feiert sich selbst. Steht am Tresen und trinkt der Wirtin Tante Firnis selbst gebrauten Obstler. Sein unterlegener Konkurrent Klaus Roehler gibt zu, dass Günter besser gewesen sei, Grass einfach schon weiter sei als er. Die beiden konnten gut miteinander, wollten mal zusammen bei Piper einen Band herausgeben, Gedichte von Roehler, Zeichnungen von Grass. Daraus war nichts geworden.

Lektoren telefonieren mit ihren Verlegern. Keiner von denen will sich mal vorwerfen lassen, etwas so Grandioses, das in geheimer Abstimmung mit drei Viertel aller Stimmen der anwesenden Gruppe-47er zum Sieger gewählt worden ist, übersehen, überhört zu haben. Sie lassen sich Vollmacht für Verhandlungen geben und dürfen auch Summen nennen. Die teilen sie Hans Werner Richter mit, doch als der Stand sechstausendfünfhundert Mark erreicht, bricht er die Auktion ab. Schluss, aus, das soll's gewesen sein, wir wollen nicht übertreiben. Es waren wohl tatsächlich noch andere Zeiten, es herrschten wohl tatsächlich noch andere Sitten auf dem Büchermarkt.

Grass kippt noch ein Glas und noch ein Glas, lässt sich aus Spaß am schönen Augenblick eine Krawatte reichen und bindet die für ein Foto sogar um. Im Knopfloch seines Jacketts steckt eine Blume. Sozusagen Lorbeer. Dann zeichnet er schnell einen Kopf mit Kochmütze ins Gästebuch des »Adlers«, dankt handschriftlich als Günter Grass, Avenue d'Italie 111, Paris, für die gute Küche, dann werden die Stühle und Tische zur Seite geräumt und dann, und dann, und dann gibt es Musik. Klar, welches Paar alle anderen austanzt.

Die Feste der Gruppe 47, von Alkohol und Tabak umnebelte lange Nächte, sind legendär wie ihre tatsächlichen Leistungen. Liebende fanden sich und trennten sich beim Morgengrauen, Liebende trennten sich und fanden sich beim Morgengrauen. Ehen wurden im Dichterhimmel versprochen und hielten, so wie die von Ilse Aichinger und Günter Eich, auf Erden oder blieben wolkige Versprechen. Als Ingeborg Bachmann mal ihr Nachthemd vergaß, wurde es wie eine Reliquie befühlt, aber es gab keine passende Affäre dazu, sie hatte es im eigenen Bett liegen lassen. So war sie. Sie hat Termine vergessen, Abfahrtszeiten von Zügen verschlafen, beim Lesen aus lauter

Lampenfieber ihre eh schon zarte Stimme verloren. Konkurrierende Frauen hielten das für eine Masche, um bei den Männern der Gruppe ritterliche Gefühle zu erwecken, doch Gruppenvater Hans Werner Richter nahm sie stets in Schutz. Sie sei unfähig zur listigen Täuschung, sie sei nun mal so. Wer mit der eigenen Frau kam, blieb in deren Reichweite. Einsame fanden sich zum Schnaps und zum Skat.

Außer Walter Jens, der nach Richters Worten die Literatur für das eigentliche Leben hielt und dem das wilde fremd blieb, außer Walter Jens, der heute noch angewidert von gewissen Umtrieben der Nächte spricht, die er mied, hätten sie alle von diesen Festen Geschichten erzählen können, wie sie so und so ausschließlich eben doch nur das Leben schreibt. Und das, was stattfand, falls es stattfand, fand zudem in meist unromantischer Kulisse statt, wie Hans Magnus Enzensberger über die Gruppe notierte, denn die »Höhlen, die sie aufsucht, um zu existieren, sind … provisorisch und bescheiden: verregnete Landgasthöfe, ausgediente Jugendherbergen und altersschwache Landschulheime, deren schwarze Bretter noch von verflossenen Singkreis-Nachmittagen zu berichten wissen«. Dünn der Kaffee, spartanisch die Betten. Aber heiter bei Gelegenheit darin die Kunst zu lieben, ars amandi.

Toni Richter muss nach Oskars Sieg die eigentliche Arbeit erledigen und den zugesagten Anteil der Verlage am Preisgeld einsammeln. Alle bezahlten, weil sie hofften, den Zuschlag zu bekommen für den unfertigen Roman, aus dem Grass gelesen hatte. Es dauerte Wochen, bis sie die Summe an ihn überweisen konnte. Er war schon wieder in Paris und hatte besorgt in einem Brief angefragt, wo denn seine sechstausendfünfhundert Mark bleiben würden.

Unmittelbar zahlte sich sein Preis nach der Tagung gedruckt aus. In der »FAZ« beschreibt Hans Schwab-Felisch die Ereignisse von Großholzleute, sieht sich in frühem Ahnen nach »Hochwasser« bestätigt und jubelt über die wilde und harte Diktion des Dichters: »Er hat ein Tempo am Leib, das einem oft den Atem verschlägt, beobachtet genau und spielt virtuos auf der Klaviatur der realistischen Stilelemente… und ist, soweit das die Proben erkennen ließen, prall von simplizissischem und bisweilen auch makabrem Humor.«

Zahlte sich sogar unmittelbarer aus, nämlich gesendet, denn beim Bayerischen Rundfunk machte Grass auf der Rückreise Station und las für satte achthundert Mark aus seiner »Blechtrommel«. So viel hatte er noch nie für einen Auftritt bekommen. Wie üblich gab es dieses Honorar sofort mit der vom Redakteur unterschriebenen Anweisung an der Kasse.

Das Handgeld eines Dichters wird ausgegeben. Anna und Günter Grass laden Klaus Roehler und seine junge Frau Gisela Elsner ein, mit ihnen noch zwei Tage in München zu verbringen, und es zahlt alles der Preisträger, denn Roehler war ärmer als er. Dann kaufte er für sich und Anna in einem Radiogeschäft einen »Schneewittchensarg, diesen Plattenspieler von Braun, der weiße mit dem Plastikdeckel. Der hatte den Spitznamen Schneewittchensarg. So was hätte ich mir vorher nie leisten können.« Den nahmen sie mit im Zug nach Paris. Als dann endlich die eigentliche große Summe ankommt, überwiesen von Toni Richter, macht er sich, unbelastet von den Sorgen ums Alltägliche, im Heizungskeller in der Avenue d'Italie 111, im Hinterhaus über den Hof, an die letzte Fassung seines ersten Romans.

Der Gruppe 47 hielt Grass die Treue, als er berühmt war und das Forum für unbekannte Talente nicht mehr gebraucht hätte. Andere blieben fern, als sie Erfolg hatten. Er hat nie eine Tagung versäumt. Von Treffen zu Treffen konnte er besser und klarer eine Kritik begründen. Er konzentrierte sich dabei aufs Handwerkliche und setzte sich von Beiträgen der akademisch gebildeten Intellektuellen ab, die sich gegenseitig auf höheren Ebenen zu übertrumpfen suchten und dabei den eigentlichen Anlass, der vor ihnen saß, manchmal vergaßen. Für die Nachkommenden waren Anmerkungen von Grass und von Weiss und von Lenz deshalb wichtiger, denn die galten ihnen als die eigentlichen Kenner ihres schwierigen Handwerks. Die konnten sie besser verstehen.

Grass hat sich selbst immer der Kritik gestellt und aus neuen Arbeiten gelesen, auf die Gefahr hin, verrissen zu werden. Was natürlich geschah. In der Gruppe nahm er es hin, die Regel, sich nicht wehren zu dürfen, war ihm bekannt. Dort in seiner literarischen Familie erlaubte er den Familienmitgliedern auch kritische Anmerkungen zu seinen Texten, weil er den grundsätzlichen Respekt spürte, den man ihm entgegenbrachte, der ihm gebührte. Deshalb nahm er Könner wie Enzensberger, Walser oder Lenz ernst, nahm seinen Ersatzvater Hans Werner Richter ernst, nahm Intellektuelle wie Fritz J. Raddatz ernst und er nahm Hans Mayer ernst und nahm Joachim Kaiser ernst und nahm vor allem Walter Höllerer ernst, dem er treu blieb bis in den Tod, der am Ende für Höllerer eine Erlösung war.

Er wusste, wie intensiv sich alle Kandidaten schon Wochen vor dem Termin, so wie Schüler, denen ein Examen bevorsteht, auf einen Auftritt vorbereitet hatten. Deshalb erwies Kollege Grass ihnen wenigstens kollegialen Respekt. Sorgfältig lobte oder kritisierte er das bei Tagungen Vorgelesene. Nie mit Tiefschlägen unter die Gürtellinie zielend, wie sich von Peter Härtling bis Siegfried Lenz, von Joachim Kaiser bis Fritz J. Raddatz, von Walter Jens bis Peter Rühmkorf, von Toni Richter bis F.C. Delius alle übereinstimmend erinnern. Grass hat Literatur stets aus der Sicht des im gleichen Gewerbe tätigen Handwerkers betrachtet, mit dem Blick eines schreibenden Autors begutachtet.

Von Marcel Reich-Ranicki dagegen verlangte er einmal in von ihm vor Ort ungewohnt bösen Sätzen in einer Sitzung die Scheidung, er wollte mit einem solchen Kritiker nicht mehr zusammenleben müssen. Doch der blieb ihm stur treu. Als der glorreiche Fünfte die »Maulwürfe« des sanften Günter Eich, erster Autor aus der Gruppe 47, der den begehrten Georg-Büchner-Preis bekam, dann mal als »senile Alterslyrik« verdammte, verpasste ihm Grass, gnadenlos, spontan und wortgewaltig, beifällig unterstützt von den leisen, gleichfalls mit Eich solidarischen Peter Härtling und Peter Bichsel und Siegfried Lenz, kurz entschlossen den verbalen Knock-out.

Günter Grass war in der Gruppe 47 zu Hause, das war einmal im Jahr seine andere Familie. Er hat »nie verstanden, daß sich Autoren, die in der Gruppe 47 mitgemacht haben, später abfällig geäußert haben, so als sei das, na, ja 'ne Art Jugendsünde oder so was gewesen, das würde ich von mir aus nie sagen, das ist für mich eine ganz wichtige Zeit, eine wichtige Erfahrung, auch ein bißchen nachgeholte Schule gewesen, ich bin ja nur bis zum fünfzehnten Lebensjahr zur Schule gegangen, und ich habe dem Hans Werner Richter auch vieles zu verdanken, denn er ist eine Art literarischer Mentor gewesen. Die Gruppe 47 hat mir einfach sehr geholfen.«

Hans Werner Richter war ein Lehrer, der einer Generation von irgendwo lebenden Schriftstellern in einem Land, das nirgendwo eine literarische und eine politische Hauptstadt hatte, so wie es Paris war oder Berlin gewesen ist, nicht nur einen Marktplatz bot, auf dem sie zum ersten Mal auftreten konnten, er war auch der Mann, der ihnen nach dem Krieg direkt half bei der Entdeckung noch möglicher Vorbilder in der schuldigen Generation. Er rief Emigranten wie Wolfgang Hildesheimer und Peter Weiss und Erich Fried in die Gruppe.

Er machte klar, indem er die entsprechenden Dichter in der Gruppe 47 vorstellte, dass es ihm nicht etwa um ein Forum für bundesdeutsche Literaten ging, sondern alle deutschsprachigen Talente geladen waren, also auch Österreicher, Schweizer und die aus der DDR.

Grass wird seinem anderen Vater aus Dankbarkeit heraus mal das »schönste Geschenk« überreichen, das der »je im Leben bekommen hat«. Er schreibt ihn zur Unsterblichkeit in der Figur des Simon Dach im »Treffen von Telgte«. Richters Idee der feingeistigen Gruppe mit Damen, Urform einer Akademie, die nur an drei Tagen pro Jahr und dann nur für eingeladene Gäste geöffnet ist, starb lange vor ihm. Sie hatte sich bereits überlebt, als er noch lebte. Freundschaften, die dort begründet wurden, zerbrachen erst leise und dann lautstark bei den Auseinandersetzungen 1967 in Pulvermühle. Politische Standpunkte wurden wesentlicher als literarische Standorte, aber selbst diese Feindschaften hielten nicht, was man sich einst von ihnen versprochen hatte.

Während Grass sich treu blieb, weil er wusste, woher er kam und wohin er gehörte, was seinen Gegnern Anlass gab, ihn einen sturen Menschen zu schimpfen, marschierten andere Rechthaber nach links oder nach rechts oder hoben ganz ab. Er hätte gern die Rolle, die Richter perfekt ausfüllte, für sich übernommen, hätte gut den Herbergsvater spielen können in einem modernen Haus neuer Schmetterlinge, den Lehrer geben für die nächste dichtende Generation. Doch Richters wunderbare Inszenierung von Dichtern und Dilettanten, Musen und Mimosen, war auch von seinem berühmtesten Schüler nicht zu retten in die Zukunft und … halt. In der Chronik laufender Ereignisse ist noch nicht einmal die Gegenwart vergangen. Also zurück in die Vergangenheit.

Grass sitzt in Paris an der letzten Fassung, der dritten, für die »Blechtrommel«. Das Preisgeld vom Herbst erlaubt ihm, ohne weitere Ablenkung durch die Notwendigkeit, etwas zusätzlich verdienen zu müssen, an seinem Text zu arbeiten. Sprachlich zu feilen und nicht auf etwaige Rechtschreibfehler achtend. Das wird später ein Lektor bemängeln, aber das interessiert den Sprachbildhauer weniger. Die Melodie muss klingen. Anfang Februar 1959 ist er fertig mit Oskars Geschichte.

Zur Premiere der »Stoffreste« am Essener Stadttheater am 15. Februar 1959 reist Günter Grass aus Paris deshalb befreit an, denn im Koffer liegt das Manuskript der »Blechtrommel«. Am nächsten Tag will er es persönlich bei seinem Verlag abgeben, gewidmet ist sein erster Roman Anna Grass, die mit den Zwillingen in Paris geblieben ist. Ein Aupairmädchen hilft im Haushalt. Grass erreicht Essen viel zu früh, hat noch einige Stunden Zeit bis zur Aufführung. Für einen Spaziergang ist es zu kalt. In einer Kneipe kommt er mit einem Herrn ins Gespräch und sie reden weniger über Gott und die Welt, mehr über Kunst und Berlin, denn aus der Stadt kommt er und die kennt Grass auch. Irgendwann entschuldigt sich der andere, er habe einen nicht zu verschiebenden Termin, eine Premiere im Stadttheater, worüber er eine Kritik zu schreiben habe. Na, wunderbar, dann können wir ja zusammen gehen, sagt Grass, wegen dieser Premiere sei er schließlich nach Essen gekommen…

Klaus Geitel wird berühmt werden als Kritiker so wie Günter Grass als Dichter. In den »Hundejahren« baut er ein Ballett der Vogelscheuchen ein, lässt als Ballettmeister einen Luipart nachgebildeten Marcel Fenchel auftreten, macht ein »Kläuschen Geitel« zum Stammgast im Berliner Künstlerlokal »Chez Jenny«, dessen Wirtin natürlich Jenny Brunies sein wird, die andere Tänzerin aus Danzig.

Manuskriptabgabe bedeutet am Tag darauf Weiterreise nach Frankfurt zum Luchterhand Verlag, dem er Oskar ursprünglich nicht hatte anvertrauen wollen. Günther Neske, großer Verleger mit kleinem Verlag, war seine Wahl. Der hatte schon im Sommer 1958 bei einem Besuch im Tessin, vermittelt durch Wolfgang Hildesheimer, den Zuschlag für die Veröffentlichung erhalten. Erst habe Grass meisterhaft gekocht, was Neske nie vergaß zu erwähnen, denn es sei sehr gut gewesen. Dann hatte der Dichter vorgelesen aus fertigen Kapiteln. Man war sich beim Wein schnell einig, aber was stand genau im Vertrag mit Luchterhand, der ja den Erstling »Vorzüge der Windhühner« herausgebracht hatte? Hatte der eine Option? Weder Günter Grass noch Anna konnten sich erinnern. Der Vertrag war nicht mehr auffindbar, weder im Tessin noch später in Paris. Wird schon gut gehen.

Ging aber nicht gut, denn kaum waren nach der Tagung im Allgäu die ersten Artikel mit dem Hinweis erschienen, der Roman, aus dem der Preisträger gelesen hatte und für den er ausgezeichnet worden war, »Die Blechtrommel«, werde im kommenden Jahr bei Neske erscheinen, protestierte Luchterhand-Verleger Eduard Reifferscheid. Er hatte als Chef eines an sich juristischen Fachverlages den Vertrag natürlich griffbereit. In Paragraf 13 verpflichtete sich darin der

Autor Grass, nach dem ersten Gedichtband auch seine nächsten literarischen Werke dem Verlag anzubieten. Es gab Streit, Grass kämpfte um Oskar. Aber er realisierte bald, dass er keine Chance hatte, wie er Neske schrieb: »...und so muß ich wohl resignieren und mit dem Roman dorthin gehen, wo es mich nach wie vor nicht hinzieht«.

Reifferscheid, ein leidenschaftlicher Skatspieler, was Grass schon mal für ihn einnahm, denn das war er auch, ein leidenschaftlicher Esser, und auch das gefiel Grass, wollte zwar um jeden Preis das Buch, aber vor allem mit dessen Autor für die Zukunft ein friedliches Verhältnis. Er ließ ihm deshalb mitteilen, dass sein Chauffeur samt Mercedes bereitstünden, wo auch immer er die Grenze nach Deutschland überschreite, um ihn abzuholen und in ein damals unter Gourmets berühmtes Restaurant zu fahren, wo er auf Grass warte. So geschah es. Sie aßen und tranken und anschließend vertrugen sie sich. Reifferscheid zahlte die Zeche und für Grass zahlte sich der Streit sogar aus, denn er wusste nun, wie teuer er dem Verleger war. Er schlug neben einem Vorschuss von viertausend Mark die höchsten Prozente pro verkauftes Buch heraus, die der Verlag bis dahin hatte zahlen müssen.

Oskar würde also für Luchterhand trommeln. Der Dichter ist von der Fron des Langstreckenschreibers – der Roman hat siebenhundertsechsunddreißig Seiten – erlöst und Geldsorgen hat er keine. In Paris liegt ein Brief von Höllerer, der ihm ein Stipendium ankündigt für einen Studienaufenthalt in den USA, beginnend im Oktober. Ein Abenteuer. Typisch für Grass beschließt er, sich zunächst in der Sprache fortzubilden. Er nimmt Privatunterricht bei einem Englischlehrer. Ist das Leben nicht schön? Ja, das Leben ist schön. Anna und Günter Grass empfangen Gäste wie Klaus Roehler, der gerade für ein Hörspiel im Süddeutschen Rundfunk die fünfaktige Farce »Zweiunddreißig Zähne« von Grass aufbereitet hat, in ihrer kleinen Wohnung in der Avenue d'Italie 111. Der Meister kocht, es darf nunmehr schon mal was Teureres vom Markt sein. Der Verleger Klaus Piper schwärmt in einem Brief ans Sorgenkind Roehler, der als Autor seines Verlages keinen der abgemachten Termine einhält, weil er seit der Lesung in Großholzleute von einer Schreibblockade überfallen worden ist, die ihn aber nie mehr verlassen wird, über einen »ungemein anregenden Abend beim Ehepaar Grass«.

Im Keller liegen Entwürfe für das Buchcover und in einer Ecke steht der Koffer, den er wahrscheinlich schon jetzt vergessen hat, in dem die ersten Versuche der »Blechtrommel« ruhen. Also erst Druckfahnen korrigieren, mit Oskar zur Buchmesse, dann in die USA, dann wieder Paris, dann wieder an die Arbeit, denn einen neuen Stoff unter dem Arbeitstitel »Der Knirscher« oder »Kartoffelschalen« hat er nicht nur schon im Kopf, sondern bereits aufgemalt. »Ich habe mich natürlich gefreut, Vierteljahr nach Amerika!, aber damals mußte man sich untersuchen lassen von einem Arzt in der amerikanischen Botschaft, sonst bekam man kein Visum. Und die stellten bei mir Tuberkulome fest, das sind Knötchen in der Lunge. Ich hatte ja in unserem Heizungsraum gearbeitet, auf ebener Erde, es war feucht und das Wasser lief von den Wänden... also gab es kein Visum.«

Weil er sich nicht in einem französischen Krankenhaus behandeln lassen wollte, änderte er alle hochfliegenden Pläne für die Zukunft. Zurück nach Deutschland wollten sie ziehen und da gab es nur eine Stadt, die infrage kam, Berlin natürlich. »Da ist dann später alles schnell ausgeheilt worden, nichts ist von den Knötchen geblieben. Dick bin ich geworden, vorher war ich ein schlanker Jüngling. Es gab eine neue Tablettensorte, ich glaube Neoteben hieß die, daran lag es nicht, aber ich musste jeden Tag zusätzlich einen Viertelliter Sahne trinken und deshalb nahm ich zu.« Die nachweislich beste Quelle für Milch und Sahne war ihm vertraut, die hatte er besungen. Die Meierei Bolle.

Noch hat er keine Zeit für Ärzte. »Die Blechtrommel« wird gedruckt. Im September, nachdem er kurz vor dem Erscheinen des Buches die ersten Kapitel als Fahnen gelesen hat, schreibt ihm der schwierige Freund Paul Celan: »Lieber Günter, zwei Zeilen, um auf diese Weise meinen Hut vor Oskar und seiner, also auch Deiner Blechtrommel zu ziehen... es gibt nicht viele Trommler wie diese. Paul.«

Nein, die gibt es nicht, bejubeln Kritiker fast einhellig dessen Auftritt, vier Wochen vor dem zweiunddreißigsten Geburtstag seines Schöpfers. Jetzt erst können sie Beifall trommeln, nachdem alle vierzig Kapitel gedruckt vorliegen. Im August hatte »Der Monat« eine Leseprobe aus dem Kapitel »Unterm Floß« vorab veröffentlicht, da war als Einleitung auch die Einschätzung des hoch geschätzten Kollegen Walter Höllerer zu lesen. Seinem Freund Grass wirft er da zwar einige problematische Passagen vor, in denen der Roman vernehmlich in seinen Gelenken knirsche, rühmt aber insgesamt den mutigen Entwurf als großen Wurf. In diesem klassischen, »wenn auch pervertierten« Bildungsroman habe Grass alle »Anforderungen erfüllt«, indem er gegen sie anschreibt.

»Dieser Zwerg ist ein Goliath des Geistes und der Phantasie«, verkündet Kurt Lothar Tank und der vorgebildete Jost Nolte entdeckt im prallen Stück Prosa den »Triumph des ewigen Schelms«. Der kluge Joachim Kaiser begreift die politische Dimension des »schneidend prägnanten Versuchs, die Beziehungen zwischen Kleinbürgerei und den Abenteuern der Diktatur festzuhalten«, und Hans Magnus Enzensberger, der sich in Großholzleute dem Zwerg hatte geschlagen geben müssen, schwankt zwischen Dichter ersten Ranges oder satanischem Ärgernis, erkennt dann »einen wilden Einzelgänger in unserer domestizierten Literatur, und sein Buch ist ein Brocken wie Döblins ›Berlin Alexanderplatz‹...« Über den Vergleich mit seinem Lehrer freut Günter Grass sich am meisten.

Hugo Loetscher in der »Weltwoche« meint sogar das »fabulierlustigste und fabulierkundigste Buch« gelesen zu haben, das seit 1945 erschienen ist, und nimmt in weiser Klugheit den Autor schon gegen die Vorwürfe in Schutz, die bald kommen werden, dass er ekelhafte Pornografie von sich gegeben habe in seiner Gegengeschichte gegen die bekannte Geschichte, denn »da die Monstruösität zur Wirklichkeit gehört, wie sie Grass schildert, muß auch alles Erotische und Sexuelle monstruös sein – nicht aus Unmoral, sondern aus Stilgründen«.

Und Marcel Reich-Ranicki? Nun ja. Was Rolf Vollmann, dem leidenschaftlichen Romanliebhaber, dem unbestechlichen Kritiker, dem zum Lesen verführenden Autor der »Wunderbaren Falschmünzer« für die Unsterblichkeit eines deutschen Romanciers reicht, eben »Die Blechtrommel», ist MRR eher auf gut Glück getrommelt. Schaumschlägerei. Effektvolles Spiel eines »geigenden Zigeunervirtuosen« statt Kunst. »Wäre der Roman um mindestens zweihundert Seiten kürzer, er wäre – wenn auch sicher kein bedeutendes Werk – doch weit besser.« Ein paar Jahre später wird er in einer »Selbstkritik eines Kritikers« zwar alle Vorwürfe wiederholen, weil die im Großen und Ganzen richtig gewesen seien, und erst am Schluss scheinbar zerknirscht zugeben, der »Blechtrommel« in einem Aspekt nicht ganz gerecht geworden zu sein, weil »Oskar protestiert physiologisch und psychisch gegen die Existenz schlechthin« und das »hätte ich damals schreiben sollen«.

In Oskars Trommelwirbel artikuliere sich schlichtweg ein Unwille zur Existenz, beantwortet die nicht nur bei Kritikern beliebte Sinnfrage, was der Dichter denn mit seinem Werk habe sagen wollen, der Heidelberger Germanist Peter Michelsen in seiner glänzend geschriebenen Studie »Oskar oder das Monstrum«. Grass selbst weiß, dass »ich in der Blechtrommel viel zu viele Partizipalkonstruktionen drin habe, davon würde ich heute die Hälfte auflösen, aber das wiederum würde ich nicht machen, denn das gehört zum Buch und ist so geschrieben in der Zeit und gehört auch dazu«. John Irving nennt, befragt nach dem Geschichtenerzähler Grass, Günter, den Roman den vermutlich besten, der je über den Zweiten Weltkrieg geschrieben wurde, mit Sicherheit den besten aus deutscher Sicht: durchkomponierte Handlung. Gut entwickelte Figuren. Ineinander verflochtene Geschichten. Lange Zeiträume und ihre Auswirkungen auf die Gegenwart.

Auf der Buchmesse stellt Heinrich Böll seinen Roman »Billard um halb zehn« vor, Uwe Johnson seine »Mutmaßungen über Jakob« und Günter Grass »Die Blechtrommel«. Gleich drei große Romane oder, wie auf Partys in Frankfurt geraunt wird, nun sei sie endlich da, die deutsche Nachkriegsliteratur, endlich. Oskar wirbelt an der Spitze, schon dreißigtausendmal gedruckt, die Verträge für Übersetzungen unterschrieben, und sein Vater wird nachts auch für eine andere Kunst bewundert, beim Blues, beim Dixieland, beim Charleston. Where is the Tiger, Where is the Tiger, Where is the Tiiiiiiger. Grass mit Anna in einer Kneipe, die der Luchterhand Verlag gemietet hat, here is the tiger, I AM THE TIGER.

Niemand kann sich vorstellen, dass einer der beiden anderen so ungehemmt seinen Erfolg feiern würde, Heinrich Böll nicht und Uwe Johnson erst recht nicht. Obwohl der Mecklenburger zu überraschenden Auftritten fähig war, falls er genügend getrunken hatte. Einmal hat er Hans Werner Richter bei einem Fest der Gruppe 47 zum Tanz aufgefordert. Als der sich verstört weigerte, ihn an seine Brust gedrückt, vom Stuhl hochgezogen und auf die Tanzfläche gezerrt. Johnson war ja nicht nur stur, sondern auch kräftig. Damit Richter ihm nicht entkomme, hat er ihn festgehalten bei jedem Schritt und erst, als die Musik zu Ende war, an den Platz zurückgebracht. Danach eine linkische Verbeugung angedeutet und sich für den Tanz bedankt. War wahrscheinlich eine Liebeserklärung seiner Art.

Die beiden hier, die aber können tanzen. Und wie die tanzen können. Bald haben sie die Mitte der Kneipe für sich allein. Auf Stühlen

Nach der Rückkehr aus Paris gibt Anna Grass in Berlin Ballettunterricht.

und sogar Tischen stehen die Gäste und klatschen ihnen im Rhythmus zu. Ein perfektes Paar: Anna weiß seinen nächsten Schritt und er ahnt ihren. Begonnen und geübt haben sie im januarkalten Berlin, und keine war so schön wie Anna, gedreht und abgehoben haben sie im sommerseligen Paris, und keiner war so wild wie Günter. Aufeinander zuschwebend und sich aneinander schmiegend im herbsttriumphalen Frankfurt, das »waren eingetanzt Anna und ich«.

Forever young, trommelt ihnen vom Rand der Tanzfläche ein nur ihnen sichtbarer Zwerg zu, forever young.

VI

»Nur wer gut lügt, ist ein guter Dichter«

1960–1961

Zunächst fremdelt Günter Grass, als er sich eines Morgens im Spiegel doppelt sieht. Neben ihm steht sein Ruhm. Der kam über Nacht. Doch sieht der, was Wunder, gar nicht mal unfreundlich aus und so gewöhnt sich der Dichter an ihn. Da er ihn sowieso nie mehr loswerden kann, macht er einen ihm nützlichen Idioten aus ihm In Zukunft treten sie oft gemeinsam auf. Er benutzt im Laufe der Zeit seinen neuen ständigen Begleiter als Doppelgänger und zieht mit ihm um die Häuser. Zu Hause will ihn seine Frau Anna aber auf keinen Fall um sich haben, nicht mal zur Untermiete. Grass schickt seinen noch kaum gebrauchten Schatten vor, wenn er in eingebildeten Kreisen einen Türöffner braucht und verleiht ihn »gegen geringe Gebühr« als Stargast für deren Empfänge.

Was ihn an seinem Begrüßgustav stets nerven wird, ist dessen Hang zur Selbstbeweihräucherung: »Dort, wo er hilft, besteht er darauf, geholfen zu haben.« Das könne man auch von Grass selbst behaupten, sagen seine Gegner, weiß Gott. Er nerve auch, der alte Rechthaber, wie sein Doppelgänger. Und sie erwähnen dabei selten, wie oft er tatsächlich auch Recht gehabt hat, der alte Rechthaber.

Im Alltag aber hilft ihm der Ruhm nicht, im Gegenteil, da sitzt er störend Grass im Nacken. Er muss ihn verjagen, um in Ruhe zeichnen oder schreiben zu können, denn weißes Papier fordert seine ungeteilte beidhändige Aufmerksamkeit. Nur der öffentliche Günter Grass wird Ruhm als Mittel zum politischen Zweck ausbeuten, der private auf kritische Distanz bedacht sein. Nur der öffentliche Günter Grass wird zu akzeptieren lernen, dass sein berühmtes Spiegelbild Neid erweckt, Missgunst erzeugt, ja: Hass auslöst; der private wird sich zurückziehen in ein Schneckenhaus, sich abschotten vor der Öffentlichkeit und den anderen, den Schattenmann, für sich sprechen lassen.

Darum stehen in dieser Biografie eines deutschen Dichters, dessen Ruhm sich von ihm lösen und sich verbreiten wird auch in den Ländern, die Grass persönlich nie sieht, weiterhin vorletzte Worte statt letzter Erkenntnisse. Der Verfasser, schrieb Literaturnobelpreisträger Heinrich Böll warnend in seinem »Gruppenbild mit Dame« und meinte sich, aber das Zitat könnte auch für mich gelten, den Reporter auf der Suche nach dem nicht öffentlichen, nach dem nicht veröffentlichten anderen deutschen Nobelpreisträger, habe »keineswegs Einblick« in das »gesammelte Leibes-, Seelen- und Liebesleben« der Hauptperson. Gelehrte Interpreten des Grass-Werkes dürfen es sich als Privileg ihres akademischen Berufs einfacher machen, sie müssen nichts klären, nur alles erklären, brauchen nicht andere zu fragen, sondern nur sich, können derart das Lebenswerk des Dichters für sein eigentliches Leben halten.

Öffentlicher Ruhm hat zwar einen Preis, aber auch einen Wert. Wenn aufsässige Autoren in nahen kommunistischen oder fernen südamerikanischen Diktaturen sprachlos gemacht werden sollen, weil sie sich die Freiheit des Wortes herausnehmen, erhebt der an Ruhm reiche Günter Grass lautstark seine Stimme. Schickt den allseits bekannten Gefährten los und jagt ihn mit Protestnoten, offenen Briefen, Fernsehauftritten auf die jeweils regierenden Machthaber.

Manchmal begleitet er ihn, fällt denen sogar höchstselbst ins Haus und fährt dafür ein paar Stationen mit der S-Bahn. Als im Mai 1961 beim Schriftstellerkongress der anderen Deutschen in Ostberlin vom dummdreisten Kulturminister die rhetorische Frage gestellt wird, wer könnte uns schon das Wasser reichen?, geht Grass ans Rednerpult und gibt die klare, knappe, richtige Antwort: Wir könnten das, meine Kollegen und ich, und er nennt Namen. Uwe Johnson zum Beispiel, der vor einem Jahr dieses Land habe verlassen müssen, weil er da nicht mehr arbeiten durfte, weder als Schriftsteller noch als Übersetzer, was kurz gesagt »eine Schweinerei« sei. Uwe Johnson zum Beispiel, den der im Saal anwesende Hermann Kant angepinkelt habe, weil er ihm als Autor in Augenhöhe das Wasser nicht reichen konnte.

Solange es in der DDR keine Freiheit des Wortes gebe, solange dort Dichter eine Funktion hätten wie Topfpflanzen hier neben ihm auf dem Podium, könne ihm dieser Staat gestohlen bleiben. Zwar sei die Freiheit in Westdeutschland immer wieder gefährdet, müsse täglich verteidigt werden, aber es gebe sie tatsächlich und hier sei sie gar nicht vorhanden. »Keines meiner Bücher, die ich geschrieben habe, hätte ich in diesem Staat veröffentlichen dürfen, und so geht es meinen Kollegen auch.« Dafür erhält er keinen Beifall, was er allerdings auch nicht erwartet hat. Danach gibt ihm keiner der Funktionäre, die sich für Kollegen halten, noch die Hand. Die heben sie stattdessen hoch, denn einstimmig wird von ihnen Anna Seghers zur Vorsitzenden gekürt. Sozialistische Einstimmigkeit ist Teil der Grundausbildung von DDR-Wortsoldaten.

Anna Seghers ist deshalb die richtige Adressatin des offenen Briefes, den Grass ein Vierteljahr nach seinem mit Schweigen bedachten Auftritt, am Tag nach dem Mauerbau, in kalter Wut und bewusster Schärfe am vierzehnten August 1961 schreiben wird. Wie schon an jenem anderen deutschen Datum, dem siebzehnten Juni 1953, hat er sich nicht auf die Meldungen im Radio verlassen, ist zum Schauplatz gefahren und hat Geschichte, umringt von ohnmächtigen Berlinern, wieder mal live erlebt. Die »nackte und nach Schweinsleder stinkende Gewalt« am Brandenburger Tor war unverkennbar deutsch. Ausgerechnet Anna Seghers, die Verfasserin des KZ-Romans »Das Siebte Kreuz«, ausgerechnet sie, die seiner Generation den Blick für das Unrecht geschärft habe, ausgerechnet sie schweige jetzt zur Schande, dass der Vorsteher des Staates DDR Walter Ulbricht sich verhält wie der Kommandant eines Konzentrationslagers. Wer aus dem zu fliehen versucht, wird erschossen.

Er bekommt von ihr keine Antwort. Auch der Protestbrief, den er und Kollege Wolfdietrich Schnurre zwei Tage später persönlich im Verbandsbüro des Deutschen Schriftstellerverbandes bei Erwin Strittmatter abgeben, ist in den Wind geschrieben. Strittmatter höhnt, ob sie den etwa per Rakete abgeschossen hätten, ob sie nicht unbehindert in ihre »Westberliner Dichterstuben« hätten zurückkehren dürfen, ob sie sich nicht lieber um die »Bändigung des Militarismus« in Westdeutschland bemühen wollten? Nur der Grass überwachende Geheime Informator (GI) bedauert laut Aktennotiz, dass er sich »von dem Vorwurf getroffen fühlt, nicht veranlasst zu haben, dass die beiden Westberliner Schriftsteller verhaftet werden.« In Zukunft wird er bei gelegentlichen Reisen in die DDR, was erst in Jahren wieder möglich sein wird, vom allgegenwärtigen Staatssicherheitsdienst überwacht, der natürlich auch eine Akte über ihn anlegt.

Kollege Heinrich Böll, der selbstironische katholische Humanist, klingt wegen seines rheinischen Tonfalls immer verbindlicher, doch wenn Menschenrechte verletzt werden, wenn es um Proteste gegen

Verfolgung und Unterdrückung Andersdenkender geht, ist er so unerbittlich wie der vom Glauben gefallene andere Katholik, der kleinbürgerliche Anarchist Günter Grass. Der analytische Sozialist Uwe Johnson, der aus eigener Erfahrung die Stalinisten noch mehr verabscheut, weil er sie besser kennt, kann nicht andere, muss erst sich vor den auferstandenen Ruinenbaumeistern retten. Er hat schon 1960 das ihn überwachende Stasipack im heimatlichen Mecklenburg verlassen und sich für immer der Staatsmacht Ost nach Westberlin entzogen.

Die Staatsmacht West droht unbotmäßigen Dichtern und Künstlern nicht mit Verbot, Zensur, Gefängnis. Falls ein Kunstwerk ihren Horizont überschreitet, macht sie sich in der Regel lieber lächerlich, als nach der Polizei zu rufen. In der Regel. Ausnahmen gibt es, aber vorwiegend in Bayern. Engstirnigkeit jedoch kennt keine Grenzen, keine Unterschiede zwischen Ost und West, Süd und Nord. Bornierte Dummköpfe wie im folgenden konkreten Fall tätig, gehören nicht etwa zur CDU, wie man fast automatisch vermuten dürfte, sondern zur FDP und zur SPD und in einer Koalition dem Senat der Hansestadt Bremen an. Eine Stiftung, benannt nach dem heimischen Schriftsteller Rudolf Alexander Schröder, vergibt dort auf Vorschlag einer unabhängigen Jury jährlich einen Literaturpreis. Überreicht wird der immer im Januar und dotiert ist er mit achttausend Mark, was für Dichter wie Paul Celan, der ihn 1958 bekommen hat, mehr ist, als er pro Jahr am Verkauf seiner Bücher verdient. Die Entscheidung über den Preisträger 1960 ist bereits gefallen. Einen der drei gefeierten Helden des deutschen Literaturherbstes soll es treffen.

Der besitzt ab Ende 1959 schon keine feste Adresse mehr. Die Wohnung in der Pariser Avenue d'Italie 111 haben Anna und Günter Grass aufgegeben. Außer ihren Träumen trugen sie beim Einzug vor fast genau drei Jahren nicht viel die Treppe hinauf, müssen deshalb zum Auszug nur deren Erfüllung mitnehmen und ihre Söhne. Im Keller bleibt jener Koffer unbeachtet in der Ecke zurück, den zehn Jahre später John Reddick finden wird. In der belegbaren Gewissheit, wohlhabend zu sein, nicht nur voller Hoffnung auf die eigene Zukunft, sondern erstmalig mit vollen Taschen vor seine Schwiegereltern treten zu können, ist Grass im Dezember 1959 in Lenzburg eingetroffen. Weihnachtstage werden traditionell still mit der Familie, Silvesternächte traditionell laut mit Freunden verbracht.

Viele Jahreswechsel werden sie im Tessin feiern, an langer Tafel sitzen und essen und trinken, anfangs im Haus von Annas Eltern, bald im eigenen, das sie sich dank Oskars Gagen leisten können. Katja und Klaus Wagenbach gehören zur Tessiner Tafelrunde von Anna und Günter Grass und neben anderen später Renate und Walter Höllerer. Gekocht wird stets von dem, der das bekanntlich am besten kann. Nicht alles von allen geschätzt, manches von manchen gefürchtet, zum Beispiel: Kutteln. Die werden à la manière de Grass vier Stunden auf kleiner Flamme mit Kümmel und Tomaten weich gesotten, mit Knoblauch gewürzt, in fingerlange dünne Streifen geschnitten, in die Brühe geworfen – und fertig ist die kräftige Suppe. Gern gegessen dagegen die Klassiker des Meisters: Hammelkeule und Linsen, Kalbsnieren auf Sellerie, Fasan mit Weinkraut, Spanferkel auf Saubohnen, alle seine Pilzsuppen, gefüllte Rinderherzen, sogar Lungenhaschee. Aal grün und gebratenen Hering und gekochten Hecht und Fischsuppen gab es im Tessin nicht, die kamen in Berlin auf den Tisch.

Die Schweiz gilt als langweilige Berg- und Tallandschaft, in der sich glückliche Kühe, moralinsaure Spießbürger und moralfreie Banker niedergelassen haben. Für Grass ist sie ein kleines Land großer Gefühle, weil es die tolerante Heimat von Anna war, ein Ort des gutbürgerlichen Friedens, an dem er in Ruhe schreiben kann. Die Erfahrung praktischer politischer Kultur ist neben der in Büchern theoretisch erkannten prägend für sein Bewusstsein. Er lernt viel von der dort zu Lande selbstverständlichen direkten Demokratie. Die Schweiz ist in den Fünfzigerjahren, an denen er sie kennen lernt, sogar vorbildlich, im Schulsystem zum Beispiel. »Es hat mir insgesamt vieles imponiert, auch wie sich die Bürger politisch in ihren Gemeinwesen äußerten und wie sie da engagiert waren und sich lautstark ärgerten und Stellung bezogen und die Konflikte streitbar austrugen, das hat mir alles schon sehr gut gefallen. Als in Deutschland die unmittelbare Demokratie noch im Entstehen war oder bereits wieder zurückging ins Restaurative, war das zu erleben für mich beispielhaft.«

Die Unterschiede zwischen hier und dort erlebt er bald unmittelbar dort. Dass ihn die Bremer Juroren zu ihrem Preisträger für das Jahr 1960 bestimmt haben, weiß er schon. Die damit verbundene Geldsumme hat Grass unter Einnahmen notiert, die soll sich auszahlen bei der bevorstehenden Suche für eine Wohnung in Berlin. Was er erst bei einem immer wieder durch atmosphärisches Rauschen und Halleffekte gestörten Telefonanruf eines Bremer Journalisten erfährt, ist die Geschichte der unverschämten Posse, der peinlichen

Affäre, die als Bremer Skandal bekannt wird und in deren Mittelpunkt unfreiwillig er steht.

Zwar hatte sich die gebildete Jury als Preisträger den Autor der »Blechtrommel« ausgesucht, aber die ungebildeten Politiker nehmen die Wahl nicht an. Vier Senatoren stimmen gegen die Entscheidung. Damit sie nicht als Kunstbanausen gelten, die sie sind, machen sie Gründe geltend, die auf »außerkünstlerischem Gebiet« liegen, womit nicht das Weserstadion des Fußballklubs Werder Bremen gemeint ist, sondern politischer Modder, in dem sich die Spießer sicher fühlen. Vier weitere Amtsinhaber enthalten sich, weil sie das Buch, um das es geht, nicht kennen, den Autor erst recht nicht, und nur einer redet dafür, der Kultursenator. Hans Schwab-Felisch, der nun schon wieder, macht jedoch zum Jahreswechsel in der »FAZ« den »beschämenden und deprimierenden« Skandal öffentlich und urteilt, dass es »keine Entschuldigungen und keine mildernden Umstände« für diesen Fall geben könne.

Für die regierenden Bremer Stadtmusikanten ist »dieser Fall« kein Fall von Zensur, sondern einer, in dem es um Moral und Sitte geht und ihre staatsbürgerliche Pflicht, beide im Alltag zu verteidigen. Eine drohende Jugendgefährdung, und damit möglicherweise ihre moralische Mitschuld, wird belegt durch so genannte »Stellen«, die sie in der »Blechtrommel« angestrichen haben. Sie haben nur die gelesen und auch die nicht wirklich begriffen. Ein Fritz J. Raddatz hätte ihnen mit einem einzigen klugen Satz zur Erkenntnis verhelfen können: »Unabhängiges Chaos von Phantasie und strotzende Sprachkraft, barocke Sinnenlust und abwägende politische Vernunft sind zusammengefügt zu einem einmaligen Kunstbau«, aber den Raddatz kennen sie natürlich nicht.

Die Bremer Senatoren, die nicht etwa einmalige, sondern eher typische Vertreter sind für eine verkrustete Gesellschaft, halten in ihrem natürlich beengten Weltbild barocke Sinnenlust für eine kaschubische Schweinerei, einmalige Kunst für üble Pornografie, chaotische Fantasie für schmutzige Gedanken. Paragraf 184 des Strafgesetzbuches, der die Verbreitung und/oder Förderung von Pornografie unter Strafe stellt, ist ihr Kronzeuge und Rettungsanker. An dessen rostige Kette klammern sie sich, als erste Wellen der Empörung anrollen. In ihrer vorauseilenden Feigheit sind sie allerdings erleichtert, dass sie selbst auf ihrem Niveau nicht allein bleiben.

Ein »Kollege« von Grass kommt ihnen zur Hilfe. Zwar haben drei

Juroren ihr Amt aus Protest gegen das Senatsveto niedergelegt, aber Manfred Hausmann, der bei der Entscheidung wegen einer Erkrankung fehlte, bedeutend als christlicher Laienprediger und nicht so bedeutend als Literat, spricht danach warnend davon, dass der Roman, um den es gehe, zu den Werken gehöre, die »nicht der Aufrüttelung und Aufschreckung, sondern der Gefährdung, wenn nicht der Zerstörung der menschlichen Seele und des menschlichen Geistes dienen«.

Peinlich ist es den Politikern allerdings irgendwie auch, zumal die herben Sätze in der »FAZ«, die grundsätzlich frei ist von jedem Verdacht, linken und jugendgefährdenden Umtrieben das Wort zu reden, Wirkung gezeigt haben. Doch ihr als genialer Kompromiss gedachter Ausweg, den Preis statt an Günter Grass an Uwe Johnson zu geben, der sei schließlich ebenfalls gerade mit einem Buch gefeiert worden und auch in der berüchtigten Gruppe 47, woraus man sehe, wie liberal und weltoffen sie seien, nicht wahr?, bringt selbst den, der selten was zum Lachen findet, zum Lachen. Der Hamburger Kritiker Dieter E. Zimmer kann in dem Trauerspiel sogar noch Positives entdecken, ein Trost sei es ihm, schreibt er in der »Zeit«, die das Bremer Stadtwappen, Schlüssel zur Welt, im Logo trägt, dass ein »deutscher Autor ein Buch fertigbringt, das der Obrigkeit mißfällt«.

Hier könnte eine für diese Zeit typische Inszenierung, die der Bremer Tollheiten, abgeschlossen werden, aber es gibt ein tolles Nachspiel auf der Bühne. Im Jahr darauf wird Siegfried Lenz als Laureat ausgewählt. Das Votum der neu gewählten Jury darf vom Senat nicht mehr übergangen werden, man hat die Richtlinien in der Satzung entsprechend geändert. Nur literarische Begründung zählt, alles andere geht die im Rathaus nichts an. Lenz nimmt den Preis im Februar 1962 entgegen. Grass bedankt sich ironisch in einem offenen Brief – eine Form der Meinungsäußerung, die er, angestiftet von seinem Doppelgänger Ruhm, zu schätzen lernt und zum Leidwesen seiner Freunde bei jeder auch unpassenden Gelegenheit ausfüllt – beim »lieben Preisträger Siegfried Lenz«, weil der »voller List« stellvertretend für ihn die Ehrung angenommen habe.

Denn nicht moralische Gründe, wie in der Öffentlichkeit angegeben, hätten vor einem Jahr seine Auszeichnung verhindert. »Vielmehr war es alter hanseatischer Streit zwischen der Hansestadt Bremen und der Hansestadt Danzig, der mich um den Preis und achttausend hanseatische DM brachte.« Der Einfachheit halber bittet er ihn, die achttausend Mark auf sein Konto zu überweisen. Da lacht der Lenz. Beide Dichter, die sich zwar kennen aus der Gruppe 47, aber noch siezen, Flüchtlinge mit höchst unterschiedlicher Biografie aus dem einst nahen, jetzt fernen deutschen Osten, entdecken außer ihrer verlorenen Heimat bald eine weitere Gemeinsamkeit. Die Lust am Skat.

Die Verärgerung des Dichters Grass über die Provinzposse wird sich bei passender Gelegenheit Luft verschaffen in einem bitterbösen Gelegenheitsgedicht, das dem Namensgeber des Preises gelten wird. Er will wenigstens das letzte Wort behalten. In Lenzburg am Bäumliacker bei seinen Schwiegereltern eintreffende Post seines Verlages, in dem die jeweils aktuellen Verkaufszahlen der »Blechtrommel« aufgelistet sind, lässt ihn den Verlust der achttausend Mark allerdings leicht verschmerzen. Als er vier Jahre später zum ersten Mal in die USA reist, auf der »Bremen« und begleitet von seiner Frau Anna, die das Fliegen nicht schätzt, erklärt er kurz vor dem Auslaufen des Dampfers einem Reporter von Radio Bremen auf dem Columbuskai in Bremerhaven: »Damit Bremen sich nicht zum Komplex bei mir auswirkt, habe ich das Schiff von hier aus genommen, das soll sich heilsam auswirken, auf Bremen und auf mich.«

Oskar Matzerath trommelt sich 1959 im rasenden Wirbel an die Spitze der meistverkauften Bücher. Sein Trommeln ist weltweit zu hören. Ein Brief des amerikanischen Verlegers Kurt Wolff wird Grass in die Schweiz nachgeschickt, in dem er um einen Anruf des Autors in Zürich bittet, wo er sich wegen einiger Geschäftstermine aufhält. Grass verabredet einen Termin. Er fährt mit dem Zug. Ein Auto besitzt er natürlich nicht, aber auch keinen Führerschein und er wird auch später nie einen machen. »Ich bin also an diesem Nachmittag ins Grandhotel Dolder gefahren und war furchtbar aufgeregt vor dem Gespräch mit diesem großen Verleger, der als erster in Deutschland bei dem jungen Rowohlt einst Franz Kafka verlegt hat. In der Hotelhalle kam mir ein hochgewachsener, eleganter Mann entgegen, und eine etwas humpelnde Dame, graues Haar, blieb im Hintergrund stehen, das war seine Frau Helen. Dann setzten wir uns ins Foyer an einen Tisch, und er sagte, was möchten Sie trinken, und mir fiel nur Bloody Mary ein.«

Helen und Kurt Wolff, auf der Flucht vor den Nazis über die Station Frankreich in den USA gelandet, hatten 1942 im Exil ihren Verlag Pantheon Books gegründet. Der war zwar inzwischen Teil eines Konzerns, aber eine feste Größe im internationalen Buchgeschäft. Vom Zwerg, der sich durch eine irrwitzige Geschichte fabuliert, die anhand purer Fakten nacherzählt aber auch deutsche Geschichte ist, wissen sie seit dem vergangenen Sommer. Es gibt deshalb keine langen Vorreden. Kurt Wolff sagt, er habe einige Kapitel gelesen und »trage sich mit dem Gedanken«, wie er sich ausdrückt, den in Deutschland erschienenen Roman in Amerika herauszubringen. Das könne er zwar mit dem Luchterhand Verlag direkt aushandeln, aber er wolle persönlich gern erfahren, ob Grass selbst meine, dass sich amerikanische Leser für seinen Stoff interessieren könnten.

Der fühlte sich geehrt, aber er blieb ehrlich, nee, das könne er sich nicht vorstellen, er sei schon froh und überrascht, dass sein Buch in Bayern verstanden würde. Warum?, fragte Wolff. Und Grass erwiderte ihm in scheinbar einleuchtender Logik: »Das Buch spielt in der Provinz, ich kann gar nicht mal sagen, es spielt in Danzig, es spielt in Langfuhr, mehr in der Vorstadt als in Danzig, und es wird Dialekt gesprochen und Umgangsdeutsch, es ist aus der Perspektive dieses Ortes heraus geschrieben und gebündelt…« Sie müssen gar nicht weiterreden, hat Kurt Wolff ihn an dieser Stelle unterbrochen. »Alle große deutsche Literatur entstand aus der Provinz, alle große Literatur überhaupt entsteht aus der Provinz. Wir verlegen das Buch.«

Helen und Kurt Wolff machen »The Tin Drum« in den USA 1963 unter dem Gütesiegel »A Helen and Kurt Wolff Book« zu einem Bestseller. Das Cover stammt wie die aller seiner Bücher vom Autor des Romans. Er pflegt mit der Gestaltung von Buchumschlägen dann zu beginnen, wenn er das Manuskript abgegeben hat. Der Grafiker Günter Grass bewahrt dadurch den Dichter Günter Grass vor dem Absturz in ein schwarzes Loch. Diesen Umschlag hier ziert der gezeichnete Zwerg. Auf dem Kopf trägt er einen Hut aus Papier, der ist dreigefaltet wie die als »Tin Drum« angekündigte Fabel der »Blechtrommel« – Lehrbuch, Spielbuch, Märchenbuch – und die hängt an Oskar rot und weiß, denn Rot und Weiß sind die Farben Polens.

Rot und Weiß auch als Symbole für Schuld und Unschuld? »Ich habe nicht im Traum an so was gedacht. Aber das ist die amerikanische Schule, das kann man nicht aus ihnen herausbekommen. Ich habe einmal einem erklärt, wenn ich über Kartoffeln schreibe, dann meine ich Kartoffeln. Der hat das natürlich nicht geglaubt. Ganz verrückt werden die, wenn sie von Phallussymbolen anfangen, dann kennen sie keine Grenzen.« Die Versuche amerikanischer Kritiker, seinen Tin-Drum-Oskar mit einer ödipalen Beziehung zu Agnes Matzerath mit C. G. Jungs Thesen zu erklären, haben ihn nicht nur amüsiert.

Helene Wolff, die Grass beim ersten Mal »ein wenig humpelnd« im Foyer des Hotels in Zürich erlebt hat, wird spätestens mit Oskars Erfolg in New York zu einer anderen wichtigen Mutter. Seine treu über mehr als fünfundzwanzig Jahre anhängliche Liebe schließt aber nicht nur seine nächsten Bücher mit ein, die sie nach dem Tod ihres Mannes in den USA verlegt. Ihr Vorname Helen mag ihn zwar an Helene erinnern, den seiner leiblichen Mutter, aber auch das hat keine tiefere Bedeutung im Sinne von Freud, Adler, Jung. Er misstraut grundsätzlich akademisch begründeten Wortgebilden, die im luftleeren Raum schweben. Nur seinen Windhühnern erlaubt er, Wolken zu schieben. Bodenhaftung hat er trotz Bruder Ruhm nie verloren. Die Liebe zu Helen Wolff ist deshalb nicht abstrakt, sie ist konkret. Er kann sie spüren. Sie ist ihm wichtig als seine Verlegerin, aber sie ist auch wie eine Mutter voller Liebe für ihn da, wenn ihn etwas bedrückt, wenn ihn eine gescheiterte große oder eine gescheiterte nicht ganz so große Liebe ins Chaos der Gefühle stürzt.

Der Übersetzer Ralph Manheim beschäftigt sich anderthalb Jahre lang mit den vierzig Kapiteln. In seiner Version stehen siebenhunderteinundfünfzigtausend Wörter, und Engländer, die Ende 1962 noch vor den Amerikanern »The Tin Drum« kaufen können, stöhnen über die Masse Literatur eines ihnen noch unbekannten Deutschen namens Günter Grass. Aus dem Stöhnen wird dann aber, fast wie im richtigen Leben, ein Schrei der Lust, als sie in das fünfhundertzweiundneunzig Seiten starke Werk eindringen.

Ein junger Amerikaner in Wien kann jetzt endlich das Buch lesen, das er bislang in der deutschen Ausgabe unter dem Arm an der Universität herumtrug und nur mithilfe eines Lexikons seitenweise hatte verstehen können. John Irving schleppte »Die Blechtrommel« dennoch immer mit, weil sich zufällige Gespräche über den Roman als hilfreiche Gelegenheiten erwiesen hatten, schöne Mädchen kennen zu lernen. Sogar seine Hauswirtin hatte verschämt zugegeben, Oskars Biografie zu kennen, obwohl die ein bisschen unfein war. Grass wird Irvings großes Vorbild, ihm schreibt er in absurden Situationen und pikaresken Figuren nach: Der Bär in Irvings wundersamen »Garp«-Roman, der als Rausschmeißer im Gasthof »Freud« in Wien arbeitet, unter dessen Fell in Wahrheit aber eine ziemlich beknackte US-Studentin namens Susie steckt, hätte mal den Hund aus den »Hundejahren« begleiten können. Die Schreie der Wiener Prostituierten Screaming Annie beim Orgasmus, die noch in der Kärntner Straße die Scheiben der feinen Geschäfte vibrieren lassen, werden Oskar Matzeraths ebenbürtig sein, dem Irving als Hommage in »Owen Meany« in den Initialen seines Helden sein Denkmal setzt.

Wenn Manheim, bekannt als Übersetzer von Alfred Andersch und Hermann Hesse, von Grimms Märchen und von Bert Brecht, wieder mal einzelne Blüten der Grass-Sprachkunst bestaunte, aber nicht so recht wusste, wie er sie auf Englisch treffend benennen sollte, bat er Wolff, der bis zu seinem Tod regelmäßig den Winter im Tessin verbrachte, um Hilfe. Der schrieb dann dem Dichter: »Lieber Günter Grass, der Übersetzer der BLECHTROMMEL fragt uns, was die ›zwei Angströhren‹ auf Seite 196 bedeuten. Die einzige Bedeutung, die ich für das Wort ›Angströhre‹ kenne, ist die des Zylinders, einer Bedeutung, die im gegebenen Zusammenhang keinerlei Sinn macht... Seien Sie doch so lieb und sagen Sie mir auf einer Postkarte die Bedeutung des Satzes, damit Ralph Manheim eine englische Entsprechung findet.«

Diese Angströhren, die Manheim nicht versteht und deshalb falsch übersetzen könnte, stehen in keinem Wörterbuch. Es sind Grass-Wörter und Angströhren wachsen in einer Szene der »Blechtrommel«, die Oskar aus seiner Zwergperspektive erzählt, seinem wahrscheinlich leiblichen Vater »aus dem Kragen gegen den Haaransatz«, als seine an Fischvergiftung verstorbene Ehefrau Agnes Matzerath beerdigt wird. Mit Angströhren sind die stark ausgeprägten Nackenmuskeln gemeint. So jedenfalls nennt sie in seinem Bericht der trommelnde Sohn, der beim Weg zum offenen Grab hinter ihm geht. Manheim übersetzt, was Oskar sieht, und Grass dann schreibt, dann schließlich als »two throbbing arteries that grew out of his collar and mounted to his hairline«.

Zwar war ihm Ralph Manheim der liebste Übersetzer, aber im Grunde sind Vater Günter Grass alle gleich lieb, die sich trotz niedriger Honorare bemühen, seine Kinder in fremde Länder zu schicken. Er schätzt die Arbeit der ihm nachturnenden Sprachartisten und gibt sich deshalb mit ihnen mehr Mühe als andere Autoren, die sich erst dann über Fehldeutungen ihrer Texte mokieren, wenn die gedruckt sind. Grass setzt durch, beginnend mit dem »Butt«, dass Bestandteil aller Lizenzverträge seiner Bücher fürs Ausland ein bestimmter Paragraf wird, in dem als Bedingung festgeschrieben wird, was es zuvor nie gab:

Die Verleger verpflichten sich darin, gemeinsam ein Arbeitstreffen aller Übersetzer in Deutschland zu finanzieren, auf dem Grass Fragen beantwortet. Die ausländischen Verlage zahlen die Reisekosten, der deutsche Verlag finanziert den Aufenthalt vor Ort. Das dauert für Erzählungen wie »Unkenrufe« oder eine Novelle wie »Krebsgang« drei Tage, für einen Roman wie »Der Butt« eine ganze Woche. Manche von denen, die wie Mitglieder einer großen Sippe beim Familientreffen an einem langen Tisch sitzen, kennen sich seit Jahrzehnten und sind mit dem Familienvater, dem Oberhaupt, selbstverständlich per du. Der polnische Übersetzer hat seit der »Blechtrommel«, als die endlich in seinem Land gedruckt werden durfte, alle Grass-Werke übertragen.

Dabei wird intensiv gearbeitet, Seite für Seite, Absatz für Absatz. Fragen nach der Bedeutung von »Glumse« und der Bedeutung sprachlicher Erfindungen wie »Gießkännchen«, von »Macheffel« genannten Staatsoberhäuptern Ost und West, die sich angesichts der weltweiten Rattenverschwörung verständigen, bis »Negerklatschen« und »Kanaken« aus der Sprache der neuen Unmenschen im »Krebsgang«: Grass sitzt in ihrer Mitte, pafft seine Pfeife, gähnt selten, kennt jedes Wort, macht seine besten Leser kundig. Warum er plötzlich die Tempi in der Erzählung wechselte, scheinbar sinnlos, aber eben doch sinnvoll, weil er das Tempo erhöhen wollte oder verlangsamen. Zum Beispiel spiegelt an dieser oder jener Stelle sein Stil die Hektik der Flucht aus Ostpreußen wider. Er erklärt – in anderen Sprachen unverständliche – Begriffe aus der Kriegs- und Marineterminologie. Eifrig beugen sich die gelehrten Häupter über Bücher und leeres Papier. Die kleinen Anspielungen auf seine anderen Texte verstehen sie alle, denn viele haben die ja auch übersetzt. Sie lachen pflichtschuldigst, doch ungläubig, wenn ihr Meister sagt, manche Details in einer bestimmten Szene habe er weggelassen, weil er beim Schreiben an sie, die Übersetzer, gedacht habe, und sie lachen befreit, wenn nach einem Einwand, es sei unmöglich, dass Tullas Haare über Nacht weiß geworden sind beim Untergang der »Wilhelm Gustloff«, eine solche Depigmentierung sei unter Wissenschaftlern unbekannt, Günter Grass trocken verschmitzt sagt, aber sie habe es ihm nun mal so erzählt, was also hätte er machen sollen? »Nur wer gut lügt, ist ein guter Dichter.« Er hat Treffen mit Übersetzern auch Freund Lenz und

Freund Walser empfohlen, aber bis heute ist er der Einzige, der so etwas in seinen Verträgen festschreiben lässt. Die Übersetzer danken es ihm. Und er dankt es ihnen bei Gelegenheit einem stellvertretend für alle, so am Schluss seiner Rede für den Sonning-Preis 1996 dem Dänen Per Øhrgaard, denn »was wären meine Bücher in Dänemark ohne sein übersetzendes Wort«.

Ab 1960 lebt Günter Grass mit Familie im bürgerlichen Ambiente der geteilten Metropole Berlin. Irdische Seiten des Ruhms sind dort auf Erden zu genießen. Sie schlagen sich mit der »Blechtrommel« auf dem Konto 999/63 bei der Berliner Bank nieder. Auf Hilfen seiner Schwiegereltern ist er nicht mehr angewiesen. In der Karlsbader Straße 16 hat er eine große Wohnung gemietet, viereinhalb Zimmer im zweiten Stock und über denen unterm Dach passend für den Menschen und Dichter, ein Atelier. Im Erdgeschoss gibt es eine Tischlerei und eine Wäscherei, der dritte Stock ist baufällig. Bei Hausarbeit und Kinderbetreuung hilft Fräulein Biederstaedt. Grass nimmt dreimal pro Tag kleine weiße Tabletten gegen die noch nicht ausgeheilte Tuberkulome-Erkrankung, hält auf ärztlichen Rat regelmäßig einen Mittagsschlaf, verzichtet höchst ungern auf Alkohol, raucht gern, trinkt brav seinen Viertelliter Sahne. Dann endlich ist die Krankheit überwunden und er sichtbar dicker. Zu sehen auf einem Foto, wo ein pausbäckiger Bauerntyp, Strohhut auf dem breiten Schädel, sogar eine Krawatte umgebunden, was Grass eigentlich ablehnt, freundlich in die Kamera lächelt. Der oft von ihm gebrauchte Scherz, mit seiner Größe von 1,73 so hoch wie breit zu sein, jetzt stimmt er.

Da nagt er an »Kartoffelschalen«, doch die knirschen, wie vor ein paar Jahren der Ziegelstaub von den leeren Berliner Plätzen, noch zwischen seinen Zähnen, bis sie sich mal als »Hundejahre« besser kauen lassen. Zum Bildhauern fehlt die für Skulpturen nötige Zeit, aber es geht ihm eigentlich gut: »Ich zeichne, schreibe und koche. Das Kochen bezahlt mir zwar weder der Rundfunk noch ein Verlag, doch fällt mir zumeist über dem Kochtopf ein, was ich zeichnen, was ich schreiben will.« Weil er niemals gleichzeitig koche und schreibe oder »links schreibe und rechts zeichne«, hat er genügend Zeit, um zum Beispiel mit Anna ins Kino zu gehen. »Da meine Zeichnungen und literarischen Werke käuflich zu erwerben sind, lebe ich, je nach Umsatz meiner Produktion, mehr oder weniger gut; zur Zeit kann ich nicht klagen.«

Er wird nie mehr klagen können. Falls er alles zusammenkratze, was er besitze, denn er sei ziemlich reich, könne er sich in Berlin eine der kleineren, so »gut wie leerstehenden Kirchen« kaufen, beichtet die Schnecke Grass in ihrem Tagebuch mal ihren Kindern, anschließend diese Kirche in ein Gasthaus »Zum Heiligen Geist« verwandeln und für die Gäste kochen lassen, was er selbst gerne mag und kocht. Solche Geschichten des sinnlichen Lebenskünstlers hören seine Kinder dann gern, weil er in dieser Zeit für seinen Vater Willy Brandt unterwegs sein wird und ihnen als ihr Vater nur noch am Wochenende über den Weg läuft. Weil sie sich vorstellen können, dass er als Gastwirt jeden Tag für sie da sein würde.

Windhühner lassen sich nieder. Walter Höllerer ist im Anflug. Die Wagenbachs werden kommen. Die Härtlings. Die Enzensbergers, denen Johnson bei der Wohnungssuche hilft wie später auch beim Umzug in die Niedstraße 13 seinem Freund Grass, damit er sie alle für alle Fälle seines von Depressionen heimgesuchten Lebens in seiner Nähe weiß. Als dann nach dem Mauerbau die Industrie aus Berlin abwandert, weil sie in einer so toten Stadt nicht mehr an eine kommerzielle Zukunft glaubt, siedeln sich, im trotzigen Widerstand gegen die ihres Sieges schon sicheren Spießer jenseits der Mauer, nicht nur westdeutsche, sondern auch internationale Bohemiens an. Die Stadt wird künstlich ernährt, doch für Künstler ist sie lebendiger als jede andere.

Das macht sie so unwiderstehlich. Ein Biotop aus Dichtern und Denkern, einheimischen und zugezogenen, aus Malern und Mimen wächst inmitten des aus Kreppsohlen steigenden Dunstkreises spießiger Laubenpieper, von denen die meisten nicht mal eine Laube besitzen, auf scheinbar karger Oberfläche. Doch dessen Untergrund ist reich an nahrhaften Würmern, voller Geschichte und voller Ideen.

Die werden großartig geboren und sterben ebenso großartig. Der Plan einer dreisprachigen Literaturzeitschrift zum Beispiel, Auflage zwanzigtausend, monatliches Erscheinen. Die sieben Herausgeber stehen fest: Neben Johnson und Grass sollen das sein Helmut Heißenbüttel und Martin Walser und Hans Magnus Enzensberger und Walter Boehlich und Ingeborg Bachmann. Es gibt sogar, penibel von Uwe Johnson an die anderen verschickt, eine Themenauswahl für die erste Ausgabe: »Ingeborg Bachmann überlegt den Anfang einer vielleicht fortzusetzenden Folge von Bemerkungen über allgemeine wie aktuelle Gegenstände mit einigen Manieren des Tagebuchs ... Walser verspricht eine Geschichte, die heißen wird ›Mitwirkung bei meinem

Der Dichter im Gespräch mit der auch von ihm liebevoll umsorgten Kollegin Ingeborg Bachmann. Anna Grass hört ihnen zu.

Ende‹…« Da lesen die wegen der Finanzierung angesprochenen Verleger auch mit Erstaunen, »daß der Redakteur bei ungenügender oder unregelmäßiger Text-Lieferung die fehlenden Mengen selbst zu schreiben hätte«. Siegfried Unseld vom Suhrkamp Verlag bedauert. Rudolf Augstein versichert zunächst, »es werde mit dem Spiegel ein sündhaftes Geld verdient, darauf sozusagen ein Segen nicht ruht, damit wolle er einmal etwas Vernünftiges machen«, doch aufgrund sich ergebender Umstände, die dann als »Spiegel«-Affäre bekannt sind, muss auch er passen. Im Herbst 1962 wird er wegen Landesverrats verhaftet und eingesperrt.

Die eigentliche Hauptstadt am Rhein ist keine, diese hier eigentlich ein geteiltes Vakuum und genau diese Leere erfüllen die Neuberliner mit eigenen Anpflanzungen. Einen maroden Charme habe Westberlin entwickelt, meinte Klaus Wagenbach im Rückblick, der zog Windhühner, Nachtfalter und Schmetterlinge an. Die sind nicht nur inspirierend friedlich, entwickeln nicht nur verrückte Ideen, streiten nicht nur spannend mit Wörtern. Manchmal handfester.

Gegenüber der Akademie der Künste neben dem Bahnhof Bellevue, in der das wahre Gute und nicht immer auch gute Ware diskutiert und ausgestellt und vorgetragen wurde, gab es in den Gewölben der S-Bahn eine einfache Kneipe. In der traf sich nach den Veranstaltungen das Künstlervolk. Buchhändlerinnen lagen, bildlich gesprochen, jungen Dichtern zu Füßen, aber auch tatsächlich vor ihnen auf den Treppenstufen. Die erklärten sie wortreich zur Muse ihrer einsamen Nächte und teilten sie sich anschließend mit ihnen. In irgendeiner Ecke, kaum erkennbar im Dunst der Raucher, las irgendeiner gegen den Lärm sein neuestes Gedicht vor und andere fanden es reaktionär oder revolutionär oder beides. Erfolgreiche mussten sich gegen Erfolglose verteidigen, weil sie Erfolg hatten. War das einem Dichter überhaupt erlaubt? Macht Erfolg denn nicht korrupt? Wem es dabei die Sprache verschlug, der schlug auf andere Art zu.

Grass und Tischgenossen wie Wolfgang Neuss und Klaus Roehler beispielsweise wurden in einer solchen Nacht mal von den Rixdorfern, die sich als junge Wilde gerierten, aber benahmen wie alte Wildsäue, mit kleinen Brocken aus lauwarmer Gulaschsuppe beworfen. So lustig fanden sie das auf Dauer nicht, aber als ihre verbalen Beschwerden nichts nützten, standen sie auf, um sich wortlos zu wehren. Bei der anschließenden Schlägerei gingen eine Tür und ein Fenster zu Bruch. Nur für Momente verstört war der schnauzbärtige Kaschube ein anderes Mal, als einer seiner Gesprächspartner, dem die Argumente ausgegangen waren, ihm den Pullover übers Gesicht zog und dann einen Faustschlag in den Magen versetzte. Grass sah kurzfristig gar nichts, verschaffte sich aber schnell wieder einen Durchblick, machte sich augenblicklich stark und dann stand er »in jeder Hinsicht seinen Mann, etliche Stühle gingen zu Bruch. Der Wirt rief nach der Polizei«, wie sich ein Augenzeuge im »Tagesspiegel« erinnerte. Dessen Feuilletonchef damals hieß Hans Scholz, der dichtete an seinem grünen Strand der Spree, der war auch immer dabei.

So schön jung wie in Paris war das Leben in Berlin nicht, aber für Junge doch ganz schön. Es gab verständliche und weniger verständliche Lesungen in den Ateliers der Maler und Bildhauer, es fanden sich auf ihren Partys gierige Mimen und neugierige Elevinnen, es flirteten schon Etablierte mit noch Unbehausten, es umarmte die Milde des Alters die Unbedingtheit der Jugend und beide hofften auf Befruchtung. Berlin war ein weites Feld, auf dem lustwandelnd und Lust suchend Platz war für alle Generationen. Laute Nächte beim Künstlerfasching in der Hochschule an der Hardenbergstraße, genannt »Schräger Zinnober«, vereinten vor dem Mauerbau Berliner aus dem wilden Osten und Berlinerinnen aus dem nicht so wilden Westen, und wenn der Morgen graute, kam es zu glücklichen, wenn auch zufälligen Vereinigungen, die mitunter bis zum Aschermittwoch hielten.

Das sind Feste, die Grass gefallen. Er fährt seine Antennen aus. Er speichert Eindrücke. Er sammelt Menschen. Er sucht Geschichten. Hier findet ein Spiel statt, das er braucht und das er liebt, das Rollenspiel eines Dichters, der in eine andere Haut schlüpft. Dabei ist er in seinen Verkleidungen sogar ganz konkret zu sehen. Die etwas grobschlächtige Frau in dem langen schwarzen Kleid, mit dem Blumenhut auf dem Kopf, den beiden Zitronen an den Stellen, wo bei anderen Frauen ein Busen lockt, die da neben der rothaarigen Meerjungfrau, die sich in ihr Kostüm eingenäht hat, das ist doch ..., ja, das ist Günter Grass.

Unterm Dach in der Karlsbader Straße, wo er und seine Frau Anna und Franz und Raoul »ohne Telefon zeitweilig glücklich« lebten, hat Grass in seinem Atelier über zufälliges und über hinfälliges und über fälliges Glück ein paar seiner Gelegenheitsgedichte gemacht: »Ein leerer Autobus/ stürzt durch die ausgesternte Nacht./ Vielleicht singt sein Chauffeur / und ist glücklich dabei.« Hat die in Paris bereits ent-

Grass-Arbeitsplatz zwischen 1960 und 1963: sein Atelier in der Karlsbader Straße 16 in Berlin.

standene Lyrik durch neue Eindrücke ergänzt: »Während sich mein Auge tagsüber/ an den neunundvierzig Gucklöchern,/ die ich tagsüber zu bedienen habe,/ heftig entzündet, entzündet sich nachts,/ vor den restlichen sieben Gucklöchern, mein Herz.« Und alle wissen, wen er meint: »Ich liebe dich/ soweit das möglich ist./ Ich will für deine weißen/ und roten Blutkörperchen/ ein Ballett ausdenken./ Wenn dann der Vorhang fällt,/ werde ich deinen Puls suchen und feststellen,/ ob sich der Aufwand gelohnt hat.«

Sie wurden gedruckt in einem Lyrikband, der im Sommer 1960 erschien und »Gleisdreieck« heißt. Seine Theorie, dass Lyrik kompromisslose Bestandsaufnahme sei, ehrliche Vermessung des eigenen Standorts, selbstkritische Überprüfung des Standpunkts, bestätigte sich nachlesbar. In Paris hatte er unbeobachtet schreiben können, nun erkannte man ihn, denn er war ja berühmt. Der Titel seines Buches ist Berlinern vertraut, die schon mal im U-Bahnhof Gleisdreieck im Westsektor ein- oder ausgestiegen sind, also allen. Das titelgebende Gedicht »Gleisdreieck« war nicht nur Standortbeschreibung des Dichters, sondern dessen Hommage an die geteilte Stadt: »Die Putzfrauen ziehen von Ost nach West./ Nein Mann, bleib hier, was willst du drüben;/ komm rüber Mann, was willst du hier./ Gleisdreieck, wo mit heißer Drüse/ die Spinne, die die Gleise legt,/ sich Wohnung nahm und Gleise legt…«

Mit schwarzer Fettkreide gezeichnete Nonnen, die sich später »in großformatigen Tuschzeichnungen selbständig« machen, wie auf einer Ausstellung des Grafikers Grass zu sehen sein wird, begleiten eigenständig, eigenhändig die Lyrik des Dichters Grass. Seine mit Tuschfedern festgehaltenen Windhühner waren in ihren spitzen Konturen noch scharf begrenzt. Hatten kein Gepäck. Wollten sich nur kurz ausruhen vor dem Weiterflug. Die Bräute Christi sind bodenständiger, werden erdrückt von überdimensionalen Kutten und Hauben und Federbetten, bis sie sich verlieren im ungefähren Grau. Von allen Blumen gefällt Günter Grass die ganzjährig blühende hellgraue Skepsis am besten. Er porträtiert mit weichem Bleistift seiner frühen Jahre zwischen Schwarz und Weiß in grauer Art die frühen Freunde Uwe Johnson und Peter Rühmkorf, von denen ihm wenigstens einer bis heute blieb.

Der große Bruder Ruhm, seit »Blechtrommel« ständiger Begleiter, verhilft der kleinen Schwester Lyrik zu einem Erfolg, der in diesem Genre selten ist, und Grass freut sich. Über den eigenen Freuden vergisst er nicht die der Pflicht. Zur Herbsttagung der Gruppe 47 im Rathaus der Stadt Aschaffenburg, deren Bürgermeister die Tagung sponsert, schleppt er Uwe Johnson mit, den verfemten Dichter von drüben. Der liest aus seinem »Dritten Buch über Achim«. Grass lobt ihn begeistert. Peter Rühmkorf trägt einige Gedichte aus »Kunststücke« vor. Grass ist beeindruckt und schreibt ihm sogar noch: »Mein lieber Rühmkorf, Deine Kunststücke entlocken mir anhaltenden Applaus. Allerdings: obgleich von einem Bänkelsänger geschrieben, sind es, so meine ich, Lesegedichte, denn laut vorgetragen wie in Aschaffenburg, gehen viele geistige Rosinen, so meine ich, verloren. Wie dem auch sei: Der Platz auf Deinem Seile…«

Und Erwin Wickert liest aus einem unfertigen Roman. Grass ist diesmal not amused. Er nimmt das Gehörte handwerklich auseinander, eine solche Problematik aus China habe Alfred Döblin in »Die drei Sprünge des Wang-lun« viel besser beschrieben. Wickert darf den Regeln entsprechend zwar nichts dagegen sagen, ist aber beleidigt. Erinnert sich lieber an einen jungen, anscheinend polnischen Kritiker, der aber akzentfrei Deutsch sprach und die anderen vor schnellen Vorurteilen gewarnt habe.

Auf einer Wäscheleine gespannt, warten in Berlin über dem Schreibtisch von Günter Grass viele Bögen Papier, nicht mehr unschuldig weiß, sondern schon voller gezeichneter Pläne in seiner Handschrift. Sobald er nach oben sieht, schauen sie ihn fordernd an. Es sind Entwürfe für seinen zweiten Roman, der wieder Danzig als Ort haben wird, an dem alles begann und zu dem er immer wieder zurückkehrt. Dreihundert Seiten sind im Dezember 1960 fertig, aber irgendwas stimmt nicht, das merkt der Bildhauer, der gelernt hat, auf falsche Gewichtungen zu achten. Er hat genügend Zeit, darüber nachzudenken, denn »dazumal war ich schon berühmt und mußte beim Schreiben nicht mehr die Heizung mit Koks füttern« wie in Paris. Ein ganz bestimmtes Kapitel hängt gewaltig durch. Will sich nicht einordnen lassen und besteht auf Eigenleben. Er ahnt wohl, dass er dem Drängen wird nachgeben müssen, aber noch lässt er es hängen. Andere haben Vorrang: Küchenmeister.

Für sein Stück »Die bösen Köche«, uraufgeführt in der Werkstatt des Berliner Schillertheaters, wird er im Februar 1961 von Friedrich Luft geradezu überschwänglich gefeiert als ein Talent, das Spaß mache, Kraft habe, mit wogender Fantasie zu Werke gehe, den kleinen Zauberstab für das skurrile Spiel in der Tasche habe, ach, hätten wir doch mehr davon auf unseren Bühnen. Inszeniert hat die fünf Akte Walter Henn, ein Star der Berliner Theaterszene, ein Freund von Grass, dem zu jedem Abgang, wie der weiß, drei Auftritte einfielen, und der nie ein Ende fand, weil sein Durst auf Theater nie aufhörte. »Er war ein hoch begabter Regisseur aus der Flimm-Generation, war Assistent bei Fritz Kortner und durch dessen harte Schule gegangen, und hat außer den Köchen von mir ›Noch zehn Minuten bis Buffalo‹ in der Werkstatt des Schillertheaters inszeniert.«

Mit Henn hatte Grass viele gemeinsame Projekte geplant, zum Beispiel sollte der mal 1963 die Verfilmung der Novelle besorgen, die jetzt noch als Kapitel eines Romans konstruiert war und so schwer durchhing. Ein Drehbuch war fertig, alles vorbereitet, Schauplätze angeschaut, als sich Walter Henn plötzlich und in dem Fall aus wirklich heiterem Himmel für immer verabschiedete: »Mit dem hätte ich so gerne weiter gearbeitet, der starb so früh.« Nachdem er so verdammt früh starb, dichtet Günter Grass ihn hilflos in die Unsterblichkeit: »Doch jetzt ist mein Freund,/ der nie schlafen gehen wollte,/ tot./ Nein. Sagt nicht frühvollendet./ Sprecht nicht von Göttern,/ die ihn liebten,/ wie das Gerücht weiß,/ sprecht vom Betrug, von der dummen/ und viereckigen Ungerechtigkeit,/ von der Polizeistunde,/ die da sagt: Schluß machen, Herrschaften!/ von uns, den Blutegeln sprecht/ und vom Loch, das zurückbleibt:/ nicht aufzufüllen – hineinstarren – schlaflos.«

Der über ihm hängende, ihn bedrängende Stoff wird erneut gemustert. Dann entschlossen aus dem Zusammenhang herausgeschnitten. Günter Grass, der Sprachbildhauer, hat die richtige Witterung. Es ist tatsächlich eine eigene Geschichte. Und was für eine. Aber sie darf noch immer nicht die Hauptrolle übernehmen.

Denn die spielt erst Laura, das dritte Kind von Anna Grass, das erste Mädchen. Sie kommt im April 1961 auf die Welt. Der stolze Vater wird sie oft als »Mein Tochterleben« erwähnen. Das ist so gemeint. Nicht nur ein ironisches Zitat, nicht nur Erinnerung an die eigene Schwester Waltraut und die liebevolle Umgangssprache in der anderen Familie Grass einst in Langfuhr. Er ist ein Tochtervater: »In meiner Hand die Hand meiner Tochter./ So suchen wir Ziegen/ und finden verlassene Schneckengehäuse./ Siehst du schon welche?/ Noch nicht./ Gibt es hier welche?/ Manchmal.«

Weil Laura die erste Tochter ist, spielt sie in seinem Leben die geborene Hauptrolle bis heute, da sie selbst schon fünf Kinder geboren und als erstes seiner Kinder den Vater Günter Grass zum Großvater gemacht hat. Ein Aprilgesicht habe sie, schreibt Jahre später der dichtende Vater liebevoll im so persönlichen »Tagebuch einer Schnecke«, für das er ihr einen Spiegel schenkt, aber in dem wolle sie sich nicht sehen: »Gleichzeitig lacht sie, verfinstert sie sich; wechselnd bewölkt ... wie sie wieder herumläuft und mit den Armen baumelt. Zwischen zwei Brüdern will sie kein Mädchen sein ... Erst später wird sie, sanft wie sie ist, richtig erfolgreich sanft sein dürfen.«

Was der Dichter endlich getrocknet von der Leine nimmt und in die Schreibmaschine tippt, ist eine für ihn typische Novelle aus dem Mief der Kleinbürger, denen die im Dritten Reich fragwürdig gewordenen Werte ihrer Endstation Sehnsucht namens Bürgertum noch immer erstrebenswert und die ihrer proletarischen Vergangenheit nichts mehr wert sind. »Katz und Maus« heißt die Geschichte einer Jugend in Danzig zwischen 1940 und 1944, eine Geschichte von Schuld und Sühne, und es ist die Geschichte des Joachim Mahlke, der bei einem Heimaturlaub in der Aula seiner Schule in Danzig von seinen Heldentaten als Panzerschütze erzählen will, es aber nicht darf, weil er einst wegen des Diebstahls eines Ritterkreuzes das Gymnasium hat verlassen müssen. Mahlkes Kehlkopf war so groß, dass ihn auf dem Schlagballfeld die Katze für eine Maus hielt und belauerte. Erst das von ihm selbst erschossene Ritterkreuz bedeckt das Makelzeichen des dann so genannten Großen Mahlke.

Und es ist die Geschichte von Mahlkes fiktivem Biografen Pilenz und die von Hotten Sonntag aus Langfuhr und die von Joachims verwitweter Mutter und die seiner Verehrung für eine andere Mutter, die Gottes, und die seiner herausragenden Fähigkeiten beim Masturbieren und es ist die Geschichte von Tulla Pokriefke, die den nach Reliquien und Erfahrung dürstenden Jungs auf dem halb versunkenen polnischen Minensuchboot in der Danziger Bucht die Erfüllung pubertärer Lust verspricht, wenn sie ihr tauchend zu Diensten sind.

Die spitteldürre Tulla wird wieder in anderen Büchern auftauchen – was der hellsehende Urs Jenny in der »Weltwoche« damals schon voraussagt: »Ihr Nachkriegsschicksal, vorläufig noch unbekannt, dürfte ein künftiges Grass-Epos enthüllen« – doch Joachim Mahlke taucht nie wieder auf. Als die Novelle erscheint, sind außer dem unvermeidlichen Nörgler, den er nicht mehr loswerden wird, so wie mal Fonty seinem Schatten nicht entkommen kann, Kritiker vom »Dokument hoher Erzählkunst« grundsätzlich angetan. Klaus Korn glaubt sogar erkannt zu haben, was die Faszination des Dichters ausmacht: heidnisch-katholisches Blut der Slawen, aus dem Deutschen die Ironie, den enormen Sprachverstand und wohl auch die Melancholie.

Eine unglaubliche Sauerei ist das Buch. Eine widerliche Attacke auf Moral und Religion und Soldatenehre. So steht es in einem Schriftsatz von Kurt Ziesel, Herausgeber des reaktionären »Deutschlandmagazin«. Er sieht in der Novelle »Schweinereien, die ein normaler Mensch nicht einmal in Abortwände einzuritzen wagen würde«, nennt in seiner Anzeige wegen Verbreitung unzüchtiger Schriften unter dem Aktenzeichen 13 Js 142/62 auch die von ihm, dem stinkend normalen Menschen, entdeckten Stellen auf den Seiten… und er zählt sie alle auf.

Das haben die Käufer längst lustvoll gelesen, nicht nur in Deutschland. In Frankreich wird mit »Le chat et la Souris« bereits Grass als unser wilder deutscher Bruder gefeiert, als einer der größten literarischen Abenteurer seiner Zeit, schreibend in einem irritierenden, originellen Stil, und der berühmte Kritiker Olivier Todd verstieg sich sogar zu dem gewagten Vergleich, das schmecke wie der süßsaure Senf, der in München zu Weißwürsten serviert werde. Ziesel braucht ein Jahr, bis er alles verstanden hat. Die Anzeige geht erst am dreiundzwanzigsten Juni 1962 ein – und gebildete Richter in Koblenz schmettern ihn zudem mit der Begründung ab, dass ein Durchschnittsleser, dem die moderne Literatur fremd ist, nicht zum Maßstab dafür genommen werden kann, was Kunst ist und was nicht.

Er versucht es parallel mit den damals nicht nur bei ihm üblichen Verbalinjurien: »pornografisches Machwerk« und »übelste pornografische Ferkelei« und der aus Bremen schon bekannten allgemeinen »Zerstörung von Sitte und Moral«. Unter Hinweis auf das Gesetz über die Verbreitung jugendgefährdender Schriften verlangt er beim Hessischen Ministerium für Arbeit, Volkswohlfahrt und Gesundheitswesen, diesen Grass auf den Index zu setzen, also unter den Ladentisch zu verbannen. Hessen deshalb, weil der Luchterhand Verlag seinen Sitz in Frankfurt hat.

Da Grass zu sexuellen Handlungen animiere und die »Schrift zahlreiche Schilderungen von Obszönitäten« enthalte, die geeignet sind, Jugendliche sittlich zu gefährden, außerdem »ohne erkennbaren Sinn in die Handlung eingebaut«, stellen gleich gesinnte Beamte einen Antrag auf Indizierung bei der Bundesprüfstelle für jugendgefährdende Schriften. Gutachten der Gegenseite werden angefordert.

Luchterhand nennt als Experten für die Kunst des Dichters, denn die angebliche Sauerei entstehe nur im Auge eines kruden Betrachters, die Gutachter Walter Jens und Hans Magnus Enzensberger und Joachim Kaiser und Walter Höllerer und Kasimir Edschmid. Darüber wird berichtet.

Jetzt erfährt vom Fall auch der zuständige Minister Heinrich Hemsath, zwar von der SPD, aber nicht so beschränkt wie seine Genossen von der Weser. Er zieht in einem Brief an Eduard Reifferscheid mit dem Ausdruck des tiefen Bedauerns den Antrag seines Hauses zurück, weil untergeordnete Beamte ohne sein Wissen sich erlaubt hätten, über Kunst richten zu dürfen. Auch die Verbände der Kameraden und Soldaten der ehemaligen Wehrmacht geben nach ihrem ersten kollektiven Aufschrei – Befleckung ihrer Ehre, als ob es da auf einen Dreckflecken mehr noch angekommen wäre – zunächst wieder Ruhe, da tatsächlich im ganzen Buch das Wort Ritterkreuzträger gar nicht vorkommt und sie nicht wissen, wie sie außer allgemein dumpfem Grollen konkret reagieren sollen.

Zum eigentlichen Skandal wird es erst Jahre später kommen, wenn sie sehen können, was sie jetzt noch nicht sahen. Im Film »Katz und Maus« lässt ausgerechnet ein Sohn des bei ihnen so verhassten Emigranten Willy Brandt sein Ritterkreuz an einem aufrecht stehenden Teil baumeln. Das können sie zwar wiederum nicht sehen, weil die Kamera nicht unter die Gürtellinie geht, aber sie ahnen, was da hängt, und daran hängen sie. Wutschnaubend ziehen sie blank und bauen sich in Reih und Glied auf zum Protest.

Unter »bellende Hunde« abhaken könnte man Kurt Ziesel, der sich von der Katze und der Maus so auf seinen Schwanz getreten fühlt, dass er aufjaulte. Als ihn Grass aber anzeigt, weil er einfach nicht aufhört, gegen den Autor »übelster pornografischer Ferkeleien« zu stänkern, wird dem Verunglimpften zwar in der ersten Instanz Recht zuteil. Aber in der zweiten, entschieden in Bayern, wird seine Klage zum größten Teil abgelehnt, er habe solche Ferkeleien wie die von Ziesel zu erdulden. Deutsche Richter gehören auch zur verdrängten deutschen Vergangenheit und deren immer noch als gutbürgerlich geltenden Werten. Wie gut diese Seilschaften funktionierten, das wird sich zeigen, als im Herbst 1962 in einer Nacht-und-Nebelaktion »Der Spiegel« besetzt wird, weil angeblich der Staat in Gefahr sei. Die Proteste, die zum Rücktritt von Strauß führten und das Ende der Ära Adenauer einläuteten, waren der Beginn außerparlamentarischer Opposition in Deutschland. Die in Berlin tagenden Dichter der Gruppe 47 boten als Teil einer demokratischen Bewegung der Solidarität mit dem verhafteten Rudolf Augstein an, den sie sich ja mal als Verleger einer eigenen Zeitschrift gewünscht hatten, sofort und schnell und kostenlos das Heft voll zu schreiben, falls dies gewünscht sei.

Wenige kennen ihre Gegner so genau wie Grass. Denn Ziesel war nur die Sumpfblüte, die man auf der Oberfläche sah, aber sie schwamm ja in einem großen Teich mit gleich Gesinnten. In der Zeitung »Unser Danzig«, die sich der verlorenen Heimat widmete und konsequent die Schuld für den Verlust bei anderen suchte, wurde Grass als kaschubischer Abkömmling namens Graszwewski verhöhnt, der eine »liebevolle Bevorzugung alles Polnischen« pflege und die niederen Instinkte der »urteilslosen Masse« wachrufe. Andere weitaus wichtigere Zeitgenossen zielten genau auf diese niederen Instinkte und sie wussten genau, was sie damit anrichteten, welche Vorurteile deutscher Kleinbürger sie damit bedienten.

Konrad Adenauer beklagt auf einer Wahlrede in Regensburg, dass ein Emigrant und zudem uneheliches Kind namens Herbert Frahm es wage, unter seinem Namen Willy Brandt Regierender Bürgermeister von Berlin, gegen ihn als Spitzenkandidat der SPD in der Bundestagswahl 1961 anzutreten. Da beginnt das politische Erwachen des Bürgers Günter Grass, denn diese üble Attacke gegen Willy Brandt, diese »Ungeheuerlichkeit hat mich angestiftet, für den Verleumdeten direkt Partei zu ergreifen, die übliche Distanz aufzugeben und später in oft mühsamer Kleinarbeit politisch aktiv zu werden«. Was wiederum von einem Zufall abhängig war, dem zufälligen Besuch von Hans Werner Richter.

Als kurz nach der allgemeinen Empörung über den Mauerbau wieder der gemeine Wahlkampf tobte, besuchte der seinen Lieblingssohn in Berlin. Grass fragte, was ihn denn nach Berlin bringe, ach, war die Antwort, ein paar aus der Gruppe 47 haben eine Einladung vom Regierenden Bürgermeister zu einem Gespräch. Richter war Mitglied der SPD, Grass nicht. In einem Taschenbuch hatte er sich wie andere deutsche Dichter und Denker allerdings für die Sozialdemokraten ausgesprochen, auf seine skurrile Art aus strategisch vorausdenkenden Erwägungen, denn bei einem SPD-Sieg auf Erden sei später auch im Himmel einer gewiss, und begründet, warum für den Berliner aus Danzig, der als Berliner an Bundestagswahlen nicht teilnehmen durfte, nur Willy wählbar war. Das hätten ihm bei einer Reise in die alte Heimat die Ostsee zugeraunt und die Tauben auf St. Marien: »Äs werrd sswar nuscht nitzen, ond nie nech wä ä zurrick kennen inne alte Haimat, wählt abä dännooch os rainem Värjniegen dem Brandt, dem Sozi …«

Grass reagierte beleidigt, weil er nicht eingeladen worden war, er habe zwar kein Telefon, lebe aber schließlich in Willy Brandts Rufweite in Berlin. »Du bist doch Anarchist«, antwortete Richter, »was willst du bei Brandt? Dich interessiert so was doch nicht, da geht es um rein sozialdemokratische Geschichten.« Er halte ihn außerdem für zu begabt, um sich mit Politik zu beschäftigen. Was lobend gemeint war. Selbstverständlich begleitete der Begabte daraufhin Richter ins Schöneberger Rathaus: »Das interessiert mich, ich komme mit.«

So zufällig begann die lebenslange Liaison zwischen dem Dichter und der SPD, zwischen Günter Grass und Willy Brandt, der in den kommenden Jahren eine Vaterfigur für ihn werden wird. Brandt stellte bei dem ersten Treffen mit den Geistesgrößen die Schwierigkeiten vor, mit denen er momentan zu tun hatte; auf der einen Seite müsse er nach wie vor die Studenten der Freien Universität zurückhalten, die Mauer zu stürmen, auf der anderen Seite habe er Wahlkampf, und das sei ein ziemlicher Stress. Abschließend meinte er, zwar wolle er keinem zu nahe treten, aber wenn jemand bereit sei, bei dieser Arbeit mit Formulierungen für seine Reden zu helfen, wäre das willkommen.

Daraufhin setzte zunächst mal Kritik ein an dem, was die SPD in den Augen der Schriftsteller alles falsch mache, denn die wussten aus der Warte des Elfenbeinturms alles besser. Brandt sagte ja, da sei vieles richtig, denn er »konnte sehr gut zuhören und meinte, manches sehe sogar ich noch kritischer, damit haben Sie völlig recht, aber dennoch, wir müssen was machen, und da war ich der Einzige, der sich gemeldet hat, und ich glaube Brandt war etwas entsetzt, er hat es nicht gezeigt, denn mein Ruf nach ›Katz und Maus‹ als angeblicher Pornograph war ja nicht der beste zu dem Zeitpunkt. Was sein damaliger Pressechef Egon Bahr gedacht hat, weiß ich nicht – muß ihn mal fragen bei Gelegenheit.«

Als ich Egon Bahr bei Gelegenheit danach frage, erinnert sich der nicht nur an das erste zufällige, sondern auch an das nächste schon geplante Treffen, bei dem auf ihrer Seite neben Brandt und ihm Fritz

Erler und der diesen intellektuellen Pipifaxen gegenüber zutiefst misstrauische Herbert Wehner dabei waren und auf der anderen Seite neben Günter Grass auch Uwe Johnson und natürlich Hans Werner Richter. Bei allen gegenseitigen Berührungsängsten: Die Genossen wollten die Nähe zum Geist und der Geist wollte die Nähe zur Politik, zur Macht. So trafen sich alle zur passenden Zeit, Jahre später am liebsten im Haus von Grass in der Niedstraße, wo er dann wohnte. Da hatte der womanizer Brandt nur Augen für eine neue Helferin im Kreis, für Ingeborg Bachmann. Er liebte halt die Frauen und auch in dieser Sehnsucht, nicht nur in der nach einer gerechteren Welt, verstanden sich Brandt und Grass gut. Rut Brandt mochte und mag Günter Grass und der mochte und mag sie.

Grass hielt sich an sein erstes Wort und dachte über weitere Worte für Willy nach. Zweimal, dreimal wöchentlich fuhr er ins Rathaus, setzte sich da hin und schrieb an Texten herum, nahm auch welche mit nach Hause. Er schlich sich an die Sozialdemokratie heran, aber er hat mitunter deren Formulierungen gestrichen. »Brandt hatte die Art oder Unart, die viel über ihn aussagt, selten ICH zu sagen. Da standen statt dessen Formulierungen in seinen Reden wie ›Der hier spricht‹ oder ›Der das sagt‹ oder so ähnlich. Und das habe ich immer stur gestrichen und immer ICH reingeschrieben, und Bahr hat zu mir gesagt, also, wenn zwanzig Prozent von Ihren Strichen durchgehen, sind Sie sehr erfolgreich gewesen. So war es dann auch.«

Dichter Grass wird zum Bürger Grass. Der hält Willy Brandt nicht nur für einen anständigen Menschen. Der ist mit ihm solidarisch, weil er von den Rechten verleumdet wird, so wie er es nach seiner Novelle auch erlebt hat. Der mag seine spröde, unbestechliche Schweigsamkeit, seine Verlorenheit in fernen Gedankenwelten. Dass sein Engagement für den Emigranten etwas damit zu tun hat, dass er als Soldat dabei war in Hitlers Wehrmacht, ist nur eine Vermutung. Beide sind anfangs gemessen neugierig aufeinander, der Politiker auf den Verfasser der »Blechtrommel«, die er gelesen hat, und der Dichter auf den Intellektuellen, der in die Politik geraten ist und sich nicht der Macht unterworfen hat. Sie bewegen sich aufeinander zu. Grass will nicht nur helfen. Die Nähe zur Macht fasziniert ihn, wird ihn immer faszinieren. Allerdings bleibt er im Gegensatz zu anderen seiner Denkungsart trotz großer Nähe unbestechlich groß, sich selbst treu. Wenn er denen, die sich für seine politischen Freunde halten, glaubt, wehtun zu müssen, dann tut er ihnen weh. Uneingeschränkte Solidarität kennt er nicht. Die würde er nicht mal sich selbst gegenüber gelten lassen, auch wenn es manchmal eine Weile dauert, bis er das einsieht.

Im Wahlkampf flog Günter Grass einmal mit Brandt im Charterflugzeug von Berlin-Tempelhof zu einer Veranstaltung in Baden-Württemberg. Nach dem Start fing Brandt an, seiner Sekretärin Gegendarstellungen an die »Passauer Neue Presse« zu diktieren, die ihn wieder mal verleumdet hatte. Deren Verleger Hans Kapfinger war für Brandt etwa das, was Kurt Ziesel für Grass war: eigentlich nicht der Rede wert, aber für jede üble Nachrede einsetzbar. Es ging bei den Attacken auf Brandt um sein Engagement in der linken Arbeiterpartei POUM, die im Spanischen Bürgerkrieg gleichermaßen von den Faschisten und von den Kommunisten verfolgt wurde. Das kam Brandt vertraut vor. Von den Ulbricht-Genossen wurde er seit seiner großen Rede nach dem Mauerbau als Faschist beschimpft und von den westdeutschen Rechten seit jeher als Kommunist verleumdet. Seine Flucht vor den Nazis in die Emigration nannten Kapfinger und Konsorten einen Verrat am Vaterland, obwohl ihresgleichen es 1933 verraten hatten. Bürger Grass schrieb als Dichter Grass ein Theaterstück »POUM oder die Vergangenheit«. Es ist nie aufgeführt worden.

Als sie nach jenem Flug in Heilbronn landeten, stand draußen im Regen der SPD-Ortsverein mit einem Kinderchor und alle sangen »Kein schöner Land in dieser Zeit«. Da waren sie aus dem Spanischen Bürgerkrieg wieder im eigenen, dem unblutigen, aber gehässigen. Günter Grass schwor: »Beim nächsten Mal, da schreibste nicht an Reden rum, sondern machste selber was.«

VII

»Ich rat Euch, Es-Pe-De zu wählen«

1962–1966

Es regiert im späten September in Frankreich noch immer der Sommer und in Deutschland schon wieder Ludwig Erhard. Nach der verlorenen Wahl 1965 haben sich Herbstnebel der Depression über Willy Brandt und die Sozialdemokraten gelegt. Hier am Mittelmeer trägt die Sehnsucht Farben und sie heißt Provence und der Himmel ist nah. Friedrich Christian Delius und sein Bruder Eberhard sind an diesem Vormittag in ihrem Fiat Kombi vom Campingplatz, auf dem sie übernachtet haben, unterwegs zur berühmten Kapelle Saint-Marlin de Fenollas bei Montpellier. Deren Fresken sollte man gesehen haben, empfiehlt jeder Reiseführer. Sie werden überholt von einem schwarzen Mercedes mit deutschem Kennzeichen. Ein paar hundert Meter weiter bremst der überraschend ab und hält am Straßenrand. Der Fahrer, dunkle Sonnenbrille unter der Chauffeursmütze, winkt ihnen aus dem geöffneten Seitenfenster zu, bis auch sie stehen bleiben. Die hintere Tür der Limousine geht auf, Günter Grass steigt aus und fragt: »Was machen Sie denn hier, Delius?«

War das genau sein Satz? Vielleicht ja, vielleicht nein, wie soll sich der Angesprochene nach mehr als fünfunddreißig Jahren noch an den Wortlaut erinnern. Doch der Inhalt stimmt und die Situation der Begegnung hat er auch nicht vergessen.

Die Poeten sind Arbeitskollegen, sozusagen, kennen sich aber nicht nur von Begegnungen in der Schreibstube fortschrittlicher Schnecken, Berliner Wahlkontor genannt, wo in den vergangenen Monaten für Willy Brandt & Co. nachgedacht und vorformuliert wurde. F.C. Delius, zweiundzwanzig Jahre alt und im fünften Semester bei Höllerer Literaturgeschichte studierend, hat bei Entwürfen für Reden geholfen und ungehaltene als Geist ganz verfasst. Dafür gab es aus der Kasse von SPD-Schatzmeister Alfred Nau ein wenig

Geld, zehn Mark pro Deutschstunde. Davon und vom Vorschuss für seinen ersten Gedichtband »Kerbholz«, der im neu gegründeten Verlag des Kontoristen Klaus Wagenbach erscheinen wird, hat er sich diesen gebrauchten Fiat leisten können.

Das alles ist jetzt Vergangenheit. Es reichte nicht für einen Sieg, obwohl die Sozialdemokraten mehr als drei Prozent Stimmen dazu gewannen. Denn auch die Fraktion der Konservativen, die eh vor ihnen lag, war noch einmal, auf Kosten der FDP, um zwölf Sitze gewachsen. Nur stolzer Trotz blieb den Dichtern. Sie durften sagen, aber wir, wir sind dabei gewesen. Hatten sie denn wirklich an das geglaubt, worauf kein Profifunktionär der SPD gewettet hätte? Wahrscheinlich. An das Unmögliche zu glauben schien ihnen und Grass ganz normal: »Glaubt dem Kalender, im September/ beginnt der Herbst, das Stimmenzählen;/ Ich rat Euch, Es-Pe-De zu wählen.«

Günter Grass war zornig, er fühlte sich persönlich getroffen, war beleidigt, dass sich nicht genügend Menschen seinem Rat gefügt hatten. Bald würde er diese Wut wortstark öffentlich machen. Die feierliche Verleihung des ihm zugesprochenen Georg-Büchner-Preises stand bevor. Ein ideales Forum. Er versprach in einem Brief dem Verlierer, dass er beim nächsten Wahlkampf in vier Jahren wieder für ihn dabei sein werde. Zu seinen vielen Eigenheiten zählt die Eigenschaft, vor möglichen Niederlagen keine Angst zu haben: »Da ich vom Prinzip Hoffnung lebe und mich eher zu dieser Sisyphoshaltung bequemt habe, bin ich auch nicht in dem Maße zu enttäuschen, daß Resignation aufkommen kann, daß sie Fuß faßt.«

Grass war im Wahlkampf der Gladiator gewesen, der Matador, der Bürgerschreck mit großem Namen. Der sinnenfrohe Troubadour lockte, begleitet von seinem verführerischen Ruhm, mit seinem Hit »Dich singe ich, Willy« die Bürger in die Säle. Viele seiner Leser wollten von der soliden amusischen SPD nichts wissen, doch mit seinen bunten Auftritten zog er sie ins graue Schneckenhaus. Was Grass als Performance bot, war ihnen zwei Mark Eintritt wert, denn die Aktion als solche war schon eine Sensation an sich. Noch nie hatte ein Schriftsteller so offen und offenbar kundig Stellung für eine bestimmte Partei bezogen. Grass blieb dennoch unabhängig, denn er war kein geborener Sozialdemokrat, nur ein gelernter. Kein Parteimitglied, nur ein Partei-Ergreifender. Mit fünf Reden, die er in einer Woche am Strand von Maryland in den USA entworfen hatte, ging der Westberliner, der bei Bundestagswahlen selbst nicht wählen durfte, für einen Wechsel auf Tournee. Er füllte mehr als fünfzigmal die Hallen und die Säle, weil auch Katholiken und Konservative, die noch nie, Gott möge sie schützen, in ihrem Leben Es-Pe-De gewählt hatten, diesen oft beschriebenen Wilden live erleben wollten. Grass, der Redner, packte sie, wie bei seinen Auftritten als Grass, der Dichter, mit dem ersten Satz. Sprechen konnte er so gut wie schreiben. Ein geborener Sprachverführer. Frauen lagen ihm zu Füßen, während sie neben ihren Männern saßen.

Er hatte sich weder durch hämische Zwischenrufe der Jungen Union wie in Augsburg noch durch Tomaten oder Eier beeindrucken lassen, die in Cloppenburg von Jungbauern auf ihn geworfen wurden. Holte sich da, durch seine Rückschlagfertigkeit, den Achtungsbeifall der Skeptischen, als er sich lächelnd säuberte und sagte, so könne man wenigstens deutlich sehen, wie die mit unseren Steuergeldern finanzierten Subventionen verschleudert würden.

Mit einem klapprigen DKW war er durch die Provinzen gefahren worden, er hatte ja keinen Führerschein. Organisiert wurde die Tour vom Sozialdemokratischen Hochschulbund und den Liberalen Studenten, die sich von ihrem latent deutschnationalen Elternverein F.D.P. losgesagt hatten. In manchen Städten halfen ihm Kollegen wie Paul Schallück und Max von der Grün, in anderen der zum Freund gewordene ostpreußische Landsmann Siegfried Lenz, ein Bruder im Geiste, fern jeder Tücke, fern jeden Neids. Der war selbst ein Berühmter, brauchte keinen Abglanz. Er verlieh wie Grass seine Stimme, um für Brandt Stimmen zu sammeln. Mit dem Reinerlös, der nach Abzug aller Kosten knapp über einundzwanzigtausend Mark betrug – 14 189,43 DM aus den Veranstaltungen, siebentausend durch den Verkauf der gedruckt vorliegenden Reden – sollten in Bundeswehrkasernen Bibliotheken eingerichtet werden. Bücher statt Waffen, eine gute Idee. Sie wurde an sechs Standorten auch verwirklicht.

Er sprach zur Lage der Nation, will aber weder deren Oberlehrer sein, wie manche lästerten, noch deren Gewissen. Das vor allem nicht, dann würde er ihr die Last ja als Funktionsträger abnehmen. Er beteuerte immer wieder, selbst keinen Ehrgeiz zu haben, in die Politik zu gehen, er habe genug an seinen drei Berufen und keine weiteren Ambitionen. Mag damals gestimmt haben, aber je mehr er die Nähe zur Macht schmeckte, insbesondere nach dem Sieg 1969, desto mehr reizte es ihn, richtig mitzumischen. Nicht Ratschläge geben zu dürfen, auf die keiner Wert legte, sondern Anweisungen geben zu können. Dass Grass ganz persönlich für Willy Brandt kämpfte, lag auch daran, dass er den als gleichrangig akzeptierte. Er lieferte ihm nicht mehr ein paar Sätze zu wie 1961, er lieferte sich, das Original. Gestützt auf das Podest Walt Whitman, den Verfasser der »Grashalme«, und sein so poetisches Motto: »Für dich dies von mir, o Demokratie, dir zuliebe, ma femme. Für dich, für dich, zwitschre ich diese Lieder.«

Preisend den Emigranten Willy Brandt, weil der für jenen Teil der deutschen Geschichte stand, auf den man stolz sein durfte. Eindreschend nicht nur auf westdeutsche Reaktionäre, sondern auf den »Möchtegern-Staat« drüben, der sich Friedenslager nannte: »O bärtiger großer Marx! Was haben sie dir dort angetan? In welchem Gefängnis würdest du heute dort sitzen?« An dieser Stelle, das wusste der Wahlredner, bekam er auch stürmischen Beifall von der Seite, die eigentlich nicht seine war. Doch das nahm er hin und den nahm er mit.

Grass trommelte für den Helden, aber er selbst war der Held. Deshalb stand er im Mittelpunkt. Flanken für Kopfstöße lieferten andere. Im so genannten Wahlkontor in Berlin saßen einige aus der Gruppe 47 und schlugen Formulierungen für Reden von Brandt, Erler und Schmidt etc. vor, also der Roehler und der Delius und der Härtling und der Wagenbach. Der gleichfalls junge Günter Struve, persönlicher Referent von Willy Brandt und sein eigentlicher Redenschreiber, koordinierte die Versuche. Pendelte zwischen Vorzimmer und Schreibbüro. Beruhigte die frustrierten Kontoristen, wenn sie wieder nichts von ihren Formulierungen in bestimmten Ansprachen fanden. Die beschwerten sich bei Grass, weil der mehr Einfluss hatte als sie. Wie sauer der wiederum war, merkte Struve daran, dass ihn sein Chef knurrend ermahnte, mehr von diesen jungen Dichtern, verdammt noch mal, einzubauen. Struve kam allerdings öfter als notwendig in das Kontor in der Kantstraße, denn er war unübersehbar verliebt in ein junges Mädchen, das aber schon vergeben schien, denn Gudrun Ensslin strickte an Strampelhöschen für ein Baby.

Die SPD-Funktionäre in Bonn, vertraut mit ihrem Mief, der sie warm hielt und schützte vor Überraschungen auf freier Wildbahn, blieben misstrauisch ob dieser Typen aus Berlin. Wehner zog »unruhig an der Pfeife«, weil etwas ohne ihn organisiert wurde, und fühlte sich bestätigt, als Klaus Wagenbach bei einem Treffen in der Baracke in Bonn mahnte, bloß das linke Spektrum nicht zu vergessen. Genau das aber wollte Onkel Herbert auf dem Weg zur Macht tunlichst vergessen. Härtling hatte während des Gesprächs bei Wehner den Wagenbach noch unter dem Tisch warnend ans Schienbein getreten, aber der ließ sich nicht bremsen.

Die engagierten Amateure bewunderten den geborenen Wahlredner Grass, bei dem sie sich regelmäßig trafen und Slogans ausheckten. Bindeglied zu Brandt war immer der holsteinische Bauernsohn Struve, unerschütterlich in seiner Ruhe, der in der heißen Phase des Wahlkampfes für den Kandidaten drei, vier Reden pro Tag aktuell umschreiben musste und am Ende dankbar war für fast jede Formulierung, die ihm aus Berlin durchgegeben wurde. Manches war schlecht, manches war gut, manches zu gut, zum Beispiel der Slogan »Der Frau treu bleiben – die Partei wechseln«, denn für solche Ironie schien die Zeit noch nicht reif genug. Bei Grass ging es fröhlicher zu als im Wahlkontor. Neue Talente entwickelten sich beim Reizen. Wer nach dem üblichen Skat, für den Anna Grass auf der Terrasse die Karten austeilte, immer noch Fragen zur SPD oder zum Sinn des Lebens hatte, fuhr anschließend in die nächste Kneipe.

Reinhard Lettau zum Beispiel. Der hatte große Ohren. Der würde später seinen Günter öffentlich verspotten, als sich ihre politischen Wege trennten: »Wer kommt nach Hause mit einem Schweinekopf,/ den er neben die Staffelei legt, vor die er sich stellt,/ um ihn zu malen,/ trägt ihn dann in die Küche, kocht und/ ißt ihn später im Wohnzimmer, nachdem er/ am Schreibtisch ein Gedicht über ihn gemacht hat, wer/ erhebt sich mit dem Skelett und malt es im gleichen Format?/ Ein Kollege, mitten in seiner/ klassischen Periode.« Deshalb wird Grass seinem als Tonband funktionierenden automatischen Papagei den dauernd abgespulten Satz eingeben: Lettau hat große Ohren. Und er wird ihn kaum verschlüsselt, also nicht nur jedem Skatbruder erkennbar, in der Figur des intellektuellen Partyschwätzers, bei dem sich links an links dränge, vorführen in »örtlich betäubt«, dem nächsten Roman, dessen »abstehende Ohren laut, weil im Gedränge immer wieder angeknickt, nach einer leeren Wohnung verlangten«.

Grass war damals der einzige Poet, der wusste, wie man Reden schreiben musste und worauf es ankam, damit sie ankamen. Mit den richtigen Betonungen auf Beifall zielend, ohne verschraubte Sätze Effekte haschend, denn in Wahlkampfarenen war Effekthascherei erlaubt. Auftreten vor einem zu bösen Zwischenrufen bereiten Saalpublikum statt vor einer ehrfürchtigen Literaturgemeinde ein paar Gedichte vorlesen, das konnte nur er. Gespickt mit seinen als Mittel zu diesem Zweck geschriebenen Texten, mal grobschlächtig gut, mal fein schlachtend böse, kündend von dem, was zur Wahl steht, ließ er den eigenhändig aus gegebenem Anlass gezeichneten Hahn vom Komposthaufen krähen, Es-Pe-De, was denn sonst. Er brach auf wie in eine Schlacht, was seiner natürlichen Konfliktsucht entgegenkam, und brach ein ins Stammland der politischen Gegner.

Delius gehörte zu den jungen Schriftstellern wie Nicolas Born und Hermann Peter Piwitt und Hans Christoph Buch und Peter Schneider, die ihre Namen sowohl der SPD, um deren pünktliche Honoraranweisungen sich Klaus Wagenbach kümmerte, weil er eine Rechenmaschine besaß, als auch den Feuilletonisten noch buchstabieren mussten. Den Mittdreißiger Günter Grass kannten aber alle. Der war ihr Leitwolf, angefeindet von gesunden Volksempfindern, diffamiert von Dreckschleudern. Solche Typen fanden die Jungen toll. Er war für die Schriftsteller, bevor 1967 in der Pulvermühle die Gruppe 47 wegen politischer Differenzen in die Luft flog, so etwas wie Brandt für die SPD. Beide wurden verfolgt, diffamiert – und berühmt. Zum Bruch wird es kommen, als 1966 die Große Koalition zwischen CDU und SPD besiegelt wird, diese von ihnen so heftig bekämpfte Elefantenhochzeit. Da fühlen sie sich gleich von beiden verraten.

Und wenn sie Grass in den folgenden Jahren niederschreien, Arm in Arm mit Politikwissenschaftlern, den Theoretikern der Proseminare, wird der jetzt bewunderte Dichter, gemäß den Vorschriften ihrer schlichten, aber eingängigen Denkmuster, zum bloßen Vertreter eines verhassten Establishments schrumpfen. Was Grass wiederum erst recht bestärken wird in seiner Haltung gegen Akademiker. Er wird beharren im trotzigen Bekenntnis, aus guten Gründen ein überzeugter Revisionist zu sein, misstrauisch gegen Revolutionen jeder Art, und besonders dann, wenn sie von scheinbar ihm politisch Nahestehenden ausgerufen werden. Die französische war nötig, die deutschen von 1848 und 1953 leider gescheitert, die vom Oktober 1917 letztlich ein Verbrechen.

In langen Berliner Nächten bei Franz Diener, wo sich nicht nur die Schauspieler trafen, deren Konterfeis an der Wand hingen, sondern »sogar Schriftsteller und eher dubiose Figuren, die sich als Intellektuelle ausgaben«, trat Grass gern mit einem ganz anderen Monolog auf, dem des kundigen literarischen Ratgebers. Darin hatte er Delius und Co. geraten, lieber zu kellnern, statt zu studieren, denn nur das

Drei aus dem Berliner Biotop der Dichter: Hans Magnus Enzensberger, Günter Grass und Uwe Johnson Anfang der Sechzigerjahre.

wahre Leben biete Stoffe für Romane und Gedichte, nicht eine staubtrockene Universität. Dem stimmte Friedrich Dürrenmatt zu, bevor er eine neue Runde Bier für die Tischgenossen bestellte, auf seine Rechnung selbstverständlich. Seine tiefen Aversionen gegen Germanisten, die in ihren Interpretationen von Prosa und Lyrik alles besser wussten als die eigentlichen Verfasser, hat Grass bei Auftritten im Literarischen Colloquium, das von Walter Höllerer auch mithilfe der Ford Foundation zum Zentrum intellektueller Dispute ausgebaut worden war, handwerklich nüchtern begründet. In seiner antiakademischen Grundhaltung liegen auch viele der Ursachen für die öffentlich ausgetragenen Konflikte mit der APO.

Als er auf der Landstraße im Languedoc den Mitstreiter Delius trifft, hat sich Grass aber erholt von der als eigene empfundenen Wahlniederlage. Er ist im Urlaub. Unterwegs mit seiner Frau Anna und seinem Verleger Eduard Reifferscheid. Das ist bequem, denn der hat einen Chauffeur. Der Dichter lädt die Brüder ein zum Abendessen ins Hotel und berichtet beim Rotwein von der Zeit, als er ähnlich jung unterwegs war und kein Geld hatte, geschweige denn ein Auto. Eberhard und Friedrich Christian Delius bleiben drei Tage. Reifferscheid bezahlt ihren Aufenthalt. Tagsüber sitzt der dicke Verleger in einem weißen Holzstuhl am Strand und schaut aufs Meer, während sich Anna Grass sonnt. Ihr Mann sammelt Muscheln, was er an keinem Strand der Welt je versäumt, zeichnet in den Sand ein paar Spuren für die Vergänglichkeit. Die nächste Flut wird sie verwischen. Macht sich Notizen für die Rede, die er bald in Darmstadt halten will. Mittags breitet Herr Förster, der Chauffeur, im warmen Sand eine Decke fürs exquisite Picknick aus, denn sein Chef ist ein Gourmet. Abends werden, wie üblich um Viertelpfennige, ein paar Runden Skat gespielt. Anna Grass beherrscht das Lieblingsspiel ihres Mannes und gibt auch da gerne Kontra.

Der junge Lyriker ist für Reime mehr begabt als fürs Reizen, doch das gilt nicht als Entschuldigung. Pardon wird nicht gewährt. Wer verliert, muss zahlen. Sogar der arme Delius. Meist gewinnt Reifferscheid, der bei »wechselnden Partnern« eigentlich immer gewinnt, wie Grass glaubte, und dabei nicht etwa nach Skatspielerart höhnisch triumphiere, aber doch blanke Freude zeige, wenn ein mieser Herz Hand mit einundsechzig Augen ins Trockene gebracht werden konnte. Da Grass und der Luchterhand Verlag jeweils von Buch zu Buch aufs Neue verhandelten, wurde es vor jedem Vertrag zum Ritual: Erst mal gut gegessen und sehr viel getrunken, dann mit Anna als drittem Mann oder Herrn Förster bis zum Morgen Skat gespielt, schließlich unterschrieben.

Nach der Wahl hätte nach so anstrengenden Auftritten auch der Doppelgänger Ruhm einen Urlaub verdient, doch Grass ließ ihn bei seiner Sekretärin Eva Genée in Berlin zurück. In Frankreich brauchte er ihn nicht. Hier war er schon zu Hause, als ihn zu Hause noch keiner kannte und erst recht keiner ans Leben wollte. In Berlin hatte, während er erschöpft woanders schlief, seine Haustür gebrannt und Anna und die Kinder erschreckt. Hier wäre es nicht passiert, dass ihm von politischen Brandstiftern, denen sein Engagement nicht passte, die Tür angekokelt worden oder er von den Regierenden als Pinscher beschimpft worden wäre. Zwischen beiden, den geistigen wie den anderen Brandstiftern, hatte er Verbindungen hergestellt, wollte sie noch in der Wahlnacht dem wiedergewählten Ludwig Erhard erklären, lautstark und vergeblich Einlass ins Kanzleramt verlangend.

Hier ist es selbstverständlich, dass ein Literat mit politischen Äußerungen so ernst genommen wird wie mit seinen Büchern. Hier wird Günter Grass geschätzt. »Le Tambour« hat sich mit fünfunddreißigtausend Exemplaren gut verkauft und »Le Chat et la Souris« mit zwanzigtausend nicht schlecht. Solche Auflagen sind für einen deutschen Autor erstaunlich, denn positive Kritiken in den traditionell hochklassigen französischen Feuilletons werden zwar gern konsumiert, schlagen sich in den Verkaufszahlen der übersetzten Bücher aber kaum nieder. Man kann auch als ungelesener Gigant populär werden. Grass interpretieren sie sich in Frankreich zudem als antideutschen Typen zurecht, was er nicht ist. Er ist nur ein atypischer Deutscher.

In Deutschland ist der politisch Besiegte unter seinesgleichen die Nummer eins und darauf ist er stolz. Dafür verlangt er Respekt. »Die Blechtrommel« liegt inzwischen über einer Auflage von vierhunderttausend, die Novelle »Katz und Maus«, deren Cover seine künstlerische Verfremdung eines »Spiegel«-Titels zeigt, auf dem Erich Mende mit Ritterkreuz zu sehen ist, bei zweihundertunddreißigtausend. Nachdem Joachim Kaiser in der »Süddeutschen Zeitung« ein neues Buch von Grass vorstellte, von dem absolut niemand außer ihm etwas wissen konnte, denn Kaiser hatte den Roman »Wartezeit«, angeblich achtzehnhundertsechzig Seiten stark, dessen Autor »vernarrt ist in Parties und seinen Ruhm«, frei erfunden, ging in Tübingen der von

Grass verehrte Germanist Hans Mayer in die Universitätsbuchhandlung und fragte, warum denn das Buch noch nicht da sei.

Sein wirklicher, tatsächlicher, echt erfundener zweiter großer Roman, jenseits des fernen Rheins bereits im Herbst 1963 erschienen, der bei der Geburt nicht mehr »Kartoffelschalen« hieß, wie bei der Zeugung geplant, sondern »Hundejahre«, ist unter dem Titel »Les années du chien« in die Buchhandlungen ausgeliefert worden, als er sich am Strand des Mittelmeers Gedanken macht über gewisse politische Schweinehunde im anderen Vaterland.

Zum letzten Mal für lange Zeit hatte der Romancier in den »Hundejahren« die Form wechselnder Erzähler benutzt, in deren Kopf sich der Autor begab und mit ihnen die verlorene Zeit zurückspielte. Wieder wurde mit Lust am recherchierten Detail ein Netz von Geschichten für die eigentliche Geschichte geflochten. So was konnte Grass wie kaum ein anderer. Es bewegten sich in seinem Jahrhundert, in Vorkriegsidylle und Nachkriegsruinen, beschädigt durch wahrlich nicht pikareske Zeitumstände, der kaschubische Müllersohn Walter Matern und sein halbjüdischer Blutsfreund Eddi Amsel, der schon als Kind auf dem Land so wundersame Vogelscheuchen bauen konnte und später mit ihnen reich und berühmt wurde; es spielte eine wichtige Rolle jene Tulla mit dem Dreiecksgesicht und dem ihr anhängenden Leimgeruch aus der Tischlerei Liebenau, den sie nie mehr loswerden wird, was man damals nur ahnen konnte, inzwischen aber weiß. Auch als Großmutter im »Krebsgang« wird Tulla noch danach riechen.

Es begann in jenen Tagen und endete nicht in diesen und wiederum gab es, neben schon vertrauten, sorgsam gezeichnet, erfundene Nebenfiguren wie den Müller Adolf Matern, der an Zwanzigpfundsäckchen mit Mehl horchte und dadurch bekannt wurde in bestimmten Kreisen, denn im Mehl waren Würmer drin, die nur er verstehen konnte. Sie flüsterten für zahlende Wundergläubige, die zum Orakel pilgerten, die Zukunft voraus und gaben ihre Empfehlungen fürs laufende Geschäft der Nachkriegszeit. Neckermann kam und Schlieker, Pferdmenges und Abs, der Grundig und der Reemtsma, und auch der Flick.

In einer kleinen Szene traten sogar Bucerius und Augstein und Springer auf, angereist gemeinsam per Jeep aus Hamburg, die künftigen Herren der öffentlichen Meinung. In den Hausbaum Materns durften sie nach der Beratung, »bevor sie artig auf Wiedersehen sagen, ihre Namen schnitzen: der schöne Springer, der vom Weltschmerz gerittene Rudi und Herr Bucerius, dessen Stammbaum im aufgeklärten Mittelalter wurzelt«.

Um den Tonfall zu finden für ganz bestimmte Kapitel mit ganz bestimmten Ordensträgern, hatte sich Grass ausgerechnet dort Landserhefte gekauft, wo er sonst nur anständige Zeitungen holte. Im Kiosk am Roseneck in der Nähe seiner damaligen Berliner Wohnung. Die Verkäuferin, die den Berüchtigten mit dem hängenden Schnauzer kannte und auch wusste, was er schrieb und wofür er schrieb und wogegen, war ein wenig verstört, aber er verriet ihr nie, warum er plötzlich solchen Mist las. Er brauchte den Schund für die »Hundejahre«, seinen entstehenden Roman, um eine Sprache zu treffen, die seine nicht war.

Nachdem er mit dem Werk fertig war und fast siebenhundertfünfzig Seiten gedruckt vorlagen, hatte Grass mit seiner größer gewordenen Familie eine gutbürgerliche Villa im Stadtteil Friedenau bezogen, in der Niedstraße 13, in der Nachbarschaft von Uwe Johnson. Der hatte ihm das Haus besorgt. Johnson kannte sich aus. Er hatte als Wandschmuck bei sich in der Stierstraße 3 einen großen Stadtplan von Berlin aufgehängt. Auf den schaute der aus näherer Heimat Vertriebene, wenn andere seiner Zunft eine Wohnung suchten und er sie in Sichtweite in der Nähe haben wollte. Der Mann mit homerischem Gedächtnis, wie Max Frisch ihn bewundernd pries, nannte selbst als seinen größten Wunsch, unsichtbar sein zu können. Als der sich nicht einfach erfüllen ließ, erfüllte er ihn sich 1984 selbst. Grass weinte lange um ihn und nur für sich.

Nicht weit entfernt zog Hans Magnus Enzensberger ein, der eigentliche Intellektuelle, Herausgeber der Zeitschrift »Kursbuch«, bald Pflichtlektüre der linken Intelligenz. Das ziegelrote Grass-Haus in der Niedstraße, das aus anderen Gründen mal in der Mitte geteilt wurde, bewohnt heute in der einen Hälfte Raoul Grass mit Familie, in der anderen Malte Grunert, Sohn der zweiten Grass-Frau Ute aus deren erster Ehe. Es wurde ein Familienstammsitz trotz wechselnder Familienverhältnisse des Oberhauptes. Das Haus hat eine eigene Geschichte, weil sich in ihm so viele Geschichten abspielten, lustige und traurige, gute und böse.

Aus dem Atelier von Günter Grass führte eine Holztreppe zu einem Nest unter der Decke, eine kleine vom Architekten dort verankerte Fläche mit Stuhl, Tisch, Buchregal, in das er sich verkroch und doch alles im Überblick hatte, was sich unter ihm abspielte. Büsten seiner Kinder entstanden da und eine Rede auf Arno Schmidt, der sie nach der Verleihung des Fontane-Preises mit »ganz gut« kommentierte, und Illustrationen für das Buch »Ein Ort für Zufälle« von Ingeborg Bachmann.

Auch die war nach Berlin gezogen. Im Jahr ihres von der Ford Foundation bezahlten Stipendiums nahm sie sich eine Wohnung in der inzwischen renovierten Villa in der Königsallee, in deren Keller einst Anna und Günter Grass ihr gemeinsames Leben begonnen hatten. Die introvertierte Dichterin schloss sich sogar politisch kurz mit ihren schreibenden Nachbarn und unterschrieb eine gemeinsame Klage von Schriftstellern gegen den CDU-Politiker Josef-Hermann Dufhues. Er hatte die Gruppe 47 als Reichsschrifttumskammer verleumdet und in Zusammenhang mit der gleichnamigen Nazibehörde gebracht. Das zeigte, wes Geistes Kind er war, doch er erlebte, was schon andere aus seiner staatstragenden Partei hatten erfahren müssen: Der Staat gehörte ihnen nicht mehr. Ihre Zeit neigte sich. Mit der »Spiegel«-Affäre im Spätherbst 1962 hatte eine andere Generation protestierend den langen Marsch gegen sie und durch die Institutionen begonnen. Dufhues musste sich dem Geist und dem Gericht beugen und von seinem Vergleich Ende 1963 Abschied nehmen.

Dichter und Denker, Maler und Bildhauer hockten im geteilten Berlin eng aufeinander, jeder wurde in diesen Kreisen irgendwann mal Nachbar des anderen. Eine Kneipe brauchten sie aber alle auch, nicht nur eine Wohnung. Treffpunkt der Dichter und Denker war das »Bundeseck« in der Bundesallee. In einer Ecke stand ein Flipper. An dem spielte oft ein dunkelhaariger Macho, den kein Mann ernst nahm, aber viele Mädchen aufregend fanden, lautstark den King. Nach Auskunft ehemaliger Stammgäste war Andreas Baader schon damals eher ein geschwätziges Arschloch, das sein eigenes B-Movie inszenierte und dies für Realität hielt. Er passte nicht zu den anderen. Im »Bundeseck« wurde zwar tief ins Glas geschaut, und entsprechend tief konnte das Niveau der Gespräche schon mal sinken, aber normalerweise der Blick fürs Wesentliche behalten und auf hohem Level gestritten. Konservative wie Sebastian Haffner wurden zuhörend liberal, Liberale wie Reinhard Lettau zusehend links. Der luftige Erdgeist Walter Höllerer, dem jede politische Heilslehre suspekt ist, auch sozialdemokratisch begründete, der nie auf die Idee gekommen wäre, offene Briefe zu unterschreiben, hörte manchmal interessiert zu und dachte sich was dabei.

Er bevorzugte eher die gediegenen »Börsenstuben« ganz in der Nähe der Gedächtniskirche, auch dort trafen sich Feingeister. An einem Abend brachte Höllerer seine schöne neue Freundin mit. Er stellte den beim Rotwein sitzenden Horst Geldmacher – ja, der Jazzflötist aus Düsseldorf war inzwischen auch in Berlin – und Günter Grass und Ingeborg Bachmann und Hans Werner Richter die junge Fotografin Renate von Mangoldt vor. Sie wurde mit Wohlgefallen gemustert. Da sie zu ihrem Freund gehörte, gehörte sie nun auch zu seinen Freunden. Vor allem zu seinem besten. Als die beiden heiraten, wird Grass das Fest ausrichten und kochen. Innerhalb der Chronik abgelaufener Ereignisse eine nur kleine Geschichte. Aber sie muss erzählt werden. Sie ist in diesem Kapitel, das sich von jenem Spätherbst am Mittelmeer aus zurücktastet in vergangene Jahre und Zeiten, mindestens zwei, vielleicht drei Absätze wert.

Da er sich das auch finanziell leisten konnte, lud der Monolith Grass andere Dichter und ihre Frauen und Kinder sonntags zum späten Frühstück in die Niedstraße. Der Pate bat zu Tisch, an dessen Kopfende er saß. Schmalzbrote und Schweinskopfsülze galten als Delikatesse. Anna wurde verehrt, er wurde respektiert. Ihre Söhne zogen manchmal mit der Schweizer Flagge durch den Garten und sangen schwyzerdütsche Lieder. Einmal schoss Franz Brandpfeile in die offenen Fenster benachbarter Häuser, einmal hat Raoul den dicklichen Nachbarjungen in den heimischen Garten gelockt, gefesselt und verprügelt. Oder war es jeweils der andere der Zwillinge, die in der Schule die Beatles von Grass genannt wurden? Es mag auch sein, dass die Kinder von Gästen die antreibende Kraft waren. Wer weiß das noch genau. Bei Ausflügen in die Wälder, um dort Pilze zu sammeln, von Grass mit sicherem Blick des Kenners ausgesucht, hat er bei nachzählenden Blicken von Spaziergängern auf die gemeinsame Kinderschar Wagenbach/Grass gern gesagt, sei alles selbst gemacht und alles zusammen.

Um die Erziehung der eigenen kümmerte sich Grass weniger, dafür war seiner Vorstellung von Familienwelt entsprechend seine Frau zuständig, die von aushäusigem Ruhm unbeeindruckbare schmalgliedrige Anna, von der einst sein Verleger Kurt Wolff schrieb, mit der Bitte um Grüße, die »hätte sich wohl Lembruck gerne als Modell geholt. Und welcher Maler? Campigli ist nicht gut genug.« Das wiederum hätte wahrscheinlich der Bildhauer Grass in seiner Rolle als Ehemann nicht erlaubt. Der nahm sich nicht nur literarisch, politisch, künstlerisch, sondern auch in seiner Ehe Freiheiten, die er nur sich erlauben durfte. Das ging lange gut. Irgendwann nicht mehr.

Die »Hundejahre« durften noch vor seinem sprachbegabten Freundlektor Klaus Wagenbach der politische Freundgenosse Karl Schiller aus Berlin lesen. Grass hatte ihm das unfertige Manuskript mit der Bitte um Prüfung wirtschaftlicher Fachbegriffe über die gemeinen und gemeinten Maden aus Germany gegeben und war dessen Rat gefolgt, die Rolle der Banken fürs Wirtschaftswunder noch zu verstärken. Dann fuhr er mit Wagenbach, auf Kosten des Hauses Luchterhand, für drei Wochen in eine Arbeitsklausur nach Palermo, wo ihm Freund Klaus in entspannter Atmosphäre fünfzig Seiten herausstrich. Grass ließ es sich gefallen. Wagenbach war allerdings der Letzte, von dem er sich so etwas gefallen ließ.

Schiller galt zwar als Kulturkenner und er schwärmte vom Schrägen, Frechen, Ausgefallenen der Szene, die das Leben in Berlin erträglich gestaltete, hatte aber als Handlungsreisender in Sachen Halbstadt, als Wirtschaftssenator in der Regierung Brandt, in den Jahren nach dem Mauerbau im Alltag anderes zu tun. Auf einem Empfang war er dem bekanntesten Poeten der Stadt vorgestellt worden, man begegnete sich fortan auf gleicher, aber eher politisch-geistiger Ebene, denn Schiller war – wie Willy Brandt, wie Egon Bahr und auch Günter Struve – keiner jener typischen Berliner Sozis, die Milljöh für Milieu hielten, sondern ein aus dem weltoffenen Hamburg zugezogener Professor. Karl Schiller wurde die Bezugsperson im Wahlkampf, auf deren Rat fürs Machbare und nicht nur Denkbare Grass hörte. Sie traten sogar zusammen auf, wobei sich schnell zeigte, wen die Leute hören wollten und wen sie allenfalls zur Kenntnis nahmen. In mitgebrachten Taschen lagen Bücher von Grass griffbereit, die wollte sich das Publikum nach der Rede signieren lassen, keine Parteibücher erwerben. Da er von Amts wegen für die Berliner Schlachthöfe zuständig war, lud Schiller nach der Niederlage 1965 den enttäuschten Haufen aus der Schreibstube zu einem trotzigen Abend mit Schlachtplatten ein.

Auch daran erinnern sich bei weitaus besseren Speisen in Frankreich die so unterschiedlichen Wahlkämpfer, bevor beim Skat nicht die verlorenen Schlachten besungen werden, sondern die laufenden kommentiert. Also ein anständiger Ramsch oder ein gewagter Grand ohne vier.

Schiller wurde fast ein Freund des Dichters, der in seiner Nähe nur akzeptierte, wen er berochen hatte. Er schien misstrauischer geworden zu sein, seit er nicht mehr auf Anhieb erkennen konnte, wem Freundlichkeiten galten, ihm oder seinem Doppelgänger. Schiller war in diesem Sinne berochen worden und als Freund am vierten Mai 1965 deshalb einer der Paten bei der Taufe des jüngsten Grass-Sohnes Bruno in der katholischen St.-Marien-Kirche in Friedenau. Der nun vierfache Vater trug eine Krawatte. Anschließend gab es eine fröhliche Feier in der Niedstraße.

Die Idylle der Großfamilie, die Grass bei solchen Festen genießt, zu der auch seine Schwester gehört und gut riechende Freunde sowieso, widerspricht nur scheinbar seinem Image als anarchistischer, atheistischer Einzelgänger. Er hat nie bestritten, geprägt zu sein von den kleinbürgerlichen Verhältnissen aus Langfuhr. Er hat sie literarisch festgehalten und tatsächlich nie verlassen, diese und seine katholische Vergangenheit. Er lässt seine Kinder katholisch taufen, aber woran sie dann mal glauben, ist ihm egal.

Die Ehe zum Beispiel ist ihm nicht heilig, aber eine Entscheidung fürs Leben. Er ist, wie er selbstbewusst zugibt, wahrlich nicht treu, aber er ist anhänglich. Er hat keine Zeit für andere Frauen, aber er fühlt sie bei Gelegenheit kurzfristig liebend. Er erzählt im Geist des sexuellen Aufbruchs seiner geliebten Anna sogar von Affären, aber ob die auch wirklich alles wissen will, darüber macht er sich keine Gedanken. Da er als Dichter außerhalb so bürgerlicher Normen stand, hielt er seine Art für angemessen, aber das ist nur eine Annäherung, denn er selbst spricht darüber nicht. Freunde von damals, die heute keine mehr sind, aber wehmütig der Freundschaft früher Jahre nachtrauern, die Anna Grass bewunderten und ihn um sie beneideten, interpretieren die einstigen Verhältnisse so. Aber das muss nicht stimmen.

Karl Schiller schenkte seinem Patenkind Bruno Thaddäus einen silbernen Becher und eine Blechtrommel, eine echte. Grass schätzte den gebildeten Sozialdemokraten, seinen ganz eigenen Schiller, bis der mal das Kabinett Brandt im Streit verlässt. Das wird er ihm nicht verzeihen, das hält er für Verrat, das macht man nicht, das tut man seiner Vaterfigur Willy nicht an. Den darf er zwar als Dichterfreund kritisieren, und er wird es auf Augenhöhe tun, ohne dabei zu blinzeln, aber dem hatte man, manchmal eingeschränkt, manchmal uneingeschränkt solidarisch treu zu bleiben. Die Nähe zur Macht machte zwar auch Grass mächtig, aber das spielte er nur dann aus, wenn

Taufe von Bruno Grass im Mai 1965 in der St.-Marien-Kirche. Karl Schiller, damals Senator in Berlin, ist Taufpate.

irgendwelche Vorzimmer glaubten, ihn von der Macht fern halten zu können. Scheren Sie sich zum Teufel, der Regierende erwartet mich.

Er war schließlich schon eine feste Größe in seiner Liga. Der andere, nämlich Willy Brandt, musste erst noch was werden in seiner, der politischen. Dafür setzte er sich ein. Was dem damals knapp achtzehnjährigen Peter Brandt in Erinnerung blieb, ist ein Abend im Haus seiner Eltern im Grunewald. Bedeutende Menschen redeten Bedeutendes. Ende Juli 1965 muss das gewesen sein. Die Söhne Brandts, die ihren Vater selbst dann als ferne Größe erlebten, wenn er ihnen physisch nahe war, durften dabei sein. Grass setzte sich zu ihnen. Er zog ganz bewusst die Jungen ins Gespräch über Politik. Er wollte sich in der Welt dieser Generation kundig machen, um sie besser zu verstehen. Er hörte ihnen zu.

Zuhören kann er bis heute gut. Das macht er anfangs immer, egal in welchem Kreis. Wenn er dann tiefer in den Stuhl rutscht und an seinem Schnauzer zu zupfen beginnt, erkennen die, die ihn kennen, die Zeichen. Gleich wird er loslegen. Dann sollte man ihm zuhören. Politisch lässt sich gut mit ihm streiten, selbst wenn er darauf besteht, Recht zu haben. Er genießt einen guten Streit, kennt dabei keine Rücksichten, ist selbst empfindlich und mitunter tödlich, mitunter nur bis zum anderen Morgen beleidigt. Die schwachen Stellen der anderen hat er, während er zuhört, wie mit einem Skalpell markiert und sich die Punkte gemerkt. Wenn er sie so eingekreist hat, sticht er zu. Unsichtbar. Es wird kein Blut fließen. Er ist kein unerträglicher Besserwisser, als den ihn nicht nur seine Feinde, sondern auch stöhnend seine Freunde bezeichnen, er weiß aber oft unerträglich vieles besser als sie. Da konnte Uwe Johnson schon anders nerven. Der verbesserte sogar Leute am Telefon, wenn die sich entschuldigten, ihr Flieger habe Verspätung. Das heißt nicht Flieger, antwortete er dann, das heißt Flugzeug.

Grass nahm sein politisches Engagement ernst und folgte nicht wie andere seines Standes vorübergehend einer gerade als schick geltenden Mode, angeregt durch das Beispiel der Geist und Macht so glamourös verbindenden Lichtgestalt John F. Kennedy. Dem amerikanischen Präsidenten durfte er, als der sich 1963 in Berlin als Berliner feiern ließ, im Schöneberger Rathaus mal die Hand drücken. Ein Staatsbürger, wie Grass ihn versteht, zumal einer mit Namen, wie er ihn hat, sollte nicht aus der Loge zuschauen und sich anschließend über die Inszenierung auf der politischen Bühne beschweren. Eine historische Konsequenz nach den Erfahrungen aus der Vergangenheit: Weil die Rolle eines sich einmischenden Citoyens keine Tradition hat in Deutschland, weil hier zu Lande der Staat entweder vergöttert oder verachtet wurde, weil Auschwitz nie wieder passieren darf, fühlte sich Grass verpflichtet, zwischen allen Stühlen in allen Stücken mitzuspielen und stets auf der Seite der Schwächeren zu agieren, für sie seine Stimme zu erheben. Willy Brandt war kein Camelot wie Kennedy und seine Tafelrunde oft nur eine tafelnde Runde, aber Grass bot ihm seine Zunge, seine Zeit, seine Zweifel. Er war der erste Dichter der Bundesrepublik Deutschland, der seine Pflicht als Bürger ernst nahm wie seine Kür als Künstler.

Es war ihm, was ihm keiner glaubte, angeblich eher gleichgültig, was die Kritiker dann über seinen neuen Roman zu schreiben hatten. Die wären ja ohne »uns Autoren« doch alle nur Sozialfälle und würden dem Staat zur Last fallen, sagt er mal verächtlich. Wieder mal sei alles drin in dem »Produkt einer lustvoll im Obszönen und Fäkalischen gründelnden Phantasie«, diesem »literarischen Ungeheuer«, denn der Verfasser sei ein »Dichter mit Haut und Haar«, aber Kollege Jens verlangte Kürzungen von etwa dreihundertundzweiundachtzig Seiten und sah das »verschlüsselte Buch eines bedeutenden, auf kleinem Felde großen Autors, der sich übernommen hat, der beim Zettelkasten bleibt«.

Marcel Reich-Ranicki, damals noch mit Jens befreundet, gab ihm grundsätzlich Recht und sah »letztlich nur Marionetten« am Werk, woraufhin beide von Ivan Nagel – »sprachliche Meisterschaft« – und Klaus Wagenbach – »konsequenter Revisionist« – in gehörige Schranken verwiesen wurden. Die üblichen »Sauereien« im vor praller Sexualität strotzenden Text wurden als Kompensation seiner katholischen Vergangenheit interpretiert, weil er halt zur Erotik kein sprachliches Verhältnis habe, oder in den Bereich der Psychoanalyse überwiesen. Die Belege für solche Thesen wörtlich zu zitieren, galt als unanständig, machte aber die Leser neugierig.

Verkauft wurden in der ersten Woche nach ihrem Erscheinen auch deshalb schon fünfundsiebzigtausend Exemplare der »Hundejahre«. Deren Verfasser war eine öffentliche Figur. Es ging sogar so weit, dass eine Büste von Günter Grass in der Regensburger Walhalla, inmitten von einhundertsechzehn toten deutschen Königen, Dichtern und Denkern aus vielen Jahrhunderten, einen Platz fand. Die war zwar aus

Gips und nicht aus Marmor, war nicht vom Staat angeordnet, sondern von der Satirezeitschrift »Pardon« in die ehrwürdigen Hallen geschmuggelt und unter dem Wirbel von Blechtrommeln enthüllt worden, bis der aufgeschreckte Verwalter sie des Tempels verjagte. Aber die Aktion zeigte, welchen öffentlichen Stellenwert Grass inzwischen einnahm. Über ihn hatte die Mehrheit der Deutschen schon mal was gelesen, nicht unbedingt alle auch etwas von ihm.

Der Mann am Mikrofon beim »Ball der einsamen Herzen« am Lehmweg in Hamburg-Eppendorf allerdings gehörte zur Minderheit und erkannte ihn nicht. Er forderte dringend und zum letzten Mal den »Herrn mit dem Schnauzer« auf, das wilde Tanzen der offenen Art zu unterlassen. Da lachte der Grass und seine Partnerin Ulrike Meinhof lachte auch. Peter Rühmkorf hat, bei Bier und Korn, den Tanz des Freundes nach einer Vernissage von Grass-Zeichnungen und Radierungen, hautnah miterlebt.

Wenn er die Bewegungen des so begabten Tänzers nachmacht, wirkt es an ihm betrachtet allerdings wie der Tanz eines solitären Storches auf weitem Feld. Beide sind trotz mancher Konflikte, die in den Zeiten der Studentenrevolte ausgetragen werden, politisch ein Arsch und ein Hintern, wie es Rühmkorf plastisch drastisch ausdrückt. Schätzen jeweils die Gedichte des anderen, lobpreisen beide Döblins »Alexanderplatz«, schon allein das verbindet fürs Leben. Haben ihrem Kumpel Klaus Staeck Vollmacht gegeben, im Falle eines von dem als solchen erkannten Falles von notwendiger Empörung, ohne Rücksprache nehmen zu müssen, in ihrem Namen offene Briefe zu unterschreiben. Das verbindet heute mehr als die auch gemeinsame frühe Leidenschaft, sich jenseits des ehelichen Zaunes in fremden Gärten mal umzuschauen.

Die herrschenden Konservativen, denen er mit seiner lautstark geäußerten Vorliebe für den Sozialdemokraten Willy Brandt auf die Nerven ging, waren nur dann stolz auf ihn, den unbequemen Dichter, wenn Grass als nationales Wappentier die Republik im Ausland vertrat und dort als Repräsentant des neuen demokratischen Deutschlands gefeiert wurde. In New York zum Beispiel bei Lesungen im Goethe-Institut. Dessen Chef Egon Holthusen hatte um zwei Auftritte gebeten. Anna und Günter Grass waren deshalb zum ersten Mal in die Vereinigten Staaten gereist. Vor vier Jahren hatte es mit dem Visum nicht geklappt wegen der ausgebrochenen Tuberkulome-Erkrankung. Nun kamen sie. Wie ganz normale Passagiere standen sie aufgeregt an der Reling, als sich Silhouetten der Wolkenkratzer aus dem morgendlichen Nebel schälten und die »Bremen«, die am fünften Mai 1964 Bremerhaven verlassen hatte, in den Hafen von New York einlief.

Helen Wolff erwartete sie am Pier 88. Sie kümmert sich nach dem Tod ihres Mannes Kurt, der vor einem Jahr bei einem Besuch in Deutschland von einem Lastwagen überfahren worden ist, höchstpersönlich um ihre Autoren. Bei Harcourt Brace World betreut sie nach der Veräußerung ihrer Anteile an Pantheon Books in einer Art verlegerischer Nische weiterhin die Reihe der »Helen and Kurt Wolff Books«. Als Hardcover und Paperback ist »The Tin Drum« bereits dreihunderttausendmal verkauft worden, auch »Cat And Mouse« läuft gut. »Die ›Blechtrommel‹ war ein großer Erfolg, meine anderen Bücher dann auch, ich hatte schließlich eine phantastische Verlegerin in Helen Wolff.«

Verhandlungen mit möglichen Autoren, diesen so schreckhaften Windhühnern, hatte stets ihr zwanzig Jahre älterer Mann geführt. Helen war seine unverzichtbare Partnerin, aber er der sagenhafte Verleger. Beide die besten Freunde von Hannah Arendt. Deutsche Dichter wurden in den intellektuellen Kreisen der amerikanischen Ostküste, und besonders in New York, noch immer mit gebotener Distanz gelesen, denn deren Sprache war die Sprache der Mörder. Bei Heinrich Böll, bei Alfred Andersch und erst recht bei Günter Grass seit der »Tin Drum« gab es keine Vorbehalte, keine Hemmungen mehr. Seine gnadenlose und zugleich komische Zerstörung der Legende, dass die meisten Deutschen nur unschuldige Lämmer waren, vom bösen Hirten Hitler verführt, wurde gut verstanden.

Jahrelang war er Helen nie besonders nahe gekommen, weil er mit Kurt Wolff korrespondierte. Nun wurde sie seine andere Mutter und sie kam nicht nur dem Dichter nahe. Der überzeugte Vater war wie ein Sohn. Und blieb es bis an ihr Lebensende, oft in quälenden Selbstzweifeln, ihren Trost suchend. Das leichte Hinken, das Grass bei ihrer ersten Begegnung in Zürich im Hotelfoyer bemerkt hatte, war indirekt sogar Auslöser ihrer verlegerischen Laufbahn, wie er erfuhr. Ein Bein war kürzer als das andere, Sport treiben oder auf Berge klettern konnte sie als Mädchen deshalb nicht. Also las sie Bücher in allen Sprachen, die sie gelernt hatte: Deutsch, Englisch, Französisch, was der jungen Helen Mosel, geboren 1906 im heutigen Skopje, aufgewachsen überall, zugute kam, als sie 1922 im Verlag Kurt Wolff als

Trainee anfing. Geheiratet hatten sie zehn Jahre später, gestrandet im Exil waren Helen und Kurt Wolff mit ihrem Sohn Christian mit dem Schiff »Serpa Pinto«, das 1942 noch rechtzeitig Lissabon Richtung New York hatte verlassen können.

Nach dem Krieg konnten sie die ehemals guten Verbindungen in Europa wieder ausbauen für ihren neuen Verlag, der sich bescheiden entwickelte. Erst viel später, mit dem Millionenerfolg 1958 von Boris Pasternaks »Doktor Schiwago«, hatten sie die nötigen finanziellen Mittel, um noch unbekannten deutschsprachigen Autoren wie Günter Grass oder Max Frisch einen festen Brückenkopf für die sanfte Landung drüben zu bieten. Beide Wolffs gehörten zu der damals schon aussterbenden und mittlerweile fast ausgestorbenen Art Verleger, die Autoren pflegten und nicht wie leicht verderbliche Ware behandelten, mit der man auf dem Markt der Eitelkeiten schnelles Geld verdienen konnte. Dafür wurden sie von denen geliebt und Helen, die für ihre schreibenden deutschsprachigen Kinder sorgende Mutter, erst recht. Zimmer 300 im »Frankfurter Hof« war bis zu ihrem Lebensende während der Buchmesse stets für sie reserviert.

Grass behielt seine guten Erfahrungen nicht für sich, er vermittelte im Laufe der Zeit Jurek Becker und Hans Joachim Schädlich und Uwe Johnson in die »Wolffsche Zucht- und Pflegeanstalt«. Der vor allem war dort gut aufgehoben. Von dem verlegte Helen Wolff »Das dritte Buch über Achim«, doch mit den Honoraren hätte sich Johnson seinen Aufenthalt in New York, wo ab 1967 die »Jahrestage« entstanden, nicht leisten können. Sie besorgte ihm einen Job, eine Wohnung, und er blickte vom Riverside Drive zurück auf Mecklenburg, das ihm die regierenden Kriminellen, wie sie die nannte, genommen hatten.

Für die Auftritte von Grass, den sie mit seiner Frau an diesem nebligen Morgen vom Schiff abholte, musste sie nicht werben. Er war mit seinem Debüt in Zeitungen und Magazinen gefeiert worden wie seit Thomas Mann und seinem »Zauberberg« 1924 keiner mehr, der aus Deutschland schrieb. Eine faszinierende Schnitzeljagd durch einen dunklen Wald sei sein erstes Buch, unvergleichbar dieser »sound of madness«, eine teutonische Nachtmahr, das größte Talent seit Kriegsende, einer der besten Romanciers unseres Jahrhunderts usw. Unter den einunddreißig belletristischen Werken von insgesamt zweihundertundfünfzig Büchern, die US-Präsident Lyndon B. Johnson von amerikanischen Buchhändlern geschenkt bekommt, ist nur ein einziges von einem ausländischen Autor – »The Tin Drum« von Günter Grass.

Nun war der da. Machte sich zunächst, wie es seine Art so ist, begleitet von seiner Frau Anna, auf den Straßen von Manhattan in der Stadt kundig und gab freundlich Autogramme, als ihm ein deutscher Tourist auf die Schultern haute und na, Oskar, auch hier? sagte. Sprach zunächst an der Universität von Yale und las was in Boston, auf Deutsch, denn sein Englisch reichte nicht für solche Auftritte, nur für Interviews. Er kam mit denen glänzend an, weil er völlig unbefangen drauflosredete und sich um die passende Grammatik nicht scherte. Dann kehrte er zurück nach New York in den überfüllten Saal des Goethe-Instituts. Angeblich habe er durchs Fenster klettern müssen, weil beim Eingang kein Durchkommen war. Das liest sich. Leider habe er seine lederne Hebammentasche nicht dabei, aus der er früher vor Lesungen seine Manuskripte zog, bemerkte die Korrespondentin der »Frankfurter Allgemeinen Zeitung«. Sie hatte ihn auch im Alltag erlebt. Sabine Lietzmann gehörte zu den Kunden jenes Kiosks am Roseneck, als sie einst dort in der Nähe wohnte.

Grass war fasziniert von Amerika, dessen offizielle Politik nach der Ermordung Kennedys von Studenten und von Schriftstellern heftig attackiert wird, doch er kannte sich kaum aus, war noch zu sehr Tourist. Allerdings einer mit ausgefahrenen Antennen: »Es war in erster Linie das Erlebnis New York; eigentlich ein sehr positives, auf der einen Seite, die Offenheit, die gute Erfahrung mit Kritikern, alle sehr gut vorbereitet, sehr professionell, obwohl mir dann auffiel, daß, nach einer kurzen Zeit, wenn ich vielleicht mit zu europäischem oder deutschem Ernst ein Thema in einem Gespräch intensivieren wollte, das Bedürfnis nach Smalltalk alles überwog.«

Was ihm mehr imponierte, was er schon im Gedanken auf Verwendbarkeit speicherte, waren die einfallsreichen Aktionen gegen die amerikanische Vietnampolitik. Entweder erlebte er die protestierenden Studenten auf einem Campus oder sah sie auf einem der dreizehn TV-Kanäle, die man im Hotel am Washington Square empfangen konnte. Eugene McCarthy bewarb sich mit einem strikten Antikriegsprogramm um die Nominierung in der Demokratischen Partei – was ihm nicht gelingen sollte – und die Studenten, die für den linksliberalen Hochschulprofessor warben, schnitten sich ihre langen Haare ab, um bei Bürgern, deren Stimmen sie bei den Primaries brauchten, bloß keinen Anstoß zu erregen. Sie waren eigentlich un-

Das Gedicht »Schweinekopfsülze« hat Stefan Moses mit diesem Foto von Anna und Günter Grass am Kalten Buffet bildhaft gemacht.

abhängig von den beiden großen Parteien und nur deshalb für den Senator, weil der gegen den Krieg war. »Das hat mich auf die Idee gebracht, solche Wählerinitiativen in Deutschland aufzubauen, denn diese Art von Engagement gab es bei uns ja nicht; und so habe ich ein Jahr darauf dann versucht, diese Idee auf unsere Verhältnisse zu übertragen.«

Ihn beschäftigten aber größere Figuren. Was er einst am Potsdamer Platz erlebte, die Niederschlagung des Aufstands in Ostberlin am siebzehnten Juni 1953, hatte sich auf Manuskriptpapier niedergeschlagen und er sprach verklausuliert darüber. Allerdings glänzend formuliert. Kein Professor hätte das besser machen können, aber die wenigsten von denen waren, wie er, Mitglied der Berliner Akademie der Künste. Seine wegen ihrer streng wissenschaftlichen Argumentation jeden Germanisten verblüffende Rede zu Shakespeares vierhundertstem Geburtstag stand unter dem provokanten und selbstbewussten Titel »Vor- und Nachgeschichte der Tragödie des Coriolanus von Livius und Plutarch über Shakespeare bis zu Brecht und mir«.

Das Material, um die Akademiker mit seinem Wissen sprachlos zu machen, hatte ihm Maria Sommer besorgt, denn die war studiert kundig und kannte alle Quellen. Der autodidaktische Schelm spielte virtuos mit Bruchstücken aus Shakespeares geheimnisumwitterter Biografie. Er verkleidete in rhetorische Fragen eigene und längst konkret gewordene Überlegungen. Wie eine Grass-Bearbeitung einer Brecht-Inszenierung des »Coriolan« für ein Theaterstück namens »Die Plebejer proben den Aufstand« aussehen könnte: »In meinem Stück wollen die Bauarbeiter, die des Chefs Proben unterbrechen, von eben diesem Chef Unterstützung erbitten«, was der ablehnte, denn »uns ist bekannt, dass Bertolt Brecht aus dem Aufstand der Arbeiter hervorging, ohne ersichtlichen Schaden zu nehmen«. In gegebenem Zusammenhang lobte er das Buch eines jungen Historikers über den Aufstand vom Juni 1953. Der hieß Arnulf Baring, war geschmeichelt und wird mal mitmachen bei den SPD-Wählerinitiativen im Jahre des Wechsels 1969.

Im Herbst 1964 las Grass fertige Szenen seines ersten großen Theaterstücks beim Treffen der Gruppe 47 im schwedischen Sigtuna vor. Was machten die in Schweden statt wie üblich in einem deutschen Landgasthof? Eigentlich ging es Hans Werner Richter um die Verbesserung der kulturellen Beziehungen zwischen dem Land der deutschen Emigranten und der Nachfolgerin des Reiches, aus dem sie dahin hatten fliehen müssen. Deshalb gab es neben der eigentlichen Tagung, wie vom alles finanzierenden Veranstalter gewünscht, Empfänge und Vorträge und Theateraufführungen in Stockholm. Das empfanden viele der Dichter angesichts der Grundidee von einer Art Akademie für Talente als unangemessenen Wanderzirkus und sagten ab. Martin Walser lästerte in der »Zeit« gegen die Veranstaltung, die Zonengreise ließen ihre Dichter nicht ausreisen. Inge und Walter Jens, die an der Universität in Stockholm Gastvorlesungen gehalten hatten, beruhigten Richter, der ein Fiasko befürchtete. Kritiker und Lektoren wie Höllerer, wie Reich-Ranicki, wie Raddatz, wie Kaiser hätten schon zugesagt. Doch wer würde kommen von den Großen? Nervös stand er vor der Schule, in der die Tagung stattfinden sollte, wartete und rauchte Kette. Ein Taxi hielt. Günter Grass stieg aus. »Hast du etwa gedacht, ich würde dich auch im Stich lassen?«

Er beließ es nicht nur bei diesem Akt der Solidarität und der Freundschaft. Die Feinde seiner Freunde waren auch seine. Den Feuilletonchef der »Zeit«, Rudolf Walter Leonhardt, nannte er deshalb, allerdings nicht mehr ganz nüchtern, das »größte in Zeitungspapier eingewickelte Arschloch«, das er kenne, und er kenne viele. Für alle aufrechten Linken, deren politisch korrektes Idol Brecht war, bedeutete sein Stück schlichtweg Gotteslästerung der anderen, der atheistischen Art. Sie sei zu negativ, seine Sicht auf Brecht, vor allem zu DDR-kritisch. Über genau dieses Argument kann er angesichts dessen, was man inzwischen über die real existiert habende DDR weiß, noch heute herzlich lachen.

Maria Sommer durfte, wie auch Helen Wolff, seine Arbeit kritisieren, ohne abgestraft zu werden. Von Maria Sommer hat der geschäftstüchtige Autor auch nie einen Vorschuss verlangt. Sie war am Anfang ihrer Selbstständigkeit mit dem Gustav Kiepenheuer Theatervertrieb ähnlich arm wie damals er in Paris und das wusste er. Das erste warme Essen gab es bei ihr am späten Nachmittag, so wurde pro Tag eine Mahlzeit gespart. Maria hatte keine ideologischen, sondern dramaturgische Einwände gegen sein Stück. Über die redete sie mit ihm. Ohne Erfolg. Er nickte und vergaß sofort, was sie wollte. Grass hatte schon wieder ganz anderes im Kopf, saß nicht abflugbereit auf dem Seil der Windhühner, sondern stand kampflustig in Angriffsstellung. Er reagierte nicht auf ihre Wünsche, sondern auf Verwünschungen des amtierenden Bundeskanzlers.

Die in Schweden noch so zerstrittene Gruppe war sich zu Hause nämlich schnell wieder einig. Ein gemeinsamer Gegner hatte ihr das Vergessen ihrer Konflikte leicht gemacht. Ludwig Erhard, Nachfolger Adenauers und schon von dem für dieses hohe Amt als ungeeignet betrachtet, mochte im Wahljahr die Kritik der Dichter, von denen keiner seiner Partei gewogen war, nicht mehr hören und wurde ausfällig. Alles Banausen, alles Nichtskönner. Rolf Hochhuth und Günter Grass traf sein besonderes Verdikt, dass bei ihnen der Dichter aufhöre und der ganz kleine Pinscher anfange. Was Martin Walser, den noch wegen seiner »Zeit«-Polemik von Grass gerade so Kritisierten, zu der klassischen Replik verleitete, genau da höre der Kanzler auf und der Erhard fange an. Solche auch noch glänzend formulierten Sätze der Solidarität merkte sich Grass.

Im Land der Pinscher und Banausen hatte er vor der politischen Promotiontour für Willy Brandt noch eine literarische für Klaus Wagenbach unternommen. Der baute sich einen eigenen Verlag auf und Grass half beim Start der »Quarthefte«. Auch ein gewisser Wolf Biermann aus dem fernen anderen Berlin, ein paar Straßen von Friedenau entfernt, griff in denen zur Grasharfe. Grass ließ Eigenes liegen und fuhr mit Klaus Wagenbach über die Dörfer, machte das, was sein Doppelgänger für ihn so hilfreich getan hatte, den Grüßgustav, den Türöffner. Er ging vor in die Buchhandlungen und Wagenbach schleppte in seinem Sog die eigenen Produkte mit, die hinten im Auto lagen und die er loswerden wollte.

Das muss gewesen sein Ende März 1965, denn jeden Abend rief Grass vom Hotel aus zu Hause bei seiner Frau an und fragte, wie es der wieder mal Hochschwangeren ginge. Im April, noch vor der Geburt seines Sohnes Bruno, gab er dem Drängen von Maria Sommer nach, die zwar endlich die Aufführungsrechte für den Aufstand der »Plebejer« vergeben wollte, aber auch ihre Einwände nicht vergessen hatte. Zu einem Abend in ihrem Haus, in dem sie ihr Büro hatte, lud sie Größen deutschsprachiger Theater wie Haeussermann oder Nagel oder Lietzau ein. Sie bekamen eine der zwölf streng gehüteten Kopien des noch nicht fertigen Textes, alle waren interessiert am Drama des Berühmten, über das nunmehr, ein Jahr nach der Rede in der Akademie und nach den Berichten von der Lesung in Schweden, ziemlich konkret gemunkelt wurde, was im Übrigen auch dem Zentralkomitee der herrschenden Greise nicht verborgen blieb. Eine Kopie des Stückes hatten die drüben sich auch besorgt.

Grass sagte für den Abend zu und versprach, nicht etwa einige Szenen zu lesen, sondern ergebnisoffen zu diskutieren, aber Bedingung war, dass er jederzeit abbrechen könnte, falls ihn ein Anruf wegen Annas bevorstehender Niederkunft erreiche. Der Anruf kam in dieser Nacht nicht. Er blieb, bedankte sich für die Gespräche, er werde alle Einwände bedenken. Maria Sommer freute sich – aber er dachte vorerst natürlich nicht daran, irgendetwas zu ändern. Vertröstete Maria Sommer auf den Spätherbst nach der Wahl.

Die Termine für seine politischen Auftritte standen fest, doch selbst nach der Geburt und der Taufe von Bruno waren noch andere private Termine wichtiger als die offiziellen. Der dreißigste Juni 1965 zum Beispiel. Da wollten Renate von Mangoldt und Walter Höllerer heiraten. Grass hatte Verpflichtungen in den USA, die Verleihung eines Ehrendoktors in Ohio, und die wollte der Antiakademiker auf keinen Fall versäumen; die Eröffnung einer Ausstellung mit siebenundvierzig seiner Zeichnungen im Namen Goethes in New York; ein wenig Reklame für die »Dog Years«. Aber er kam rechtzeitig zurück.

Feste wie das Fest, das jetzt anstand, liebte er. In Berlin zeigte er sich auf dem Gipfel künstlerischen Schaffens. Er kochte für alle. Das war sein Geschenk für den kopfgeborenen Intellektuellen und für seine Fotokünstlerin Renate. Ein unbezahlbares. In einem Gedicht, das er ihr mal schenken wird, »Doppelportrait«, der »Fotografin Renate Höllerer gewidmet«, zeigt Grass der Braut seine Nähe in anderer Kunst: »In meinem Motivsucher stellte sich ein: / ich, die linke gefällige Seite/ ausgeleuchtet nach der Rasur/ und straff, weil geohrfeigt… Schwarz. Das sind wir auf zwei Stühlen,/ wenn wir schweigen, dem Auslöser lauschen:/ breit im Format, bei angehaltenem Atem/ und verdeckter Blende.«

Gefeiert wurde bei Toni und Hans Werner Richter, die den nötigen Rahmen für solche großen Feste bieten konnten. Sie bewohnten eine Villa in der Erdener Straße 8, die nicht nur ihr Wohnhaus war, sondern auch ein subventionierter literarischer Salon. Da fanden hochgeistige Diskussionen statt, die regelmäßig vom SFB übertragen wurden. Der Sender hatte einen Tisch einbauen lassen, passend getischlert für achtzehn tafelnde Disputanten, bezahlt aus dem Jahresetat, der fünfundvierzigtausend Mark betrug. Auf dem standen jetzt die Schüsseln und Platten und Terrinen, die Grass in seiner Küche in der Niedstraße vorbereitet hatte und die von dort laufend zu den Richters geschafft wurden. Die Flügeltüren zum großen Garten waren geöffnet. Es sollte nach dem Essen getanzt werden, wie es

Gespräche unter Freunden bei Tisch: Grass neben Elisabeth Johnson. Der bekennende Kleinbürger liebt Feste und er feiert bis heute als Zuschauer auch die der anderen – wenn der multinationale SC Freiburg auf dem Rasen zaubert, wenn der FC St. Pauli die reichen Fussballclubs niederkämpft, wenn Rudi Völlers Truppe alle Kritiker ausspielt und schwarz-rot-goldene Fahnen wehen. Das sind die Farben der Demokratie, die hat er ein Leben lang besungen.

sich für ein Hochzeitsfest gehörte. Es war ein barockes Mahl, ein würdiges Saufgelage, ein wirklich großartiges Fest, nur Reich-Ranicki schmeckte mäkelnd die Suppe nicht, und laut war es auch. Die von Nachbarn gerufenen Polizisten regten sich aber kaum auf, baten nur, die Musik ein wenig leiser zu stellen. Dann tanzten sie mit.

Ist das alles denn erst ein halbes Jahr her? Dieser Sommer in Berlin, als sie noch an einen zumindest rosaroten Herbst glaubten, die vom Wahlkontor und die von Willys Büro, und vor allem der Vorredner Grass? Nach den unbeschwerten Tagen am Meer, erleichtert um ein paar Mark, die sie beim Skat verloren haben, aber ein paar Pfund schwerer, machen sich die Brüder Delius in ihrem Fiat wieder auf den Weg. Sie kennen einige Passagen aus der Rede, die Günter Grass bald in Darmstadt halten wird. Kräftige Sätze, die er ihnen am Strand zum Wein kredenzt hat: »Im Jahre 1789 war es das Volk in Frankreich müde, länger die Schindmähre seines Königs zu sein.« Die gefallen ihnen.

Anna Grass, die immer mehr ahnt, als andere sich vorstellen können, vor allem ihr Mann, weiß schon, dass es Ärger geben wird. Sie würde es lieber sehen, wenn sich Günter wieder auf seine anderen Berufe konzentriert. Und den des Vaters endlich ernst nimmt. Des anwesenden Vaters. Wenn er in ihrer Rufweite auf der Leine der Windhühner sitzen würde, statt immer wieder wegzufliegen. In seinem Atelier. Früher stiegen sie gemeinsam auf zu den Wolken, weil sie unten auf der Erde noch nichts hatten. Außer sich. Seit sie vier Kinder haben, kann sie nicht mehr so hoch schweben, gibt stattdessen anderen Kindern Unterricht im Tanzen. Er tanzt, nicht nur mit Ulrike Meinhof, oft anderswo und mit anderen.

Sie fahren gemeinsam nach Darmstadt, und wie vorauszusehen war, wird seine Rede, die eigentlich bloß ein fein formuliertes Danke für Ehre und Scheck hätte sein müssen, eine Abrechnung der hochpolitischen Art. Zwar sollte nur von Büchner gesprochen werden, aber sein »Papier ist fleckig vom Wahlkampf«, und da Büchner auch kein Literat im Elfenbeinturm, sondern ein politischer Kopf war, schlägt Grass in seinem Sinne zu. Verschont nicht dichtende Kollegen wie Enzensberger, dem eher ein hymnisches Heldenepos auf Fidel Castro aus der Feder fließe, und auch Böll, der sich zu fein war für Niederungen des Wahlkampfes: »Wo Heinrich Böll hat Ihr hoher moralischer Anspruch die bigotten Christen erbleichen lassen?«, was Böll zu der schriftlichen Replik veranlassen wird: »Es kommen schwere Zeiten, lieber Grass, ich denke, wir sollten nur dann öffentlich gegeneinander polemisieren, wenn wir ernste Gründe dazu haben.«

Und er greift den politischen Gegner an, der mit infamen Verleumdungen gewonnen habe, singt lautstark, als ob die Entscheidung zwischen Erhard und Brandt noch anstehe, das Loblied auf Willy. Ein skandalöser Auftritt des Schriftstellers. So fast einhellig die empörten Reaktionen. Im Bundestag muss ihn in einer aktuellen Fragestunde der weise Carlo Schmid gegen den lauten Franz Josef Strauß verteidigen. Vor allem ein Kernsatz von Grass hat die Sieger ins Mark getroffen: »Das Verbrechen von Auschwitz verlängerte sich bis in unsere Tage, es wurden ihm Amt und Würden zuteil. So und nur so vermag man zu begreifen, daß die unvergängliche und immer wieder nachwachsende Familie der Mitläufer, Mittäter, Mitwisser und Mitschuldigen den Haß in sich wirken ließ, als ein Emigrant sich bereit erklärte, für das Amt des Bundeskanzlers in diesem Land zu kandidieren.« Dafür wird er von Max Frisch gelobt und von Hans Habe attackiert und das ist gut so, denn umgekehrt wäre es ihm peinlich gewesen.

Im Zentralkomitee der anderen Deutschen, auf deren Staatsgebiet er diese Rede nie hätte halten dürfen, wird auf der Sitzung am sechzehnten Dezember 1965 aus gegebenem Anlass das Feindbild Grass erneuert. Christa Wolf hatte nach dem Brandanschlag auf das Haus des Dichters einen Kommentar, um den sie von westdeutschen Journalisten gebeten worden war, rundweg abgelehnt. Eigentlich hätte man gegen diese »ausgesprochen faschistischen Züge, die in Westdeutschland auftreten« zwar Stellung nehmen müssen, andererseits war »in der Zeit unsere Propaganda in der Presse so einseitig, daß es so aussah, als sei Grass ein halber Kommunist. Das ist natürlich nicht der Fall. Wir wissen, daß er ein Stück in Reserve hat, das demnächst aufgeführt wird, das uns zeigen wird, daß er nach wie vor Antikommunist ist…«, und deshalb sah sie sich außerstande, eine kurze positive Meinung zu Grass abzugeben.

Inzwischen sind die »Plebejer« nämlich fertig. Maria Sommer hatte es geschafft. Der Probenbeginn am Berliner Schiller-Theater stand fest. Diesem Druck hatte sich der Dichter gebeugt. Rolf Henniger, der den Chef spielen wird, Regisseur Hans Jörg Utzerath. Günter Grass und sie arbeiten sechzehn Tage lang an der Endfassung. Jeder macht Vorschläge, und wenn Grass, der angeblich immer bereit ist, »an einem Text etwas zu ändern, es muß ein professioneller Widerstand da sein, dann geht das mit mir«, die Änderungen abnickt, tippt sie, Olivetti auf den Knien, alles auf die unfertigen Manuskriptseiten und lässt die über Nacht ins Reine schreiben. Sie achtet streng auf Disziplin. Morgens um zehn, na gut: spätestens aber elf Uhr, geht es mit Kaffee los. Mittags wird eine starke Suppe gereicht, gegen fünfzehn Uhr englischer Kuchen. Erst abends gibt es was Richtiges, und dann auch Alkohol. Als sie endlich fertig sind, in jeder Hinsicht, wird Sekt ausgeschenkt. Grass hebt sein Glas und sagt wie beiläufig: »Übrigens, ich habe noch einen neuen Schluß geschrieben. Ihr Unwissenden! Schuldbewußt klag' ich euch an … «

Dieses deutsche Trauerspiel, das am fünfzehnten Januar 1966 im Berliner Schiller-Theater uraufgeführt wird, gilt jenseits aller dramatischer Vordebatten in den Feuilletons als erstklassiges gesellschaftliches Ereignis. Ein Skandal ist vorprogrammiert und da will doch jeder dabei sein. Helene Weigel, Witwe des im Drama nur »Chef« genannten Brecht, hatte angedroht, jedem westdeutschen Theater, das dieses Grass-Machwerk aufführen werde, würde sie in Zukunft Stücke des Meisters verbieten. Die erste Reaktion nach dem gefallenen Vorhang ist unüberhörbar. Sie kommt aus dem Rang. Nach mehr als drei Stunden, noch vor dem einsetzenden Buh, den Pfiffen, dem zögerlichen Beifall, ruft von oben der Student Manfred Hanner: »Mein Gott, ist das schlechtes Theater.«

Die meisten Kritiker schließen sich ihm an. Hellmuth Karasek sieht in der stümperhaften Inszenierung Utzeraths die eigentliche Ursache für die quälende Langeweile, Marcel Reich-Ranicki meint, ein Trauerspiel über ein deutsches Trauerspiel habe sich selbst als Trauerspiel erwiesen, als Lesebuch-Heroismus und nationaler Kitsch, Rudolf Augstein rät im »Spiegel« jedem, der in die Haut von Brecht schlüpfe, dabei die »Gehirnhaut« nicht auszusparen, und wird von dem Gemeinten schon vor der Veröffentlichung seiner Kritik nach einem Wortwechsel im Foyer von der Premierenfeier wieder ausgeladen. Das »Neue Deutschland« muss die Demontage des staatseigenen Halbgottes natürlich »idiotisch« nennen und ausgerechnet die »Bild«-Zeitung erkennt »einen großen Wurf«. Walter Jens blickt zurück im Zorn auf ein »gedanklich eher dümmliches Stück«, immerhin sprachlich interessant. Intelligent, leidenschaftlich, großartig, kontert die »FAZ« und haut auf den bekennenden Marxisten Peter Weiss, dessen »Marat« Kollege Grass mit seinen »Plebejern« baden lassen gehe.

Das gefällt Weiss aber gar nicht. In einer Aktennotiz an den Genossen Kurt Hager, für Kultur verantwortlicher ZK-Banause im Staate Ulbricht, wird eine Begegnung des Genossen Girnus, Wilhelm, mit Weiss und dessen Frau auf dem Ostbahnhof Berlin nach der Aufführung der »Plebejer« zitiert: Weiss und seine Frau hätten ihren Eindruck über das Grass-Stück in folgende Worte gefasst: »Ein ganz gemeiner Dreck, nicht nur durch die Art, wie Brecht behandelt wird, sondern auch durch die gemeine Art, wie die Arbeiterklasse gezeigt wird.«

Es folgen fünfzig Vorstellungen in Berlin, in einer der ersten nach der Premiere sind auch Rut und Willy Brandt, und der schreibt anschließend an Grass, dass er »mehr als einmal nahe am Heulen« war, so habe ihn das Thema berührt: »Ein großes Stück deutscher Nachkriegsdichtung. Das kann durch klugscheißerische Kritiken nicht kleiner gemacht werden.« Inszenierungen in Wien und München und Düsseldorf sind zwar besser als die Berliner Aufführungen und Grass ärgert sich, dass er nicht schon während der Berliner Proben dazwischengegangen ist, um getragene Langeweile zu verhindern. Dann hätte es vielleicht ein positiveres Echo gegeben, denn das Thema hatte er richtig erahnt.

Bei der bislang letzten Aufführung seines Dramas hilft Grass 1986 deshalb höchstselbst dem Regisseur. Das war in Calcutta. In Calcutta? Wie kommen die »Plebejer« denn nach Calcutta? »Ich war in Indien als Autor bekannt. Und als ich dort diese Monate verbrachte, kam eines Tages ein Theatermann zu mir und meinte, er möchte gern ein Stück von mir aufführen, solange ich in der Stadt sei. Und ich dachte, na ja, eines von meinen ersten frühen Stücken. ›No, no‹, sagte der, ›The Plebeians Rehearse the Uprising.‹ Er kannte das in Englisch.« Übersetzt ins Bengalische wurde aus der deutschen Originalfassung, und noch während der Übersetzer arbeitete, begannen parallel die Proben. Günter Grass mit seinen Ratschlägen ist immer dabei.

Die umstrittenen »Plebejer« im Schiller-Theater sind fast vergessen, als nach Meinung vieler Bürger der Stadt, die sich als Hort der Freiheit gegen die Kommunisten definiert, zum ersten Mal auch bei ihnen tatsächlich Plebejer mit roten Fahnen durch die Straßen ziehen und den Aufstand proben. Sie protestieren gegen die amerikanische Vietnampolitik, aber das wird nur der Auslöser für ganz andere Proteste. Die von Grass gering geschätzten akademischen Bürgersöhne machen erste Schlagzeilen. Wollen die einen anderen Staat? Ja, die wollen einen anderen Staat. Das will auch Grass, aber nicht den, den die propagieren. Er ist wie sie gegen Krieg, denn er ist als gebranntes Kind gegen jeden Krieg, aber er reiht sich nicht ein, er schaut vom Straßenrand aus zu. Aufmärsche jeder Art sind ihm zuwider. Er hat zu viele gesehen und erlebt.

In den USA gibt es bei Protesten schon die ersten Toten. Darüber berichten auch Berliner Zeitungen. Dennoch ahnen alle nicht, wie aufgeheizt die Stimmung an den Universitäten drüben inzwischen ist, als sie sich zur Tagung der Gruppe 47 begeben. Die ist eingeladen nach Princeton, genauer: von der Ford Foundation, und die wird, wie manche raunen und schreiben, auch von der CIA finanziert.

Der italienische Verleger Feltrinelli warnt seinen Autor Grass dringend davor, für die Überfahrt in die Vereinigten Staaten das italienische Schiff »Michelangelo« zu benutzen. Man wage sich nicht unter italienischer Obhut auf hohe See. Er würde das nie tun. Aber Anna mag nicht fliegen. Sie buchen also Kabinen in der besten Lage. Und tatsächlich gab es unterwegs nach einem Crash in einer riesigen Flutwelle ein Unglück, drei Tote und viele Verletzte. Weil Anna und Günter Grass mit Klaus Wagenbach Skat spielten und sich nicht in ihren Erste-Klasse-Kabinen aufhielten, ist ihnen nichts passiert, denn genau in die waren die Aufbauten vom Deck gekracht. Stewards schrien mama mia, Passagiere rannten durch die Gänge. Grass blieb im Salon. Ein Fels in den hochschlagenden und das Schiff schüttelnden Wellen, er hatte im Krieg Schlimmeres überlebt. Als wäre das eine selbstverständliche, oft geübte Tätigkeit, verteilte er Äpfel an die Kinder und Whisky an die Erwachsenen und mahnte zur Ruhe. Das beschädigte Schiff konnte die Reise fortsetzen. Wie schlimm es aussah, das sahen die New Yorker schon vor der Ankunft in ihrem Hafen. Die Zeitungen waren voll von dem Unglück, Reporter waren mit Sportflugzeugen der »Michelangelo« entgegengeflogen und hatten von oben alles fotografiert. Am Pier wartete Helen Wolff.

Weiter ging es über den Fluss nach New Jersey, nach Princeton zur Tagung der Gruppe 47. Die Gesamtkosten für den Trip aus Deutschland betrugen rund fünfundsechzigtausend Dollar. Weitere fünfunddreißigtausend kamen durch Spenden zusammen, mit denen anschließend die Reisen und Hotelkosten verschiedener Autoren finanziert wurden. Viel Geld, über zweihunderttausend Mark, von der Universität, die aus der Tagung das machte, was man heute Event nennen würde, Geld von der Ford Foundation und von weiteren

Mäzenen, hinter denen man auch die CIA vermuten durfte. Darüber wurde offen geredet. Aber keiner ging ans Pult und protestierte, um aus Überzeugung und aus ideologischen Gründen die Dollars abzulehnen. Nahm lieber noch eine weitere Hand voll mit auf die Weiterreise zu den germanistischen Departments der Unis an der Ostküste, zu Goethe-Instituten und zu literarischen Clubs.

Ein gewisser Peter Handke, den noch keiner kannte, ein junger sanfter Mann aus Graz, von Suhrkamp-Verleger Siegfried Unseld auf seine Kosten in die USA geschickt, erklärte die Gruppe für tot, deren Prosa für läppisch, veraltet, dumm – und sich für die Zukunft. Das brachte den erwünschten Werbeeffekt, da hatte sich der Aufwand für die Reise gelohnt. Er ließ sich in seiner Suada auch von Hans Werner Richter nicht stoppen. Grass schrieb ihm mit Filzstift in die Mütze »Ich bin der Größte«, aber da Handke eh dieser Meinung war, nahm er es hin. Enzensberger und Weiss und Fried und Lettau solidarisierten sich mit amerikanischen Poeten wie Allen Ginsberg gegen den Vietnamkrieg, Grass war auch gegen Krieg, wetterte aber gegen blindes Engagement von Leuten, die keine Ahnung hatten, wovon sie sprachen. Erklärte sich für nicht kundig und deshalb noch nicht in der Lage, kundig Stellung zu beziehen. Das verübelten ihm viele aus der jungen Generation. Die aufrechten und nicht zweifelnden Deutschen wurden begeistert gefeiert von amerikanischen Germanisten, die sich trotz Richters Verbot einfach in die Sitzungen in der Whig Hall gedrängt hatten. Die Zeiten, in denen man sich um Vorschriften kümmerte, waren vorbei. Die Idee der Sit-ins musste nicht erklärt werden.

Grass blieb zwischen den Stühlen sitzen, stur. Das einfache Weltbild von Gut und Böse, das die Akademiker sowohl hier als auch zu Hause aufgemalt hatten, hatte ihm zu wenige Grautöne. Zu viel Schwarz, zu viel Weiß. Er zweifelte an jeder Ideologie. Den Kommunismus zum Beispiel, »dieses weinrote Plüschsofa mit seinen durchgesessenen Sprungfedern, benutzen allzu viele für nachmittägliche Träumereien«.

Bei seiner Gegenrede in Princeton, bevor er sich und der Gruppe 47 und seinem Freund Höllerer, der wegen seiner Beziehungen zur Ford Foundation als Lakai der CIA verdächtigt worden war, und seinem Vater Richter bessere Gegner wünschte, lästerte er über die Forderungen nach »engagierten Schriftstellern«. Das erinnere ihn irgendwie an katholische Radfahrer, denn offensichtlich »von vornherein, und das heißt, bevor er den Bogen in die Maschine spannt,

Grass als Zeitungsverkäufer in Berlin. Das »Spandauer Volksblatt« wird von ihm und anderen Schriftstellern gegen die Dominanz der Springer-Blätter unterstützt.

schreibt der engagierte Schriftsteller nicht Romane, Gedichte und Komödien, sondern engagierte Literatur«.

Die Sprache der Straße war ihm zu laut, ganz egal, aus welcher politischen Ecke die Sprüche kamen. Die jungen Wilden, die ihm vor Jahresfrist noch andächtig gelauscht hatten, entfernten sich Richtung Utopia. Wagenbach beendete die Freundschaft nach dem spöttischen Grass-Gedicht »Zorn Ärger Wut« über mittelgroße Gefühle gegen den Krieg, die billig zu haben seien, über klampfende Antikriegssänger, über Nägel kauende Protestlyriker. Sie hatten noch ihre gemeinsame antifaschistische Basis, aber mehr nicht. Grass wiederum ist von Freund Klaus tief enttäuscht, hat er doch für Wagenbachs Start als Verleger so viel getan. Beide nähern sich erst jetzt im fast gleich hohen Alter weit über siebzig, vorsichtig wie Schnecken, einander an.

Als Grass in Berlin die Einladung zur Feier anlässlich der Eröffnung eines Verlagsgebäudes direkt an der Mauer annahm, straften ihn die aus dem ihm so nahen Biotop mit Verachtung. Man gehe nicht über die Straße zu Springer. Man gehe nur gegen den auf die Straße. Was wollt ihr denn, hat er geantwortet, ich halte das linke Kursbuch hoch und werde subversiv in die Kameras lachen. Da lachten sie ihn aus.

Danach fährt er wieder mal in die andere Heimat, nach Danzig. Dort wird seine Novelle »Katz und Maus« verfilmt. Mit prominenter Besetzung, die noch nie in einem Film zu sehen gewesen war, mit Peter und Lars Brandt. Beide noch Schüler, beide unter vielen Laien ausgesucht. Die Dreharbeiten zu »Katz und Maus« mussten pünktlich am Ende der großen Sommerferien abgeschlossen sein. Das hatten Rut und Willy Brandt als Bedingung in dem Vertrag gefordert, den sie am dreiundzwanzigsten März 1966 unterschrieben haben. Ihre Söhne durften keinen Alkohol bekommen und jeder nicht mehr als tausend Mark Gage. »Ich gehe davon aus«, hatte Brandt in einen Zusatz zum Vertrag diktiert, »daß es nur so gemacht wird, wie es sich gegenüber Minderjährigen, die die Schule besuchen, verantworten läßt und mit meiner Stellung in der Öffentlichkeit vereinbar ist.«

Doch diese Öffentlichkeit, angeführt von Ewiggestrigen, denen Franz Josef Strauß die Stimme verlieh, schrie dann getroffen auf. Als Brandt unterschrieb, war er Bürgermeister von Berlin. Als der Film ein halbes Jahr später fertig war, war er Außenminister der Bundesrepublik Deutschland und Vizekanzler in der Großen Koalition. Das machte einen gewissen Unterschied aus. Für die Kritiker nicht, die verrissen das Werk und begründeten dies künstlerisch.

Es ging um zwei Szenen des Films, der Rut und Willy Brandt Ende 1966 vorgeführt worden war: Einmal sah man einen halben Hintern ihres Sohnes und ein anderes Mal ließ Mahlke alias Lars Brandt das Ritterkreuz offenbar in seiner Badehose verschwinden. Sein Bruder Peter, der während des größten Teils der Dreharbeiten in Gdansk und Sopot mit einer Gelbsucht im Krankenhaus lag, glaubt heute noch, dass sein Vater wie üblich nicht richtig zugehört habe, als man ihm das Projekt auf Basis der Grass-Novelle erklärt habe, die in Danzig und Zoppot spielte. Nur deshalb habe er genickt. Den Ärger, den es anschließend gab, hat Brandt allerdings locker durchgestanden. Da war er als so genannter Vaterlandsverräter wirklich schlimmere Angriffe seiner Gegner gewohnt.

Die kommen Ende 1966 auch von seinen Freunden. Als sich die SPD mit der CDU unter Führung des einstigen Mitläufers Kurt Georg Kiesinger in einer großen Koalition verläuft, als laut Grass der Barzel in die Wehner fließt, als auf den Straßen skandiert wird, wer hat uns verraten, Sozialdemokraten, als der Poet vergeblich an seinen Helden appelliert, ihn und die Kontoristen nicht in die linke Ecke der Enttäuschten zu drängen, als Brandt antwortet, es sei die einzige Alternative bis zur nächsten Wahl…

…war die Sozialdemokratie für alle Dichter, außer für Grass und für Härtling, eine verachtenswerte Partei. Kaum mehr als ein Jahr nach den heiteren Tagen im Languedoc, in denen sie sich schwer geschlagen, aber leichten Herzens und guten Mutes zugeprostet hatten, beim nächsten Mal werden wir es schaffen, dichtete F. C. Delius in seinem Gedicht »Abschied von Willy« voller Zorn: »Brandt: es ist aus. Wir machen nicht mehr mit,/ Viel Wut im Bauch. Die Besserwisser grinsen… Wer jetzt nicht zweifelt, zweifelt niemals mehr,/ Was jetzt versaut ist, wird es lange bleiben.«

Günter Grass gibt gegen ein solch großes Nein dennoch seinem kleinen ja noch eine Chance, obwohl er genauso gegen diese miese Ehe ist, obwohl er fürchtet, dass sich die Jugend aus Enttäuschung den rechten und den linken Ideologen anschließt, womit er wieder mal Recht haben wird, der Rechthaber. Erst flüchtet er sich in die heiligen Hallen der Berliner Akademie, wohin der Lärm der Straße nicht dringt. Liest aus der »Blechtrommel« und liest aus dem »Gleisdreieck«, begleitet von sanften Tönen aus der Querflöte von Aurèle Nicolet.

Dann stürzt er sich, trotzig und furchtlos, wieder ins Getümmel draußen. Es wird hier geblieben, ruft er denen zu, die gestern noch im politischen Sinne Seit an Seit mit ihm zogen und sich jetzt, ohne ihn, auf den Straßen unterhaken, ebenfalls Seit an Seit. Es wird nicht abgesplittert. Der Staat sind wir. Die Schmollwinkel bleiben leer. Aber wer hört noch auf ihn?

VIII

»Ich fürchte alle, die mich bekehren wollen«

1967–1969

Auf dem Dach der Pulvermühle weht die Fahne des Vietcong. Die Bäume vor dem Gasthof in der Fränkischen Schweiz sind mit dunkelroten Zetteln bepflastert. Auf denen stehen Sprüche wie »Dreht Springer krumme Dinger« oder »Lieber tot als Höllerer«. Drinnen im Saal, der vom letzten Tanzabend noch mit Girlanden und bunten Glühbirnen geschmückt ist, sitzen Dichterinnen und Dichter, Kritiker und Musen, Lektoren und Buchhändlerinnen, und sie sind sich nicht einig. Politisch. Literarisch. Überhaupt. Reich-Ranicki macht den alten Eich fertig, daraufhin schlachten Grass, Bichsel und Härtling den Reich-Ranicki. Wenn er nur halb so gut schreiben könnte wie Eich und nur halb so gut reden wie der Jens und nur halb so gut denken wie Kaiser oder Raddatz oder Mayer oder Baumgart...

Die Jahreshauptversammlung der Gruppe 47 ähnelt der von anderen Gesellschaften mit beschränkter Haftung. Same procedure as last year? Same procedure as every year. Allerdings geht es hier nicht um die Produktion von Nähmaschinen oder die Marktchancen von Cornflakes, sondern um die Präsentation von Literatur.

Die liegt auch dem Pensionswirt Kaspar Bezold am Herzen, denn auch er ist ein Dichter. Im Prospekt, der für seine Herberge bei Waischenfeld wirbt, hat er es unter Beweis gestellt: »Hast du satt das Weltgewühle,/ dann reise in die Pulvermühle:/ hier kann der Geist in frohen Stunden,/ als Mensch in der Natur gesunden.« Das Weltgewühle hat, siehe jenes Fähnlein im Wind, siehe jene Botschaften an den Baumstämmen, an diesem Oktoberwochenende 1967 den Weg ins Tal, wo die Wiesent fließt, schon gefunden und das wird noch nicht alles sein.

Plötzlich geht die Tür zum Saal auf. Der Terrier Stasi von Walter Kolbenhoff bellt, aber es ist nur Rudolf Augstein, der sich verspätet

Die jährlichen Treffen der Gruppe 47 hat Grass nie versäumt. Neben ihm Peter Rühmkorf, dahinter Peter Bichsel.

hat. Die Internationale klingt durch geschlossene Fenster und gedämpft als Signal ein höhnisch gemeinter Sprechchor der Völker: »Dichter, Dichter, Dichter.« Wieder geht die Tür auf. Ein junger Mann, etwas dicklich, trägt ein paar Luftballons rein, die er platzen lässt, und ein Schild, auf dem zu lesen ist: »Hier tagt die Familie Saubermann.« Das findet er witzig. Toni Richter drängt ihn wieder hinaus. Auf einmal riecht es nach Rauch. Im Hof brennen Zeitungen. Wo ist Lettau?

Kaffeepause, sagt Hans Werner Richter.

Reinhard Lettau steht vor dem Feuerchen und hat ein Megafon vor dem Mund. Genossen, sagt er, doch da fährt ihm Grass schon mal übers Maul, er braucht keine Flüstertüte, seine Stimme trägt über den Hof des Gasthauses: »Ich bin kein Genosse.« So einer, wie er hier wahrscheinlich gemeint sei, erst recht nicht. Richter brüllt, er habe angesichts seiner Biografie weiß Gott nicht nötig, sich von wild gewordenen Kleinbürgersöhnchen belehren zu lassen. Deren dummes Gewäsch von unpolitischen Ästheten und elfenbeintürmigen Dichtern mache ihn wütend. Von wegen, Völker, höret die Signale. Er sei bereits vor 1933 in der KPD gewesen und habe kehrtmarsch nach 1933 die nämlichen Genossen in den Uniformen der Nazis gesehen.

Infantile Aktivisten.

Die gehören zum Sozialistischen Deutschen Studentenbund und sind aus Erlangen angereist, um die Herbsttagung der etablierten Schmetterlinge zu sprengen, angestiftet von Lettau und Fried und anderen Genossen ihrer Gesinnung. Auch Walser ist noch nicht so staatstragend wie heute. Sie benehmen sich wie Proleten, sind aber nicht mal Proletarier, denn die hätten sich keine Jaguars und Porsches leisten können, in denen die Putzmacher vorfuhren. Rote Fahnen flattern aus Cabrios. Sie haben auf dem Parkplatz vor dem Gästehaus einen Haufen mit Springer-Zeitungen angezündet, daher der Rauchgeruch. Grass weist sie auf eine fatale Parallele hin, die zur Bücherverbrennung unter den Nazis. Das interessiert sie nicht.

Faschisten im Marxpelz nennt Grass solche Genossen.

Er hat eigentlich keinen Grund, Axel Springer zu verteidigen. In dessen Zeitungen wird er angegriffen wegen seines Einsatzes für Willy Brandt, wegen seiner Polemik gegen die große Koalition und den nicht nur dort noch tätigen ehemaligen Nazis, wegen seiner Forderung auf Anerkennung der Oder-Neiße-Linie, denn die alte Heimat sei verloren, wegen seines Plädoyers, die Wiedervereinigung zu vergessen und stattdessen nach Freiheit in einer deutsch-deutschen Konföderation zu streben. So früh hat er das gesagt? So früh. Darum wird er sich erstaunt geben, dass nach dem Fall der Mauer die allgemeine Empörung und Verunsicherung über seine Vorstellungen von Deutschland, bloß kein einig Vaterland, so groß sind. Was war an seiner bekannten Meinung denn plötzlich über Nacht wieder so anstößig? Der Zeitpunkt, zu dem er sie wiederholte.

In den Feuilletons derselben Blätter dagegen galt ihm gegenüber lange noch das freie Wort eines Jost Nolte oder eines Christian Ferber, da ging es mehr um sein veröffentlichtes Werk, weniger um seine öffentliche Wirkung. Günter Grass hat die Trennung zwischen Bürger Grass und Dichter Grass so gewollt, hat einst in einem Gespräch unter vier Augen mit Axel Springer die Zusage bekommen, bei seinem Einsatz für Willy oder andere Verdächtige nicht im Kulturteil behandelt zu werden, wo er sonst oft attackiert und selten gelobt wurde, sondern auf den politischen Seiten. »Hans Werner Richter war nicht wütend über die Schreihälse draußen, sondern daß Autoren der Gruppe 47 dahintersteckten. Wir hatten gerade die Anti-Springer-Resolution verabschiedet, da kamen die an und wollten uns Politik beibringen.«

Die Resolution der Gruppe 47 gegen Axel Springer, der 32,7 Prozent aller deutschen Zeitungen und Zeitschriften kontrollierte und deshalb eine Gefahr sei für die Meinungsfreiheit, war von achtzig der fast hundert anwesenden Mitglieder unterzeichnet worden. Eine taktische Meisterleistung von Hans Werner Richter, die sich unfreundlich gesonnenen Genossen und Nichtgenossen zu vereinen. Im Vorfeld, wie man das heute nennen würde, klug aufs Ergebnis hin gesteuert von Peter Rühmkorf, dem leidenschaftlichen Sprachkünstler, der nach dem Auftritt 1961 zwar jedes Jahr dabei war, aber nie wieder etwas vorgelesen hatte, weil er die von ihm so verspottete Schutzgemeinschaft rechtloser Wanderarbeiter nicht mehr ernst nahm. Aber da er um ihren Marktwert wusste, benutzte er sie in politischen Zeiten für den gedachten Zweck. Die einen wollten in dem offenen Brief bereits das Datum der kommenden Revolution verkünden, andere eine Resolution mit sich als Hauptperson, wie Rühmkorf über Grass anmerkte.

Der hatte diesmal sogar allen Anlass, sich für die Hauptperson zu halten. Grass war kurz vor der Tagung als »Dichter mit der Dreckschleuder« von der »Bild«-Zeitung beschimpft worden, weil er in einem Beitrag für die Fernsehsendung »Panorama« dem Verlag vorgeworfen hatte, mit »wahrhaft faschistischen Methoden Zweckmeldungen« zu verbreiten. Anlass zur Empörung war ein angeblicher Brief des in Ostberlin lebenden jüdischen Dichters Arnold Zweig, in dem er die antisemitische »Hölle« DDR schilderte. Ein Skandal und eine willkommene Vorlage gegen die Kommunisten, die sich als Hort der aufrechten Antifaschisten gaben. Drei Springer-Zeitungen druckten die Zweig-Anklage ab und benutzten die Gelegenheit, den verhassten Zonenknechten eins auf ihr kommunistisches Haupt zu geben. Zweig dementierte: »Noch niemals, selbst nicht im braunen Reich des Herrn Goebbels, sind derartig faustdicke Lügen über mich verbreitet worden.« Er hatte Recht: Niemand hatte recherchiert, stattdessen lieber flugs kommentiert. Der Chefredakteur des »Hamburger Abendblatt« bedauerte den Fehler, aber das entschuldigte für Grass nichts, zumal er Absicht witterte und sich keine der Zeitungen beim Opfer persönlich entschuldigt hatte. Es stellte sich heraus, dass der Brief in Wahrheit von einer Westberliner Agentur namens tarantelpress erlogen worden war, hinter der – aber das sollte man erst mehr als fünfundzwanzig Jahre später aus einem Bericht der »Berliner Zeitung« erfahren – eine Abteilung Desinformation des israelischen Geheimdienstes Mossad stand.

Die Verdächtigen der üblichen Partei nannten nicht die Fälschung einen Skandal, sondern die Reaktion von Grass, der außerdem von mehr als einem Dutzend Redakteure des Hauses Springer wegen Verletzung ihrer Ehre angezeigt wurde. Sogar ein ihm prinzipiell gleich gesinnter Politiker wie der kaschubische Landsmann Horst Ehmke, damals Staatssekretär in der Regierung Kiesinger/Brandt, fand zwar den Anlass skandalös, aber die Wortwahl von Grass unglücklich. Doch der blieb bei seiner selbst erlesenen Meinung, dass es in Deutschland nazistische Relikte und dementsprechend faschistische Methoden gäbe. Die Lektüre der »Welt am Sonntag« mit Beiträgen der Herren Studnitz, Schlamm, Mohler genüge als Beweis.

Wie so oft zuvor fühlt sich Walter Höllerer bestätigt in seinem Widerwillen gegenüber allen politischen Aktionen. Schriftsteller laute die Berufsbezeichnung, nicht Unterschriftsteller. Die hinter der Pulvermühle auf Baumstämme geschlagenen Angriffe gegen ihn ignoriert er souverän. Er schließt sich der Resolution gegen Springer nicht an.

Grass sah ein, dass eine Entschließung, die allgemein gehalten war, mehr Wirkung haben würde als eine konkrete Solidaritätsadresse aus zufällig gegebenem Anlass. Im Namen der Gruppe erklärten sich die Individualisten: Man werde erstens in keiner Zeitung oder Zeitschrift des Springer-Konzerns mitarbeiten, woran sich Günter Grass als einer der Letzten der damaligen Unterschreiber noch bis heute hält. (»Schreib keinen Brief,/ Brief kommt ins Archiv./ Wer den Brief schreibt,/ unterschreibt,/ was von ihm einst überbleibt.«, hat er ironisch als Prophet später mal gedichtet, als er, was mit dem »Älterwerden zu tun hat«, häufiger Sätze wie diese zwischen Klammern stellt.) Man erwarte zweitens von seinen verschiedenen Verlegern, dass sie für ihre Bücher nicht in den Zeitungen des Konzerns inserieren. Auch darauf legt Grass weiterhin Wert und da steht er inzwischen ganz allein da.

Selbst Rühmkorf, mit Günter nach Beilegung der Konflikte über den rechten linken Weg in Sachen APO und dem Streit über die laut gereimten Rufe, wer hat uns verraten? Sozialdemokraten usw., nach »unterschiedlichem Tempo in der Linkskurve« in den Achtzigerjahren wieder gleichauf gegen »Springers Dreckschleuder«, hat die Anti-Springer-Regel mal gebrochen und im »Hamburger Abendblatt« zum sechzigsten Geburtstag seines Lebensfreundes Horst Janssen geschrieben. Zuvor aber den anderen Freund kundig gemacht. Muss jeder selbst entscheiden, habe Grass geknurrt.

Totgesagt, totgeschrieben, ja sogar totgefilmt in einem vorbereiteten Beitrag für den WDR, der mit einem Schwenk auf einem Wiener Friedhof begann, wo jedes Kreuz symbolisch die Zahl 47 trug, war die Gruppe 47 schon vor dem Treffen in der Pulvermühle. Ein Papiertiger. Eine Versammlung der Etablierten. Toter Club der Dichter. Ein Fossil. In solchen Zeiten wie diesen wurde Engagement verlangt; bei Demos »Bürger, runter vom Balkon« und Einreihung ins Glied gefordert. Da sie Bullen und Bullenknüppel scheuten, was Peter Rühmkorf ihnen wortbissig vorwarf, an leibhaftigen Protesten nur dann interessiert, wenn Demonstranten sich für sie stark machten, zum Beispiel für einen Augstein, der gerade im Gasthof angekommen war, wenn sie selbst also feige vor dem Fernsehapparat sitzen blieben, statt mutig auf die Straße zu gehen, dann wenigstens sollten sie engagierte Literatur liefern.

Also griffige Parolen.

Rühmkorf stritt gegen die Sozialdemokratisierung der Gruppe, die sich bei der Gründung als radikal links begriffen hatte, ganz im

Sinne von Alfred Andersch, nach dem Krieg kurzfristig mit Richter Herausgeber der legendären Zeitschrift »Ruf«. Andersch träumte von einer Art Akademie für fortschrittliche Dichtung, bevor er sich dann doch lieber an die eigene begab, Hans Werner Richter wollte fortschrittliche Dichter für einen Anfang nach dem Ende versammeln und gab dafür die eigenen Träume auf. Die von Rühmkorf attackierte Sozialdemokratisierung hatte zwar in Günter Grass ihren stärksten Fürsprecher, aber draußen galt selbst der noch als radikaler Linker.

Noch vor einem Jahr bei der Tagung in Schweden hatte der deutsche Botschafter lieber Urlaub genommen, aus lauter Sorge, von Amts wegen eventuell diese Linken empfangen zu müssen. Nun galten diese Linken anderen Linken als Rechte. Sollte sie sich also lieber selbst auflösen, nur noch jeder für sich schreiben, aus lauter Angst, öffentlich ein Dichter genannt zu werden?

Nichts da. Die können uns mal. Und zwar kreuzweise.

Sagte Gründervater Richter. Viele Kritiker der Elche wären doch gern selber welche. Wir machen weiter. Nächstes Jahr fahren wir in die Tschechoslowakei. Zu deren Dichtern und Intellektuellen bestanden gute Beziehungen. Man kannte sich von Tagungen des P.E.N., von internationalen Buchmessen. Innerhalb des Ostblocks galt das Land unter den aus Moskau vorgegebenen Umständen als liberal. Realer Sozialismus zwar auch dort, aber kein Vergleich mit real existierenden ostdeutschen Zuständen.

Günter Grass begann einen Briefwechsel mit Pavel Kohout, beide gaben sich kollegial, schenkten sich aber politisch nichts. Der eigentliche Anlass, ein in der »Sunday Times« abgedrucktes Manifest unterdrückter Intellektueller gegen die Staatsmacht ČSSR, erwies sich als fraglich. Der Streit um verfälscht oder gefälscht jedoch war längst Nebensache, es entstand zwischen den beiden Dichtern ein Ost-West-Dialog über ihr jeweiliges System und die Möglichkeiten für Veränderungen. Grass beklagte, dass sich in seinem Land ein Teil »der linken Opposition neuerdings den aufgeklärten Liberalismus zum Prügelknaben Numero 1 erwählt hat«, doch vergaß nicht zu erwähnen, wie weit der Weg dorthin sei, bis sie überhaupt mal solche Probleme haben würden. Er und seine Frau Anna pflegten auch ganz private Kontakte in Prag, zu dem Literaturwissenschaftler und Übersetzer Vladimir Kafka.

Also, nächstes Jahr in Prag, die Gruppe werde einundzwanzig und volljährig, Einladungen per Postkarte würden wie gewohnt rechtzeitig verschickt. Das geplante Treffen verhinderten dann nicht Demonstranten, sondern sowjetische Panzer, die im August 1968 den Prager Frühling erstickten. Erst 1990 wird die Tagung stattfinden, als das Land sich selbst befreit hat, doch das werden nicht mehr alle erleben, die 1967 in der Pulvermühle dabei waren, und Hans Werner Richter nur unter Schmerzen.

Die fünfundzwanzig vorgesehenen Lesungen finden trotz der unvorhergesehenen Störung statt. Die Revolutionäre vom Dienst verabschieden sich laut hupend. Sie halten sich für die Sieger. Ihre roten Fahnen und auch die vom Dach nehmen sie mit. Die staunende Dorfbevölkerung geht langsam zurück in ihre Welt. Unter den Kandidaten auf dem Stuhl neben Richter dominieren die Frauen. Sie drücken uns nicht, klagt Grass, der gerade nach dem Vortrag einiger neuer Gedichte als vager Prediger zerzaust worden ist, sie schreiben uns aber an die Wand. Einer liest, was wie abgesprochen wirkt, doch blanker Zufall ist, über zuschnappende Busen. Reich-Ranicki bezweifelt, dass Busen als solche zuschnappen können, andere weibliche Körperteile an sich sehr wohl. Was wiederum mit dem Zuruf beantwortet wird, dass er keine Ahnung habe. Auch Grass widerspricht ihm, schon aus Prinzip, aber auch aus Erfahrung, er glaube sehr wohl an schnappende Busen, wolle aber jetzt nicht näher darauf eingehen.

Nur nach der Lesung von Jürgen Becker sind sich alle einig. Der war am besten. Die sechstausend Mark, die er bekommen soll, spenden auf Vorschlag des abwesenden Heinrich Böll ehemalige Preisträger der Gruppe, außer ihm selbst Grass, Walser, Bichsel, Eich. Die beiden Erfolgreichsten geben je zweitausendfünfhundert Mark. Erst abends beim traditionellen Abschlussfest wird das Thema Zuschnappen vertieft in Einzelgesprächen. Wagenbach tanzt und Augstein tanzt und Grass tanzt mit seiner Anna und andere Damen mit Busen tanzen und vom Plattenteller singen die Beatles »All You Need Is Love«.

Das ist grundsätzlich richtig und das gilt noch immer. Das Jahr 1967 aber war politisch ein Jahr des Hasses und privat nicht gerade ein Jahr der Liebe. Bei der Demonstration gegen den Schah-Besuch ist in Berlin der Student Benno Ohnesorg von einem Polizisten erschossen worden. Der einst konservative Sebastian Haffner verfasste für den »stern« einen so unerbittlich scharfen Kommentar, in dem er Zustände in Berlin 1967 mit denen von 1933 verglich, dass ihn der stellvertretende Polizeipräsident anzeigte. Zum Prozess kam es nie. Grass schrieb, dass zum ersten Mal nach dem Krieg ein Mensch aus politischen Gründen sein Leben hatte lassen müssen, nannte den Toten von Berlin ein politisches Mordopfer und griff zynisch lobend die Presse aus dem Hause Springer an: »Es bedurfte fleißiger Schreibtischarbeit, bis die aggressiven Instinkte in unserem Volk aufgedeckt und wachgerüttelt wurden.« Er stellte sich zwar auf die Seite der Protestbewegung, für die es gute Gründe gab, aber sein Zorn auf die Reaktion der Reaktionäre machte ihn nicht auf dem linken Auge blind. Man dürfe ihn deswegen beschimpfen, lädt er ein, denn »ich bin ein Revisionist«.

Seine Einwände als Scheißliberaler machte er ebenso öffentlich. Ein Leben zum Beispiel unterm Vietcong fand er nicht verlockend, warum also sollte er für den auf den Straßen gegen Amerika brüllen? Das verübelten ihm Freunde von gestern. Die kämpften angeblich genau wie er für eine gerechtere Welt, für eine andere Gesellschaft, für einen Politikwechsel. Doch glaubten sie nicht mehr daran, innerhalb des Systems etwas erreichen zu können. Das lasse sich nicht mehr reparieren, meinte Enzensberger. Sie setzten auf Revolution, Grass beharrte auf Evolution. Er stellte sich, treu seiner Liebe für die Farbe Grau, der Farbe des Zweifels, zwischen die beiden Heerlager, was ihm von beiden Seiten verübelt wurde.

Das hatte er erwartet, denn er wusste, »die Thesen ›Verbot des SDS‹ und ›Enteignet Springer‹ sind mit der gleichen autoritären Tinte geschrieben. Es besteht kein Grund, diesen Wegweisern in politische Sackgassen zu folgen.« Wenn ein angeblich linker Anwalt namens Horst Mahler ein Programm verkünde, dessen erstes Ziel laute, die Sozialdemokratie zu zerschlagen, dann könne »diese linksextreme Kampfparole bei den Gewährsmännern von rechts nur zustimmendes Nicken auslösen«. Bei denen ist Mahler tatsächlich gelandet, Grass wird Recht behalten.

Er pflegt eigenen Angaben zufolge zwar durchaus Meinungen, die sich ändern lassen, doch bei einigen bleibt er fest. Da kennt er kein »großes Ja mit einem kleinen nein«, nur Sozialdemokraten. Allein diese Langweiler in der Mitte könnten einen Staatsstreich von rechts und eine Revolution von links verhindern. Wie ähnlich sich die Radikalen sind, wenn es gegen die Sozis geht, das weiß er aus eigener Erfahrung, das hat er als neunzehnjähriger Koppeljunge unter Tage im Kalibergwerk erlebt, seitdem gilt: »Ich fürchte alle, die mich bekehren wollen.« Grass betont die Unterschiede. Faschismus und Kommunismus seien zwar theoretisch nicht vergleichbar, aber menschenverachtend und vernichtend bleiben nun mal beide. Rechtsradikale und Linksradikale sind ihm daher gleich zuwider, Nazis und Stalinisten aus demselben Schoß gekrochen: »Wer in sich braun gefärbt ist, der vermag, das lehrt die Geschichte, allenfalls im stalinistischen Rot eine Alternative zu erblicken.«

Wovor ihm graut, ist ein Haus mit zwei Ausgängen. Da sucht er sich einen dritten. Was ihn schreckt, ist Idealismus, diese »milchreiche Nährmutter links- wie rechtsextremer Weltverbesserer«. Unentwegt jätet er das deutsche Grundübel, doch »dieser Spitzwegerich wächst unentwegt nach«. Große politische Gefühle sind ihm suspekt: »Das Grundübel unseres Vaterlandes, das Gustav Heinemann ein schwieriges nennt, scheint mir die durch nichts zu unterbrechende Fortsetzung des deutschen Idealismus zu sein. Totale Ansprüche, ob von links oder rechts vorgetragen, sind nach wie vor vom deutschen Idealismus geprägt, verdanken ihm seine übermenschlichen Maße.« Und wer genau hinschaue, könne sogar feststellen, aber wer schaut in diesen Zeiten schon genau hin, dass seine »literarische Arbeit wie mein Versuch, in der Politik Bürgerrechte wahrzunehmen, den gleichen Ansatz haben«.

In seinem Nachruf auf den mit neunzig Jahren im Mai verstorbenen Konrad Adenauer verschwieg er zwar nicht, was ihm am restaurativen, autoritären System des Alten missfallen hatte. Die infame Rede gegen Brandt war nicht vergessen. Aber er sprach fast wehmütig über den Verlust des »uneitlen, trockenen Asketen«, dem weder Gegner noch Anhänger gewachsen waren, der wenigstens dem allzu Feierlichen immer ein »Bleiben Sie sachlich« zugerufen habe.

Emotionen auf der Buchmesse wenige Tage nach dem Eklat vor der Pulvermühle. Auch hier Politik statt Poesie. Es geht nicht mehr um Literatur, sondern um revolutionäre Literaten, die Engagement statt Kunst fordern und sich entsprechend wild vor Verlagsständen gehen lassen. Zwar hätten sie keine Argumente und seien schlecht vorbereitet gewesen, lästerte Grass, aber dafür waren sie umso lauter. Hielten sich für ungeheuer links und benahmen sich in ihrem Verhalten ungeheuer rechts. Wollten die Welt verbessern, wogegen nichts einzuwenden sei, aber wer ihre bessere Welt nicht für die bessere hielt, suche sich besser ein anderes Land. Toleranz gehöre nicht zu den Tugenden der Weltverbesserer.

Für Grass schon.

Auf dem Rückflug von Frankfurt drischt er mit Lettau und mit Anna einen »evolutionären« Skat. APO-Apologet Lettau müsste Grass eigentlich dankbar sein. Laut Pass war er seit seiner Heirat zwar Amerikaner. Doch als Typ des linken Idealisten stur deutsch. Die Berliner Behörden hatten ihn deshalb vor einigen Monaten wegen politischer Aktivitäten ausweisen wollen, auf solche Ideen kam man damals wie selbstverständlich. Das hatte Grass verhindert. Schon die Drohung, Lettau in seinem Haus Asyl zu geben, und dahin möge die Polizei dann gerne kommen, hatte genügt.

Grass findet auf die Herausforderungen des Jahres 1967 zwei grundsätzliche Antworten, eine als Bürger und eine als Lyriker. Die eine trägt die Überschrift »Grass erhebt warnend seine Stimme« und kann im Stehsatz der Zeitungssetzereien, da sie morgen schon wieder gebraucht wird, aufbewahrt werden. Er redet argumentativ, polemisch, lautstark an gegen rechte und linke Ideologen, weil beide die Republik nicht reformieren, sondern das System zerstören wollten. Die zweite trägt die Überschrift »Ausgefragt« und ist der Titel eines Lyrikbandes. Er dichtet an gegen politische Propheten und gegen universitäre Utopisten, denen Literatur ohne politischen Standpunkt, natürlich ihren, in diesen Zeiten unerlaubt scheint. Die sich auf alles ideologische Reime machen können, wenn auch keine so passenden Verse wie er: »Mama. Es hat sich Heiterkeit/ verflogen und ist überfällig./ Eng wird es zwischen Ideologen/ und Söhnen aus zu gutem Haus./ Sie kommen näher. Ich will raus.«

Seine Reden gegen rechts sind in den Wind gesprochen wie die gegen links. Selbst in Bayern, wo es als Alternative zur NPD ja die CSU gab, haben ihm Jungwähler bei der Landtagswahl die Gefolgschaft verweigert. Wie zuvor schon in Hessen, einem Stammland der Sozialdemokraten, zogen die Neonazis ins Parlament ein. In den Universitäten, Festungen der wachsenden außerparlamentarischen Opposition – hatte nicht Grass davor gewarnt in seinem offenen Brief gegen die große Koalition? –, hören die Studenten auf Marcuse und Marx, rufen anschließend auf den Straßen nach Mao. Der bürokratische Kommunismus hinter der Mauer ist vielen zwar genauso suspekt wie die parlamentarische Demokratie, doch die Hilfe von nützlichen Idioten nehmen die Außerparlamentarischen gern in Anspruch. Der wortgewandte Peter Schneider, nach heutigem Bekenntnis damals kein Demokrat, bittet schriftlich die Stalinisten drüben, ihn und seine

Genossen für das geplante Anti-Springer-Tribunal mit Material zu versorgen.

Wenn Günter Grass die fundamentalen Unterschiede zwischen einer fehlerhaften Demokratie und einem »zwangsläufig Terror produzierenden« System erklären will, dann schreien sie ihn nieder. Was ihn nicht verstummen lässt. Da er einfach besser formulieren kann als seine Gegner, hört sich das bei ihm besser an. Er denke nicht daran, trotz seiner Vorbehalte gegen gewisse faschistische Methoden des Springer-Konzerns, trotz seiner Einwände gegen Hetze und Volksverdummung, einem Tribunal zuzustimmen, verweigere jede Unterstützung, weil »ich Schauprozesse hasse«. Er hält »halb theatralische, halb totalitäre Szenarien« gegen die Bedrohung der Meinungsfreiheit für schwachsinnig, und wenn einer in seiner unmittelbaren Reichweite gefordert hätte, dem Springer in die Fresse zu hauen, hätte er ihm die richtige Antwort in die seine gegeben.

Eigentlich hätten sie ihn loben müssen in der »Welt« oder dem anderen blauen Kampfblatt, der »Welt am Sonntag«, aber die dort redigierenden Ideologen sind, gleiche Brüder, andere Kappen, nicht besser als die an den Hochschulen Regierenden, auf die sie täglich mit ihren Zeilen schlagen. Ihre Macht wird nicht von einem neuen Gesetz begrenzt, das ist utopisch, das ist fern der Realität, sondern tatsächlich begrenzt. In München beispielsweise durch die »Süddeutsche Zeitung« und durch die »Abendzeitung«. In Frankfurt durch die »Frankfurter Rundschau«, in Köln durch den »Stadtanzeiger« usw. In Hamburg gibt es sogar eine richtige starke Gegenmacht, Zeitschriften und Magazine, die eine protestierende Jugend und Unruhe als erste Bürgerpflicht für einen Fortschritt im Lande halten, »Stern«, »Spiegel« und »Zeit«.

Die linke Intelligenz reihte sich geistig bei den Protestierenden ein, rechte Macher verteufelten postwendend die Sympathisanten der radikalen Systemveränderer als Staatsfeinde. Politik und Intellektuelle, Geist und Macht, trennten sich mal wieder. War ein Versuch gewesen, schade, hatte nicht geklappt. Apartheid galt wieder als moralisches Postulat, erkannte rückblickend der Intellektuelle Hans Magnus Enzensberger und er meinte es nicht anklagend, denn er sah das – damals solidarisch, bald wieder solitär – auch auf sich bezogen so.

Der Kleinbürger aus Danzig verachtete zwar die politisierenden Bürgersöhne aus zu gutem Hause, aber ihre Gegner nicht weniger.

»Ich bin Sozialdemokrat, weil mir Sozialismus ohne Demokratie nichts gilt und weil eine unsoziale Demokratie keine Demokratie ist.« Was das für eine Gesellschaft sei?, fragt er provozierend, die mit Begriffen wie »nationaler Würdelosigkeit« um sich werfe, wenn sich einer wie er sowohl an Milchpfennigen als auch an Ritterkreuzen reibe. Das Beispiel mit den Ritterkreuzen war klar seit dem »Katz und Maus«-Skandal. Aber Milchpfennig?

Um dessen Abschaffung oder Erhöhung ging es den Bauern vor der Landtagswahl in Schleswig-Holstein, und da Grass sich nicht mehr damit aufhielt, die eigenen Wunden zur Schau zu stellen, also über die große Koalition zu jammern, er blieb Sozialdemokrat, jetzt erst recht, musste er sich über die Probleme dort im Norden kundig machen. Er prügelte deshalb am Beispiel Milchpfennig auf die Landwirtschaftspolitik der Regierenden ein. Machte sie verantwortlich für den ranzig gewordenen Butterberg, auf dem alle sitzen würden. Das verstanden die Bauern. Beifall. So hatte es Grass geplant. Jetzt kam er ihnen mit dem Ritterkreuz. Die Leute, die schreien, dass es sich bei dem »hakenkreuzverzierten Metall« um ein wichtiges Symbol handele, meine Damen und Herren, seien doch genau die Typen, die nach dem Krieg ihre Orden gegen amerikanische Zigaretten getauscht hätten, statt sich vielleicht mal zu ihrer Schuld zu bekennen. Beifall. Recht hat er. Daraufhin erzählte er von den Erlebnissen des Soldaten Günter Grass im Kriegsgefangenenlager zu Bad Aibling. Wieder nickten die gleichaltrigen Männer im Saal.

So war es. Genau so.

Sein Trick, am Beispiel Milchpfennig eine ganz andere Botschaft zu verkünden, wurde verhöhnt von denen, die sich zu fein waren für solche Niederungen. Der Milchpfennig oder später mal das Kohleförderungsgesetz, langweilige Begriffe für tatsächliche Probleme, die er in seinen Wahlreden benutzte, wurden Grass von Lautsprechern, seinen Kollegen, denen ein Sieg des Vietcong in Hanoi wichtiger war als einer der SPD in Kiel oder in Bonn, als typisches Beispiel für den sozialdemokratischen Mief vorgehalten, nach dem er rieche.

Die SPD in Schleswig-Holstein saß zufrieden in diesem Mief, ohne eine realistische Chance auf die Macht, aber es war gemütlich warm. Zwar ohne Hoffnungen auf einen Sieg, aber auch ohne Sorgen um die eigene Zukunft. Der Staat ernährte die Opposition redlich. Ihr Vorsitzender Jochen Steffen, im Nebenberuf Reime schmiedender Kuddeldaddeldu, trat natürlich dennoch an. Zum Kampf sind wir geboren, hieß es im Lied von Rosa Luxemburg, das die Linken gerne sangen und dabei Tränen in die Augen bekamen, bevor sie wieder mal in absehbare Niederlagen aufs Feld zogen.

Steffen kannte den Text.

Im flachen Land zwischen den Meeren suchte Grass nach der Enttäuschung von Bonn wieder festen Boden. Er nahm mit seinem Stein Anlauf für den nächsten Anstieg. Siegfried Lenz hatte ihn um einen Einsatz gebeten, der Freund. Begleitet von ihm und dem Historiker Eberhard Jäckel, zog Grass in ein paar Schlachten für den rot genannten Jochen. Der Wissenschaftler war zwar gerade von Kiel nach Stuttgart berufen worden, als er von Grass mit dem Satz, wir brauchen noch einen Professor, gerufen wurde, aber er war in der Partei, von der Idee begeistert, und wurde zum Dritten im Bunde. Dass er auch Skat spielen konnte, registrierten Lenz und Grass mit Befriedigung, doch andere Fähigkeiten teilten sie geschickt auf: »Also, ich habe die Probleme scharf angerissen, Lenz hat sie geglättet und Jäckel hat alles historisch erklärt. Wir waren ein erfolgreiches Trio. Es war wunderbar, einfach wunderbar. Und da schon ist mir dann die Idee gekommen, beim Skatspielen natürlich, so etwas bundesweit zu organisieren, in der Form von sozialdemokratischen Wählerinitiativen.«

Man trat fünfmal gemeinsam auf, jeder auf seine Art, doch der Einzige, der richtige Erfahrung mit »so was« hatte, dem natürlichen Frust eines Sisyphos, war Grass. Wichtiger für seine eigene Zukunft, die gegenwärtig in Berlin zu liegen schien: Er verliebte sich auf den Reisen über die Dörfer in die Landschaft Schleswig-Holsteins, die ihn an seine Danziger Heimat erinnerte. Hier im hohen Norden machte die Ostsee blubb, pifff, pschsch…

Eine Veranstaltung der Wahlkämpfer, zwei parteilos, einer Genosse, wurde vom Chef der Jusos organisiert, der als Feingeist vom zweiten Bildungsweg galt. Björn Engholm hatte in der Partei einen literarischen Arbeitskreis geleitet. Er begründete den mit der These, dass auch Sozialdemokraten mal ein Buch lesen könnten. Sollten nicht nur wissen, wo links das Herz schlägt, sondern beispielsweise auch den Roman von Leonhard Frank mit diesem Titel kennen. Es war ein erfolgreicher Abend, tief in Erinnerung blieb ihm, dass die drei nach der Veranstaltung Skat spielten, dabei kräftig dem Alkohol zusprachen und er zuschauen durfte. Die Wahl gewann die CDU. Mit Jochen Steffen blieben sie befreundet. Als er starb, hielt Siegfried Lenz die Totenrede.

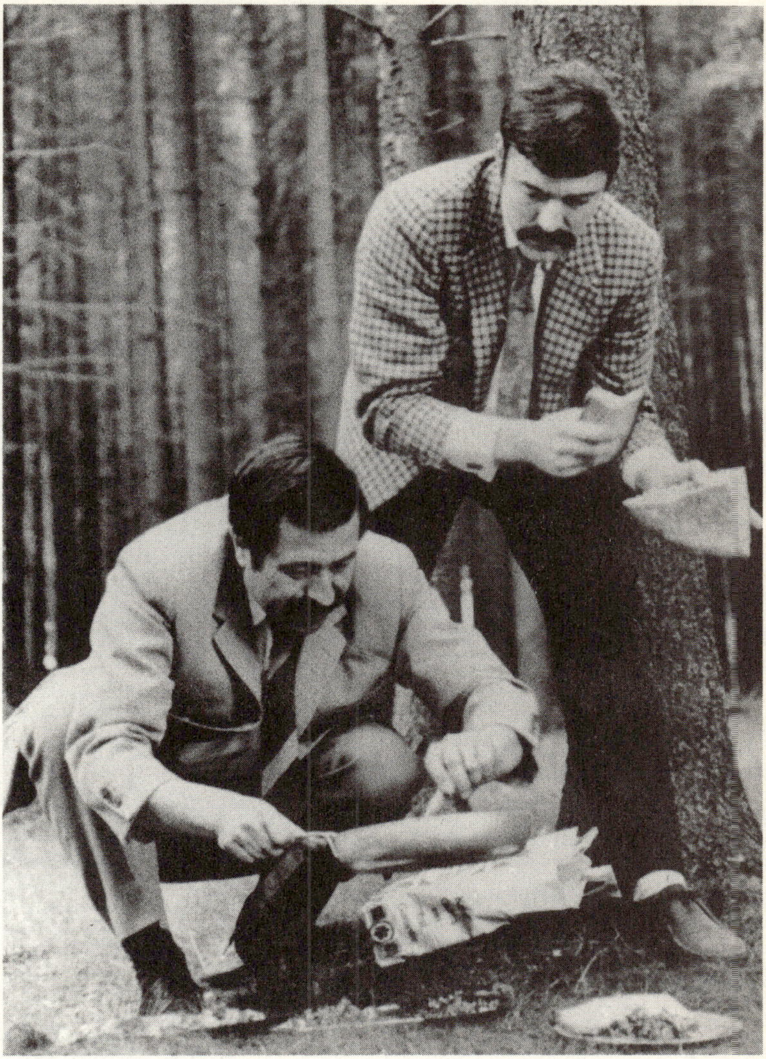

Pause im Wald. Grass bereitet gesammelte frische Pilze in der erhitzten Pfanne, sein Chauffeur und Begleiter Friedhelm Drautzburg, der wegen des ähnlichen Schnauzbartes oft mit dem Poeten verwechselt wird, bricht das Brot. Entstanden ist dieses Thomas-Höpker-Foto während des Wahlkampfes 1969.

Für Grass zählte Björn Engholm nur unter ferner liefen, den hielt er nie für gleichrangig. Er achtete sogar auf kritische Distanz, als Engholm zum Vorsitzenden der SPD gewählt und zu ihrem Kanzlerkandidaten gekürt wurde. Trotz örtlicher Nähe bei den »Wewelsflether Gesprächen«, so benannt nach dem Ort, in dem Grass dann wohnte, trotz zwischenmenschlichem und nicht nur sozialdemokratischem Du, blieb Engholm nur einer von zahlreichen Brandt-Enkeln. Solange der noch lebte, interessierten ihn dessen Enkel nicht.

Für ihn zählte eigentlich nur Willy.

Nur ihm zuliebe blieb die Schnecke in der Kriechspur. Das sei eben das Geheimnis dieser Art von Fortschritt. Man brauche einen langen Atem für den Weg. Habe er nie so sehen können, konterte Willy Brandt in seinen Memoiren, nur anfangs war er vom Grass-Bild der Schnecke als einer willkommenen reformistischen Wegbegleitung überzeugt. Aber dann konnte er zunehmend weniger damit anfangen: »In welche Richtung kriecht sie? Und weiß ich, wer sie zertritt?«, denn zum Laufe der Geschichte zählten nun mal Rückschläge wie Sprünge. So viel stehe fest: »Springen kann die Schnecke nun mal nicht.« Die große Koalition, diese laut Grass melancholische Versammlung trauriger Männer, war für den Dichter ein Rückschritt. Für Herbert Wehner nicht. Der sah sie als Fortschritt. Als Schritt fort aus dem linken Getto, hin zur Macht für Willy.

Recht behielt er.

Ob er seiner Vaterfigur Brandt wirklich nahe war oder nur immer wieder mal nahe kam, weiß Grass nicht. Er fühlte sich mit ihm befreundet, aber während er das sagt, scheint er sich gleichzeitig zu fragen, ob es wirklich so gewesen ist. Wurden Grass und Brandt zu richtigen Freunden über das Genossen-Du und das andere Du hinaus, das Willy dem Günter als der Ältere ein Jahr später anbot? Falls Brandt überhaupt zu einer Freundschaft fähig war, was alle bezweifeln, die ihn gut kannten wie sein Freund Egon Bahr, dann lautet die Antwort Ja, kann sein, weiß nicht, ist auch egal. Zwar mochte Brandt stets gern von Freunden sprechen, vermutet Arnulf Baring in seiner einmaligen und nach wie vor grandiosen Geschichte vom »Machtwechsel«, aber es waren wohl eher Gefolgsleute, die sich für ihn aufopferten. Die Schnecke hat es in ihrem literarischen Tagebuch, dem Grass-Werk, das nicht gut versteckte, sondern offene Schnittstellen mit seiner tatsächlichen Biografie erlaubt, so umschrieben: »Ich weiß nicht, ob er mehr von mir weiß, als ich mitteile. Bevor wir zu uns kommen, kommen wir zur Sache. Weil wir so verschieden sind, brauchen wir eine Sache, die wir unsere nennen. Eine verplante Freundschaft.«

Auf jeden Fall haben sie sich nicht geduzt während der öffentlich ausgetragenen Auseinandersetzung in Sachen große Koalition. Danach war der Außenminister nicht nur deshalb schweigsam, weil erst einmal zwischen ihm und dem Dichter alles gesagt war. Von der Vaterfigur blieb die Figur. Er hatte sich auch als Vater ein wenig ausgenutzt gefühlt wegen »Katz und Maus«, denn im Kabinett musste er sich süffisante Sprüche anhören. Die Rechten zitieren sogar die Linken, die »Zeit« zum Beispiel, wo Uwe Nettelbeck schrieb: »Jetzt ist die Katze aus dem Sack, vielmehr die Maus aus dem Berg, jedenfalls ist ein Zelluloidtierchen zu sehen, das schielt und hinkt, ein trauriger Anblick.« Nach außen blieb er souverän, wer sei er denn, dass er seinen Söhnen etwas verbiete, und zitierte im Gegenschlag auswendig, was eine ihm unverdächtig unfreundlich gesonnene Zeitung wie die »FAZ« nach der Premiere des Films geschrieben hatte: Das Ritterkreuz sei nicht etwa jetzt geschändet worden, sondern schon lange zuvor durch das Hakenkreuz der Nazis. Da schwiegen die Gegner, die neben ihm am Kabinettstisch von »König Silberzunge« saßen, dem Nazimitläufer Kurt Georg Kiesinger. Nur die Unverbesserlichen geiferten noch von ihrer durch die Söhne des Vaterlandsverräters verletzten Ehre und gaben ihre Orden zurück.

Hat Grass nun mit Brandt ein ganz bestimmtes Gespräch geführt oder hat er nicht? Der Erste, der öffentlich gemacht hat, worum es bei dem Gespräch hätte gehen müssen, war Golo Mann. Der schlug vor, Günter Grass sollte »schleunigst Regierender Bürgermeister von Berlin werden«. Wäre zwar ein gewaltiges Opfer für den Dichter, denn »mancher liebe Plan müßte aufgeschoben werden«. Aber schließlich sei der Mann noch jung genug, um nach ein paar Jahren in der Politik wieder zurückkehren zu können in die eigentliche Schreibstube. Die Parteifunktionäre schwiegen entsetzt, denn selbst die wussten, dass mit Grass keine Wahlen zu gewinnen sein würden. Er dagegen scherzte lässig, der gute Golo verkenne wohl die Zustände in der Berliner SPD, da habe niemand eine Chance, der nicht nach Laubenkolonie und Kiez rieche. Viele Jahre später wollte Fritz J. Raddatz mal von Willy Brandt direkt wissen, hat er nun oder hat er nicht, doch der hat auch dann noch geschwiegen.

Sie hatten es in den Gremien zwar diskutiert, aber für ein Amt in einem Ministerium oder gar an dessen Spitze war der Dichter nicht der Richtige. Engholm hat mal darüber laut nachgedacht, ob er Grass als Kultusminister in sein Kabinett nach Kiel holen sollte, aber auch diese Idee ließ er schnell wieder fallen, ohne den Kandidaten überhaupt zu fragen. Grass gab sich nach außen stets desinteressiert, dementierte auf Nachfragen alle Ambitionen. Mit einem ihm angemessenen Angebot aber wurde er nie auf die Probe gestellt, obwohl er in untypischen vagen Wendungen – falls und könnte und eventuell und mag sein – dies zwischen den Zeilen an Willy immer wieder anmahnte. Er blieb enthaltsam aus Mangel an Gelegenheit, wie nach dem Wahlsieg 1972 zu erfahren sein wird. Das kann man natürlich auch freiwillige Keuschheit statt erzwungenes Zölibat nennen.

Attaché in der deutschen Vertretung in Polen war ihm als Titel zu wenig, das hätte Willy Brandt, falls er es gewollt hätte, schon als Außenminister ganz allein entscheiden können. Wäre unter Umständen eine interessante Konstellation geworden in Warschau, denn vorübergehend war Axel Springer als Botschafter dort im Gespräch. Eine Art freischwebender Kulturgesandter, der seinen Weltruhm einsetzt fürs geteilte Vaterland, dünkte Günter Grass zu nichts sagend. Das sei ein Mann ohne Einfluss. Die Franzosen, klagte er, nicht öffentlich, wüssten eben besser, was sie ihren Dichtern schuldig sind. André Malraux war Kulturminister gewesen, aber einen ähnlichen Posten gab es in der anderen Republik erst dreißig Jahre später. Hans Magnus Enzensberger glaubt sich zu erinnern, dass Grass schon bereit gewesen sei, für ein paar Jahre die Seiten zu wechseln und aufs Schreiben zu verzichten, aber er schien denen in Bonn zu unberechenbar, also ungeeignet. Also fragten sie ihn gar nicht erst. Ein Projekt in der Entwicklungshilfe zu begleiten, hätte ihn gereizt, aber nur, um darüber zu schreiben.

Schmeckt nicht unbedingt nach Macht.

Das unorthodoxe Verhalten eines politisch engagierten Bürgers ohne Funktion, das Pfund, mit dem er bei ebenso unabhängigen Wählern wucherte und Stimmen holte, störte orthodoxe Politiker. Unberechenbares war ihnen suspekt. Damit ließ sich nicht planen. Zudem nervte sie seine Neigung, ihnen wie Erstklässlern die Welt zu erklären. Nicht nur die dritte, auch ihre. Sind wir denn blöde, verdammt noch mal? Selbst der tolerante Brandt befahl kurz vor seinem Rücktritt, man möge ihm jetzt endlich diesen Klugscheißer vom Leib halten. Grass wollte stets kundtun, dass er kundiger war als andere, vor allem als die da in Bonn. Den Beweis zu erbringen war manchmal nicht schwer, manchmal mühsam, siehe das Beispiel des Milchpfennigs.

Brandt-Enkel Schröder, auch ein Aufsteiger, hört ihm zu. Das mag Grass. Der Mächtige sucht später selbst dann seinen Rat, wenn er eigentlich schon genau weiß, was er will. Nach dem Tod von Stefan Heym im Dezember 2001 hatte sich der Kanzler entschlossen, dem anderen schwierigen deutschen Dichter die letzte Ehre zu erweisen. Eine Idee, auf die sein Vorgänger nie gekommen wäre. Er will wissen, was Grass davon hält, dass er gleich auf den Friedhof fährt. Schröders Sekretärin Marianne Duden erreicht ihn auf dem Handy, das natürlich Ute Grass bedient, im Intercity auf dem Weg nach Berlin und stellt durch. Gute Idee, Gerd, sagt Günter, sehr gute Idee. Stefan Heym war »größer als es die SED je war und die PDS je sein wird«.

Störenfried Grass war nie ein Revolutionär, als das schick war, er blieb ein Evolutionär, als das für spießig erklärt wurde. Deshalb hat ihn die APO angefeindet, jenen »schnauzbärtigen Schriftsteller, der sich an die Es-Pe-De verkauft hatte und nun meinte, uns blindwütigen Aktionismus vorwerfen zu dürfen«, wie er sich im fiktiven Selbstbekenntnis eines antiautoritären Studenten gut erkennbar selbst beschrieben hat. Deshalb haben ihn die RAF-Terroristen gehasst, diese »exaltierten Neurotiker«, die es ohne Aufrufe zur Gewalt durch den SDS, ohne zynische Flugblätter wie »burn ware-house burn« so wenig gegeben hätte wie die Psychopathen von der Sorte des Dutschke-Attentäters Bachmann ohne die Schlagzeilen der Springer-Presse.

Attacken beflügelten ihn. Schlachten liebte er. Wortgewaltig schlug er zurück. Gewaltbereite Pathologen und gewalttätige Neurotiker, die Bachmanns und die Baaders, seien letztlich nur die Prügelknaben »unseres gemeinsamen Versagens«. Ein gewaltiges Arschloch war Baader schon am Flipper im »Bundeseck«, aber doch kein gewalttätiges, dem jemand zugetraut hätte, ein Kaufhaus anzuzünden und dabei Menschen in Todesgefahr zu bringen. Noch weniger hätte jemand in jener stillen Gudrun Ensslin terroristische Neigungen vermutet, die doch gestern noch – oder war es vorgestern? – für die jungen SPD-Kontoristen schrieb und dabei strickte und bald neben Baader auf der Anklagebank sitzen würde.

Zwischen Schwarz- und Weißmalerei blieb der Künstler Grass beim Grau. Wollte das Vernünftige durchsetzen, am liebsten Gegner anderer Couleur darauf verpflichten. Er konnte politische Kritik einstecken, wenn er sich nur ernst genommen fühlte, denn er stritt gerne mit gleichrangigen Gegnern. Gab sogar zu, wenn ihm einer von der anderen Seite nicht nur gewachsen, sondern überlegen war. Ausgerechnet Rainer Barzel besiegte ihn während des Wahlkampfs 1969 in einer Diskussion in Köln. Die Zeitungen hielten das Ergebnis des Schlagabtauschs für ein Null zu Null, aber Grass gab die Niederlage zu. Er war schlecht gewesen, hatte sich nicht auf die Taktik des Profis eingestellt und seine Angriffe immer nur über den rechten Flügel gestartet, statt zu variieren. »Ich war nicht gut. Ich habe versagt.«

Er redet voll Achtung von Hermann Höcherl, mit dem zu diskutieren sich gelohnt habe trotz aller Unterschiede, behält Martin Walser als Freund im Herzen, obwohl er ihm nach seiner Paulskirchenrede 1998 über die »Moralkeule« Auschwitz lautstark den Kopf wird waschen müssen. Politischen Disput mag er, Disput über sein Werk weniger. Selbst gute Freunde sollten sich über seine Literatur nicht abfällig äußern. Kritische Einwürfe von Raddatz oder Kaiser nimmt er bis heute zähneknirschend hin, aber knirschend doch. Wenn Reich-Ranicki oder Karasek gegen ihn loslegen, dann zahlt er es ihnen ebenso unversöhnlich Wort um Wort zurück. Er schluckt nichts runter. Sein Magen bleibt gesund. Falls ihn die beiden wieder loben wie nach dem »Krebsgang«, lacht er verächtlich. Grass wünscht sich zwar starke Kerle als Feinde, aber geliebt zu werden ist ihm lieber. Manche seiner auf weiterem Feld verteilten Freunde erwähnen grundsätzlich nur, was sie gut an seinen Texten finden, und retten sich so vor dem, was sie alles nicht gut finden. Das merkt Grass zwar, aber er fragt dennoch nicht nach. Er kann witzig sein, wenn es gegen andere geht, aber neigt nicht unbedingt dazu, Scherze für witzig zu halten, in denen er verarscht wird.

Am meisten liebt er es, andere politisch zu belehren, weil er das für eine Art von Pflicht des Bürgers Dichter hält. Andere halten ihn deshalb für unerträglich.

Schimpfen ihn einen Oberlehrer.

Grass inflationierte seine Proteste, was diesen Ruf als Oberlehrer der Nation begründete. Auch wenn er meist Recht behielt, so etwa in fünfundsiebzig Prozent aller Fälle, es war einfach zu viel. Trotz aller Belege für seine penetrante Art, an jedem Baum das Bein zu heben und seinen Duft zu hinterlassen, nicht alles, aber doch fast alles zu unterschreiben oder von Staeck in seinem Namen unterschreiben zu lassen, bis hin zur Forderung des gelernten Beifahrers ohne Führerschein, Tempo 100 auf der Berliner Avus einzuführen, passt der Begriff nicht auf ihn. Oberlehrer sind festgelegt, für immer, in einmal gefasster Grundhaltung verhaftet. Oberlehrer und Untertanen, das waren die klassischen deutschen Archetypen. Günter Grass ist kein typischer Deutscher. Seine Grundhaltung ist Skepsis. Er lernt lehrend dazu. Bevor er zum Beispiel für die SPD-Jugendorganisation der Falken dozierend einen Saal füllt, bittet er sie zu sich nach Hause und will wissen, was sie wissen und was nicht. Er bleibt neugierig auf anderes, auf andere, gierig auf Fremdes, auf Fremde. Er zweifelt öffentlich an seiner SPD, manchmal nicht so öffentlich an sich; er legt sich nicht fest für immer.

In Berlin half er 1967 konsequent der oppositionellen FDP, unterschrieb wie Siegfried Lenz einen Aufruf von Liberalen, die gegen das rückschrittliche Geschwätz von Erich Mende eine fortschrittliche Ausrichtung der Partei forderten. Das war eine Strategie, die Grass einleuchtete. Denn das ahnte auch er: Bei der nächsten Wahl in zwei Jahren würde die SPD es bestimmt nicht alleine schaffen können, sondern einen Partner brauchen. Wer gegen eine große Koalition war, egal ob in Berlin oder in Bonn, brauchte eine linksliberale FDP.

Nach wie vor gilt sein Satz, eine Rede ist eine Rede, eine Novelle ist eine Novelle, ein Gedicht ist ein Gedicht und die soll man nicht mischen oder miteinander verwechseln. Gedichte sind »immer noch das genaueste Instrument, mich neu kennenzulernen und mich neu zu vermessen«. Der Gedichtband »Ausgefragt« bietet sich deshalb an, im Hinblick auf die Aussage des Dichters, ihn wieder mal näher kennen zu lernen. Nicht den von Joachim Kaiser und Marcel Reich-Ranicki und trotz großer politischer Differenzen sogar von Erich Fried gelobten Meister der Sprache, der sich stellt und nicht hinter ungefähren Reimen verbirgt. Nicht den Lyriker, der seine Verse zwischen Kochtopf und Großvater auf die Leine spanne, wie es Kollege Härtling sieht. Nicht den Zweifler, in dessen Ja das Nein begraben liegt, bei dem sich zwischen Schwarz und Weiß die Zwischentöne grämen.

Den Ehemann. Den Vater. Den Menschen.

Der versteckt Hinweise in einigen Gedichten, deutet in anderem Zusammenhang mal was an, doch der Rest ist Schweigen. Der verdichtet seinen Standpunkt und vermisst den Spielraum, der noch bleibt: »Wir haben Kinder, das zählt bis zwei./ Meistens gehen wir in verschiedene Filme./ Vom Auseinanderleben sprechen die

Freunde./ Doch meine und Deine Interessen/ berühren sich immer noch/ an immer den gleichen Stellen…/ Aber nach elf Jahren noch Spaß an der Sache./ Ein Fleisch sein bei schwankenden Preisen./ Wir denken sparsam in Kleingeld…/ Die Zeugnisse der Kinder/ müssen unterschrieben werden./ Wir setzen uns von der Steuer ab./ Erst übermorgen ist Schluß./ Du. Ja. Du. Rauch nicht so viel.«

Der Freund, mit dem er reden konnte, um sich zu vermessen, war nicht wie früher um die Ecke erreichbar. Uwe Johnson, der ihm nahe Nachbar, mit dem er ja nicht nur über Probleme von Schriftstellern sprach, mit welchem Satz man ein Kapitel am besten anfange, lebte Anfang 1967 schon in Apartment 204 in 243 Riverside Drive. Saß an seinen eigenen Kapitelanfängen, an seinen höchst eigenen Jahrestagen. Wie sehr ihm und seiner Frau die Johnsons fehlen würden, »manchmal am Vormittag, so um die Frühstückszeit, aber auch am späten Abend ab 22 Uhr«, schrieb Grass im Februar nach New York, und wenn sie »Düsternis überfällt, befürchten wir, Ihr könntet dableiben, Fuß fassen und uns samt Friedenau dem Schicksal« überlassen. In diesen Brief legt er die erste Spur, die zu »Örtlich betäubt« führt, seinem nächsten Roman: »Mit Hilfe eines Zahnarztes, der mir zehn Zähne abgeschliffen und mit Degudentbrücken verziert hat, habe ich meine politische Krise überstanden; aber es soll Rückfälle geben.« Eine Frage noch: »Hast Du Lust, für Luchterhands Loseblatt Lyrik ein Gedicht zu schreiben?«

Die erschienen sechsmal pro Jahr mit jeweils sieben Gedichten im Großformat, ohne Buchrücken, eben lose, Preis je Ausgabe vier Mark achtzig, Jahresabo achtundzwanzig Mark achtzig. Da Gedichte Einzelgänger seien, hatte Mitherausgeber Grass zum Start verkündet, könne man sie an die Wand pinnen, tauschen, sammeln, verstecken oder im Depot für die Enkel liegen lassen. Lyrik sei eine mündelsichere Kapitalanlage und stehe auch dann hoch im Kurs, wenn normale Aktien tief fallen.

Das Ehepaar Grass war gerade auf Sylt, »durchlüftet von Westerland« zurückgekommen, wo auf dem Flughafen Tempelhof Kinderschwester Bettina und vier Kinder auf sie warteten und Franz den Eltern einen neuen Witz erzählte. Der eigentliche Anlass für diesen überraschenden Urlaub ließe sich im Band »Ausgefragt« finden: »Zwischen der Post versprechen Reiseprospekte Gewöhnung/ oder klärende Aussprache/ oder beides am Meer mit Sandstrand.« Waren Anna und Günter Grass im Winter nach Sylt geflogen, weil sie über sich sprechen wollten? Wie es weitergehen sollte und ob es weitergehen könnte? War es so? Vielleicht war es so. Sie fragte ihn nach…, aber wer will das heute noch wissen? Er fragte sie nach Vladimir Kafka, »dem Anna anhing, dem ich befreundet daneben stand«. Ihre Ehe hatte begonnen, wie es Grass rückblickend umschrieb, »unter Materialermüdung« zu leiden. Wie lange würde die Brücke noch halten? Er war zu oft ohne sie unterwegs in eine Richtung, dabei manchmal nicht allein, sie in die andere Richtung, ohne ihn, aber dabei auch nicht mehr immer allein.

An Johnson schreibt er nur, dass Anna und er in Westerland beschlossen hatten, »unser Sofa neu beziehen zu lassen und einen großen Eßtisch, an dem nicht nur acht, an dem wenigstens zehn Personen Platz finden, in Auftrag zu geben«. Johnson gratuliert höflich zum neuen Sofabezug und zum Esstisch und fragt, ob von nebenan immer noch »Steine von der Brandmauer in euren Garten fallen« und ob Franz und Raoul in der Schule immer noch die Beatles genannt würden. Weil seine Anna neuerdings dank der Erlebnisse auf der »Michelangelo« bei der Überfahrt nach New York »Flugzeuge als Verkehrsmittel anerkennt«, hoffte Grass auf weite Reisen mit ihr. Auch auf eine in die USA, doch wie sich herausstellen sollte, klappte das nicht, weil es »keine Engel mehr« gab, die mit »freundlicher Geste unsere vier exzentrischen Kinder« in Obhut nehmen würden.

Die beiden unterschiedlichen Dichter schreiben sich regelmäßig. Ihre Beziehung ist schwierig. Manchmal schweigen sie sich an, manchmal beschweren sie sich über das Schweigen des andern. Drei Tage nach seinem vierzigsten Geburtstag, zu dem Ingeborg Bachmann »zwei römische Oktoberküsse aus einem ganz blauen Himmel« geschickt hatte, bedankt sich Günter bei Freund Uwe für das Geschenk, ein Säckchen mit chinesischen Hülsenfrüchten, und erzählt ausführlich, was die Johnsons im fernen New York versäumt haben. »Du weißt ja, ich liebe es, meinen Geburtstag zu feiern, immerhin ist es das einzige Datum, an das ich mich halten kann.« Es kamen fünfzig Leute und aßen und tranken und tanzten bis in den Morgen. Eingekauft habe er »bei Schäffner am Roseneck 5 Fasane, 5 Wildenten (es kamen aber Rebhühner), 3 Kilo Rotkalb, 2 Kilo Wildsau, 3 Kilo Rehblatt, 4 Kilo Fisch (Steinbutt, Rotbarsch, Kabeljau, 1 Lachskopf, Makrelen, Heilbutt)«, und damit den Bratofen gefüllt, bis alles fertig war. Johnson antwortet, wie schade es sei, »Deine Feste zu versäumen. Wir blicken dem Oktober nächsten Jahres entgegen, und verlassen

Maria Ramas Aufnahme einer ungewöhnlichen Familie: Anna und Günter Grass mit den Zwillingen Raoul und Franz, Tochter Laura und Bruno, dem Jüngsten, auf dem Hof in der Niedstraße 13.

uns schon auf die Begehung von Lauras Verlobung, von Brunos Abitur und auf die Nachfeier zum Preis Nobel«.

Wichtiger waren die Auftritte von Grass nach der turbulenten Tagung in der Pulvermühle, deren revolutionäre Einzelheiten er Uwe Johnson erspart, denn darüber stünde alles in den Zeitungen und auch das Treffen mit Paul Celan auf der Buchmesse erwähnte er nur knapp – »ängstlich, steif, beinahe monumental hielt er sich an seinem Glas fest und wollte seiner eigenen Anwesenheit in Frankfurt nicht trauen«. In weiteren Sendungen nach »Panorama« hatte er erneut »einiges über die Springer-Presse und ihre Methoden gesagt« und nun sammle er die Strafanzeigen von Redakteuren der »Bild«-Zeitung und von »Bild am Sonntag«. Johnson wünschte Glück in »Deinem Prozess mit Springer«. Auf das Argument, ein Wort wie faschistisch dürfe nur historisch verwendet werden, riet er, die Praktiken des »Völkischen Beobachters« zu beleuchten, und zwar vor 1933.

Grass hatte sich längst auf den Prozess nicht nur eingerichtet, er freute sich darauf. Er werde den Wahrheitsbeweis dafür erbringen, erklärte er, natürlich öffentlich, dass faschistische Methoden kein Schimpfwort seien, sondern eine sachgemäße Bezeichnung. Der Prozess fand nie statt, verlief im Sande. Untergehend im Lärm der beginnenden Straßenschlachten, zogen die in ihrer kollektiven Ehre verletzten Redakteure ihre Anzeige gegen Grass zurück, wie es heißt, auf Anweisung von Axel Springer. Aber erst am dreiundzwanzigsten Oktober 1969 wird das Verfahren von der Staatsanwaltschaft Hamburg eingestellt.

In der Konfrontation zwischen den Studenten, die der großen Koalition blinde Vasallentreue gegenüber den amerikanischen Verbündeten und deren »verbrecherischem Krieg in Vietnam« vorwarfen, hatten sich Springers Zeitungen, vor allem »Bild«, schlagzeilend auf die Seite der Attackierten gestellt. Das Wort Schlagzeile bekam eine Bedeutung mit Aufforderungscharakter: Schlagt sie auf den Kopf, diese Revoluzzer, diese Langhaarigen. Knüppel frei. Hass erzeugte Terror. Straßenschlachten in Berlin und anderen deutschen Städten gehören im Jahr des Aufbruchs zum Alltag. Vorläufer, Mitläufer, Nachläufer werden als die 68er-Generation in die Geschichtsbücher eingehen. Als Generation aber gab es sie so wenig wie nachfolgend die Generation X.

Gegen diese Typen hetzt der Regierende Bürgermeister Klaus Schütz im Einklang mit der herrschenden Presse und seiner sozialdemokratisch miefigen Partei während einer Kundgebung mit erst schweigender, dann brüllender und schließlich auf alle anders Aussehenden prügelnder Mehrheit vor dem Schöneberger Rathaus. Pogromstimmung in Berlin, stellt Grass in einem Aufruf fest, den über hundert Schriftsteller, Intendanten, Schauspieler, Künstler unterschreiben, und verlangt in seiner Ohnmacht sogar, Brandt möge zurückkehren, um die Stadt vor diesem regierenden Typen zu retten. »Lieber Willy Brandt«, hatte er noch kurz vor der Schau »Freiheit und Frieden« gewarnt, »Schütz darf nicht die Straße gegen die Straße mobilisieren... Die SPD muß die Unruhe der Jugend über die Vorgänge in Vietnam von Stund an ganz ernst nehmen...«

Er wirft Schütz vor, zur Treibjagd auf Menschen aufgerufen zu haben. Auch die von der anderen Seite sind ihm nicht geheuer. Deren Terror gegen Andersdenkende gefällt ihm genauso wenig. Im überfüllten Auditorium lässt er sich deshalb nicht feiern wegen seiner Attacke auf Schütz, er kontert die Ho-Ho-Ho-Chi-Minh-Rufe mit Vernunft, denn ihm fehlten »Basis und Kenntnis«, dessen Sieg zu fordern, heroische Äußerungen seien billig zu haben. Modelle aus der Dritten Welt auf die Zustände in der Bundesrepublik übertragen zu wollen, hält er für Schwachsinn. Die radikalen Linken und ihre Wortführer, insbesondere Rudi Dutschke, hätten nun mal nicht die Wahrheit gepachtet. Und nur die zähle. Da brüllten sie den Bürger Grass nieder. Der Dichter Grass blieb scheinbar ruhig, fuhr seine Antennen aus und speicherte das Gebrüll. Für seinen Roman »örtlich betäubt« und sein Theaterstück »Davor«, in denen es um Vietnamkrieg, APO, Straßenkampf und tolerante Liberale auf der Suche nach Lösungen ohne Todesopfer gehen wird, brauchte er solchen Stoff aus dem wirklichen Leben.

Als in Berlin am Gründonnerstag 1968 ein verwirrter Einzeltäter, der vorbestrafte Anstreicher Josef Bachmann, mit drei Schüssen Rudi Dutschke schwer verletzt, ist Grass gerade mit seiner Familie in der Schweiz. Er kehrt zwei Tage später zurück in ein Land, das sich im Aufruhr befindet. Der Kleinbürger hat das Gefühl, im drohenden Bürgerkrieg als Mittler gebraucht zu werden, aber in einer so aufgeheizten Atmosphäre von Gewalt und Gegengewalt ist Vernunft nicht mehr gefragt. Die Studenten hatten genau so reagiert, wie es der Staat erwartete, und der Staat genau so, wie es die Studenten annahmen.

Straßenschlachten, Verletzte, Tote.

Beide Seiten glauben sich im Besitz der absoluten Wahrheit und radikal schlagen sie aufeinander ein. »Gewalttätigkeit ist wieder gesellschaftsfähig«, stellt Günter Grass erbittert fest. Was nützen denn jetzt noch die brillanten Thesen revolutionärer und utopischer Art des verehrten Kollegen Enzensberger? Sind die Studenten, die Kopf und Konzept verloren haben nach dem Mordanschlag, die sich nicht infrage stellen lassen, besser als die, die sie infrage stellen? Ist es nicht verständlich, wenn Arbeiter den Studenten, die sie aufklären wollen, Prügel androhen, weil ihnen deren Jargon unverständlich bleibt? »Als die Studenten ihres Eigengeruchs überdrüssig wurden, verließen sie die Hörsäle, formierten sie sich eng gekoppelt, gerieten sie in den Sog ihrer Reizworte und lüfteten sie sich auf der Straße.« Trefflich gesagt, und besonders treffend, weil er den Gestank der Altnazis Lübke und Kiesinger nicht aus der Nase verliert und auch gegen die Klartext spricht, weil »Bundespräsident und Bundeskanzler so denken oder handelten, als wandelten sie in Hitlers Spuren«. Dass im verkrusteten System der großen Koalition die Unruhe der Jugend grundsätzlich berechtigt ist, daran lässt er keinen Zweifel.

In Zeiten von brauner Pest und roter Cholera ist ihm ein Mann wie Justizminister Gustav Heinemann ein Trost. Der spröde Protestant verkörpert das beruhigende Grau der SPD. Grass lobt Heinemanns Vorschlag einer allgemeinen Amnestie, um die Straßenschlachten zu beenden. Er will diesen Mann der Vernunft, der auch noch, wie man hört, ein begnadeter Skatspieler sein soll, was Grass erst recht freut, persönlich kennen lernen. Staatssekretär Horst Ehmke vermittelt einen Gesprächstermin auf der Rosenburg, in Bonn Sitz des Justizministeriums.

Es wird eine merkwürdige Begegnung. Heinemann ist zwar jeden Tag so wortkarg wie Brandt nur am Vormittag, aber das weiß Grass nicht. Er fragt in seiner Verzweiflung, ob »Gustav Gustav«, wie die Genossen ihren doppelten Doktor respektvoll nannten, denn in solchen Zeiten noch Zeit habe, zum Beispiel ins Theater zu gehen. Seine Frau habe ein Abonnement, sagt Gustav Heinemann, das reiche ihm. Was er denn lese? Gar schon mal ein Buch von ihm? Nein. Wieder Schweigen. Dann doch eine Antwort: Eigentlich habe er, wenn er es so recht bedenke, nur die Bibel gelesen. Aber er fügt hinzu, und meint es ernst, alles andere sei eh Sekundärliteratur. Ein Jahr darauf wird die Integrationsfigur Heinemann, dessen Satz, er liebe nicht den Staat, sondern seine Frau, unsterblich geworden ist, zum Bundespräsidenten gewählt. Ein erstes Zeichen für den Wechsel.

Der Einzelkämpfer Günter Grass braucht aber den Mief einer Gruppe. Die Arbeit an einer Wählerinitiative für Willy beginnt unmittelbar nach der ersten Schlacht in Berlin, während sich auf den Straßen noch die Demos verlaufen. Grass lädt ein in die Niedstraße. Die Versammlung »viereckiger Männer«, von Anna Grass aus dem Hintergrund mit leichter Ironie und verhangenem Blick als grundsätzlich liebenswertes Treffen großer Jungs betrachtet, gibt sich auf Vorschlag eines Einzelnen den Namen Gruppe Grass. Zu ihr gehören, neben dem Hausherrn, als harter Kern von Anfang an: Arnulf Baring, Günter Gaus, Eberhard Jäckel, Siegfried Lenz, Kurt Sontheimer. Zunächst machen sie Vorschläge für Reden des amtierenden Außenministers, der Bundeskanzler werden soll, beispielsweise: »Die Kritik der Jugend ist das Salz. Wir wollen keine salzlose Suppe schlürfen. Wir werden kämpfen gegen den Einbruch des Irrationalen in die Politik. Blinder Veränderungswille auf der Linken wird rechts zu Buche schlagen ...«

Doch im Laufe des Jahres werden sie konkreter und ab Frühjahr 1969 konkret. Gaus hat sich von den Aktiven verabschieden müssen, weil er neuer Chefredakteur des »Spiegel« geworden ist, aber im »Zentralkomitee« genannten Gesprächskreis mit Grass und Jäckel blieb er bedeutend aktiv. Wird am Ende, auch am Ende dieses Kapitels, dabei sogar entscheidend sein. Eberhard Jäckel, der erwachsene Historiker, nennt »den Wahltermin ein Ziel, auf das man sich zubewegen müsse«. Die Schnecke streckt ihre Fühler aus und zieht in die Spur. Nachdem Herbert Wehner und Schatzmeister Alfred Nau und Kandidat Willy Brandt die Idee für gut empfunden, die Planung abgenickt und ihre Finanzierung zugesichert haben, wird delegiert. Gesprächspartner der Gruppe Grass bei der SPD sind Erhard Eppler und Horst Ehmke. »Kein Glaubensartikel, den Gaus nicht in Whisky ersaufen ließ. Keine These, der Sontheimer nicht einen Vorbehalt abgewönne. Baring hält nicht sich, sondern seinen Beitrag für unerheblich. Ich war penetrant stur. Alle hatten einmal recht. Gaus mehrmals. Nichts, das Ehmke nicht besser wüßte.« Als Gast in die Runde der Denker und Dichter, Professoren und Publizisten wird der Vorsitzende des Sozialdemokratischen Hochschulbundes eingeladen. Erdmann Linde ist keinem außer Grass bekannt, aber er besitzt ein Talent, das sie nicht haben: Er kann organisieren und genau das würden sie brauchen.

In Prag stirbt im August die Hoffnung auf einen Sozialismus mit menschlichem Antlitz. Die Gruppe 47 lässt ihre Tagung ausfallen. In Europa, vor allem in Paris und in Berlin, herrscht auf den Straßen die Internationale der Irrationalen. Auf beiden Seiten, wie von Grass befürchtet. Der hilft auf seine Art denen, deren Kritik an hauseigenen Verhältnissen nicht nur mit Verleumdungen und Verdächtigungen beantwortet wird wie hier zu Lande, sondern mit Zensur, Schauprozessen, Knast. Die Dichter in Bukarest und die in Moskau und die in Budapest und die in Belgrad. So beginnt er seine Rede auf dem jugoslawischen Schriftstellerkongress: »Um es vornweg zu sagen: Ich bin ein Gegner der Revolution. Ich scheue Opfer, die jeweils in ihrem Namen gebracht werden müssen. Ich scheue ihre übermenschlichen Zielsetzungen, ihre absoluten Ansprüche, ihre inhumane Intoleranz.« Er kämpft ein Leben lang an zwei Fronten, was Rühmkorf stets an ihm bewundert hat und sich deshalb nie in die Phalanx der linken Kritiker des Günter Grass einreihen ließ, obwohl er zu den Linken zählte. Sein Freund sei gleichermaßen gegen Machtpolitiker und gegen Heilsarmisten gewesen, und zwar schon immer.

Sein eigentlicher Feind steht zwar rechts, aber von dem hat er derzeit nichts zu befürchten. Der von links greift ihn an. Rudi Dutschke, von schweren Verletzungen kaum genesen, nennt die »politische Bekämpfung von Grass« wichtiger als alles andere. Autoren wie Peter Hamm und Peter Schneider, die gehört und gedruckt und gelesen werden, werfen dem Berühmten vor, sich in »törichte Privatheit« zu flüchten und den »intellektuellen Überbau in der Kunst« zu verachten.

Das freut Grass.

Genau daran arbeitet er. Sein Drama »Davor« und sein darauf basierender Roman »örtlich betäubt« sollen seine literarische Antwort sein auf politisch motivierte Vorwürfe gegen seine Kunst. Er bleibt sich treu. Beschreibt nicht wie in der Danziger Trilogie Altbekanntes aus seiner speziellen Sicht, sondern Neuerlebtes, das gerade und täglich und überall passiert oder passieren kann. Überall ist zum Beispiel Berlin. Der Schüler Scherbaum will aus Protest gegen Napalmbomben in Vietnam seinen geliebten Dackel Max vor dem Café Kranzler auf dem Kurfürstendamm verbrennen. Der Schock soll die Torten schaufelnden Damen mit ihren Pudeln wachrütteln. Sein Lehrer Starusch, der sich einer Zahnoperation unterzieht, dabei mit einem namenlos bleibenden Zahnarzt über Geschichte und Gegenwart und Zukunft diskutiert, außerdem grundsätzlich an sich und auch den Frauen leidet, will ihn davon abbringen. Ein Dialog zwischen Tauben wie im tatsächlichen Leben. Der mittelalterliche Liberale argumentiert mit der Vernunft, der junge Linke mit der einzig ihm sinnvoll scheinenden Antwort auf eine verrückt gewordene Welt, mit dem Plan einer wahnsinnig anmutenden Provokation.

Es werde viel geredet, aber wenig gesagt, schreiben die Kritiker nach der Uraufführung am Berliner Schiller-Theater. Ein Drama über Schüler, das an eine Schüleraufführung erinnere. Ohnmacht der Sprache. Grass erloschen. »Davor« sei echt danach. Der Autor der »Hundejahre« auf den Hund gekommen. Mini-Hamlet probt Aufstand mit Hund. Warum hat kein Dramaturg den Mut gehabt, das Stück zurückzuschicken? Staatsloyales Saubermann-Drama. Als ob es in der SPD-Baracke in Bonn ausgeheckt worden sei.

Nicht mal ein kräftiges Buh ist ihm vergönnt, nur müder Beifall, der hauptsächlich den Darstellern Martin Held und Rolf Henniger für ihre liebe Mühe gilt. Selbst Klaus Schütz, der in der ersten Reihe sitzt, nickt beifällig. Die Berliner APO, schreibt in feiner Ironie Joachim Kaiser, habe sich zudem tückisch verhalten und überhaupt nicht gestört. Dennoch müsse man über jeden Abend froh sein, an dem Grass nur im Theater zu Wort komme, dieser korrumpierte Autor, dieser Weißwäscher der SPD, ergänzt Peter Hamm in »konkret«.

Journalistischer reagiert nur die »FAZ«. Sie schickt vier Wochen nach der Premiere ihren Kritiker noch einmal hin. Denn jeden Abend ist »Davor« ausverkauft und das muss schließlich einen Grund haben. Das Berliner Publikum sei fasziniert, folge voller Spannung dem Stück bis zum Schluss, berichtet er. Hat wohl einen Nerv getroffen, diese Geschichte, ging nur denen auf die Nerven, die wie Friedrich Luft seufzten, hoffentlich würden sich die Schwafeldialoge im Roman nicht wiederholen. Als »örtlich betäubt«, der Roman zum Stück, im August erscheint, das vierte große Prosawerk des Dichters, bleiben sich zwar die Kritiker mit ein paar freundlichen Einschränkungen treu, manches lese sich besser, als es sich angehört habe, doch wieder folgt ihnen das Publikum nicht. Das Buch wird ein Bestseller. Grass ist ein Markenzeichen geworden.

Wie der Mercedesstern.

Da hat Günter Grass bereits seinen literarischen Schreibtisch abgeschlossen und ist in seine Zweitwohnung nach Bonn gezogen. In der Konrad-Adenauer-Allee 54 hat die SPD-Wählerinitiative ihr Büro eingerichtet. Ihr wichtigster Mann pendelt zwischen hier und der Fami-

Ein großer Dichter in seiner kleinen Welt: Grass in Berlin-Friedenau.

lie in Berlin, was die Spannungen in seiner Ehe erhöht. Er fremdelt, wenn er Freitagabend in der Niedstraße ankommt, umgeben von abgestandenem Rauch und sozialdemokratischem Mief. Sobald er sich zu Hause wieder zu Hause fühlt und sich seine Frau und seine Kinder an ihn gewöhnt haben, fliegt er schon wieder ab. Wie genau er aber ihre Beschwerden vernimmt, wie genau er auf sie hört, werden sie einst im »Tagebuch einer Schnecke« lesen können: »Und wohin willste morgen schon wieder? Nach Castrop-Rauxel. Und was machste denn da? Redenreden. Immer noch Espede? Fängt ja erst an. Für wen stehste denn da? Und was bringste mit?«

Sein Tochterleben Laura, das »zwischen drei Brüdern« kein Mädchen sein will, wählt den direkten Angriff auf sein Herz. Sag deinem Wahlkampf, er soll endlich aufhören, befiehlt sie durchs Telefon ihrem Vater, dessen liebevolle Nähe ihr zu Hause fehlt. Sogar Bruno, der erst Vierjährige, riecht immer Gefahren, bevor das Taxi losfährt, mit dem Günter Grass wieder zum Flughafen gebracht wird. Allerdings ganz andere: Wahlkampf ist für ihn Walkampf und da droht in seiner Welt die Gefahr, dass man als Walfänger vom Wal gefressen wird. Als einen tapferen Kapitän malt er den meist fernen Vater.

Ein dreiwöchiger Urlaub in der Bretagne, kein Telefon, aber mit einem Postamt im Ort, schafft vorübergehend Harmonie. Gemeinsam erlebt die Familie Grass, fasziniert auf Erden, die erste Mondlandung. Knapp eine Stunde bevor die Übertragung im Fernsehen beginnt, trifft der Vater, von Paris aus eingeflogen, am Meer ein. »Seit jüngster Zeit auf dem Mond, leben wir zugleich hinter dem Mond«, beschreibt er später in einem Leitartikel für die Münchner »Abendzeitung« die ersten Schritte eines Menschen auf dem Mond und er bereitet sich auf seine nächsten Schritte vor. Er geht am Strand spazieren, sucht Muscheln, lässt sich von Wellen umspülen, hat Zeit für die Fragen seiner Kinder. Er ist oft ganz weit weg, aber alles ist ganz nah. Als er zufällig im Ort Egon Bahr trifft, kocht Grass abends für alle, zeigt dem Besucher die zweite Ausgabe der Zeitschrift »dafür«, die von der Wählerinitiative produziert und vertrieben und von der SPD finanziert wurde, und anschließend reden die beiden über Politik, die Chancen, was wäre wenn und wenn ja, dann Willy und mit wem und wie und ob die geglückte Wahl von Gustav Gustav zum Bundespräsidenten im vergangenen März ein gutes Zeichen gewesen sei oder nur ein Zufall.

Bahr stellt sein abgestuftes Wenn gegen das große. Wenn Willy sein

Spiel mit den Streichhölzern zeitweilig unterbreche, zitiert ihn Grass aus der Erinnerung wörtlich, »weil er bemerken muß, daß in seinem Rücken, de facto, nur noch die Wand steht und hart ist, wenn sich – was nur Schiller verhindern könnte – Schillers Erfolg überträgt und wenn das Wetter am Wahlsonntag nicht zu schön ist, nicht als ausgemacht schlecht gelten kann, knapp, dann könnten wir knapp ...« Für alle denkbaren Fälle werden er und Leo Bauer und Günter Gaus beim Außenminister auf dem Venusberg am Samstag vor der Wahl drei Erklärungen ausformulieren. Eine für das Eingeständnis der Niederlage, eine für die Feststellung, dass die große Koalition fortgesetzt werden müsse, eine für den Anspruch auf die Macht.

Nach dem Urlaub begann der Endspurt. Ab September hatte der Dichter nur noch den Sieg vor Augen, da fiel es schwer, sich auf die alltäglichen Probleme der Familie einzustellen. Zwar ist er immer noch gegen einen Plattenspieler als Geburtstagsgeschenk für Raoul, aber wer nie da ist, spielt nicht mit. Da hatten die anderen ein leichtes Spiel. Raoul bekam seinen Wunsch erfüllt und Zwillingsbruder Franz den seinen auch und Bettina buk einen Kuchen und der Vater war physisch anwesend. Die Nachmittagsvorstellung mit Spencer Tracy in »Stadt in Angst« im »Allegro«-Kino in Berlin-Steglitz fanden sie alle große Klasse, die Zwillinge und ihre Freunde und ihre Eltern.

Danach flog er wieder ab.

Grass ist inzwischen ein versierter Meister der Rede, er hat aus früheren Fehlern gelernt und besingt nicht mehr nur nach der Komposition von Walt Whitman die Demokratie, sondern fordert nüchtern begründet den Wechsel. Behält die Contenance, wenn andere die Haltung verlieren. Hat auch nichts dagegen, notfalls den Tanzbären zu machen. Für Journalisten in Bonn kocht er Hammelsuppe mit Linsen, rührt als Gewürz halt ein bisschen vom Ruhm rein und in fünfzig Zeitungen wird darüber berichtet. Schauspieler und Künstler und Wissenschaftler schließen sich seinem Aufruf für Willy an. Bin kein Gewissen der Nation, versichert er ihnen unentwegt, bin nur ein Staatsbürger mit besonderen Fähigkeiten.

Das hören die gern, die sich auch als Staatsbürger fühlen und in seinem Sog beginnen, ihren Fähigkeiten entsprechend für die SPD zu trommeln. Überall werden nach den jeweiligen Redenreden lokale Wählerinitiativen gegründet, was Grass wortreich verlangt, wenn nach einem Auftritt die örtlichen Honoratioren noch ein Glas mit dem Dichter trinken wollen. Er hat einen Spaß daran, sie so zu tatsächlichem und nicht nur verbalem Engagement zu treiben. Mit seinen Gegnern, den lautstarken Linken im Saal, wird er geübt Schlag auf Schlag fertiger. Er verblüfft sie sogar, als er sozusagen in ihrem Namen Franz Josef Strauß verklagt und dies auch für jede Zeitung mitteilt, weil der die APO mit wilden Tieren verglichen hat, auf die man menschliche Gesetze nicht anwenden könne. Er stapft im Schlamm des politischen Kleinkampfes, scheut keine Dreckspritzer und Dreckschleudern, ist sich nicht zu schade für jede Provinz.

In der ersten deutschen Republik hätten die Linken den Staat verachtet, predigt er, das dürfe nicht noch einmal passieren, denn man wisse ja, was danach geschehen sei. Er bejahe diesen Staat mit allen seinen Fehlern, denn die zweite Republik sei veränderbar. Liberaler Scheißer, schallt es ihm entgegen. Danke, antwortet er, hört man gerne, bin nun mal einer.

Andere scheißliberale Künstler wie der Schriftsteller Siegfried Lenz, dessen »Deutschstunde« gerade auf Platz eins der Bestsellerlisten steht, die sanfte Ingeborg Bachmann, der Regisseur Bernhard Wicki, der Komponist Hans Werner Henze geben Zeugnis für Brandt und den Wechsel. Heinrich Böll polemisiert gegen die CDU, aber er will sich nicht für die SPD einspannen lassen. Die meisten jungen Dichter stehen links auf der Straße und halten für sinnlos und verlogen, was Grass macht.

Was dem nichts ausmacht.

Er wird bis zum Wahltag vierundneunzig Reden halten, manche per Megafon vom Dach des VW-Busses herab, mit dem er durch Deutschland West gefahren wird. Sein Chauffeur heißt Friedhelm Drautzburg, ist neunundzwanzig Jahre alt, Geschäftsführer beim Sozialdemokratischen Hochschulbund (SHB) in Bonn und Jurastudent. Er wird für seine Tournee von der Partei bezahlt wie Erdmann Linde, der melancholische Organisator der Gesamttour, wie der intellektuelle Wolf Marchand, der sich um das Magazin kümmert und Alfred Döblin gelesen hat, wie Karlheinz Bentele, der stets vor Ort sein gelassenes Gewicht einsetzt, wie die anderen Helfer. Geschäftsführerin ist die Architektin Veronika Schröter, eine »Sächsin von drüben«, blond, leichter Silberblick, was Grass zunächst irritiert, dann offensichtlich fasziniert. Wahrscheinlich sehe sie mehrere Wirklichkeiten gleichzeitig.

Unterwegs ist er mit einem gebrauchten VW-Bus, Kennzeichen BN-AV 36, den sein Verleger Eduard Reifferscheid gestiftet hat. Grass liegt während der Fahrt hinten und ruht sich zwischen seinen Auftritten aus oder sitzt aufrecht bei der Arbeit. Hackt was Politisches in die Tasten seiner Olivetti oder schreibt was Persönliches in sein Sudelbuch. Manchmal für den kommenden Abend, manchmal für sein Tagebuch der Schnecke, das drei Jahre später erscheinen wird. Arbeiterkind Drautzburg aus Wittlich in der Eifel hat noch nie etwas von Grass gelesen. Der foppt ihn regelmäßig: Na, schon die »Blechtrommel« angefangen? Und er antwortet, noch nicht, aber dafür habe er schon mit vierzehn das wahre Leben kennen gelernt und zum ersten Mal mit einem Mädchen geschlafen und müsse nicht dauernd mit den Knien wippen wie diese anderen Fremdgänger, Blickvögler, die alle offenbar was versäumt haben. Er wolle ja keine Namen nennen.

Der schnellen Liebe bleibt Friedhelm Drautzburg während des Wahlkampfes treu. In vielen Orten verlobt er sich bei Nacht und verspricht am nächsten Morgen, auf dem Rückweg vorbeizuschauen. Woran er sich nie halten wird. Drautzburg erklärt seinen leibhaftigen Einsatz dialektisch. Er hole auf seine Art Wählerinnen zur SPD, er verlinke sie höchstpersönlich mit dem großen Ziel. Grass hilft er mitunter beim Händeschütteln, immer dann, wenn ihn Volk auf einem Marktplatz mit dem ebenfalls schnauzbärtigen Dichter verwechselt. Darüber freuen sich dann beide.

Grass ist diszipliniert, weil er weiß, dass er unter Beobachtung steht und jeder falsche Schritt dem großen Ziel schaden kann. Kein Glas zu viel, keine schnellen Affären, zu denen, trotz Drautzburgs wachsamer Präsenz, die Gelegenheit bestanden hat. Selten ein Gang um die Häuser. Stattdessen muss er Hausaufgaben machen, Spickzettel von Linde auswendig lernen, über jeden Ort, an dem er auftreten soll, insgesamt werden es sechzig Wahlkreise sein. Auf denen steht, sorgsam aufgelistet, alles Wesentliche: Wie viele Mitglieder hat die SPD? Wie heißt der Kandidat vor Ort? Welche Probleme sollte er, seine großen Reden variierend, auf jeden Fall ansprechen? Beim Umtrunk sind auch die Schwarzen dabei, die bestimmt nicht SPD wählen, denn auch sie wollen den berühmten Dichter aus der Nähe erleben.

Morgens ist er muffelig. Braucht zum Frühstück zwei gekochte Eier und alle Zeitungen, aufgeschlagen die guten Kritiken. Dann eine Zigarette vom Tabak Schwarzer Krauser Nummer eins, selbst gedreht. Dann erst beginnt er zu sprechen und dann ab in den Bus, wo er sich liegend vorbereiten kann auf die nächste Haltestelle. Bei gutem Wetter suchen sie sich mittags einen Platz am Straßenrand, nahe einer

Wiese oder einem lichten Wald. Der geübte Sammler findet schnell, was er braucht. Auf einem kleinen Spirituskocher werden anschließend die Pilze in der Pfanne gebraten. Manchmal speisen sie in feiner Umgebung. Drautzburg, Proletarier von Geburt und aus Überzeugung, bewundert Damastservietten und Diener, als er mit Grass bei Berthold Beitz und Frau in deren Villa in Essen zu Tische sitzt, wo Grass sich eine Zehntausendmarkspende abholt.

Ein Arbeiter, der im Zweifelsfall seine »Blechtrommel« nie gelesen hat, der aber seine Sprache verstand, blieb Grass näher als der Germanist, der sie interpretieren konnte. Neulich habe sein Bruder ihn gehört, erzählte einer beim Skat in irgendeiner Kantine irgendeiner Fabrik, und ihm geraten, wenn der in eure Stadt kommt, dann geh hin. Der versteht uns. Den verstehst du. Wird sich lohnen.

Es lief eigentlich in jeder Stadt gleich ab. Zunächst ein Gespräch mit Redakteuren einer Schülerzeitung, für die hatte er immer Zeit, die »fragen nicht immer denselben Scheiß«. Betriebsbesichtigung, Treffen mit dem Betriebsrat, drei Runden Skat, Pressekonferenz, Buchhandlung vor Ort, Ablieferung ihrer Wahlzeitschrift, abends dann die stets ausverkaufte Veranstaltung. Anschließend Signieren von SPD-Flugblättern, Verkauf des krähenden Es-Pe-De-Hahns. Die Einnahmen deckten die Unkosten. Der nicht mehr praktizierende Katholik Günter Grass liebte stockkatholische Gegenden, weil in einer Diaspora am meisten Stimmen zu holen waren, und solche Herausforderungen bereiteten ihm Vergnügen. Das war kein Stress, sondern Spaß. Andere Schriftsteller kamen zur Unterstützung, wenn er in ihrer Nähe Station machte. Peter Härtling, auch ohne Führerschein, aber als Geschäftsführer des Fischer Verlages privilegiert, ließ sich mit Chauffeur zu den SPD-Veranstaltungen bringen. Das hatte Stil.

Beim Eintreffen in irgendeinem Provinzhotel las Grass mal in der örtlichen Zeitung von einer Kindsentführung und der Höhe des geforderten Lösegeldes. Sofort schickte er Drautzburg zur Polizei: Sag denen, das Geld liege bereit, wann immer sie es abholen wollten. Sie brauchten es zwar nicht, aber von ihm hätten sie es bekommen. Er und Heinrich Böll, der auch lieber zu viel gab als zu wenig, haben nie vergessen, woher sie kamen und wie es ihnen selbst mal ergangen ist. Solidarität war dem einen wie dem anderen, jedem auf seine Weise, kein leerer Begriff.

Die Weggenossen Drautzburg und Grass, gemeinsam unter sich,

streckenweise begleitet von Journalisten, deren Berichte von Nutzen sein können, fahren einunddreißigtausend Kilometer durch Deutschland. Sie bleiben lange per Sie. Zu groß der Respekt des einen vor dem anderen. Erst heute sind sie per Du. Falls Grass zwischen zwei Terminen in Berlin mal Zeit hat, schaut er bei Friedel vorbei. Als Wirt der Ständigen Vertretung ist Drautzburg mittlerweile ein berühmter Mann. Der fürchtet ständig, dass Günter ihn fragt: Und, Friedel, hast du einen Betriebsrat in deiner Kneipe?

Drautzburg übrigens, der auch mal eine Galerie in Bonn besaß und dort auch die andere Kunst von Grass anbot – dreihundert handsignierte und nummerierte Mappen, jeweils sechs bis acht Blätter: Siebdrucke, Lithografien und Zinkografien –, wäre gern so etwas wie sein Manager geworden. Wie oft hat er in den Jahren, die kommen werden, bei irgendeiner Attacke gedacht, oh, mein lieber Günter, musste das wieder sein. Wäre es denn nicht ein bisschen verbindlicher gegangen. Weiß aber längst, dass es bei Grass nie verbindlicher gehen kann, und bewundert ihn auch dafür.

Der bodenständige Sozialdemokrat Grass, nach wie vor kein Parteimitglied, glaubt nun mal an Chancengleichheit, an Gerechtigkeit. Das ist für ihn das eigentliche Programm der SPD. In der grauen Genossenschaft wird er bestaunt als bunter Paradiesvogel, dieses Fremdeln bei gleichzeitiger Neugier geht hinauf bis zu Georg Leber und Herbert Wehner. Juso Linde war der Stratege: Wohin fahren wir? Dahin, wo es knapp wird zwischen uns und der CDU, oder lieber in die Diaspora, wo die SPD keine zwanzig Prozent hatte? Wie gründen wir Wählerinitiativen vor Ort, denn es konnte ja nicht genug sein, einmal den Dichter auftreten zu lassen und dann auf den Wahltag zu hoffen. Grass gab den Ton an, aber er war kein Angeber. Er ging am liebsten in den Ruhrpott. Diesen Mief, der Wärme erzeugt, den mochte er. Hat es dort gebührend genossen, als er zu einer Kundgebung in Willy Brandts Wahlkreis Dortmund im Polizeiwagen mit Blaulicht gefahren wird.

Knapp ist es am Abend des achtundzwanzigsten September 1969. Die ersten Hochrechnungen sprechen von einer Niederlage. Erdmann Linde mahnt zur Geduld. Das klettert. Das wird noch. Das spüre ich. Herbert Wehner sieht schon wieder die große Koalition. Nicht schon wieder, drängen Günter Grass und Eberhard Jäckel und wie sie alle heißen, Willy, nicht schon wieder. Denk an deine Versprechen. Denk an die Jugend. Trau dich. Man weiß nicht, wie viel ihr Engagement gebracht hat, wie viele wegen Grass für den Wechsel votiert haben, aber sie sind auf jeden Fall stolz darauf, dass die SPD zugelegt hat, von 39,3 auf 42,7 Prozent. Helmut Schmidt meinte trocken, man wisse auch nicht, wie viele Arbeiter Grass und Co. abgeschreckt hätten, SPD zu wählen. Die CDU ist von 47,6 auf 46,1 gefallen, die NPD gescheitert an der Fünfprozenthürde und die FDP hat zwar fast vier Prozent verloren, aber noch hat sie 5,8 und zusammen mit der SPD würde es reichen. Eine hauchdünne Mehrheit zwar, aber eine Mehrheit.

Mach es, rede, bevor Kiesinger spricht.

Heinz Kühn telefoniert mit Willi Weyer, seinem Juniorpartner in der Düsseldorfer sozialliberalen Koalition, pflaumt ihn an, na, altes Warzenschwein, deine Scheißpartei hat es zwar nur knapp geschafft, aber trotzdem gehen wir mit euch Seit an Seit. Haha. Dann dealen sie. Jäckel hört zu und lernt, wie es wirklich zugeht in der Politik. Alle sitzen vor dem Fernsehapparat in der Baracke, zittern jeder neuen Hochrechnung entgegen. »König Silberzunge« wagt sich noch nicht vor die Kameras, Gott sei Dank, das ist doch deine Chance, Willy. Egon Bahr reicht ihm Erklärung drei, die mit der Ankündigung: Ich will. Daraufhin verlässt er den Raum, um wenigstens mal mit Walter Scheel zu telefonieren, bevor er ihre Hochzeit verkündet, kommt aber gleich zurück und sagt, ich finde die nicht, hat einer die Durchwahlnummer von Scheel?

Keiner hat die.

Eberhard Jäckel aber hat eine Idee. Er ruft Günter Gaus an. Der Chefredakteur des »Spiegel« sitzt in seinem Büro in Hamburg spätabends noch am Schreibtisch, denn das Heft muss fertig gemacht werden, es wird wegen der Wahl erst am Dienstag erscheinen. Gaus hat die Nummer von Scheel und gibt sie Jäckel. Der gibt sie Brandt, er ruft an und dann geht er vor die Mikrofone. Der Rest ist Geschichte und oft erzählt.

Draußen feiern die Jusos ihren Helden mit einem Fackelzug. Drinnen begießen die Helden ihren Sieg. Grass singt. Alle stimmen ein.

IX

»Treu bin ich nicht – aber anhänglich«

1970–1972

Günter Grass kehrt heim als ein Sieger. Zwar behaftet mit einem öffentlichen Gesicht und umgeben von fremden Düften, doch die Miene entfaltet sich zusehends im Alltag und die aushäusigen Gerüche verfliegen im Wind. Mit jedem Tag wird er erkennbarer, nach jeder Nacht riecht er vertrauter. Vergangenheit die Auftritte eines Dichters auf den Jahrmärkten der politischen Schreihälse in Irgendwo, Gegenwart die Einkäufe eines Hausvaters auf dem Wochenmarkt in Friedenau. Alles vorbei, was genervt und gleichzeitig gereizt hat. Auf die Macht hoffende Genossen, auf eine Nacht hoffende Genossinnen. Und im Nebenzimmer warten keine viereckigen Männer ungeduldig vor leeren Schreibunterlagen auf ihn und seinen Ruhm.

Stattdessen seine Kinder. Stattdessen seine Frau. Stattdessen sein Atelier. Er atmet durch, lässt sich von Raoul eine Zigarette drehen oder von Franz ein Glas Wein eingießen, freut sich über Brunos Witze oder Lauras Klavierspiel und sieht mit Vorliebe Anna zu, »wenn sie ein frisch gekauftes Kleid sogleich abzuändern beginnt«. Weiße Blätter füllen sich mit Symbolen: kriechende Schnecken, Dichter mit einem Schneckenhaus auf dem Auge, und aus dessen Welt Aale, Puppen, Pilze, Priester. Seine Handarbeiten werden in der Berliner Galerie André ausgestellt. Neben zarten Bleistiftskizzen und Federzeichnungen, fetten Kreide- und Kohlestillleben zwei »Selbstportrait I und II« genannte Radierungen. Grass mit der Radiernadel aus der Platte gegraben. »Ich habe fürs Tagebuch der Schnecke ganz lineare Radierungen gemacht. Dann über viele, viele Jahre und Jahrzehnte hinweg genau diese Arbeit neben dem Schreiben fortgesetzt. Über dreihundertundfünfzig Radierungen sind mit der Zeit entstanden.«

Sonntags spickt er eine Hammelkeule mit Knoblauch und schiebt sie in den Ofen. Beim Essen sitzt der Hausvater am Kopf des Tisches,

Auf gleicher Augenhöhe mit seinen Lesern ist Grass beim Einkauf auf dem Wochenmarkt seines Wohnviertels.

fühlt sich wohl behaglich und blickt auf seine vielköpfige Familie; man erwartet keinen Besuch. Die Fotografin Maria Rama, die diese Familienidylle aufnimmt, ist keine Fremde, doch es ist auch keine Idylle mehr. Lachen konnte er früher leichter, aber das liegt an dem, was unausgesprochen zwischen Anna und Günter Grass liegt, und das ist nichts, worüber man bei Tisch spricht. Es soll ja schließlich keiner zuhören, wenn sich »Anna und ich unsere Ehe rückwirkend auszahlen«. Gemeinsam sind sie, jeder für sich, oft abwesend. Geübt fallen sie einander ins Wort. Fluchtversuche in verschiedene Richtungen enden noch vor dem Horizont, also »manchmal auf Rufweite. Bist du noch da? Ist Post aus Prag?«

Prag ist das Synonym für eine Liebe.

In der Tschechoslowakei, besetzt von Truppen des Warschauer Paktes, darunter Soldaten aus der DDR, eine deutsche Schande, waren sie im Sommer gewesen. Von Berlin über Dresden nach Böhmen fuhr Anna den Peugeot der Familie. Bruno durfte mit. Ein Fest im Jahre eins nach dem Prager Putsch der Stalinisten, ein wehmütiges, ein angstbeladenes, immerhin eines unter Freunden. Ironie verdeckte vorhandene Verletzungen. Es gab Semmelknödel und frische Pilze, es gab Schweinekamm vom Rost, es gab Bier aus der Flasche und es gab dazwischen auch vielsagende Pausen. In denen blickte der Ehemann aufs Haus, wo »Anna und Vladimir in Nouzov auf der Treppe sitzen und reden«, und notierte als unbestechlicher Autor, was er sah. Die nebenbei und wie ungefähr beschriebene Szene versteht jedoch niemand, der nicht weiß, dass Vladimir jener Mann ist, dem Anna anhing. Der Hintergrund blieb verschwommen. Hätte auch auf einer Postkarte nach Hause stehen können, diese Bemerkung über den »Halbschatten, zwischen den Kindern Stepan und Tomas, kniehoch in einer Wiese: Anna zum Einprägen«.

Vladimir Kafkas Söhnen Štěpán und Tomáš und seinen eigenen Bruno und Franz und Raoul wird Grass das »Tagebuch einer Schnecke« widmen, in dem er diese Reise aufschreibt, eingestreut ins Eigentliche, also seine tatsächlichen Erlebnisse beim Wahlkampf und seine erfundene Geschichte vom Danziger Lehrer Hermann Ott. Das ist der Herr Zweifel, der sich in einem feuchten Keller bis zur Befreiung verstecken und schlagen und lieben lassen muss, der Schnecken nach Geschlecht und Sippe einordnen und überhaupt die Welt erklären kann. Wie in Gedichten und wie im »Butt« hat die Schnecke Grass biografische Spuren hinterlassen, Fundsachen für Leser, die Schlüsse erlauben. Beispielsweise für seine Kinder: »Also gut: über mich. Ich gebe kein Bild ab... Ich bin nicht konsequent... ich glaube nicht; doch wenn ich zeichne, werde ich fromm... Außer Geschichten und Geschichten gegen Geschichten erzählen, kann ich Pausen zwischen halbe Sätze schieben... nicht Radfahren, nicht Klavierspielen, aber Steine (auch Granit) behauen, feuchten Ton formen, mich in einen Wust (Entwicklungspolitik, Sozialpolitik) einarbeiten – und ganz gut kochen (auch wenn ihr meine Linsen nicht mögt). Ich kann mit Kohle, Feder, Kreide und Pinsel links- und rechtshändig zeichnen. Daher kommt es, daß ich zärtlich sein kann...« Und später an anderer Stelle: »Treu bin ich nicht – aber anhänglich.«

Dass er nicht treu ist, nur anhänglich, doch gleichzeitig Treue erwartet, löst die Ehekrise aus. Sie bedroht ihre kleine Welt. Die Eltern bitten die Kinder um Geduld, was sich nur auf Raoul oder auf Franz beziehen kann, denn nur die sind alt genug, um die Spannungen zu spüren, die Ursachen zu ahnen. Einmal fragte Raoul – oder war es Franz? – bei einer Autofahrt in Berlin in den schweigenden Raum zwischen dem Paar, das vorne saß, wer denn zu wem komme, falls sie sich scheiden lassen würden.

Der selbstsichere Patriarch war verunsichert. Er hatte gelernt zu hören, zu sehen, zu fühlen, zu schmecken. So modellierte er seine Art der Wirklichkeit, so zeichnete er die Bilder seiner Fantasie, so schrieb er Geschichten für seine Bücher. Deren Ende konnte er selbst bestimmen. Nun roch es in der Wirklichkeit nach einem Ende und das gefiel ihm gar nicht: »Klauben die Reste,/ staunen, wieviel noch,/ zählen gutwillig doppelt,/ was sich in Winkeln totgestellt hat./ Schau mal, da liegt noch,/ blieb unbenutzt übrig,/ weil schwer zu bedienen,/ vierhändig allenfalls./ Komm. Mal probieren./ Jeder zahlt drauf./ Was rauskommt, ist richtig./ Oder wir reiben uns auf:/ das gibt Wärme.« Dieses während des Wahlkampfes im Grass eigenen Sudelbuch verfasste Gedicht vom damaligen Zustand ihrer Beziehung erscheint aber erst zwanzig Jahre später in einem Werkstattbericht.

Er fühle sich ziemlich beschissen, es gehe ihm schlecht, hatte er in einem Moment unerwarteter Nähe seinem Begleiter Drautzburg, der damals Friedhelm und noch nicht verkürzt wie heute Friedel heißt, diesem von ihm so genannten »alten Dragoner«, im VW-Bus mal gestanden, aber nie wieder darüber gesprochen. Blieb auch später in der Rolle des Ratgebers, der kundiger war als andere. Erzählte nie nach Machoart schlüpfrige Witze, ging nie unter die Gürtellinie. Das machte er lustvoll nur in seinen Büchern, darum beschimpften sie ihn persönlich als »Pornograss«. Als der bis dahin nur zu Verlobungen neigende Streuner Drautzburg seine Absicht erwähnte, zu heiraten, weil er verliebt sei wie noch nie, mahnte ihn Grass, nicht die »Gesetzes- und Konventionskraft ehelicher Bindung« zu unterschätzen.

Und sprach aus Erfahrung. Die in gleichberechtigter Frühzeit entstandene Basis, von der aus Anna und er in die Wolken gesprungen waren, zeigte deutliche Risse. Obwohl der Steinmetz mit allen Sorten Gips umgehen konnte, weil er vom erlernten Handwerk nichts verlernt hatte, gelang es ihm kaum noch, diese Risse zu kitten. Er flüchtete in sinnlose Aktivitäten. Gab ein paarmal in Frankfurt bei den Städtischen Bühnen den Berater, hauptsächlich in Sachen Mitbestimmung des Ensembles, aber verkündete, dies sei eine neue reizvolle Aufgabe, gern für länger. Geriet schnell in Konflikte mit dem Intendanten Ulrich Erfurth und dem Oberspielleiter Richard Münch. Denen warf er Unverträglichkeit vor, mit ihnen könne man nicht im Team arbeiten. Seiner Meinung nach brauchte auch eine Gruppe von eigentlich Gleichen immer einen Gruppenführer, einen Leitwolf. Kulturdezernent Hilmar Hofmann bedauerte den Abgang des Feuerkopfes, der leider »ein nicht integrierbarer Star« sei.

Der flüchtet zu sich, unters Dach ins Berliner Atelier. Sein Gedicht »Prag nachdem« war symptomatisch für die Hilflosigkeit: »Ich vergaß dir zu sagen./ Du hättest mir sagen sollen./ Du wolltest mir sagen./ Hätte ich dir doch gesagt./ Verschleppte Worte,/ die an der Bahnsteigkante zurückbleiben./ Die euch abgehört haben,/ haben das Band gelöscht./ War nichts drauf: nur Kopfschmerz/ und zerredete Liebe.«

Anna Grass fällt nicht anhimmelnd in Verzückung, falls ein Dichter spricht, sie kennt aus der Gruppe 47 viele ansprechende. Den ihr eigenen am besten. Sie weiß ihn zu nehmen, nimmt vieles hin, aber Grass nahm sich zu viel heraus. Er war immer stolz wie – nein, nicht wie Oskar – ein großer Junge, wenn er um sie beneidet wurde, und spiegelte sich, da nun wieder typisch Mann, in diesem Stolz. Ausgerechnet er, der Kleinbürger Günter Grass aus Langfuhr hatte sie einst erobert, nicht die Söhne aus besserem Hause. Er ist eifersüchtig, wachte über seine Frau wie über einen wertvollen Besitz, aber solange die Bewunderung der anderen anbetend blieb, gönnte er sie ihnen und ihr großherzig wie ein Pate, widmete sich seiner Kunst und machte nur außer Haus Unterschiede zwischen dem, was seiner

Überzeugung nach einem Mann wie ihm erlaubt war, aber einer verheirateten Frau nicht. Er strahlte eine erdgebundene Sinnlichkeit aus, die in Verbindung mit der ihn umgebenden Aura eines Dichters vielversprechend wirkte. Oft löste er das Versprechen ein, maß dem aber keine größere Bedeutung zu. Im eigenen Hause hätte der Patriarch gern jedes Jahr ein Neugeborenes in der Wiege gesehen. Sein Traum, gestand er viele, viele Jahre später mal in einer weinseligen Nacht einem jüngeren Freund, sei der von einer Art Burg, in der er mit allen Frauen seines Lebens, allen Kindern, allen Enkeln friedlich unter einem Dach leben würde. Er natürlich im Atelier ganz oben.

Die Theorie, dass natürliche Befriedigung von Lust, im Bett und bei Tisch, gleichermaßen natürlich sei und von gleich beschränkter Dauer, stand nicht nur bei der jungen Generation hoch im Kurs und in den Schriften von Wilhelm Reich. Den hat Grass als Zeugen nicht gebraucht. Dass man unter erwachsenen Menschen über kurzfristig gemietete oder über Nacht vermietete Herzen offen reden könne, schien ihm natürlich.

War es natürlich nicht. Als auch ihm geschah, was oft ihr geschehen war, verlor er seine Fassung: »Der Ruf nach Hilfe kommt jetzt oft./ Nur noch nachgießen, Feuer geben/ kann rundum abhelfen./ Wohin bin ich weggestellt:/ allenfalls teilweise, falls gesucht,/ aufzufinden und frei zur Benutzung./ Sag mal was. Los. Sag mal./ Aber da kommt nichts./ Nur fehlerlos Fremdsprache.«

Gern neben Skatkumpeln in der Kneipe, lieber im Kreise von Freunden, am liebsten im Klan der Familie spürt Grass festen Grund unter den Füßen. Da ist er ein ganz anderer als in der Öffentlichkeit. Da trägt er sein freundliches Gesicht. Sein Ruhm ist ihm nie zu Kopf gestiegen, bis heute nicht, der bleibt im Alltag noch immer vor der Tür. Allein sein fällt ihm schwer, obwohl das paradox klingt bei einem, der einsam schreibt, zeichnet, formt. Er will kein Echo, sondern eine Antwort. Tagwerk heißt bei ihm nicht von ungefähr Tagwerk, und wenn es getan ist, dann ist es auch gut so. Dann begibt er sich in nähere Rufweite und genießt es, wenn alle durcheinander reden. Das ist der ferne Klang aus seiner Kindheit, die Melodie der Sonntagnachmittage im Labesweg. Zu seiner Familie zählt seine Schwester Waltraut, die als Hebamme Tausende von Kindern ans Licht geholt hat. Die Mitglieder seiner Sippe dürfen ihn kritisieren, denen nimmt er nichts übel. Er mag alltägliche Geschichten von familiären Ereignissen, liest zum Spaß die Zukunft aus Handlinien und hat selbstverständlich keine Ahnung davon. Nennt seine erstgeborene Tochter Königstochter und verrät damit ungewollt, wer der König ist.

Seine Familie, die lange Belehrungen über Grundsätzliches nicht erlaubte, übertönte nach seiner Heimkehr aus der Schlacht laut alles andere. Wichtiger als bewundernde Blicke von dieser oder von jenem waren jetzt Augenblicke aus dem Alltag: Lauras Schürfwunde am Knie. Der Tod eines Hamsters und dessen feierliche Beerdigung im Garten. Der von allen gespannt erwartete Zusammenstoß zweier Autos auf der Kreuzung, auf der es regelmäßig in schöner Hörweite kracht. Der Vater bleibt in diesem Bild und erzählt eigene Erlebnisse wie in einem pikaresken Roman, dessen Held zufällig er ist, der Schelm. Nicht alles ist wahr, was er erzählt, aber das mindert nicht die Faszination: »Ich kann das, Kinder, mir deutlich was ausdenken.«

Anna und Günter Grass holen suchend die verlorene Zeit auf eine andere Bühne zurück. Die »Vogelscheuchen«, Nachfolger der »Stoffreste«, die uraufgeführt wurden im Jahr, in dem Grass berühmt geworden ist, deren Libretto er für die »Hundejahre« benutzt hat, tanzen in der Deutschen Oper Berlin. Noch einmal arbeiten sie zusammen, die Himmelsstürmer von einst, unmerklich älter geworden, erlittene Narben von Lächeln verdeckt: der Komponist Aribert Reimann, der Choreograf Marcel Luipart, die ehemalige Ballerina Anna Grass und er, der Erfinder jener Fabel vom alternden bösen Gärtner und der jungen hübschen Gärtnerstochter. Sogar der Kritiker, den Grass damals vor der Premiere in Essen an der Kreuzung traf, mit dem er am Tresen trank, bis es Abend wurde, mischt wieder mit. Allerdings beklagt Klaus Geitel anschließend, dass die Choreografie an diesem Abend »gründlich verscheucht« worden sei.

Wenige Tage darauf, am neunzehnten Oktober 1970, stirbt Vladimir Kafka, erst neununddreißig Jahre alt. Einen Tumor vermutet der Freund als Grund, daher der Kopfschmerz, und das »hat uns an den Rand gebracht. Weil er, ist Anna, bin ich…« Grass bricht jeden Satz über sich und seine Frau ab, bevor es zu privat wird. Deutet an, dass er bei irgendeinem Anlass auf mehr hofft als auf Wörter, sagt aber nie, ob es dazu gekommen ist. Er schreibt vom Knoten, der in ihrem gemeinsamen Bett geknüpft sei: »etwas, was um sich greift«, aber formuliert es so, dass es auch nur ein schönes Bild sein könnte, irgendein ausgedachtes Aperçu des Dichters. Beide sind ratlos. Beiden bietet sich Helen Wolff als Beichtstuhl an.

Der Dichter warb in dieser Zeit aber nicht nur um seine Frau mit dem verzweigten Blick, sondern auch allein für sich. »Immer neue Schmerzen« lautete am Ende von »örtlich betäubt« der letzte Satz, und gemeint war vordergründig der Kiefer des Studienrats Eberhard Starusch, von dessen linker Seite, was örtlich nicht zufällig war, der Zahnarzt einen Abszess hatte entfernen müssen. Bei Zahnärzten kannte Grass sich aus, sie haben ihn oft gequält. »There will always be pain«, übersetzte diese immer neuen Schmerzen Ralph Manheim für die englische Ausgabe, was wiederum eher bedeutete, es werde immer Schmerzen geben. Er kam damit dem inneren Zustand des Dichters nahe, als der in New York seine Novelle »Local Anaesthetic« vorstellte, aber das ahnte er natürlich nicht.

Auf dem Cover von »Time« ist Grass als Zahnarzt gezeichnet, um die Stirn trägt er den berufstypischen Untersuchungsspiegel, in den der Kopf eines Dackels montiert ist. Das damals berühmteste Nachrichtenmagazin der Welt ist bekannt für harte politische Titelgeschichten, Schriftstellern und Künstlern wird die Ehre einer Coverstory selten zuteil. Erst recht nicht ausländischen. Viermal waren westdeutsche Politiker auf dem Umschlag – Schumacher, Adenauer, Erhard, Brandt –, einmal wurde hochachtungsvoll staunend das deutsche Fräuleinwunder beschrieben. Zum ersten Mal geht es bei diesem Cover mit dem schnauzbärtigen Grass um einen Vertreter deutscher Nachkriegskultur, dem die Blattmacher nicht nur Ehre erweisen, sondern von dem sie Verkaufserfolge am Kiosk erwarten. Das zeigt, wie bekannt er ist in den USA, genauer wohl: an der amerikanischen Ostküste, wo gelesen wird.

Mit Heinrich Böll, dem anderen dort zu Lande bekannten deutschen Dichter, hätten sie sich nicht auf ihren Markt getraut. Böll ist ein literarischer Insidertipp, Grass hat sich massenhaft durchgesetzt. Der katholische Anarchist ist respektiert als Moralist, amerikanische Kritiker vergleichen ihn mit William Faulkner und Ernest Hemingway. Eine Neuerscheinung seiner Kurzgeschichten »Wo warst du, Adam?« und »Der Zug war pünklich« unter dem Titel »Adam and the Train« wird gelobt, aber Lorbeer auf dem Haupt bedeutet nicht einen Platz auf der Bestsellerliste. Böll kennt die Literatur besser als das Land. Er hat mit seiner Frau Annemarie Romane von J. D. Salinger ins Deutsche übersetzt und von Bernard Malamud und von Thomas Wolfe. Bei seiner ersten Reise nach drüben übergibt er veröffentlichte und unveröffentlichte Manuskripte persönlich der Boston University und liest anschließend im dortigen Goethe-Institut.

Grass ist schon eine Art Star. Reif für den Nobelpreis, schreibt die »New York Times«, doch den wird erst einmal Heinrich Böll bekommen, der Stillere. Als im Oktober 1972 die Nachricht aus Stockholm ansteht, ist Grass unterwegs im Wahlkampf. Er gibt sich nach außen gelassen. Das Radio ist an. Die Meldung wird verlesen. Er freut sich für Böll und ist gleichzeitig ein wenig traurig, weil er sich ausrechnen kann, wie lange es dauern würde, bis wieder ein Deutscher auserwählt wird. Zwar wird er mehr als fünfundzwanzig Jahre lang im Herbst, wenn die Entscheidungen fallen, dafür sorgen, dass er telefonisch erreichbar ist. Aber am Ende, bevor er ihn tatsächlich dann bekommt, hatte er schon resigniert und sich überlegt, auch ein wenig beleidigt angesichts der Werke derer, die ihm vorgezogen wurden, einen Brief ans Nobelkomitee zu schreiben mit der Bitte, ihn vom Karussell der Kandidaten zu nehmen, er erwarte den Preis nicht mehr.

Amerikaner wollen nicht von grübelnden deutschen Langweilern gequält, sondern unterhalten werden. Grass ist unterhaltend und er kann lebendig erzählen, verkündet »Time«. Der Romancier wird in einen politischen Zusammenhang gebracht und vorgestellt als ein Mann, der die Sprache der protestierenden Jugend verstehe. Die in seiner Novelle behandelten Themen der aufmüpfigen Studenten, radikal gegen den Vietnamkrieg und kompromisslos gegen die repressive Gesellschaft, treffen auf einen sensibleren Nerv als in Deutschland. Waren seine ersten Romane noch wie große Opern, in denen man bekanntlich gelegentlich einschlafe, ergänzte die »New York Times« und gab damit anderen Blättern die Tonart vor, so sei diese schlanke Erzählung eine faszinierende und nie langweilige Fuge. Keine Weltanschauung, sondern Schau auf die Welt, keine Predigt, sondern eine gute Geschichte voller Ironie, Sprachwitz, kurzum: effizient wie ein Volkswagen. Ein großes Buch über den Zahnarztstuhl als Allegorie des Lebens habe Günter Grass verfasst.

Der Profi spricht werbend für seine Geschichte in verständlichen Sätzen. Er preist seinen Übersetzer, aber für seinen Geschmack liege in »always be pain« zu viel Resignation, fügt er lächelnd hinzu, denn er neige nicht zur Resignation. Auch das hören Amerikaner gern. Grass verdeutlicht seine Art zu erzählen undeutsch locker an einem hehren Beispiel: »Ich weiß nichts von Gott. Über den kann ich nichts Spezifisches schreiben. Ich weiß nur, was ich sehe, fühle, schmecke.«

Schlüpft aber auch in die andere Rolle, die des deutschen Mahners, und sagt, was er mit Sorge sieht, und mit Sorge sieht er vieles, der unberufene Botschafter seines Landes. Nie zuvor habe es antiamerikanische Demonstrationen gegeben, und dass es die in Deutschland jetzt gäbe, liege nicht allein am Vietnamkrieg, dessen Kritiker hier wie dort diffamiert würden. Demonstriert werde zu Hause, zu Recht, gegen die blinde Unterstützung der Amerikaner für das griechische Obristenregime. Es sei ein Skandal, dass diese Faschisten in der NATO geduldet würden, denn die sei mal angetreten »zur Verteidigung demokratischer Freiheiten, und indem sie dieses Regime unterstützt, ist die gesamte NATO-Politik fragwürdig und absurd geworden«.

Damit tummelt er sich wieder auf seinem anderen Feld. Der offiziellen Politik in Bonn unter Willy Brandt steht er bereits skeptisch gegenüber. Die brauchen ihn offensichtlich nicht mehr, jetzt, da sie an der Macht sind, zu der auch er ihnen verholfen hat. Das weiß Grass und er fühlt sich um den Lohn seiner Arbeit betrogen. Bei einem Spaziergang in Münstereifel wenige Tage nach der Wahl 1969 hat er von seiner Vaterfigur ein konkretes Angebot zur Mitarbeit erwartet. Entwicklungspolitik? Sozialpolitik? Auswärtige Politik? Kein konkretes Wort war von Willy Brandt gekommen. Nur ein Brief, dessen Inhalt er als unangemessen empfand. Obwohl sie sich seit dem dreißigsten Januar 1968 duzen – »unser frischgebackenes Du« erprobt Grass schon einen Tag darauf –, wählt der Kanzler das offizielle Sie: »Ich möchte Sie in aller Form bitten, etwas von Ihrer Zeit zu opfern für die Bundesrepublik«, aber was er dann anbietet als Opfer, ist Günter Grass kein Opfer wert: eine Reise zu deutschen Siedlungszentren in Lateinamerika zwecks Überprüfung des Standes deutscher Sprache vor Ort, Eröffnung eines Goethe-Instituts in Australien etc.

Das hat ihn tief getroffen, er war beleidigt, das würde Folgen haben, wie man im nächsten Kapitel lesen wird. Hatte er nicht für Willy getrommelt und gekämpft und geredet wie noch keiner zuvor aus seiner Zunft? Nicht als Mann der Sprache wollte er um Rat gebeten werden. Nicht als Dichter mal eine flammende Rede halten dürfen und danach zurückgeschickt werden in den Elfenbeinturm, nachdem er seine Schuldigkeit getan hatte. Er ist eben doch ein Staatsbürger mit besonderen Fähigkeiten, der Bürger Grass. Zumindest hätten sie ihn fragen können, um ihm fürs verletzte Ego wenigstens das selbst bestimmte Nein zu gestatten.

Vor der Bundestagsfraktion der SPD in Bonn spricht er über »sozialdemokratische Mimosen«, die selbst mit der Kritik derer, die ihnen helfen wollen, und er meint als Helfer sich, nicht umgehen könnten. Karl Schiller und Helmut Schmidt verlassen während seiner dreißigminütigen Ansprache den Saal. Sie haben nicht mehr mitbekommen, als er »mit Sorge« davon spricht, »wie einzig und immer dem schon notorischen Einzelkämpfer Herbert Wehner eine Last aufgebürdet wird«. Nach diesem Satz gibt es Beifall für Grass.

Über Wehner, den Hiob der SPD, lacht Grass manchmal, wenn er via Bildschirm seine Sätze »als Irrgarten« anlegt, aber er lacht ihn nie aus. Zu groß der Respekt vor ihm, der allein sei im Rechtgehabthaben wie im Irrtum. »Irgendwas liebt er unerbittlich, wir fragen uns, was… Alle sind ihm immer erst hinterher dankbar, auch seine Feinde. Manchmal droht er mit seinem Tod… Oft wird er früher wach, als er Schlaf findet… Nach Diskussionen faßt er zusammen, was andere hatten sagen wollen.« Der Dichter redete oft gegen und oft für diesen protestantischen Sozialdemokraten, der alles schon mal war, was ihm seine Gegner, die nur eine einzige Vergangenheit hatten, eine braune, unversöhnlich bis zu seinem Tod, nie verziehen – Anarchist, Kommunist, Stalinist, Sozialist. »Auch die ihn nicht zum Onkel haben möchten, nennen ihn Onkel Herbert.« Von den Konflikten zwischen Onkel Herbert und seinem Vater Willy ahnt Grass noch nicht so viel wie andere.

Ein wenig versöhnt ihn die Einladung des Bundeskanzlers nach Polen. Günter Grass und Siegfried Lenz sollen Brandt auf diesem schwierigen Staatsbesuch zur Unterzeichnung des Warschauer Vertrages begleiten. Beide kommen aus den Gebieten, der eine aus Danzig, der andere aus Ostpreußen, die als Folge des verbrecherischen Krieges für immer verlorenes Land sind. Dies zu akzeptieren ist tabu, eine De-facto-Anerkennung der Oder-Neiße-Linie in der Bundesrepublik heftig umstritten. Symbolisch für die Intention der neuen Ostpolitik, die auf Verständigung baut, fällt Willy Brandt am Mahnmal im ehemaligen Warschauer Getto auf die Knie. Dass ein nie schuldig gewordener deutscher Emigrant da stellvertretend für ein schuldig gewordenes Volk um Vergebung bittet, bricht das Eis der im Kalten Krieg so tief gefrorenen Beziehungen. Die heimatlichen Vertriebenenverbände, denen auch Günter Grass zuwider ist, schreien Verrat. Das Bild vom knienden Willy Brandt bleibt im kollektiven Gedächtnis der Nation, die er regiert.

Günter Grass und Siegfried Lenz standen nebeneinander in der Abordnung des Kanzlers, als im Schneetreiben das Ehrenregiment

Grass wich seinem politischen Ziehvater Willy Brandt auch nicht von der solidarischen Seite, als der das Kanzleramt verlassen hatte und als SPD-Vorsitzender für seine Enkel warb. Hier für den damaligen niedersächsischen Oppositionsführer und späteren Bundeskanzler Gerhard Schröder bei einem Sommerfest in Lüchow-Dannenberg.

aufmarschierte. Welches Datum haben wir heute, Siegfried?, fragte Grass leise, und als der antwortete, sechster Dezember, erwiderte Freund Günter, auf die Uniformierten deutend, passt, siehste ja, Nikolaustag.

Dreißig Jahre später wird unter mittlerweile guten Nachbarn das Jubiläum des Vertrags gefeiert. Grass ist wieder dabei, in der Abordnung eines anderen sozialdemokratischen Bundeskanzlers. Gerhard Schröder hat ihn nicht nur der guten Form halber eingeladen. Er verspricht sich etwas davon. Siegfried Lenz, der auch gebeten worden war, musste zu Hause bleiben. Er ist krank. Ein Bandscheibenleiden. Er kann nicht so lange stehen. Sein Freund schreibt ihm nach der Rückkehr in einem langen Brief, was er alles versäumt habe. Anrührend sei es gewesen, auf Willy hätten sie getrunken und sogar eine Rede habe er gehalten.

Schröder hatte nach den üblichen Toasts beim Staatsbankett laut gebeten, Günter, sag du bitte was, ich habe heute schon genug gesprochen, ich kann nicht mehr. Natürlich hätte er gekonnt, aber er hatte sich dabei was gedacht. Da hat Grass ihn erst gefragt, ob er auch genau wisse, was er mit seiner Aufforderung anrichte, und als Schröder nickte, stand er auf. Dann hat er vom Selbstverständlichen gesprochen, was aber seinen Vorrednern in deren Tischreden nicht eingefallen war. Auf solche Art spontaner Reden muss sich Grass nicht vorbereiten, verschiedene Textbausteine hat er gespeichert, die ruft er bei Gelegenheit nur aus dem Gedächtnis ab. Wie beim geliebten Skat hilft ihm dabei seine phänomenale Begabung, auch scheinbar Nebensächliches festzuhalten. Hier ging es um Hauptsachen und er sagte, wie wichtig es für ihn sei, dabei zu sein in Warschau, damals wie heute: »Rückblickend möchte ich nur zwei Bemerkungen machen, die eine betrifft den heutigen Tag, die andere im Grunde auch. Mir fällt auf, dass bei der Erinnerung an die Unterzeichnung des damals vorliegenden Vertrags immer nur die Namen Brandt und Scheel fallen. Ist der polnische Ministerpräsident Cyrankiewicz eine Person, die nicht mehr beim Namen genannt werden darf?«

Da herrschte betretenes Schweigen und Grass freute sich über seinen Treffer. Weil es so gut lief, setzte er nach. Noch etwas ist ihm nämlich aufgefallen. Dass ein süddeutscher Zeitungskonzern, zu dem die »Passauer Neue Presse« gehöre, im ehemaligen sudetendeutschen Gürtel alle Provinzzeitungen aufgekauft habe, und nun in seiner Heimatstadt Danzig gleich zwei Zeitungen, und ob in Polen nicht bekannt sei, dass es die »Passauer Neue Presse« gewesen ist, von der die schlimmsten Diffamierungen gegen den Emigranten Willy Brandt gedruckt worden sind, der heute hier so geehrt wird? Auch das war keinem aufgefallen.

Die Verknüpfung von scheinbar völlig verschiedenen Ansätzen, von verschiedenen Standpunkten, von verschiedenen Orten und von verschiedenen Geschichten beherrscht er mühelos. Er hat als Zeichner das ganze Panorama vor Augen und weiß als Bildhauer, dass zum Beispiel eine Veränderung in der Haltung des Beins immer auch eine im Kopf der Skulptur verursachen muss. Bei politischen Auseinandersetzungen in Deutschland macht er andere Parallelen plastisch, die zwischen rechts und links, und vergrößert die Schar seiner Gegner: »Wie ich der ›Bild‹-Zeitung kein Interview gebe, so gebe ich auch ›konkret‹ keins. Der Grund ist, daß für mich ›konkret‹, diese Mischung aus Sex und Vietnam-Protest eine genauso große Verdummung betreibt wie die ›Bild‹-Zeitung.« Er geht sogar noch weiter und betont, dass seiner Meinung nach die Arbeiter, die »Bild« lesen, an das Massenblatt viel kritischer herangehen und längst nicht alles glauben, was da drinsteht, als die Studenten, die ihr »konkret« als Bibel konsumieren. Die würden vom Proletariat schwärmen wie von einer Marienerscheinung.

Günter Grass findet zeitweise zwischen links und rechts in der Mitte ein Feld für seine Einwürfe, die »Süddeutsche Zeitung«. Da wird regelmäßig sein »Politisches Tagebuch« veröffentlicht. Mit seinem Beitrag am dreißigsten April 1971 löst er einen Skandal aus, bis in die heutige Zeit von vielen unvergessen, die ihn erlebten und noch voller Emotionen davon erzählen, als sei alles erst gestern passiert. Deshalb bleibt als Form für den Bericht über die »Affäre Kipphardt« nur die kühle Chronik der abgelaufenen Ereignisse.

Heinar Kipphardt, renommierter und erfolgreicher Autor von Theaterstücken wie »In der Sache J. Robert Oppenheimer« und »Joel Brand« war Chefdramaturg der Münchner Kammerspiele, an denen die Premiere der Theaterparabel »Der Dra-Dra« von Wolf Biermann vorbereitet wurde. Das Märchen von Lancelot, der den bösen Drachen tötet, ist vom Autor in die ihm passend erscheinende Umgebung transponiert worden, seine Drachenburg ist bevölkert von Stalinisten. Fürs Programmheft war der Vergleich mit kapitalistischen Drachen, den Symbolen der Macht hier zu Lande geplant, unter ihnen Verleger wie Axel Springer, Kirchenfürsten wie Kardinal Döpfner, Politiker wie Karl Schiller, Franz Josef Strauß und Münchens Oberbürgermeister Hans-Jochen Vogel. Diese Absicht verhinderte der um eine Entscheidung gebetene Intendant August Everding und es erschienen im Programmheft zwei leere Seiten.

Grass erfuhr davon und schrieb unter dem Titel »Abschußlisten« darüber. Die Absicht allein war ihm starke Worte wert: Hexenjagd wäre das gewesen, kein Unterschied zu dem, was Springers Zeitungen betrieben, Freiheit der Kunst als Alibi für Mordaufrufe, vergleichbar den Parolen »Scheel und Brandt an die Wand« der Rechtsradikalen, typisch für das herrschende politische Klima, schlimmste deutsche Tradition.

Heinar Kipphardt konterte, dass eine Auflistung so genannter westdeutscher Drachen nie gegen die persönlich gemeint gewesen sei, sondern symbolisch. Dass er weder die Liste angeregt noch verfasst, sondern im Gegenteil Everding um Rat gebeten habe, und dass nichts erschienen sei. Warum also diese Aufregung des nicht verehrten Kollegen Grass? Er zitierte auf den bezogen am Ende seiner Erwiderung die Szene »Hochzeit im Drachenarsch« aus Biermanns Stück: »Damit all die Lakain/ Die krochen da hinein/ Für ewig drinnen bleiben!/ Die Spitzel und die Henker/ Die Dichter auch und Denker/ Die mit dem Heiligenschein/ Gekrochen tief hinein/ Ins ungeheure Arschloch.«

Grass hatte aber genau gelesen, was unter den leeren Seiten stand. Aus rechtlichen Gründen müssten die *leider* leer bleiben. Daraus schloss er, dass die Absicht nach wie vor bestanden hatte, aber es »leider« nicht geklappt habe. Legte nach, dass linksradikale und rechtsradikale Narren, nicht lustig, sondern gefährlich, überhand nähmen: »Wer hilft mir, ihre Kappen zu zählen?« Münchens Oberbürgermeister Vogel half. Kipphardts Vertrag, den der selbst pro forma gekündigt hatte, um künftig bessere Bedingungen zu erzielen, wurde nicht verlängert. Der Chefdramaturg musste gehen, obwohl sich auch Everding für ihn stark machte. Mit ihm gingen solidarisch alle Regisseure und viele Schauspieler.

Daraufhin protestierten Dramaturgen, Regisseure, Schauspieler, Intendanten, Theaterkritiker – von Giorgio Strehler bis Ulrich Brecht, von Rolf Boysen bis Gisela Stein, von Ivan Nagel bis Hans Schwab-Felisch, von Martin Walser bis Günter Herburger, von Benjamin Henrichs bis Hellmuth Karasek. Der höhnte über Grass, dass bei ihm die Metaphern jeden Denkvorgang »restlos ersetzt« hätten, dass er nicht »durch das Gewicht seiner Argumente«, sondern nur durch das seiner Person die Entlassung Kipphardts erreicht habe.

Wenige Wochen später sitzen Anna und Günter Grass in der Berliner Schaubühne. Premiere von Ibsens »Peer Gynt«. Der Vorhang hebt sich, aber ein ganz anderes Stück beginnt. Auf der Bühne stehen Schauspieler und Regisseure, Beleuchter und Garderobenfrauen, Bühnenarbeiter und auch Peter Stein. Der Schauspieler Dieter Laser tritt vor an die Rampe und liest seinen Text: »Das Kollektiv bezeugt seine Verachtung gegenüber dem hier anwesenden Günter Grass, der in der Manier eines bezahlten Mietlings der Münchner SPD-Spitze einen Schriftsteller-Kollegen in übelster Weise verleumdet hat und dadurch den Münchner Skandal mit hervorgerufen hat.« Riesenbeifall und Rufe: Grass raus. Der steht von seinem Platz auf, und auch seine Stimme trägt weit, und sagt, das letzte Mal seien 1933 in Berlin Zuschauer aufgefordert worden, das Theater zu verlassen. Aburteilung in der Öffentlichkeit sei die übliche Praxis in totalitären Regimen: »Ich habe Karten gekauft und meine Frau und ich werden bleiben.« Beifall der Minderheit und die Aufführung findet statt.

In einem Brief an Hans Werner Richter gab Grass zu, dass es ihm nicht leicht gefallen sei, »gelassen zu bleiben. Du weißt, daß ich ein ziemliches Stehvermögen habe«, doch das, was in der Schaubühne gegen ihn abgelaufen sei, weil er »rechtsradikale Methoden linksradikaler Terroristen« kritisierte, habe ihm dann doch Angst gemacht. Kipphardts Witwe Pia vermutete, dass sich Grass persönlich habe rächen wollen für ein Spottgedicht, das ihr Mann auf ihn verfasst hat, als Günter Grass 1966 zur Übergabe einer Bibliothek in Aurich das Luftwaffengeschwader der Bundeswehr besucht hatte und ein Foto erschienen war, das ihn im Cockpit eines Starfighters zeigte: »Das hat ihm viel Mut gemacht/ und mir/ und unserem neuen Nationalgefühl./ Da wird an seiner Tür nicht mehr gezündelt werden.«

Kipphardt zog sich nach seiner Entlassung verbittert aufs Land zurück, er sei wohl nie darüber hinweggekommen, vermutete der Regisseur Jürgen Flimm, der damals aus Protest die Kammerspiele verlassen hatte, es habe ihn geschädigt bis zu seinem Tod. Die Farce sei ziemlich folgenreich gewesen, beklagte sich Heinar Kipphardt in einem Brief an Peter Hacks, der von ihm als dämlich bezeichnete Dichter Grass sehe sich neben Springer und Strauß verfolgt von mächtigen roten Kadern. Grass wiederum berichtete seiner Verlegerin in New York, »daß mich das Drum und Dran der Auseinandersetzung mit Kipphardt ziemlich gebeutelt hat. Doch die Bretagne und der Abstand zum deutschen Mief haben Wunder getan.«

Manche werden nicht nur verbal zuschlagen, warten nur auf eine handfeste Gelegenheit. Vadim Glowna, einer der Schauspieler, die aus Solidarität mit Kipphardt ihren Vertrag gekündigt hatten, trifft beim Fest zum fünfzigsten Geburtstag von Rudolf Augstein an der Elbe den ebenfalls eingeladenen Günter Grass. Er dankt dem Zufall und haut Grass erst mal eins in die Fresse. Der wehrt sich, die Schlägerei beginnt. Unentschieden sei es ausgegangen, sagen die Beobachter. Fast zwanzig Jahre danach schreibt Grass an den Herausgeber der Werke von Kipphardt, den Rowohlt-Lektor Uwe Naumann, »daß die Auseinandersetzungen um ein Programmheft schließlich zu einer Art Burgfrieden geführt haben«, und erlaubt sich eine ironische Fußnote, dass zu den »vehementen Fürsprechern Kipphardts« und in »Opposition zum damaligen Oberbürgermeister Vogel« während dieser Affäre Herr Schönhuber gehört habe, der spätere Chef der Republikaner, womit für ihn wieder mal seine Grundthese bewiesen war, dass Linksradikale und Rechtsradikale im Grunde gleiche Brüder unter anderen Kappen sind.

Ärger gibt es auch mit dem spröden Uwe Johnson. Er hat im fernen New York gehört, Freund Günter habe ihn in einem Rundfunkinterview als DDR-Autor bezeichnet, und kündigt ihm zunächst die Freundschaft auf. Grass antwortet: »Dein Mißtrauen ehrt weder Dich noch mich«, erklärt genau, was er tatsächlich gesagt hatte, nämlich schlicht nur dies, von Johnson habe er literarische Informationen über die DDR aus erster Hand erfahren – und hat im Übrigen seine eigentlichen Gegner im Visier.

Am 20. Oktober 1971 unterbricht der Bundestagspräsident die Sitzung des Hohen Hauses in Bonn und verkündet, soeben sei der diesjährige Friedensnobelpreisträger bekannt gegeben worden. Sein Name: Willy Brandt. Die Abgeordneten von SPD und FDP erheben sich und applaudieren minutenlang. Strauß bleibt sitzen. Barzel bleibt sitzen, fast alle von der Opposition bleiben sitzen. Ein kleiner Mann aus ihren Reihen aber steht auf, ein paar andere folgen seinem Beispiel. Grass dankt daraufhin öffentlich Hermann Höcherl, »dem Schlitzohr mit Zivilcourage«, dem »Gegner der totalen Konfrontation«, und preist Höcherls Sinn für politischen Anstand und seinen Durchblick, denn die Ehrung für Brandt sei gleichzeitig ja eine Auszeichnung für die deutsche Nation. In der englischen Tageszeitung

»Guardian« vergisst Grass bei aller Freude über Willy auch Rut Brandt nicht: »Ich freue mich nicht nur für ihn, sondern auch für seine Frau, die all diese Jahre der Entbehrungen und Verleumdungen mit ihm ertragen hat. Ich glaube, es war eine Art Rehabilitation für beide.«

Der Antifaschist Brandt muss sich aber auch die Hände schmutzig machen, zum Beispiel mit den Faschisten in Griechenland Beziehungen aufrechterhalten, obwohl ihm die herzlich zuwider sind. Das verlangen die Gepflogenheiten zwischen den NATO-Partnern. Grass dagegen muss keine Rücksichten nehmen. Er lässt es deshalb nicht dabei bewenden, aus sicherer Entfernung das Militärregime in Griechenland, über das er ja schon deutliche Worte in New York sprach, zu attackieren. Eine Aktion wie die von Günter Wallraff, der sich aus Protest mitten in Athen ankettete, liegt ihm nicht. Er fährt zwar nach Athen, aber reist legal ein. Seinen vierzehnjährigen Sohn Franz nimmt er mit ins Land der Obristen. Eingeladen hatte ihn die »Gesellschaft für das Studium der griechischen Probleme« und die herrschenden Faschisten konnten sich sehr wohl vorstellen, dass der bekannt eindeutige Grass nicht über Lyrik oder die Antike oder griechischen Wein sprechen würde.

Verhindern wiederum wollten sie seinen Auftritt aber nicht, denn gerade am Beispiel Grass schien beweisbar, dass alle Vorwürfe gegen ihre diktatorischen Maßnahmen lächerlich seien, sie in Wirklichkeit ein weltoffenes Land waren, in dem sich nicht nur Touristen frei bewegen konnten. Die linksliberal regierte Bundesrepublik war ihnen trotz aller politischer Gegensätze als Waffenbruder in der NATO nah. »Ich hatte einen großen Koffer mit, außer meinen persönlichen Sachen, und den Koffer mußte Franz aufgeben, und da war meine Rede drin, die ich halten wollte. In Deutsch für mich, klar, aber auch in vielen Exemplaren in griechischer Übersetzung vorbereitet, so daß die Rede verteilt werden konnte, falls ich sie nicht halten durfte. Das Regime hat alles versucht, die Eintrittskarten aufzukaufen, oder verkündet, es habe keinen Sinn, sich um Einlaß zu bemühen, sei alles schon ausverkauft. In Athen wurden wir vom Hotel zum Theater ›Alpha‹, wo ich reden sollte, immer von einem Auto verfolgt, und ich hab gesagt, Franz, schreib dir mal die Autonummer auf.«

Sein Sohn fand das natürlich ungeheuer aufregend. Wie in einem Krimi ging das zu und er spielte sogar mit. Sein Vater hatte sich nämlich etwas ausgedacht. »Vor dem Beginn meiner vorbereiteten Rede habe ich gesagt, hiermit begrüße ich nicht nur meine Freunde, sondern auch die Anwesenden vom Geheimdienst, und hoffe, daß die Insassen des Wagens mit der Nummer soundso es geschafft haben, noch rechtzeitig anzukommen. War lustig.«

Die Gemeinten fanden das nicht lustig, und wie geschickt er im Folgenden zuschlug, nun schon gar nicht. Verbale Attacken hatte man erwartet. Aber nicht so deutliche, denn Grass nahm keine Rücksichten auf diplomatische Verwicklungen, die es in der Tat geben würde. Weil er gegen die Gewöhnung an Zustände anredete, die man verrottet nennen müsse, sprach er nicht über Hölderlin und nicht über Lord Byron und nicht die klassischen Versuche, das Land der Griechen mit der Seele zu suchen. Sondern über Pattakos und die KZ-Insel Jaros und wie arm Europa geworden sei, seit die Freiheit in Griechenland verkümmere. Wenn in diesen tatsächlich finsteren Zeiten hier in Athen von Demokratie zu sprechen sei, ergänzte der politische Dichter, dann wisse jeder griechische Demokrat, von denen viele, aber noch nicht alle im Gefängnis sitzen, wie sie verloren gegangen Stück für Stück sei und die daran Schuldigen seit Jahren die Gegner ihres Regimes jagen würden und foltern und töten. Man verstehe in Deutschland sehr genau, aus bitterer Erfahrung, was der »Verlust demokratischer Rechte bedeutet«.

Der deutsche Botschafter Peter Limbourg, den Grass nur ausgelacht hatte, als er am Tag zuvor ihn bat, sich doch zu mäßigen, Angriffe gegen das Regime könnten die Beziehungen stören – »Genau das ist meine Absicht« –, blieb dem anschließenden Empfang fern und berichtete vom politischen Flurschaden ins Auswärtige Amt nach Bonn. Grass empfahl ihm öffentlich, er möge seinen Beruf wechseln, berichtete seinerseits Willy Brandt in einem Brief von diesem Zögerling da vor Ort. Das Außenministerium warf Grass Naivität vor, daraufhin er den Scheel-Beamten Blindheit, verbunden mit der Drohung, nie wieder als Botschafter seines Landes zur Verfügung zu stehen, was allerdings die als Versprechen empfanden. Dass er Recht hatte und nicht die Diplomaten, ließ sich ein halbes Jahr später dokumentieren: Die Gesellschaft zum Studium griechischer Probleme, die ihn eingeladen hatte, wurde verboten, deren Chef ins Gefängnis gesteckt.

Ein anderer Brief an den sehr verehrten Herrn Bundeskanzler wurde dagegen von Willy Brandt in eine Regierungserklärung aufgenommen. Datum des Briefes: achtzehnter Mai 1972. Inhalt: Vorschlag der Einrichtung einer Bundeskulturstiftung. Es sollte fast genau dreißig Jahre dauern, bis Brandt-Enkel Schröder die Genehmigung zur Einrichtung einer Nationalstiftung unterschreiben würde. Damals scheiterten die Träume des Dichters von der deutschen Kulturnation, wobei er die von Ost und die von West meinte, an der Realität, denn das Veto der Alliierten gegen den Standort Berlin und Einsprüche der elf Bundesländer gegen alle Versuche, ihre föderalistischen Rechte auf eigene Kulturarbeit zu schmälern, erfolgten prompt.

Es interessierte sich von den Bundespolitikern auch keiner dafür. Innenminister Werner Maihofer kämpfte einen anderen Kampf der Kulturen, den gegen Terroristen der Roten-Armee-Fraktion. Als Heinrich Böll im »Spiegel« unter dem Titel »Will Ulrike Meinhof Gnade oder freies Geleit?« das bleierne Schweigen durchbrach und im schärfsten Artikel, den er je geschrieben hat, zum Nachdenken aufrief, als er einforderte, Verdächtige nicht wie Verurteilte zu behandeln, als er die Baader-Meinhof-Bande keine Bande, sondern eine Gruppe nannte, wurde er im Gegenzug sofort zu einem geistigen Bandenmitglied erklärt, wurde verleumdet als Sympathisant der Terroristen. Vergebens blieb seine christliche Mahnung, Gewalt nicht mit Gegengewalt zu beantworten: »Haben alle, die einmal verfolgt waren, von denen einige im Parlament sitzen, der eine oder andere in der Regierung, haben sie alle vergessen, was es bedeutet, verfolgt und gehetzt zu sein?« Sein Roman über die verlorene Ehre der von Medien gehetzten Katharina Blum erschien ein Jahr darauf.

Grass betonte zwar, dass er die RAF-Leute »gern eine Bande nenne, denn sie benimmt sich bandenmäßig und was sie tut, sind ganz simple politische Verbrechen«, unterschied sich also in dieser Einschätzung von Heinrich Böll, aber er ging für den Kollegen auf die Barrikaden, als Zeitungen des Springer-Verlages, namentlich Peter Boenisch, zur Jagd auf den Kölner Dichter bliesen. Das sei eine ungeheuerliche Hetzkampagne, eine dreiste Gleichsetzung von links und linksradikal und eine Sauerei gegen einen Schriftsteller, der »seit Jahren in dieser und jeder anderen Beziehung unzweideutig geblieben ist«. Dieser und jeder anderen bedeutete, dass Heinrich Böll auf griechische Faschisten ähnlich eisern reagierte wie auf sowjetische Stalinisten.

Er will mit Böll gemeinsam in den Wahlkampf ziehen, als das Misstrauensvotum von Rainer Barzel gegen Willy Brandt im Bundestag gescheitert ist und der im Gegenzug die Vertrauensfrage stellt, die er verlieren will, um Neuwahlen zu ermöglichen. Ein Befreiungsschlag, nach dem am Ende die SPD stärkste Fraktion sein wird. Böll sagt erst einmal Nein, betont aber, dass es eine vorläufige Absage ist, Grass möge ihm Zeit lassen, außerdem könne er nicht anderen Leuten erklären, was »für mich selbstverständlich ist, daß man SPD wählen sollte. Und ich kann nicht des deutschen Intellektuellen Pflichtgebet sprechen: Immer brav nach links schlagen, wenn ich nach rechts schlage. Diese Neutralisierung ist Wahnsinn, angesichts der Tatsache, dass Faschismus aller Art in unserer Gesellschaft weder justitiabel noch gesellschaftlich ein Makel ist. Ich prophezeie Ihnen, daß die Scheiße bald kochen wird: allenthalben in deutschen Landen.«

Er hat es schon erlebt. Sein folgender Zornesausbruch hat selbst erfahrene Ursachen. An Fronleichnam hatten in seinem Eifeldorf unter allgemeiner Anteilnahme der ihm bis dahin freundlich gesonnenen Bevölkerung sechs Polizeibeamte von der Sicherungsgruppe Bonn mit gezückten Maschinenpistolen sein Wochenendhaus umstellt. Sogar der friedfertige Heinrich Böll, was typisch war für die im Land herrschende Stimmung, wurde von staatlichen Behörden verdächtigt, Terroristen Unterschlupf gewährt zu haben. Man verlangte von seinen Gästen ihre Ausweise. Die Frau eines Professors, der Böll besuchte, wurde betrachtet, als »wäre sie Ulrike«. Das ironische Angebot des Dichters, seinen Schreibtisch zu durchsuchen, es könnte in einer Schublade ja ein Terrorist stecken, wurde als Provokation betrachtet und schmallippig abgelehnt.

Böll wird im Brief an Grass deshalb deutlich: »Nein, lieber Günter Grass, ich wäre bereit, für Willy Brandt alles zu tun, aber ich kann nichts für eine Regierung tun, die die ganze demagogische Scheiße bis in die letzte Provinzecke durchsickern läßt. Meine letzte Äußerung in der BM-Sache stammt vom 9. 2. 72 – ich habe alles, was ich gesagt und geschrieben habe, noch einmal durchgesehen und ich finde beim besten Willen nicht eine einzige Zeile, in der ich irgendeine Form der angewandten und gepredigten Gewalt gebilligt hätte. Nicht eine halbe Zeile, und ich habe – Gott sei's geklagt – ungefähr im ganzen 200 000 Zeilen bisher publiziert... Herzliche Grüße auch an Ihre liebe Frau und Ihre Kinder. Ihr Heinrich Böll.«

Er wird dann doch in Köln-nahen Städten für Willy sprechen und gegen Strauß, den er für eine »extreme politische Existenz« hält. Brandt hatte Böll in einem Brief dringend gebeten, trotz aller verletzenden Angriffe, seinem Beispiel zu folgen, also nicht zu resignieren, denn damit würde er denen einen Gefallen tun, die »bei aller Anma-

Hans Werner Richter besucht den Dichter. Franz und Raoul und die damalige Grass-Freundin genießen mit ihnen den Sonnentag in Berlin.

ßung und Lautstärke doch nicht die Bundesrepublik sind«. Reisen durchs Land wie Günter Grass, der Strauß einen »hochkarätigen Lumpen« nennt, weil im »Bayernkurier« Willy Brandt mit Adolf Hitler verglichen worden sei, sind Böll zu anstrengend. Grass berichtet stolz, dass es insgesamt zweihundertundzwanzig Wählerinitiativen bundesweit gebe im Vergleich zu knapp neunzig vor drei Jahren, dass man viele Spesen aus Spenden bezahlen könne, zum Beispiel habe er einen Vortrag zum zehnjährigen Jubiläum einer Firma gehalten und die zwanzigtausend Mark Honorar gleich in die gemeinsame Kasse getan – und dass vor allem viele Frauen mitmachen bei der Aktion.

Die Frau mit jenem verheißungsvollen Silberblick auch. Sie lebt getrennt von ihrem Mann und hängt Grass an. Man begegnet sich in politischem Gleichklang, aber dabei klingt für Außenstehende mehr und mehr auch mehr an. Wenn man sich längere Zeit nicht sah, schrieb sie Briefe. Einmal gibt es Krach mit dem Chef, als Friedhelm Drautzburg in der Poststelle der zentralen Wählerinitiative in Bonn einen Brief öffnet, den sie an Grass geschrieben hatte. Drautzburg dachte, es handle sich um eine Anfrage zu einem Wahlauftritt. Als Günter Grass und Eberhard Jäckel und Günter Gaus und Egon Bahr an einem Wochenende im Bundeskanzleramt in Bonn die Nobelpreisrede von Willy Brandt schreiben, Satz für Satz und in Klausur, stiehlt sich Grass abends davon. Sagt nicht, wohin er geht, aber sie ahnen es. Seine Frau ist bei den Kindern, aber auch sie ist nicht mehr allein in Berlin. Den Mann, der sich in sie verliebt hat, hat ausgerechnet ihr Mann mit nach Hause gebracht.

Es ist eine Geschichte, wie sie in einem Buche stehen könnte von Grass. Begonnen hat sie in Sibiu in Rumänien, dem früheren Hermannstadt. Dort hatte der Dichter aus dem Westen im November 1969 auf Einladung des Schriftstellerverbandes aus seinen Werken gelesen und auch sonst deutliche Worte gefunden. Nach einem Vortrag fragte er, ob jemand Fragen hätte. Stille. Alle Anwesenden wussten, dass die allgegenwärtige Securitate im Saal saß und auch Deutsch verstand. Grass spürte die Spannung, er wusste ja, wo er war. Ein Engel sei wohl durch den Raum gegangen, sagte er und lächelte, daher die Stille. Und wie hat dieser Engel ausgesehen?, fragte ein junger rumänischer Schriftsteller, der gut Deutsch sprach. Als er ihn zum ersten Mal sah, ging Grass spontan auf das Spiel ein, habe er ihm ganz gut gefallen. Beim zweiten Hinsehen habe er bemerkt, dass der Engel eine Uniform trug, und beim dritten Mal habe er sich dann doch gefragt, ob er nicht von irgendwelchen Behörden geschickt worden sei. Aber das könne natürlich nicht sein, fügte er hinzu, denn »in Bukarest hat man mir versichert, daß es hier keine Zensur gibt und deshalb handelte es sich ohne Zweifel eben doch um einen Engel.«

Der junge Mann, der ihn nach dem Engel fragte, heißt Günther Schulz, ist hier in Sibiu zu Hause, knapp dreiundzwanzig Jahre alt und studiert evangelische Theologie. Er hat sogar schon als Pfarrvikar gearbeitet, aber eigentlich ist er ein Poet. So sieht er auch aus, dunkles Haar, dunkle Augen, schmal, sensible Gesichtszüge. Einige seiner Gedichte sind in deutschsprachigen Blättern veröffentlicht worden, einige auf Rumänisch in der offiziellen Zeitschrift »Neue Literatur«. Er will weg, träumt vom Studium im Westen. Grass hilft mit seinen Beziehungen bei der Ausreise. Günther Schulz kommt 1970 nach Berlin und wohnt vorübergehend in der Niedstraße.

An der Freien Universität belegt er Fächer wie Linguistik, Psychologie, Soziologie. In den LCB-Editionen des Literarischen Colloquiums Berlin veröffentlicht Walter Höllerer auf Bitten von Grass ein Jahr später einen schmalen Band mit »Rezensierten Gedichten«. Sie lesen sich epigonal, was der Verfasser erklären kann: Für einen in Rumänien lebenden Deutsch schreibenden Autor seines Alters war Lyrik von Benn, Celan, Rühmkorf, Bachmann, Enzensberger, Eich deshalb stilbildend, weil es keine anderen Vorbilder gab. Das Titelbild von Renate Höllerer zeigt einen zarten Jungen, der auf einem Klappstuhl sitzt und skeptisch in die Zukunft blickt.

Bei der Herbsttagung der Gruppe 47 in der von Richter bewohnten und vom SFB bezahlten Villa in Berlin scheint alles wie immer. Ein Preis wird nicht verliehen, aber fünf Jahre nach der Pulvermühle-Aktion sind sie endlich mal wieder beieinander, das ist die Hauptsache. Hans Werner Richter erstattet aus einem Topf, den wie bisher Rundfunkanstalten auf Anweisung ihrer Intendanten gefüllt haben, wofür sie einen ganzen langen Samstagabend, und manchmal reicht das Vorgetragene sogar für zwei Abende, mit Programm gestalten dürfen, die Reisekosten der Autoren. Je nach Bedürftigkeit. Viele sind so arm wie auch Günter Grass mal war. Deshalb bekommt der eine mal mehr, die andere mal weniger.

Günter Grass ist mit seiner Frau da und er braucht keine Spesen. Es gibt, aufgenommen von Renate Höllerer, ein Foto von Anna Grass und Klaus Wagenbach. Ihre Gesichtszüge sind weich. Sie wirkt halbschattig geheimnisvoll. Die Frau, die sie fotografiert, hat das natürlich gesehen und sich was gedacht. So jung sah Anna Grass zuletzt auf frühen Fotos mit Günter Grass aus. Ein paar Monate später kauft Grass eine ehemalige Kirchspielvogtei in Schleswig-Holstein. In Wewelsfleth ist sein neuer Arbeitsplatz. In Berlin ist er, vor allem für die Kinder, Gast im eigenen Haus, auch wenn seine Anwesenheit dort dann zu Spannungen zwischen Anna Grass und ihrem Freund führt.

Als dieser Zustand unerträglich wird für alle, lässt Grass in der Niedstraße eine Trennungswand ziehen. Die andere Berliner Mauer. Nun reiben sie sich nicht mehr aneinander. Aber es gibt auch keine Wärme mehr.

X

»Manchmal bin ich fertig allein«

1972–1977

Der andere stammt auch aus Danzig. Horst Ehmke weiß nicht mehr, ob sie sich schon damals getroffen haben. Mag sein, dass er in der Schulmannschaft des Städtischen Gymnasiums bei sommerlichen Wettspielen gegen den aus Langfuhr im Stadion mal Schlagball gespielt hat. Wechsel, Fangball, Übergetreten. Abpfiff. Lag da nicht dösend dieser Joachim Mahlke zwischen den Handballtoren im Gras, bevor die junge Katze des Platzwarts spielerisch seinen Adamsapfel ansprang? Ehmke und Grass können miteinander reden im Dialekt ihrer Heimat. Hotte sagt Ginterchen zu ihm, doch dem ist Günter lieber, und so viel haben sie sich nicht mehr zu sagen.

Die Schlachten sind vorerst geschlagen. Seite an Seite waren sie ein starkes Team. Unbeeindruckt vom Sturm der außerparlamentarischen Tornados, unschlagbar in den Hörsälen der Universitäten. Der eine, weil er die akademischen Jünglinge im proletarischen Bewusstsein des Kleinbürgers als Schwätzer verachtete und ihnen, auf Reformen statt auf Revolution beharrend, liebend gern die Stirn bot. Der andere intellektuell von oben herab, wo am Pult zu stehen er gewohnt war, als Professor alle Bücher mit marxistischen Heilslehren kannte, aus denen sie ihre Parolen zogen.

Nach Brandts Sieg waren Ehmke und Grass keine Kampfgenossen mehr. Der akademische Genosse aus Bonn meinte, man könne nicht einfach eins zu eins moralische Forderungen in politische Handlungen übertragen. Es gebe Sachzwänge. Der antiakademische Kämpfer aus Wewelsfleth meinte, das sei ihm wohl bekannt und er kenne sich aus in Sachzwängen wie Milchpfennig, Kohleförderungsgesetz etc. Moral sei in der Politik sicher nicht alles, aber ohne Moral alles nichts. Er war nicht weltfremd, wusste zu unterscheiden zwischen Anspruch und Wirklichkeit, weil die Moral der Schriftsteller eine ästhetische ist und die der Politiker in der Ausübung von Macht liegt. Moral und Macht seien jedoch nicht grundsätzlich unvereinbar, jetzt bestehe die historische Chance, sie zu einen. Am besten natürlich in einer Person, die in sich beides miteinander verbindet. »Nicht ausgeschlossen bleibt weiterhin, daß ich bereit wäre, eine politische Aufgabe, die allerdings keine repräsentative sein sollte, nach Deinen Vorstellungen und meinen Möglichkeiten und Fähigkeiten zu übernehmen«, schreibt Grass an Brandt, doch der reagiert nicht auf diesen deutlichen Wink.

Ehmke war der erste Diener des neuen Herrn im Kanzleramt, Grass zusehends enttäuscht von dessen Politik. Auf einem Strategietreffen aller Wählerinitiativen verhöhnte er die Partei, der nur grundsätzlich seine Zustimmung galt und die nach gewonnener Wahl wieder ein tägliches Ärgernis war. »Das Dankeschön haben wir gerahmt, Oma und Opa sowie den Kindern gezeigt, doch nach bloßem Dankeschön war unsere Anstrengung nicht begierig.«

In der Tat. Brandt schickt seinen Redenschreiber Klaus Harpprecht in den Norden, um den grollenden Sisyphos milder zu stimmen, der seit Jahren für ihn die Steine so tapfer nach oben gerollt hat. Günter Grass schiebt als guter Gastgeber zwar eine Hammelkeule in den Ofen, bereitet Linsen und Kartoffeln als Beilage vor, aber er serviert zum Nachtisch seine Bitterkeit. Will sich nicht von dem anderen Sisyphos, der es auch immer wieder versucht hat, bis er oben angekommen ist, in die Ecke der auf Zeit nützlichen Hofnarren abschieben lassen. Will im inneren Kreis der Mächtigen sitzen, statt in ihren Vorzimmern um einen Termin betteln zu müssen.

Da seine Verbindung mit Willy Brandt, von ihm aus gesehen, eine besondere und fast symbiotische war, da er ihn als Vaterfigur verehrte, da der schweigsame – »ihn vormittags wortkarg nennen hieße, ihn redselig erlebt zu haben« – Melancholiker der Macht eine Art von Held für ihn darstellte, reichte ihm eine ganz normale Beziehung nicht. Der zurückgezogene Mann, den er Willy nennen darf, hatte sich nach dem Sieg, an dem Grass großen Anteil besaß und für den er, wie Brandt ihm schriftlich zugab, »einige der besten Jahre Deines Lebens geopfert hast«, zu weit von ihm zurückgezogen.

Bürger Grass ist verletzt und Harpprecht ahnt, dass sich der Dichter nicht schweigend damit abfinden wird. Er wählt nie leise Töne, wenn es auch laut geht, er fürchtet keinen Krach, er scheut keinen Konflikt. Den sucht er lieber. Feigheit vor dem Freund ist ihm so fremd wie die vor einem Feind. Zurück im Kanzleramt verfasst Harpprecht deshalb eine Aktennotiz. »21. März 1973. Notiz für BK (persönlich). Besuch bei Herrn Grass. Der Dichter läßt grüßen. Er hat das Gefühl, daß man ihn nach der konzentrierten Arbeit ins Leere gleiten läßt. Er scheint darauf gewartet zu haben (und noch darauf zu warten), daß man ihm ein konkretes Arbeitsangebot macht. Er nannte zwei Aufgabengebiete, die ihn reizen würden: a) Aufbauhilfe für Vietnam; b) die Kulturarbeit beim künftigen Beauftragten in Ostberlin. Es bedrückt ihn, daß er den Bundeskanzler so wenig sieht. Mit Ein-Stunden-Terminen dann und wann will er sich nicht begnügen.«

Vietnam hätte ihn schon deshalb gereizt, um gleichaltrige Kollegen vorzuführen, die sich in der Solidarität mit den Protestierenden kurzfristig jung gebadet hatten. Den Theoretikern ferner Revolutionen, die sich fürs nahe Deutschland zu fein waren, gilt bis heute seine ganze Verachtung. Der selbst ernannte Anwalt der Wähler blieb aber öffentlich seiner Linie treu und bestritt, jemals vorgehabt zu haben, »Staatssekretär oder gar Minister zu werden«. Seinen Wunsch auf mehr zuzugeben erlaubte sein Stolz nicht, denn dann hätte er auch einräumen müssen, dass er niemals seinen Vorstellungen entsprechend gefragt worden war. Vor Mitstreitern, die ihrerseits in ihm eine Vaterfigur sahen, so wie er sie seinerseits in Willy Brandt immer noch sieht, bat er um Entlastung. Die sollten ihn, den Motor, jetzt mal auswechseln und sich »des Vaters mehr freundlich als fordernd« erinnern. Seine eigentlichen Berufe, die des Grafikers und des Zeichners, waren ihm wichtiger, mit anderen Worten: »Ich habe mir viel Papier gekauft.«

Das Eigentliche wird wieder wesentlich. Nicht ausschließlich, das nun doch nicht, das wäre ihm zu langweilig. Er wird sich in den nächsten Jahren nach wie vor politisch einmischen, weil ihn die Genossen nicht mitmischen lassen, gerade denen wird er nichts durchgehen lassen. Aber auch sonst entgeht ihm nichts, was er für wesentlich hält: Wortstark verurteilt er die Hetze von rechten Politikern und Journalisten, vor allem wieder einmal gegen Heinrich Böll, nach dem Attentat auf Schleyer. Diese Hexenjagd gefährde den Rechtsstaat, untergrabe das Grundrecht auf freie Meinungsäußerung. Als diese Attacke im Ausland gegen Deutschland verwendet wird, verteidigt er allerdings sein schwieriges Vaterland und empfiehlt den Franzosen im »Nouvel Observateur«, sich um ihren Dreck zu kümmern, und den Italienern im »Corriere della Sera«, ihre faschistische Vergangenheit zu untersuchen und nicht die der anderen, die Ursachen ihres blutigen Linksterrorismus zu beschreiben und nicht den hinter den Alpen.

Er unterzeichnet viele der von ihm so geschätzten offenen Briefe, beispielsweise Schriftzug an Schriftzug mit Lenz, Walser, Frisch, Jens, Dürrenmatt, Böll die Forderung auf Freilassung von Vaclav Havel, der wieder einmal verhaftet worden ist. Er warnt anlässlich einer Ausstellung mit Grass-Zeichnungen in New York den amerikanischen Präsidenten Jimmy Carter vor Irrwegen, weil der zwar Menschenrechte in anderen Ländern anmahne, Rassenhass im eigenen Land jedoch schweigend dulde. Er kündigt seinen Widerstand an gegen eine Atommülldeponie und eine Wiederaufbereitungsanlage im niedersächsischen Gorleben. Grass ist getrieben von einem unbeugsamen Drang, selbst dort für Gerechtigkeit zu sorgen oder eintreten zu müssen, wo sich keiner mehr hintraut, weil es eh sinnlos scheint. Das haben vor allem viele osteuropäische Dissidenten dankbar erfahren, denen so konkret wie er mit Geld, Wohnung, Verlagssuche nur Heinrich Böll half, wenn sie aus der Heimat vertrieben wurden.

In der Sprache seiner politischen Reden hatte Grass die der Politiker benutzt, eine unvermeidbare Sekundärsprache. »Aber nach diesen Wahlaktivitäten, die mir viel Erfahrung gebracht haben, denn ich habe dabei Provinzen in Deutschland kennengelernt, in die ich sonst nie gereist wäre und bin in soziale Bereiche hineingeraten, in die normalerweise ein Autor aufgrund von Lesungen zum Beispiel überhaupt nicht kommt, war das Bedürfnis groß, es wieder mit einem großen epischen Komplex zu tun zu haben, mit einer Geröllmasse und aus dem literarisch Vollen zu leben.« Es war ihm auch ein besonderes Bedürfnis, alle Kritiker zu widerlegen, die sein politisches Engagement simpel als Ersatzhandlung für verlorene Kreativität interpretierten.

Es liegt unter den Steinen, schon durch Kiemen atmend, aber noch ohne Gräten, ein Fisch mit merkwürdigen Eigenschaften, den Grass vorsichtig ausgraben und in seine literarische Form bringen wird. Der Fisch spricht. Der Fisch hat ein Gedächtnis. Der Fisch ist so alt wie die Menschheit. Der Fisch ist ein Butt. Der Fisch scheint unsterblich. Seine Geschichte passt nur in einen Roman, denn der Butt ist ein Pikaro. Grass schlüpft wie gewohnt in viele Rollen und beginnt zu schreiben. Wie üblich in verschiedenen Fassungen weiße Lücken lassend, wenn ihm für eine Szene nichts einfällt, an anderer Stelle dafür weiterschreibend, denn am Ende wird sich ihm doch alles fügen müssen. »Der Butt« wird als autobiografische Geschichte einer eheähnlichen Beziehung gedeutet werden, der von Günter Grass und seiner damaligen Lebensgefährtin, und das ist nicht so falsch.

Diese Beziehung war noch jung, als der Dichter den Besucher aus Bonn bewirtete, hatte nach vielen heimlichen Treffen und Briefen erst ganz offen jetzt begonnen. Die Beziehung von Brandt und Grass war bereits gestört. Zeitweilig »waren wir nicht auf gleicher Wellenlänge«, bekannte Brandt ein paar Jahre später bei einem Empfang zum fünfzigsten Geburtstag des Dichters, zu dem er ihn und hundert Aktive der sozialdemokratischen Wählerinitiativen nach Bonn lud. Sie hatten sich auseinander gelebt, obwohl es nach wie vor viele Übereinstimmungen gab. Beide warben, je nach ihrer Art, mit sanfter Überredungskunst oder mit harter Rede, für eine tolerante, offene Zivilgesellschaft. Beide kämpften gegen die Denkmuster einer überkommenen und bei den Nazis zur Perversion verkommenen Staatsphilosophie. Beide wurden gleichermaßen von reaktionären Konservativen, von denen es in Ost und West gleichermaßen viele gab, mit Hass verfolgt. Beide waren deren liebste Feinde, und weil sie als Freunde galten, wurde jeder Streit zwischen Grass und Brandt weidlich ausgeschlachtet.

Warum aber soll man es den politischen Gegnern leicht machen und tatenlos abwarten, bis es so weit ist, dass Grass mal wieder an seinem Schnauzbart zupft und lospoltert? Hilfreicher wäre es, schlägt Klaus Harpprecht am Ende seiner Notiz für den Kanzler nach der Rückkehr aus Wewelsfleth deshalb vor, man würde ein- oder zweimal pro Jahr nicht nur mit Günter Grass, sondern auch mit Eberhard Jäckel ein Wochenende in Münstereifel einplanen, erweitert vielleicht um Vogel oder um Ehmke, Strategien künftiger Arbeit besprechen, einander zuhören, vor allem einem, dann sei bald alles wieder im Lot mit dem enttäuschten Partner. Harpprecht fügte als PS hinzu: »Grass würde sehr gern mit nach Israel reisen. Nach der Arbeit, die er dort geleistet hat, sollte das auch so sein.«

Der Dichter hatte dort schon mehrmals für sein mit Schuld beladenes Vaterland gesprochen. Er verdrängte deutsche Geschichte nie als bedauerlichen Betriebsunfall, er verschwieg bei seinen Auslandsreisen auch nie, was ihn am heutigen Deutschland störte, aber er verteidigte es trotz aller Unzulänglichkeiten des demokratischen Systems. Ein besseres kenne er nicht. Man schaue doch nur in den

Ostblock oder zu den Diktaturen Südamerikas. Er predigte Toleranz, ja: predigte. Das konnte nicht oft genug wiederholt werden. Deshalb geißelte er den Radikalenerlass, unterschrieben von Brandt, mit dem allen kommunistischen und als links denunzierten Lehrern, Richtern, Postbeamten der Staatsdienst verwehrt wurde, als Gesinnungsterror, als einen »Wahnsinnsakt der Demokratie«. Auch eine Ursache für den Terrorismus der Siebzigerjahre, der mit Schleyers Ermordung, der Entführung der Lufthansa-Maschine nach Mogadischu und den Selbstmorden von Stammheim blutig enden würde.

Er rechnete bei seinen Reden immer mit Gegenreden. Die sehnte er geradezu herbei, denn in freier Gegengegenrede war er stärker als andere. Bei einer Vorlesung in der Universität von Jerusalem aus dem »Tagebuch einer Schnecke« fühlte er sich daher wie zu Hause. Eine Gruppe von rechts gerichteten Studenten des Likudblocks sang religiöse Lieder gegen ihn, schließlich war er ein Deutscher, und sie störte mit Begeisterung. »Ich weiß nicht, ob die auch den Hausmeister auf ihrer Seite hatten, denn plötzlich ging auch noch das Licht aus, aber sofort kam jemand aus dem Publikum und stellte Kerzen aufs Podium, damit ich weitermachen konnte. Dann ging das Licht wieder an, wieder sangen die Störer, aber ich hab zu denen gesagt: Ich hab Zeit, singt ruhig, dann lese ich weiter.«

Er las die passende Episode von einer Wahlveranstaltung in Deutschland, in der störende Gruppen vorkamen, eine von der NPD und eine von der APO, und wie er versucht hatte, die gegeneinander auszuspielen. Also nichts Neues für ihn hier in Jerusalem. Der Rektor der Universität wollte abbrechen, weil es ihm peinlich war, wie mit dem Gast umgesprungen wurde. Er kannte die Sturheit der Schnecke nicht, woher sollte er auch. Grass wehrte ab: »Ich bin dagegen, abzubrechen, ich bin ein geübter Wahlkämpfer, Störungen machen mir überhaupt nichts aus.« Jerusalems Bürgermeister Teddy Kollek ging aufs Podium und bat um Ruhe, aber gegen ihn flogen Eier und Tomaten. Da setzte er sich resigniert wieder hin. Nur Grass blieb ruhig, zupfte kampflustig am Barthaar und las in die Pausen hinein. Das dauerte. Erst nach zweieinhalb Stunden war alles vorbei. Während Günter Grass seine Sachen zusammenpackte, kamen zwei von den Störern zu ihm aufs Podium, schüttelten ihm die Hand und sagten: You are a good sportsman.

Das ist er, aber er merkt sich alles. In der Begleitung des Kanzlers in Israel fühlt er sich nicht genügend gewürdigt und gefordert. Er zeichnet Golda Meir, die ihn bittet, sie »möglichst schön« zu porträtieren. Er mault rum. Die Lust auf einen Krach wächst. Seine private Situation stimmt ihn auch nicht friedlicher. Er pflegt seine neue Beziehung, bleibt jedoch eifersüchtig, denn noch gehört Anna ihm. Glaubt er. Nie hätte er Anna verlassen, aber da sie sich öffentlich mit einem anderen Partner zeigt, will er es ihr gleichtun. Das verlangt, die eigentliche Ursache der Entfremdung verdrängend, sein Ego. Als Anna Grass mit ihrem Freund in der Bretagne Urlaub macht, nennt Grass das einen doppelten »Liebesverrat«, denn er habe dem Jungen erst die Ausreise in den Westen ermöglicht und ihm sogar noch Unterschlupf gewährt. Er reagiert, wie eben ein Mann reagiert, insofern ganz normal männlich. Will nicht gestatten, was er sich gestattet. Und Anna Grass? Ist es Torschlußpanik, ist es Angst?

Die einer vierzigjährigen Frau vor dem Alter? Lächerlich, aber verständlich. Man sieht Anna Grass ihr Alter nicht an. Oder will sie ihm nur beweisen, dass sie auch kann, was er kann? Kindisch, aber eben auch verständlich. Freunde mischen sich ein, bieten sich als Helfer an. Vergebens. Es scheint, dass Anna Grass, obwohl sie aus großbürgerlichem Hause stammt, radikaler, freier, anarchistischer ist als der kleinbürgerliche Anarchist, für den am Ende seines Aufstiegs in die Beletage alles seine Ordnung haben musste; vor allem die seine zu Hause. Diese Interpretationen aber sind nachgereicht, sind nur Vermutungen.

Zum ersten öffentlichen Streit mit der vom Pragmatismus des Alltags bestimmten Politik seines Idols Willy Brandt kam es nach diesem Sommer des Missvergnügens. Geplant war im Herbst 1973 sein Auftritt in der deutschen Botschaft in Moskau, vor hundert geladenen Gästen sollte er Gedichte lesen und Passagen seiner literarisch-politischen Notizen aus dem »Tagebuch einer Schnecke«. Zu diesem offiziellen Termin wollte der Dichter sogar seine Frau Anna mitnehmen, aber deren Freund Günther Schulz war dagegen, worüber sich Grass erregte. Das machte ihn schon mal grundsätzlich wütend, was bildete der Kerl sich eigentlich ein?

Die Wut wuchs, als ihn ein anderer Kerl bat, zu Hause zu bleiben. Ulrich Sahm, deutscher Botschafter in Moskau, hatte angesichts der bekannten Neigung des Autors, egal wo auf der Welt Klartext zu reden, diplomatische Verwicklungen befürchtet. Grass fühlte sich an Sahms Berufskollegen Limbourg in Griechenland erinnert. Wieder so ein Feigling im Amt. Falls Entspannungspolitik bedeute, vor den

Der aus Rumänien stammende Lyriker Günther Schulz, fotografiert in ähnlicher Pose wie einst Artur Knoff, wird in Berlin mal der neue Lebenspartner von Anna Grass.

jeweils Herrschenden zu kuschen, über Missstände zu schweigen, um irgendein hohes Ziel nicht zu gefährden, dann in Zukunft ohne ihn. Schon auf einem Symposium des Europarats in Florenz hatte er davor gewarnt, in Sachen Meinungsfreiheit »fünf gerade sein zu lassen, um das große Ost-West-Geschäft nicht zu gefährden«.

Hintergrund der Absage an Grass war große Politik, vom Dichter postwendend als Metternichsche Kleingeisterei hingestellt. Der bevorstehende Prozess gegen Alexander Solschenizyn und andere oppositionelle Schriftsteller erfordere höchste Sensibilität im Umgang mit den Mächtigen, schrieb der Botschafter, denn das Regime reagiere allergisch auf Einmischung von außen. Grass hatte einen Ruf als begnadeter und gnadenloser Einmischer, der sich nie ein Wort verbieten ließ. Deshalb die vorbeugende Absage. Man wollte aus lauter Angst vor den Folgen den Bären nicht reizen, donnerte Grass: »Ähnliche Brüskierungen habe ich in Athen erlebt, vergleichbar windelweiche Reaktionen bundesdeutscher Botschafter haben andere Schriftsteller zu spüren bekommen.« Sollte nach Ansicht des von Walter Scheel geleiteten Auswärtigen Amtes, das Ulrich Sahm per Kopie von der Absage unterrichtet hatte, sein Standpunkt ein zu moralischer sein, höhnte er öffentlich, so bitte er zu glauben, dass er seinen Anspruch auf Meinungsfreiheit aus dem Grundgesetz ableite. Sei dies nicht auch für Diplomaten gültig?

Von Scheel hielt er wenig. Den hatte man 1969 für den Machtwechsel gebraucht, aber jetzt stellten die Sozialdemokraten die stärkste Fraktion, also durften und sollten sie gefälligst auch die Richtlinien der Außenpolitik bestimmen. Als Scheel ein Jahr darauf als Nachfolger des verehrten Gustav Heinemann Bundespräsident werden wollte, was er auch wurde, warnte Günter Grass den Freidemokraten öffentlich vor Selbstüberschätzung. Ein allenfalls brauchbarer Außenminister, der populistisch hoch auf dem gelben Wagen singe, sei ungeeignet fürs höchste Staatsamt. »Die Zeit« lästerte nach der Melodie des gelben Wagens, den Scheel so volksnah bestiegen hat, auf ungewohnt flachem Niveau: »Danzig ist in der Versenkung,/ und es gelingt ihm kein Buch./ Nur noch Metaphern-Verrenkung,/ das erklärt so manchen Fluch…« und die »Süddeutsche Zeitung« kommentierte, dass Scheel als Praeceptor Germaniae, der lieber dem erhobenen Zeigefinger als dem Taktstock folge, in der Tat nicht geeignet sei, dafür habe man ja schon Günter Grass.

Der stand aber nicht allein im Regen. P.E.N.-Präsident Heinrich

Böll, der friedfertige Rebell und gütige Anarchist, wie ihn Carola Stern umschrieb, der sich stets strikt weigerte, als Gewissen der Nation aufzutreten, dies sei das Parlament und nicht er, unterstützte Grass im Konflikt um die Moskau-Reise. Das politische Klima zwischen der Bundesrepublik und der UdSSR sollte zwar verbessert werden, aber nicht auf Kosten von Dichtern wie Solschenizyn, Maximow, Sacharow.

Der Streit verlagerte sich von der politischen auf andere Ebenen, aber da verlor er an moralischer Kraft. Peter Weiss und Martin Walser und Günter Herburger und Franz Xaver Kroetz hatten zum Fall Solschenizyn beredt geschwiegen, weshalb Grass sie sich einzeln vornahm. Alle vier, die sich für einen kommunistischen Sozialismus engagierten, was ihr gutes Recht sei, wenn auch ihm unverständlich, hatten seiner Meinung nach ihre Glaubwürdigkeit verloren. Denn zu schweigen über Solschenizyns verbotenen Roman »Archipel Gulag«, ein Verbot, das bestätigte, worüber er geschrieben hatte, und gleichzeitig im Westen alles zu kritisieren, was ihnen ideologisch nicht ins Weltbild passe, sei schäbig. Typisch allerdings für ihre Genossen, die für ihre Meinungen Toleranz einforderten, selbst aber keine anderen dulden wollten. Wer Faschisten schlage, dürfe Kommunisten nicht schonen.

Marcel Reich-Ranicki verteidigte Peter Weiss, der Solschenizyns Roman als dringend erforderlich bezeichnet habe, was wiederum Grass lächerlich weicheiig fand. Martin Walser übte ironisch Selbstkritik, weil er nicht beim Meister angefragt hatte, wogegen und wofür er sich engagieren dürfe, Günter Grass konnte angesichts real bestehender Unterdrückung der Meinungsfreiheit in der Sowjetunion über solche intellektuellen Pirouetten nicht lachen.

Nachdem Solschenizyn verbannt worden war, stellte er fest, wer so stumm bleibe wie seine verehrten linken Kollegen, mache sich mitschuldig. Formulierte für seine Vorstellungen vom demokratischen Sozialismus sieben Thesen, zu denen als wichtigste die gehörte, dass weder die kapitalistischen »Idole« noch die kommunistischen »Heiligen« heilig bleiben dürften. Als allerdings der Springer-Verlag die Zeitschrift »Kontinent« finanzierte, die verfolgten osteuropäischen Schriftstellern ein Forum bot, blieb Günter Grass erst recht seiner Meinung treu. Natürlich in einem offenen Brief. Den russischen Dissidenten warf er vor, nicht erkannt zu haben, dass sie von einem Machtimperium ins nächste gewechselt waren, das unter dem »Namen Springer-Konzern bekannt ist und dessen reaktionäre Intoleranz Ausdruck der gleichen Mentalität ist, die Ihnen unter anderen ideologischen Vorzeichen in der Sowjetunion Anlaß zu Protest und Widerstand geboten hat«. Schon seien sie dabei, sich in schlechte Gesellschaft zu begeben, denn es sei die Springer-Presse, die gegen Böll und gegen ihn hetze, gegen die also, die sich gerade für sie so laut stark gemacht haben.

Als typisches Gemaule aus der Provinz verurteilt das Weltbürger Wolf Jobst Siedler, Leiter des Springer gehörenden Propyläen-Verlages, in dem »Kontinent« erscheint. Was für einen deutschen Brief habe Herr Grass geschrieben und ob er wirklich allen Ernstes glaube, dass ein Verleger wie Springer so schlimm sei wie Stalin und seine Erben, weshalb Sacharow und Solschenizyn lieber wortlos bleiben sollten? »In diesem Augenblick verlassen Rußlands Dichter ihre Heimat, zur großen Überraschung der Welt und zur kleinen Verlegenheit mancher ihrer Kollegen im Westen.«

Da er durch ein politisches Amt nicht eingebunden war, wollte Grass auch keine Rücksichten auf die nehmen, die ihm keines angeboten hatten. Vergeblich hatte Klaus Harpprecht versucht, ihn von einer weiteren öffentlichen Attacke auf die Bundesregierung abzuhalten. Er war auf keinen Fall bereit, Auflagen oder Vorschriften für einen später zu arrangierenden »Staatsbesuch« in Moskau zu akzeptieren, bei dem er nicht öffentlich, sondern nur im kleinen Kreis Klartext sprechen sollte. Auch der telefonische Hinweis auf Freund Willy Brandt, der gezwungen sei, die Interessen zwischen SPD und F.D.P. auszugleichen und Realpolitik zu betreiben, fruchtete nichts. Er werde so reagieren, wie er es für richtig halte, das Um-drei-Ecken-Denken sei ihm zuwider. Harpprecht legte auf und notierte seine Wut: »Ich nannte ihn lauthals ein Arschloch und versprach, dafür zehn Mark in die Bundeskasse zu bezahlen. Ich empfand solche Bitterkeit, weil Grass ein großartiger und in manchem liebenswerter Mann ist. An die Verfolgten hatte er in Wirklichkeit – nein, er hatte einen Gedanken an sie verschwendet, aber sie hatten für ihn keine Realität. Realität hatte für ihn seine Reputation, seine Wichtigkeit und vor allem die bohrende gekränkte Eitelkeit.«

Klaus Harpprecht gehörte deshalb zu den wenigen am Hofe Brandts, die nicht überrascht waren, als Grass unter Beifall der für ihn falschen Seite, von dem er sich nie abschrecken ließ, dann auch in der Innenpolitik nachlegte. Verspätete Einsichten einer »Feuerwalze im Schneckentempo«, hämte seine Lieblingszeitung »Welt«, die CDU sah ihre Ansichten über die Führungsschwäche des Kanzlers bestätigt. Nie zuvor hatten Christdemokraten mal ein gutes Wort für Grass gefunden. Gesendet wurde der nächste Rundumschlag von Grass in »Panorama« und abgedruckt unter dem Titel »Koalition im Schlafmützentrott« ausgerechnet im SPD-Parteiblatt »Vorwärts«. Die Hauptvorwürfe des enttäuschten Sohnes gegen seinen Übervater und die anderen Söhne, die dem näher standen und die er nicht mal für Brüder im Geiste hielt: »Oft sieht es so aus, als hätten Erfolge und allzu viele Ehrungen Willy Brandt einsam gemacht und in einen Bereich entrückt, den Karikaturisten gern über den Wolken ansiedeln. Es stimmt: Er lässt sich Abschirmung durch übereifrige Berater gefallen. Begabt mit starker Ausstrahlungskraft, strahlt er zur Zeit nicht gerade Tatkraft, eher Lustlosigkeit aus.«

Der frontal Angegriffene reagierte öffentlich mit Schweigen. Als er den Dichter bei einem Abendessen zu Ehren von Max Ernst traf, revanchierte er sich mit hintersinniger Ironie: »Günter, es ist immer wieder gut zu wissen, daß man sich in schwieriger Lage auf seine Freunde verlassen kann.« Der aber sah keinen Anlass für Reue. Er hatte nur getan, was getan werden musste. Auf Fehlentwicklungen hingewiesen. Noch nie hat er den Mund gehalten, schon aus Sorge, sein Schweigen könnte als Zustimmung ausgelegt werden.

Grass ist bis heute davon überzeugt, dass »ich in der Sache Recht hatte. Brandt hatte nachgelassen, er ließ die Dinge laufen, die tanzten ihm doch auf der Nase herum. Als ich kurz nach der ›Panorama‹-Sendung einen Termin bei ihm hatte, aber noch ein paar Minuten im Vorzimmer warten mußte und mich so lange mit seinem Referenten Schilling unterhielt, schoß mit hochrotem Kopf der Guillaume auf mich zu und sagte laut: Wie kommen Sie dazu, unseren Bundeskanzler in der Öffentlichkeit so anzugreifen?« Ausgerechnet Günther Guillaume verteidigte Willy Brandt, aber von dessen Doppelleben als Spion wusste zu dem Zeitpunkt angeblich noch niemand etwas. Und was hat Grass geantwortet? »Hauen Sie ab und machen Sie Ihre Arbeit, Guillaume, auf Ihrem Schreibtisch liegen sicher viele unerledigte Sachen herum.« Dann ging er rein zu seinem Bundeskanzler für ein Gespräch unter vier Augen.

Deutlicher als Brandt wurden die von Grass attackierten Berater. Der Dichter sei eine beleidigte Leberwurst mit obskuren Ansichten, nur von sich selbst überzeugt, beratungsresistent, immer an der Spitze der Mehrheit der Minderheit, nur sauer, weil er selbst nichts geworden sei.

Führte dieser Streit zum Bruch zwischen Günter Grass und Willy Brandt? Er habe die Freundschaft zwar nicht beendet, selbst nach jenem Artikel im »Vorwärts« nicht, der ihn traf, sie aber auslaufen lassen. Grass widerspricht dieser Einschätzung von Brandt-Vertrauten: »Unsere Freundschaft bestand bis zum Schluß.« Der Briefwechsel von Willy und Günter diesseits politischer Dispute belegt das. Mal schreibt Grass von seinem Asyl als Junggeselle in der Niedstraße, mal schreibt Brandt, er sei froh, dass »wir wieder näher zusammen sind«, lädt den bald siebzehnjährigen Grass-Sohn Franz ein, ihn und Rut bei ihrem Sommerurlaub in Norwegen zu besuchen, erkundigt sich, wie es Veronika gehe, die er ja aus der SPD-Wählerinitiative kennt, besucht beide ganz privat in Wewelsfleth.

Es war in den späten Achtzigerjahren für alle schwer, an Brandt heranzukommen, weil er durch seine neue Frau Brigitte Seebacher abgeschirmt wurde. »Nicht nur vor mir, auch vor seinem Freund Egon Bahr. Alle hatten Schwierigkeiten, einen Termin bei ihm zu bekommen. Einmal habe ich es geschafft, ohne die Seebacher, bei ihm in Bonn im Büro. Es waren gerade seine Memoiren erschienen, und ich sagte: Mußten die denn unbedingt bei Springer erscheinen, Willy? Ja, ja, hat er gesagt, ich weiß, aber was soll ich machen, Brigittchen möchte so gerne ein Haus.« Darauf fiel selbst dem schlagfertigen Grass nichts mehr ein.

Hat er im Mai 1974, als Willy zurücktrat, deshalb so geweint, weil er sich an diesem Ende mitschuldig fühlte? »Die Freundschaft zwischen Schriftstellern und Politikern lebt vom Mißtrauen. Diese halten jene und jene halten diese für zu einseitig«, steht in einer Rede, in der er mal seinen Kindern das Wesen der Politik und das der Literatur erklärt hatte. Ein Satz, der auf seine politisch oft schwierige Beziehung mit Brandt passte. Er ärgerte sich über dessen Blauäugigkeit, weil er immer bereit sei, seinen Gegnern ihre Schweinereien zu verzeihen, bedauert das Packpferd, das sich immer mehr als andere aufladen lasse und laufen müsse mit nationalen Wackersteinen, dem historischen deutschen Übergewicht. Genscher hätte den Agenten an Brandts Seite früher auffliegen lassen müssen. Nollau hätte gefeuert werden müssen. Wehner hätte schon vorher entlassen werden müssen, spätestens doch dann, als er während eines Gesprächs mit dem »Spiegel«-Reporter Hermann Schreiber seinen Chef als Wolkenschieber hinstellte, als einen Zögerer, der gerne lau bade.

Kurzfristig zeigte sich Brandt danach entscheidungswillig, war in seinem Zorn tatsächlich bereit, Onkel Herbert in Pension zu schicken. Ehmke und Grabert hatten sich sogar angeboten, ihm diese Arbeit abzunehmen, wollten Herbert Wehner aus Leningrad abholen und ihm auf der Rückreise in der Bundeswehrmaschine den Verzicht auf den Fraktionsvorsitz nahe legen. Bei der Landung in Köln-Bonn sollte er das den Journalisten verkünden. Über Nacht aber hatte es sich der Kanzler anders überlegt. Wehner blieb und stattdessen musste Brandt bald gehen.

Dennoch bewunderte Grass die Stärke von Brandt, die dem als Schwäche ausgelegt wurde, allen Menschen eine zweite Chance einzuräumen. Ihm fiel das schwer. Er merkte sich seine Gegner, sogar die Namen unwichtiger Provinzkritiker, die ein Buch von ihm verrissen hatten. Er vergaß keinem etwas und den Großen, sowohl in der Politik als auch in seinem Gewerbe, schon mal gar nichts. Was nicht bedeutete, dass er nichts verzeihen konnte. Als ihn auf der Party zum Drehschluss der Schlöndorff-Verfilmung seiner »Blechtrommel« ein paar Schauspieler, darunter auch Otto Sander, auf ein Wort ins Nebenzimmer baten, um sich für ihren Schaubühnen-Auftritt nach der Kipphardt-Affäre bei ihm zu entschuldigen, sagte er nur, in Ordnung, und gemeinsam hoben sie die Gläser.

Aus den Niederungen des politischen Streits flüchtet er in die Wipfel des Feuilletons. Der Dichter ist am Anfang seines nächsten Romans, prüft noch den Stoff. Der Grafiker und Kalligraf hat schon etwas beendet. Ein unpolitisches, zartes Buch erscheint mit Symbolen der Schöpfung, wie er sie sieht, mit Fischköpfen und mit Schnecken, mit Kippen und mit Käfern. Die Fotografin Maria Rama hat ihn beim Spaziergang an der Stör nahe seinem Dorf Wewelsfleth, am Elbstrand und in den Landschaften des Nordens aufgenommen, sie fotografierte ihn bei der Arbeit eines Künstlers: tuschend, radierend, zeichnend, und er verfremdete ihre Fotografien. »In Fotos hineinzeichnen, ein Vergnügen, das nicht wiederholt werden mußte.« Ein langes Gedicht als Entree bekennt, dass der Autor zwar nicht an Gott, aber an die Jungfrau Maria glaube. Als Hommage an sie und an die Fotografin Maria, der er mal zeitweise anhing, heißt der Band »Mariazuehren«. Selbst die »Welt« staunt, dass Grass noch so staunen kann wie ein Kind. Er auch: »Was sich engfügt häuft lagert./ Was seinen Raum einbringt./ Jetzt bin ich fünfundvierzig und noch immer erstaunt.«

Die Leichtigkeit des gezeichneten Seins reicht nur für wenige Wochen. Am siebzehnten Oktober 1973 stirbt Ingeborg Bachmann an ihren nach einem Brandunfall erlittenen schweren Verletzungen. Sie war mit glühender Zigarette im Bett eingeschlafen. Die nahe Freundin von Grass gehörte zur Wählerinitiative der Künstler, die Brandt unterstützten, sich vor allem für dessen Ostpolitik begeisterten, eine Begeisterung, die von den meisten Wählern geteilt wurde und das Rennen für ihn entschied. Grass kennt sie und ebenso ihre Vorliebe für Burgunder seit unbeschwerten Tagen im Tessin, hat sie oft bei der Gruppe 47 gehört, wo sie oft kaum hörbar war. Eine andere literarische Gemeinsamkeit verbindet sie, das schmale Buch »Ein Ort für Zufälle«. Geboren wurde die Idee an einem anderen Ort für Zufälle, beim damals noch harmonischen Sonntagsfrühstück in der Niedstraße.

Ingeborg Bachmanns Danksagung für den Büchner-Preis, den sie 1964 ein Jahr vor Grass erhalten hatte, sollte in einem der Quarthefte des ehrgeizigen jungen Wagenbach Verlags gedruckt werden. Der Text allein aber hätte kein Buch gefüllt, also gab Grass dreizehn seiner Zeichnungen dazu: Ein Kamel vor dem Brandenburger Tor zierte den Titel. Wütend über den dann ausbrechenden politischen Disput mit dem mal so engen Freund Klaus hatte er alles zurückziehen wollen, denn wie die linken Revolutionäre opferte auch der sozialdemokratische Revisionist eher Freundschaften als politische Überzeugungen. Aber die leise Dichterin hatte den Wüterich milde gestimmt, ihr hatte er nichts abschlagen können, das Buch konnte erscheinen.

Ein Gedicht ruft er ihr unter dem Titel »Todesarten« nach in die andere Welt, wo nach dem freiwilligen Abschied von seinem unheilbaren Leben schon Paul Celan auf sie warten mag. Eines seiner schönsten: »Du hast sie gesammelt:/ Schränke voll,/ deine Aussteuer./ In leichteren Zeiten, als das noch anging/ und die Metapher auf ihren Freipaß pochte,/ wäre dir (rettend) ein Hörspiel gelungen,/ in dem jener typisch doppelbödige Trödler,/ durch dich vergöttert, alte Todesarten verliehen/ neue aufgekauft hätte./ Bedrängt von./ Keiner kam dir zu nah./ So scheu warst du nicht./... Todesarten: außer den windigen Kleidchen/diese probieren und diese;/ die letzte paßte.«

Der Tod eines anderen ihm nahe stehenden Menschen trifft ihn ebenso unvorbereitet. Leo Bauer, Berater Willy Brandts seit vielen Jahren, ist ihm deshalb lieb geworden, weil er in ihm, dem oft Gebrochenen, das Vorbild für sich, die Schnecke, gefunden hatte: Immer neu ansetzen, nie aufgeben, ohne Illusionen und unter Verzicht auf jede Ideologie, nie das utopische Ziel Gerechtigkeit aus den Augen

Grass-Selbstporträt zu seinem Buch »Aus dem Tagebuch einer Schnecke«.

verlieren, im stetigen Zweifel, der es erlaubt, selbst im Stillstand noch Fortschritt zu erkennen. Das sah Willy Brandt grundsätzlich anders, der glaubte ja an Sprünge. Von den Kommunisten, zu denen er sich einst in der Hoffnung auf eine bessere Welt bekannt hatte, war Leo Bauer im Zuge der stalinistischen Schauprozesse vor Gericht gestellt, wegen angeblichen Verrats verurteilt, in sibirischen Lagern gequält und erst Mitte der Fünfzigerjahre wieder entlassen worden. Nunmehr kämpfte er als ein sozialdemokratischer Genosse, dem der Glauben abhanden gekommen war. »Es ist«, so Grass in seinem »Tagebuch einer Schnecke« mal, »als höre er das Eigengeräusch der Zeit. Es ist, als habe er in der Leere Quartier bezogen. Sein Blick knüpft nirgendwo an. Sein Gesicht verschattet sich grau.«

Grau ist der Zweifel, an den auch Grass glaubt. Dem Glauben der Kindheit sagt er offiziell Adieu und tritt 1974 aus der katholischen Kirche aus. Natürlich nicht ohne öffentlich verbreitete Begründung. Die ist aller Ehren wert. Die Haltung der Bischöfe im Streit um die Reform des Abtreibungsparagrafen 218 erinnere ihn an die Dogmatiker der anderen Weltreligion, die der Kommunisten, die sich auch im Besitz der allein selig machenden Wahrheit glaube und ähnlich umgehe mit ihren Gläubigen. Jesus sei heute eher bei den Jungsozialisten zu finden. Da er als Katholik aufgewachsen sei, schreibt er, sei ihm der Schritt nicht leicht gefallen. Der Idee der Bergpredigt werde er verbunden bleiben.

Ausgerechnet Honeckers Agent Guillaume lässt die größte Hoffnung sterben. Nach dem Rücktritt Willy Brandts am sechsten Mai 1974 verfassen Günter Grass und Heinrich Böll und Siegfried Lenz eine staatstragende Erklärung, die auf Brandts Nachfolger Helmut Schmidt wenigstens alle ihre verlorenen Träume überträgt: »Überzeugt von seinen politischen Zielen, bestärkt durch seine Person haben wir die Politik Willy Brandts von Anfang an nach unseren Möglichkeiten unterstützt. Jetzt kommt alles darauf an, daß seine Politik fortgesetzt wird.« Seine ohnmächtige Wut packt Grass in nachgereichte starke Sätze, wie man es von ihm erwarten darf, denn »die CDU/CSU, Wirtschaft und gewisse Pressekonzerne« sind die eigentlich Schuldigen, weil sie sich noch immer nicht damit hatten abfinden können, die Macht verloren zu haben. Bitter beklagt er, dass sich »DDR und CDU die Bälle« zugespielt haben, wegen der »gemeinsamen Furcht« aller Konservativen, zu denen er in früher Erkenntnis auch die SED zählt, vor der wirksamen Alternative demokratischer Sozialismus.

Seiner ganz persönlichen Trauer, die sich in Tränen äußerte, verlieh er Flügel der Wehmut. Der Lyriker bestimmte den Standort: »Das war im Mai, als Willy zurücktrat./ Ich hatte mit Möwenfedern den sechsten tagsüber/ mich gezeichnet: ältlich schon und gebraucht,/ doch immer noch Federn blasend…/ Federn, drei vier zugleich,/ den Flaum, Wünsche, das Glück/ liegend laufend geblasen/ und in Schwebe (ein Menschenalter) gehalten habe./ Willy auch./ Sein bestaunt langer Atem./ Woher er ihn holte./ Seit dem Lübecker Pausenhof./ Meine Federn – einige waren seine – ermatten./ Zufällig liegen sie, wie gewöhnlich./ Draußen, ich weiß, bläht die Macht ihre Backen;/ doch keine Feder,/ kein Traum wird ihr tanzen.«

Federn sind so schön leicht und steigen deshalb so hoch in den Himmel. Ein bisschen Utopie fliegt dabei mit, ein Stückchen Sehnsucht, aber vor allem Vergeblichkeit, denn sie kommen immer wieder auf die Erde zurück. Auch seine Federn, einige ältlich und gebraucht, fliegen nicht mehr so hoch wie früher: »Manchmal bin ich fertig allein«, umschreibt er dunkel seinen Zustand. Er pendelt zwischen Wewelsfleth, wo er sich mit seiner Freundin eingerichtet hat, und Berlin, wo sich Anna Grass ihr eigenes Leben einrichtet. Der wachsame Träumer ist nicht allein und doch fühlt er sich allein gelassen. Zwar ist er ganz persönlich in einer Lebenskrise, wie sie schließlich nicht nur Dichter überfällt, doch die Lebensart des Mannes überhaupt scheint ihm infrage gestellt. Feminismus beherrscht den Zeitgeist. Der ist ihm fremd. Misstrauisch umschleicht er ihn, Unrat witternd. Er ahnt: Das passt nicht zu ihm. Selbstständige Frauen findet er nur so lange bewundernswert, wie sie ihn nicht stören. Mit einer Schreibblockade kann er umgehen. Die zeichnet er sich von der Seele, aus dem Kopf. Aber die eigene Lage hinterlässt Narben. Er weiß deshalb um die Gefahr, und die will er möglichst verhindern, dass sein nächstes Buch völlig aus der Art schlägt, zu einem biografischen Lebensroman ausartet.

Spurensuche führt dennoch früh im Roman zu Ergebnissen, denn die eigentliche Geschichte im »Butt« wird im Jahre 2211 vor unserer Zeitrechnung in der Steinzeit beginnen und 2211 war die Postleitzahl von Wewelsfleth. Die Einwohner des Dorfes, in dem die ehemalige Kirchvogtei, in der er wohnt, und sein Atelier stehen, bewundern eher wortkarg den berühmten Mann, doch der braucht nicht nur Zurufe über den Zaun, braucht die »Stunde mit einem Freund bei Brot, Käse, Nüssen und Wein«, braucht Gespräche über Gott und die Welt und über die Frauen. Er ruft solche Freunde an und informiert sie über die günstigen Preise auf dem flachen Land. Lockt sie in die Nähe, aber außer Freimut Duve, der sich in der Nachbarschaft für neuntausend Mark eine Kate kauft, kommt keiner.

Er wollte sich in Wewelsfleth einen Traum erfüllen, eine Kolonie der Dichter aufbauen wie einst die in Friedenau, am Ende vielleicht sogar eine Art feste Gruppe 47 auf dem Lande. Deren Treffen, bei denen sich regelmäßig die Autoren um Hans Werner Richter versammelt hatten, fehlten ihm. Er fühlte sich als Richters liebster Sohn, bestimmt zur Nachfolge, wenn H.W.R. sich mal aufs Altenteil zurückziehen würde. Als literarischer Pate im Mittelpunkt des Clubs der Dichter, gerecht in der schreibenden Großfamilie seine Gunst verteilend, streng darauf bedacht, wer in die Runde aufgenommen würde und wer nicht. So wie Richter selbst, der Urvater, engagierte sich Grass für die Identität der Gruppe als Akademie ohne festen Wohnsitz. Selbstverständlich versäumte er nach seiner ersten Teilnahme keine einzige Tagung. Selbstverständlich wurde dennoch auch er bei Lesungen zerpflückt wie die anderen.

Die von Richter geprägte, geleitete, gepflegte Gruppe 47 war das wichtigste Forum der deutschen Nachkriegsliteratur, für Autoren und Feuilletonisten einmal im Jahr so bedeutend wie für Politiker und Politikredakteure ihre jeweiligen Parteitage. Eigentlich war Richter wichtiger als alle, die auf Bestsellerlisten standen. Ohne ihn hätten sie die nie stürmen können. Er sei der Vater gewesen, definiert Joachim Kaiser, denn Richter habe seine Existenz als Schriftsteller geopfert für die Existenz der Gruppe. Das verschaffte ihm gleichzeitig aber seine Autorität. Für Verleger war seit dem Welterfolg der »Blechtrommel« die Gruppe 47 wie ein Gütesiegel. »Preis der Gruppe 47« druckten sie marktschreiend auf die Bücher, deren Autoren, made in Germany, sie auf den Tagungen einkauften wie Manager neue Spieler für Fußballvereine.

Grass bewunderte zwar den intellektuellen Zirkel von Kritikern wie Raddatz, wie Kaiser, wie Mayer, wie Jens. Deren Urteil war ihm wichtig, obwohl sie ihm als richtige Kerle erst dann galten, wenn sie eigene Texte vorlasen und nicht die der anderen zerlegten. Drinnen im rauchgeschwängerten Mief der Gruppe ließ er sich alles von ihnen sagen. Sie wussten alles über Konstruktivismus, er aber erkannte mit absolutem Gehör in Texten die falschen Töne. Draußen war er ihnen überlegen, denn er konnte besser schreiben als sie. Wie viel besser, würde man hören können, wenn er Hans Werner Richter zum siebzigsten Geburtstag ein ganz besonderes Geschenk mitbringt.

Die so genannten Wewelsflether Gespräche, die es – von Grass initiiert – fast zehn Jahre lang bis 1992, immer im Oktober, auf dem flachen Land gab, waren nur ein magerer Ersatz für die Gruppe 47. Der Name Grass füllte den Saal des Gasthauses und später mit jeweils sechshundert Zuhörern die Turnhalle, auf deren Podium neben Dichtern auch Politiker saßen und diskutierten. Es ging immer um siebzehn Uhr los, Ende gegen zweiundzwanzig Uhr, in den Pausen gab es Bockwurst und passende Getränke. Doch es fehlte im Vergleich zur Gruppe 47 natürlich der Reiz des Neuen, es fehlte die Spannung vor Preisverleihungen – und es fehlten auch die Verheißungen der Nacht. Deren Helden waren älter geworden und bürgerlich und ihre Frauen saßen wachsamen Auges in der letzten Reihe und hatten alle im Blick.

Grass fährt von Wewelsfleth regelmäßig nach Berlin, um seine Kinder zu sehen, die bei ihrer Mutter wohnen. Seine Gefährtin, zwölf Jahre jünger als er, die er altmodisch seine Freundin nennt, als scheue er das Wort Geliebte, ist mit der Situation unzufrieden, allerdings aus anderen Gründen. Sie und ihre beiden kleinen Töchter aus erster Ehe wohnen zwar mit dem bekanntesten deutschen Dichter unter einem Dach. Das hat sie so gewollt. Doch sie lebt mit ihm in der Einöde von Wewelsfleth. Er braucht die Natur und den Gang vors Haus und er will Pflanzen anfassen und Pilze suchen und den Wind riechen, der das Meer zu ihm trägt. Braucht sie die Lichter der Großstadt, nicht die der Schiffe auf nebliger Elbe irgendwo? Neidische Blicke anderer Frauen, nicht nur die ewig gleichen, trägen aus den Augen der Rinder hinterm Weidezaun?

Annas Freund, der ausgerechnet auch Günther gerufen wird, verdient in Berlin seinen Lebensunterhalt als Taxifahrer. Seine Gedichte will keiner mehr drucken. Erst im Sommer 1975 wird er zu Anna Grass ziehen. Das Haus wird danach durch eine andere Berliner Mauer geteilt, dann muss keiner dem anderen mehr begegnen, wenn der Besitzer auf Besuch kommt und arbeiten will oder Gäste seiner Wahl empfangen.

Den anderen Schnauzbart zum Beispiel, Wolf Biermann, der vor seiner später berühmten Konzerttournee ohne Wiederkehr im Atelier in der Niedstraße seine Lieder vorträgt und von Grass anschließend vorgeführt wird. Eine kaschubische Sitte sei es, ein ganzes Ei samt Schale in den Mund zu stecken und zu zermalmen. Er macht es vor und die anwesenden Damen stöhnen o und a und i, wie sich Biermann erinnert. Er will es mit einem anderen Ei nachmachen, aber er schafft es nicht, bekommt die Zähne nicht weit genug auseinander. Zerschlägt es schließlich auf denen und es tropft das Gelbe vom Ei auf seinen Pullover. Da lacht der Hausherr. Wichtiger als der Spaß ist der ernste Rat, den ihm Grass unter vier Augen gibt, als die Gäste gegangen sind: Sing keine neuen Lieder, die kennt doch keine Sau, sing deine alten, die kennen wir alle.

Die Briefe, die seine Sekretärin Eva Genée an diesen oder jene in der Welt verschickt, haben als Adresse alle Niedstraße 13 im Kopf. Ins Tessin kann er nicht mehr fahren, beschwert er sich, weil er nicht sicher sein kann, ob nicht gerade Annas Freund dort Urlaub macht. Als seine eigene neue Liebe zum ersten Mal in seiner Burg in der Niedstraße sitzt, wird sie neugierig von allen betrachtet, die Anna gut kennen und sich eine andere am Hofe des Dichterfürsten nicht vorstellen können. Die neue Frau Grass? Er denke nicht daran, widerspricht er. Erstens sei er mit Anna verheiratet und sie hätten in letzter Zeit immer dann gute Gespräche, wenn sie sich von ihren jeweiligen schwierigen Partnern erzählen, und zweitens habe er grundsätzlich nicht vor, noch einmal zu heiraten. Selbst dann nicht, wenn seine Frau auf einer Scheidung bestehe.

Für jeden Monat der Schwangerschaft von Ilsebill, nachempfunden der tatsächlichen Partnerin im richtigen Leben, das allerdings immer komplizierter wird und längst kein Paradies auf Erden mehr ist, wird mal ein Kapitel des Romans stehen. Gezeugt wurde Anfang Oktober, zuvor gab es Hammelschulter mit Bohnen und Birnen, Ilsebill salzte nach, anschließend rauchten sie im Bett. Nein, das ist nicht zu intim und kein Einbruch in die Privatsphäre des Günter Grass. So steht es im »Butt«. Die neunmonatige Form in neun Kapiteln, alle in sich gebrochen durch andere Geschichten und unterbrochen durch Gedichte, endet im Sommer 1974 mit der Geburt eines Mädchens, das Helene heißen wird wie seine Mutter. Da ist die Gemeinschaft ihrer Eltern fast zerbrochen, zu Ende geredet, verloren gegangen beim Hausputz, und sie, »unsere Liebe, die nie aufhören wollte, ist nicht mehr, Ilsebill. Oder sie will nur noch unter Bedingungen möglich, womöglich sein. Oder sie ist noch, aber woanders.«

Knapp zwei Jahre vor dem Erscheinen des Buches trägt er in Paris aus dem »Butt« einige Passagen vor. Auch in Frankreich wird »Le Turbot« mal ein erstaunlich großes Echo finden. Am Abend zuvor hatte er eine Vernissage seiner Zeichnungen aus »Mariazuehren« in der Galerie Mazarine eröffnet und dabei mal wieder ein Beispiel seiner Schlagfertigkeit gegeben. Nach den gern mitgeschriebenen ernsten Worten, die sich bedeutend gut lesen werden in dem »Le Monde«-Artikel über das zeichnende, schreibende, politkundige Phänomen Grass – »Ich bin, wie man so sagt, ein Bürger. Ich zahle Steuern. Ich habe Kinder, die zur Schule gehen. Die Kunst ist nicht die Dienerin der Politik. Das hat schon Trotzki gesagt. Aber bitte beachten Sie: ich bin kein Trotzkist, ich zitiere ihn nur« –, macht er seine Kunst auch heiter. Auf seinen Zeichnungen seien deshalb so viele Kippen zu sehen, weil er sich immer wieder eine Zigarette rollt, bevor er sich über die Arbeit beugt, und immer als Erstes den vollen Aschenbecher sieht, wenn er seine Augen von einer Kupferplatte hebt, in die er graviert.

Unter den Zuhörern im Goethe-Institut sitzt Heinrich Böll, der zufällig in Paris gerade eine Rundfunkreihe mit Gesprächen über Deutschland aufzeichnet. Er nickt, als auf entsprechende Fragen Grass nach seinem Auftritt mitteilt, man werde sich im kommenden Jahr zwar nicht mehr so engagieren wie einst für Willy Brandt, aber politisch natürlich nicht verstummen. Geplant sei, unter dem Titel »L 76« eine Zeitschrift herauszugeben, bei der es um Demokratie und Sozialismus geht. »L« bezieht sich auf die Zeitschrift des Prager Frühlings 1968 »Listy«, was so viel wie »Blätter« bedeutet. Herausgeber werden der Kollege Heinrich Böll, er selbst und die WDR-Redakteurin Carola Stern. Die hat es dann nicht einfach, sich gegen die beiden Dichter zu behaupten. Grass zum Beispiel hielt es für selbstverständlich, dass sie zusätzlich die Arbeit einer Sekretärin übernahm, sich an die Schreibmaschine setzte und auf seine goldenen Worte wartete, als er den Grundsatztext für die erste Ausgabe formulieren wollte. Aber nachdem sie antwortete, kannste selber machen, habe er das genauso selbstverständlich akzeptiert.

Als sich unter den Geröllmassen zum ersten Mal der Fisch bewegte, hatte Grass die verrückte Idee, eine Art von Kochbuch zu schreiben. Er machte sich kundig. Die Geschichte von verschiedenen Köchinnen und ihren Rezepten schien ausbaufähig. Dann aber überfiel ihn der Zeitgeist, erlebte er mehr verstört als begeistert am eigenen Leib die Emanzipation der Frau. Das Thema wuchs sich aus. Der »Butt« empfahl sich als allegorisches Märchen. »Mit der Form des Märchens war eine Stilvorlage gegeben; leider hab' ich es nicht durchgesetzt beim Verlag, denn ich wollte den »Butt« eigentlich nicht einen Roman, sondern ein Märchen nennen.« Ein modernes Märchen blieb auf der Basis eines alten dennoch erhalten, jenes vom Fischer und seiner unersättlichen Frau. Der andere Strang, an dem er sich erzählend festhält, wird die Biografie von elf Köchinnen, von denen manche auch nach Tisch den Männern mundeten, und die elfte kocht auf der Lenin-Werft in Gdansk, das früher Danzig hieß, und irgendwann taucht natürlich auch jener Dreijährige auf, der so gern die Trommel schlägt. Mit diesen Frauen, die das andere Geschlecht verbraten, dreht Grass die vor ihm geschriebene Historie um, in der Männer die Hauptrollen besetzt halten.

Was er im Verlauf des dann sechshundertachtundneunzig Seiten starken Buches auftischt, mundet den Großkritikern nicht so unbedingt, doch die dürfen erst später in diesem Kapitel ihren Senf dazu geben, wenn sie den »Butt« selbst gekostet haben. Willy Brandt dankt Grass für das Geschenk mit handschriftlicher Widmung, hat erst einmal »mit Vergnügen geblättert« und freut sich jetzt auf die Lektüre. Wolfram Siebeck konzentrierte sich auf das, was bei Grass aus der Küche kommt. Es graust ihn bei der Vorstellung von dick eingekochten Bohnen, einer Dorschsuppe mit weiß gekochten Fischaugen, bei Schwadengrütze, Steckrüben, Kutteln, Kalbsfüßen und ähnlicher Rülpskost, die er für natürliche Appetitzügler hält. Die ganze von Grass aufbereitete Hausmannskost sei schwer verdaulich, organbelastend und kalorienreich. »Dem Deiwel mecht son Kleister schmäcken«, schließt er sich dem Autor an und zitiert ihn deshalb passend wörtlich aus dem Zusammenhang gerissen.

Das alles hätte keine Feministin aufgeregt. Die eigentliche Geschichte wird sie aufregen. Der Butt, der spricht, liegt in der Wanne vor einem Feminal in Berlin. Drei lesbische Frauen, die beschlossen haben, sich den Männern zu verschließen, haben ihn zufällig gefangen. Er hatte sich aber fangen lassen wollen, er war es leid, den Männern seinen Rat zu erteilen, die dann doch nicht auf ihn hörten. Seine Aussage vor den Frauen bei Gericht ist eine Geschichte der Menschheit, die mal als Geschichte der Frauen begann. Die hatten zu bestimmen. Die hatten die Kraft. Die waren stark. Männer hingen an ihren Lippen, um Befehle zu erwarten, lieber allerdings, wie auch der Dichter sich im Selbstporträt auf einer Zeichnung darstellte, an einer der drei Brüste von Urmutter Aua. »Ab vierzig sollten alle Männer/ wieder gesäugt werden:/ öffentlich und gegen Gebühr, / bis sie ohne

Wunsch satt sind/ und nicht mehr weinen, auf dem Klo/ weinen müssen: allein«, schreibt er sich diese Vorstellung von Glück in seinen Gedichtband »Mit Sophie in die Pilze gegangen«, in dem Gedichte aus dem »Butt« samt passenden Zeichnungen von Pilzen und Penissen, Schnecken und Schuhen, Federn und Frühgeborenen versammelt werden.

Vor Gericht sagt der Butt aus. Da erzählt sein Grass alles bis zum Mord an der lesbischen Frau im Berliner Grunewald am Vatertag, einer beklemmenden Erzählung innerhalb des Romans. Am Schluss wird der Fisch auf der dänischen Insel Møn, die nicht von ungefähr aus der Ostsee auftaucht, denn auf der besitzt Grass ja ein Sommerhaus, gemäß dem Urteilsspruch der Frauen freigesetzt.

Eine groteske, verrückte Mischung von belegbarer Vergangenheit und den Erfindungen des Autors, der daten- und epochengetreu, aber mit fiktionalen Figuren eine höchst eigenwillige Geschichte erzählt und dabei seine eigene nicht verschweigt. Eine Art Schlüsselroman zum ewigen Thema Mann und Frau und warum sie verschiedenen Kulturen angehören, die eigentlich nicht vereinbar sind. Gemischt mit Gedichten und mit Kochrezepten. Seine Figuren von vorchristlicher Zeit bis heute haben miteinander zu tun. Der Butt, der ein Symbol für alle Männer ist und in den Jahrhunderten alle beraten hat und der auch Grass ist, spricht fischmäulig ironisch frech wie ein Mensch. Was der Dichter von der fleischlichen und der anderen Liebe hält, hier steht es so deutlich wie nie, manchmal verpackt in andere Biografien, manchmal erkennbar in der eigenen: »…sorg du für Frieden zu Haus – ich will mich auswärts beeilen./ Arbeit geteilt./ Halt mal die Leiter, während ich steige./ Dein Flennen hilft nichts, da stelle ich lieber den Sekt kalt./ Du mußt nur hinhalten, wenn ich dir von hinten rein./ Meine kleine tapfere Ilsebill/ auf die ich mich voll ganz verlassen kann…«

Seine Ilsebill, die leider nicht aus dem Märchen stamme, sondern aus Sachsen, habe ihn treffen wollen und an seiner Person mit den Männern abgerechnet, und als Helene nach neun wortwechselreichen Monaten geboren war, hatten sie sich gegenseitig ausbezahlt, waren erschöpft, fanden keine Wörter mehr. Grass hält es für eines seiner besten Bücher und auch, »weil ich dem, was mir biografisch widerfahren ist, also mit der Mutter von Helene, der das Buch gewidmet ist, durch die Figur der Ilsebill eine Distanz schaffen konnte, die Verletzungen verhindert«.

Walter Höllerer hat den Weg des unbekannten Dichters aus dem Heizungskeller in Paris bis zu öffentlichen Lesungen des dann Weltberühmten begleitet.

In einem anderen späteren Buch, »Mein Jahrhundert«, mag er sich deshalb konkreter nur diffus erinnern an solche Verletzungen, an seine damalige Innenwelt. Die Außenwelt, in die er anlässlich einzelner regionaler Wahlkampfauftritte in Niedersachsen und in Schleswig-Holstein pflichtbewusst, aber leidenschaftslos eintauchte, war geprägt von »verfeinerten Methoden der Gewalt« ums Kernkraftwerk Brokdorf und das Gefängnis in Stammheim. Die Politik des pragmatischen Brandt-Nachfolgers Helmut Schmidt hat alles versachlicht, auch ihn. Zwar wird er bei der Bundestagswahl im September 1976 auf Wunsch von Siegfried Lenz, der mit Helmut Schmidt befreundet ist, wieder einmal für die SPD zu Felde ziehen, aber insgesamt geht er nur dreimal auf die Bühne. Immer mit seinem stillen Freund, dem Landsmann aus Ostpreußen, dem Skatbruder, dem anderen Bestsellerautor, mit dem er auch mal bei lectures in England gemeinsam auftritt und nach denen beide so viele Sorten Whisky probieren, wie sie in einer Woche schaffen.

In der Ära nach Brandt habe sich unter Dichtern und Denkern das »Phänomen der neuen Privatheit« ausgebreitet, bedauert der Bundestagsabgeordnete und Schriftsteller Dieter Lattmann die Sehnsucht der Kollegen nach Rückkehr in ihre Elfenbeintürme. Kein Es-Pe-De-Hahn kräht mehr vom Aufbruch an ferne Horizonte, keiner singt mehr von Demokratie. Wer für Helmut Schmidt ist, will hauptsächlich Strauß verhindern. Das wird auch klappen, und als es klappte, fühlte sich Grass seinem Willy wieder näher.

Brandt war zwar kein Kanzler mehr, aber er war Vorsitzender der SPD und Chef der Sozialistischen Internationale. Eine Integrationsfigur mit hohem Ansehen in der ganzen Welt. Willy international. Zum Parteitag der nach Francos Tod im unaufhaltsamen Übergang zur Demokratie noch halb illegalen spanischen Arbeiterpartei in Madrid fuhr Grass mit. Wie üblich vergaß er nicht zu mahnen. Passend zur Situation forderte er eine grundsätzliche Auseinandersetzung mit dem faschistischen Regime, warnte vor Verdrängung, davon könne er als Deutscher ein Lied singen. Bevor er es anstimmte, traf er auf eine rothaarige Schönheit, die ihn mehr fesselte, aber als er sie nach zwei Stunden fragte, ob er sie bei der deutschen Botschaft in Madrid erreichen könnte, antwortete sie, eher nicht, sie sei Chefin der Jusos in Deutschland und heiße Heidemarie Wieczorek-Zeul.

Grass hatte sich von der Innenpolitik trotz einiger Einwürfe, die provozieren sollten – zum Beispiel die nach Rückgabe der ehemaligen Glocken von St. Katharinen aus Danzig, die jetzt in der Lübecker Marienkirche läuteten, als Geste der Versöhnung mit Polen – mehr und mehr verabschiedet. Die Dritte Welt schien ihm wichtiger als die Erste, von seiner eigenen wollte er abgelenkt werden. Das zum »Himmel schreiende Elend« in Indien, wie er es bei einer Reise mit dem Filmregisseur Volker Schlöndorff erlebt hatte, wird aber Folgen haben für sein Leben. Er sprach, wieder seinem Vorbild Willy Brandt folgend, über Hunger als einer anderen Form von Krieg und wurde vor Ort grundsätzlich: Falls das Elend vorbestimmt, gottgegeben, Karma sei, werde er mit bitterer Erkenntnis heimkehren. Falls es irdisches Elend sei wie anderes auch, dann »sollte es aufzuheben sein, dieses Elend, weil es Menschenwerk ist«.

Er konnte sich nicht in Schlachten draußen flüchten, um denen drinnen zu entgehen. Im Rückblick schreibt er von seiner »ziellosen Unruhe, weil bei mir unterm Dach, ob in Friedenau oder Wewelsfleth an der Stör, jeweils der Haussegen schief hing, weil Anna, weil ich, weil …, weshalb die Kinder verletzt oder aus dem Nest und ich mich – wohin sonst? ins Manuskript geflüchtet hatte, im Schwellkörper ›Butt‹ weggetaucht war«.

Andere erinnern sich genau, wie sie den Freund in Situationen erlebten, die sie mit ihm noch nie erlebt hatten. Wenn er zu ihr sagte, lass mich in Ruhe, ich stecke mitten in einem Buch, setzte sie dagegen drei Kinder und ihre unbefriedigende Situation zu Hause. Wenn er Gäste einlud, weil er lachen und feiern wollte und trinken und erzählen wie früher, sagte sie, dann sorg mal selbst dafür, dass der Tisch auch gedeckt ist. Wenn sie von der Selbstverwirklichung sprach, fand er das im Prinzip gut, bis er merkte, dass sie ihre eigene meinte. Sicher berichtet er auch davon in einer seiner Jahresbilanzen, die er regelmäßig in anhänglicher Ehrlichkeit an Helen Wolff nach New York schickte, und an Heinrich Böll schrieb er: »Einerseits stecke ich tief im Manuskript, andererseits schrecken mich meine privaten Verhältnisse immer wieder auf und wollen mich lehren, was ein Chaos ist.«

In einem Brief an Brandt spricht er von dem »Berg, der täglich langsam bewegt werden muß, aber auf Schneckentempo verstehe ich mich ja«, will aber eigentlich etwas anderes mitteilen. Rudi Dutschke, über den »die Zeit hinweggegangen« war, hatte Grass in Berlin besucht und um Hilfe gebeten, denn er wollte zurück nach Deutschland: »Indirekt bat er mich, Dich zu fragen, ob Du ihm helfen könntest, er will kein Geld, er will kein Stipendium der Ebert-Stiftung, er möchte in seinem Land einfach nur weiterarbeiten.«

Grass war nie ein beschränkter Macho, sondern stets ein grenzenlos Liebender. Die Bezeichnung »Pascha des Monats«, die ihm nach dem »Butt« von Alice Schwarzer verliehen wurde, die Beschimpfung der Autorin Marieluise Janssen-Jurreit als Sex- und Kraftprotz, der keine Ahnung habe von der Frauenbewegung und der deshalb aus Frauen groteske Zerrbilder sadomasochistischer Männerfantasien mache, trafen ihn, obwohl sie nicht zutreffend waren. »Mein Gott, haben die Feministinnen humorlos reagiert.« Frauen sind für ihn doch in Wahrheit das stärkere Geschlecht. Nur sie könnten die männlich verkorkste Welt vor dem Untergang bewahren. Als »The Flounder« zwei Jahre später in den USA erscheint, wird er sogar noch deutlicher und sagt: »Women in their own thinking don't like to waste stuff – they are pushed to do it because the male economic system is organized to waste things.« Frauen würden von Natur aus nichts verkommen lassen, und so denkt doch kein Chauvinist.

Alle Frauen sind Mütter, selbst wenn sie nie Mütter werden. Mütter für alle Männer, die an ihren Brüsten saugen wie Kinder. Auch für ihn. Auf seinem Grabstein solle ja gemeißelt sein, hier ruhe einer mit Mutterkomplex. Grass hat starke Frauenfiguren erfunden: Anna Bronski auf dem Kartoffelacker. Lisbeth Stomma im Kellerbett von Zweifel. Tulla Pokriefke, unsterblich fatale femme aus dem Vorort Langfuhr. Die geheimnisvolle Roswitha Raguna … und im »Butt« die archetypischen Köchinnen. Seine Utopie von einer besseren Welt ist weiblich. Seine Bewunderung für das Geheimnis Frau ging so weit, dass er begeistert davon erzählte, was bei Frauen im Badezimmer stand im Vergleich zu einem nur spärlich gefüllten Regal des Mannes. Er umsorgte zärtlich schwangere Frauen, und nicht nur dann, wenn er als Schöpfer des werdenden Werkes feststand. Er genoss es, wenn ihm die Frauen zuhörten, das ist wahr; er benutzte sie wie einen Resonanzboden, das ist auch wahr. Aber wahr ist auch, dass er in ihnen Saiten erklingen ließ, die sie verzauberten.

Bevor er sich von der Frau lösen konnte, mit der es nur noch Streit gab, worüber er in seinem Jahresendbrief 1976 an Helen Wolff schreibt, fanden Verhandlungen statt. In denen ging es wie bei anderen gescheiterten Verbindungen um das, was von einer Liebe blieb. Freunde saßen mit ihnen am runden Tisch, um den Ausbruch angestauter Verletzungen zu verhindern, denn die ehemalige Gefährtin war tief verletzt und zu jedem Kampf bereit. Auf der Seite von Grass beschwichtigte Maria Sommer, die mütterliche Vertraute, auf der Seite von seiner Freundin moderierte Günter Gaus, der mit Grass ebenfalls befreundet war, aber der in diesem Fall die Position der Schwächeren vertrat. Die Freundschaft von Maria Sommer und Günter Gaus überstand die Auseinandersetzungen, bei denen es keine Sieger gab, nur Besiegte.

Am Ende empfand sich Grass als der eigentliche Verlierer, aber das nahm er nicht Gaus übel. Das Zerbrechen ihrer Freundschaft, die aber nicht wortlos ist bei zufälligen Begegnungen, wird mal andere Gründe haben. Grass bezahlte seiner erloschenen Liebe den Gegenwert des gemeinsam bewohnten Hauses in Wewelsfleth, in dem er bleiben wollte, bezahlte Unterhalt, wie es sich gehörte, für sein Kind und wollte überhaupt dafür sorgen, dass sie sich keine Sorgen machen musste um den Alltag, hatte deshalb Angst, bald pleite zu sein, obwohl er schon Millionen verdient hatte, denn die Scheidung von Anna stand ja eventuell auch noch bevor, aber der bekennende Tochtervater äußerte vor allem die Sorge, die ihn viel tiefer plagte, dass ihm Ilsebill das Kind entziehen würde, das auch seines war.

Die andere Helene tröstete ihn, die aus New York. Sie war stolz auf ihn, so wie es seine richtige Mutter Helene gewesen wäre, als Günter Grass, der allem Akademischen so misstrauisch gegenüberstehende Dichter, von der Harvard-Universität mit der Ehrendoktorwürde ausgezeichnet wurde. Grass war aufgeregt in Cambridge. Das kam bei ihm selten vor, das war ungewöhnlich für den weltberühmten neunundvierzigjährigen Mann, aber nachvollziehbar aufgrund seiner Biografie, deren schulischer Weg geendet hatte, als er jene Klasse verließ, in der er mit der Emser Depesche konfrontiert wurde.

Zuerst gab es, ganz der Tradition folgend, vor der Tribüne mit den ausgezeichneten Ehrendoktoren eine Parade der Ehemaligen. Sentimental und komisch zugleich. »Man muss sich das vorstellen wie ein großes Sportfeld bei Olympia, in das die Nationen mit ihren Tafeln oder Fahnen einziehen. Hier waren es die Vertreter einzelner Jahrgänge von Harvard-Absolventen, ich glaube, es fing mit 1900 an, und von dem Jahrgang lebte nur noch einer, der kam, im Hemd mit Hosenträgern, denn es war ein warmer Tag, ein Hüne war das und trug sein Schild mit der Jahreszahl.« Dann kam das Jahr 1901, das waren dann schon drei Ehemalige, und mit jedem Jahr wurden es natürlich mehr, die überlebt hatten. »Es war ein merkwürdiger Spiegel der Vergänglichkeit, bis dann als Letzte die Studenten einmarschierten, die 1976 aktuell ihr Diplom bekommen hatten. Es war sehr anrührend.«

Die Arbeit am »Butt« half dem Dichter, sich aus dem Strudel der chaotischen Gefühle zu ziehen. Er gab sich nicht nach, sondern nahm sich zusammen. So wie er in der Politik an die Kraft der Schnecke glaubte, war ihm auch in seinem Beruf Resignation wesensfremd. Niederlagen gehörten dazu. Er hatte eine als Mann erlitten. Aber den Kritikern würde er keine gönnen. Dass der »Butt«, als er 1977 erschien, ein solcher Riesenerfolg werden würde, war nach den Jahren des Redens seine Wiedergeburt als Schreiber, als Dichter, und diesen Triumph kostete er richtig aus.

Beispielsweise am sechzehnten September im Gasthof »Kleber-Post« in Saulgau. Die Gruppe 47 hat sich zu ihrer Beerdigung versammelt, zu ihrer finalen Tagung. Es wird im engsten Familienkreis getrauert, nur langjährige treue Mitglieder sind geladen, Grass bittet um die Reservierung eines Doppelzimmers der »verschließbaren Art«, weil er mit einer neuen Freundin komme, und schließlich wisse er, dass 47er-Treffen »rund um die Uhr laufen und gute Böcke nicht alt werden«. Jürgen Becker, Preisträger von 1967, liest als Erster. Hans Schwab-Felisch beklagt das Ende einer Epoche, denn nur am imaginären Ort Gruppe 47 sei der Dualismus zwischen Kunst und Leben aufgehoben worden. Wolfdietrich Schnurre erinnert mit seiner Kurzgeschichte »Das Begräbnis« nicht nur an das Ende, sondern an den Beginn, denn mit der Erzählung hat er vor genau dreißig Jahren beim ersten Treffen den Reigen der Lesungen begonnen. Wehmut kommt auf und dagegen Schnaps auf den Tisch, denn für den Selbstgebrauten aus Birnen ist der Wirt berühmt. Grass wird beim Abschied zwei Flaschen einpacken lassen und dafür dem verblüfften Mann als Bezahlung zwei Zeichnungen versprechen.

Günter Grass, dem listigen Schelm, ist selbst in gelöster Stimmung nicht nach christlicher Nächstenliebe zumute. Auf seinen Vorschlag hin sollen zum Abschied einmal die Kritiker auf den »elektrischen Stuhl« neben Richter und ihre Rezensionen vortragen. Die Dichter hätten umgekehrt das ja dreißig Jahre lang auch erduldet. Texte über seinen vor drei Wochen erschienenen »Butt« möchte er gern hören. Da fast alle gelesen haben, wie er besonders von einem besonderen der hier in Saulgau anwesenden Großen behandelt worden ist, fragen sie sich aber, warum er sich das am Ende antun will. Reich-Ranickis Verriss zum Beispiel. Grass sei zwar neben Wolfgang Koeppen der größte Meister der deutschen Sprache unserer Zeit, aber »Der Butt« dokumentiere »einen künstlerischen Fehlschlag« und sei deshalb alles in allem als gescheitert zu betrachten.

Reich-Ranicki las und danach stellte Günter Grass laut seine berühmt gewordene verzweifelte Frage, warum es das Bürgerliche Gesetzbuch nicht erlaube, von einem solchen Kritiker geschieden zu werden. Erst jetzt wussten alle, warum er unbedingt Reich-Ranicki hatte hören wollen. Denn nach den Regeln des literarischen Vereins, die auch beim heutigen letzten Vereinstreffen galten, durften Vortragende auf Kritik an ihrem Vortrag nicht antworten. Reich-Ranicki musste also schweigen. Das Schlusswort gebührte dem Vater. Hans Werner Richter versagte die Stimme. Es ist vorbei, sagte er nur, es ist vorbei.

Nicht ganz. Ein Jahr darauf wird wieder in den Gasthof »Kleber-Post« geladen, um Richter zu feiern. Reden. Gedichte. Rührseliges. Uwe Johnson zum Beispiel trägt ein Stück aus den »Jahrestagen« vor und baut zwei Sätze Richter zu Ehren ein. Günter Grass packt sein Geburtstagsgeschenk aus und begründet die Idee: »Mein lieber Hans Werner, anfangs war es nur eine kleine Sonntagsidee, Dir zum siebzigsten Geburtstag ein Gruppentreffen im Jahr 1647 zu skizzieren, doch dann wuchs sich die Idee zur Erzählung ›Das Treffen in Telgte‹ aus, an der ich nun ein gutes halbes Jahr lang sitze und immer noch nicht bin ich am Ende.« Es habe ihm einfach Spaß gemacht, H.W.R. und »uns alle, einen verqueren barocken Haufen« in einer anderen Zeit zu versammeln, am Ende des Dreißigjährigen Krieges zwischen Münster und Osnabrück, in Telgte. Natürlich hatte sich Grass dafür nicht nur in der Barockliteratur kundig gemacht, sondern auch tatsächlich vor Ort recherchiert. An dem versammelte in seiner Fantasie ein stets auf Ausgleich bedachter Rundkopf namens Simon Dach, in dem Richter erkennbar war, Literaten der damaligen Zeit. Erscheinen wird die Erzählung 1979.

Richter ist tief bewegt, als Grass vorliest, und er dankt dem Ziehsohn für das schönste Geschenk, das er je im Leben bekommen habe. Ein paar Tage später schreibt er ihm voller Wehmut: »Während Deiner Lesung fiel mir schreckhaft ein, was ich aufgebe, wenn ich aufhöre. Meine eigene Freude. Dein Simon Dach.«

Bei allem tatsächlichen Ärger über Reich-Ranickis Einstellung zu erzählender Prosa, die schlicht beim »geläuterten sozialistischen Realismus« stehen geblieben sei, darf sich Grass freuen über andere Kritiken, die den »Butt« behandeln. Joachim Kaiser vergleicht die Vatertagsszene mit dem Besten von Faulkner, Genet, Albee, Selby. Und Fritz J. Raddatz ist begeistert von den Gedichten und Rolf Michaelis bekennt gleich zu Beginn seiner Rezension, schon lange nicht mehr so was Schönes gelesen zu haben, und »Der Butt« wird zum Bestseller, was aber nicht nur an ihnen liegt.

Vom Luchterhand Verlag ist der Erfolg nach allen Regeln eines Markenmarketings geplant worden. Im Mai gab es fast viertausend Leseexemplare. Der Buchhandel bekam im August große Plakate fürs Schaufenster. Der »Butt am Ohr eines unbekannten Mannes« ist der auf dem Cover des Romans (aber das ist nicht das Ohr eines unbekannten Mannes, sondern das einer blond gelockten, Grass bekannten Frau). In einem parallel laufenden Wettbewerb um die beste Schaufenstergestaltung gab es fünfzig Originalgrafiken von Grass zu gewinnen, die pro Stück mit fünfhundert Mark gehandelt werden. Jubelschreie der Buchhändler wurden gesammelt und in Anzeigen verbreitet: »Endlich wieder ein Buch, das gleichzeitig Bestseller und Literatur ist.« Im Herbst ging der Autor, den »Emma« in der Begründung zur Wahl als »Pascha des Monats« als modischen Softie mit Schnauzbart angegriffen hatte, was werbewirksam jeder Provinzzeitung eine Meldung wert war, auf Lesetournee. Dreißig Veranstaltungen mit jeweils mehr als tausend Zuhörern.

Höhepunkt dann wurde die Buchmesse mit Fernsehinterviews und PR-Partys, bald darauf, gebührend gefeiert mit einer Neuauflage von fünftausend Exemplaren seines ersten Buches, der »Windhühner«, der fünfzigste Geburtstag des Markenartikels Grass. Bis Weihnachten 1977 werden zweihundertfünfzigtausend Exemplare verkauft und selbst dann liegen die täglichen Bestellungen noch bei rund zweitausend Exemplaren. Ein schönes Geschäft für alle.

Der Vertrag mit Luchterhand garantierte Grass Prozente von den Verkäufen, die »an der Spitze dessen stehen, was heute im Verlagswesen möglich ist«. Das waren ab fünfzigtausend Auflage achtzehn Prozent, normal sind zehn bis zwölf. Skatfreund Eduard Reifferscheid hatte aber noch mehr schlucken müssen. »Ich habe ihm, den ›Butt‹ an der Angel, ein Autorenstatut abgezwungen und er war bei den Verhandlungen immer kurz vor einem Herzinfarkt.« Die Bedingung des geschäftstüchtigen Dichters, der ja für jedes Buch neu verhandelt, war revolutionär, denn Luchterhand musste als erster deutscher Verlag die Mitbestimmung einführen. Der schreibende Sozialdemokrat

Günter Grass und seine spätere Frau Ute.

setzte durch – und drohte bei Scheitern der Verhandlungen wie ein gewiefter Gewerkschafter mit seiner Art von Streik, also einem anderen Verlag –, dass zukünftig ein Beirat, dem vier Autoren angehörten, bei allen nicht wirtschaftlichen Fragen des Hauses Einspruchsrecht bekam. Zusätzlich wurde verankert ein Mitspracherecht bei einer Abberufung von Geschäftsführern, bei Änderung des Programms und das Recht der Dichter, sofort aus ihren Verträgen auszusteigen, falls der Verlag mal den Besitzer wechseln sollte. Ein wichtiger Passus, wie sich herausstellen sollte.

Er vergisst bei all dem Rummel andere nicht. Hans Joachim Schädlichs Roman »Versuchte Nähe« hat es ihm angetan. Er lobt ihn in einem Gespräch, das die französische Übersetzerin Nicole Casanova mit ihm in »Le Monde« führt, als einen Schriftsteller, der das herrschende System der DDR demaskiert habe. Ihr wird er übrigens in einem ausführlichen Interview, das in Buchform erscheint, so viel aus seiner privaten Welt erzählen wie nie zuvor. Dem Staatssicherheitsdienst war Schädlich lange suspekt, er hatte gegen die Ausbürgerung Biermanns protestiert und gegen den Ausschluss Reiner Kunzes aus dem Schriftstellerverband, pflegte »staatsfeindlichen« Umgang mit Max Frisch und Sarah Kirsch, und vor allem mit Günter Grass, der sich übers Regime der Greise stets kritisch äußerte. Grass wird bei jedem Grenzübergang observiert. Er bekommt für die Akten die durchlaufende Nummer 224 135. Da es der »Firma« nicht gelungen war, die Wohnungen zu verwanzen, in denen er sich Ende der Siebzigerjahre mit Kollegen wie Wolfgang Hilbig oder Klaus Schlesinger traf, berichteten die sozialistischen Spitzel über den westdeutschen Großdichter mangels antisozialistischer Masse eben Banales: »224 135 trug einen leicht gefüllten Stoffbeutel bei sich.«

Die Frau, die mit ihm in Saulgau war und deren Ohr die Käufer des »Butt« kennen, heißt Ute Grunert. Eines Tages saß sie neben ihm und nicht nur Maria Sommer erkannte, dies ist eine große Liebe, sein Inselkind, wie er sie besitzergreifend und zugleich schwärmend nennt. Und später bedichten wird: »Sie ist ein Inselkind, / nur übers Wasser oder bei klarer Sicht/ als Wunschbild zu erreichen./ Die vom Festland, sagt sie,/ verstehen das nicht.« Er kennt die Berliner Musiklehrerin und Organistin, die auf Hiddensee geboren ist, schon länger, denn während er den »Butt« schrieb, hat er sie als Ulla Witzlaff, Beisitzerin des Feminals, das über den sprechenden Fisch verhandelt, bereits in den Text eingebaut und wenigstens für die paar Eingeweihten kenntlich gemacht. Seit zwölf Jahren sei sie Organistin in Berlin, beschreibt er die Figur da der Realität ziemlich nah: »Mit Ulla kann ich am besten. Stallwarm hält sie mich. Nichts fehlt... Wenn sie lacht, kalben die Steine.« Ihretwegen muss er nicht mehr umherirren zwischen Wewelsfleth und Berlin, wo der Haussegen schief hing, er darf im Stall bleiben.

Die Gäste beim Fest zu seinem fünfzigsten Geburtstag, das im Kreise von Freunden und Familie in der Niedstraße bis morgens vier Uhr dauert, erleben einen gelösten, wenn auch »mittlerweile älteren Besen«, der stolz bekräftigt: »Aber kehren tue ich noch ganz gut.« Es wird getanzt und sogar Helen Wolff, die aus New York gekommen war, hält lange durch. Sie sieht mit mütterlichen anderen Augen Ute Grunert, die neue Frau im Leben ihres anderen Sohnes. Die Schöne von der Insel Hiddensee, protestantisch herb, schlank, selbstbewusst und ein paar Zentimeter größer als der untersetzte Grass, entspricht dem Bild von Frau, das den kaschubischen Erdling stets reizte. Affären gab es mit anderen Weibsbildern, das waren Abenteuer und die Bilder der Nacht am anderen Morgen verblasst. Für ein möglicherweise gemeinsames Leben muss es mehr sein als ein lockendes Bild.

Grass ist zwar ein notorischer Störenfried, der oft nervt und oft den Nerv trifft, doch er sehnt sich nach Harmonie. Die strahlte Ute Grunert, die zwei Söhne hatte und geschieden war, auch aus. Sie ruhte in sich. Sie wusste ja schon, der und kein anderer ist ihre große Liebe. Der da. Der da wird aber erneut ins Chaos der großen Gefühle gestürzt, der da wird sie verletzen, dass sie fast daran zerbricht, obwohl ihr gewidmet ist, was er im Gedicht »Anzeige« geschrieben hat, und zwar lange, bevor er wusste, dass es tatsächlich Ute Grunert ist, der seine Sehnsucht gilt: »Jetzt suche ich was,/ ohne finden zu wollen./ Etwas, bei dem ich alt werden/ und verfallen darf./ Etwas mit Gütezeichen/ und ohne Nebengeschmack./ Wüßte ich das benennende Wort, gäbe ich/ eine Anzeige auf:/ Suche für mich, nur für mich,/ auch an Regentagen für mich,/ selbst wenn mich Schorf befällt,/ noch für mich.../ Vielleicht meldest du dich, gesucht.«

Kein Traum könne sie ihm mehr nehmen, schrieb Günter Grass, als er sie gefunden hatte. Doch er selbst hätte es fast noch geschafft, diese Fundsache zu verlieren.

XI

»Auf verquere Weise bin ich unkompliziert«

1978–1982

Nicht an einen weltberühmten Dichter, eher an einen Londoner Metzger fühlt sich Alex Hamilton vom englischen »Guardian« erinnert. Verschmitzte Äuglein, rosig-festes Gesicht, ausladender Schnauzbart über einladendem Wanst – so in der Zeitung beschrieben –, sitzt der Autor des Romans »The Flounder«, der gerade in Großbritannien erschienen ist, in seinem Stuhl und rollt sich aus schwarzem Tabak eine Zigarette. Grass streicht sich genüsslich über den Bauch, wenn von den Gerichten in seinem Buch die Rede ist, und erzählt, welche davon er selbst kochen kann. Die Rezepte stoßen beiden nicht weiter auf, die gehören zwar zur schweren ostpreußisch-polnischen Küche und die ist fetthaltig, also der englischen ähnlich.

Ums Essen dagegen geht es Eva Figes weniger. Die überzeugte Feministin, Autorin des Standardwerkes »Patriarchal Attitudes«, zerlegt den literarischen Fisch und die Attitüden des Patriarchen Günter Grass für den »Observer«. Sie weiß mehr von ihm als andere, weil sie nicht nur fachkundig über ihn schreibt, sondern ihn selbst gut kennt; fragt deshalb gezielter. Warum es der Dichter nie habe akzeptieren können, dass Frauen in seinem auch ein eigenes Leben haben und nicht nur ihn in seinem bewundern wollten? Ob es daran liege, dass er, wie der Mann an sich, ein unverbesserlicher Egoist ist, und ob er glaube, dass die Gleichberechtigung von Mann und Frau überhaupt möglich sei?

Denn im Erzähler des Buches, der nölt, dass Frauen simple Wünsche hätten – vollautomatischen Wäschetrockner, Zweitwohnung in der Stadt, Ferien in der Karibik –, der scheinbar selbstkritisch ihr Recht auf Selbstverwirklichung akzeptiert, aber nur, solange er nicht im eigenen Wirken durch Streitsucht und zickige Weiber gestört werde, erkennt sie auch Günter Grass. Dem ist die übliche Ordnung, in der sich traditionell Frauen um die Kinder kümmern und den Haushalt und im Heim regieren, schon auch noch ganz lieb.

Kinder zu erziehen sei eine wichtige Aufgabe, eine große Leistung, antwortet er, Väter hätten aber eine ebenso wichtige Rolle, denn sie bewässerten mit den Erlösen aus ihrer Arbeit das Feld, auf dem das alles erst gedeihen kann. Für Nachkommen fühlte er sich zuständig, für deren Erziehung nicht immer. Seine Kinder hat er stets geliebt, ihre Geburtstage oft vergessen. Das zeitgeistige Feministinnenmotto: wenn ich koche, dann machst du den Aufwasch, habe ihm nie eingeleuchtet. »Ich bin zwar zu Hause, aber ich bin immer beschäftigt. Wenn ich nicht schreibe, dann zeichne ich. Das schränkt die kreativen Möglichkeiten einer Frau, die mit mir lebt, natürlich ein. Ob ich das nun gut finde oder nicht, spielt dabei keine Rolle. Es ist so.«

Ganz offen gesagt, kontert da Eva Figes, hätten Männer wohl eher Angst vor starken Frauen, so anziehend sie gleichzeitig deren Ausstrahlung auch fänden. Ganz offen gesagt, antwortet da der Patriarch, der unermüdlich sein Leben lang Frauen tänzelnd umwirbt, die Männer hätten wohl eher Angst, von solchen Frauen auch domestiziert zu werden. Obwohl sie ihre Rolle als Ernährer und Beschützer der Familie genießen, wollten sie »die Illusion behalten, ein freier Mensch zu sein«.

Das ist keine allgemein gültige Floskel, das ist eine gültige Selbstbeschreibung. Er ist ein Künstler und für Künstler gelten wenige Normen. Bürgerliche Verhaltensmuster gehören nicht dazu. »Dieser Großdichter kann gar nicht anders, er muß angehimmelt sein«, beobachtete aus nächster Nähe mal die »Spiegel«-Redakteurin Ariane Barth, sah in einem Artikel für das Magazin den »Butt«, der ohne Ilsebill nicht hätte geschrieben werden können, als einzigartiges »Psychogramm eines Mannes, der eine Frau anheult, bis er ihr schließlich ein Kind in den Bauch betteln kann«. Deren reale Schwangerschaft sei Auslöser seiner geistigen gewesen. Für den gemeinten Egozentriker aber war seine Lebensart selbstverständlich und keiner weiteren Erklärung wert.

Ute Grunert war bereit, Grass zuliebe eigene künstlerische Ambitionen aufzugeben, sich ihm und einer Familie zu widmen. Er bewundert ihr Orgelspiel. Bereits sein zeitweiliges Alter Ego, der Erzähler im »Butt«, vergaß alle Sorgen, wenn er zu Füßen von Ulla Witzlaff kauerte und die Musik erklang. Sie wird, mit zunehmend feinem Gespür für falsche Töne von Schmeichlern und Schwätzern, den Alltag des

Dichters planen, alles fern halten, und alles meint alles, was ihn in seinem Schaffensdrang stören könnte. Fürsorgliche Belagerung ist ein Wesensmerkmal ihrer Liebe. Dafür erwartete sie Solidarität auch in Form ehelicher Treue. Solche stillschweigenden Regeln kannte sie aus ihrer Vergangenheit als Gattin eines Normalbürgers. Es muss sie tief und unvorbereitet getroffen haben, als er ihr beichtete, dass er seine männliche Illusion, frei sein zu müssen, noch einmal verwirklicht hatte.

Doch zunächst störte nichts die liebevolle Harmonie. Eine erste Fassung des Drehbuchs zur »Blechtrommel« hatte der Autor gelesen. Zu protestantisch rational. Die zweite gefiel ihm besser. Katholisch irrational. Mit seinem Kirchenaustritt hatte er ja nicht seine katholische Vergangenheit abgelegt. Die blieb auch für die Zukunft. Seine Idee von einem demokratischen Sozialismus basierte auf der Bergpredigt und nicht auf dem Manifest von Marx. Auch privat holten ihn im übertragenen Sinne der Geruch von Weihrauch und die sinnliche Pracht des Katholizismus noch ein. Scherzend beschwor er manchmal seine Sippe, ihn an sinnlichen Festen wie Weihnachten nicht unter den spröden Protestanten allein zu lassen.

Für die letzte Fassung des Drehbuchs war er bei notwendigen Dialogen kreativ. Die Zusammenarbeit verlief ohne Spannungen und er meinte es ernst, als er bei selbst zubereitetem Bauchspeck samt Bohnen Volker Schlöndorff und Drehbuchautor Jean-Claude Carrière vorschlug, beim nächsten Projekt auf eine Romanvorlage zu verzichten und gleich ein Original zu schreiben. Die »Kopfgeburten« waren tatsächlich Kopfgeburten für einen Film. Erst als das Projekt scheiterte, bekamen sie ihre Form als Roman: In erfundenen und nicht erfundenen Schilderungen der Reisen von Harm und Dörte nach Bali, wo Vicki Baum einst eine Liebe beschrieb, oder nach Peking, wohin Günter und Ute dem deutschen Botschafter Erwin Wickert, einst vortragender Kollege in der Gruppe 47, grobe angeräucherte Leberwurst vom Metzger Köller mitbrachten. Der Diplomat begrüßte dabei den berühmten Kollegen neidfrei: »Grass beherrscht unter den deutschen Autoren die deutsche Sprache am besten – treffend, packend, federnd, reich«, und sein Sohn Ulrich filmte für die »Tagesthemen« und für »Titel Thesen Temperamente« in der ARD.

Unaufdringlich neugierig blieb Günter Grass beim »Blechtrommel«-Dreh geradezu schüchtern im Hintergrund, redete Volker Schlöndorff, dem er künstlerisch und politisch seit der Verfilmung von Bölls »Katharina Blum« nur Gutes zutraute, nicht in dessen Profession rein. Was den Regisseur zunächst erstaunte, dann freute, denn er hatte den Grass erwartet, vor dem sie ihn gewarnt hatten und den auch er schon in Indien auf ihrer ersten gemeinsamen Reise erlebt hatte, einen sich oft einmischenden Besserwisser. Weil der Autor als Bildhauer und Grafiker optische Vorstellungskraft besaß, leuchtete ihm aber ein, dass man jetzt vieles weglassen musste, was für den Roman unabdingbar war. Zum Beispiel das ganze dritte Buch der »Blechtrommel«. Auch ließen sich innere Monologe nicht im Film darstellen.

Geradezu glücklich wird Grass sein, als er in Berlin-Neukölln auf der den Labesweg darstellenden Uthmannstraße steht und da, wenn die Klappe fällt, jene Figuren lebendig werden, die er sich einst für seinen ersten Roman ausgedacht hat. Weniger glücklich war dagegen Schlöndorff ein anderes Mal über das Interesse des Dichters, der zwar stumm hinter ihm stand und wie üblich nur speicherte, was er sah. Der Regisseur fühlte sich aber wie gelähmt und das zeigte sich abends in den Schnittmustern. Am nächsten Tag musste ein ganzer Drehtag wiederholt werden. Doch Schlöni, wie ihn die Kinder von Grass liebevoll zu nennen pflegten, warf seine Verkrampfungen nicht etwa Oskars Vater vor, der unsichtbaren Faust in seinem Nacken, sondern sich selbst.

Manchmal saß Grass, sein Haar damals länger tragend als bei ihm gewohnt, mit neuer Brille, die seine Augen größer wirken ließ, als aktiver Statist am Rande des Geschehens. Hielt es fest in der Fertigkeit seines Erstberufes: »Als bildender Künstler bin ich gelernter, als Schreiber ungelernter Künstler.« Dem Oskar-Darsteller David Bennent erklärte er in Drehpausen sein Arbeitsgerät, das er auf den Knien hielt. Seine »Kamera« war eine Kupferplatte und in die drückte er seine Kunst. Bei der Kaltnadelradierung wird direkt in die Platte graviert, mit einer Stahlnadel oder auch mit einem Diamant oder mit Instrumenten, die man gerade zur Verfügung hat. Die Platte wird sozusagen bewusst verletzt. Der Kaltnadelstrich wirft im Material einen kleinen Grat auf, der mit der Fingerkuppe zu spüren ist. »Man kann also höchstens sieben Probedrucke machen, denn dann beginnt sich der Grat wieder zu legen.« Der nervöse Reiz des Kaltnadelstriches sollte als Teil der Kunst sichtbar sein, also möglichst lange erhalten bleiben. Die Platte muss dann galvanisiert werden, um die Blätter zu drucken. »Im Unterschied zur Kaltnadelradierung, deren Strich ein fast zeichnerischer ist, wirkt der geätzte Strich dagegen statisch und ruhiger.«

Seinem kalt radierten Matzerath, dessen Augen er einen fragenden Ausdruck voller Skepsis gegeben hat, von Trauer über eine verlorene Zeit, nannte er »David als Oskar II«. Das pikaresk unheilige Monstrum wird 1979 im Kino so erfolgreich trommeln wie im Buchgeschäft. Der Film hat »einen großen Atem«, stellte nach der Premiere Peter Buchka in der »Süddeutschen Zeitung« fest, einer der wenigen Filmkritiker, die sehen und so schreiben konnten, dass beim Lesen Bilder entstanden. Das Werk spielte nicht nur seinem wagemutigen Produzenten Franz Seitz die eingesetzten Millionen ein, sondern holte in Cannes die Goldene Palme und 1980 als erster deutscher Nachkriegsfilm einen Oscar in Hollywood. Was Günter Grass im Filmgeschäft erlebte und an diesem Medium der Lautsprecher, Versprecher, Besprecher faszinierte, das er seit seinen ersten Erlebnissen bei Onkel Walther in Danzig im dunklen Kinosaal nur betrachtend, rein kulinarisch genossen hatte, wird er einmal wieder schreibend verwenden. In der »Rättin« viele Jahre später.

Als ihn Volker Schlöndorff überredete, mal in der Jury der Filmfestspiele in Venedig mitzumachen, schien ihm das zunächst aller Ehren wert. Es gab sogar einen feinen Eklat wegen eines nach Ansicht von Grass und zwei anderen Juroren faschistoiden Films über die Geliebte von Mussolini, samt Drohung des Rücktritts. Es war also eher eine Grass-gemäße Veranstaltung. Aber dennoch verzieh er Schlöndorff nicht so recht, ihn dorthin getrieben zu haben, denn die meisten Filme hatten ihn ebenso gelangweilt wie das bei solchen Festivals übliche Publikum der Schönschwätzer.

Noch spricht der »Butt«. Der Fisch ist nicht nur in Deutschland bereits dreihunderttausendmal verkauft worden, wo er nach wie vor die Bestsellerlisten anführt, sondern in viele Sprachen übersetzt worden. Um für den Verkauf zu trommeln, geht der begnadete Selbstvermarkter auf Auslandstournee. Auch wer noch nie von ihm was gelesen hat, kennt den Namen Günter Grass aus Veröffentlichungen in Zeitungen oder Auftritten im Fernsehen. Welcher Deutsche ist denn schon mal aufgefordert worden, für die Weihnachtsausgabe des amerikanischen »Playboy« zu schreiben? Der Dichter wirbt und verhandelt für sich selbst am besten, er braucht keine Agenten, das macht er persönlich besser. Ganz nebenbei, aber wesentlich für den Sohn des Kolonialwarenhändlers Wilhelm Grass aus Langfuhr – der Vater wird in diesem

Jahr 1979 sterben –, spart er Geld, denn die Agenten würden, üblich in der Branche, mindestens fünfzehn Prozent von allen Verkaufserlösen der Bücher für sich beanspruchen. Er kümmert sich sogar um Kleinigkeiten. Das Soho Repertory Theater in New York kann für die Aufführungsrechte von »Only Ten Minutes to Buffalo« im Januar 1979 nur fünfundachtzig Dollar bezahlen. Okay and good luck with your new season.

Die konservative Presse in England lobt seinen Roman, von der linksliberalen wird der Autor kritisch beäugt, denn bei der hat sich die Schnecke namens Frauenbewegung bereits durchgesetzt und die rein männliche Sicht auf die Verhältnisse ist gebrochen. Grass reist für seinen Fisch weiter nach Spanien und nach Frankreich, nach Polen und nach Italien, lässt sich feiern mit Literaturpreisen, die in Danzig nur die Ehre bringen, was er dankbar hinnimmt, in Italien beim Viareggio-Preis sechstausendsiebenhundertfünfzig Mark einbringen, die er gern mitnimmt. In seiner dritten Heimat Frankreich wird Grass mit seinem »fabuleux turbot« als der erste moderne Romancier gepriesen, der das ewige Thema Frau/Mann/Frau/Mann etc. so köstlich, so genießbar als fabelhaften Butt zubereitet habe. Für die Franzosen ist Grass ein wiedergeborener Rabelais und gehört deshalb ihnen.

Grass gehört aber nur sich und, wie er gegenüber dem »Erlkönig«-Autor Michel Tournier bekennt, unzweifelhaft zur deutschen Nation, die nur in einem nicht geteilt ist, in der Kultur. Das habe er in vielen Gesprächen mit ostdeutschen Schriftstellern begriffen. Im Pariser Nachrichtenmagazin »L'Express« bekennen die Interviewer, ihn für die eigentliche, die hohe Literatur schon verloren gegeben zu haben, nachdem er so intensiv Wahlkampf betrieben hatte, also ein eher flaches Geschäft, nachdem er damals sogar als Zeitungsverkäufer auf die Straße gegangen war, um das »Spandauer Volksblatt«, eine liberale Stimme in der Springer-Stadt Berlin, zu retten. Das war richtig für eine bestimmte Zeit, und diese Zeit sei vorbei, antwortet Grass.

Privates ist von ihm nicht zu erfahren, obwohl es beim Thema seines Romans nahe liegen würde, danach zu fragen. Er trennt sehr genau zwischen seiner kleinen Welt und der großen, in die er sich, stets begleitet vom Doppelgänger Ruhm, für Bücher oder Politiker werbend als öffentliche Person begeben muss. Ein einziges Mal hatte er zugestimmt, beide Welten zu vereinen und sich gemeinsam mit seiner Frau Ute interviewen zu lassen, die in schwierigen Gewässern ein

»viel besserer Steuermann« sei als er. Dabei erzählte sie, dass sie, die erste Leserin, ihre kritischen Anmerkungen mache und beharrlich nachfrage, falls ihr manche Stellen unverständlich scheinen.

Die Französin Nicole Casanova, spezialisiert auf deutsche Literatur und begehrt als Übersetzerin nicht nur von Grass, auch von Peter Schneider oder Hans Christoph Buch, durchbricht 1977 in langen Gesprächen diesen Schutzwall des Dichters, der »keinen Wert darauf legt«, seine Abhängigkeit von Frauen, »die sicher problematisch ist, aber zu der ich stehe, auch noch zu erläutern«. Ihr Buch »Atelier des Métamorphoses«, das mit der schlicht genialen Frage beginnt, was von diesen Gesprächen zu erwarten sein wird und ob er denn ein Mensch sei, der die Wahrheit sagt, was ihn wiederum dazu verleitet, viel Wahres über sich zu sagen, erscheint 1979. Da aber gilt schon vieles nicht mehr von dem, was ihn emotional bewegte und er ihr beim Interview wahrheitsgemäß gestand.

Acht Wochen lang war Günter Grass im Jahr davor mit Ute Grunert gemeinsam durch die Welt gereist, unterwegs im Auftrag des Goethe-Instituts, um von deutscher Kultur am konkreten Beispiel seiner Person zu künden: Indonesien und Japan, Nairobi, Bangkok, Bombay, Hongkong. Erinnerungen an die Reise werden, wie die von der Welttournee 1979 mit Schlöndorff und dessen Frau Margarethe von Trotta – »sie zeigen ihre Filme, ich lese aus meinen Büchern« –, in den »Kopfgeburten« verarbeitet. Eine Erinnerung behält er in der Hand. Was Günter Grass unübersehbar am linken Ringfinger trägt, hat er damals in Hongkong gefunden: »Den Ring haben meine Frau und ich, als wir noch nicht verheiratet waren, in einem rotchinesischen Laden entdeckt. Wir haben alles Mögliche ausgesucht, auch Seidenstoffe, und da gab es eine Art Grabbelkiste, in der diese alten chinesischen Verlobungsringe lagen und die gefielen uns gut und wir haben zwei gekauft. Ich hab dann gesagt: ›Jetzt sind wir verlobt‹, aber meine Frau behauptet, ich hätte das nie gesagt. Ich jedenfalls empfand mich als verlobt.«

Die Scheidung von seiner Frau Anna verläuft ohne öffentliches Aufsehen. Gelegentlich bei Günter Grass aufflackernde Existenzängste sind verflogen nach dem Erfolg seines Romans. »Der Butt« wird auch in den USA gern verschlungen, dem »german wunderkind« so heißt es, sei wieder ein außergewöhnliches Werk gelungen. Helen Wolff lobt seine spontane Art, die bei den Amerikanern so gut ankomme, das weiß die Verlegerin ja nach vielen Grass-Auftritten in

Dichter-Fest für den siebzigjährigen Max Frisch 1981 in der ehemaligen Villa des legendären Verlegers Samuel Fischer in Berlin. Im Vordergrund Grass mit Jurek Becker, dahinter Ute Grass, dahinter Siegfried Unseld. Vorn auf der Treppe Peter Bichsel, neben Max Frisch sucht Hans Mayer etwas auf den Stufen, ganz oben links neben der Terrassentür Uwe Johnson. Den Schweizer Dichter hat Grass 1975 porträtiert, versehen mit zwei Pfeifen, und diese Zeichnung von Freund Frisch dem Kritiker Marcel Reich-Ranicki geschenkt.

den USA. Sie hat genau verfolgt, wie durchschlagend die Marketingstrategie in Deutschland noch vor der tatsächlichen Veröffentlichung funktioniert hatte. Ein gutes Signal. Nur Kollege Friedrich Dürrenmatt, Trinkgenosse früherer Jahre aus der Berliner Kneipe Franz Dieners, mosert nicht ganz logisch über die Alpen, erstens habe ihm Grass das Buch nicht, wie versprochen, frei Haus geschickt, deshalb habe er es auch nicht gelesen und zweitens sei ihm der Autor zu »wenig intelligent, um so dicke Bücher zu schreiben«.

Natürlich vergisst Grass nicht seine anderen Pflichten. »Rudolf Bahro« zum Beispiel ist eine Zuschrift in der Londoner »Times« überschrieben und die Verfasser werden gleich darunter genannt: »From Herr Heinrich Böll and others.« Es ist ein Appell zur Freilassung des in der DDR inhaftierten Oppositionellen Rudolf Bahro und zu den others, die das fordern, gehören neben dem Literaturnobelpreisträger aus Köln die Deutschen Günter Grass und Carola Stern als Mitherausgeber von »L 76« sowie Arthur Miller, Graham Greene und Mikis Theodorakis.

Er gibt nicht nur seinen guten Namen. Weil er so unerwartet viel verdient hat am sprechenden Fisch, begründet er einen »Alfred-Döblin-Preis« und stattet die Stiftung mit zweihunderttausend Mark aus, die er mal auf dreihunderttausend Mark erhöhen wird. »Ich habe mit dem Butt mehr Geld eingenommen, als ich für mich benötige.« Da er nicht daran denke, seinen Lebensstil zu ändern, ein Rolls-Royce beispielsweise schon deshalb nicht infrage komme, weil er keinen Führerschein besitze und sich mit einem Chauffeur lächerlich vorkomme, scheint ihm ein Preis zu Ehren seines schreibenden Vorbilds sinnvoll. Denn der ist »leider, leider unter jungen deutschen Schriftstellern viel zu unbekannt, obwohl sie alle von dem noch was lernen könnten«. Vorsitzender des Kuratoriums wird Hans Werner Richter, denn auch den anderen Vater vergisst er nicht, und da fünf Prozent des eingebrachten Kapitals und fünf Prozent des Zinserlöses jährlich ausgeschüttet werden dürfen, bekommen die auserwählten Dichter etwa zwanzigtausend bis fünfundzwanzigtausend Mark als Preisgeld überreicht. Zusätzlich wird Grass nach dem Umzug 1985 sein Haus in Wewelsfleth verschenken und der Stadt Berlin als Wohnstätte für Preisträger der Stiftung zur Verfügung stellen.

Diese Stiftung ist die Erste, in der Grass einen Teil seiner Einnahmen sinnvoll anlegt, drei weitere folgen. Keine wird mit seinem Namen geadelt, solche Eitelkeit hat er nicht mehr nötig. Stolz ist er nur auf selbst geschaffene Werke, was alle seine Kinder einschließt. Dieser Stolz ist normal. Mit jeweils dreihunderttausend Mark Grundkapital aus seinem privaten Vermögen sind alle Einrichtungen ausgestattet. Auch deshalb dürfte ich ihn unter Deutschlands Dichtern und Denkern als einmalig beschreiben, bleibe aber konkret und mache die Leser schlauer:

Die »Daniel Chodowiecki Stiftung« ist benannt nach dem in Danzig 1726 geborenen Künstler, der als preußischer Professor an der Berliner Akademie der bildenden Künste tätig war und unter vielen anderen auch Romane von Goethe und Cervantes und Sterne illustriert hat, was für lesende Generationen die Vorstellungen prägte, die sie sich von den Romanfiguren machten. Ihm zu Ehren werden von einem Kuratorium jährlich Stipendien und Preise für junge polnische Grafiker vergeben. Eine Stiftung zugunsten der Kultur der Sinti und Roma, die »ja auch keine Lobby haben«, benennt ihren Preis nach seinem ehemaligen Lehrer Otto Pankok. Der hatte viele Zigeuner als Modelle beschäftigt, mit dem fahrenden Volk vor 1933 zeitweise gelebt und deshalb unter den Nazis Malverbot bekommen.

Und schließlich gibt es eine vierte zu Ehren des fast vergessenen Schriftstellers Wolfgang Koeppen, den »ich persönlich gut gekannt habe, auch seine finanzielle Notlage«. Der Autor des »Treibhauses«, den regelmäßig Kollegen wie Siegfried Lenz und Günter Grass und Heinrich Böll und Max Frisch unterstützten, stammt aus Greifswald. Grass und sein Freund Rühmkorf haben die Stiftung gemeinsam gegründet, für das finanzielle Polster allerdings musste der Nobelpreisträger sorgen. Das Geburtshaus Koeppens in seiner Heimat, aus dem mal ein Museum werden soll, hat 2001 die Bundesregierung für neunhunderttausend Mark gekauft und renovieren lassen. In die Kuratorien aller vier Stiftungen hat Grass Vertraute gebeten wie Friedrich Christian Delius, Johano Strasser oder die Witwe von Jurek Becker. Nie hat er in einer Jury mitgemacht, um deren Unabhängigkeit auch so zu garantieren.

Für seine Kinder sei es eh nicht hilfreich, wenn sie das gesamte Geld erben würden, das er sich durch Glück und Kunst erworben habe. »Ich würde ihre normale Entwicklung hemmen, unsere Welt ist voller Kinder, die reich sind, ohne sich den Reichtum selbst verdient zu haben.« Ihre normale Entwicklung hat der Vater im normalen Rahmen gefördert, Ausbildung und Aussteuer bezahlt und für sie gesorgt, wie es sich geziemt für das Klan-Oberhaupt. Keines wird je Hunger leiden müssen wie er. Im »Manager Magazin« spricht er vom Geld und seinem Wert. Da hat er die richtige Zielgruppe für seine Thesen. Dass in seinem Beruf nach siebzig Jahren geistiges Eigentum gemeinnützig wird, findet er großartig. Warum aber nur geistiges? Er plädiert dafür, weil übermäßiges Erbe die Erbenden nur belaste, dass nach einer solchen Frist auch materielles Eigentum entsprechend behandelt wird: »Das wäre eine menschenfreundliche, eine soziale Lösung.«

Wertfreies Vergnügen als big spender wäre ihm ein Gräuel, bloße Zeitverschwendung. Er hat schließlich nur ein Leben, obwohl er Kraft für mehrere hätte und Ideen auch, und das eine gilt es sinnvoll zu gestalten. Wenn er nichts zu tun hat, wenn er glaubt, die Zeit verstreiche und er mit ihr, wird er nervös. Er weiß zwar nicht genau, woher diese Unruhe rührt, aber sie ist in ihm seit seiner Kindheit. Auch da hat er sich immer beschäftigt, malend, formend, schreibend. »Ich weiß nur, daß Situationen, in denen ich nicht dazu komme, etwas zu tun, weil mich die Umstände oder die Räumlichkeiten oder andere Beanspruchungen daran hindern, Tiefpunkte sind, aus denen ich schnell wieder raus möchte. Da bin ich sicher für Menschen, die mit mir leben, weniger erträglich.«

Das spürt seine kluge Frau Ute und macht ihn sich erträglich. Wenn sie ihn auf der dänischen Insel Møn, wo sie regelmäßig in ihrem Haus den Sommer verbringen, unruhig umherwandern sieht, denn ruhig am Strand zu liegen fiele ihm nie ein, bietet sie ihm quasi nebenbei Beschäftigung an, legt ihm vor, was sie bei Spaziergängen in den Dünen mithilfe der Spürnase von Kara, die »bildschönste Motive meldet«, gefunden hat, Knochen und Federn beispielsweise von einer im Winter verendeten Wildgans. Sofort legt er los. »Ich kann mich nicht hinsetzen und aus dem Kopf zeichnen, ich brauche die Anschauung, aus der dann wieder etwas ganz anderes werden kann.« Selbst aus dem Scheitern einer Idee macht er was. Sobald auf dem Papier des Zeichners etwas danebengehe, schreibt er in einem passenden Dreizeiler auf ein Aquarell der zotteligen Hündin, winsele seine Kara.

Grass hält Menschen gern auf Distanz, so betrachtet kann er sie besser einordnen, beobachten, abtasten. Bis heute wissen deshalb manche, die ihn gut zu kennen glauben, nicht so genau, ob sich hinter dem Grass, der bei ihnen zu Tische saß und sie bei ihm, den sie duzen und Freund nennen dürfen, noch ein ganz anderer verbirgt, der sich nur ungern zu erkennen gibt. Der zeigt sich aber mitunter Fremden in Szenen, Sätzen, Stationen. Man muss allerdings selbst nach Spuren suchen. Die Beerdigung von Nicolas Born, dem Grass seine »Kopfgeburten« widmen wird, ist so eine Spur. Der Autor der »Fälschung«, auf deren angekündigte Kritik im »Spiegel« er »kindlich wie alle Schriftsteller, nahezu trotzig« wartete und sich zuvor vom Tod nicht besiegen lassen wollte, war an Krebs gestorben. »Seitdem du tot bist, werde ich deutlicher alt«, sagt der trauernde Freund auf dem Dorffriedhof hinterm Elbdeich. »Mein Mut, der gestern noch flott war, streicht einige Segel.« Trost wisse er nicht, außer vielleicht dem: »Wir könnten versuchen, ihn weiter zu leben.«

Zu seiner Kür als Lyriker und Geschichtenerzähler und Grafiker und Bildhauer gehörte stets die sozialdemokratische Pflicht der Solidarität mit denen, die ohne Stimme waren; Botschaften zu verkünden, auch dann zu mahnen, wenn keiner hinhören wollte und viele aufstöhnten, schon wieder dieser Grass. Es gelang ihm überall und in kürzester Zeit, selbst an scheinbar friedlichen Plätzen, eine Ecke zu finden, aus der heraus er schreibend oder unterschreibend anecken konnte. Unrecht hat Grass nie als gottgegeben hingenommen, weil er es für Menschenwerk hielt, auch wenn er gleichzeitig wusste, letztlich nichts ändern zu können. Er störte lieber einmal zu viel als einmal zu wenig.

Manchmal mischten sich beide Intentionen. Ganz typisch bei den »Kopfgeburten oder Die Deutschen sterben aus«, was dem Buch, das 1980 erscheinen wird, nach Meinung von deutschen Rezensenten nicht bekam, weil er eine fiktive Geschichte mit nicht fiktiven Belehrungen mischte. Darauf konnte er gelassen einen trinken, denn eine Jury, die jährlich einen »Übernationalen Weinpreis für Literatur« vergab, hatte ihm neunundneunzig Flaschen »Château Balestard-La-Tonelle 1973, grand cru classé« zuerkannt. John Irving nannte die »Kopfgeburten« des literarischen Vorbilds Grass, als sie unter dem Titel »Headbirths or the Germans are dying out« in den USA erscheinen, ein geniales Beispiel seiner »umwerfenden Aufrichtigkeit«, die auch typisch sei für russische Dichter des neunzehnten Jahrhunderts, sich an die »nackte Brust zu schlagen und seine tiefsten Überzeugungen kundzutun«.

Grass bot seinen Gegnern stets die offene Brust, sie dadurch anstiftend, Partei zu ergreifen: »Wenn mit einem Entweder-oder die Pistole auf die Brust gesetzt wird, kann ein Weder noch als Antwort schon

Wagnis bedeuten.« Kritische Freunde, die sich auf ein Wort getrauten, haben ihm oft geraten, öfter mal zu schweigen, als öfter mal zu mahnen. Umso deutlicher würde er doch gehört, wenn er dann mal wirklich reden würde. Er hielt nichts von solchen Ratschlägen. Heute geben manche von denen zu, dass seine Sturheit letztlich die erfolgreichere Taktik gewesen ist. Das reibt er ihnen gerne freundlich hin. Bei solchen Gelegenheiten ist er so unnachgiebig wie bei Gegnern. Er ist manchmal über Nacht beleidigt, wenn die Freunde ebenso gnadenlos antworten, kann aber am anderen Morgen einsichtig mit einer Blume oder einer kleinen Zeichnung um Nachsicht bitten.

Gab in den Achtzigerjahren die selbstbewusste Franziska Sperr, deren Hochzeit mit seinem politischen Freund Johano Strasser er anrichten wird, dem Hausherrn Contra und mahnte ihn, nicht dauernd von sich zu reden, zog er grummelnd ab in seine Hälfte des Hauses in der Niedstraße, das sie in der anderen bewohnen durften, doch anderntags zeigte er sich wieder friedlich. Bei Festen, die gefeiert wurden wie einst in jungen Zeiten, war er natürlich der Mittelpunkt. Uneingeschränkt bewunderten sie, welche Kraft er immer noch ihnen voraushatte. Konnte bis morgens fünf Uhr saufen und singen und tanzen wie alle anderen auch. Aber während die erschöpft den anderen Tag lieber verschliefen, stand er morgens früh schon wieder im Atelier, als ob nichts gewesen wäre.

Falls Freunde Hilfe brauchen, dürfen sie mit ihm rechnen. Nachdem sich 1990 Renate von Mangoldt angesichts ihres dramatisch dahinsiechenden Mannes Walter Höllerer in ihrer Not einfach nicht mehr zu helfen wusste, rief sie bei Günter in Behlendorf an und weinte sich aus. Knapp vier Stunden später waren er und seine Frau, die wie immer das Auto fuhr, in Berlin. Den intellektuellen Vater, Spiritus Rector einst im Berliner Biotop, seinen Anreger, Mentor, Entdecker baute Grass im Bestseller »Krebsgang« in die fiktive Biografie seines Erzählers ein, stellte ihn gleichwertig neben die Figuren aus seiner Danziger Trilogie, die auch alle wieder mitspielen durften: »Als ich noch ein alimentierter Bummelstudent war, habe ich an der TU Professor Höllerer gehört. Mit dringlicher Vogelstimme begeisterte er den übervollen Hörsaal. Es ging um Kleist, Grabbe, Büchner, lauter Genies auf der Flucht.«

Dem anderen nicht leiblichen Vater verhalf er zu Geld aus dem Berliner Etat, setzte seine guten Beziehungen ein, damit die Stadt das Archiv von Hans Werner Richter ankaufte. Als er ihn und dessen Frau mal auf ihrem Ponyhof für Stadtkinder besuchte, den sich der Gruppe-47-Gründer als Alterssicherung an der Nordsee gekauft hatte, sah Grass, wie Toni Richter und ihre Helferinnen das Geschirr der zahlenden Gäste am Becken mühsam unter fließendem Wasser abwuschen. Einen Geschirrspüler, den er vorschlug, könne sie sich nicht leisten, bekannte sie. Er schenkte ihr ein paar Zeichnungen, die sollte sie verkaufen und sich vom Erlös die Maschine anschaffen. Gab ihr aber als erfolgreicher kaschubischer Händler den Rat: Nimm die Marktpreise, die sind hoch. Toni Richter war gerührt, aber sie behielt die Originale. Die hängen heute in der kleinen Gedenkstätte für ihren Mann in seinem Geburtsort Bansin auf Usedom.

Als es Wolfgang Neuss besonders schlecht ging und der in seiner Not einen langen wirren Brief an seinen ehemaligen Berliner Bürgermeister Brandt schrieb, der da bereits Kanzler war in Bonn, mischte sich Grass in einem zusätzlichen Schreiben an Freund Willy ein und schlug konkrete Aufgaben und dafür ein Honorar vor, das monatlich bei eintausendfünfhundert Mark liegen sollte.

Dass sich viele nicht getrauen, ihn um Hilfe zu bitten, ist nicht ihm vorzuwerfen. Er verbreite eine Aura des Unnahbaren, sagen sie, was ihn erstaunt. Er sei inzwischen zu groß für eine normale Freundschaft. Auch das stimmt nicht immer. Er erlaubt schon immer noch Nähe, wenn er merkt, dass seine Lebensleistung respektiert wird. Dann kann er sogar mit Kritik umgehen. So wie ein Großbauer auf das stolz ist, was er den brachen Äckern durch seiner Hände Arbeit abgetrotzt hat, will er erst seine vollen Scheunen gewürdigt wissen und sich dann zum Gespräch hinsetzen. Manche alten Weggenossen, die sich freuen würden, ihn mal wieder von Angesicht zu Angesicht zu sehen, ahnen nicht, wie sehr er sich freuen würde, falls sie sich bei ihm mal sehen lassen würden. Er will nicht als unnahbar gelten, ein unnachsichtiger Skat ist ihm lieber. Woher sollte er wissen, dass ihn manche nicht zu ihren Festen einladen, bei denen sie selbst die Hauptpersonen sein wollen, weil sie fürchten, er würde ihnen durch bloße Präsenz die Show stehlen?

Günter Grass ist deshalb bei aller ihm eigenen sinnlichen Freude am Leben für viele schwierig im Umgang, doch er sieht das gelassen: »Auf verquere Weise bin ich unkompliziert.« Gelobt wird seine Bodenhaftung und seine nach wie vor ungebrochene Gabe, zuhören zu können. Was einen Teil seines Erfolges ausmacht, denn er prüft alles, was er hört und sieht, auf Verwendbarkeit. Merkt sich fremde Eigenschaften, um sie eigenen Figuren zu verleihen. Benutzt aber auch tatsächlich vorhandene Substanz, falls es ihm selbst daran fehlt. Die Geschichte der Beerdigung August Bebels, die im »Butt« erzählt wird, hat Erdmann Linde, der junge Wahlkämpfer von einst, für ihn ausgegraben. Grass würde andererseits nie vergessen, sich bei einem jüngeren Dichter nach dessen Töchtern zu erkundigen, statt nur nach seinem neuesten Buch zu fragen. Er würde nie versäumen, den vom Schlaganfall getroffenen Freund täglich im Krankenhaus anzurufen.

Er hat auch nie vergessen, dass jenseits der Mauer Kollegen gegen die ideologisch verordnete Sprachlosigkeit anzuschreiben versuchten, stets überwacht vom Staatssicherheitsdienst in dem von Günter Kunert listig »lauschig« genannten Land. Es entstand da eine Art Ersatz für die Gruppe 47, in der sich schließlich auch mal die Dichter aus Ost und West zum Austausch von Erfahrungen und Texten versammelt hatten. Mit Autoren aus Westberlin fuhr Grass regelmäßig vier-, fünfmal pro Jahr nach Ostberlin, um sich mit DDR-Schriftstellern zu treffen. Sarah Kirsch erinnert sich an Bier und Schnaps und Kartoffelsalat, an manchmal bis zu vierzig so genannte und so bekannte Dichterinnen und Dichter in verrauchten engen Wohnungen. Wie Sonnenschein sei das gewesen, wenn die von drüben zu ihnen kamen. Da wurde von morgens bis abends aus Manuskripten gelesen, man lernte sich kennen und man lernte voneinander, aber spätestens um Mitternacht mussten die aus dem Westen wieder die Mauer passiert haben. Der Berühmte mischte sich zwar ein, aber er mischte sich dabei gleichberechtigt unters schreibende Volk. Den Reiz des Heimlichen steigerte das Verbotene, denn sie ahnten, dass die Stasi unten auf der Straße wartete.

Es gab andere verbotene Reize. »Ich war wohl nicht bei Trost, als ich kürzlich etwas Neues einfädelte oder schlimmer: eine alte Geschichte aufwärmte«, bekennt der Erzähler im »Butt« und sein Schöpfer spricht dabei wohl von sich. Gleichberechtigt unter Dichtern saß Ingrid Krüger, neben Peter Rühmkorf einst bei »konkret« die eigentliche literarische Kraft, damals im Luchterhand Verlag zuständig für DDR-Autoren wie Christa Wolf, Irmtraud Morgner, Maxie Wander und Jurek Becker. Als Lektorin begehrt, als Frau auch: groß, schlank, braunes Haar, selbstbewusst in der Männerrunde. Weil ihre enge Freundschaft zu Wolf Biermann bekannt war, wurde davon getuschelt, dass er möglicherweise der Vater des Kindes war, das sie 1978 zur Welt brachte. Darüber lachte sie nur, denn es war Günter Grass.

Grass Ende der Achtzigerjahre mit seiner jüngsten Tochter Nele und ihrer Mutter Ingrid Krüger.

Und der schwieg, bis er sich Ute gegenüber erklären musste. Ute Grunert erfuhr erst spät davon. Sie fühlte sich doppelt betrogen. Als seine von ihm oft beschworene und verdichtete eigentliche große Liebe.

Aber das weiß ich nur aus zweiter Hand. Ist eine Aussage derer, die den ausbrechenden Konflikt zwischen ihr und Grass aus der Nähe erlebten. Es sei für ihn nur die eher zufällige Begegnung mit einer Freundin gewesen, so was könne einem wie ihm mal passieren, na gut, ein schlechtes Gewissen hatte er wohl und selbstverständlich sorgte er auch für dieses Kind wie für alle seine Kinder. Mehr brauche ich nicht zu wissen. Es folgen also keine Annäherungen oder, wie Grass es seinen Erzähler im »Krebsgang« sagen lässt, »vermutend nur steht hier«.

Vermutend also nur steht hier: Ob sich sein umschwärmtes Inselkind verraten fühlte? Ob sie für eine trotzdem gemeinsame Zukunft strikte Bedingungen stellte? Wie er sich ihr wieder annäherte, um die Sprachlosigkeit zu beenden, die lange Zeit andere zwischen beiden überbrücken mussten? Dass die Wunden aber mit der Zeit so verheilten, dass er in seinen »Fünf Jahrzehnten« darüber schreiben konnte, als handele es sich um ein weiteres Gedicht oder eines der vielen leiblichen Kinder, die er, »sobald ich mich schonungsvoll selbstkritisch sehe«, gern als »Werkstattprodukte« bezeichnete: »Als Ingrid Mutter wurde, nannte sie unsere Tochter Nele.«

Die wiederum nannte ihn anfangs nicht Vater, und das vermute ich nicht, das hat er mir so gesagt: »Meine jüngste Tochter Nele hat mich immer Reisekoffer genannt, was sicher auch daran lag, dass sie bei der Mutter aufgewachsen ist und mich nur als Besuch kannte, immer auf Reisen, immer Abschied nehmend.« Auch mit seiner ersten unehelichen Tochter gab es Schwierigkeiten. Seiner amerikanischen Verlegerin Helen Wolff in New York berichtet er davon.

Der Dichter reichte Ausführlicheres erst fast zwanzig Jahre später nach, als der Tochtervater mit Laura, Helene und Nele, die ihm von drei Müttern geschenkt worden seien, die unterschiedlicher nicht hätten sein können, über Ostern nach Florenz fährt. »Ute, die keine Töchter, nur Söhne geboren hat, gab mir mit skeptischem Blick zeitweiligen Abschied.« Laura war da selbst schon dreifache Mutter, Helene besuchte die Schauspielschule und redete, ihrer störrisch-selbstbewussten Mutter gleich, ohne Rücksicht auf mögliche Zuhörer, mitunter gern gegen ihn an und »Nele ahnte womöglich, daß diese Reise letzte Gelegenheit bot, kindlich an Vaters Hand zu gehen«.

Was Grass schwer fiel, weil da bereits sein Raucherbein schmerzte. Als »Schaufenstergang« bezeichnet das treffend lakonisch der Fachmann, weil die Betroffenen immer wieder scheinbar zufällig vor Schaufenstern, die nicht mehr zu bieten haben als altmodische Schuhe oder neumodischen Schund, stehen bleiben müssen, um zu verschnaufen. Von den Müttern fühle er sich beobachtet, ob »auch alles mit rechten Dingen zugehe, ich keine der Töchter bevorzuge, stets bemüht bleibe, frühe Versäumnisse auszugleichen, und ob ich überhaupt meiner Vaterpflicht gewachsen sei«.

Fertig geschrieben und gedruckt war im Mai 1979 jenes Geburtstagsgeschenk für Hans Werner Richter, aus dem er in Saulgau im Gasthof »Kleber« vorgelesen hatte, es hatte sich ausgewachsen zu einer hundertundsiebzig Seiten starken Erzählung unter dem Titel »Das Treffen in Telgte«: Ein Jahr vor dem Ende des Dreißigjährigen Krieges treffen sich 1647, angereist unter Mühen aus verwüsteten deutschen Gauen, bekannte Dichter und Intellektuelle – von Paul Gerhard bis Schütz, von Gryphius bis Hoffmanswaldau –, um eine Resolution für den Frieden zu verabschieden. Tagungsort ist ein Hof in der Nähe von Münster auf einer Flussinsel, beschützt werden sie von der zwielichtigen Figur des Stoffel, der sich ihnen als verhinderter Dichter anbiedert und dessen Schutz sie mit moralischer Verwerfung bezahlen müssen, denn er ist einer der vielen Marodeure in diesem Krieg. Es tauchen archetypisch während des Treffens alle Arten von Autoren auf, ganz wie im richtigen Leben, vom ernsthaften Lyriker bis zum geilen Dichter, der sich mit den Mägden im Heu vergnügt und Braunbier säuft.

Falls man in der Barockdichtung so kundig ist, wie Grass sich gemacht hat – und am meisten hatte er gelernt aus einer 1936 in Basel erschienenen, nur sechzig Seiten starken Dissertation eines englischen Germanisten –, sucht man die verschlüsselten Figuren in den tatsächlichen Dichtern jener Zeit oder in denen, die man zu kennen glaubt aus der Gruppe 47. »Gestern wird sein, was morgen gewesen ist. Unsere Geschichten von heute müssen sich nicht jetzt zugetragen haben.« Ein Stück voll »mitreißender Dialektik, bewegender Traurigkeit, großer Wahrhaftigkeit«, lobt der Kritiker Wolfgang Ignée, sein Kollege Christian Ferber sieht »großartig einfache Prosaarchitektur« und selbst Marcel Reich-Ranicki hat diesmal mit seinem Bekenntnis Recht, dass es »kühn und originell« zugleich sei.

Dichter sind im Kampf mit der Macht oft die Schwächeren. Das weiß Grass aus eigener Erfahrung. Dennoch bleiben sie letztlich stärker als die, die sie verfolgen lassen, sie mundtot machen, sie ermorden. Ein gutes Buch ist unsterblich und wird noch immer gelesen, wenn der Zensor längst schon vermodert. Dreihundert Jahre lang hat die Inquisition in Lateinamerika alle Romane verboten und die gottlosen Katholiken wussten, was sie taten. Literatur ist revolutionär, sie erhebt den Geist des Menschen über die Grenzen hinaus, die ihm angeblich von Gott im Himmel oder selbst ernannten Halbgöttern auf Erden gesetzt wurden, denn sie kennt keine Grenzen. Und selbst wenn die Mächtigen diese scheinbar so ohnmächtigen Schriftsteller »steinigen und mit Haß verschütten wollten, würde noch aus dem Geröll die Hand mit der Feder ragen«.

Diese bildhaft beschriebene Szene zeichnet er für den Umschlag des Buches und die Zeichnung schenkt er seinem Wewelsflether Nachbarn und Freund Freimut Duve, als der ehemalige SPD-Bundestagsabgeordnete bei der OSZE sein Amt für die »Freiheit der Medien« antritt. Auch so eine Sisyphosaufgabe. Die aus dem Geröll ragende Hand wird zum Symbol der Organisation, gedruckt auf Visitenkarten und Briefbögen und Verlautbarungen.

Freimut Duve und seiner künftigen Frau Karin dankt Grass, dass »ihr mich bezeugen wollt«, und erinnert an den Termin. Neunzehnten Mai 1979, elf Uhr, Haustrauung in Wewelsfleth. Die Braut trägt einen selbst gebundenen Blumenkranz im Haar, der Bräutigam hat eine Woche lang vorgekocht wie einst bei der Hochzeit seines Freundes Höllerer, und in allen Räumen des zwanzig Zimmer großen Hauses wird anschließend von fünfzig Gästen, darunter auch das Ehepaar Gaus und sein Verleger Eduard Reifferscheid, gefeiert und gesungen und getanzt. Seitdem sind Ute und Günter Grass ein Paar. »Meine kleinste Kammer/ will ich mit Gedichten tapezieren./ Kurzgebunden sollen alle vier Wände/ ausplaudern, was ich Dir, meine Liebe,/ umständlich verschwiegen habe.«

In Berlin ist er etwa eine Woche pro Monat, nicht nur tätig im Atelier, nicht nur diktierend seiner Sekretärin Eva Genée, auch um seinen jüngsten Sohn, den vierzehnjährigen Bruno zu sehen. Dessen ältere Geschwister sind ausgezogen, seine Freunde Malte und Hans, Söhne von Ute Grunert, wohnen im fernen Wewelsfleth. Da will er hin. Als der Vater wie üblich zu Besuch kommt, dankt er ihm zwar für den mitgebrachten Wellensittich, aber dann äußert er seinen eigentlichen Wunsch: Ich möchte zu dir. Sein Vater fragt die Mutter, die das

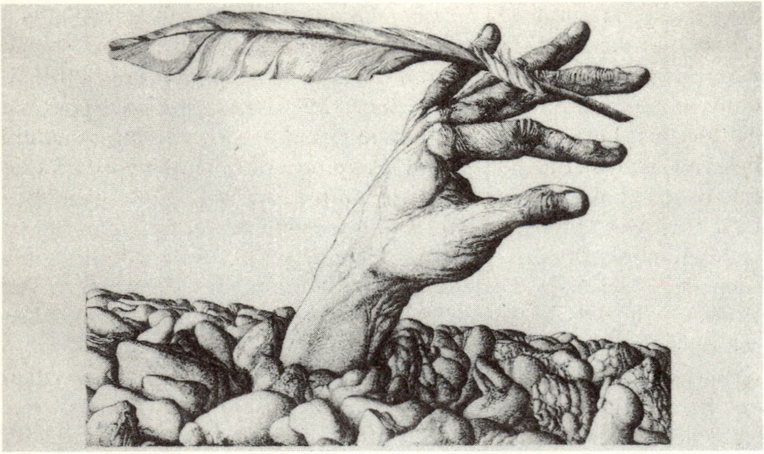

Die Hand des Schreibers mit der Feder wächst aus dem Stein. Grass-Zeichnung über die unzerstörbare Kraft des freien Wortes.

Hochzeit in Wewelsfleth. In seinem Haus heiratet Grass 1979 seine Lebensgefährtin Ute Grunert. Karin Weber und ihr späterer Mann Freimut Duve sind die Trauzeugen.

Sorgerecht hat, und Anna Grass, die mit Günther Schulz das Leben teilt, stimmt zu und schon am anderen Tag fliegt Bruno mit seinen Koffern nach Hamburg und von dort fährt er nach Wewelsfleth und dann lebt er auf dem Land mit Hans, der so gerne Fußball spielt wie er, und mit Malte, der am liebsten liest, und mit seinem Vater und mit dessen Frau Ute, die ihm voller Liebe eine zweite Mutter wird. In Berlin zurück bleiben Anna Grass und Günther Schulz, aber die ziehen bald auch weg von der Niedstraße. Das Haus steht leer.

Nicht lange. Die Zeitschrift »L 76« musste gerettet werden, irgendwie. Aber wie? Nach zwölf Heften war sie am Ende, der Verlag verkauft, der sie druckte und vertrieb. Ihre Auflage betrug nie mehr als sechstausend. Die drei Herausgeber Grass und Böll und Carola Stern hatten es nicht geschafft, andere Verleger zu begeistern. Die sahen keine Marktchancen. Also machten sie es selbst. Hunderttausend Mark reichten als Grundkapital, damit konnten 1980 wenigstens vier Ausgaben finanziert werden. Folgerichtig wird der Neustart unter »L 80« laufen. Johano Strasser und dessen schöne Freundin Franziska Sperr, Tochter eines bekannten Münchner Kritikers, daselbst angehimmelt von einer Heerschar junger Feuilletonisten, kümmerten sich in Berlin um politische Texte, der SPD-Politiker und Schriftsteller bekam dafür ein Gehalt von eintausend Mark im Monat und beide durften mietfrei in der einen Hälfte des geteilten Grass-Hauses in Friedenau wohnen. In der anderen hatte der Besitzer sein Atelier und seine Räume. Gern ging Grass mit seiner Mitbewohnerin ins Kino und in die Kneipe, geduldig ließ er sich gelegentlich von ihrem Lebensgefährten politisch belehren, denn einer wie Johano Strasser schien ihm ein gleichrangiger Gesprächspartner.

Heinrich Vormweg sorgte sich in Köln um literarische Texte, Redaktionssitzungen dort waren von den beiden herausgebenden Größen geprägt und Günter Grass, der Journalist hätte werden können, weil er damals wie heute eine Nase für Themen hat, brachte die meisten Ideen ein, war unermüdlich, gab nie auf. Carola Stern ließ sich von so viel Kraft nicht unterkriegen, weil sie es als Frau gewohnt war, schon durch ihren Job beim WDR, in der Männerwelt allen Anfängen von Bevormundung zu widersprechen. Das hatte Grass ja bereits erlebt, als er ihr diktieren wollte, und das hat er nicht vergessen.

Noch heute, selbst bestsellerverwöhnt, ist sie innerlich darauf vorbereitet, wenn sie beispielsweise ein feines Hotel betritt und dort von oben herab behandelt würde, sofort nach dem Motto aller erfolgreichen Kleinbürger zu schnappen: Wissen Sie denn, wer ich bin? Sie bewundert zwar Günter wegen seiner Sprachgewalt, die sie nicht hat, aber war – und ist – überzeugt, dass sie politischer denkt als er, weil sie immer kühl überlegt, was machbar ist und was nicht. Grass dagegen ist solches Denken fremd. Sisyphos sieht das große Ziel und macht sich schon mal mit dem Stein bergan auf den Weg.

Als das Geld verbraucht war, wurden als Rettungsaktion signierte Blätter von Rühmkorf und Dürrenmatt, von Heißenbüttel und Meckel, von Grass und von Kirsch in limitierter Auflage versteigert. Für die erste Lieferung mit Textgrafiken sollte Grass die alte Remington-Schreibmaschine von Böll zeichnen und schrieb voller Erwartung an den lieben Heinrich: »Schon jetzt freue ich mich auf die Begegnungen und Gespräche mit ihr. Porträtsitzungen können recht kurzweilig sein.« Er drapierte die Maschine, auf der die »Ansichten eines Clowns« und »Gruppenbild mit Dame« geschrieben wurden, mit einer großen Sonnenblume und mit einer kleinen Schere. Einhundertfünfzig Lithografien, signiert von Böll und Grass, werden zum Stückpreis von siebenhundertfünfzig Mark angeboten und das hilft weiter. 1988 war dann aber nichts mehr zu machen und nach fünfundvierzig Ausgaben ist es mit den Blättern endgültig vorbei.

Für Flitterwochen im bürgerlichen Sinne hat Grass nach seiner Hochzeit keine Zeit. Das lässt sich sogar an einem konkreten Datum festmachen. Bereits am dreißigsten Mai 1979 steht in der »Frankfurter Rundschau« seine Reaktion auf einen Artikel in deren Konkurrenz »FAZ«. Da hatte Jürgen Busche ihn und Siegfried Lenz und Heinrich Böll dafür kritisiert, dass sie einen vom Bundespräsidenten Walter Scheel avisierten Orden strikt abgelehnt hatten. Eine solche Verweigerung sei nicht der Stil von Bürgern unter Bürgern. Ein Kulturbanause wie einer aus dem »Neuen Deutschland« sei der Kommentator, wird Grass deutlich, man »sollte ihm einen Orden verleihen«. Böll verlangte ähnlich witzig-böse eine Liste all derer, die gleich ihm einen Orden als unwesentlich betrachteten für ihre Haltung als Bürger, und Siegfried Lenz findet den ausgezeichneten Satz eines bekennenden Hanseaten, folgend dem Beispiel seines Freundes Helmut Schmidt, dass es grundsätzlich »kein Verdienst, sondern nur pflichtschuldiges Verhalten gibt«. Also keine Notwendigkeit für Auszeichnungen.

Grass wird quasi im Gegenzug statt Karl Carstens, der dann gewählt werden wird, Siegfried Lenz als Nachfolger für Scheel im Amt des

Bundespräsidenten vorschlagen: »Laßt uns den Fehler von Weimar nicht wiederholen. Laßt uns nicht aus Verlegenheit einen Mini-Hindenburg zum Bundespräsidenten machen. Warum nicht einen Siegfried Lenz in der Position des Bundespräsidenten. Das würde dem kulturellen Aspekt, dem einzigen, der diese Nation noch eint, eine Bedeutung geben, die folgenreich wäre.« Gemeinsam werden Böll und Lenz und Grass in den nächsten Bundestags-Wahlkampf ziehen, denn wieder mal geht es angeblich um Freiheit oder Sozialismus, und da der Gegner von Schmidt Strauß heißt, wissen alle drei, was sich als pflichtschuldiger Bürger gehört und dass es die Freiheit, die sie meinen, zu verteidigen gilt.

»Natürlich werden wir nicht zugucken, wenn es im nächsten Jahr darum geht, nicht nur den Strauß zu verhindern, sondern über ihn hinweg von den anstehenden Problemen der Achtzigerjahre zu sprechen. Wahltaktisch heißt das, die Grünen, bei aller Sympathie zu ihnen, unter 3% zu halten und den Prozentstand der letzten Bundestagswahl ein wenig aufzustocken«, antwortet der erprobte Wahlkämpfer Grass dem alten Mitstreiter Drautzburg, als der fragt, ob man nicht gemeinsam in die Schlacht ziehen solle. Allerdings sieht er Schwierigkeiten für die Form des neuen Wahlkampfes, denn die Wählerinitiative in Bonn scheidet aus, weil sie »auf den Hund« gekommen sei. Aber er ist sofort bereit zum politischen Kampf: »Notfalls mache ich das Ganze als ein Einmannunternehmen mit geladenen Gästen. Wenn Du mir mit Rat und Tat bei der Organisation helfen willst, bin ich dankbar. Vielleicht solltest Du doch einmal im Dezember oder Januar nach Wewelsfleth kommen: bei Nebel ist die Marsch besonders schön.«

In seinem Atelier schaltet Grass diese trübe Wirklichkeit aus. Die »Kopfgeburten« ist er losgeworden, letzte Feinarbeiten sind vollbracht, eine Anfrage von Helen Wolff wegen einer genauen englischen Übersetzung hat er beantwortet. Ralph Manheim hatte die Grass-Formulierung »Die Weißwäsche sprenkeln« nach Helen Wolffs Meinung falsch begriffen: »Ralph translates this as ›piss on the tablecloth‹ but I believe that you have used Weisswäsche as your private word for Tünche and that the proper translation would be ›speckle the whitewash‹. Will you decide please?« Grass hatte geschrieben: »Aber wir Schriftsteller sind nicht totzukriegen. Ratten und Schmeißfliegen, die am Konsens nagen und die Weißwäsche sprenkeln«, was wohl tatsächlich im mehr politischen Sinne von Manheim gemeint war. Der erfolgreichste deutsche Nachkriegsschriftsteller, von dessen »Blechtrommel« allein mehr als vier Millionen Exemplare verkauft wurden, widmet sich seiner anderen Kunst. Er nimmt »Urlaub vom Manuskript«, mischt sich aber nach wie vor mit politischen Reden und Gegenreden ein.

Alles ist noch in ihm, was er einst gelernt hat, es war nur eingeschlafen. Werkzeug lag herum. Was er brauchte, waren Ton und Drehscheiben. Das lieferte seine älteste Tochter Laura, die nicht weit von Wewelsfleth, in Kappeln an der Schlei, das Töpfern lernte und »mir geraten hat, mit Ton wieder anzufangen, weil da keine Abgüsse gemacht werden müssen, weil das also ein verhältnismäßig schnelles Material ist«. Er kehrt als Bildhauer – Butt in Ton gebrannt, Schnecken auf Reliefplatten – zurück zu seinen Wurzeln, was er schreibend immer wieder machte und bis zum »Krebsgang« immer wieder machen wird, und »dieser Prozeß hat dann erst wieder aufgehört, als mir die Rättin im Kopf rumspukte und ich deren erste Seiten auf Tontafeln geschrieben habe«. Die er dann übrigens im Atelier aufhängte und seinen Verleger verblüffte, als er ihm erklärte, er möge doch schon mal darüber nachdenken, wie man von Ton drucken könne.

Beim Einsatz für den amtierenden SPD-Kanzler wird nicht gedichtet. Er wird auch nicht besungen wie einst Willy, der Menschenfänger. Da wird abgewogen und da gilt das überlegt gesprochene Wort: »Es ist ein Glück, daß es Herbert Wehner und Willy Brandt gibt und daß mit Helmut Schmidt ein Politiker als Bundeskanzler Verantwortung trägt, der den gegenwärtigen Krisen gewachsen ist.« Der Respekt für einen pragmatischen Manager, der beeindruckend klar sprechen kann, verbietet kumpelhafte Nähe. Sie sind sich in ihrem Kulturverständnis einig. Das bestätigt der Kanzler wenige Wochen vor der Wahl, die er noch einmal gewinnen wird, bevor nach dem Misstrauensvotum 1982 die sechzehnjährige Herrschaft Helmut Kohls beginnt und Dichter an dessen Hofe nicht gefragt sein werden.

In einem zum Zeitdokument gewordenen »Zeit«-Gespräch mit Raddatz, Grass und Siegfried Lenz, der Helmut Schmidt so nahe ist wie einst sein Freund dem Willy Brandt, betont der gebildete Macher aus Hamburg: »Ich darf ausdrücklich unterstreichen, was Günter Grass sagte, Kultur einzuengen auf das, was Intellektuelle hervorbringen, wäre unredlich. In vergangenen Jahrhunderten sind die großen Künstler normalerweise aus einem handwerklich erlernten Beruf hervorgegangen.«

Das hörte Grass gern. Sein Engagement für Helmut Schmidt, das die Vernunft gebot, gab er bei fünfzig Veranstaltungen zu Protokoll. Pflichtbewusst wie eh und je. Einmal warteten fünfhundert Leute in einem überfüllten Saal auf sein versprochenes Wort, aber der örtliche SPD-Kandidat hatte vergessen, ein Mikrofon zu besorgen. Nachdem Grass den Amateurpolitiker hinter der Bühne gefaltet hatte, sprach er bis zur Heiserkeit frei und laut, sodass alle ihn verstehen konnten. Linke Kollegen verachteten ihn für seinen Einsatz. Zwar war auch ihnen der Herausforderer Strauß zutiefst suspekt, der Mann, der sie pauschal als Ratten und Schmeißfliegen verleumdet hatte, doch der realen Politik des reellen Sozialdemokraten konnten sie ebenso wenig abgewinnen.

Hatte nicht vor kurzem noch Grass, der jetzt für diesen Schmidt zu Felde zog, in einem offenen Brief an den Bundeskanzler eindringlich davor gewarnt, sich in die amerikanische Politik hineinziehen zu lassen, die einen Dritten Weltkrieg verursachen würde? Hatten sie nicht noch gemeinsam mit ihm gefordert, auf Sanktionen gegen die UdSSR wegen des Afghanistan-Einmarsches zu verzichten und trotz des amerikanischen Boykotts an den Olympischen Spielen in Moskau teilzunehmen? Hatte nicht Schmidts Regierungssprecher Klaus Bölling namentlich Grass bezichtigt, antiamerikanische Emotionen zu wecken?

Alles richtig, antwortete der Revisionist. Aber Schmidt sei dennoch und trotz allem nun mal die einzige verbleibende Hoffnung. Der hatte zudem öffentlich und ausdrücklich unter Nennung des Mannes, der vor nunmehr schon acht Jahren in einem Brief an Willy den Anstoß gab, den Plan einer deutschen Nationalstiftung gelobt, die leider noch immer keine Chance auf Verwirklichung habe, vor allem wegen des Widerstandes der deutschen Bundesländer. Kultur ist Ländersache, ganz zu schweigen mal von den Widerständen aus dem anderen Teil Deutschlands.

Im Namen der Toten, Heine und Lessing, Goethe und Schiller, Thomas und Heinrich Mann, im Namen der Lebenden, Heinrich Böll und Christa Wolf, Peter Rühmkorf und Sarah Kirsch, Günter Kunert und Uwe Johnson, pfeift Grass auf alle Grenzen, weil in einer solchen Nationalstiftung Platz hätte der von »beiden Staaten zänkisch beanspruchte Preußische Kulturbesitz« und die »planlos verstreuten Kulturreste der verlorenen Ostprovinzen«. Deshalb wäre es eine »Aufgabe, für die ich, wenn sie ernsthaft formuliert und ernsthaft an mich herangetragen würde, Verantwortung übernehmen würde«.

Die Schnecke wird bis zum Ziel weitere zwanzig Jahre beharrlich in der Spur kriechen müssen, bis sie endlich am einundzwanzigsten März 2002 in Halle die Festansprache bei der Gründungsfeier für die Bundeskulturstiftung halten darf. Mit einem ähnlich in die Zukunft weisenden Einfall, wie es die Idee der Nationalstiftung gewesen war. Warum nicht in einem großen Bogen über die Oder ein völkerverbindendes Monument bauen, fragt rhetorisch Grass und malt seinen Traum von einem deutsch-polnischen Museum, in dem die gegenseitige Beutekunst einen Platz findet.

Polen schien Ende 1981 mal wieder verloren. Das Kriegsrecht wurde ausgerufen. Die freie Gewerkschaft Solidarność verboten. Proteste im Westen gegen den neuen Machthaber General Jaruzelski, der mit seiner dunklen Sonnenbrille verblüffend den Diktatoren Mittelamerikas glich. Der Danziger Grass wurde deutlicher als andere, nachdem die mühsam errungenen kleinen Freiheiten von großen Stiefeln zertreten wurden, und scheute keinen Beifall von der falschen Seite: »Als über Polen das Kriegsrecht verhängt wurde, stellte dieses neue Beispiel machtpolitischer Brutalität nicht nur den Ostblock und dessen Führungsmacht bloß; auch die Heuchelei des Westens trat zu Tage. Die Freunde und Nutznießer mittelamerikanischer Diktaturen spielen sich – allen voran der US-Präsident Reagan – als Tugendwächter auf, dazu berufen, das am polnischen Volk begangene Unrecht zu verurteilen.«

In seinem frühen Gedicht »Polnische Fahne«, entstanden 1955, hatte er die historische Tragik Polens schon beklagt: »Viel Kirschen die aus diesem Blut/ im Aufbegehren deutlich werden,/ das Bett zum roten Inlett überreden.« Doch nur gelernte Proletarier verstanden das Wort Inlett, das ein unbezogenes Bett bezeichnete und bei den kleinen Leuten aus den Fenstern der Mietskasernen zum Lüften hing wie eine Fahne. Als Dichter hatte er seinen Oskar aus dem Freistaat Danzig über den Nachbarn trommeln lassen: »Verloren, noch nicht verloren, schon wieder verloren, an wen verloren, bald verloren, bereits verloren, Polen verloren, alles verloren, noch ist Polen nicht verloren.« Nun schien es verloren.

Sein Hinweis auf die Diktaturen Mittelamerikas kam nicht von ungefähr. Mit Johano Strasser und Franz Alt war er acht Tage lang durch Nicaragua gereist, wo die Sandinisten das korrupte Regime Somoza verjagt hatten. »Mich hat diese Reise in Frage gestellt«, wird Grass später bekennen, als er erklärt, warum er die Dritte Welt zum Schwerpunkt seiner Arbeit in der Ersten gemacht hat. Er sieht die Sandinisten der Solidarność verwandt. Die einen im Hinterhof der USA, die anderen im Vorderhof der Sowjetunion. Gemeinsam ist ihnen Glaube und Überzeugung, beide sind Katholiken und Sozialisten.

Wer den tausendfachen Mörder Somoza gestützt hat, wie das die USA getan habe, mit denen Deutschland verbündet sei, der habe kein Recht, gegen andere zum Boykott zu trommeln, verkündet Grass und zieht eine ganz persönliche Konsequenz, für die er zu Hause wieder verspottet wird: »Soweit es einer einzelnen Person möglich ist, will ich für mich dieses Bündnis aufkündigen.« Blauäugiges Geschwafel eines Verbohrten nach einer Reise von nur acht Tagen, bedankt sich die bürgerliche Opposition von Nicaragua für den Besuch von solchen Intellektuellen und Dichtern, die keine Ahnung hätten von den wahren Verhältnissen und dem subtilen Terror, den auch die Sandinisten ausübten.

Ein Vorwurf, später von Mario Vargas Llosa gegen Grass erhoben, er habe, ähnlich wie Castro-Höfling García Marquez, das System von Kuba gelobt, erweist sich allerdings als Überschrift in einer Zeitung und für die war ja nicht Grass verantwortlich. Mit dem peruanischen Dichter, der mal versuchen wird, Präsident seines Landes zu werden, streitet Grass unerbittlich und beide lassen gnadenlos keine Gelegenheit aus, diesen Streit nicht nur öffentlich wie bei P.E.N.-Tagungen, sondern intensiv auch in offenen Briefen auszutragen.

Der »Verband sandinistischer Kulturschaffender«, der auch die Deutschen Alt und Grass und Strasser eingeladen hatte, trifft in einem anderen Dichter auf einen von englischem Humor geprägten ironischen Zeitgenossen, der diesen Kulturschaffenden nach seinem Trip in Form eines Limerick etwas ins revolutionäre Stammbuch dichtet: »There was a young girl of Nicaragua/ Who smiled as she rode on a jaguar/ They returned from the ride/ With the young girl inside/ And the smile on the face of the jaguar.« Salman Rushdie ließ offen, wie er es gemeint hatte: Ob der Tiger die auf ihm reitende Demokratie gefressen hatte oder ob die Revolution das junge Mädchen war und der Jaguar die USA symbolisierte.

Wie üblich war es Grass herzlich egal, was andere von seinen politischen Einwürfen hielten. Er verteilte seine Hiebe nach allen Seiten. Wer über Diktaturen in Mittelamerika rede, dürfe nicht die Unterdrückung in Polen und der ČSSR vergessen. Berief sich auf den Briefpartner Pavel Kohout, jetzt auch im Exil wie so viele: Zum Weinen sei es, dass viele westliche Schriftsteller lieber Diplomatie betrieben, statt moralische Grundsätze zu verteidigen. Auf einem Schriftstellerkongress in Ostberlin hatte er sich mit den Ideologen aus dem dortigen Verband angelegt, vor allem mit seinem Lieblingsgegner Hermann Kant, mit dem »ich mich lieber stritt als mit anderen«, weil der zwar ein linientreuer Funktionär war, aber wenigstens schreiben konnte und nicht nur wortarm stammeln im Sinne des sozialistischen Ödrealismus. Sein Bekenntnis, vor sowjetischen Drohgebärden ebenso viel Angst zu haben wie vor amerikanischen, hörten die drüben nicht gern.

Die Debatte über Pershing-Raketen und SS-20-Raketen deckte literarische Diskussionen auch bei einem so genannten Friedenstreffen in Den Haag zu. Wieder krachte sich Grass mit Kant, der auf jeden Fall verhindern wollte, dass in der gemeinsamen Resolution friedliebender Dichter auch an die polnischen Kollegen erinnert wurde, die in der Militärdiktatur wegen ihrer Überzeugung im Gefängnis saßen. Unfriedlich und unbeugsam verhinderte Grass einen billigen Konsens im Kurhaus-Hotel zu Den Haag. Setzte sich aber nicht durch mit dem Vorschlag, in der DDR ein Büro einzurichten, in dem sich die melden konnten, die wegen ihres Engagements in der dortigen verbotenen Friedensbewegung unter Druck gesetzt würden. Brauchen wir nicht, antwortete Hermann Kant, der von Staats wegen schon glauben musste, dass die gesamte DDR eine einzige Friedensbewegung war, und wir brauchen erst recht keinen von draußen, der uns gegenüber wie ein Heidentäufer auftritt.

Zu dem Treffen in Holland hatte eingeladen der westdeutsche Verband der Schriftsteller, kurz VS genannt, geleitet von Bernt Engelmann. Der Autor von polemischen Sachbüchern sprach stets im Namen von 2422 schreibenden Mitgliedern des Verbandes, aber nicht immer im Namen derer, die sich selbst einen Namen erschrieben hatten. Die Schar der Mittelmäßigen, die schon damals keiner nennt und heute keiner mehr kennt, tönte umso lauter, weil sie leise Töne nicht beherrschten. Man könne keine Primadonnen brauchen, dafür sei die Zeit zu hart, erklärte Tucholsky zitierend Engelmann. Herz voll, Kopf leer, Tinte übergeflossen: Im Neid der Erfolglosen, denen sogar in ihren Anträgen grobe Regeln der Grammatik beigebracht werden mussten, und im ideologischen Korsett der DKP-Fraktion, erstarrte der Verband, der einst so voller Hoffnung als Forum für Geist und Macht gegründet worden war. Wegen peinlichen Lavierens im Umgang mit DDR-Emigranten waren bereits Uwe Johnson und Reiner Kunze und Horst Bienek ausgetreten, andere folgten.

Als Engelmann ein Jahr später im Namen der Seinen, aber vor allem in seinem, Manès Sperber auffordert, den Friedenspreis des deutschen Buchhandels schleunigst zurückzugeben, weil er ein starkes bewaffnetes Europa gegen die Supermächte USA und UdSSR gefordert hatte, als er in einem Telegramm an den polnischen Diktator Jaruzelski zwar gegen das Verbot des dortigen Verbandes protestiert, aber lauwarm nur »einen« neuen Verband fordert, macht Grass gegen ihn mobil. Der Mann sei unerträglich und deshalb untragbar. Eine dringende Bitte um schleunigsten Rücktritt unterschreiben neben Günter Grass unter anderen: Carl Amery, Heinrich Böll, F.C. Delius, Jürgen Fuchs, Walter Jens, Gerhard Köpf, Siegfried Lenz, Peter Schneider, Hans Christoph Buch, Ulla Hahn, Sarah Kirsch. Als Engelmann den Forderungen beleidigt und bar jeder Selbstkritik Ende 1983 dann endlich folgen wird, bescheinigt ihm »Die Zeit«, dass nicht einmal sein Abgang Stil gehabt habe. Für Grass waren nicht allein Engelmann und DKP-nahe Gruppierungen schuld am Niedergang des Verbandes, sondern ebenso die »Zuchtrute der Industriegewerkschaft Druck und Papier«. Darüber beklagte er sich brieflich bei Willy Brandt.

Im Herbst 1982 erobert sich durch ein Misstrauensvotum gegen Schmidt, angeführt von Helmut Kohl, den sich Grass als Regierungschef »nicht vorstellen kann«, weil er ein »alles in allem nur mittelmäßiger Politiker« sei, nach dreizehn Jahren die CDU das Kanzleramt zurück. Grass gibt seiner Verachtung für die Umfaller von der F.D.P. beredten Ausdruck und nennt namentlich Genscher einen Judas, setzt vor allem aber ein öffentliches Zeichen der Solidarität mit den Verlierern. Er und seine Frau Ute treten in die SPD ein, stolz zeigen sie Volker Schlöndorff bei einem Besuch ihre Parteibücher. Vergessen war da längst die Idee eines gemeinsamen Films, das klang schon am Ende der »Kopfgeburten« an: »Wenn es Krieg gibt, werden Schlöndorff und ich keinen Film drehen.«

Krieg gibt es nicht, aber die politischen Konflikte lassen einen Rückzug ins Atelier oder ans Schreibpult nicht zu, um dort die Trauer über das Ende des Traumes von einem demokratischen Sozialismus künstlerisch zu verarbeiten. Zu Helmut Schmidt wäre allerdings Grass kein Gedicht eingefallen wie einst beim Rücktritt von Willy Brandt. Statt lyrisch wehmütig Federn zu blasen, sucht er ein neues weites Feld. Die Rede zur Verleihung des Feltrinelli-Preises in Rom, der mit einhundertfünfundsiebzigtausend Mark dotiert ist und zu dem ihm Italiens Staatspräsident Sandro Pertini mit einer Umarmung gratuliert, trägt den programmatischen Titel »Die Vernichtung der Menschheit hat begonnen«. Das Thema ist der von Willy Brandt und dem Club Of Rome bereits vorausgesehene Nord-Süd-Konflikt. Noch ist er unsicher, wo er sich am besten kundig machen und wie er davon künden wird, verkündet Grass, aber in »meiner Ratlosigkeit weiß ich dennoch, daß Zukunft nur wieder möglich sein wird, wenn wir Antworten finden und tun, was wir als Gäste auf diesem Erdball der Natur und uns schuldig sind«.

George Orwell ist nicht mehr fern. Große Brüder heißen Raketen, heißen saurer Regen, heißen Atomkraft. Eva Figes besucht Günter Grass in Wewelsfleth. Mit ihr hat er vor kurzem noch friedlich über den ewigen Konflikt zwischen Mann und Frau gestritten. Das scheint lange her und der Dichter bekennt: »Ich bin sehr viel radikaler geworden.«

XII

»Mitten im Leben denke ich an den Tod«

1983–1989

Es regnet in Strömen auf der Schwäbischen Alb. Die amerikanischen Soldaten stehen in ihren trockenen Unterständen. Ihnen ist das Wetter egal. Ein paar hundert Demonstranten draußen vor dem hohen Zaun sind vom Regen durchnässt. Das Militärcamp ist durch sie nicht gefährdet. Zusätzlich wacht deutsche Polizei vor Ort in Mutlangen. Beschützt von einem Regenschirm steht einer mit Mütze und hat, beleuchtet von einer Stalllaterne, ein Buch vor Augen. Es heißt »Kassandra« und geschrieben hat es Christa Wolf, und der Mann, der daraus liest, ist erkennbar Günter Grass.

Er und seine Frau Ute halten symbolisch Nachtwache bei den »Waisenkinder« genannten jungen Rüstungsgegnern. Alles scheint symbolisch bei diesem Protest der Friedensbewegung gegen die Nachrüstung. Die Gruppe, der sie zugeteilt wurden, heißt deshalb auch »Kassandra«. Prominente Unterstützer wie Heinrich Böll und Walter Jens und Oskar Lafontaine und Horst Eberhard Richter haben sich für andere Tage und Nächte einteilen lassen. Grass »blockiert« lesend an diesem zweiten September 1983 zwischen ein Uhr nachts und sieben Uhr morgens, und am Ende werden es immer noch zwanzig Zuhörer sein, die nicht schlafen, sondern ihm lauschen. Irgendwann in dieser Nacht hat jemand eine Plastikplane zum Schutz gegen den Regen organisiert und dort war es dann »wie unter einer Käseglocke«, erfährt Christa Wolf von Grass, »selten wurde so intensiv gelesen, selten so selbstvergessen zugehört«.

Der Widerstand gegen die geplante Stationierung von einhundertundacht amerikanischen Pershing-II-Raketen und sechsundneunzig Cruise Missiles scheint deshalb nur noch symbolischer Akt von Ohnmächtigen zu sein, weil sich die Mächtigen in Bonn bereits dafür entschieden haben. Erst gab es für Reagans Pläne zur Nachrüstung ein zögerliches Ja unter Helmut Schmidt – und ein rhetorisch großes Nein von Walter Jens auf einem SPD-Parteitag –, jetzt ein donnerndes Jawoll unter Schmidts Nachfolger Helmut Kohl. Was Grass nicht entmutigte: »Tatenlos hinzunehmen ist dieser drohende Wahnsinn nicht.« Widerstand sei das Gebot der Stunde, von einer Befehlsverweigerung über den einfallsreichen Protest bis hin zum Generalstreik gebe es viele Möglichkeiten in Orwells Jahrzehnt, den Großen Brüdern das Regieren schwer zu machen.

Er hat als amtierender Präsident der Berliner Akademie der Künste in dieser Richtung noch viel vor, um die Mitglieder mit »katastrophalen Tendenzen unserer Zeit zu konfrontieren«, plant diesseits aller Anflüge von Einsicht in die Vergeblichkeit seines Tuns einen erneuten Dialog von Schriftstellern aus Ost und West zum Thema Frieden. Die beiden ersten hatten ihn, trotz lautstark ausgetragener Unterschiede, ermutigt im vagen Glauben an eine doch noch bestehende Kulturnation Deutschland, so wie Herder sie definiert hatte, auf den er sich beruft. Dass er in der DDR immer noch Einreiseverbot hatte, nur mit Sondergenehmigungen zum Thema Frieden hatte sprechen dürfen, dass seine Werke seit den »Plebejern« nicht gedruckt werden durften – alles jetzt Nebensache. Wenigstens »Katz und Maus« würde es 1984 in die Buchläden der DDR schaffen.

Beim dritten Treffen der deutschen Schriftsteller am Jahresende in Heilbronn werden Autoren aus der DDR schon nicht mehr teilnehmen wollen oder dürfen. Auch Christa Wolf nicht. Deren Sprache bewundert Grass, selbst wenn sie ihm manchmal, bei »Medea« zum Beispiel, fremd bleiben wird. Er liest lieber vom prallen Leben, über das auch er schreibt. Mit Christa Wolf wird er solidarisch sein, als sie es mal dringender braucht, aber bereits jetzt bietet er ihr ganz privat und konkret seine Solidarität an: »Ingrid Krüger erzählte mir vom Brand Ihres Landhauses... Sollten Sie – wann immer auch – das Bedürfnis nach annäherndem Ersatz haben, so steht Ihnen unser Haus im Süden Portugals (Algarve) jederzeit offen; aber auch in Wewelsfleth, meinem zweiten Wohnsitz, bietet sich eine kleine Gastwohnung an.«

Christa Wolfs Buch »Kein Ort. Nirgends« scheint ihm ein weiterer Beweis dafür zu sein, dass sich zwar die beiden deutschen Staaten auseinander gelebt haben, die Literatur aber in der Wahl ihrer Themen erstaunlich ähnlich sei. Sein »Treffen in Telgte« ist auch ein Versuch, in deutscher Vergangenheit nach »Ansätzen zu suchen«, um die Gegenwart zu erklären. Wieder mal seien die Schriftsteller den Politikern weit voraus, nämlich vereint in der imaginären Nation der Kultur. Persönlich hat Christa Wolf ihn zum ersten Mal getroffen, als der Autorenrat von Luchterhand Literatur gegründet wurde. Da waren sie beide unter Vertrag.

Ein wieder vereinigtes Deutschland hält Grass »nicht für wünschenswert«, weil die Nachbarn sich bedroht fühlen könnten. Es scheint außerdem jenseits aller Vorstellungen zu sein. Erst recht seiner. Innerhalb einer Föderation in der Mitte Europas kann er sich allerdings ein Modell Deutschland vorstellen. Als er das im Goethe-Institut Brüssel bei einem öffentlichen Disput mit Stefan Heym verkündet, stimmt der ihm sofort zu, zwei Staaten einer Nation, warum denn nicht. Bezweifelt aber die Funktion der Schriftsteller als Leitfiguren und ihr daraus abgeleitetes Recht, sich überall und immer und lauter als andere Bürger einzumischen. Ihre erste Pflicht sei es vielmehr, gute Romane zu schreiben, die zudem hoffentlich »gut gefunden werden«.

In der ehrwürdigen Berliner Akademie hatte der sich einmischende Bürger Grass, seit kurzem Genosse, nach seiner Wahl zum Präsidenten für Durchzug gesorgt. Die Zeiten, da bei Versammlungen der Mitglieder ein wenig von der Heiterkeit der Kunst und ein wenig vom Ernst des Lebens geplaudert wurde, sind vorbei. Grass sagt schon außerhalb der Akademie was, wo er eigentlich nichts zu sagen hat: Beim Streit um Tempo 100 zum Beispiel auf der Berliner Avus ruft er auf zum massenhaften Austritt aus dem ADAC, ausgerechnet er, der keinen Führerschein besitzt und selbst Fahrrad fahren nur auf dem Tandem mit Frau Ute sturzfrei übersteht. Und wo er in der Akademie was zu sagen hat, sagt er natürlich erst recht was: Die Attacke zum Beispiel gegen die schon seit Studienzeiten argwöhnisch betrachteten Abstrakten, denen er vorwirft, das real existierende Elend – Armut, verpestete Luft, vergiftete Gewässer, Hunger, Waffenarsenale – in ihrer Arbeit zu ignorieren.

Grass fühlt sich nicht nur angestiftet, Partei zu ergreifen, wie eine seiner Reden heißt, sondern auch verpflichtet, selbstredend anzustiften. Bei ihm muss man anlässlich eines Anlasses nie nachfragen, ob er es so oder eher so gemeint hat. Der in seinen Novellen, Romanen und Gedichten vor Fantasie und Witz überbordende Sprachbildhauer verzichtet in politischen Einwürfen als Holzschnitzer lieber auf eine glänzende Formulierung denn auf eine klare Aussage. Meist gelingt es ihm, beides zu verbinden. Er will unmissverständlich sein, um nicht missverstanden zu werden. Grollend eine Empörung hier und mürrisch eine Verweigerung dort, eine öffentliche Anklage hier und eine sozialdemokratische Mahnung dort. Er solle aufpassen, nicht Unterschriftsteller statt Schriftsteller zu werden, warnt ihn spöttisch ein intellektueller Freund. Raddatz kennt keine Furcht vor dem darauf möglichen Zorn des schnell Beleidigten. Doch als Beweis, dass er ihn falsch einschätzt, legt Grass ihm am anderen Morgen eine Seite der Erzählung hin, die er nachts begonnen hat.

Die Akademie wird in den drei Jahren seiner Präsidentenzeit bis 1986 ein Forum der realen Konflikte. Sie spiegelt wider die Themen der Zeit. Ausstellungen über den sauren Regen und das Waldsterben. Debatten über Menschenrechtsverletzungen, ob nun in der nahen Türkei oder im fernen China. In der Vortragsreihe »Vom Elend der Aufklärung« lästert Günter Grass über den herrschenden Modetrend bei bestimmten Kollegen, von denen bereits »jeder Scheißhaufen ein Mythos« genannt werde, und vergisst diesen guten Einfall auch nicht für seinen nächsten Roman. Da legt er ihn der Rättin ins Maul: »Wie Seher und Hohepriester reden Dichter daher. Jedes ungelöste Problem nannten sie Mythos.«

Unverbindliches ließ er als Präsident nicht zu, das würde er sich selbst auch nicht durchgehen lassen. Es sei bestimmt verdienstvoll, einmal aus einer »Akademie etwas anderes zu machen, als sie ist«, schreibt ihm Hans Werner Richter, aber die Kraftanstrengung stünde doch in keinem Verhältnis zu dem Resultat. »Du hast einmal während dieser Sitzung im kleinen Kreis gesagt, daß Du polarisierend wirkst, ohne es zu wollen, und tatsächlich war eine enorme Abneigung gegen Dich entstanden.« Nicht nur bei den Konservativen. Werner Herzog, der einen heiteren Abend erleben wollte, ein Gespräch vielleicht bei einem Whisky, geriet unvermittelt in politische Diskussionen, in denen der selbstbewusste Leitwolf die anwesenden Künstler in Arbeitsgruppen aufteilte, und erzählte einem anderen Filmregisseur, er werde sich hüten, noch einmal zu kommen. Nach Proseminaren mit Hausaufgaben stehe ihm nicht der Sinn.

Eine Amtszeit dauert drei Jahre und in denen werden von jedem Präsidenten offizielle Grüßgustav-Pflichten aus gegebenen Jahrestagen verlangt oder Trauerreden im Gedenken an Größen der Akademie, die im Zweifelsfall vor seiner Zeit tätig waren und ihm fremd sind. Grass muss 1984 nach dem Tod des Akademiemitglieds Uwe

Johnson einen Freund ehren, der ihm zwar bis auf einen kurzen Besuch 1983 in Wewelsfleth, für den sich Johnson auf korrekt knappe Art mit Grüßen an Ute bedankte, fremd geworden ist, der ihm aber, außer Peter Rühmkorf und Hans Werner Richter und Walter Höllerer, mal so nahe war wie kein anderer: »Jemandem nachzurufen, der auf seine Biographie streng bedacht gewesen ist, fällt schwer.«

Das hört man. Grass schildert die »zögernd eingegangene Freundschaft« mit dem schwierigen Unbehausten, der nie mehr gewusst habe, wohin er eigentlich gehöre, nachdem er in der DDR nicht mehr gedruckt wurde und gezwungen war, seine Heimat Mecklenburg zu verlassen. Erwähnt Berliner Kneipengespräche über das Handwerk des Schreibens, verschweigt nicht für Außenstehende lächerlich anmutende Differenzen und warum der Eigenbrötler während eines Stipendiums in Rom begonnen hatte, gegen »zuviel Kunst und Katholisches« anzutrinken mit »protestantischem Büchsenbier«, noch nicht mit Rotwein. Er lobt den spröden Autor der »Mutmaßungen über Jakob« als einen zeitgenössischen Theodor Fontane, dem er auf seinem »Weiten Feld« jenseits einer fein beschriebenen diesseitigen Begegnung in der Figur des Dr. Mutmaßlich einen Gedenkstein aufstellen wird. Beklagt den Verlust des Begleiters früher Jahre: »Uwe Johnson, ein großer, ein einmaliger, ein im Wortsinn hervorragender Schriftsteller, verbrauchte sich, ich meine: vorzeitig; denn er fehlt uns sehr.«

Am fernen Hudson, wo Uwe Johnson seine »Jahrestage« notiert hatte, weint um ihn seine Verlegerin Helen Wolff. Weil Grass vorgeworfen wird, er habe sich erst post mortem um Uwe Johnson gekümmert, erinnert sie in ihrer Totenrede im Goethe-Institut in New York an einen Brief aus dem Jahre 1976, in dem Grass die schöpferische Selbstzerstörung des fremden Freundes beklagte und darin hoffte, ein Retter möge in den USA erscheinen und »die Katastrophe von Uwe« wenden, die unausweichlich scheine. Bilder holt sie aus dem Kopf, auf denen Uwe Johnson immer seine typische schwarze Lederjacke anhatte. Die trug er auch bei gelegentlichen Abendessen in einer jüdischen Cafeteria am Broadway und so erschreckend deutsch sah er aus in den Augen einer Familie, die am Nebentisch saß, dass es ihm spürbar und sichtbar peinlich wurde. Er stand auf, verbeugte sich, stumm so um Verzeihung bittend für alles Deutsche, was in ihm deutbar war, und ging rückwärts zur Tür.

Vom nervig-peniblen Johnson erzählt sie, der kein Komma vergaß, truly, yours, Uwe, und, schroff jegliche Art von Smalltalk ablehnend, auf die Frage »How do you do?« antwortete: »Warum fragen Sie mich das? Es interessiert Sie doch überhaupt nicht.« Und sie berichtet, was ihr Miriam Adams geschrieben hatte, die bis zum Ende Johnsons Nachbarin in Sheerness war: Die meisten Leute hier dachten, er sei ein Rentner, der halt noch ein bisschen schreibe, man habe ihn so auf Anfang sechzig geschätzt, doch er sei bei seinem Tod erst neunundvierzig gewesen. Er habe sein Aussehen regelrecht gehasst, sich den Kopf kahl rasiert. Ihr stand er nahe in seiner selbst gewählten Distanz, bot Geld an, als er hörte, dass sie ihr Haus beleihen müsse, fuhr mit ihr in die Klinik, als ihr Mann einen Autounfall hatte, und saß dort mit ihr bis »2.45 Uhr morgens, Taxi draußen warten lassend, um mich dann nach Hause zu bringen«.

Das war Uwe Johnson, über den, um ihm gerecht zu werden, eine genaue Biografie zu schreiben wäre, aber das würde bedeuten, ihn mutmaßend posthum zu verletzen, eben auch: ein menschenscheuer Menschenfreund. Ein Jahr vor seinem Tod hatte er beim fünfundsiebzigsten Geburtstag von Hans Werner Richter 1983 etwas lesen wollen, leider war er schon nachmittags so betrunken, dass man einen Notarzt hatte rufen müssen. Günter Grass offeriert der Witwe und ihrer Tochter, die entfernt von Uwe Johnson lebten, einen Berlin-Aufenthalt als Freund, für den er sich noch immer hält, und offiziell als Präsident der Akademie deren Gastfreundschaft, falls sie die wünsche: »Ihr könntet gern dort wohnen. So böte sich Gelegenheit, ein Gespräch wieder aufzunehmen, das allzu lange unterbrochen war.«

Haben er und alle anderen, die ihm jetzt ihre Bestürzung nachrufen, genug getan, um Johnson vor sich selbst zu retten? »Wir hatten nie eine Chance«, meinte Max Frisch, »denn die Einsamkeit wuchs in ihm so stark, dass man sie von außen nicht mehr durchbrechen konnte.« Grass ist so gelassen nicht, im Gegenteil über den Vorwurf empört, dass Uwe nicht an Alkoholismus gestorben sei, sondern an den »Verletzungen, die man ihm zugefügt habe«. Er ahnt, dass auch er gemeint ist, aber soll er öffentlich sein Herz öffnen? Seine wahren Gefühle speicherte er im Kopf, bis er sie mit Wuttke, den die aus dem Archiv Fonty nannten, abrufen würde. Bruno Grass hat seinen Vater weinen sehen, als ihn die Nachricht von Johnsons Tod erreichte, und der stritt noch zehn Jahre später mit zwei Anwohnerinnen, die es ablehnten, eine Gedenktafel an ihr Haus anzubringen, in der darauf hingewiesen werden sollte, dass hier einmal Johnson gelebt hatte, damals in Friedenau, als sie alle jung waren und die Welt noch veränderbar schien. Was Uwe Johnson all seinen Freunden und Feinden überlassen habe, ergänzte Helen Wolff, den Guten und den Bösen, sei ein Gefühl der Schuld.

Keine Zeit blieb jetzt, in diesen Zeiten, für Trauer. Lange vor dem Reaktorunglück in Tschernobyl, das im April 1986 alle Ängste vor der Apokalypse zu übertreffen schien, hatte Grass die Akademie als eine besondere Art von Friedensbewegung politisiert. Der Präsident empfahl dringend allen Mitgliedern, gemäß ihren künstlerischen Fähigkeiten und als Bürger Aktionen wie Blockaden und Menschenketten und Demonstrationen zu unterstützen. Manche wie Hans Egon Holthusen verließen verstört die akademischen Hallen, weil sie sich indoktriniert fühlten. Die Mehrheit stand auf der Seite von Grass. Doch selbst die mochte ihm nicht mehr folgen, als er, schon wieder einfaches Mitglied, selbst mal unter Protest der Akademie den Rücken kehrte, weil beschlossen worden war, keine Veranstaltung mit dem verfemten Schriftsteller Salman Rushdie stattfinden zu lassen. Er hielt das nicht nur für Feigheit vor dem Feind, sondern fühlte sich erinnert an Nazizeiten: »Indem sie ihre Räume verweigerte, gibt sie dem terroristischen Druck nach, entledigt sie sich der Verpflichtungen der Vergangenheit, und nimmt sie eine Haltung ein, die schlechtes Beispiel gibt.«

Peter Härtling oder Walter Jens beharrten darauf, dass sie keinesfalls feige waren, sondern in Sachen Solidarität mit Rushdie, die sie natürlich so empfanden wie er, nicht für die Sicherheit der Teilnehmer hätten garantieren können. Ihre Sorge um die normalen Menschen sei wesentlicher als der Auftritt eines Prominenten, der im Zweifelsfall von seinen Leibwächtern geschützt würde. Grass organisierte daraufhin eine Veranstaltung in der Hasenheide, auf der er und andere Autoren aus den »Satanischen Versen« lasen, die der Anlass waren für den weltweit erlassenen Mordaufruf gegen Rushdie.

Zwischen den alten Gefährten Grass und Härtling herrschte vorübergehend Sprachlosigkeit. Beim Wiedereintritt in die Akademie musste sich der Dichter einer erneuten Wahl stellen wie jeder andere auch. Danach wollte er zu gern wissen, von wem die einzelne Stimme gegen ihn gekommen war. Seiner Aufnahme hatte aus Prinzip Hans Mayer widersprochen, der Grass schätzte, aber darauf beharrte, draußen sei nun mal draußen, basta.

Während jener leidenschaftlich geführten Debatten um die Nachrüstung verließen Literaten ihre Schreibstuben und Schauspieler ihre Bühnen und Künstler schlossen ihre Ateliers ab und reihten sich gemeinsam in der Friedensbewegung ein. Ein so egozentrischer Mann wie Joseph Beuys, der die Kunst als lebende Performance geprägt hat, der einst wie Grass in Düsseldorf das Handwerk studierte, nahm an einer Sitzblockade in Mutlangen teil, ließ sich von der Polizei wegtragen. Grass selbst wird zur Symbolfigur, was er genießt, weil er nicht nur demonstriert und deklamiert, sondern konkret zum aktiven Widerstand auffordert. Nach dem Stationierungsbeschluss steigert sich seine »Befürchtung zur Angst«. Letzte Hoffnung auf Änderung war geplatzt, nachdem Hans-Jochen Vogel gegen Kohl im März 1983 die Wahl verloren hatte. Der Dichter reagiert, wie einst 1965 in seiner Darmstädter Rede bei der Verleihung des Büchner-Preises, nach dieser Niederlage ähnlich polemisch: »Es sind Stümper, die uns derzeit regieren.« Gegen die setzt Grass einen Appell zur Wehrdienstverweigerung.

Seine politischen Widersacher aus allen Parteien, auch aus der ihm nahen Partei, attackierten ihn daraufhin und warfen ihm vor, die Bevölkerung aufgehetzt zu haben, dem Verfassungsbruch das Wort zu reden etc. Das war ein Konflikt nach seinem Geschmack, denn die Stärke der Republik, die auch seine sei, bestehe im Gegensatz zur Weimarer gerade in der Zahl ihrer aufsässigen kundigen Bürger. Radikale Demokraten brauche eine Demokratie und nicht Typen wie Flick, die sich Wohlverhalten der Regierenden mit Schmiergeld kauften und die er die eigentlichen Terroristen nannte. Er selbst hatte ironisch einen Begriff besetzt, den nun kein anderer mehr gegen ihn ernsthaft verwenden konnte. Man hätte es früher wohl »Wehrkraftzersetzung« genannt, was er öffentlich verkündete: »Meine Söhne und ihre Freunde werde ich auffordern und ermutigen, den Dienst in der Bundeswehr zu verweigern.« Außerdem habe er bekanntlich bereits auf seine listige Art Wehrkraftzersetzung betrieben, als er aus Erlösen seiner Wahlreisen verschiedenen Kasernen eine Bibliothek finanzierte. Gern könnte er Dankesschreiben von noch aktiven Offizieren vorlesen.

Mit seinen erwachsenen Kindern lag Grass politisch fast immer auf gleicher Wellenlänge. Früh schon hatte er von den Schwierigkeiten eines Vaters geredet, seinen Kindern das Verbrechen der Deutschen zu erklären: »Immer noch einen Schritt vor Auschwitz muß ich im

Krebsgang üben.« Andere waren schuldig am Unsäglichen, aber »was sagen die wiederholten Beteuerungen, es habe die überwiegende Mehrheit des deutschen Volkes von Gaskammern, Massenvernichtungen, vom Völkermord nichts gewußt? Diese Unwissenheit spricht nicht frei. Sie ist selbstverschuldet, zumal die besagte Mehrheit wohl wußte, daß es Konzentrationslager gab und wer alles in sie hineingehörte: zum Beispiel die Roten und die Juden natürlich. Diesem Wissen ist nachträglich nicht abzuhelfen. Alle wußten, konnten wissen, hätten wissen müssen.«

Deshalb sein permanenter Widerstand gegen bequemes Totschweigen, gegen alle Versuche, bürgerliche Freiheiten einzuschränken, weshalb ihn seine vom stetigen Mahnen des Dichters genervten Gegner eine erste allgemeine Mahnwache nennen. Deshalb seine unerwünschten Ratschläge an allerlei Mächtige, weshalb ihm vorgehalten wird, jedes Goethe-Institut mit dem Weißen Haus zu verwechseln. Deshalb seine berüchtigten offenen Briefe, weshalb gelästert wird, er passe mit seinem Urbi-et-Orbi-Getue besser in den Vatikan.

Die lauten Auftritte des Günter Grass aber sind ohne das laute Schweigen der vorigen Generation nicht zu erklären. Was der junge Kriegsgefangene in Bad Aibling erfahren musste über die Schuld seiner Väter, hat er als Vater nie vergessen: »Unbewältigt, nicht zu bewältigen, wie ein Mühlstein hängt uns Deutschen, auch den Nachgeborenen, der geplante, vollstreckte, geduldete, geleugnete, verdrängte und doch offen zutage liegende Völkermord an.«

Seine älteste Tochter und die Söhne wählten grün-alternativ oder mal SPD, keiner stand den Schwarzen nah. Nur Bruno, der jüngste Grass, war zeitweise auffällig. Zu Hause in Wewelsfleth hängte er Poster von Strauß und von Kohl über sein Bett und am Fahrrad befestigte er einen Aufkleber für die CDU. Als er seinen Protest gegen das sozialdemokratische häusliche Biotop auch am Fenster seines Zimmers anbringen wollte, deutlich sichtbar für alle, die draußen so dachten wie er, wurde der sonst so tolerante Vater streng. Mit seinem Fahrrad und an seinen vier Wänden könne er machen und anbringen, was immer er wolle, aber das Haus gehöre nun mal ihm. Und an dem klebe nichts für die CDU.

Bruno war das, was man landläufig ein Sorgenkind nennt – und ich denke nicht daran, nach Ursachen zu gründeln –, blieb in der achten Klasse dreimal sitzen, begann anschließend eine Lehre im Hotel »Vier Jahreszeiten« in München, die Fritz J. Raddatz vermittelte, war unglücklich in der fremden Stadt. Und schrieb voller Heimweh Briefe nach Hause und zu Hause war damals Wewelsfleth und die schrieb er an Ute Grass und die hielt wie eine Mutter zu ihm und wurde seine zweite und setzte seine Rückkehr durch.

Nach Versuchen im Internat bestand er die mittlere Reife, doch um sein Abitur nachzumachen, musste er nach Hamburg, wollte sich dort ein Zimmer nehmen. Es fragte sein Vater die versammelte Familie, was sie davon halte, wenn sie alle dahin zögen? »Da unsere Söhne nicht mehr auf dem Land zu halten waren«, wie er in seinem Geburtstagsgruß an Freund Willy in einem Postskriptum schreibt, lebten sie alle ab Sommer 1984 an der Alster in Hamburg. Bruno schaffte seinen Abschluss und studierte, wurde früher Vater als andere und Lehrer in Elmshorn, aber hatte es irgendwann satt, so sehr er Kinder liebte, jeden Tag für die das Mammut machen zu müssen. Bei Studio Hamburg lernte er in der Praxis eine andere Welt kennen, sein älterer Bruder Raoul besorgte ihm eine Regieassistenz bei Ziegler-Film in Berlin, und in der Branche will er bleiben.

Günter Grass mischte sich nach der verlorenen Wahl 1983 in der jetzt eigenen Partei ein. Das nie einfache Mitglied der SPD forderte als eine nötige Konsequenz für die Selbstfindung in der Opposition eine erneute Revision des Godesberger Programms. Typisch Grass langweilte er dabei nicht mit sprachleeren Floskeln. Seine Angst hieß Aufrüstung. Seine Sorge war die Verelendung der Dritten Welt und sein komischer Held in diesem Chaos der demokratische Sozialist.

Komisch? Das ließ sich nur verstehen mit einer Lachprobe des pikaresken Fabulierers: »Wer wollte es wagen, innerhalb seines Machtbereichs, über Herrn Andropow zu lachen? Über Ronald Reagan darf ich zwar lachen, doch bleibt mir das Lachen über ihn, sobald ich es versuche, im Halse stecken. Über Kohl, obgleich er lächerlich ist, kann ich nicht lachen. Gern und herzlich habe ich über einen Politiker gelacht, der uns – ernst wie Buster Keaton – leider nur wenige Jahre als Präsident unbequem gewesen ist: Gustav Heinemann. Am schönsten und liebsten lache ich über Bruno Kreisky..., weil er für mich das verkörpert, was demokratischer Sozialismus sein könnte: eine nicht nur politisch bestimmte Lebensart, die man bejaht, indem man ihr gelegentlich – und lachend der eigenen Schwäche bewußt – zuwiderhandelt.«

Zuwiderhandeln lautet sein Schlüsselwort der Achtzigerjahre, und nicht mehr nur zuwiderreden. Zuwiderhandeln der drohenden Vernichtung der Erde bedeutet Widerspruch und Widerstand. Gewaltlosen Widerstand, wie Grass immer wieder betont. Zwar sei er kein Pazifist und wäre die Verfassung bedroht, würde er sicher auch mehr tun, als nur zu widersprechen, aber Blockaden und Demonstrationen ordnet er unter gewaltlos ein. Deshalb müsse die SPD diesen Widerstand unterstützen. Was sie als Partei nicht tut.

Zur Not macht er es also selbst und zieht entsprechende Konsequenzen. Als der Kapitän des Hapag-Lloyd-Schiffes »Alemania Express« von der Reederei entlassen wird, weil er gemeinsam mit Matrosen seiner Besatzung einen Appell an die Gewerkschaft ÖTV unterschrieben hatte, sich mit allen Mitteln gegen den Transport von Marschflugkörpern einzusetzen, schreibt er nicht nur einen seiner üblichen offenen Briefe, diesmal an den Aufsichtsratsvorsitzenden der Hapag. Er kündigt an, sein bislang ungetrübtes persönliches Kundenverhältnis zum Hapag-Lloyd-Reisebüro in Friedenau aufzukündigen, das immerhin seit zwanzig Jahren bestehe, und gibt der Hoffnung Ausdruck, dass »möglichst viele Hapag-Lloyd-Kunden ähnlich wie ich denken und ein anderes Reisebüro suchen«.

Vor Ort im Reich des für ihn besonders Bösen, das unter Reagan sogar das Recht verwirkt habe, gegen das Unrecht anderswo auf der Welt – Polen, ČSSR, Sowjetunion – zu protestieren, spricht er bei der »German Book Fair« in New York von der Ignoranz einer Weltmacht gegenüber den Armen der Dritten Welt. Gemeinsam mit anderen Dichtern, alle weltberühmt, geht es in einer Anzeige in der »New York Times« auf höherer Ebene ebenso deutlich zur Sache. »To the People of the United States« lautet der Aufruf, mit dem gegen die amerikanische Nicaragua-Politik protestiert wird, die in Wahrheit ein unerklärter Krieg gegen eine nicht willfährige Regierung sei. Unterschrieben und bezahlt haben die Anzeige: Gabriel García Márquez, Carlos Fuentes, Graham Greene, William Styron, Heinrich Böll und natürlich Günter Grass.

Wirkungslos trotz aller Öffentlichkeit blieb das Treffen der westdeutschen Schriftsteller im heimischen Heilbronn. Zwar hatte der CDU-Bürgermeister der Stadt angereiste Dichter und Denker wie Grass und Höllerer und Härtling und Rinser, begleitet von den Politikern Heinrich Albertz und Erhard Eppler, auf Gutsherrenart leutselig begrüßt und den Anlass klein geredet: Genießen Sie unseren Trollinger und gießen Sie sich einen hinter die Binde, wofür Grass ihn in seiner Danksagung zynisch lobte, denn er habe »die Bedrohung er-

Menschenkette gegen die Nachrüstung. Der kamerabehängte Volker Schlöndorff Hand in Hand mit Günter Grass und Alfred Mechtersheimer.

kannt«. Aber die Wache am Tor der US-Basis nahm nicht einmal das Protestschreiben an den Standortkommandanten Colonel Bernard B. Brown entgegen. »Hello, may I ask you a question?«, versuchte Grass höflich einen Dialog, doch sein Versuch scheiterte. Sie wussten zwar nicht, welche Frage er stellen wollte: Warum ausgerechnet die Macht, die Deutschland von den Nazis befreit und den Holocaust beendet hatte, nunmehr auf deutschem Boden einen »nuklearen Holocaust« vorbereitete. Aber sie ahnten sein Begehren und stellten sich taub. Selbst der deutsche Einsatzleiter der Polizei, überzeugt von der Friedfertigkeit der Bittsteller, drang per Funk nicht zur großen Schutzmacht durch. Den Brief klebte Alfred Mechtersheimer per Tesafilm ans Tor und dann zogen sie alle schweigend wieder ab.

Der Oberstleutnant der Reserve Mechtersheimer, damals bereit, einen Antrag auf Kriegsdienstverweigerung zu stellen, später mal Friedensforscher, ist heute wie Horst Mahler bei den Rechtsradikalen gelandet. Auf ihn wie auf so viele andere Weggefährten passt ein kleines Gedicht von Grass, der sich auf Schneckenart treu blieb: »Meine beweglichen Freunde/ die mir vormals weit links voraus waren,/ weichen nun rückläufig/ und scharf von rechts kommend aus;/ ob sie mir demnächst/ von oben herab/ und frei schwebend/ begegnen werden?«

Die Mitglieder der örtlichen Friedensbewegung, die dankbar waren für volle Säle bei Auftritten der Prominenten während der »Heilbronner Begegnung«, beklatschten die Resolution, in der zur Verweigerung des Wehrdienstes aufgefordert wurde, aber sie ahnten, dass sie gegen das eisige Schweigen der so genannten anderen Seite keine Chance hatten. Nicht mal die auf ein Echo.

Das bekam Grass im »Spiegel«. Hellmuth Karasek verspottete den unermüdlichen Dauermahner: Verfolgte Menschenrechtler in Guatemala, um die sich der Papst zu kümmern habe, Ablehnung der Volkszählung im eigenen Lande, Bundeswehr, Weltfrieden, Weltuntergang etc. Wer schon würde ohne Grass wissen, was er von Kohl zu halten habe? Nur weiter so, konterte daraufhin Heinrich Böll, schießt sie alle ab, die Intellektuellen, die sich engagieren: »... Für Nicaragua, gegen die Wende, für Polen, die Dissidenten in allen Weltgegenden, gegen das Amnestiegesetz. Nur weiter so: Alle abschießen, dann haben die Wendeschützen endlich freies Schußfeld – auf Euch.« Die Schizophrenie, erst dabei zu helfen, Leute wie Grass oder ihn berühmt zu machen, und sie dann per Volltreffer abzuschießen, weil sie ihre Berühmtheit nutzen, »für oder gegen etwas einzutreten, notwendigerweise öffentlich, denn was nützte der Name im stillen Kämmerlein?«, habe etwas Selbstmörderisches.

Die eigentliche Zäsur in der Arbeit von Grass war seine Rede in Rom anlässlich des Feltrinelli-Preises, weil er wusste, dass ein Buch, »das zu schreiben ich vorhabe, nicht mehr so tun kann, als sei ihm die Zukunft sicher«. Statt Schreibpult eine Schreibpause, in der er politisch aktiv war, aber nicht mehr für eine Partei allein. Er machte erst einmal sich klar, bevor er es anderen klar machen würde, »daß wir im Gegensatz zu früheren Zeiten, die auch schrecklich waren, zum ersten Mal in der Geschichte über ein Vernichtungspotential verfügen, das ausreicht, nicht nur uns, als menschliche Spezies, sondern alles, was kreucht und fleucht, zu vernichten«. Darüber muss man anders schreiben, als bisher geschrieben wurde. Noch fand der Dichter keine Worte. Nur Bilder. Mit Lithografien hatte der Künstler ernsthaft erst 1981 begonnen. Ein Jahr später gab es im Zyklus »Vatertag«, beruhend auf jenem Kapitel aus dem »Butt«, in dem die »jeweils am Himmelfahrtstag Auslauf suchende, lauthals männliche Gewalt« beschrieben wurde, eine Mappe mit zweiundzwanzig Blättern.

Skizzen zur »Rättin« pflastern den Weg zur Sprache, Grass zeichnet das Unbenennbare, diese Art hat er schon früher zu seiner Kunst gemacht: »Die erste Manuskriptfassung des Romans ›Die Rättin‹ wurde, durchsetzt von Zeichnungen, in einen sogenannten Blindband geschrieben«, und die heißen »Rattenkönig« und »Rattenflucht«, »Gekreuzigte Ratte« und »Leseratte«. Die Unsterblichkeit des menschlichen Geistes schien angesichts der bedrohten Umwelt infrage gestellt und damit auch die Stärke der Literatur, die darin bestand, alles und alle zu überleben. Noch nie sei die Menschheit so informiert gewesen und doch habe sie offenbar keine Kraft, die nötigen Konsequenzen zu ziehen.

Die Radierung »Der Schlaf der Vernunft gebiert Ungeheuer« von Goya passt zu solchen Analysen und die hält Grass deshalb für passend. Der Autodidakt hat immer Orientierung gesucht und einen Maßstab und bei ihm hängt Goya über seinem Stehpult, an dem er zu Hause schreibt. »Das kann auf der einen Seite heißen: Wenn die Vernunft schläft, erwachen die Ungeheuer; kann aber auch heißen: Daß selbst die Vernunft, wenn sie schläft, Ungeheuer gebiert.«

In den Anfängen der Aufklärung war Irrationales Teil der verheißungsvollen Botschaft, weil Gefühle, Emotionen zum Menschen gehören und von Kopfgeburten allein nun mal keiner leben kann. Schon in einer späteren Phase der Französischen Revolution aber sei die reine Vernunft »geradezu vergöttlicht worden, man hat ihr Tempel gebaut und das Irrationale wurde diffamiert mit allen bekannten Folgen«. In einem irrationalen Blutrausch schließlich ging die Revolution unter.

Die absolute Vernunft ist wiederum die Voraussetzung für das bloß technische Verständnis des Machbaren und Erkennbaren bis in die Wissenschaft hinein, sodass sich die Ergebnisse »dieses um die irrationale Komponente verarmten Prozesses der Aufklärung dann schrecklich bis zur Atombombe niedergeschlagen haben. Das sind diese Ungeheuer, die dann aus dem Schlaf der Vernunft entstehen. Viele Ideologien, ob es Kapitalismus oder der Kommunismus waren, sind ja Kinder der Aufklärung, und in ihrer Absolutsetzung entsprechen sie den Ungeheuern, die entstehen, wenn die Vernunft schläft. Aber sie kommen aus der Vernunft.« Aus dieser Erkenntnis heraus entstand der nächste Roman des schreibenden Zeichners, des zeichnenden Dichters, nur der Zeitpunkt des Erscheinens war noch ungewiss.

Seit fast vier Jahren hatte Grass nichts Literarisches mehr veröffentlicht, dagegen und dafür geredet, als Bildhauer und Zeichner seine Kunst präsentiert. Bei Ausstellungen in Hannover und Hamburg und Darmstadt wurden Lithografien, Plastiken, Radierungen gezeigt, die zwischen 1955 und 1984 entstanden sind. Im Göttinger Steidl Verlag, der mal seine neue Heimat werden wird, erscheint unter dem Titel »In Kupfer, auf Stein«, was die beiden Techniken des Künstlers umschreibt, das gesamte druckgrafische Werk von Grass.

Zeichnungen machten für ihn sichtbar, was er noch nicht sichtbar beschreiben konnte, zwangen ihn zur Konzentration auf tatsächliche Gegenstände, so wie ihn die Form der Lyrik zwang, seinen Standpunkt zu definieren. Das Thema Weltuntergang verschlug ihm deshalb noch die Sprache, als er es schon zeichnen konnte. Ähnlich hat er sich später dem Schrecken des sterbenden Waldes in »Totes Holz« und in »Zunge zeigen« dem Kulturschock Calcutta genähert: in Zeichnungen. Durch sie lernte er zu begreifen, sich ein Bild zu machen vom Unbegreiflichen. Seine andere Kunst ist für ihn selten Kunst an sich und in sich, sie hat wie auch Gedichte eine wichtige Funktion in seiner Prosa oder sie führt ihn erst hin zu ihr.

Und wenn es so weit ist, räumt er nicht etwa die Tusche und die

Feder und den Bleistift und die Kreide ins Regal. Sie begleiten ihn auf dem langen Weg bis zum fertigen Manuskript: »Gleichzeitig schreiben und zeichnen, das ist es.« Nur mit Plastiken hört er auf, wenn er zu schreiben beginnt, denn »mit dem Beginn der Prosaarbeit verkümmerte aus Zeitgründen, auch weil die Kraft dafür nicht ausreichte, die bildhauerische Arbeit. Bildhauerei kann man nur ganztags machen, das ist keine Nebenarbeit.« Als der Dichter mit der »Rättin« ins Gespräch kommt, legte der Bildhauer das Werkzeug weg.

In einem Brief an Willy Brandt, dessen Bericht zur Lage in der Nord-Süd-Kommission sein politisches Credo werden wird, berichtet der schreibende Zeichner am vierten April 1984 vom Wechsel der Disziplin. Zunächst informiert er ihn über die unerfreulichen Streitigkeiten im Verband deutscher Schriftsteller, den Brandt als erster deutscher Bundeskanzler 1970 bei einem Kongress besucht hatte, den Grass aber erst Ende 1988 endgültig verlassen wird. »Entschuldige, lieber Willy, daß ich diesen Mist vor Dir ausbreite. Um aber auch Angenehmes zu berichten, sei gesagt, daß ich seit einigen Monaten wieder in Manuskriptarbeit stecke und in dieser Woche noch – das sagt meine Tochter Laura – Großvater werden soll.«

Umso wichtiger ist deshalb die Arbeit an seiner »Rättin«, denn was er dort erzählen will, ist nicht nur ein weiterer Roman, sondern der literarische Versuch, eine Welt zu beschreiben, die den Enkeln droht, wenn nicht endlich das Umdenken beginnt. Es entspricht seiner irdischen Einstellung, nicht auf Belohnung oder Bestrafung im Himmel zu warten. »Ich halte mich für einen gläubigen Menschen, aber ohne einen Gottesbegriff, stehe nach wie vor gläubig staunend vor der Natur, selbst vor der angekränkelten und zerstörten, aber im Bewußtsein, daß ich alles auf Erden machen muß, um sie zu erhalten.«

Nach seinen ihm gegebenen Möglichkeiten, im Rahmen seiner Talente. Er empfindet es als eine Pflicht, den ganzen Tag über aktiv etwas zu tun, und sich so – bei wem? – zu bedanken für seine Kunst. Wenn man berühmt wird, »wachsen einem Verpflichtungen und Aufgaben zu, die andere auch wahrnehmen würden, aber sie können es nicht, weil sie aus irgendwelchen Gründen nicht berühmt sind«, deshalb erhebt er stellvertretend seine Stimme.

Mit Heinrich Böll habe er eine »nicht abgesprochene« Arbeitsteilung ausgeübt und nach dessen Tod »blieb viel bei mir hängen«. Beiden gemeinsam, nachlesbar in ihren Büchern, ist die Schilderung in allen Eigenschaften der so genannten kleinen Leute, die sie aus persönlicher Erfahrung kannten und zu denen sie gehörten. Der eine schrieb Danzig und Kaschubien in die Weltliteratur, der andere Köln und das Rheinland. Beide gemeinsam traf der blanke Hass, den sie bei ihren Gegnern auslösten, sobald sie sich in die Politik einmischten. Beiden gemeinsam wesentlich war die kompromisslose Solidarität mit Opfern von Willkür, egal wo auf der Welt, egal in welchem System. Der eine stiller und sich der Vergeblichkeit stets bewusst, der andere lauter und nie resignierend. Und schließlich beiden anarchistischen Kleinbürgern gemeinsam war der katholische Glaube, aus dem sie stammten, der eine verließ ihn nie trotz aller radikalen Kritik an der Amtskirche, die er verließ, der andere leugnete ihn schon vor seinem Austritt aus der Glaubensgemeinschaft kreuzschlagend und glaubte fortan nur noch an das irdische Gute im Menschen.

Als Heinrich Böll im Juli 1985 auf dem kleinen Friedhof von Merten beerdigt wurde, kniete bei der Totenmesse, für die es zu Ehren des eben doch nie verlorenen Sohnes einer Sondergenehmigung des Erzbistums Köln bedurfte, Günter Grass unter den Trauernden. Katholisch wie einst als Kind in der Herz-Jesu-Kirche zu Langfuhr. Den Sarg trug er gemeinsam mit Bölls Söhnen und mit Lew Kopelew und Günter Wallraff zum Grab. Musiker der Sinti mit Geige, Akkordeon und Gitarre folgten, spielten abgrundtief traurig verzweifelt lustig zum Abschied, abgrundtief traurig gingen dahinter Familie und Freunde, Reden wurden keine gehalten und statt der üblichen Blumen und Kränze blieb sich der stets verzweifelt lustige Böll im Tode treu. Denen sollte gegeben werden, die nichts hatten: seinen verfolgten Kollegen, den Dichtern.

Es gehörte von da an auch sein Freund Hein zu den Toten, die Grass beim Schreiben über die Schulter schauen würden: »Mitten im Leben/ denke ich an die Toten,/ die ungezählten und die mit Namen./ Dann klopft der Alltag an,/ und übern Zaun/ ruft der Garten: die Kirschen sind reif!«

Sie sind reif. Die komplizierte Geschichte von der Weltherrschaft der Ratten ist wieder eines jener Märchen, wie Grass sie gern ausbreitet. Es spielt auf verschiedenen Ebenen, ist durchsetzt von biografischen Anspielungen, die er ebenso liebt. Es droht die Vernichtung der Erde. Diese sieht in Begleitung der Rättin von oben in einer Raumkapsel der Erzähler Grass, der das Buch seiner Frau Ute widmet, die seine erste Leserin sein wird und mit Bleistift an den Rand Bemerkungen schreiben darf wie »unlogisch«. Im ersten Satz mischt

Beerdigung von Heinrich Böll im Juli 1985. Unter den Sargträgern der weißbärtige Lew Kopelew, Günter Grass, hinten rechts Böll-Sohn René, vor ihm Günter Wallraff.

der Dichter, dem Selbstironie im wahren Leben nicht zu Eigen ist, selbstironisch-spielerisch Reales und Surreales nach pikareskem Rezept: »Auf Weihnachten wünschte ich eine Ratte mir, hoffte ich doch auf Reizwörter für ein Gedicht, das von der Erziehung des Menschengeschlechts handelte.«

Die echte Ratte bekam er zu Weihnachten. In einem Käfig, der in seinem Atelier stand, schaute sie ihm bei der Arbeit zu bis zu ihrem ganz realen Tod. Den erlebte er nicht. Nachdem der Nager das Rattenrennen gegen die Zeit verloren hatte, legte die Haushälterin die Rättin vorerst zur Ruhe in die Tiefkühltruhe. Familie Grass war im Urlaub und die Frau wollte keinen Fehler machen, wusste nicht, ob der Dichter auch die tote Ratte noch benötigen würde. Benötigte er nicht mehr. Er hatte die surreale, die unsterbliche Ratte im Kopf.

In fünf Strängen – Ratte und Menschheit, Frauen und Vineta, Malskat, Oskars Filmprojekt, Untergang der Welt – wird das, was Grass beschäftigt, in seinem neuen Roman, der am ersten März 1986 erscheinen wird, erzählt: Die Geschichte von emanzipierten Frauen auf der Suche nach der versunkenen Stadt Vineta, die in der Danziger Bucht liegen muss, ist verwoben mit den Erinnerungen der Rättin an die Geschichte der Menschheit aus ihrer Perspektive. Das surreale Erlebnis singender Quallen, denen gebannt von ihrem Motorewer »Neue Ilsebill« aus die Frauen lauschen, endet jäh in einer Begegnung mit realen DDR-Grenzern auf der Ostsee. Die Geschichte von Oskar Matzerath, sechzigjähriger Videofilmproduzent, der seine Großmutter in Polen zu deren einhundertundsiebtem Geburtstag besucht, löst sich auf im atomaren Knall. Die Geschichte eines geplanten Stummfilms über den sterbenden Wald, den Aufstand Grimmscher Märchenfiguren gegen die tatsächlich Herrschenden, geht unter den Panzern der Siegermächte Kirche, Kapital, Armee bös aus. Die Geschichte eines regierenden Kanzlers, in dem man einen echten erkennen mag, dessen Kinder als Hänsel und Gretel verkleidet der verkrusteten Spießerwelt entkommen, ist angereichert mit tatsächlichen Ereignissen der Bonner Republik.

Die Geschichte des begabten Künstlers Lothar Malskat, der in der Lübecker Marienkirche Anfang der Fünfzigerjahre verborgene Deckengemälde unter dem Putz freilegt, dagegen ist genau recherchiert. Der Fälscher, typisch für die Zeit der Fälscher West und Ost, die bei Grass Adenauer und Ulbricht heißen, hatte sie nicht entdeckt, sondern alle selbst gemalt, was aber nur aufflog, weil er sich selbst anzeigte. Grass schickte Malskat nach Erscheinen die »Rättin«. Der bedankte sich und bot ihm selbst gemachte Originale von Modersohn und anderen an.

Am Ende sind Ratten an der Macht in einer von Menschen befreiten Welt. In der beschreibt Grass hoffnungsvolle Ansätze: Die Luft ist wieder rein. Die Flüsse und Meere sauber. Tiere haben Platz zum Atmen. Die Erde belebt sich neu. Schon der erste Rezensent ahnte, dass sich am Roman wieder mal »die Geister« scheiden und alte Feindschaften wie Freundschaften gepflegt würden. Für diese Voraussage brauchte es keine Propheten, da genügte ein Redakteur vom »Darmstädter Echo« und der behielt Recht. Während Hans Mayer ein bedeutendes Sprachkunstwerk sah, beschrieb Marcel Reich-Ranicki ein »katastrophales Buch«, eines, das »ungenießbar« sei, einem Hohlraum gleiche, den »welke Blätter tarnen und längst verbrauchte Girlanden mühevoll garnieren sollten«.

Grass fühlte sich erneut verfolgt von Literaturkritikern, die nur vernichten wollten und nicht sorgsam werten. Was er von seinem ihm besonders nahen Jäger hielt, hatte er zuletzt 1979 in seiner Absage an den Herausgeber eines Bandes zum sechzigsten Geburtstag des Kritikers geschrieben und diesen Brief kannte MRR: »So sehr ich sein verbales Temperament und auch dessen skurrile Verstiegenheit schätze, Ranickis Begriff von Literatur ist mir zu einengend, als daß ich mit ihm ernsthaft diskutieren könnte.«

Den Weltruhm nehmen sie »Dir alle übel«, Genugtuung bringe es ihnen, »auf diese Person einzuprügeln«, tröstet Hans Werner Richter, obwohl auch er »mit Deinem Buch nur sehr langsam vorangekommen und letztlich im letzten Viertel steckengeblieben« sei. Fügt hinzu: »Am scheußlichsten hat es wieder Marcel Reich-Ranicki geschafft. Diese Kritik war sogar unter seinem Niveau.« Die erzählerische Kraft seines Kunststückes treffe sich mit der verdammt ähnlichen Realität draußen, lobt dagegen der »Natur«-Reporter Jürgen Schreiber, der in beiden zu Hause ist, in der Sprache und in der Umwelt.

Die letzte Fassung seines Romans, den nicht mehr Klaus Roehler lektorieren wird, mit dem trotz dessen Sprachgefühl eine Zusammenarbeit »leider unmöglich geworden ist«, hatte Grass bereits in der neuen Hamburger Wohnung durchgesehen. Seine Sekretärin Eva Genée-Hönisch meinte nach Abschrift der ersten neun Kapitel, das Buch sei beklemmend und komisch zugleich. Quadratmeterzahl und

Mietpreis des Domizils an der Alster wurden von der »Bild«-Zeitung veröffentlicht, denn so betrachtet war ihr das Thema Kultur allemal ein paar Zeilen wert. Dem SPD-Vorsitzenden Brandt, dem lieben Willy, kündigte er an, sich im Wahlkampf zu betätigen, »sobald ich aus dem Manuskript auftauche«, und klagte, »es ist ein Jammer, daß zwischen Deiner Generation und der unseres saarländischen Oskar eine Lücke klafft; meine Generation ist offenbar in der Politik besonders farblos ausgestattet«. Zur Strategiebesprechung für kommende Landtagswahlen wird er die erwähnte Generation der Enkel zu sich bitten, Scharping und Schröder, Engholm und Lafontaine.

In Hamburg lebte er sich nur schwer ein, trotz aller ihn interessierenden Kulturangebote der so reichen Stadt an der Elbe fehlte die Natur, das morgendliche Hinaustreten in den Garten. Das wird er erst wieder finden in dem kleinen Ort Behlendorf in einer einsam gelegenen Gründerzeitvilla mit großem Garten und Blick auf den alten Elbe-Trave-Kanal, von ihm »Utes Wurzelschlaghaus« getauft, am Waldrand gelegen, wo er sein Atelier einrichtete.

Das nicht so öffentliche und von ihm sorgsam abgeschottete Leben im Klan des sinnlichen Dichters ist alltäglicher Rede wert: Laura hat geheiratet, Franz zieht um auf einen neuen Bauernhof, der Tontechniker Raoul verdient als Einziger Geld, Bruno ist nach dem Abitur zwar ausgezogen, kommt aber oft zu Besuch, weil er so gerne ißt, was Ute Grass kocht, Malte, als Intellektueller der Familie, liest unentwegt Arno Schmidt und was ihm seine elfjährige Helene per Telefon aus Berlin berichtet, ist ebenso alltäglich. Mit seiner Frau führt er eigenen Angaben zufolge eine gute Ehe, sie werde immer schöner, schwärmt Grass. Das fiel auch einem Reporter der »Washington Post« in seinem Bericht auf, für den er nach Hamburg geflogen war. Die Frau des Titanen sei »a delicate-looking woman who likes to play Buxtehude on the organ«. Die Beschreibung der Grass-Wohnung als »a rambling apartment in Hamburg overlooking the Rhine« allerdings war fern der Wirklichkeit, doch wer in den USA hätte das merken können?

Was Grass trotz demonstrierter Gelassenheit weniger ertrug, waren die »anhaltenden Angriffe« nach dem P.E.N.-Kongress in New York. Auch die »schauerlichen Hinrichtungsversuche, als ›Die Rättin‹ erschienen war« hinterließen Spuren. »In der Boxersprache heißt das: der Mann zeigt Wirkung.« Er sah fast eine Verschwörung am Werk, ihn mundtot zu machen. Resignation, die ihm ja eigentlich fern lag, überfiel den bald Sechzigjährigen, und nicht nur wie früher kurzfristig beim Anblick der Frühstückseier in einem deutschen Provinzhotel.

In New York hatten sich zum Thema »The writers Imagination versus the Imagination of the state«, also zum alten Streit um das Verhältnis von Geist und Macht, siebenhundert Intellektuelle aus der ganzen Welt versammelt. Das größte Treffen, das es je gab in der Geschichte der poets und playwrights und essayists und novelists: John Updike und Saul Bellow, Salman Rushdie und Nadine Gordimer, Susan Sontag und Kurt Vonnegut, Jorge Amado und Mario Vargas Llosa, Amos Oz und Stephan Hermlin, Czeslaw Milosz und Claude Simon, Hans Magnus Enzensberger und Günter Grass undundund. Reiche baten abends die Geistreichen zur Party und zeigten ihre Pracht: Echte Werke von Cranach und Tizian und Rubens an den Wänden der Zimmer, und sogar auf dem »powder room« der Damen hänge ein Renoir, ergänzte fassungslos Ute Grass.

Die eingeladenen sowjetischen Schriftsteller sagten ab, weil Dissidenten aus Osteuropa ebenfalls kommen sollten. Groß der Protest, als sich Günter Grass beim Auftritt von US-Außenminister George Shultz, als Redner zum Thema gebeten vom Tagungspräsidenten Norman Mailer, fatal an Zustände aus kommunistischen Diktaturen erinnert fühlte, in denen auch der lange Arm des Staates in die gleichgeschalteten Schriftstellerverbände reiche. Größer der Protest, als er Saul Bellow attackierte, weil der den amerikanischen Traum lobte, und Grass mit Zuständen in der South Bronx widersprach, wo ein paar Straßen entfernt von ihrem Tagungshotel die Dritte Welt beginne. Beide Ansichten fanden Fürsprecher und fortan beherrschte der Streit unter Dichtern die Tagesordnung. Zu einem lautstarken Dialog kam es zwischen Grass und Vargas Llosa, die sich gegenseitig seit dem Nicaragua-Konflikt eh unerträglich fanden, als dieser Marquez wiederholt als »Kurtisane Castros« angriff. Die Werke von Dichtern seien interessanter als ihre Meinungsäußerungen und ihre Gespräche nachts an der Hotelbar spannender als ihre Beiträge auf dem Podium tagsüber, schloss einer der Anwesenden in versteckter Selbstkritik seinen Bericht über die Tagung in New York. Hans Christoph Buch gehörte als Schriftsteller ja dazu.

Kritiken über die »Rättin« in den USA sind zwar zum Teil auch unfreundlich, aber nicht vernichtend wie die in Deutschland. An der durch die knappere Sprache bedingten kürzeren englischen Fassung kann die differenzierte Sichtweise nicht liegen. Vielleicht komme seine Art zu erzählen im Ausland einfach besser an, erklärt der »Till Eulenspiegel of german literature« den Unterschied. Selbst seine Aufsätze über »Writing and Politics«, die gerade erschienen sind, werden wohlwollend aufgenommen.

Salman Rushdie schrieb das Vorwort und bekennt voller Bewunderung für Grass, ähnlich wie für John Irving sei ihm die Lektüre der »Tin Drum« ein Ansporn für die eigene Arbeit gewesen: Verzichte auf Sicherheitsnetze. Nimm dir lieber zu viel vor als zu wenig. Greife nach den Sternen. Sei radikal. Streite mit der Welt. Atme tief durch, bevor du zu erzählen beginnst. Wenn du fertig bist, fang von vorne an und mach es besser etc. All das habe er aus dem Trommeln Oskars herausgehört und in seinen politischen Aufsätzen habe Grass eine ebenso wichtige Botschaft verkündet: Wir sind in großer Not, aber noch nicht besiegt. Solange wir leben, müssen wir kämpfen, überzeugen, polemisieren, nachdenken und vor allem nie aufhören zu hoffen.

Seine Rede zur Eröffnung des P.E.N.-Kongresses ein Jahr später in Hamburg zum Thema »Zeitgenössische Geschichte im Spiegel zeitgenössischer Literatur« hatte für Grass aber den Charakter des »Dassei-zum-letzten-Mal-gesagt«. Er verkündete eine ganz persönliche Aus-Zeit. Wollte das wüste Land hinter sich lassen, in dem die »Rättin« weggebissen worden war.

Mit seiner Frau Ute zog er für einen Studienaufenthalt um nach Calcutta, um sich vor Ort im Dreck kundig zu machen und danach vom Elend zu künden. Im Gepäck die Werke von Theodor Fontane, die seine Frau im Garten lesen würde, was in ihm eine dichterische Eifersucht auslöste, einen Traum von einer Art Ehe zu dritt, die sich im »Weiten Feld« niederschlagen sollte. Denn Theodor Fontane, der andere Deutsche aus dem neunzehnten Jahrhundert, war fortan immer dabei. Außerdem verpackt fünfunddreißig Kupferplatten und -plättchen, Werkzeug des Zeichners, und das des Schriftstellers, die Olivetti. »Eigentlich bin ich erst durch das Zeichnen wieder zum Schreiben gekommen, denn mir hat es anfangs die Sprache verschlagen. Das Zeichnen hat mir geholfen. Ich fotografiere ja nicht, und zu Recht lassen die Leute keinen an sich heran, der nur ihr Elend fotografieren will, aber gezeichnet zu werden, das fanden sie wunderbar. Das hatte nur eine einzige Schwierigkeit, ich war sofort von Kindern umringt, dann kamen aber meist ein alter Mann oder eine alte Frau, und haben den Kindern erklärt, daß ich den Blick freihaben müßte auf das, was ich zeichne, und dann ging das auch.«

Sie bleiben ein halbes Jahr. Zunächst im kleinen Vorort Baruipur, dann in einem besseren Viertel im Osten Calcuttas. Für Fahrten zum Goethe-Institut benutzen sie den Zug. Der ist immer überfüllt und am Bahnhof ist es schwer, ein Taxi zu finden. Wieder mal stehen sie da, er in der einen Hand die qualmende Pfeife, den anderen Arm schützend um seine Frau gelegt. Und es ist heiß und es ist feucht. Nach einer halben Stunde kommt ein junger Bengale, offensichtlich ein Student, und fragt: »Are you a German writer? Yes, I am a German writer. Have you written ›The Tin Drum‹? Yes. Are you Graham Greene?« Da zögert Grass, aber gibt dann seufzend nach: »Yes, I am Graham Greene.« Der Student freut sich, geht weg und nach drei Minuten war ein Taxi da.

Die tägliche Konfrontation mit Elend und Dreck und Gestank stumpft zwar nicht ab, stört aber ihn weniger, weil er was zu tun hat: zeichnen, dichten, Tagebuch schreiben. Ute Grass leidet, weil sie nichts machen kann gegen das Elend, und sie ekelt sich vor allem, was sie anfassen muss. Fontane ist unberührbar. Da Grass vor der Abreise angekündigt hatte, ein Jahr zu bleiben, jedoch bereits im Januar 1987 wieder in Deutschland eintrifft, wird er öffentlich verspottet: Hat offenbar den Kulturschock nicht ausgehalten, unser tapferer Dichter. Dass seine Frau Ute erkrankt ist und er sogar richtig schwer krank geworden ist, was eine schnelle Behandlung zu Hause nötig macht, will er nicht als Argument dagegensetzen. Das ist ihm zu privat. Wieder gesund, macht er zunächst Wahlkampf für Björn Engholm und die SPD in Schleswig-Holstein, wo er jetzt wohnt, und erinnert dabei voller Sehnsucht an die Zeiten großer politischer Konflikte wie 1967 vor nunmehr auch schon wieder zwanzig Jahren: »Siegfried Lenz, Eberhard Jäckel und ich gehörten als damals Vierzigjährige einer anderen Generation an. Zwar sahen wir den Studentenprotest mit Sympathie, doch verbot uns unsere skeptische Grundhaltung jeden revolutionären Überschwang. Wir sahen die Chance von Veränderungen durch Reformen.« Skat spielen sie aber lustvoll wie damals.

Dann schrieb er, basierend auf Tagebucheintragungen, gegen die allgemeine Häme an: »Zunge zeigen« hieß das zweihundert Seiten lange Ergebnis der Reise nach Indien, das 1988 erschien, und weil »Calcutta ein Spiegel unserer Welt ist«, wie Grass in einem Interview mit »Newsweek« erklärte, war es für ihn nicht nur ein weiteres Buch, sondern eine Standortbestimmung, deren Anlass er für sich so umschrieb: »Was hatten wir in Calcutta zu suchen? Was zog mich dahin?

Die Rättin und den Überdruß an deutschen Schlachtfesten im Rükken, zeichnete ich Müllberge, Straßenschläfer, die Göttin Kali, wie sie aus Scham die Zunge zeigt, sah Krähen auf gehäuften Kokosschalen, den Abglanz des Empire in grün überwucherten Ruinen und fand so namentlich alles zum Himmel stank, vorerst keine Worte.«

Grass bewies mit diesem journalistischen Einstieg, der sofort ein Bild im Kopf entstehen lässt, mehr Sprachkraft als alle, die ihn dort besuchten und über die fremde Stadt schrieben. Er benutzte seine Prosa und seine Zeichnungen und seine Lyrik für ein ganz anderes Tagebuch der Schnecke. Das Gedicht musste dabei am Schluss stehen, weil es sich aus der doppelten Erfahrung des Zeichnens und des Tagebuchs ergab: »Was fehlt denn?/ Zum Sterben nichts, zum Leben,/ das sprichwörtlich nackt ist, wenig mehr/ als nur Wille... Zu Bündeln verschnürt: Dicht bei dicht/ lagert Zukunft auf geborstenem Pflaster ab./ Steig drüber weg, spring/ über Pfützen, die von der letzten/ Ausschüttung des Monsuns geblieben./ Was suchst du? Dich hier – woanders verloren – zu finden,/ hieße dich aufzurufen, als Bündel/ dazwischengelegt: Dir hat es/ die Sprache verschlagen.«

So sahen es auch seine Kritiker. Es habe, schrieb einer für fast alle im »Spiegel«, auch »etwas von der Banalität, mit der Großschriftsteller bisweilen, wenn gerade ein Weltkrieg ausbricht, im Tagebuch die Beschaffenheit ihres Stuhlgangs für die Ewigkeit notieren«.

Als er ein paar Monate vor der Veröffentlichung von »Zunge zeigen« sechzig geworden war, hatten sie noch die Depots aller von ihnen selbst und von anderen benutzter Sprachbilder geplündert und »unser aller Grass« gepriesen: Störenfried vom Stamme Sisyphos. Literarischer Kraftmeier. Hai im Sardinentümpel. Wilder Einzelgänger. Grenzenloser Fabulierer. Literarisches Ungeheuer. Moralischer Optimist. Politischer Mahner. Querkopf. Mann wie ein Baum etc.

Ihm war am Geburtstag nach einer sentimental journey zumute. Mit allen Kindern und den dazugehörenden Müttern wollte Grass eine Schiffsreise über die Ostsee in die eigene Vergangenheit machen, nach Danzig. Das scheiterte zwar am Widerspruch seiner Frau Ute, die nichts gegen Anna hatte, bewies aber wieder mal beispielhaft die Einstellung des Patriarchen, der solche Ereignisse seines Lebens am liebsten eben doch mit allen teilen würde, mit denen er sein Leben einmal geteilt hatte.

So blieb es bei der offiziellen Feier, zu der auch Helen Wolff angereist war, ihm zur Freude leicht distanziert im zeitlosen Kleid auf dem

Helen Wolff hat mit ihrem Mann Kurt den ersten Grass-Roman unter dem Titel »The Tin Drum«in den USA verlegt. Sie wird Günter eine zweite Mutter, der er sich und seine Bücher anvertraut.

Sofa residierend. Dass sie aus New York ihm zu Ehren gekommen war, freute ihn mehr als die 10-bändige Werkausgabe. Neben der sechstausendvierhundertachtundachtzig Seiten umfassenden Gesamtausgabe in zehn Bänden gab es als Extra noch eine CD mit Lyrik und Prosa, Schlagzeug und Perkussion, die er und Günter »Baby« Sommer aufgenommen hatten. Der Luchterhand Verlag war gerade in einer existentiellen Krise, denn sein Skatfreund Reifferscheid hatte keine Erben und sein Haus, das an juristischen Programmen gut und an literarischen weniger gut verdiente, an den Kluwer-Konzern in Holland verkauft. Autoren wie Peter Härtling und Christa Wolf, Hermann Kant und Peter Bichsel, Max von der Grün und Christoph Hein waren zwar überrascht, aber als der Autorenbeirat zustimmte, nahmen sie den Deal als gegeben hin. Einer nicht, der stimmte dagegen.

Und weil er nun mal der Erfolgreichste war, also den größten Marktwert hatte, setzte sich Günter Grass durch. Verkauft wurde Luchterhand Literatur an den Arche Verlag in Zürich, und deren Eigentümerinnen Elisabeth Raabe und Regina Vitali mussten den Zusatz unterschreiben, dass ab sofort ein Autorenrat bei allen künftigen Entscheidungen Mitbestimmungsrecht haben würde. Da Grass außer mit Helen Wolff »auch mit Maria Sommer, die seit 1957 meine Theaterstücke vertritt, nur gute Erfahrungen gemacht habe, bin ich gern bereit, den beiden Damen aus der Schweiz einen von Erfahrung gesättigten Vertrauensvorschuß zu geben«. Als sie diesen Vorschuss seiner Meinung nach verspielten, hat er sie verlassen. Leider ist ihm Christa Wolf nicht gefolgt, was sie heute bedauert, denn inzwischen weiß sie, dass man sich in Sachen Verträge auf Günter ebenso verlassen kann wie auf seine Solidarität als Dichter.

Schöner war die zum Termin am sechzehnten Oktober 1987 stattfindende Geburtstagsfeier in Behlendorf im Kreise der Kinder und Kindeskinder. Günter Grass gab den Pikaro, spielte zum Beispiel die Verleihung einer Ehrendoktorwürde nach, trug Witze vor, die alle kannten und über die sie immer noch lachen mussten, erzählte wunderbare Geschichten von eigenen oder fremden Krankheiten und probierte, oft und gern vorgeführt, bei wichtigen Anlässen, einen Kopfstand aus. Der gelang und der Artist wurde beklatscht. Seine patriarchalischen Züge hatten sich verstärkt, wie er ohne Scheu bekennt.

Im Jahr bevor die Mauer fiel, ging Grass als Wanderer mit Skizzenblock durch die Wälder, startete in der Stadt seines Verlages, in Göttingen, und zeichnete, was ihm auffiel: Totes Holz. »Ich begegnete niemandem, weder Hexen noch einem einsamen Köhler.« Kurz darauf fuhren er und seine Frau von Dresden aus, wofür sie ein letztes Mal, aber das wussten sie natürlich noch nicht, ein Einreisevisum brauchten, ins Erzgebirge. Wieder: Totes Holz. »Nichts ereignete sich. Alles war schon geschehen.« Die Welt schien tatsächlich an einem Ende.

Doch zunächst einmal bleibt sie stehen. Auch er habe vor Freude und vor Schreck »Wahnsinn« gerufen wie jeder andere, als am neunten November 1989 die Mauer fiel. Davon hat er im Autoradio auf der Heimfahrt von Berlin gehört. Ute Grass saß am Steuer. Kurz vor Behlendorf habe er wahrscheinlich noch einmal »Wahnsinn« gerufen, sich dann, ebenfalls wie jeder andere, vor »die Glotze« gesetzt, aber schon seine Gedanken gemacht. Er weigert sich fortan, anfangs dafür noch gelobt von Frank Schirrmacher in der »FAZ«, alles schwarz-weiß oder gar schwarz-rot-gold mit unterlegter Hymne zu sehen. Er bleibt bei Grau. Ein Schild, das Grass auf jener berühmten Demonstration der Ostberliner auf dem Alexanderplatz liest, scheint ihm passend. Was darauf steht, hätte auch er nicht besser sagen können: »Sägt die Bonzen ab, schützt die Bäume.« Das sieht er jetzt als Chance für beide deutsche Staaten.

Gut gefällt ihm auch: Wir sind das Volk. Ein ähnlich klingendes und nur durch ein kleines Wort entscheidend geändertes Motto würde aber stärker sein: Wir sind ein Volk. Von dieser Wende zum seiner Meinung nach nicht so Guten wird Grass sich grollend wenden.

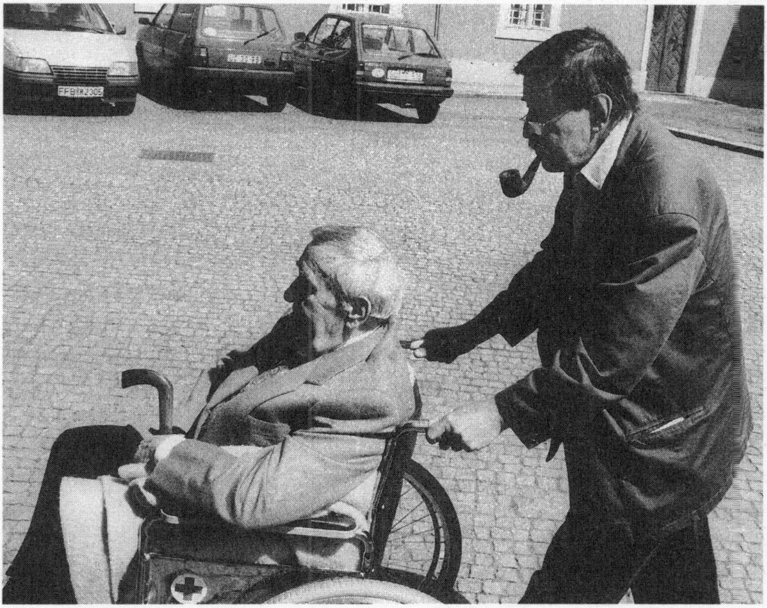

Letzte Tagung der Gruppe 47 in Dobrice, 1990. Grass schiebt den kranken Hans Werner Richter im Rollstuhl über den Schloßplatz.

XIII

»Ich bin ein vaterlandsloser Geselle«

1990–1994

Er schiebt den Rollstuhl, in dem sein anderer Vater sitzt, über das Pflaster. Hans Werner Richter umklammert den Stock, auf den er beim Aufstehen und Gehen angewiesen ist, mit der linken Hand. Eine Decke wärmt ihn, sein Rücken schmerzt. Die Luft ist zwar lau an diesem fünfundzwanzigsten Mai 1990, die Sonne scheint, aber im Alter friert es sich leicht. Der Mann, der die Gruppe 47 gegründet und geprägt hat, ist inzwischen zweiundachtzig und krank. Vorbereitungen zum Treffen der Schmetterlinge auf Schloss Dobříš bei Prag hat er deshalb seiner Frau Toni, aber vor allem Walter Höllerer und Günter Grass überlassen müssen, seinen so verschiedenen literarischen Söhnen. Falls die Gruppe 47 seinen Tod überlebt hätte, wären beide als Nachfolger Richters geeignet gewesen. Der eine eher als intellektueller Vordenker, der andere als starrköpfiger Leitwolf.

Grass ist wie geschaffen als Oberhaupt eines Klans, einer Sippe, einer Familie, das sich um alle kümmert, die ihm anvertraut sind. Fürsorglich geleitet er Richter über den Hof zum umgebauten ehemaligen Pferdestall, in dem vorgelesen und diskutiert wird. Seine erkaltete Pfeife hängt aus dem Mundwinkel, die Brille ist auf die Nase gerutscht. Der Linkshänder hat sich ans Pfeifenrauchen gewöhnt, obwohl es ihm schwer fiel, auf die selbst gedrehten Zigaretten Marke Schwarzer Krauser zu verzichten. Pfeifen gingen oft aus und störten ihn kalt nicht beim Zeichnen, beim Modellieren, beim Schreiben, weil er beide Hände freihatte.

Aber es fehlte ihm der sinnliche Griff nach »Brotkrümeln, Lehm und sonstigem Fummelkram«. Er sah das Inhalieren von Selbstgedrehten sogar als überirdische Lust, denn Gott habe sich bestimmt auch eine gedreht, nachdem es ihm gelungen war, den Menschen aus dem Nichts plus ein wenig Lehm von Adam zu erschaffen. Grass gab seinem Schöpfungsdrang nicht etwa in zehn Geboten für Raucher nach, sondern in vielen Gedichten. Wie oft er sich überhaupt dichtend mit blauem Dunst beschäftigt hatte, stellte er überrascht fest, als er für einen ziemlich hoch dotierten Vortrag bei Reemtsma so viel zum Thema Tabak in seinen Texten fand, dass es zu einem dreiviertelstündigen Auftritt reichte.

Viele Schmetterlinge sind an die Moldau geflattert, um einheimische Falter zu treffen. Endlich sind wieder die Wörter frei und nicht nur die Gedanken. Kein sowjetischer Panzer bedroht mehr den zweiten Prager Frühling, kein Funktionär besitzt noch die Macht, Unbotmäßige zu bestrafen. Wie überall im Ostblock überhörten Ende 1989 auch in der ČSSR die Herrschenden alle warnenden Signale und wurden deshalb vom Volk zum Teufel gejagt. Einer von denen, die eingesperrt waren und lange schweigen mussten, ist erster Bürger des befreiten Landes geworden. Präsident Vaclav Havel bekommt von seinen Gästen, deren bescheidene Autos wie Opel Kombi und Fiesta am Rande des Hofes genau da parken, wo einst Staatskarossen der stalinistischen Poeten standen, die für ihren Verband das Schloss besetzt hatten, als Geschenk einen Preis für sein Buch »Fernverhör«.

Er hat sich mehr über ein Mitbringsel des Kollegen Günter Grass gefreut. Sein schnauzbärtiger Dichterfreund, der in jenen finsteren Zeiten wegen Havels Verurteilung protestierend seinen Ruhm von der Leine gelassen hatte, brachte ihm ein paar Einweckgläser mit Selbstgekochtem mit. Das hatte sich der dichtende Präsident gewünscht, er kannte nicht nur Günters Trinkfreude, sondern auch seine Kochkunst aus früher Tischgenossenschaft. Havel probierte sogleich, aß die ersten Stücke kalt aus dem Glas und gab keinem etwas ab. Auch dem ehrbärtigen Lew Kopelew nicht, dem ein junger Autor aus Spaß das Brot weggegessen hatte, als er sich am Buffet für die Suppe anstellte, was dem Russen zu ebenso wenig ernst gemeinten lauten Klagen über diese gemeinen Deutschen, die armen Emigranten wie ihm das letzte Stück Brot klauten, Anlass gab.

So gelöst war die Stimmung und so heiter die Atmosphäre und mit weißt du noch fingen viele Gespräche an, fast so wie bei einem Klassentreffen ehemaliger Schüler und Lehrer. Weißt du noch: Richter hat in jener Augustnacht 1968, als brüderliche Streitkräfte auf Befehl Moskaus die Blütenträume vom dritten Weg erstickten, den verzweifelten Prager Schriftstellern in einem Telefongespräch versprochen, sich auf symbolische Art mit ihnen zu solidarisieren. Erst dann würde er wieder zu einer Tagung einladen, wenn ihr Land befreit sei. Zu Dichtern aus der Tschechoslowakei, von denen viele Deutsch sprachen, hatte die Gruppe 47 immer gute Kontakte. Deshalb war ja für Herbst 1968 die Tagung in Prag geplant gewesen, der Stadt Max Brods und Franz Kafkas. Dieser ohnmächtige Pakt der Solidarität, den Richter in jenem nächtlichen Telefonat schloss, galt zweiundzwanzig Jahre, bis endlich die Kommunisten gestürzt wurden und auch alle aus dem Exil zurückkehren konnten, die emigrieren mussten.

Nun war es so weit. Dichter kamen wie zu einem ihrer gewohnten Jahrestreffen. Doch war im Etablissement der Schmetterlinge, diesmal ein Schloss, nichts mehr so, wie es Hubert Fichte hellseherisch vorausgedichtet hatte: Dass der Terrier bellen und Erich als Erster lesen und Marcel hin und her rutschen und Joachim wieder alle zum Lachen bringen und Hans Magnus alle begrüßen wird. Die Großkritiker bis auf Raddatz, bei dessen wie immer stürmischer Anfahrt der Kies unter den Reifen wegspritzte, hatten abgesagt und viele von denen, die 1967 in der Pulvermühle dabei waren, sind verstorben. Sitzen bereits im Olymp der Dichter, wohin ihnen, um ihre ewigen Dispute zu koordinieren, knapp drei Jahre später Hans Werner Richter folgen muss. Weil keine Abgabetermine mehr drohen, haben sie da unendlich viel Zeit zu schreiben: Der gebrochene Erich Fried. Der störrische Uwe Johnson. Die scheue Ingeborg Bachmann. Der freundliche Heinrich Böll. Der sanfte Nicolas Born. Der herzensgute Günter Eich. Der verspielte Hubert Fichte. Der radikale Peter Weiss. Auch Stasi, wachsamer Terrier von Walter Kolbenhoff, der bei der letzten Tagung den verspäteten Rudolf Augstein bellend angekündigt hatte, ist längst tot.

Niemand allerdings würde beim Wort Stasi in diesen Zeiten an einen Terrier denken. Die Deutschen messen sich beim Ost-West-Treffen zwar auch an der literarischen Qualität ihrer Texte, aber diskutieren vor allem und vor allen anderen ihre politische und moralische Haltung. Wer war Opfer der Staatssicherheit und wer Opfer und Täter und wer von denen drüben nur Täter und wie gehen Besserwisser, durch die Gnade anderer Postleitzahlen gesegnet, damit um? Die Rolle der Intellektuellen in einer Diktatur ist in Deutschland heftiger diskutiert worden als anderswo und jetzt am Ende der anderen Diktatur geht die Frage wieder um Schein, Sein, Nichtsein.

Waren der ausgebürgerte Wolf Biermann und die ausgestoßenen

Erich Loest und Sarah Kirsch und Rainer Kunze und Günter Kunert und Hans Joachim Schädlich etc. die Helden oder sind es wenigstens einige unter den Dagebliebenen, die immanent das herrschende System zu unterlaufen versuchten und in der DDR Nischen freiräumten, in denen vielleicht doch gelegentlich aufrechter Gang möglich war? Günter Gaus war es, der den treffenden Begriff Nischengesellschaft dafür prägte und diese Gesellschaft gegen alle verteidigte, die durch Zufall und nicht durch eigenes Verdienst der finsteren Zeit entronnen waren und jetzt die ersten Steine warfen.

Hans Joachim Schädlich allerdings, der 1986 in seiner fiktiven Biografie des ewigen Spitzels mit dem Roman »Tallhover« eine fulminante Abrechnung mit der Stasi verfasst hatte, war keiner von denen und nicht bereit, den »Schreibtischtätern« zu verzeihen oder gar mit ihnen an einem Tisch zu sitzen. Das hatten er und Sarah Kirsch und Jürgen Fuchs schon abgelehnt, als es um das scheinbar übergreifende Thema Frieden ging, zu dem der damalige Präsident Günter Grass 1983 Autoren aus beiden Deutschlands in die Berliner Akademie der Künste geladen hatte. Warum sollte sich Schädlich jetzt mit einem wie Hermlin oder Kant gemein machen, die ihn und andere Dissidenten nach ihrem erzwungenen Ortswechsel in den Westen als Kriminelle und Kriegstreiber beschimpft hatten? Unerhört wird dennoch seine dringende Bitte bleiben, im Zuge der Einheit, wenn alle und alles sich vereinigen sollen, die Akademien Ost und West nicht zu vereinigen und in Berlin eine neue ohne die Altlasten zu gründen, mit denen er aus gutem Grund nicht mehr reden will.

Noch allerdings überlagert die pure Freude über den Fall der Mauer alles, noch ist die Debatte abstrakt. Am Beispiel der Biografie von Christa Wolf, der eigenwilligen Staatsdichterin, die im späten Herbst der großen Gefühle im »Aufruf für unser Land« vor ein paar Monaten noch davon geträumt hatte, es sei Sozialismus und keiner ginge weg, wird sie bald konkret und erbittert geführt.

Den üblichen Scheck für den Besten gibt es beim Prager Treffen nicht, es ist eines außer Konkurrenz. Sonst hätte wahrscheinlich den Gruppenpreis Friedrich Christian Delius für seine »Birnen von Ribbeck« bekommen, die Grass großartig findet. Ausgerechnet von dieser ironischen Erzählung, in der Ossis von Wessis behandelt werden wie Eingeborene von Konquistadoren, fühlen sich ostdeutsche Schriftsteller als ostdeutsche Wesen beleidigt. Der beschriebene Mief kommt den Ostlern zwar vertraut vor, aber was geht ihr Dreck die

Westler an? Sollen doch wieder zu sich rübermachen, wenn es ihnen hier nicht passt. Der sozialistische Lysolgeruch, der so typisch ihr Land bedeckte, verfliegt nur langsam. Die Luft wird klarer. Man erkennt mehr.

Manche Helden des geschriebenen, des gesprochenen Wortes werden deshalb durchsichtig und erscheinen plötzlich fragwürdig. Ihr eigentlicher Arbeitgeber war Erich Mielke. Das erfährt man am Beispiel von Politikern wie Ibrahim Böhme oder Wolfgang Schnur. Auch Hermann Kant, mal Präsident des Schriftstellerverbandes der DDR und viele Jahre am Ohr der Mächtigen, dessen Roman »Die Aula« im Westen hoch gelobt wurde, ist aufgefallen.

Die Akte Kant in der so genannten Gauck-Behörde in Berlin, wo eine verborgene DDR-Vergangenheit geordnet in den Regalen steht, hat die Registrierungsnummer 5909/60. Der ostdeutsche Dichter bestreitet, jemals als Geheimer Informator (GI) oder Inoffizieller Mitarbeiter (IM) unter dem Decknamen »Martin« für den Staatssicherheitsdienst gearbeitet zu haben. In den Akten aber findet sich zum Beispiel seine Einschätzung des Kollegen Grass aus dem Jahre 1961, also aus dem Jahr, in dem sich der in eindeutigen Protestbriefen nach dem Mauerbau zu Wort gemeldet hatte: »Grass ist ein Mensch ohne jede feste politische Einstellung und Haltung. Er schießt praktisch nach allen Seiten und kommt sich dabei imposant vor« und trete gelegentlich »auch in derselben Form wie bei uns gegen Adenauer auf, während er Tage später wieder vollkommen auf dessen Linie erscheint«. Kant bestreitet kategorisch, jemals für die Stasi geschnüffelt zu haben, aber in Wirklichkeit glaubt das keiner von denen, deren Meinung ihm natürlich wichtiger ist als der juristische Sieg in Form einer erwirkten Gegendarstellung. Die Erfahrung lehrt, dass viele ungebrochen alle Gemeinsamkeiten mit dem Stasigesindel bestreiten, bis sie einfach nichts mehr bestreiten können und die eindeutigen Beweise ihre Fassade zusammenbrechen lassen.

Grass gibt den Kollegen aus dem anderen Deutschland, das nicht mehr lange existieren wird, the benefit of doubt, zweifelt also zu ihren Gunsten an, was unzweifelhaft scheint. Es sei eine unsägliche Dummheit, dem Staatssicherheitsdienst der DDR, der seinen Staat »Gott sei Dank nicht schützen konnte, noch nachträglich zu einem Triumph zu verhelfen, indem diese Auslassungen des Staatssicherheitsdienstes wie die blanke Wahrheit genommen werden, wie Dokumente«. Wenn er das sagt, hat es Gewicht, denn Grass ist unverdächtig kommunistischer Neigungen. Sogar seine Gegner, die ihn sonst aller möglichen Gedanken verdächtigen, müssen das zugeben. Er hat sich nie mit den Zonengreisen und ihren Marionetten gemein gemacht, hat gegen Zensur und Willkür protestiert zu Zeiten, als andere Linke einen gewissen proletarischen Charme im Bitterfelder Weg zu entdecken glaubten. Er verabscheut banausige Funktionäre, achtet aber bei Differenzen mit denen auf feine Unterschiede und wird in einem Nachruf sogar mal Stephan Hermlin bescheinigen, im Sinne der Aufklärung ein deutscher Patriot gewesen zu sein.

Christa Wolf steht im Kreuzfeuer nach dem Erscheinen ihres Buches »Was bleibt«, das in der real existierenden DDR nicht gedruckt worden war, obwohl sie als Staatsdichterin sonst alle Privilegien hatte: Reisen ins kapitalistische Ausland; Vorlesungen im anderen Frankfurt; Gastdozenturen in den USA und in der Schweiz. Sie gilt bei allen im eigenen Land, die zwischen den Zeilen zu lesen gelernt hatten, die für sich in Anspruch nahmen, ein ehrliches Leben im verlogenen geführt zu haben, als moralische Instanz. Ihre Bücher »Geteilter Himmel«, »Nachdenken über Christa T.«, »Kassandra« und »Kein Ort. Nirgends« wurden aber auch im Westen gerühmt. Aus der SED ausgetreten ist sie im Sommer 1989. Sogar als Kandidatin für den Nobelpreis war sie oft genannt worden, daher ist sie gerührt, als Grass ihn bekommen wird und trotz aller ihm eigenen Freude gleich rhetorisch fragt, ob man den Preis nicht zwischen ihm und Kollegin Christa Wolf aufteilen könne, denn er sei immer von einer gesamtdeutschen Literatur ausgegangen.

Sie bekennt mal in einer subjektiven Lebensbilanz zwar, wie sie zeitweise von der Stasi überwacht worden war, aber auch, warum sie als IM »Margarete« denen vom Staatssicherheitsdienst zeitweise im Glauben an die gute Sache des Sozialismus zu Diensten gewesen ist. Das späte und nach Meinung ihrer Gegner zu späte Schuldbekenntnis macht sie unter ihren Lesern drüben eher noch beliebter, weil die aus eigener Erfahrung wissen, wovon sie spricht. In den westdeutschen Feuilletons, wo Literatur aus der DDR nach dem Mauerfall den Reiz des Verbotenen verliert und behandelt wird wie jede andere deutsche, eher strenger, verliert sie ihren Nimbus. Grass solidarisiert sich mit ihr, obwohl auch er in ihrem Aufruf fürs bereits verlorene Land viel ideologischen Sprachmüll entdeckte. Er polemisiert gegen »professionelle Strickedreher«, die eine große Schriftstellerin aburteilen wollten. Falls die Einigung Deutschlands mit Hinrichtungen eingeleitet werden solle, »wird sie sich ohne Schriftsteller vollziehen müssen«.

Christa Wolf sei nie eine Dissidentin oder Widerstandskämpferin gewesen, manches an ihr und von ihr sei kritisch zu betrachten. Aber sie gehöre zu der Generation, die bei Kriegsende von einem diktatorischen System ins nächste gezwungen wurde, wenn auch voller Hoffnungen auf die Versprechungen des anderen, aber nie eine Chance bekommen habe wie zum Beispiel er und viele, die jetzt über sie herfallen, sich in der Freiheit selbst zu finden. Mit welchem Recht würden eigentlich die aus dem Westen, in deren Parteien nach dem Krieg – »einige in der SPD, weitaus mehr in der CDU und zeitweise noch ausgeprägter in der FDP« – die alten Nazis Unterschlupf gefunden hatten und sich viele zu Demokraten geläutert hätten, auf die befleckten Westen der anderen aus dem Osten weisen? Bei Gott gehöre seine Liebe beispielsweise nicht der PDS, siehe ihre SED-Vergangenheit, und weiß Gott sei es ein Fehler gewesen, auf eine Neugründung zu verzichten nach der Wende.

Trotzdem denkt er nicht daran, sich selbstgerecht über gebrochene Existenzen als Richter zu erheben. Das überlasse er Leuten wie Marcel Reich-Ranicki, der es »eigentlich von seiner eigenen Biographie her wissen müßte, was Verstrickung im Stalinismus bedeutet« und dennoch mit der »Schärfe und Unbarmherzigkeit des Konvertiten« zuschlage. So spricht er, gern zitiert, rund zwei Jahre vor den »Unkenrufen« und rund fünf Jahre vor dem »Weiten Feld«, und wer nach Ursachen für die harten Worte sucht, mit denen MRR auf beide Bücher reagieren wird, mag auch da fündig werden.

Der ehemalige DDR-Bürger Fritz J. Raddatz, drei Jahre vor dem Mauerbau in den Westen gewechselt, ist ganz anderer Ansicht als Grass. Er ist nicht bereit, auf mildernde Umstände zu plädieren. Er kann nicht akzeptieren, dass Christa Wolf so lange gewartet hat, bis sie ihren Fehler zugab. Er lässt erst recht nicht gelten, dass sie als so genannte Dichterin der deutschen Innerlichkeit die Tragweite ihres Handelns politisch nicht habe einschätzen können. Er stellt dagegen einen ihr bekannten Autor wie Czeslaw Milosz und dessen Werk »Verführtes Denken«, das ja auch für Günter Grass eines der wichtigsten Bücher seines Lebens ist. Hellmuth Karasek wiederum bezweifelt nicht nur ihre moralische, sondern auch ihre literarische Qualität, denn er habe sie immer für eine überschätzte Betschwester gehalten, eine Art Luise Rinser des Ostens.

Einer wie Fritz J. Raddatz darf im Fall Christa Wolf ungestraft anderer Meinung sein als Grass, denn einen wie den mag er einfach: »Unerschrocken, neugierig, kühl-analytisch, dann wieder ohne Scheu vor Sentimentalitäten, wissend und naiv zugleich, nur weniger Freunde gewiß, aber immer auf der Suche nach neuen Feinden.« Als Konkurrent muss Grass ihn nie fürchten, er schreibt in einer anderen Liga. Er sah ihn viele Jahre nur als Kritiker, nie als Erzähler, und erst bei einem Festabend zum siebzigsten Geburtstag von Raddatz, bei dem Grass zu seiner Verwunderung nicht eigene Texte lesen sollte, sondern etwas von dem, hat er ihm höchstes Lob für seine Prosa gespendet.

Auf der Suche nach neuen Feinden unter wenigen alten Freunden hat Fritz J. Raddatz später seine Kritik am Grass-Roman »Weites Feld« in eine besonders subtile Form gekleidet, den Dichter zum Abendessen gebeten und ihm die Speisekarte zuvor nach Behlendorf geschickt. Auf der hatte er handschriftlich »sperrige Vorspeisen« und »Streit beim Rehrücken« avisiert. Der Kritiker, der Sprache und Haltung seiner Kollegen abscheulich fand, obwohl auch er das Buch für nicht gelungen hielt, hatte sich gut vorbereitet, alle die Stellen parat, die ihm nicht gefielen. Grass nahm es hin, doch er kämpfte für seinen Text, den er für sein Meisterwerk hielt. Wer mit Grass streiten will, sollte auch im Detail Kenntnis haben. Das erwartet er sogar von seinen Kindern.

Wenn schon das einheitstrunkene Volk nicht bereit ist, auf seine Vordenker zu hören, verteidigt Grass wenigstens die Einheit der Dichter in der imaginären Kulturnation. Die Integrität von Christa Wolf ist ihm unantastbar. Das wird sie ihm nie vergessen. »Wir standen uns bis dahin schon mit Sympathie, aber doch mit einer gewissen politischen Distanz gegenüber. Als diese massiven Angriffe gegen sie liefen, ab 1990, und sie vielleicht auch zu ihrer eigenen Überraschung bemerkte, daß Jens und ich die einzigen waren, die zu ihr hielten, auch weil die Angriffe auf Christa Wolf die gesamte DDR-Literatur meinten, hat sich ein freundschaftliches Verhältnis entwickelt.«

Geschickt wie geschulte Dialektiker einst drüben, mit denen er sich härter gestritten hatte als andere Autoren, spielt er den Ball zurück ins schon verlassene Spielfeld. Ob es denn niemandem zu denken gebe, dass Christa Wolf öffentlichen Angriffen ausgesetzt sei, während ein Hermann Kant, der ja »wirklich Macht hatte und Funktionen ausübte«, ungeschoren davonkomme? Kant habe sich mehr angepasst, als er musste, sich um »seine Reputation als Schriftsteller gebracht«, denn er habe schließlich »beachtliche Bücher« geschrieben.

Ebenso polemisch mischten sich Meinungsmacher und Wasserträger in den Feuilletons ein. Ulrich Greiner und Frank Schirrmacher, die gegen Christa Wolf schrieben, galten denen, die sie verteidigten, also Grass und Jens im eigenen und im Namen des P.E.N.-Zentrums oder Heiner Müller, der das Ganze als Stalinismus aus dem Westen geißelte, als Reaktionäre. Keiner wich von seiner Linie ab. Der verbissen ausgetragene Literaturstreit um die Moral der jeweiligen anderen, ließ einen Briten spotten, er werde das Gefühl nicht los, dass bei den deutschen Nachbarn wenigstens eines seit jeher sicher sei: Niemand wolle nur mitspielen, alle immer am liebsten Schiedsrichter sein.

Beim Klassentreffen bei Prag ist der so überraschend möglich gewordene deutsche Traum politisch in der Wirklichkeit bereits aufbereitet. Die erste und gleichzeitig letzte freie Wahl in der DDR hat die CDU gewonnen. Ein »Wahldesaster«, wie es in seinem Buche »Mein Jahrhundert« stehen würde und wie es Grass vor Ort in Leipzig miterlebte: »Eine junge Frau verhüllte ihr Gesicht. Alle sahen, daß der CDU ein niederschmetternd hoher Sieg bevorstand.«

Der Zug zur Endstation Einheit war abgefahren. In einer denkwürdigen Fernsehsendung der ARD hatte er darüber mit Rudolf Augstein gestritten, was zu später Stunde zeigte, welche Bedeutung der Großschriftsteller Grass in der Debatte um die Einheit hatte. Niemand wäre sonst auf die Idee gekommen, einen Dichter zum Disput über aktuelle politische Ereignisse zu bitten. Er allein galt Politikern und denen, die Politik beeinflussten, als gleichrangiger Partner, den sie zumindest ernst nahmen. Mehr als jeder andere deutsche Schriftsteller seit Thomas Mann habe er dafür getan, dass das Wort eines »Kreativen« ernst genommen, wenn auch natürlich entsprechend bekämpft und bissig diskutiert wurde. So lobt ihn, und nicht nur wegen eines gewaltigen schöpferischen Werkes, mal Joachim Kaiser, als Günter Grass den Großen Literaturpreis der Bayerischen Akademie der Künste bekommen wird. Was den Dichter übrigens verblüffte, weil er nach eigenem Bekenntnis nie damit gerechnet hatte, im Lande des nicht gar so heiligen Franz Josef ausgezeichnet zu werden.

Seine Einlassung zum Anlass nennt er »Über das Sekundäre aus primärer Sicht«. Sekundär zum Beispiel sind Kritiker. Wie lebt es sich mit denen? Hat es immer wehgetan, wenn die ihn auspeitschten? Weder sei Kritik hilfreich gewesen noch habe sie »nachhaltigen Schaden angerichtet«. Verächtlich nennt er den »einzelnen Entertainer, der sich als Quartett aufspielt« nicht beim Namen und freut sich, als Reich-Ranicki dennoch öffentlich zurückschlägt, weil er sich angesprochen fühlt. Grass preist im Dank des Preisträgers die Primären, die Dichter und deren Gewissheit, dass sie noch Leser haben werden, klein oder groß die Zahl, wenn Kritiker längst vergessen sind.

Zu den Primären rechnet Grass auch manche Verleger. Helen Wolff vor allen anderen. Seine andere Mutter war kurz vor der Münchner Auszeichnung gestorben. »Ihr Tod hat alles verändert, mehr, als zu sagen ist«, hatte er ihr nachgerufen, seinen privaten Schmerz versteckend hinter den Worten eines Dichters, der stellvertretend für viele spricht, vor allem für Max Frisch und Uwe Johnson: »Sie kannte uns bis in letzte Verliese und Hinterhältlichkeiten hinein. Ihr war nichts vorzumachen. Bei ihr verlegt, das hieß, bei ihr aufgehoben zu sein, auch über Durststrecken hinweg. Wo hat es das jemals gegeben: soviel episch andauernde Liebe zu Autoren, soviel Nachsicht mit chronisch egozentrischen Urhebern, soviel verläßliche Kritik, die nichts besser, aber manches genauer wissen wollte ...«

Dichter Grass lässt selbst in dieser liebevollen Nachrede den Bürger gleichen Namens politisch zu Wort kommen, wenn er bekennt, wie viel die Autoren seiner Generation den deutschen Emigranten wie Helen Wolff zu verdanken hatten: »Sie, die aus Deutschland vertrieben wurden, haben mehr für uns getan, als zu erwarten, zu erhoffen war.« Das ist ihm Verpflichtung: nicht zu schweigen, auch wenn er noch so nervt. Störfaktor Grass hätte sich zwar durchaus vorstellen können, nach dem Mauerfall wie andere auch die Nationalhymne mitgesungen zu haben. Einigkeit und Recht und Freiheit waren ja ein ehrenvolles Ziel.

Aber seitdem warb er leidenschaftlich für zwei deutsche Staaten in einem Verbund. Rudolf Augstein plädierte nüchtern für den Einheitsstaat, denn er sah eine normative Kraft des Faktischen, also die Realität. Als Deutschlands wichtigster Autor vor der wilden Fahrt in die falsche Richtung warnte, konterte Deutschlands wichtigster Journalist kühl, der Zug sei bereits abgefahren und keiner halte ihn mehr auf. Ob er denn nicht merke, erwidert Grass, dass bei einem Zug, den keiner mehr stoppen könne, das »Zugunglück vorprogrammiert« sei? Einen Deutschnationalen nannte in dem sich anschließenden öffentlichen Streit der Dichter polemisch den Denker und vergaß dessen

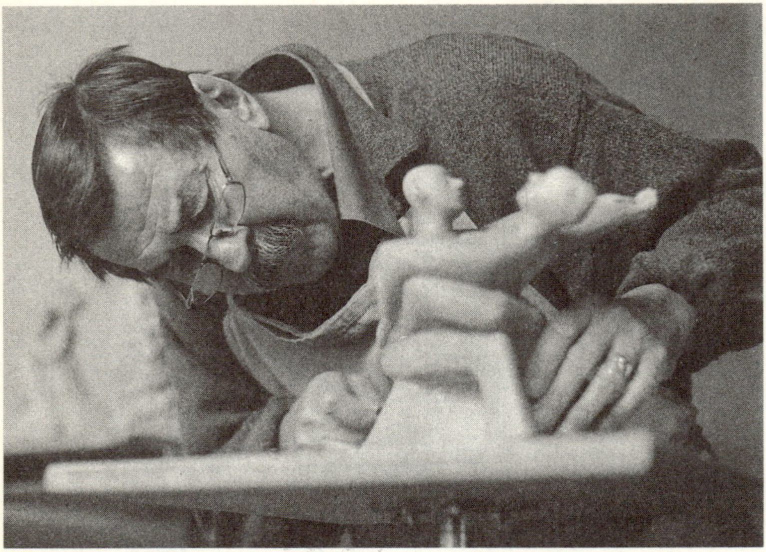

Grass als Bildhauer und Grass als Dichter und Grass als Zeichner in seinem Behlendorfer Atelier, fotografiert von Dirk Reinartz.

Attacken auf ihn wiederum nicht, als ihn zwei Jahre später der »Spiegel« bat, zu Augsteins siebzigstem Geburtstag ein paar Zeilen zu schreiben. Sie seien doch früher mal gut miteinander gewesen.

Grass sagte zu, schrieb aber einen besonderen Glückwunsch ins Stammbuch: »Das letzte Mal begegnete ich dem Freund aus angejahrten Vorzeiten auf einem zugigen Bahnsteig. Er nahm überraschenderweise eine neue und kleidsame Funktion, die eines Bahnhofsvorstehers, ein... Wie gut, daß Sie dank Ihrer Funktion nicht Mitreisender jenes Zuges sein mußten, dem Sie so großherzig und gebieterisch freie Fahrt erlaubten. So blieben Sie nicht auf der Strecke und uns allen erhalten.« Der sei kein »guter Kumpel« mehr, bedauerte Augstein und ein gutes Wort zum »großartigen Erzähler in einem immer breiter aufgeblasenen Großmaul«, der mal ein Mensch gewesen sei, mit dem man Rotwein habe trinken können, fiel ihm selbst dann nicht mehr ein, nachdem Grass den Nobelpreis bekam. Als es ihm wieder einfiel, nach der Lektüre der Novelle »Im Krebsgang«, legte Grass keinen Wert mehr darauf.

Schon früh, nach seinem Auftritt auf dem SPD-Parteitag im Dezember 1989, wo Grass einen Lastenausgleich für die Angeschmierten aus dem neuen Deutschland gefordert hatte, galt er politischen Gegnern als realitätsferner Schwarzseher der Nation, der sich widerborstig einer geschichtlichen Entwicklung entgegenstellte. »Ich bin ein vaterlandsloser Geselle.« Als solcher empfand sich Grass. Er kämpfte für seine Art der Einheit. Gegen die Einheit als solche war er nie, nur gegen eine schnelle Wiedervereinigung auf unsicherer Basis ohne neue Verfassung. Er äußerte sich mit zunehmend beleidigtem Unterton. Dass keiner auf ihn hörte, freute Grass-Gegner in zunehmender Zahl. Schließlich hat er »erkennen müssen, daß ich ins Leere sprach und schrieb. Mein Patriotismus, dem nicht der Staat, vielmehr dessen Verfassung wichtig ist, war unerwünscht.«

Andere übersetzten das wörtlich. Besonders in England und in Frankreich, anfangs noch gelassen in Polen, wurde die Zugfahrt zur deutschen Einheit genau verfolgt. Grass hatte im Ausland mehr Fürsprecher als zu Hause, seine Sorgen vor einer Großmacht im Herzen Europas und vor politischen Zuständen wie in der Weimarer Republik konnten viele teilen. Für die Franzosen ist er »sans patrie«, was für Bürger der Grande Nation kurz vor dem tatsächlichen Sterben kommt. Im Englischen wird aus Grass ein »rootless cosmopolitan«, ein »fellow who has no fatherland«.

Doch von dem hat er eine ganz bestimmte Vorstellung und die basiert auf der Verfassung. Der alte Freund Willy, für den er sich zerrissen hat und immer noch hätte vierteilen lassen, ist ihm fremd geworden, eine Rennschnecke auf dem Weg zur Einheit, die verkündet, jetzt wachse zusammen, was zusammengehöre. »Ein Willy Brandt, dessen große Leistung auch war, zuhören zu können, hört nicht mehr zu.« Diese Fremdheit bleibt. Während Grass warnte, angesichts der Last Auschwitz, die bei deutscher Politik mitzudenken ihm selbstverständliche Pflicht war, von einer schnellen Wiedervereinigung zu träumen, von dieser eiligen Alternativlosigkeit, glaubte Brandt, der in einem Alter war, in dem er – so viel gestand Grass ihm zu – sein »Lebenswerk abgerundet« sehen wolle, wiederum den Dichter auf einem Irrweg. Brandt hatte natürlich gehofft, es wachse alles gut zusammen unter dem Dach der SPD. Aber Kohl, der Kanzler der Einheit, würde im Herbst den SPD-Herausforderer Oskar Lafontaine, der ähnlich skeptisch war wie Grass, wofür der ihn damals schätzte, vernichtend schlagen.

Unermüdlich hat Günter Grass vor und nach der Zeitenwende in den Wind gesprochen. Hat alles ihm Machbare gemacht, um Unkundige kundig zu machen. Hat getrommelt vor vollen Sälen, wo seine Botschaft auf taube Ohren traf. Hat unentwegt gegen alle »Hohenpriester der Eindeutigkeit« seine Zweifel gesetzt, dabei virtuos und kenntnisreich Bogen schlagend von der Dritten Welt zur Ersten. Hat derart das amerikanische Embargo gegen Kuba kritisiert und die Aufnahme Zehntausender von heimatlosen Sinti und Roma in Deutschland gefordert. Hat als überzeugter Kriegsgegner mit hundert anderen Dichtern und Künstlern dennoch Luftangriffe in Bosnien gefordert, um endlich die ethnischen Säuberungen der serbischen Mörder zu stoppen. Hat die verzweifelte Bitte um Beistand von Salman Rushdie mit einer Polemik gegen die längst wieder Geschäfte mit den Mullahs betreibenden Politiker und Manager unterstützt und gleichzeitig Toleranz gepredigt: »Jesus Christus liebte Provokationen, weshalb es sicher ist, daß jener Mann namens Mohammed, der uns als Prophet überliefert ist, die Romane des Schriftstellers Salman Rushdie und insbesondere die ›Satanischen Verse‹ mit Vergnügen gelesen hätte.« Hat vor dem »Club of Rome« das Lied der Müllkinder von Calcutta gesungen, bei dem jede Strophe mit der Zeile begann: »Wir leben im Slum«. Hat einen Fünfpunkteplan für eine Konföderation aufgestellt, einen »Bund deutscher Länder«, bereichert um die neuen aus dem Osten, mit einer vom Volk bestätigten Verfassung, wohl gelitten von allen misstrauischen Nachbarn in Europa.

Dass die politische Entwicklung über ihn hinwegging, kann ihm nicht vorgeworfen werden. Ging anderen über Nacht ebenso wie ihm. In einer Sammlung verschiedener Texte zu seinem fünfundsechzigsten Geburtstag, die 1992 unter dem Titel »Günter Grass: Ein europäischer Autor?« erschien, zeigte sich der an der Universität in Amsterdam lehrende Literaturwissenschaftler Gerd Labroisse allerdings irritiert, weil die Argumentation von Grass nichts mehr mit einer anderen und ja durchaus auch möglichen Einschätzung der Vorgänge zu tun habe, sondern mit unbedingter Rechthaberei.

Grass wurde im eigenen Land als Verlierer verlacht und nannte sich unbeugsam einen Verfassungspatrioten. Er nahm die verstreichende Zeit, gegen die er als Schriftsteller zeitlebens anschreibt, in den Titel eines Bandes mit gesammelten Reden und darunter auch die Polemik gegen das »Schnäppchen DDR«, denn das wird teurer werden, als es die Herren des harten Geldes versprechen, und da behält er tatsächlich Recht. Ansonsten beschwört er vergebens die Kraft altmodischer Begriffe wie Freiheit und Solidarität gegen die Magie modischer Schlagwörter wie Einheit und Vaterland. Der Zeitgeist macht ihn bei Gott nicht etwa sprachlos, selbst der wird das vermutlich mal nicht schaffen, aber einflusslos. Was rede ich eigentlich, sprach er scheinbar resigniert, wer hört noch zu – und redete weiter. Zu sechzig Prozent sei er nach wie vor nämlich mit sich zufrieden, was dem Anteil entspricht, der ihn vom Programm der SPD überzeugt, mehr sei es nie gewesen, aber bekanntlich hasst er ja auch alles Hundertprozentige.

Alte Kumpel aus den jungen Tagen der Gruppe 47 greifen ihn an, Martin Walser zum Beispiel oder Hans Magnus Enzensberger, der die These von Grass für hirnrissig hält, für abwegig, nach der die Deutschen wegen Auschwitz die Teilung verdient hätten. »Mich schmerzt die eingerissene Distanz zu beiden«, sagt Günter Grass traurig über die »verbitterten Konservativen« und bleibt trotzig bei seiner Position. Ein Schweizer Journalist beobachtet fassungslos den Streit, in dem es keine Wahrheit und keinen Sieger gebe, und sieht die seiner Meinung nach größten lebenden deutschen Schriftsteller, Walser und Grass, auf verschiedenen Sternen, bestimmt aber in verschiedenen Ländern.

Die Verbindung mit Freund Martin, über Jahrzehnte gewachsen, ist stärker als alles, was sie angesichts der deutschen Einheit trennt. Auf der liege kein Segen, sagt Grass zu Beginn eines vom NDR aufgezeichneten Gespräches über Deutschland, aber nach dem Dialog mit Walser revidiert er seine Meinung: »Noch kein Segen.« Das freut den Poeten vom Bodensee, der sieht darin das schönste Ergebnis jenes Dialogs und überhaupt mag er seinen Günter mit Haut und Haaren so, wie der ist, streng und polemisch und rechthaberisch und Recht habend und liebenswürdig und sympathisch und treu in einem solidarischen Sinne sowieso. Sie werden ihre Differenzen ein weiteres Mal öffentlich austragen, in einem zweiten Gespräch über Deutschland nach der Rede von Walser in der Paulskirche, in der er vor der moralischen Keule Auschwitz glaubte warnen zu müssen. Aber selbst danach bleibt die Nähe, geprägt von Respekt für viele von Walsers Romanen und von der Freundschaft sowieso: »Ich mag ihn viel zu sehr, um ihn fallenzulassen, und schlage da keine Tür zu.« Es sei nicht mal was dagegen zu sagen, dass Walser von seinem Bedürfnis künde, wegschauen zu wollen, endlich Schluss zu machen mit der Vergangenheitsbewältigung, diese Debatte für sich als bewältigt zu betrachten. Für sich privat dürfe er das. Aber nicht als Dichter von Bedeutung – gewollt oder ungewollt – allgemein andere auffordern, sich ebenso zu verhalten.

In seiner Poetik-Vorlesung an der Frankfurter Universität, wo zu dozieren der Nichtakademiker als besondere Ehre empfand, erklärte Grass ganz bewusst am eigenen Beispiel das Schreiben nach Auschwitz und zitierte Adornos »Minima Moralia«. Dort steht ein Satz, der wie auf ihn geschrieben scheint: »Die fast unlösbare Aufgabe besteht darin, weder von der Macht der anderen noch von der eigenen Ohnmacht sich dumm machen zu lassen.«

Als Grass damals über Dresden nach Prag zur Gruppe 47 fuhr, wuchs noch keine neue Erzählung im Kopf. In seinem Arbeitsplan für 1990 – so etwas pflegt er für jedes Jahr handschriftlich jeweils zwischen dem 2. Weihnachtstag und Silvester aufzustellen – stand unter Januar in Portugal: »Schreiben nach Auschwitz, 25 Seiten, Rede für Tutzing, 7 Seiten, 12 Zeichnungen und Bildtitel für Totes Holz« und noch für denselben Monat in Behlendorf »5 letzte Zeichnungen für Totes Holz«. Die fertigen Zeichnungen lagen jetzt im Koffer. Dazu gab es nur wenig Text, den er hätte vortragen können. Die stummen Zeugen verlorener Schlachten hatte er, oft begleitet von seinem

Hund, im Erzgebirge und im Harz, in Schleswig-Holstein und in Dänemark und in der Tschechoslowakei, grenzüberschreitend überall dort, wo »Bäume Erbarmen rufen«, mit Bleistift, sibirischer Holzkohle, Sepia festgehalten: »Es war wie Leichenfleddern... Maulfaul zeichnete ich vor Ort... Bäume, die ihre Wurzeln zeigen, machen sprachlos... Buchen, Kiefern, denen das Strammstehen vergangen war...was fällt Dir noch ein gegen die Stille? Tannhäuser... Buchenwald... Im toten Wald...«

Falls es seine Gesundheit erlaube, werde man sich wieder sehen im nächsten Jahr, versprach Hans Werner Richter, auf seinen Stock gestützt, beim Abschied von Schloss Dobris und alle sagten, das werde bestimmt wieder schön. Sie trafen sich erst wieder bei der Beerdigung von Hans Werner Richter drei Jahre später. Als der »aufgeklärte Despot« tot war, unter dessen »toleranter Fuchtel« dieser »verrückte Verein« lebendig blieb, starb auch die Gruppe 47. Freund Vaclav sah Grass wieder, als der 1994 den einundsechzigsten P.E.N.-Kongress eröffnete, den ersten, der je in einem Land des früheren Ostblocks stattfand, und der Deutsche, zusammen mit Philip Roth, von Havel wegen des Engagements für verfolgte Schriftsteller mit dem Karel-Capek-Preis geehrt wurde.

Grass verbringt die Jahre vor allem gegenredend, bleibt sich treu und gehört zu den Verlierern. Gern hätte er sich getäuscht bei anderen Voraussagen. So warnte er früh vor einer Auferstehung des in der Bundesrepublik zwar vorhandenen, aber zur Bedeutungslosigkeit zerkrümelten rechten Ungeistes deutscher Nation. Als in Hoyerswerda und am schlimmsten in Rostock unter stiller Anteilnahme der dazu schweigenden Mehrheit ein grölender Mob brandschatzend die Heime für Asylbewerber stürmt, als Menschen anderer Hautfarbe zu Tode gehetzt werden, bleibt wenig mehr als die Feststellung, wie sehr sich Deutschland verändert habe. Oder sind wir »uns selber so fremd geworden, daß wir nicht mehr von uns und unseren Besitzständen absehen können? Und ist – dringlich befragt – das eingefleischte Fremdsein zwischen den Deutschen womöglich die Ursache für den gegenwärtigen, das Land gesamtdeutsch mit Schande bedeckenden Haß angesichts Fremder, die wir Ausländer nennen?«

Es ist eine gesamtdeutsche Schande, denn auch in Solingen und in Mölln werden Menschen verbrannt und getötet, weil sie anders sind. Grass verzichtete dennoch darauf, auf seine frühen Mahnungen zu verweisen und fortan beleidigt zu schweigen, nur weil damals keiner auf ihn gehört hatte. Kaum zehn Kilometer von seiner Waldidylle und seinem Atelier entfernt waren drei Türkinnen ums Leben gekommen, als bei einem Brandanschlag in Mölln ihr Haus abbrannte. In einer Rede vom Verlust gedenkt er ihrer auf seine Art, in einer Verbalattacke auf Hintermänner in Loden und Jeans und Anzügen, an Skins mit Schlips, zu denen er einige CDU-Politiker zählt.

Danach schreibt er sich in eine andere Form, ausgeliehen bei Gryphius, weil die »diffuse Gemengelage regierungsamtlicher Härte« gegen Asylsuchende und völkischer Abwehr gegen alles, was fremd riecht und so aussieht, eine strenge Fassung verlange: »Ich habe bis dahin nie Sonette geschrieben, aber in diesem Fall und angesichts dieser Stoffmasse konnte es eigentlich nur das Sonett sein.« Von ihm »Novemberland« genannt, von der »FAZ« eine »öffentliche Selbstdemontage«, aber das lässt ihn kalt. »Gestreckte Arme grüßen irgendwas./ Drauf ein Gebrüll, das nur sein Echo liebt,/ aus Köpfen, die gedunsen sind vom Haß,/ bis daß – Peng, Krach! –, welch komisch echter Knall…/ Komm! Laß uns Nüsse knacken nach dem jüngsten Fall.«

Gewidmet hat er die dreizehn Sonette Peter Rühmkorf, dem Skatbruder und Dichter, dem »Freund, der auf dem Hochseil frech und um kein Kunststück verlegen, bei Bodenhaftung jedoch eher scheu und schonende Distanz suchend daherkommt«, wie Grass ihn einmal öffentlich loben wird. Dabei berichtete er, man wisse jetzt endlich, wie Peter Rühmkorf auf Polnisch heiße, denn die Widmung sei bei der Übersetzung von »Novemberland« gleich mit übersetzt worden: Peterowi Rühmkorfowi.

Als 1991 der Golfkrieg ausbricht, stellt sich der Großvater auf die Seite der protestierenden Enkel, die demonstrieren, wendet sich gegen Hans Magnus Enzensberger und Wolf Biermann, die das Eingreifen der Amerikaner gegen den Irak verteidigen und Saddam Hussein mit Hitler vergleichen, setzt sich mit dem israelischen Schriftsteller Yoram Kaniuk in Berlin streitlustig aufs Podium. In einer von gegenseitigen Verletzungen geprägten emotionalen Diskussion plädiert Grass zwar dafür, Israel zu unterstützen, schließlich hätten deutsche Firmen das Giftgas in den Irak geliefert. Gleichzeitig verlangt er aber endlich eine Zukunft für die geschundenen Palästinenser, eine Lösung des dortigen Konflikts, ohne den es keinen Frieden in Nahost geben könne.

Kaniuk leidet am rigorosen Grass, der agiere, als habe ganz persönlich er den Frieden erfunden, bemerkte verzweifelt zynisch, dass die Deutschen den Juden Auschwitz wohl niemals verzeihen würden, und schrieb in der »Zeit« unter dem Titel »Dreieinhalb Stunden und fünfzig Jahre mit Günter Grass in Berlin« eine bittere Abrechnung mit der deutschen Friedensbewegung – und mit Günter Grass, denn am Ende seien sie wohl beide blind gewesen, und wenn er den nicht überzeugen könne, ja verdammt, wen eigentlich sonst.

Der sah weit und breit keinen Anlass, weise zu werden, der blieb den Zeiten angemessen zornig. Das war der Rat, den er mal von Max Frisch bekommen hatte, den zitierte er am Ende seines Nachrufs auf den Schweizer Dichter, der im April 1991 stirbt. In diesem ihm eigenen selbstverständlichen Zorn verweigerte er im Herbst eine Teilnahme an der Frankfurter Buchmesse, weil von den Veranstaltern der Boykott iranischer Verlage, erlassen nach dem Todesurteil gegen Salman Rushdie, aufgehoben worden war: »Abscheulich und unsolidarisch.«

Weil seine Einsprüche aber ohne Echo verhallten, besann sich Grass auf seine Kunst, anders erzählen zu können von dem, was passierte und passieren würde. Literatur statt Polemik. Die »Unkenrufe« schildern eine Liebesgeschichte zweier Verwitweter, er ein älterer Kunstprofessor aus Bochum, sie Restauratorin aus Danzig. Sind auch ein Vorspiel zum großen Roman über die deutsche Einheit, die seiner Meinung nach auf bloßer Besitznahme beruht. Erzählt wird vom anfänglichen Zufall, der auf dem Wochenmarkt den »Witwer neben die Witwe stellte«, bis zum zufälligen Ende der Liebe durch einen Autounfall auf der Hochzeitsreise. Hintergrund ist die surreale, wahnsinnige, bizarre Geschichte der Polnisch-Deutschen Friedhofsgesellschaft, kurz PDFG, die das alte Paar gründet, um den einst aus Danzig Vertriebenen die Beerdigung in der Heimat zu ermöglichen. Eine Geste der Versöhnung über den Tod hinaus, aber innerhalb eines Jahres entwickelt sich daraus eine Art neue deutsche Landnahme. Alerte Manager nehmen den beiden idealistischen Gründern den Verein aus der Hand und organisieren den Mehrwert: Seniorenheime, Clubanlagen, Golfplätze mit angeschlossenen Friedhöfen.

Der frühere Mitschüler, eben jener Professor aus Bochum, hat dem Erzähler seine Aufzeichnungen vermacht. Erst wehrt der sich, dann schreibt er doch. Der Erzähler ist wieder mal Grass, der die gefüllten Speicher im Kopf leert: Der Bengale, der in den stillgelegten Werften von Danzig seine Rikschas bauen lässt, die bald weltweit verkauft werden, stammt vielleicht aus Calcutta und der angebliche und längst vergessene Klassenkamerad bestimmt aus Langfuhr.

Sein Danzig lässt ihn nicht los, wie er bekennt, als ihm dort von der Universität der Ehrendoktor verliehen wird: »Doch wie bedankt sich ein deutscher Schriftsteller in einer polnischen Stadt, die von Geburt her, bis sie ihm verloren ging, seine Heimatstadt gewesen ist, für den Doctor honoris causa, zumal da es ihm weder hier noch später im Westen Deutschlands, zum gehobenen Schulabschluß, zum Abitur gereicht hat? Mit der erwiesenen Ehre können nur seine Bücher gemeint sein: die, allerdings, handeln immer wieder, ja, zwanghaft von dieser Stadt, die einst Danzig hieß und in Trümmern unterging – und von Gdansk bis in die Gegenwart.«

Vorgestellt werden die »Unkenrufe«, die in Gdansk erklingen, auf der Leipziger Buchmesse, die Grass trotzig als sein Forum gegen Frankfurt setzt, wo es nur ums Geschäft gehe und nicht um Dichter. Erschienen ist die Helen Wolff zugeeignete Erzählung nicht mehr bei Luchterhand. Grass hat seinen alten Verlag verlassen. Die beiden Frauen, die ihn jetzt leiten, seien zwar nette Menschen, hätten aber keine Ahnung vom Geschäft. Seine neue Heimat liegt in Göttingen, beim Steidl Verlag. Der hat schon den Band »Totes Holz« und einen anderen mit Radierungen veröffentlicht, diesen speziellen Druck konnte Luchterhand eh nicht leisten. »Das war sehr gut gemacht, das gefiel mir, und das nächste Buch waren die Unkenrufe, und mit dem bin ich zu ihm gegangen.«

Auch die politische Haltung des »sozialdemokratischen Devotionalienhändlers« gefällt ihm. Steidl hat angefangen als Fotograf und Plakatdrucker mit einer Siebdruckpresse für knapp dreihundert Mark, dessen bester Freund ist Klaus Staeck, bekannt als genialer Erfinder schlagwortkräftiger Postkarten und Plakate wie jenem, in dem er satirisch vor einem Wahlsieg der SPD warnte, weil, Achtung Arbeiter, die Sozis euch eure Villen im Tessin wegnehmen wollen. Gerhard Steidl weiß, dass ein Verlag ohne seine Autoren nichts weiter ist als eine Druckerei, bei ihm rieche es deshalb nach Büchermachen, wie sein bald erfolgreichster Autor Grass befriedigt feststellt. Und er ist ein gewiefter Geschäftsmann, was ebenfalls dem erfolgsverwöhnten Dichter imponiert, zwar sei er ein Manchesterkapitalist, aber einer, »dem man Manieren beigebracht hat«.

Sein Lektor wird Helmut Frielinghaus, der die »Unkenrufe« für ein versöhnliches Spätwerk des Dichters hält und seitdem alles von

Verleger Steidl bespricht mit Grass den Einband für die Novelle »Im Krebsgang«.

Grass lektoriert. Er schreibt nie konkrete Formulierungen an den Rand, er schlägt nur vor, über diese oder jene Passage oder diesen und jenen Satz noch einmal nachzudenken. Grass hört ihm zu, liest dann wieder Eigenes vor, lauscht danach auf Argumente. Sicher hilft auch, dass beide gleichaltrig sind und sich keiner mehr beweisen muss. Die letzte Fassung eines Buches ist immer die von Grass, er hat das letzte Wort, er spielt mit der Sprache und wer so mit ihr spielen kann, braucht vielleicht mal eine gute Vorlage, aber bestimmt keine neue Taktik.

Der junge Gerhard Steidl, Verlag klein, aber solide, ist zwar geehrt, aber zunächst zögert er, als Grass ihn statt mit Radierungen mit Literatur konfrontiert. Ihn schreckt die Summe, mit der er den Dichter bei Luchterhand auslösen muss, aber Grass, ein Mann nicht nur des Wortes, sondern auch einer der Zahlen, macht ihm klar, dass er fast kein Risiko eingehe: Kaufen Sie die Rechte raus, sonst dauert das ewig. »Dann hat er das für eine ziemliche Summe, über 'ne Million, was nicht einfach war für ihn, auch gemacht. Aber es hat sich nicht nur langfristig gelohnt, es wurde sogar damals relativ leicht für ihn, weil dtv die Taschenbuchrechte übernommen hat, die bei mir lagen, und die leisteten eine große Vorauszahlung, es kam also sofort was rein, ohne daß er was tun musste.« Er bleibt bei Steidl, und der dankt es ihm mit der Erfüllung aller Wünsche.

Grass rechnete damit, dass er anlässlich seines neuen Buches, dessen Erfolg Steidl in professioneller Strategie vorbereitete, die Quittung bekommen würde für politische Einwürfe und solidarische Ausfälle. So kam es. Was nicht bedeutete, dass es ihm egal war. Schon von dem ihm einst nahen Hellmuth Karasek hatte er sich verleumdet gefühlt und seitdem mit dem auch nicht mehr gesprochen, nachdem der in einer Liste für die »Bunte« unter den zehn schlechtesten Büchern der Welt »Die Rättin« auf Platz vier gesetzt hatte. Das hätte Grass vielleicht mal wieder verziehen, aber er wurde in eine Nachbarschaft eingeordnet, die er nie vergeben wird. Auf Platz zwei hatte Karasek Hitlers »Mein Kampf« gestellt und auf Platz drei Stalins Schriften zur Sprachtheorie und dies ironisch begründet.

Eins der kleinen Grass-Gedichte trägt den einfachen Titel »Karasek« und in dem vergleicht er die Brüder Karasek: »Ich meine den Bruder,/ der sich aufrieb/ und nie käuflich war,/ während der andere/ sich verplapperte,/ billig zu haben.« Was Grass bisweilen von sich gebe, polterte der andere Gemeinte, sei so blödsinnig, dass man es nur einem großen Autor verzeihen könne, und ihm persönlich seien seine Einmischungen schon immer furchtbar auf den Geist gegangen.

Der Erste unter denen, die sich von den »Unkenrufen« gestört fühlen, ist Marcel Reich-Ranicki. Grass ahnt bei der Überschrift »Wie konnte das passieren?«, was auf ihn zukommen würde, und sieht sich bei Reich-Ranickis Einstieg bestätigt: »Groß ist die Zahl seiner literarischen Fehlschläge, kühn und kurios sind seine politischen Verlautbarungen, seine beschwörenden Warnungen und düsteren Prophezeiungen...« Frank Schirrmacher schließt sich an, eine »Collage aus Resten« habe man da vor sich. Und einen literarischen Rohrkrepierer erkennt die »Weltwoche«. Weil der Dichter die Kröten nicht schluckt, sondern ausspuckt, weil er trotz auch positiver Rezensionen und trotz des sich anbahnenden Verkaufserfolges, eine Medienmafia am Werke sieht, die ihn vernichten will, angeführt von jenem Großkritiker, der »als strenger und auch fanatischer Anhänger des sozialistischen Realismus in die andere Position abkippt«, bekommt er im »Spiegel« gleich wieder eine gelangt als schlechter Verlierer. Falls er nicht endlich aufhöre, zu knurren und zu raunzen, wenn er nicht gelobt wird, falls er sein künstlerisches Versagen als Epochenereignis missdeute, wird Grass »nicht mehr lange Deutschlands erster und repräsentativer Schriftsteller sein«, wie ihn ausgerechnet MRR in seinem Verriss listig genannt hat.

Dass eine in der Danziger Bucht entdeckte Kieselalge den Namen »Fragilaria guenter grassi« bekommt, weil sie zur Familie der Fragilaria gehört, und niemand auf die Idee käme, seinem Kritiker derart Ehre zu erweisen, kann da nicht trösten. Fern des nahen Vaterlandes genießt Grass deshalb Auftritte in New York. »The Call of the Toad« heißen die »Unkenrufe« und es sollte die letzte Übersetzung seines Weggefährten Ralph Manheim sein, der ihn seit der »Blechtrommel« begleitet hat. Manheim wird im Alter von fünfundachtzig Jahren sterben.

Von einer hymnischen Kritik in der »New York Times Book Review«, verfasst von John Bayley, dessen Frau Iris Murdoch heißt und der in Oxford lehrt, wird Grass bei der Ankunft begrüßt. Seine Laudatio vor einem gespannten Publikum, das seinen Grass schätzt, beginnt John Irving mit den Sätzen, dass der Gast dafür zwar berühmt sei, den Deutschen Dinge zu sagen, die sie nicht hören wollten. Aber wichtiger, dieser Mann sei der größte lebende Schriftsteller weltweit, der sowohl die Kunst des langen Romans beherrsche, siehe »Blechtrommel«, als auch die Art der kurzen Erzählung, siehe »Katz und Maus«. Robust, barock, verschmitzt, deftig, ja zotig schreibe der Freund und deshalb sei es kein Wunder, dass er sich als einer von wenigen deutschen Autoren zur besonderen Freude der hier anwesenden Verlegerin Helen Wolff auch noch gut verkaufe. Wer schon hier in den USA wolle auch noch in Romanen was von der üblichen deutschen Tiefgrübelei erfahren?

Bevor Grass auf Deutsch ein Kapitel vorträgt und John Irving dann auf Englisch liest, preist der amerikanische Bestsellerautor ganz allgemein die Rufe der Unken, die in Deutschland platt gewalzt worden waren. Es sei dies nicht nur ein hervorragender Roman, sondern auch ein politischer und »zugleich eine Liebesgeschichte. Er steckt so voller Sarkasmus und Ironie wie ›Katz und Maus‹; die Liebesgeschichte, die hier erzählt wird, ist so bewegend und anrührend wie García Marquez' ›Liebe in den Zeiten der Cholera‹, nur weniger phantastisch – und so großartig Marquez' Roman ist, ›Unkenrufe‹ halte ich für noch besser.« Da ist er gerührt, der Kaschube.

Seinen fünfundsechzigsten Geburtstag erlebt Günter Grass zwar in angenehmer Umgebung, denn in der Staatlichen Kunsthalle Berlin sind seine Zeichnungen, Radierungen, Lithografien und Plastiken ausgestellt. Die anstrengungslos wirkende Virtuosität wurde von Kunstkritikern gelobt, die einen hintergründigen, geheimnisvollen, subtilen Grass entdeckten und kein Wort, endlich mal, über Politik und den Dichter an sich verloren. Doch die Stimmung ist gedrückt, als SPD-Chef Björn Engholm redet. Willy Brandt ist kurz zuvor gestorben. Die Freude über den Anlass namens Grass, den »wir seit vielen Jahren verehren, der uns viel bedeutet«, wich der Trauer über den Verlust. Gewiss hätten er und Grass an diesem Abend ihre unterschiedlichen Standpunkte zur deutschen Einigung diskutiert und gewiss wäre es lebhaft geworden, meinte fast bedauernd der SPD-Politiker.

Aber dafür sorgte Grass trotzdem. Er nahm den Tod des politischen Freundes, der in ihm das »nicht zu beschwichtigende Gefühl des Verlassenseins« ausgelöst habe, wie er in seiner Trauerrede vor dem offiziellen Staatsakt und vor der Verabschiedung im privaten Kreis bekannt hatte, die trotzdem hilflos nüchtern wirkte, weil er in vielen Sätzen über Willy Brandt zitierte, was er selbst irgendwann mal über ihn gesagt, geschrieben und auch gedichtet hatte, zum Anlass für eine spontane Gegenrede. Danke für die Geburtstagswünsche, lieber Björn, nun zur Sache. Falls die SPD trotz aller Mahnungen doch bereit sei, den Asylparagrafen des Grundgesetzes Artikel 16 zu ändern, könnte die Partei des Lübeckers Willy Brandt, dem einst in Norwegen und in Schweden Asyl gewährt worden war, als er 1933 aus dem Land fliehen musste, durch »Spaltung Schaden« nehmen. Seit Adenauers übler Schmährede aus dem Jahre 1961, die den Emigranten treffen und verletzen sollte, sei Willy Brandt in Deutschland ein Fremder geblieben, fremd bis zu seinem Tod, nichts könne darüber hinwegtäuschen. Seine kaum verhüllte Drohung: »Auch nach dem bevorstehenden Parteitag möchte ich mich weiterhin als Sozialdemokrat begreifen können. Nimm diesen Wunsch, lieber Björn, bitte mit nach Bonn; es steht auf der Kippe.«

Der ist konsterniert, beleidigt gar, denn seine Lobesrede auf den Dichter hatte er zwar mit der Erkenntnis geschlossen, dass Grass und sein Werk Garanten seien für eine schöpferische Unruhe, die »wir bitter nötig haben«, aber so wörtlich war es nun auch nicht wieder gemeint. Von Grass schon. Der hielt sich an sein Wort. Als die SPD dem Kompromiss zustimmte, der den Asylparagrafen änderte, verließ er die Partei. Kassandra habe sich aus dem Staub gemacht, höhnten die Christdemokraten und in einer gewundenen Erklärung hofften die bis gestern Seinen, er möge ihnen dennoch irgendwie erhalten bleiben und vielleicht mal wieder zurückkehren ins Stammhaus der Schnecken.

Wenige Wochen danach, am zweiten Januar 1993, beginnt er mit seinem neuen Werk, dem Roman zur deutschen Einheit. Aber auch Bilder aus Calcutta, die er gespeichert hatte, werden jetzt in Sprache umgesetzt. Grass erinnert sich an jenen Nebenbuhler, der ihm träumend an der Seite seiner Frau Ute im Garten unterm Baum erschienen war, und nähert sich ihm auf seine Art. Insgesamt also ein ziemlich weites Feld, wie sich herausstellen sollte. Theodor Fontane wird zwar im Buch nie genannt, denn nur die im Archiv nannten ihren Wuttke liebevoll Fonty, aber er bekommt einen Schatten. Einen Spitzel. Einen wie Tallhover: »Ich hatte an Schädlich geschrieben, toller Roman, aber der ist doch ein unsterblicher Agent, warum also stirbt der bei Ihnen? Und ließ ihn bei mir deshalb weiterleben.« Er brauchte den Schatten, so wie Don Quijote seinen Sancho Pansa gebraucht hatte, für seine Geschichte und wird ihn Hoftaller nennen.

Bei Schädlich stirbt der Schnüffler. Bei Grass lebt er weiter. So stirbt eine Freundschaft.

XIV

»Das Schönste am Schreiben ist das Schreiben«

1995–2002

Der Bildhauer steht am Pult und blickt über seine Lesebrille prüfend auf voll besetzte Reihen. Der Tonsetzer trinkt einen Schluck Rotwein und stellt das Glas neben dem Mikrofon ab. Der Wortspieler zupft an seinem Schnauzbart und wartet auf ein Zeichen des Mannes am Mischpult. »Das Schönste am Schreiben ist das Schreiben«, doch Selbstgeschriebenes selbst zu sprechen ist auch ganz schön. Grass überprüft seine Form, macht Lockerungsübungen, holt tief Luft, wippt ein wenig, bewegt stumm die Lippen, senkt den Oberkörper, räuspert sich, reckt den Kopf, bis die richtige Höhe erreicht ist, von der aus seine Sprache auf die Zuhörer fallen soll, atmet beim Startsignal noch einmal tief ein und legt los.

Beim Parlando helfen ihm beide Hände. Mit ihnen begleitet er dirigierend eine Melodie, deren Partitur von ihm notiert wurde. Unruhig und brabbelnd vor fordernden weißen Blättern durchs Atelier wandernd, bis die Worte fielen, hat er sie sich selbst vorgetragen in der Einsamkeit des Langstreckenschreibers und am Stehpult aufgezeichnet. Jetzt trägt er sie auf den Markt. Dort wird der Stand des Zauberers umlagert von faszinierten Zuhörern, die sich betören lassen wollen von seiner Sprachmelodie. Den Wert seiner Stimme weiß Grass zu schätzen, ihr Mehrwert ist berechenbar. Das mittelständische Unternehmen GG, made in Germany mit Lizenznehmern in vielen Ländern, hat in der Person des Firmengründers und Geschäftsführers und Besitzers den besten Werbeträger. Keines seiner Produkte bleibt unverwertet. Alle werden vermarktet. Am liebsten wird er selbst genommen. Es gibt Tausende von Rundfunk-, Fernseh-, Film-, Schallplatten- und CD-Aufnahmen, die archiviert werden sollen in der Günter-Grass-Stiftung zu Bremen, gelegen im Erdgeschoss eines Gebäudes der International University auf dem zum Campus umgebauten ehemaligen Kasernengelände, was angesichts der Biografie des Subjekts einen gewissen burlesken Charme hat. Die Stiftung, aus deren Erträgen das elektronisch überlieferte und weit verstreute Werk gesammelt, geordnet und zugänglich gemacht werden soll, auf dass seinen Schöpfer die Nachwelt hören und sehen kann, haben regionale Unternehmen, der Senat, Radio Bremen und der Steidl Verlag gegründet. Unter www.guenter-grass.de wird der Dichter weltweit hörbar, sichtbar, abrufbar sein.

Grass bewies bei jeder Neuerscheinung sein anderes Talent, das der Geschäftstüchtigkeit, und verband dabei die Gunst der Stunde, in der er für sich werbend vorlesen musste, mit der ihm vertrauten Kunst der Synergie, zum Beispiel der Aufnahme eines Hörbuches. Als die Technik es erlaubte, holte er Versäumtes nach, las zum Beispiel in einem Parforceritt seine gesamte »Blechtrommel«. Statt einer Produktion in sterilen Tonstudios lieber eine in lebendigen Theatern oder Sälen, wo mit Disziplin, Konzentration und kurzen Pausen zwischen einzelnen Kapiteln vor Publikum der Effekt in einem Durchgang zu schaffen ist und er dabei zusätzlich noch spüren kann, wie seine Sprache bei denen ankommt, die er meint. Husten und Niesen und Weinen und Lachen sind allerdings bitte zu unterlassen, danke.

Er macht sich gut, er ist professionell, er gibt sich gelassen. Lampenfieber kannte er noch nie. Frei von eitler Koketterie fiebert er auch bei anderer Gelegenheit dem Moment entgegen, in dem eine Lampe auf ihn gerichtet ist, das Murmeln im Auditorium erstirbt und er allein im Rampenlicht steht. Stolz wäre seine Mutter gewesen, wenn sie solche Auftritte ihres Peer Gynt hätte erleben dürfen, nachsichtig lächelnd, falls er das Blaue vom Himmel heruntergelogen hätte. War immer schon so, der Junge, musste immer schon übertreiben. In nachgetragener Sohnesliebe wird er sie beim Dank für den ihm 1999 endlich verliehenen Nobelpreis, als er mit trotzigem Versprechen unter dem Titel »Fortsetzung folgt« die alle und alles besiegende Kraft der Literatur beschwört, voller Wehmut an seine von ihr beschützte Danziger Kindheit ins Leben zurückreden.

Günter Grass genießt es grundsätzlich zwar, die Macht zu schmecken, die ihm seine millionenfach verkauften Bücher verliehen haben, insofern ist er normal eitel. Doch er schluckt den normalerweise eitle Rülpser auslösenden Geschmack meist rechtzeitig herunter. Er benutzt Bruder Ruhm vor allem politisch und lässt sich von dem nicht bei seiner eigentlichen Arbeit stören. Für die erforderliche Ruhe sorgt seit mehr als zwanzig Jahren Ute Grass, die ein feines Gehör hat für falsche und echte Töne, was auch an ihrer Kunst liegen mag, dem Spiel auf der Orgel. Sie spürt sehr genau, wer gefragt ist, ihr Mann oder sein Ruhm. Die Frau, die nur er »Utchen« nennt, ist seine letzte Königin, und wenn er einmal nicht mehr ist, wird er auch in ihr weiterleben.

Sobald sich Grass ans Werk macht, liegt passendes Werkzeug in Griffnähe bereit. Beim Zeichnen die Stifte. Beim Modellieren der Ton. Beim Tuschen die Feder. Beim Schreiben? Der wundersame Romanverführer hat sein Handwerkszeug geordnet im Kopf – »Ich liebe meinen Beruf« – und die nötigen Regeln, um dies zu benutzen, hat er gelernt. Beispielsweise den Merksatz von der Magie erster Sätze. In seinen Anfängen sind deshalb immer ein paar gute Worte und kein Wortschwall: »Der Zufall stellte den Witwer neben die Witwe« oder »Zugegeben: ich bin Insasse einer Heil- und Pflegeanstalt« oder »Erzähl Du. Nein, erzählen Sie!« oder »Wir vom Archiv nannten ihn Fonty« oder »Gestern wird sein, was morgen gewesen ist«. Es dauert, bis er sie gefunden hat, doch wenn er sie gefunden hat, bleibt er ihnen treu.

Er weiß nicht nur, wovon er spricht, er weiß es vor allem zu sprechen. Weil er konsequent jeden Satz bei der Geburt laut deklamiert, dem Rhythmus und dem Klang lauscht und ihn erst hinschreibt, wenn er eine ganz bestimmte Melodie hört, kennt er in Dur und in Moll jede Achtel-, jede Viertel-, jede halbe Note und die ganzen sowieso. Die Produktion einer Literatur mit Stallgeruch braucht nicht nur überirdische Musik, sondern die irdische Geduld eines Landmannes. Der muss auf brachliegendem Acker Furchen ziehen und in denen Körner säen und das Wachsen des Weizens prüfen und Halme schneiden und die Ernte einbringen, und das alles heißt übertragen auf den Poeten Grass: erste Fassung handschriftlich, zweite Fassung auf der Olivetti, dritte Fassung in die zweite einschreibend, von Fassung zu Fassung der »Wahrheit um einen Tippfehler näher«, die vierte ins Sekretariat, das er von Berlin nach Lübeck ins Günter-Grass-Haus verlegt hat, der kürzeren Verbindungen wegen. In der Glockengießerstraße 21 sind Manuskripte in einzelnen Stufen ihrer Reife bis zum gedruckten Buch ausgestellt, dort ist außerdem zu sehen, was im Laufe von Jahrzehnten in der anderen Werkstatt des Künstlers entstanden ist: Zeichnungen, Skulpturen, Radierungen.

Grass benutzt Worte wie würzige Zutaten für eine seiner Fischsuppen, zermalmt zwischen Zähnen sperriges Gut zu Brei, spuckt sich den wieder in die Suppe. Rührt. Schmeckt. Riecht. Schreibt. Hackt Sätze, den stetigen Widerstand von Tasten Wort für Wort brechend, in seine Olivetti. Er will keine elektrische Schreibmaschine, die ist ihm »zu widerstandslos und zu leise«, und einen Computer erst recht nicht. Das Handwerk des Bildhauers hat den Autor geprägt. Die Inhalte, deren Form er sich ertrotzt hat, gibt er vorlesend weiter. Schauspieler könnten seine Texte vortragen, aber nie so gut wie er, ganz egal, wie gut sie sind. Seine Sprachkraft täuscht auch dann saftige Sinnlichkeit vor, wenn die Vorlage papierene Kopfgeburt ist. Was sogar Freunde, selbst lesend, als bleierne Last belehrender Worte empfinden, hört sich vom Dichter, selbst redend, faszinierend an. So vortäuschend gut könne der Grass jeden Mist vortragen, meinte einst gallig Rudolf Augstein, dass er alle Zuhörer durch den Klang seiner Stimme in seinen Bann schlage. Der »Spiegel«-Gründer aber bestand im gleichen Atemzug darauf, besser singen zu können als der andere, als der da.

Die Faszination Grass als erdnahes Gesamtkunstwerk liegt manchmal auch am Ambiente fern der Säle, der Theater, der Akademien. Jürgen Flimm besitzt als Regisseur ein Gespür für gute Szenen, auch die der Konkurrenz, hat so gesehen eine Inszenierung des Dichters für immer gespeichert. Sie ist zu einem der bleibenden Bilder auf den Bühnen seines Lebens geworden: Grass sitzt mit dem Rücken zum großen Fenster im Wohnzimmer seines Hauses in Behlendorf. Hinter ihm verabschiedet sich der Tag und versinkt in der Dämmerung, die sich bereits am Elbe-Trave-Kanal heimlich ausgebreitet hat. Es wird langsam dunkel, das Klavier verschwindet im Schatten, Kara seufzt leise träumend vor sich hin und nur die Stimme des Autors, der sich liest, erfüllt aus weiter Ferne ganz nah den Raum.

Günter Grass wäre ein idealer Leseschriftsteller. Er ist zwar in der ganzen Welt gedruckt zu haben, aber trotz seines Erfolges kann man sich vorstellen, wie er auf heimischen Märkten kaschubische Geschichten anbietet, anschließend mit umgedrehter Schiebermütze bei den Zuhörern sammeln geht und dann weiterzieht ins nächste Dorf. Mit solchen Geschichtenerzählern, die auch im Dunkeln gut munkelten, die kein Tageslicht brauchten und keine Kerzen, weil es eh noch nichts Geschriebenes gab, das sie hätten erkennen müssen, die mit Mund-zu-Ohr-Beatmung das Überleben der kollektiven und subjektiven Erinnerungen ermöglichten, mit glaubwürdig vorgetragenen Lügen und Märchen und Legenden also hat einst die Literatur begonnen. Irgendwann sind solche Geschichten, gegrüßet seiest du uns, Homer, nicht nur von Generation zu Generation weitererzählt, sondern aufgeschrieben worden. Es fielen tatsächlich keine Genies vom Himmel, es schrieben tatsächlich alle fort in der Tradition anderer, und alle an einer unendlichen Geschichte.

Grass ist einer von denen. Bereits unsterblich berühmt, aber irgendwann auch sterblich. Nur seine Sprache wird bleiben. Er hütet sie und hält sie fest, steigt mit ihr aus der Vergegenkunft und ruht erzählend in ihr, singt rückblickend und vorausblickend im Dialekt der Kaschuben. Dialekt macht Erhabenes menschlicher. Ironie macht Großes klein. Der Danziger dreht beschreibend das Fernglas einfach um, und was sonst riesig in die Landschaft ragt, wird überschaubar. Er vermittelt ein Gefühl von Nähe bei denen, die seine Heimat nur lesend erfahren haben. Hörbare Reaktionen trotz gebotener Stille machen ihn nicht etwa ärgerlich, erfreut registriert er auch bei laufenden Aufnahmen ein Lachen an der richtigen Stelle und liest sich für eine Wiederholung noch mal zurück.

Problemlos findet er wieder den passenden Rhythmus. Die musikalischen Waschbrettnächte mit Horst Geldmacher im Düsseldorfer Jazzkeller, die Auftritte mit dem Flötisten Aurèle Nicolet in Berlin, die Sprechgesangtourneen mit dem Perkussionisten Günter »Baby« Sommer in Ost und West haben ihm die nötige Routine verliehen. In oft erprobter Bühnenpräsenz beherrscht er viele Rollen. Wenn Grass bei Gelegenheit den Großdichter gibt, der knurrend Kenntnis seines Werkes verlangt, bevor Fragen gestellt werden, dann ist das nicht gespielt. Falls er Leere erkennt, also mangelnden Respekt, ist ein Gespräch schnell beendet.

Die Kraft seiner Sprache und die aus ihr gewonnene Selbstsicherheit nützt Grass auch bei politischen Einwürfen aus: »Wenn ein Anlaß vorliegt, etwas zu sagen, wo auch hingehört wird, dann tue ich es.« Das stimmt, stöhnen seine Gegner. Das stimmt, freuen sich seine Anhänger.

Er nennt bei einem Wahlkampf in Schleswig-Holstein den CDU-Spitzenmann Volker Rühe einen Rambo. Er vergleicht Edmund Stoiber mit Jörg Haider und Silvio Berlusconi. Er setzt mit Carola Stern und Hartmut von Hentig im Pakt der Alten ein moralisches Zeichen und bittet, jeder erwachsene Bürger möge zwanzig Mark in den Fonds zur Entschädigung ehemaliger Zwangsarbeiter spenden, dann hätte man nicht nur die bei Jahresmitte 2000 noch fehlende Milliarde, sondern Leid als Leid, Unrecht als Unrecht anerkannt. Es werden 3,25 Millionen Mark auf ein Konto »Erinnerung, Verantwortung und Zukunft« einbezahlt, und vielleicht sind darunter auch Spenden gut honorierter Grass-Kritiker, die ihn eine sozialdemokratische Mahnwache nennen.

Beispiel Frankfurter Paulskirche, Herbst 1997, Grass als Redner. Seine Laudatio auf den türkischen Dichter Yasar Kemal, Friedenspreisträger des deutschen Buchhandels, konzentrierte sich fast ausschließlich auf eine literarische Würdigung. Wochenlang hatte er sich im Sommer in seinem dänischen Ferienhaus in dessen Bücher eingelesen, die er bis dahin nicht kannte. Am Ende seiner zwölfseitigen Rede sorgten zwanzig Zeilen, in denen er deutsche Waffenlieferungen an die Türkei kritisierte und die gängige Abschiebepraxis angriff, für einen heftig von links und rechts kommentierten Eklat, denn Grass bekannte: »Ich schäme mich meines zum bloßen Wirtschaftsstandort verkommenen Landes, dessen Regierung todbringenden Handel zuläßt und zudem den verfolgten Kurden das Recht auf Asyl verweigert.«

Volkes Stimme »Bild« läutete eine neue Runde des beliebten Boxkampfes Deutschland gegen Grass ein – Leser empört über Grass, müssen wir uns schämen für unser Land? – und andere Tiefschläge folgten. Nicht alle trafen ihn so wie der von Rudolf Augstein, der ihm vorhielt, aufgrund seines Ruhms mittelpunktsüchtig geworden zu sein. CDU-Generalsekretär Peter Hintze urteilte, Grass habe sich aus dem Kreis ernst zu nehmender Literaten verabschiedet, aber den Ex-Pfarrer nahm schon damals keiner mehr ernst. Egon Bahr und Burkhard Hirsch, Walter Jens und Peter Rühmkorf, Hellmuth Karasek und Peter Härtling begrüßten dankbar das Donnerwetter in der Paulskirche, denn Mehltau lag schon viel zu lange über dem Land und die meisten Schriftsteller gossen lieber ihre Pflänzchen privater Idylle, statt respektlos öffentlich Wasser abzulassen.

Selbst konservative Politiker wie Heiner Geißler und Kurt Biedenkopf und Roman Herzog und, doch, doch, Peter Gauweiler verteidigten das Recht eines Intellektuellen, für den sie alle Grass hielten, seine Meinung überspitzt und deutlich zu äußern. Ihm gefiel der allgemeine Aufschrei, denn bekanntlich heulten nur Getroffene auf. Lustgewinn hatte er bereits während seiner Attacke: »War schön zu sehen, wie in der ersten Reihe Rita Süssmuth das Dauerlächeln gefror. Und wie sich Norbert Blüm auf seine Hände setzen musste, weil es ihn juckte, zu klatschen.«

Lieber teilt er aus, als einzustecken. Wer ihm am Ende Recht gibt, darf ihm am Anfang widersprechen. Er steht kampfbereit an der Spitze der Mehrheit in der Minderheit. Der Einzelgänger braucht eine Gruppe, die er gängeln kann. Der Nörgler gibt seinen Senf dazu, bevor die Wurst auf dem Teller liegt. Er lässt im Zweifelsfall eher seine als andere Meinungen gelten, aber denen hört er zu. Der Weltgeist interessiert ihn mehr als der Zeitgeist. Er mag die Nähe zur Macht, aber macht sich nicht gemein mit ihr. Er ist radikal gegen Reaktionäre, sozialdemokratisch gegen Radikale und realistisch, wenn andere in Utopien abheben. Der patriotische Störenfried mischt sich überall ein, außer als Beifahrer neben seiner Frau Ute. Er hat lustige braune Augen, die nur bei Bedarf ungemütlich blitzen. Statt am Ende zynisch zu werden, bleibt er von Anfang an skeptisch.

Seinen Enkeln ist er ein besserer Großvater, als er seinen Kindern ein guter Vater war. Über sein Leben als Mann, gern liebend, schweigt er sich liebend gern aus. Anna und Ute und Veronika und Helene und Waltraut und Helen und Maria und Nele und Laura heißen Frauen, die sein Leben prägten. Der Schwester und den Lieben, den Müttern und den geliebten Töchtern schenkte er in Gedichten, Romanen, Novellen, Zeichnungen und Skulpturen ein Stück Unvergänglichkeit. Andere Bücher widmete er seinen Söhnen in feststehender und seinen Enkeln in wachsender Zahl.

Und so weiter?

Manche dieser Feststellungen sind objektive Wahrheit, manche nur subjektive Vermutungen, Annäherungen, Interpretationen. Sie stammen von vielen, die ich auf der Suche nach Grass, Günter, um ihre ganz persönliche Einschätzung bat, was denn so typisch an ihm sei.

Und so weiter:

Er liest, was Kollegen schreiben, schickt denen selten aber was von sich. Der Romancier ist eigentlich ein Lyriker, denn fast alle Romane sind im Gedicht geboren. Er führt bei Tagungen seiner Bekanntheit entsprechend das Wort, aber hockt selbstverständlich tagelang unter Unbekannten im Plenum beim Moskauer P.E.N.-Kongress, nachdem er ihn eröffnet hat. Wie ein Verein heißt, ist ihm egal, solange er ihm vorsitzt. Nie lässt er sich vom Rausch der Utopie leiten, weshalb große Enttäuschungen ausbleiben. Von Zeit zu Zeit überprüft er seine Ziele, denn Endziele sind ihm suspekt. Er bekämpft mächtige Sieger, gerade weil er zuvor für ihren Sieg gestritten hat. Er verteidigt ohnmächtige Verlierer, auch wenn er ihre Vorstellungen nie teilte. Weil er so fest auf dem Boden des Grundgesetzes steht, hat er Plattfüße. Er spielt mit sinnlicher Sprache, mag die trockene der Akademiker nicht. Die Schnecke des Fortschritts rechnet nicht damit, dass ihr die dankbar bleiben, denen sie mal mit einem großen Schritt fortgeholfen hat.

Hans Joachim Schädlichs DDR-Dasein bis 1977 war vom Staatssicherheitsdienst unter dem Stichwort »Schädling« abgelegt, sechs Bände auf eintausendfünfhundertachtzehn Seiten dokumentieren Verbindungen zu Max Frisch und Günter Kunert, seine Proteste gegen Wolf Biermanns Ausbürgerung etc. Weil Schädlich in »Versuchte Nähe« den Dienst vorführte und weil Grass den dort zu Lande verbotenen Autor im Westen förderte, wird empfohlen, den Großschriftsteller, der ihnen auch sonst nur Ärger machte, nicht mehr einreisen zu lassen.

Grass hatte in der Tat ja nicht nur den Umschlag gestaltet, als wär's ein Buch von ihm, und bei Auftritten vor vollen »Butt«-Sälen damals auf Schädlichs Werk hingewiesen oder daraus gelesen. Er half auch durch seine Kontakte zu Günter Gaus, Ständiger Vertreter der Bundesrepublik in Ostberlin, dem verfemten Schädlich bei der legalen Ausreise, bot ihm Unterkunft in Wewelsfleth, lieh ihm Geld für den Start im Westen, das er zurückbekam, und empfahl Helen Wolff, die Bücher von Schädlich übersetzen zu lassen für den amerikanischen Markt. Dafür war Schädlich ihm dankbar.

Schnitt. 1986 erscheint Schädlichs fiktive Geschichte des unsterblichen Geheimagenten Ludwig Tallhover, geboren am 23. März 1819, der unter allen Systemen mit seinen besonderen Fähigkeiten dem jeweiligen zu Diensten gewesen ist. Nun sitzt er, als Archivar der Behörde vom eigentlichen Geschäft fern gehalten, 1955 im Keller seines Hauses in Ostberlin und beantragt gegen sich selbst die Todesstrafe, weil er versagt habe. Ein einsamer Tod soll es werden… und Günter Grass beschließt nach der Lektüre, notiert in seinem indischen Tagebuch, er werde dem Freund schreiben, Tallhover dürfe nicht sterben, der sei »unsterblich, lebt nun im Westen, führt neue Erkenntnismethoden ein, wird Rasterfahnder…«.

Kein flüchtiger Gedanke, eine sich festgrabende Idee. Im Mai 1991 fragte er nach einem Abendessen in Rom, wo Schädlich mit einem Stipendium in der Villa Massimo lebte, ob der etwas dagegen habe, wenn er seinen Tallhover fortschreibe? Nichts dagegen, antwortete der Erzeuger. Was ihm bald Leid tat, denn Grass machte aus Tallhover nicht nur gewendet einen Hoftaller, der sich an seine Tallhover-Zeit erinnerte, aber ohne Probleme für die Stasi wie für den westdeutschen Bundesnachrichtendienst einsetzbar war. Schädlich empörte sich, ein Geheimdienst in einer Demokratie schien ihm mit dem in einer Diktatur nicht vergleichbar zu sein.

Briefe wurden ausgetauscht in zunehmend gereiztem Ton. Der Disput liest sich wie das Protokoll der Vorstandssitzung eines Unterbezirks der SPD. Schädlich wollte einen Hinweis auf seine Urheberschaft der Figur, was Grass schließlich am Ende seines Romans »Ein weites Feld« in dürren Worten gestattete: »Die Gestalt des Tallhover, die in dem vorliegenden Roman als Hoftaller fortlebt, entstammt dem 1986 bei Rowohlt/Reinbek erschienenen Roman ›Tallhover‹ von Hans Joachim Schädlich.« In einem Vorausexemplar aber entdeckt Schädlich, dass sein eigenes Buch in dem des berühmteren Kollegen lesenswert, doch schwierig genannt wird. Das hält er für einen unfreundlichen Akt, erregt sich schriftlich und zählt im Streit, der in den typisch deutschen Auseinandersetzungen um den Zusammenschluss von Ost- und West-P.E.N. fortgesetzt wird, seine grundsätzlichen Einwände auf: »Erstens: Deine Abneigung gegen die Einheit Deutschlands, die dem Publikum aus früheren Äußerungen von Dir bekannt ist. Du stellst Deine Abneigung unter dem Aspekt des Systemgegensatzes Kapitalismus vs. Sozialismus dar, aber ich erfahre aus Deinem Buch nicht, warum eigentlich die DDR zusammengebrochen ist. Das führt dazu, daß Du zum Beispiel die Treuhandgesellschaft als Vernichterin des sogenannten Volkseigentums darstellst, aber wo erfährt man, daß es ein Volkseigentum im Staatssozialismus nie gegeben hat?«

Die Missachtung von Ursache und Wirkung am konkreten Beispiel Treuhandanstalt wird Grass nach dem Erscheinen seines Romans mit ähnlichen Argumenten auch von Politikern vorgeworfen. Vor allem Treuhandchefin Birgit Breuel wird sich nicht nur dort als Jenny Treibel, sondern auch im Grass-Buch »Mein Jahrhundert«, Kapitel »1994«, dem tatsächlichen Jahr des Treuhandendes, als herzlos vorgeführt sehen: »Sollte ich also fallen, weil plötzlich diese Sozialromantiker das Sagen haben«, legt Grass ihr in den Mund, »werde ich weich fallen und mich auf unseren Familiensitz mit Elbblick zurückziehen, der mir blieb, als Papa, einer der letzten großen Privatbankiers, in den Bankrott getrieben wurde.« SPD-Genosse Klaus von Dohnanyi klagt in der Grass vertrauten Form eines offenen Briefes, dass ein »Mann von Deiner literarischen Statur und von Deiner Wirkung« mit Fragen der Politik nicht umgehen dürfe wie ein spät geborener Alchimist, und »Du mußt Dir schon etwas Sachverstand erarbeiten, ehe Du uns solche Grobheiten an den Kopf wirfst...«

Weil den Dichter jeder erkannt hätte, auch die, die nichts von ihm kennen, hatte er bei der Spurensuche Hilfe gebraucht. In seiner erdichteten und mit realen Ereignissen verdichteten Geschichte der Treuhandanstalt, Letztere deshalb nicht von ihm, sondern von seinem Mitarbeiter Dieter Stolz recherchiert, erzählte er im »Weiten Feld« von den Taten der Halunken und blendete die der Helden aus. Man warf ihm sogar klammheimliches Verständnis vor für den Mord an Detlev Rohwedder, aber hatte die vom Sprachvirtuosen Grass benutzte Kunst der Rollenprosa nicht verstanden, erst recht nicht liebevoll ausgemalte Szenen des Rollschuh fahrenden Präsidenten auf den weiten Fluren der Anstalt und dessen Gespräche mit dem Büroboten Fonty auf dem alten Sofa, das prall mit Stasiakten voll gestopft ist.

Als Grass seinem einstigen Schützling Schädlich großmütig vorschlägt, was der als besonders gemeine Zumutung und Kränkung eigener Werke empfindet, sich doch an den zu erwartenden Erfolg des »Weiten Feldes« mit seinem Büchlein »Mal hören, was noch kommt« dranzuhängen, gemeinsam mit ihm bei der Buchmesse aufzutreten und für sich die Werbekraft des Namens Grass zu nutzen, ist die Freundschaft zu Ende. Grass nennt Schädlich, wie der berichtet, einen blöden Ossi, geschäftsuntüchtig wie andere Ossis auch.

Der hat nun erst recht die Schnauze voll davon, dass Grass seine Figur »populistisch verkehrt, also verfälscht hatte durch die Verharmlosung des Stasi-Systems«, und rächt sich am Beispiel des Streits um die Vereinigung der P.E.N.-Zentren öffentlich: »Prediger gegen die Vereinigung Deutschlands oder – etwas später – gegen die schnelle Vereinigung Deutschlands sind plötzlich Fürsprecher einer schnellen Vereinigung des P.E.N.-Zentrums der Bundesrepublik mit dem Ost-P.E.N. Da ist zum Beispiel von Günter Grass, der es besser weiß, von selbstgerechter, inquisitorischer Siegerattitude der Betonfraktion und von Hallstein-Doktrin die Rede... aber: Die Selbstgerechtigkeit derer, die die Erklärung der Geschichte vermeiden möchten, ist einem betonierten Denken verhaftet, das den Zusammenbruch der kommunistischen Diktatur nicht verwinden kann...«

Grass antwortet abschließend sinngemäß, auch er habe die Schnauze von Schädlich voll. Nicht wegen der Kritik an seinem Buch, das inzwischen erschienen ist, da wird es auf eine böse Kritik mehr oder weniger nicht mehr ankommen. Wegen der Unterstellung, er sei nicht aus Überzeugung wie vierundsechzig andere Autoren dem Ost-P.E.N. beigetreten und zugleich klug de jure im West-P.E.N. geblieben, um eine Vereinigung de facto zu erzwingen, sondern nur deshalb, weil das politisch in die Marketingstrategie gepasst habe für seinen Roman »Ein weites Feld«. Denn in den neuen Bundesländern wird Grass geradezu verehrt wegen seiner literarischen Polemik gegen den schon für normale Bürger undurchschaubaren Moloch Treuhand. Und noch Jahre danach, im Mai 2002, von der Universität in Seoul, Südkorea, zu einem Symposium über die Probleme geteilter Staaten bei einer möglichen Wiedervereinigung als Fachmann eingeladen.

Bei Kämpfen auf dem »Weiten Feld« wird Pardon nicht gegeben. Eigentlich geht es um einen neuen Roman des spöttisch und polemisch und neidisch und ehrfürchtig als Nationaldichter bezeichneten Grass, fast achthundert Seiten stark, aber tatsächlich geht es um die Begleichung alter Rechnungen. Nicht nur für Literaten gilt ein Bonmot des Literaten Friedrich Sieburg, wer nie unter ihnen gelebt habe, wisse nicht, was Hass ist. Auch Kritiker kennen sich da aus.

Der Paarlauf von Wuttke und Hoftaller steht im Mittelpunkt tatsächlicher deutscher Geschichte zwischen der Märzrevolution 1848 und dem Mauerfall, besonders in den zwei Jahren danach. Zweimal deutsche Einheit, 1871 und 1990, steckt den Rahmen, reizt zum literarischen Vergleich. Die Auseinandersetzung von Reich-Ranicki und Grass steht im Mittelpunkt der veröffentlichten Geschichte 1995. Danach werden sie nicht mehr miteinander reden, nur übereinander. Der eine meint abschätzig, der andere wolle doch nur, dass er ihn endlich richtig lobe. Der andere spricht vom Vernichtungsdrang des einen, dessen Namen er nie mehr in den Mund nehmen werde. Er habe Jahrzehnte unter ihm leiden müssen, zwar sei es oft vergnüglich gewesen, mit ihm, »weil ich ihn auch nicht überschätzt habe wie viele das tun. Ich kenne seine Grenzen und ich weiß, daß er seine beste Zeit noch in der Gruppe 47 hatte.« Größenwahn sei bei ihm erst durchs Fernsehen entstanden.

Jürgen Schreiber glaubt in einem Grass-Porträt für »Die Woche«

eine versteckte Sehnsucht des Dichters nach Zuneigung des Kritikers zu erkennen. John Irving fragt sich, warum man überhaupt den Kritikern so viel Bedeutung zumesse, bezeichnet den Gemeinten als senilen Tyrannen, eitlen Selbstdarsteller, Schwachkopf, Arschloch und bittet darum, vor allem das wörtlich so hinzuschreiben. Er kann nicht verstehen, dass die Deutschen mit einem Dichter wie Grass so umgehen. Sollen froh sein, dass sie einen besitzen, der so zu schreiben vermag. Man hat seine Fabulierlust in den USA, wo bereits »The Tin Drum« für sich allein die Millionengrenze verkaufter Bücher überschritten hatte, mit der Kunst der ganz Großen verglichen, Mark Twain zum Beispiel, und in einem so beschriebenen Spitzenorchester von Schriftstellern, in dem Henry James die Geige spielte, D.H. Lawrence die Trompete, F. Scott Fitzgerald das Saxofon, Saul Bellow die Oboe, Norman Mailer das Becken schlug und Jerome D. Salinger die Flöte blies, gab es nur einen, der das alles dirigieren könnte: Günter Grass. Der hochrangige Partner von »black humorists« wie Heller und Burroughs, Irving und Rushdie, Pynchon und Purdy und Vonnegut ist nicht nur Dirigent, sondern der einzige Deutsche in der Band der Big Shots. Ihn verteidigte Irving blind, denn so viel Deutsch kann er nicht, um »Ein weites Feld« im Original zu lesen.

In seinem Roman zur deutschen Einheit agiert der Erzähler Günter Grass in vielen Verkleidungen. Das Kollektiv vom Fontane-Archiv in Potsdam, das den Büroboten Theo Wuttke kurzerhand Fonty nannte, weil der auch privat sein Leben nach Zitaten aus Fontanes Leben lebt, erzählt aus der Perspektive von Materialsammlern, die von Abwicklung bedroht sind. Dieser Fonty alias Wuttke war vor der Wende vom Kulturbund als Wiedergänger des Unsterblichen auf Tournee durch die DDR geschickt worden, er hat Familie wie Fontane und die Parallelen zu dem und dessen Irrungen und Wirrungen, ob in der Märkischen Heide oder in London, hat Grass nicht etwa zufällig gezogen, sondern zum Beispiel bei der Hochzeit von Fontys Tochter Martha detailgetreu verwoben in seine Geschichte. In den »Fontane Blättern«, zweimal jährlich herausgegeben im Auftrage des echten Fontane-Archivs und der Theodor-Fontane-Gesellschaft, wird er mal dafür gepriesen, dass er ein Medium des Dialogs in der Gestalt des Fonty geschaffen habe, eine Brücke gespannt zwischen der historisch-fiktionalen Welt Fontanes, des Zeitgenossen Bismarcks, und der tatsächlichen Wendezeit des Fonty-Zeitgenossen Helmut Kohl.

»Tag und Nachtschatten« Hoftaller, gut zu gebrauchen in allen Systemen, lässt Fonty alias Wuttke nie aus den Augen – auf gegenwärtigen Spaziergängen durch Berlin, wie es seit Döblins »Alexanderplatz« nicht mehr so beschrieben worden ist, auf Fahrten in die eigene und die Vergangenheit des anderen deutschen Dichters, der als Person Fontane im Buch namentlich nie auftaucht. Das pikareske Paar wird erst getrennt, als Fonty im Spätsommer 1991 mit seiner Enkelin Madeleine, deren Großmutter seine heimliche Geliebte war während der deutschen Besatzung, in der Nähe von Lyon verschwindet und sein deutsches Trauma, jenes so weite Feld voller Totengebeine, zu enden scheint.

Früh mit Leseexemplaren auf das literarische Ereignis eingestimmte Kritiker reagieren erst einmal wütend auf eine Zumutung von achthundert Seiten Grass zwischen Vormärz und Nachwende. Vergeblich die Mahnung von Walter Jens, für dieses Buch brauche man Zeit und Ruhe, die sich andere, die beurteilen statt verurteilen, dann auch lassen werden. Sein Tag-und-Nacht-Schatten Marcel Reich-Ranicki, dem Grass vor einer Lesung am fünfundzwanzigsten April 1995 im Festsaal des Jüdischen Gemeindezentrums Frankfurt zwei Zeichnungen übergeben hatte, verdrückte angeblich eine Träne der Rührung, als er ihn dann anderthalb Stunden live hörte.

Muss an der Zauberkraft der Stimme gelegen haben, denn in einer als Brief unter Freunden – »es grüßt Sie in alter Herzlichkeit« – getarnten Abrechnung wird MRR den »total mißlungenen Roman« im »Spiegel« vier Monate später beim Erscheinen nicht nur wörtlich, sondern auf dem Titelbild, das ihn als buchverreißenden Wüterich zeigt, auch optisch zerfetzen: »Mein lieber Günter Grass… Marcel Reich-Ranicki über das Scheitern eines großen Schriftstellers.« Die Fotomontage habe er vor dem Erscheinen nie gesehen, erklärte er, aber der verantwortliche Redakteur beteuert, der Kritiker sei einverstanden gewesen, als man ihm das Cover vorlegte.

Die Idee zum Reiß-Wolf Reich-Ranicki hatte Hellmuth Karasek. Eigentlich war eine Titelgeschichte des Herausgebers über den bayerischen Märchenkönig Ludwig geplant, ein sicherer Verkäufer, wie man das unter Journalisten nennt. Rudolf Augstein aber las das Manuskript seines Freundes Marcel und gab dem polemischen Text Reich-Ranickis vor dem eigenen Text den Vorrang. Wollte allerdings keine der Illustrationen auf seinem Blatt haben, die üblicherweise auftauchen, wenn überlebensgroße Figuren attackiert werden, wie zum Beispiel Kanzler Kohl als zerbröselndes deutsches Denkmal. So durfte der Kritiker sich nicht nur das Maul über Grass zerreißen, sondern auch optisch, unter Verwendung einer ZDF-Werbung für das »Literarische Quartett«, das Werk verreißen. Diese plakative Umsetzung seines offenen Briefes gefiel ihm außerordentlich gut.

Der Kabarettist Matthias Deutschmann erkennt darauf einen Giftzwerg, der sich aus lauter triefender Eitelkeit zum Grass-Zerstörer machen lässt. Der Grass-Vertraute Klaus Staeck produziert ein Plakat, auf dem über und unter dem Foto des dargestellten Wüterichs zu lesen ist: »Vom Umgang mit Büchern. Eine deutsche Fortsetzungsgeschichte«. Der englische »Independent« glaubt sich bei MRR wieder wie schon einmal an jenen bissigen Hund erinnert, der nach den Fersen eines Dichters schnappe. Schwedens größte Zeitung »Dagens Nyheter« vermutet einen Lustmord an Grass. Im französischen »Figaro« wundert sich ein Kolumnist, warum niemand bei der so eindeutig gezeigten Vernichtung eines Buches an die Bücherverbrennung der Nazis gedacht habe. Ernst Jünger preist die wunderbare Sprache des Romans. Harry Mulisch erkennt in Reich-Ranickis Vorgabe, der viele gläubig folgen, altes deutsches Führerprinzip. Die »New York Times« sieht eine Hetzjagd auf Deutschlands letzten Ketzer. Die »Herald Tribune« kalauert in der Überschrift mit »Sturm and Drang over new Grass novel«, auch das französische Magazin »L'Express« liebt ein Wortspiel: »Grass en disgrâce«. Dass Grass grundsätzlich in Ungnade gefallen ist, glaubt ebenso die spanische Zeitung »El Pais« und wird in ihrer Begründung katholisch, die Deutschen hätten Grass mit einer Art Kirchenbann belegt, weil er nicht so begeistert gewesen sei von der gewonnenen Einheit und ausgerechnet den Verlierern seine Stimme geliehen habe.

Ungerührt von den Attacken auf die Form seiner Attacke lässt Reich-Ranicki im »Literarischen Quartett« von Hellmuth Karasek nachlegen, der seinen für den »Spiegel« geplanten Verriss zugunsten des Kollegen nicht geschrieben hatte: »Es wird gequasselt. Die beiden Hauptfiguren verfügen über kein Leben. Sie plappern pausenlos.« Beider Mitstreiterin Sigrid Löffler kommt erst Jahre später in ihrem Heft »Literaturen« zu Wort: »Ihre dunkelsten Stunden erlebte die Sendung immer dann, wenn seine egomanische und irrationale Vernichtungsgier mit Reich-Ranicki durchging. Etwa bei der Exekution des Günter-Grass-Romans ›Ein weites Feld‹ – ein kritischer Exzess, der MRR die Achtung vieler kostete und nicht nur Günter Grass, sondern auch Peter Rühmkorf zu seinen Feinden machte.« Reich-Ranicki legt noch persönlicher nach. Besser für Grass und seine Bewunderer, wenn der Roman ungedruckt geblieben wäre, und er verbreitet in dem Zusammenhang bewusst nicht zufällig, dass manche Männer mit sechzig impotent würden, andere mit siebzig, wieder andere erst mit achtzig und mit der schriftstellerischen Produktivität sei es ähnlich.

Dem Urteil ihres wortgewaltigen Vorredners schließen sich die verdächtigen Üblichen mit den üblichen Verrissen an. Überraschungen bleiben aus, die üblichen Unverdächtigen halten dagegen, und wer wirklich noch wissen will, wie das Sekundäre über das Primäre geschrieben hat, statt lieber das Primäre selbst zu beurteilen, kann das Feldgeschrei in der Dokumentation »Der Fall Fonty« nachlesen.

Die Schlacht um Literatur wird von den Kritikern verloren. Der Bestsellererfolg des Romans beweise ihre Ohnmacht, freut sich Verleger Steidl. Aber sie wird mehr und mehr eine Schlammschlacht um politische Standorte. Da fühlen sich auch Unkundige wohl, die täglich mit der deutschen Sprache ringen und noch nie gewonnen haben. Der unvermeidliche Peter Hintze fragt, wie tief dieser Mann sinken müsse, um seine Auflage zu steigern. Letzteres hätte ihm Gerhard Steidl beantworten können: Fünftausend Bestellungen täglich, bis Weihnachten bereits zweihundertfünfundzwanzigtausend Bücher verkauft. »Grass is laughing all the way to the bank«, lästert begeistert Irving, denn bei ihm zu Hause werde am Ende über den Sieger anhand des Standes auf dem jeweiligen Bankkonto entschieden. In der »Bild«-Zeitung schreibt Dana Horakova, die dennoch Karriere gemacht hat und Kultursenatorin von Hamburg geworden ist: »Grass liebt sein Land nicht. Kennt nicht die Menschen, für die er schreibt. Er sollte mal durch Deutschland wandern. Allein, zu Fuß. Gucken, lauschen … nachdenken.«

Mit Literatur und Kritik habe das alles also nichts mehr zu tun, zieht Wolfram Schütte in der »Frankfurter Rundschau« eine bittere Bilanz. Es handle sich schlichtweg um die öffentliche Hinrichtung eines Autors. Der sieht das auch so, doch da – nachgeschlagen bei Fontane – ohne einen feinen Zusatz von Selbstironie jeder Mensch »mehr oder weniger ungenießbar« ist, es deshalb leider so viele Ungenießbare gebe, präsentiert sich Grass nach außen bei einer Lesung in der Berliner Kulturbrauerei gelassen und verkündet unter großem Beifall seiner Gemeinde, trotz aller Hinrichtungen noch zu leben.

Grass serviert auf der Terrasse seines Hauses an der Algarve.

Er war zumindest tief getroffen. Beim Erscheinen des »Spiegel«-Titels befand er sich im Urlaub in Dänemark und hätte beim Anblick des wütenden MRR am liebsten in den »Wald gekotzt«, statt dort Pilze fürs Abendbrot zu sammeln. Verleger Steidl reiste nach Møn und tröstete ihn. Dass literarische wie politische Kritik am anstrengenden Vaterland aus enttäuschter Liebe geboren war und verschiedene Figuren in seinem Roman nicht seine Meinung wiedergeben mussten, sondern mit der eigenen leben sollten, wollte ihm keiner glauben. Ein Nestbeschmutzer sei er, ein unleidiger Nörgler, ein beleidigter Verlierer, ein öder Oberbelehrer. Als Nestbeschmutzer wenigstens befand er sich in guter Gesellschaft. Kurt Tucholsky und Carl von Ossietzky und Thomas Mann und Alfred Döblin und Heinrich Böll und Uwe Johnson und Arno Schmidt könnte er da aufzählen. Dessen Erzählung »Seelandschaft mit Pocahontas« war eine der Leseabenteuer seines Lebens, bei dem stehen Sätze, die ihn jetzt hätten trösten können: »Denken. Nicht mit Glauben begnügen: weiter gehen. Legt nicht aus: Lernt und beschreibt.« Aber die meisten seiner zeitgenössischen Mitstreiter sind tot. Grass fühlte sich damals allein auf weitem Feld.

Blieb aber nicht allein.

Peter Rühmkorf zum Beispiel steht ihm bei. Er hat ebenso wie Grass nicht Hosianna gesungen, als Glocken zur Messe der Einheit riefen, und bricht wie Christa Wolf wegen des autoritären Niedermachens eines zugegeben schwierigen Buches alle Beziehungen zu Reich-Ranicki ab. In seinen Tagebuchnotizen »Tabu 1«, in denen die Zeit zwischen 1989 und 1991 festgehalten wird, die in anderer Form Grass als Material für Fontys Geschichte benutzte, scheut er zwar allgemein vor keiner gemeinen Beleidigung zurück, vom beweglichen »alten Affen Raddatz« über den »eunuchial verquollenen Karasek« bis zu Wolf Biermann, dem »Selbstbespiegelungssozialisten«. Doch auch Freund Günter bleibt als »gestuckter Kaschube mit knittrigem Packpapiergesicht« nicht verschont.

Und John Irving steht vor der Tür. Er besucht den Gestuckten in Behlendorf und der erzählt ihm nicht nur Anekdoten über den Mann, dessen Namen er nicht mehr nennt, aber dem er nicht ausweichen würde, falls der Zufall sie an einer Ecke zusammenführe. Dass eine Operation in seiner Nase bevorstehe, weil er den Geschmack verloren habe, was an zu dicken Schleimhäuten liege, beschäftigt ihn mehr. Nur ein kleiner Eingriff, aber den fürchtet er. Es wird gut ausgehen und anschließend kann er wieder alles Gute schmecken und alle Schlechten von weitem riechen, auch wenn er sie noch nicht sieht. Eine Virusinfektion plage ihn, und da kann sogar Irving ihn beruhigen, er kenne viele Schriftsteller, deren Körper am Ende eines dicken Buches einfach schlappmache. John tröstet ihn insgesamt mit dem Satz, den er auf Deutsch sagen kann, dass der Prophet im eigenen Lande nichts gelte und er sich nichts aus den Kritiken machen solle. Lachen auf dem Weg zur Bank lautet die Empfehlung. Großvater Grass, der pikareske Komödiant, singt in verbesserter Stimmung dem fünfjährigen Sohn Irvings ein heiteres englisches Lied vor, »Two men and two dogs went to mow a meadow«, in dem es am Schluss zehn Männer und zehn Hunde sein werden, und der kleine Everett ist begeistert.

Dichter Grass erfreut sich im Aufbautraining für das im Herbst der Niederschläge angeschlagene Ego an anderen Artikeln, die ihm einen kühnen Entwurf attestieren und große Sprachkraft, ist dankbar über einen Brief des Kölner Mäzens Peter Ludwig, der »Ein weites Feld« mit Begeisterung gelesen hatte und die Fähigkeit lobt, mit der Grass die Welt der DDR erlebbar gemacht habe. Er solle sich durch Pöbels Geschrei, das als Fachkritik eines großen Buches selbstgefällig daherkomme – Unlesbar. Sonntagspredigt. Ledern. Totgeburt. Stammtischgeschwätz. Greisengemurmel –, nicht beirren lassen. Ludwig kauft für seine berühmte Sammlung moderner Kunst vom Künstler Grass Aquarelle, Radierungen, Zeichnungen, Plastiken.

In diese Kunst flüchtete sich der Geschmähte. Die half ihm, die schützte ihn. Er verließ das politische Feld und zog sich zurück. Nach Behlendorf, an die Algarve, auf die Insel Møn. Rote Ziegel auf dem Hausdach im Süden Portugals, braune Holzstreben in weiß getünchter Wand in Dänemark, das sind seit langem seine Fluchtpunkte. Da erwarten ihn Blüten schon im Februar und kargsteinige Hügel, dort das Sommerglück beim Blaubeerensammeln und der Geruch des Meeres. »Dreimal im Jahr gehe ich weg, Portugal, Dänemark, nehme Distanz und kehre gut erholt zurück in mein anstrengendes Vaterland.« Grass öffnete seinen verstaubten Aquarellkasten. In dem lag ein buntes Feld der Möglichkeiten, zwar verwildert, weil er es so lange nicht gepflegt hatte, aber der Untergrund war fest und bot ihm Halt. Dem natürlichen Rhythmus der Jahreszeiten folgend, malte und verdichtete Grass seinen Alltag, beschrieb die kleinen Sorgen und deutete die großen nur an, ließ sein Glück Ute in kargen Zeilen aufblitzen – »Meine leeren Schuhe/ sind voller Reisepläne/ und wissen Umwege,/ die alle zu Dir führen.« – und die Politik allenfalls per »Aquadicht« ins Atelier. Den Titel des daraus entstehenden Buches mit Aquarellen und Gedichten, das er sich quasi selbst zum siebzigsten Geburtstag schenken wird, verdankt er Peter Rühmkorf. »Fundsachen für Nichtleser« war dem eingefallen. Das Wortspiel wird Grass aufnehmen in einer selbstironischen Hommage, die er sich von seinem Verlag im Herbst 2002 gewünscht hat: »Fundsachen für Grass-Leser«.

In seinen eigentlichen Fundsachen, entstanden im Jahre null nach den Schlachten auf »Weitem Feld«, lässt sich, verpackt in scheinbar alltägliche Szenen, fein formulierte Rache finden. Beispielsweise da: »Vorsorglich/ sollte man eine Schubkarre/ im Haus haben./ Plötzlich kommt ein altbekannter Feind/ auf Besuch,/ fällt tot um;/ wohin dann mit ihm?« Oder noch ein bisschen konkreter: »Meine Kritiker/ wissen nicht, wie man das macht:/ Zaubern auf weißem Papier./ Meister, dürfen wir/ über die Schwelle treten?/ Doch selbst als Lehrlinge/ taugen sie wenig/ und bleiben traurig/ ohne Begriff.« Selbst kleine Gedichte sind lyrisch verpackte Standortbestimmungen, autobiografische Mitteilungen der Schnecke über Befindlichkeiten und erlittene Verletzungen, ganz private Zustandsbeschreibungen, wie sie solche zuletzt in ihrem Tagebuch 1972 notiert hatte.

Kopfreisen jetzt statt echter Abenteuer damals: »Seitensprung./ Kürzlich träumte mir eine fremde Frau,/ die mich in ein mir fremdes Zimmer mitnahm;/ doch da lagen wir beide schon,/ jung an Erschöpfung gestorben/ und mittlerweile papieren.« Das störende Alter zum Beispiel: »Heiterer Morgen/ Nachdem ich meine unteren/ und oberen Zähne/ aus dem Glas genommen,/ mir eingesetzt,/ sie angesaugt habe,/ lächle ich dem Spiegel zu/ und lasse den Tag beginnen.« Man werde zwar gebrechlicher, reagiere aber umso intensiver auf die Jahreszeiten: Kommt der Frühling, kommt er nicht, und wartend fällt dem Raucher das Gehen schwerer: »Jetzt schmerzt auch das rechte Bein./ Mühsam zu Fuß/ nehme ich ein Kaninchen,/ das unter die Räder geriet,/ bei den Ohren …«

Die Operation einer Halsschlagader, in der das Blut nicht mehr so schnell fließen mag, ein Katheter im Herzen sind nötig und danach läuft es sich wieder besser. Beim Professor in der Klinik zu Lübeck, in der er sich hatte behandeln lassen, wird im Vorzimmer die Seite 36/37 der »Fundsachen« aufgeschlagen liegen, links das Aquarell eines Dichterherzens, rechts die Beschreibung dessen, was dem Poeten in ihm und mit ihm widerfuhr: »Dank Kontrastmittel/ sah ich mein Herz und dessen Kranzgefäße,/ sah, daß sich Kalk darin abgelagert hatte,/ sah die Arterie und in ihr den Schlauch,/ mit dem Professor Katus summend fingerte,/ sah einen Punkt befördert, der –/ kaum aufgeblasen – Wunder tat,/ und sah, wie sich mein aufgeräumtes Herz/ nach kinderleichtem Spiel erfreute.«

Er dankte den Ärzten mit einer »Gastdozentur« besonderer Qualität in der Medizinischen Universität, im Januar und Februar 1998 jeweils dienstags um achtzehn Uhr. Sechsmal sechshundert Zuhörer strömten in den größten Hörsaal des Zentralklinikums. Wer keinen Sitzplatz mehr bekam, stand die knappe Stunde über an der Wand oder lauschte in einem benachbarten Raum der Übertragung. Grass war wieder in beredte Form gebracht worden, ließ Wörter singen, erzählte von Gedichten und Romanen und Theaterstücken und politischen Reden seines Lebens, las passende Stellen vor, malte seine Arbeit als bildender Künstler in leuchtenden Farben aus. Diese einmaligen Vorlesungen wurden für die Nachwelt dokumentiert, Steidl vertreibt sie in den »Lübecker Werkstattberichten« in drei Videokassetten und der Verleger selbst gestaltete, unter Verwendung einer Grass-Zeichnung, den Titel des Schubers.

Angefragt beim Geheilten hatte der Rektor der Hochschule, Professor Wolfgang Kühnel. Die Antwort von Grass, er habe keine Erfahrung auf diesem Gebiet und sei wenig geeignet für professoralen Vortrag, erwies sich als Schutzbehauptung. Bei vielen Veranstaltungen in vielen Universitäten hatte er das Gefühl genossen, ausgerechnet er, der Autodidakt, die Akademiker auf deren ureigenem Turf vorzuführen. »Ich wollte zuerst zwar wirklich nicht, ich dachte, Mensch, das ist Arbeit. Dann aber hat es mich doch gereizt, weil ich mir ein ganz anderes Publikum vorstellen konnte, ausgehungerte Medizinstudenten, die durch ihr Fachstudium an Literatur gar nicht mehr herangeführt werden.«

Es kamen alle, die laufen konnten, auch Patienten. Ihr ehemaliger Leidensgenosse erzählte, was er selbst im Krankenbett gelesen hatte – »Joseph und seine Brüder« vom Lübecker Thomas Mann und Grimmelshausens »Simplicissimus« –, und vergaß nicht einen Rat zum Schluss, empfahl den künftigen Ärzten, die heilsamen Wirkungen von Literatur je nach Art und Schwere der Krankheit einzusetzen, auch die Mediziner Döblin und Benn hätten das gewusst. Jeder Weißkittel brauche Eigenschaften wie die von Dichtern: sich in andere Menschen hineinzuversetzen, in deren Haut zu schlüpfen. Dem einen Kranken könnte man zur Aufheiterung was von Tucholsky empfehlen und der Frau, die unter einem tyrannischen Ehemann leide, vielleicht den »Untertan« von Heinrich Mann.

Andere Wunden, die er unter Gelassenheit verbarg, heilten öffentliche Ehrungen. Die ereilten ihn zu passender Zeit. Das P.E.N.-Zentrum der Bundesrepublik verlieh Grass »für besondere Verdienste um verfolgte Autoren« die Hermann-Kesten-Medaille. Laut Charta sind P.E.N.-Mitglieder verpflichtet, »für die Bekämpfung von Rassen-, Klassen- und Völkerhaß« zu wirken, aber nicht viele hielten sich so unbedingt und kompromisslos daran wie Günter Grass. Er bekämpfte, auf eine andere Art, auch eine andere Art von Unterdrückung. Wenn deutsche Verleger ihren Autoren, ohne deren »Arbeit selbst der schönste und berühmteste Verlag ein leeres Gehäuse ist«, zu wenig Tantiemen bezahlen. Stritt für eine bessere finanzielle Regelung in einem neuen Urheberrecht, obwohl er für sich das nun wirklich nicht mehr braucht, denn er kennt seinen Wert und der liegt bekanntlich ab fünfzigtausend verkauften Exemplaren stets bei achtzehn Prozent des Ladenpreises.

Bei der Verleihung des Thomas-Mann-Preises in Lübeck lobte er jene Lektüre, die er im Krankenhausbett als hilfreich erlebt hatte, mehr als tausend Seiten Thomas Mann. Wer genau hinhörte, konnte Parallelen anderer Art zwischen dem Emigranten und dem Redner entdecken: »An ihm wetzten schmal ausgestattete Talente gern ihren Stichel. Kleingeister tun sich groß im Abrechnen.«

Die Ehre des Sonning-Preises in Kopenhagen, wo er und der junge Hans Magnus Enzensberger vor mehr als fünfunddreißig Jahren die Nächte kurz gehalten hatten und die Gläser hoch, mit einhundertfünfundzwanzigtausend Mark dotiert, gab ihm gar willkommene Gelegenheit, über sein »Stehpult an wechselndem Ort« zu sprechen. Er pries dankend die Heilkraft der dänischen Insel Møn, die er seit Jahrzehnten im Sommer als wunderbaren gastlichen Ort erfahren habe, aber nie sei sie für ihn so wichtig gewesen wie im vergangenen Jahr. Dort habe er den Absprung zum Malen und Zeichnen geschafft, dort seien Dreck und Schlamm von ihm abgefallen, mit denen er auf dem bekannt weiten Feld in Deutschland zugeschüttet worden sei.

Kurz vor seinem siebzigsten Geburtstag feiert die ARD den Dichter mit der Verfilmung seines Romans »Die Rättin«. Dass seine Tochter

Helene mitspielt, die Schauspielerin, ist der Lichtblick im Lichtspiel. Walter Jens ehrt den Bürger Grass, auf den sich stets die an den Pranger Gestellten verlassen könnten und bei dem das Erbe Heinrich Bölls in guten Händen sei. Das Fest im Kreise der Familie ist ihm das liebste. Alle Kinder und Kindeskinder sind da, denn an »runden Geburtstagen versammelt sich der Clan. Das hat etwas Mafiamäßiges.« Der Pate beweist Humor am eigenen Leib, spielt sich in bewährten Rollen als Preisträger, Ehrendoktor, Poet, Kranker, Hellseher vor und nicht auf. So lieben sie ihn, so verzeihen sie ihm alles, was sie einst an ihm nicht lieben konnten, weil er oft die Rolle des Vaters nur spielte. Er hängt an seinen Kindern, auch an den beiden, die Ute mitbrachte in die Ehe, sie »geben mir viel. Ich bin durch sie und meine Enkel immer auf dem laufenden, auch was den jeweils laufenden Jargon betrifft, und sicher spielt auch ein bißchen mein schlechtes Gewissen mit, manches wiedergutmachen zu wollen, was man als Vater, in Arbeit drinsteckend, versäumt hat.«

Er hat sie damals in Berlin rausgehalten aus seiner notwendigen Öffentlichkeit, hat nie vergessen, wie »Laura bedrückt aus der Schule kam, weil sie irgendwas nicht gewusst und die Lehrerin gemeint hatte, das müsstest du eigentlich wissen, dein Vater ist doch Schriftsteller«. Die nächste Generation der Seinen geht lockerer damit um. Als an deren Schule was von Grass vorgelesen wurde, sagte eine seiner Enkelinnen wie selbstverständlich, das habe ihr Opa geschrieben.

Und zwar in der alten Rechtschreibung, auf der er beharrt, was auch erklärt, dass in diesem jetzt langsam doch zu Ende gehenden Buch alle Zitate von Günter Grass in der alten Schreibweise gedruckt sind, nicht nur die aus seinen Werken. Er lehnt den »widersprüchlichen und zum Teil widersinnigen Eingriff in die deutsche Sprache, der sich ›Rechtschreibreform‹ nennt, grundsätzlich ab«.

Im Hamburger Thalia-Theater inszenieren Jürgen Flimm, der Hausherr, und Stefan Lohr vom NDR im Oktober 1997 einen Klassiker. All about Grass: Christa Wolf liest seine Gedichte, Nadine Gordimer preist seine stetige solidarische Hilfe, Carola Stern liest aus dem »Tagebuch einer Schnecke« und wird von Will Quadflieg dafür gelobt, Peter Rühmkorf knüppelt Reime unter dem Motto »Rechts und links, das sind doch alte Drinks? Na, dann Prost«, und die Gesellschaft, die im Theater sitzt, glaubt lachend, sie sei nicht gemeint. Überraschungsgast Salman Rushdie verkündet, Günter Grass habe ihm beigebracht, keinem Ärger aus dem Weg zu gehen, und, mit

Blick auf seine acht Bodyguards, man sehe ja, was er davon habe. Mit dem Dichter der »Satanischen Verse« und der »Mitternachtskinder«, der wie er gegen die verstreichende Zeit schrieb, hatte der Geehrte zuvor einen späten Erfolg errungen. In der Berliner Akademie der Künste diskutierten sie über die weltweite Verfolgung von Schreibenden, und dass dies in den Räumen der Akademie stattfinden durfte, das war wieder mal ein Sieg der Schnecke.

Gerührt lauscht der rührige Alte dann den Worten des Freundes Siegfried Lenz, der sie beide als letzte Kinder des Ostens zitiert. Ach, Siegfried, sein geliebter Skatbruder, auch so ein ostpreußischer Sturkopp. Als Grass dem nach dem üblichen Skatspiel am Abend, wobei kräftig gesoffen wurde, mal einen Rat gab, handwerkliche Kritik anbrachte, weil er meinte, dass der neunzehnjährige Siggi Jepsen in der »Deutschstunde« zu klug sei für seine jungen Jahre, fragte Lenz ungerührt, wer als Nächster austeilen müsse und blieb ansonsten seiner Figur treu. Den aufrechten Siegfried Lenz hätte Grass nicht nur gern als Bundespräsidenten gesehen, wie man sich vielleicht noch erinnert, den würde er in einem Kabinett der Dichter und Denker als Bundeskanzler bestellen. Und vielleicht den Kempowski als Finanzminister und Martin Walser für die Verteidigung?

Lenz ist seinem Herzen nah. Grass schenkt ihm alle seine Bücher und vergisst nie eine liebevolle Widmung, auch beim »Krebsgang« nicht. Was Lenz ebenso wenig versäumt, wenn er Eigenes nach Behlendorf schickt oder einen guten alten Whisky. Früher sahen sie sich öfter, nun geht es sich für den einen schwerer. Die ihnen vertrauten Skatrunden sind seltener geworden. Man ist nicht mehr so beweglich im Alter und redet mehr über den Tod als über das Leben. Bei beiden vergeht kein Tag, an dem sie nicht schreiben, Freuden der Pflicht halt, und Lenz gibt seufzend zu, dass er besser auf den Rat von Günter hätte hören sollen, schon vor Jahrzehnten, im Stehen am Pult zu arbeiten statt im Sitzen am Schreibtisch. Beide bieten mit ihren Texten ihren Lesern ihre Erlebnisse an und hoffen, dass die dann ihre eigenen vergleichend dagegensetzen. Sie gehören zu den Letzten einer Generation von Dichtern, der politisches Engagement selbstverständlich war. Wenn einer der Jungen »J'accuse« rufe, lästerte Claudius Seidl in der »Süddeutschen Zeitung« bei seiner Ehrung der bewundernswürdigen Nervensäge Grass anlässlich des Nobelpreises, möchte man spontan nur antworten: Gesundheit.

Selbstverständlich wird Grass dem Freund zu Ehren in der ersten

Reihe sitzen, wenn Hoffmann und Campe seinen erfolgreichsten Autor ehrt, weil Lenz seit seinem Debüt mit »Es waren Habichte in der Luft« fünfzig Jahre seinem Verlag treu geblieben ist. Der Umschlag des Erstlings zeigt eher ein paar kreisende Sperber. Habichte jedenfalls sieht Lenz darauf bis heute nicht. Lenz war immer der Mann Helmut Schmidts, Grass immer der Mann Willy Brandts, aber jeder half dem anderen trommelnd für alle Fälle.

In einem Artikel für die »Frankfurter Allgemeine Zeitung am Sonntag« bot Reich-Ranicki dem Grafiker Günter Grass mal ein Gegengeschäft an, in dem es um »ein schönes Porträt unseres gemeinsamen Freundes Siegfried Lenz« ging, das der Kritiker, mit dem sich Grass-Freund Lenz seit mehr als fünfundvierzig Jahren tatsächlich befreundet fühlt, nur ironisch gemeint haben kann: »Wenn Sie es mir zuschicken wollten (mit oder ohne Rechnung), verspreche ich Ihnen, bei passender Gelegenheit wieder Freundliches über Sie zu schreiben.«

Der bleibt störrisch, so oder so. Da jetzt alle den nationalen Willy Brandt preisen, sogar die, denen er bis in den Tod als Emigrant verdächtig geblieben war, zitiert er in jedem Interview den internationalen. Verbindet das Lob an dessen Nord-Süd-Bericht, der mehr als zwanzig Jahre alt ist, mit seiner eigenen Kritik an der menschenvernichtenden Globalisierung, betont immer wieder die frühe Erkenntnis seines politischen Ziehvaters, für die er einst in der UNO beklatscht worden war, und er, Grass, sei dabei gewesen, dass Hunger Krieg sei und dass nur derjenige Frieden schaffe, der die Wurzeln von Terror und Krieg bekämpfe, die Armut. Brandts Thesen sind für ihn aktueller denn je. Im Herbst 1997 besuchen Peter Brandt und Egon Bahr den siebzigjährigen Grass und besprechen Details für eine politische Arbeitsgruppe, in der die üblichen Gegensätze zwischen Geist und Macht überbrückt werden sollen. Im Gedenken an den Mann, der das in Deutschland einige Jahre lang schaffte, und verpflichtet dessen Weitsicht, wird sie »Willy-Brandt-Kreis« heißen. Der Sohn wehrt sich zögernd, aber Grass meint, manchmal sei ein wenig Monarchismus ganz nützlich. Seither treffen sich zur jeweiligen Lage der Nation im Namen des demokratischen Sozialisten Willy Brandt kritische Denker aus Ost und West, veröffentlichen Bücher und Denkschriften.

Auch in diesem Kreis prinzipiell gleich Gesinnter ist der Eigenbrötler schwierig. Zwar bleibt er bei Widerspruch freundlich, Sozialverhalten hat er in der Gruppe 47 gelernt, wird nur im Notfall persönlich, aber der Alte ist in der Sache nicht verbindlicher geworden. Dummheit mag er verzeihen, Unkenntnis nicht. Er ist der Berühmteste in der Runde und hat deshalb besondere Verpflichtungen. Als eine Resolution beschlossen wird, die nach dreiunddreißig Tagen ein Ende der Bombardierung im Kosovo und die Rückkehr zu Verhandlungen verlangt, heißt das noch lange nicht, dass er sich auch daran hält. Falls er sich zwischen Beschluss und Verkündigung desselben kundiger gemacht hat, wird er wie in diesem Fall trotz großer Bedenken eine Fortsetzung des Krieges als letzten späten Akt, trotz ungewissen Ausgangs Panzer und Bomben als »letzten ohnmächtigen Ausdruck der versagenden Politik« unterstützen, um das Völkermorden Miloševićs zu beenden. Serbische Autoren schicken ihm empört daraufhin seine Bücher zurück, aber das stört ihn nicht. Sollen sie eben Peter Handke in die Regale stellen, der ist doch auf ihrer Seite. Grass ist kein Pazifist, das hat er oft gesagt. Pazifistisches Verhalten in der Welt hätte »einen Hitler zum Dauersieger« gemacht. Er hasst Krieg wie jeder normale Mensch, aber wenn es keine anderen Lösungen gibt, so wie auf dem Balkan, dann muss es militärische Gegengewalt sein, denn nichts zu tun gegen Verbrecher wäre auch ein Verbrechen.

Gegen Ende dieses streitbaren, mörderischen, zänkischen Jahrhunderts, aber noch lange nicht fertig mit seinem selbst Geschriebenen und Gemalten, lässt er die Arbeit daran liegen, weil er politische Morgenluft wittert. Der amtierende Kanzler scheint nicht mehr so unbesiegbar wie im heißen Sommer 1996, als er schrieb: »Seit Jahren/ liegt eine Last auf meinem Land./ Versteinerter Brei, klebfest,/ nicht abzuwählen.«

Deshalb geht Grass, wie vor Jahrzehnten, nur ein wenig langsamer, etwas gebeugter von der Last der Steine, als Hausierer sozialdemokratischer Grauwerte von Tür zu Tür und bietet Selbstgesprochenes an. Er will den Begriff Nation nicht den Rechten überlassen, dieses weite Feld müssen, da ist er sich mal wieder einig mit Günter Gaus, dem Fremdgewordenen, auch die Linken besetzen. In Sachsen-Anhalt vor der Landtagswahl wirbt er für einen anständigen Umgang mit den neuen Deutschen, die von oben herab, also vom Westen aus, als Verlierer behandelt würden. Bewährtes zu bewahren predigt er in Schleswig-Holstein, wo die Sozialdemokratin Heide Simonis regiert. Ihre Durchsetzungskraft imponiert ihm. Sie benimmt sich so dominant, wie es Männer für sich in ihrem eigenen Verhalten in Anspruch nehmen.

Aber auf dem weiten Feld Deutschland bittet Grass um den notwendigen Wechsel nach sechzehn Jahren Kohl, denn wer wie der dreimal in Sachen Einheit gelogen habe, dem sei nicht mehr zu trauen. Er redet die Wende bei Auftritten im Osten mit seinen Mitteln herbei, füllt die Säle, Eintrittspreis eine Stimme für Rot, eine für Grün, in der Bundestagswahl 1998. Habe er denn nicht Recht gehabt, fragt er rhetorisch, als er damals gewarnt habe vor übereiltem »Zugriff«, der in einer »volkswirtschaftlich ruinösen Währungsunion« die Arbeitsplätze in der ehemaligen DDR so dramatisch vernichtet hatte? Habe er denn nicht Recht gehabt, seine »abgestuften Grauwerte« gegen die bunten Träume von blühenden Landschaften zu stellen? Unterzeichner der so genannten »Erfurter Erklärung«, viele Schriftsteller und Wissenschaftler, Pfarrer und Politiker, verweisen angesichts der Lage von Arbeitslosen in den neuen Bundesländern auf den Grundgesetzartikel »Eigentum verpflichtet« und den ihrer Überzeugung nach Schuldigen nennen sie beim Namen. Kohl reagiert wütend: »Intellektuelle Anstifter« wie Grass seien Hassprediger und wandelten auf der »Straße des Verrats«.

Dem Kandidaten aus Hannover fühlte er sich anfangs nicht so eng verbunden wie dem anderen Brandt-Enkel aus Saarbrücken. Zwar kannte er Schröder, der aus kleinen Verhältnissen kam wie er, von SPD-Parteitagen und von Sommerfesten bei Sympathisanten auf dem Land in der Nähe von Lüchow-Dannenberg, als das noch an der Zonengrenze lag und hinter der nahen Elbe das ferne andere Deutschland nur zu ahnen war. Doch der war ihm anfangs zu windschnittig, zu glatt.

Er mag Widerborstige lieber, denn das ist er selbst auch, widerborstig. Grau ist nach wie vor seine Lieblingsfarbe, auch beim Engagement für Rot-Grün gegen Schwarz-Gelb bleibt er der Skepsis treu. Das alte, immer noch schnell beleidigte sozialdemokratische Schlachtross Grass, das keiner Partei angehört, wird zwar verhöhnt, doch reicht die Fallhöhe seiner Gegner – Lutz Rathenow, Klaus Rainer Röhl, Joachim Bessing – nur für die »Welt am Sonntag«. Grass hält sich ja nicht für den Papst und für unfehlbar, aber »Schriftsteller sollten sich einmischen« und dabei inbegriffen ist, das sei jedermann erlaubt, also auch ihm, der politische Irrtum.

Zum Beispiel der: »Gerhard Schröder hatte ich eher unterschätzt.« Das ging aber nicht nur Grass so, sondern auch vielen in der SPD. Schröder weiß, wie man skeptische grauwertige Anhänger zu Freun-

Grass im Gespräch mit Horst Janssen. Den Hamburger Künstler hätte er gern als Illustrator für eine Sonderausgabe der »Blechtrommel« gewonnen. Das aber war Janssen zu viel Arbeit.

den macht. Man hört ihnen zu, legt Wert auf ihren Rat und lobt sie bei passender Gelegenheit. Mit dem Namen Grass seien verbunden die erfolgreichen Wählerinitiativen der Jahre 1969 bis 1972, also die Jahre, in denen Geist und Macht sich nahe waren und das »Tagebuch einer Schnecke« gehöre eh zu seinen liebsten Büchern.

Ausgerechnet dem von ihm skeptisch beäugten Schröder, den der Bildhauer von allen Seiten prüft wie eine Skulptur, die er gerade formt, wird es als Bundeskanzler gelingen, wenigstens von Ernstfall zu Ernstfall, selten mal zu heiterem Anlass, Geist und Macht bei sich am Tisch zu vereinen. Er hat Romane von Grass gelesen, aber vor allem die politischen Reden. Beim ersten erfolgreichen Wahlkampf für Willy, den sie beide verehrten, habe er ihn, von unten nach oben blickend, heftig bewundert, hier der Jusochef, da der große Dichter. War es nicht bei jener Begegnung auf sommerlicher Wiese in Niedersachsen, und Willy stand in der Nähe, als Horst Janssen mal wieder lustvoll ins Fettnäpfchen trat? Ja, so war es. Janssen machte nämlich laut vor Mikrofonen auf den Unterschied zwischen ihm und Brandt aufmerksam. Der sei ein heimlicher, er dagegen ein unheimlicher Trinker. Grass hätte ihn gern als Illustrator einer Sonderausgabe der »Blechtrommel« gesehen, was dem Zeichner aber zu viel Arbeit schien, hat ihn auch zum Essen nach Behlendorf geladen. An diesem Abend bewies Janssen, dass er sich richtig eingeschätzt hatte im Vergleich zu Brandt.

Oskar Lafontaine, der andere, der Sinnliche, der radikale Kerl, war Günter Grass eigentlich lieber gewesen. Umso größer wird die Enttäuschung sein, als er erleben muss, unvorbereitet wie einst bei Willys Rücktritt, dass seinem Oskar eine sozialdemokratische Eigenschaft fehlt, die der Schnecke, also Beständigkeit. Als Lafontaine schon wenige Monate nach dem Wahlsieg der rot-grünen Koalition zurücktrat und auch die Partei im Stich ließ, eine Abrechnung mit der Politik Schröders als Buch ankündigte, wünschte sich der wütende Grass einen Zuchtmeister wie Herbert Wehner, der »solche unreifen Fünfziger« übers Knie gelegt und verhauen hätte. Er rief ihm nach auf dem Weg ins politische Abseits, ab sofort solle er seinen Rotwein trinken, das Maul halten und sich eine anständige neue Arbeit suchen. Die fand Lafontaine dann als Kolumnist der »Bild«-Zeitung.

Das Vorbild von Günter Grass bleibt der Revisionist Eduard Bernstein, Urahn der Sozialdemokratie, den die Kommunisten hassten. Deren demokratische Nachfolger von der PDS werden einmal erst Bernstein richtig offiziell rehabilitieren müssen, bevor der bekennende »Bernsteinianer« Grass überhaupt auch nur zu einem Gespräch mit ihnen bereit ist.

Dass es 1998 klappen würde mit dem Wechsel, hatte er bis zum Schluss abergläubisch nicht hoffen wollen. Vorbereitet für den Wahlabend war eine Linsensuppe, die Ute Grass gekocht hatte. Linsen bringen Glück. Erwartet wurden Eva und Peter Rühmkorf, die in der Nähe von Behlendorf ein Haus besitzen. Auch der jüngste Sohn Bruno war da. Grass ging unruhig nachmittags in den Wald, um für ein Vorgericht Pilze zu sammeln. Lange entdeckte er keine essbaren, nachzulesen in seinem »Jahrhundert«, das habe er als schlechtes Omen gesehen, zumal nicht mal sein Hund ihn hatte begleiten wollen. Schließlich fand er in einer verborgenen Senke im Forst nahe dem Kanal doch noch siebenundvierzig wunderschöne Flaschenboviste, wickelte sie in eine Ausgabe der »Frankfurter Rundschau«, nahm die Zahl als Voraussage der gemeinsam erzielbaren Prozente für Rot-Grün, bereitete die Pilze in der häuslichen Küche fein geschnitten zu, servierte sie als Vorspeise zur Suppe und freute sich nach stabiler Hochrechnung, dass die Zahl der Pilze tatsächlich eine Magie hatte, die reichte für eine Wirklichkeit. »Es gibt schmackhafte,/ ungenießbare,/ solche, die auf den Magen drücken,/ und einige, die Geschichte gemacht haben.«

Im Laufe der Jahre nach dem von Pilzen bestimmten Wahlsieg, nach harscher Kritik am anfänglichen Auftreten eines vollmundigen Spruchblasenproduzenten gewöhnte sich der Dichter an den lässig wirkenden Kanzler der Mitte, und lobte ihn öffentlich: Der habe Statur gewonnen. Der habe im Amt dazugelernt. Der suche vor allem Rat. Der bringt auch guten Rotwein mit, wenn er Grass in Behlendorf besucht, um ihm zuzuhören.

Ratschläge gibt Grass liebend gerne, aber er ist nicht mehr beleidigt wie einst bei Willy, falls sein Rat nicht angenommen wird. Er hat akzeptiert, dass ein Politiker nicht alles machen kann, was ein Künstler rät, und sei der noch so kundig. Gerhard Schröder wiederum weiß und brauchte wenigstens das nicht erst zu lernen, dass Kritik von Künstlern und einem wie Grass allemal radikal sein muss. Deshalb hört er zu. »Also, das ist etwas, was er sicher nicht von Helmut Schmidt gelernt hat; das ist eine Politikertugend, die selten ist. Ich weiß nicht, ob er sie von Willy Brandt gelernt hat oder ob ihm das im Verlauf seiner Entwicklung zur Tugend geworden ist, aber auf jeden Fall kann er das.«

Bürger Grass beim König. Carl Gustav von Schweden überreicht dem Nobelpreisträger im Dezember 1999 die Urkunde. Grass-Wegbegleiter Johano Strasser schreibt aus gegebenem Anlass dem Freund ein Gedicht und bekennt: »... wohin wir kommen/Stets bist du schon da ...«.

Grass berät seinen ihm gern lauschenden Kanzler natürlich auch gern öffentlich und unaufgefordert, doch kann er sicher sein, dass er selbst dann ernst genommen, respektiert und dass ihm bei Bedarf als einem Gleichberechtigten widersprochen wird. War überhaupt ein erfreulicher Aspekt des Wechsels, dass es nach sechzehn Jahren wieder einen Regierenden gab, der sich in moderner Kunst auskannte, viele Bücher gelesen hatte und sich nicht von ungefähr, sondern von daher einen Staatsminister für Kultur ins Amt holte.

Ein Amt, das er, ungeeignet wie er für einen Apparat sicher war, doch gerne mal gehabt hätte, früher natürlich, unter Willy. Jetzt nicht mehr. Wie gut eine seiner Ideen von damals war und wie lange es gedauert hatte, bis wenigstens die Wirklichkeit wurde, darf er voller Befriedigung feststellen, als im März 2002 die von ihm 1972 initiierte Bundeskulturstiftung endlich ihre Arbeit aufnimmt. »Gut Ding braucht Weile heißt eine Schneckenweisheit, die meinem Tun und Lassen eingeschrieben ist«, beginnt Festredner Grass ironisch seine Ansprache in Halle und hofft, ebenso ironisch, dass es mit dem Bau des von ihm vorgeschlagenen deutsch-polnischen Museums für Beutekunst nicht so lange dauern werde. Den Viadrina-Preis der Europa-Universität im nahen Frankfurt an der Oder, verliehen für Verdienste um die deutsch-polnische Zusammenarbeit, den zumindest hat er schon.

In langen Zeiträumen zu denken hat er gelernt. Nie dabei das Ziel vergessen oder, wie in der folgenden Geschichte, seine Endstation Sehnsucht: Am Morgen des dreißigsten September 1999, einem Donnerstag, sitzen Ute und Günter Grass, wie üblich um diese Zeit, in Behlendorf beim Frühstück. Danach wird der Hausherr allerdings nicht wie üblich in seinem Atelier ans Handwerk gehen können. Ein Termin beim Zahnarzt steht an und der wohnt in Hamburg, eine Stunde Autofahrt entfernt. Das Telefon klingelt. Ist es schon dieser ganz bestimmte Anruf, der ihm für heute als wahrscheinlich avisiert worden ist? Grass bittet seine Frau, ans Telefon zu gehen, und trinkt seinen Tee, aber natürlich lauscht er. Und als sie sagt, o Gott, da weiß er Bescheid. Das ist es. Der Anruf. Die Nachricht. Der Nobelpreis.

Er steht auf und nimmt selbst den Hörer, hier spricht Günter Grass, und hört sich an, was ihm vom Komitee aus Stockholm offiziell verkündet wird. Nach dem Gespräch dreht er sich um zu seiner Frau und sagt: »Aber erst mal fahren wir jetzt zum Zahnarzt.« Einen solchen Übergang zum Alltag hätte nicht mal er erfinden können. Die Begründung der Akademie hatte gelautet, Grass habe wie kein anderer in »munteren schwarzen Farben das vergessene Gesicht der Geschichte gezeichnet«. Doch wer will im ausbrechenden Jubel Genaueres hören? Siebenundzwanzig Jahre nach Heinrich Böll hat endlich mal wieder ein Deutscher den Literaturnobelpreis bekommen. Das allein zählt.

Gerhard Steidl bestellt per Handy aus dem Auto unterwegs Richtung Behlendorf dreihundert Tonnen Papier, er ahnt, dass die Vorräte der Druckerei angesichts der ab morgen zu erwartenden Massenbestellungen nicht reichen werden. In Lübeck läuten die Glocken. Günter Grass sitzt beim Zahnarzt, als Frank Schirrmacher von der »FAZ« bereits zu schreiben beginnt. Die Würdigung des Literaturnobelpreisträgers beginnt er mit dem Satz »Er hat es verdient«, um dann bis Redaktionsschluss die Gelegenheit zu nutzen, mit dem Poltergeist abzurechnen. Warnungen und Proteste seien immer wunderlicher, seine Bücher miserabler geworden seit der »Blechtrommel«. Niemals zuvor habe ein Preisträger ein schlechteres Buch zustande gebracht, als es Günter Grass mit der »Rättin« gelungen sei. Dietrich Schwanitz, Experte für das, was er weiß und was man wissen sollte, hält Grass »literarisch für wild überschätzt«, Hellmuth Karasek sieht ihn als One-Work-Author, womit er »Die Blechtrommel« meint, und MRR sagt, er habe immer gesagt, dass Grass ihn verdiene.

Den Preis.

Dotiert ist der mit 1,8 Millionen Mark, die Grass in seine Stiftungen fließen lässt wie auch den Scheck über sechzigtausend, den er, nobel geadelt, aber noch nicht offiziell mit der Urkunde in Stockholm geehrt, als Träger des Prinz-von-Asturien-Preises erhält, eine Art von spanischem Nobelpreis. Er ist der erste nicht spanische Autor, der ihn bekommt, und der Dichterfürst trifft bei der Feier auf eine andere Noble aus Deutschland, die mindestens so berühmt ist wie er, die Tenniskönigin Steffi Graf.

Der Bürgermeister von Danzig freut sich über die Ehre, die auch seiner Stadt zuteil werde. Jürgen Flimm teilt mit, dass ein Theaterschneider bereitstehe für den nötigen Frack. Klaus Wagenbach ist froh, dass Walser ihn nicht bekommen hat und es endlich den Richtigen erwischt habe. Auf den fälligen Kniefall der deutschen Presse, die ihn zwanzig Jahre lang niedergemacht habe, freut sich Pavel Kohout und auch Peter Rühmkorf genießt die Vorstellung einer wankelbusigen Fortuna, die anders entschieden habe als die Augurenschar

Bewundert auf dem Stockholmer Parkett: Grass beim Tanz mit seiner Tochter Helene, fotografiert von Barbara Klemm.

der Feuilletonisten. Jürgen Habermas rühmt die geistige Haltung des Patrioten, von der die Bundesrepublik bis heute zehren könne. György Konrad verkündet, dass ein solches Deutschland, in dem Zivilcourage à la Grass zu Hause ist, für das Ausland beruhigend sei. Wie gut sein Ruf dort ist, bestätigen die Glückwünsche von Nadine Gordimer und Elfriede Jelinek, José Saramago und Dario Fo, Juan Goytisolo und Per Olov Enquist, Czeslaw Milosz und Kurt Vonnegut, Kenzaburô Ôe und Susan Sontag, Salman Rushdie und John Irving, Harold Pinter und Sisir Kumar Das, Tahar Ben Jelloun und Carlos Fuentes, Wole Soyinka und Michel Tournier undundund...

...und der deutsche Kanzler teilt telegrafisch vom Staatsbesuch in Ungarn mit, dass er sein Glas auf ihn erhoben habe, dass der wieder mögliche Dialog zwischen Politik und Kultur wesentlich ihm zu verdanken sei und dass er, sein Freund Gerd, seine Anregungen so wenig missen möchte wie seine Kritik. »Böll wäre einverstanden gewesen«, sagt der von so viel Zuspruch Überwältigte und verkündet »Freude und Stolz und große Genugtuung«.

Die genießt er vor allem bei der Stockholmer Verleihung im Dezember. Grass wird im Kreise seines Clans, zu dem neben der Familie auch der Weinhändler aus Lübeck und seine Sekretärin, Klaus Staeck und Gerhard Steidl und Volker Schlöndorff gehören, als Staatsgast gefeiert. Seine Danksagung nach der Verleihung, die Ansprache »Fortsetzung folgt...« von der Literatur unter besonderer Berücksichtigung der Biografie Grass', hat er an der Algarve geschrieben. Sie kommt trotz des schweren Themas leichtfüßig daher. In seiner Tischrede beim festlichen Diner vergisst er nicht seinen Mentor und Vater Hans Werner Richter, der ihm auf den Weg geholfen habe. Mehr noch loben alle einen anderen Auftritt, der sich am durchgeschwitzten Frack zeigt und den sie einem würdigen Dichter nicht zugetraut hätten. So wie er beherrscht keiner den Tango und keiner den Walzer. Nie habe jemand schöner getanzt, dies sei das Beste gewesen, was er seit zwanzig Jahren gesehen habe, gratuliert ein Musiker des Orchesters dem »lebenslustigen Pessimisten«, der in dieser Nacht allerdings nur lebenslustig ist und nicht nur seine Frau bis zu deren Erschöpfung im Kreise dreht, sondern auch beim Rock 'n' Roll mit verschiedenen Töchtern von verschiedenen Müttern einsame Altersklasse beweist.

Das literarische Schlusslicht des Jahrhunderts leuchtet für ihn. Es war für ihn im Nachhinein, was ihm keiner abnimmt, der seine tiefe

Sehnsucht kannte, ein »Datum unter vielen in meinem Leben, das hat mein Leben nicht verändert. Es hat Umstände meines Lebens verändert, das ja. Wenn ich heute etwas sage, auch politisch und das sehe ich ironisch gelassen, bekommt das auf einmal mehr Gewicht als vorher.« Der märchenhafte Aufstieg des Sohnes der Kolonialwarenhändler Helene und Wilhelm Grass aus dem Labesweg 13 in Danzig-Langfuhr in den Olymp der Dichter, und dies zu Lebzeiten, hat ihm eine Attitüde verliehen, die am besten umschrieben wäre mit: Ihr könnt mich alle mal, und zwar nicht nur jetzt sofort, sondern ab sofort immer. Das ist sein eigentlicher Sieg über alle, die ihm keinen Sieg mehr zutrauten und ihm keinen mehr gönnten.

Es wird aber noch einer folgen, ein unerwarteter.

Familienidylle scheint ihm jetzt wichtiger als die öffentliche Bühne. Er blickt zufrieden auf letztlich doch geordnete Beete. Franz ist Tischler. Raoul Tontechniker. Nele wird Hebamme wie seine Schwester Waltraut. Helene spielt Theater. Bruno ist kein Sorgenkind mehr. Laura macht Kunst und hat die meisten Taufen vorzuweisen, zu denen ihre Mutter auch ihren Lebensgefährten Günther Schulz mitbringt, den zu sehen ihr Ex-Mann früher immer abgelehnt hatte. Inselkind Ute hat eh längst seinen Platz gefunden. Südliches Temperament werde man ihr nicht nachsagen können, eher strenge Herzlichkeit, schreibt Fritz J. Raddatz in der »Zeit«. Was ironisch gemeint ist und sich nicht darauf bezieht, dass ihr Mann, zu dessen vielen Tugenden die der Selbstironie nicht zähle, dem ewig Weiblichen ein Leben lang zugetan gewesen sei. Das weiß sie längst. Das ewig Weibliche behält sie inzwischen locker im Überblick. Sie nimmt sich nicht wichtig, aber sie ist es. Sie sagt, wer kommen darf und wer nicht, sie begleitet ihn, aber nicht als anhimmelnde Muse des Dichters, zu allen Anlässen, in denen er eine Hauptrolle übernehmen muss oder will, und er sucht stets ihren Blick.

In jener Zeit der von den Bürgern mehrheitlich begrüßten »uneingeschränkten Solidarität« mit den Vereinigten Staaten nach den Attentaten des elften September 2001, was bedeutete, dass deutsche Soldaten nach Afghanistan ziehen mussten, sitzt eine intellektuelle Minderheit von Bürgern, die solche Einsätze entsetzlich findet, eines Abends bei Bundeskanzler Schröder im Amt. Einer moderiert. Manfred Bissinger zum Beispiel. Einer gibt zu bedenken. Günter Grass zum Beispiel. Einer trägt etwa gleich lang eigene Bedenken vor. Martin Walser zum Beispiel. Einer will auch was sagen, und zwar drin-

Der Patriarch in seiner liebsten Rolle, umgeben von Familie und Freunden vor der Nobelpreisverleihung im Dezember 1999. Sitzend von links nach rechts: Grass-Tochter Laura, Enkelin Rosanna, Ute Grass, Günter Grass, Grass-Schwester Waltraut, Raoul Grass. Stehend von links nach rechts: Schwiegersohn Andreas Zabel, Bruno Grass, seine Verlobte Yvonne Lange, Weinhändler Kurt Thater aus Lübeck, Sekretärin Hilke Ohsoling mit ihrem Mann Jens, Verleger Gerhard Steidl, Grass-Tochter Helene, die Enkelinnen Ronja und Luisa, Schwiegertochter Giovanna Cappellanti, Grass-Tochter Nele, Grass-Sohn Franz, Maira de Miranda-Grunert, Malte Grunert, Beatrice Grass, Hans Grunert.

gend. Otto Schily zum Beispiel. Einer mosert, sei alles wie früher, wenn Honecker – oder war es Ulbricht? – nicht weitergewusst habe, dann habe der auch die Dichter zu sich gerufen. Stefan Heym zum Beispiel. Eine spricht von der tiefen Sorge aller Deutschen in Ost und West. Christa Wolf zum Beispiel. Sie wird bald ein Werk des Bildhauers Grass als Deutschen Bücherpreis empfangen, eine Hand, die den Butt hält, in Bronze gegossen. Einer sagt rein gar nichts und schreibt mit, was die anderen gesagt haben. Peter Rühmkorf zum Beispiel.

Man hat sich zugehört. Die Dichter und Denker ändern nicht ihre Meinung, der Kanzler nicht seine Politik. Er behält allerdings von diesem Abend nicht nur was im Kopf, sondern auch was in der Hand, eine sichtbare Erinnerung: In Gedanken hatte Martin Walser während der Diskussion die Speisekarte mit kleinen Zeichnungen voll gekritzelt und die lässt sich Schröder signieren.

Das war im Winter des Jahres 2002.

Die Erfahrung, stets über das Selbstverständliche reden zu müssen, weil »uns die Vergangenheit immer wieder einholt«, weil Literatur die Welt nicht verändert, hatte Sisyphos nicht müde gemacht. Er wälzte Steine, redete gegen die Reden der anderen. Gegenreden hielten ihn jung. Als Dichter aber schien Grass ausgeschrieben, was vielleicht am Alter lag, aber das sah er nicht so streng: »Ich erfahre Alter als eine Bereicherung. Geblieben ist eine barock-katholische Lebensart, die immer, etwa beim Heben des Glases voller Rotwein, ein Stück Tod mittrinkt. Der Tod ist immer da. Er ist fürchterlich, aber dennoch nicht zum Fürchten.«

Er täuschte die Altersweisheit aber nur vor. Verbarg sich hinter ihr. Insgeheim kroch er suchend umher, machte sich kundig als Journalist, ließ sich von den Enkeln das Internet erklären, weil er es für die Konstruktion seiner Geschichte brauchte, witterte sicheren Gespürs sein Thema, krabbelte seitwärts und rückwärts und vorwärts und bewegte sich im Krebsgang gegen den Zeitgeist, ging im »vorgetäuschten Rückwärtsgang, seitlich ausscherend« zurück in die Vergegenkunft, in deutsche Geschichte, die man »nie den Rechtsgewirkten« hätte überlassen dürfen, und gerade er erst recht nicht, der Alte.

Dieser Alte ist Günter Grass und der schaut Grass über die Schultern, als er seine Novelle »Im Krebsgang« schreibt. Treibt ihn an, lässt ihm keine Ruhe, schickt ihn erneut in die Vergangenheit, zurück wieder nach Danzig, das der junge Günter im Herbst 1944 verlassen hatte, als er in den Krieg zog. Aus der Gegenwart tastet er sich wieder an die Ostsee und seine Figuren lassen ihn nicht allein. Diesmal in der Geschichte vom Untergang der »Wilhelm Gustloff« am dreißigsten Januar 1945, bei der neuntausend, vielleicht zehntausend Menschen umkamen. Tulla Pokriefke bringt in dieser Nacht im U-Boot, das sie und ein paar andere vor dem Ertrinken rettet, einen Sohn zur Welt, den Erzähler Paul Pokriefke. Auf einer geheimnisvollen, offensichtlich rechtsradikalen Website entdeckt er jetzt Spuren aus dieser Vergangenheit, die in die Gegenwart und in die Zukunft wohl auch führen – und hinter dem anonymen Webmaster seinen eigenen, ihm fremd gewordenen Sohn, der den Neonazis anhängt und einen Mord begeht, den er nicht bereut…

Grass wird mit diesem Buch die politische Diskussion in Deutschland bestimmen, als habe vor ihm keiner über den gnadenlosen Luftkrieg der Alliierten und die Vertreibung der Deutschen nach dem Krieg und die Millionen Opfer als Folge der Verbrechen Hitlers geschrieben. Kein Lenz, kein Schmidt, kein Suminski, keine Ossowski, kein Kempowski, kein Mulisch, kein Vonnegut, kein Bombrowski, kein Sebald. Dass ausgerechnet er, der linke Patriot, der Auschwitz immer mitdachte, davon erzählt, macht den Unterschied aus. »Im Krebsgang« eilt Grass auf Platz eins der Bestsellerlisten. Bürger und Dichter sind wieder eine Einheit.

Der Zuchtmeister der Nation habe den Katheder beiseite geschoben und den Zeigestock in die Ecke gestellt, malte Hellmuth Karasek begeistert das Bild des Alten und Marcel Reich-Ranicki trocknete stille Tränen bei der Lektüre, von denen er anschließend laut im Fernsehen verkündete, und der »Spiegel« widmete Grass eine bewundernde Titelgeschichte und Rudolf Augstein sang mit bei den anschwellenden Lobesgesängen und der britische »Economist« erkannte die eigentliche Sensation: »It is a triumph for him to have continued the great national debate in a novel.«

Und der steht jetzt wieder da vorne in diesem Triumph, eine nationale Debatte literarisch angestoßen zu haben, Brille halb über der Nase, Pfeife kalt, Rotwein in der Nähe, am Pult und holt Luft und hebt die Stimme und erzählt in seiner Sprache und nach seiner Partitur eine Geschichte, in der sie alle noch leben, die in früheren Romanen ihre Auftritte hatten. Er erwähnt die auch mir vertrauten Orte aus der Vergangenheit. Das halb versunkene Boot in der Danziger Bucht. Den Olivaer Wald. Das Strandbad Brösen. Die Elsestraße, in der die Großeltern von Günter Grass lebten. Die Tischlerei, in deren Werkstatt seine Tulla diesen Geruch nach Leim annahm, den sie nie mehr loswerden sollte.

Der da vor uns singt ist sich treu geblieben. Seine Stimme ist dunkler geworden, klingt nicht mehr so hell wie früher, aber das liegt am Alter. Sie hat die herbstliche Klangfarbe von Wäldern, durch die er gegangen ist, in denen die Bäume seiner ganz persönlichen Erinnerungen stehen, Symbole für Siege und für Niederlagen. Die Mühe, immer Steine bergauf rollen zu müssen, blieb nicht ohne Spuren. Der Stein, den er wälzt, sei aber nicht sein Eigentum, auf Zeit und gegen Gebühr verleihe ihn die Firma Sisyphos. Grass klagt darüber nicht, ist mit sich im Reinen, weil er sich die Last der Steine selbst auferlegt und eben nie resigniert hat.

Der gibt nicht auf. Der hat sich nicht geändert. Nie wird er sich ändern. Bis er mal ins Grab tanzt. Aber wie ich Grass am Ende dieser Reise in seine Lebensgeschichte inzwischen zu kennen glaube, wird er auch in der ewigen keine Ruhe geben und stören: »Wegzehrung/ Mit einem Sack Nüsse/ will ich begraben sein/ und mit neuesten Zähnen./ Wenn es dann kracht,/ wo ich liege,/ kann vermutet werden:/ Er ist das,/ immer noch er.«

XV

»Es richte über mich, wer richten mag«

2003–2007

Es waren nicht etwa symbolische Nüsse, die zu knacken sich der lebendige Dichter aus seinem Grab als fortwährendes und störendes Lebenszeichen vorgestellt hatte. Es war eine ganz reale Nuss, die er zu knacken hatte, und Günter Grass brauchte einundsechzig Jahre, bis er es geschafft hatte. In der Schale lagen Buchstaben. Das doppelte SS. Die gehören fortan zu seiner Biografie.

Was in seinem 479 Seiten langen autobiografischen Werk stehen würde, das mit dem Umzug der Kleinstfamilie Grass von Paris nach Berlin und dem Erfolg des Romandebüts »Blechtrommel« endet, hätten spätestens ab dem 29. Juli 2006 Kritiker aller Zeitungen, Magazine, Wochenblätter, Rundfunkanstalten feststellen können. Denn am 26. Juli hatte der Steidl-Verlag, in dem seine Werke erscheinen, vorab insgesamt 550 Leseexemplare der literarischen Grass-Erinnerungen »Beim Häuten der Zwiebel« verschickt.

Um zu finden, was da in der kleinen Nussschale lag, das Bekenntnis des Nationaldichters, sich als Siebzehnjähriger freiwillig zur Waffen-SS gemeldet zu haben, worüber er nie geschrieben hatte, hätte man alles lesen müssen, was da geschrieben stand. Außer Frank Schirrmacher und Hubert Spiegel von der »Frankfurter Allgemeinen Zeitung« machte das keiner, was – ein anderes weites Feld – einem Versagen des Berufsstandes gleichkommt. Als die FAZ aus der Enthüllung eine Schlagzeile machte, wozu sie schließlich allen Anlass und worauf sie ein wohl verdientes Recht hatte, versuchten sich die ertappten Verschläfer auf Vorhaltungen ihrer aufgebrachten Chefredakteure herauszureden mit besserwisserischer Arroganz nach der Melodie, sie hätten deshalb nichts gelesen, weil man von diesem Grass doch eh nichts Bedeutendes mehr habe erwarten können. Christoph Keese, Chefredakteur der »Welt am Sonntag« aus dem

Springer-Verlag, dessen Vorsitzender Mathias Döpfner im Sommer 2006 ein viel beachtetes und im »Spiegel« abgedrucktes Streitgespräch mit Grass geführt hatte, brachte es selbstkritisch auf den Punkt: »Der Weihrauch des Moralapostels benebelte eine ganze Branche«.

Deshalb war keinem aufgefallen, was im Erinnerungsbuch des Nobelpreisträgers auf Seite 126, Zeile zehn bis dreizehn stand – oder aber viele der Kritiker hatten, die selbstverständliche Pflicht von Journalisten brechend, auf Unbekanntes neugierig zu sein, gar nicht in ihre Exemplare reingeschaut. Die beiden FAZ-Redakteure aber machten sich lesend kundig und entdeckten, was ihnen neu zu sein schien, ja: sensationell. Es war in der Tat neu und es war tatsächlich eine Sensation. Günter Grass bekannte, seine Nuss knackend, sich als Siebzehnjähriger freiwillig zur Waffen-SS gemeldet zu haben:

»Zu fragen ist: Erschreckte mich, was damals im Rekrutierungsbüro unübersehbar war, wie mir noch jetzt, nach über sechzig Jahren, das doppelte SS im Augenblick der Niederschrift schrecklich ist?« Und ein paar Absätze später: »Und doch habe ich mich über Jahrzehnte hinweg geweigert, mir das Wort und den Doppelbuchstaben einzugestehen. Was ich mit dem dummen Stolz meiner jungen Jahre hingenommen hatte, wollte ich mir nach dem Krieg aus nachwachsender Scham verschweigen. Doch die Last blieb und niemand konnte sie erleichtern …«

Die Brisanz dieser wenigen Zeilen, eingebettet in viele andere, mit denen Grass sich selbst befragend in Frage stellte und sein Leben in Metaphern und Wortgirlanden entblätterte, konnte erkennen, wer sich auskannte in der Biografie des Nobelpreisträgers. Oder die einen kannten, der sich auskannte.

Haben Sie es nicht gewusst?, wurde ich deshalb als Autor dieser vom Dichter nicht autorisierten Biografie gefragt. Aber weil ich nicht zu den Erwählten zählte, die vorab ein Exemplar bekommen hatten, war ich überrascht wie all die anderen, als ich am 12. August 2006 in der »FAZ«, die am Tag zuvor mit der Vorabmeldung, Grass sei Mitglied der Waffen-SS gewesen, bereits Furore gemacht hatte, folgende Passage aus dem Interview las, das Schirrmacher und Spiegel mit Grass geführt hatten:

»… jetzt sprechen Sie zum ersten Mal und völlig überraschend darüber, dass Sie Mitglied der Waffen-SS waren. Warum erst jetzt?

Das hat mich bedrückt. Mein Schweigen über all die Jahre zählt zu

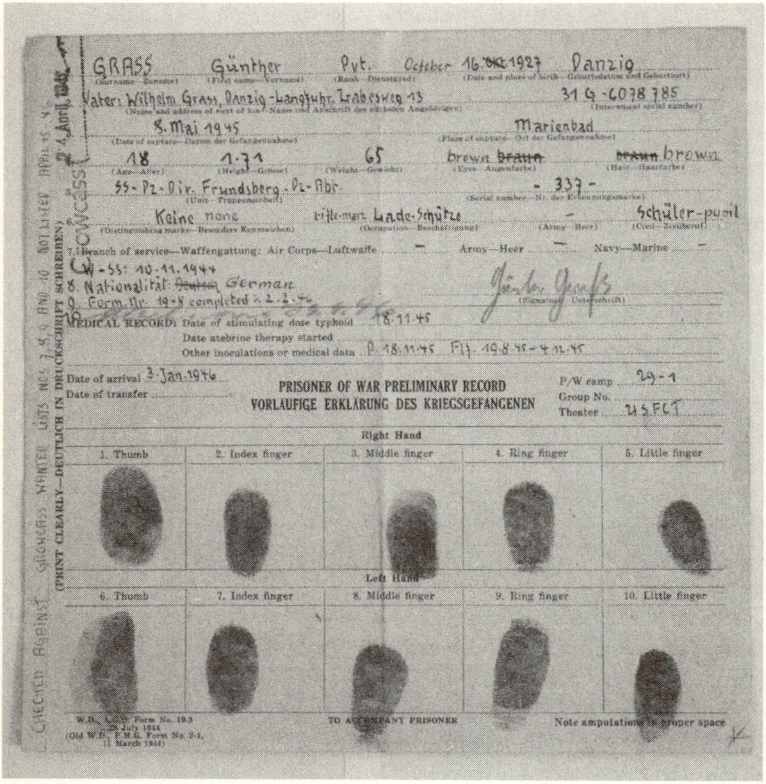

GRASS (Surname—Zuname) Günther (First name—Vorname) Pvt. (Rank—Dienstgrad) October 16. ~~Okt.~~ 1927 Danzig (Date and place of birth—Geburtsdatum und Geburtsort)

Vater: Wilhelm Grass, Danzig-Langfuhr, Labesweg 13 (Name and address of next of kin—Name und Anschrift des nächsten Angehörigen) 31 G-6078785 (Internment serial number)

8. Mai 1945 (Date of capture—Datum der Gefangennahme) Marienbad (Place of capture—Ort der Gefangennahme)

18 (Age—Alter) 1.71 (Height—Grösse) 65 (Weight—Gewicht) brown ~~braun~~ (Eyes—Augenfarbe) ~~braun~~ brown (Hair—Haarfarbe)

5. SS-Pz-Div. Frundsberg-Pz-Abt. (Unit—Truppeneinheit) -337- (Serial number—Nr. der Erkennungsmarke)

6. Keine none (Distinguishing marks—Besondere Kennzeichen) rifleman Lade-Schütze (Occupation—Beschäftigung) - (Army—Heer) Schüler-pupil (Civil—Zivilberuf)

7. Branch of service—Waffengattung: Air Corps—Luftwaffe – Army—Heer – Navy—Marine –

W-SS: 10.11.1944

8. Nationalität: ~~Deutsch~~ German

9. Form Nr. 19-8 completed 2.2.46

Günter Grass (Signature—Unterschrift)

MEDICAL RECORD: Date of stimulating dose typhoid 18.11.45

Date atebrine therapy started

Other inoculations or medical data P. 18.11.45 Flt. 19.8.45-4.12.45

Date of arrival 3. Jan. 1946

Date of transfer

PRISONER OF WAR PRELIMINARY RECORD

VORLÄUFIGE ERKLÄRUNG DES KRIEGSGEFANGENEN

P/W camp 29-1

Group No.

Theater USFET

(PRINT CLEARLY—DEUTLICH IN DRUCKSCHRIFT SCHREIBEN)

CHECKED AGAINST GROWGASS WANTED LISTS NOS 7, 8, 9 AND 10 NOT LISTED APRIL 15-46

24. April 1946

Right Hand

1. Thumb	2. Index finger	3. Middle finger	4. Ring finger	5. Little finger

Left Hand

6. Thumb	7. Index finger	8. Middle finger	9. Ring finger	10. Little finger

W.D., A.G.O. Form No. 19-3, 25 July 1944 (Old W.D., P.M.G. Form No. 2-1, 11 March 1944)

TO ACCOMPANY PRISONER

Note amputations in proper space

1946 gibt Grass als Kriegsgefangener der USA an, in der Waffen-SS gedient zu haben.

den Gründen, warum ich dieses Buch geschrieben habe. Das musste raus, endlich.

Hatten Sie ein Schuldgefühl deswegen?

Währenddessen? Nein. Später hat mich dieses Schuldgefühl als Schande belastet …«

Zugegeben, auch ich fühle mich zunächst ganz persönlich getäuscht, weil Grass mir gerade aus jener Zeit viel erzählt hatte – als er zur Wehrmacht eingezogen wurde, als er Panzerschütze war, als er verwundet wurde, als er in Kriegsgefangenschaft geriet und als der Junge aus Danzig im Lager in Bad Aibling endlich begriff, dass er in gläubiger Überzeugung Verbrechern gefolgt war. Die Verbrechen der Waffen-SS erwähnte er, doch er verschwieg, dass auch auf seiner Uniform die anstößigen Runen aufgenäht waren.

Ich war zudem ganz allgemein enttäuscht von Grass, weil er bis dahin mehr gewesen war als »nur« ein großer Dichter, sondern eine Art von moralischer Instanz der alten Republik. Sein Wort, nicht nur das kunstvoll geschriebene, sondern das sich in die Politik einmischend gesprochene galt. »Und alle hörten zu«, schrieb der »stern«, als der Skandal öffentlich geworden war, dessen Brisanz auch in der Illustrierten unbemerkt geblieben war, »die einen, um sich aufzuregen. Die anderen, um Halt zu finden in einer Welt voller Grauen. Nur sein eigenes Grauen, seine eigenen Makel, hat er verschwiegen – 61 Jahre und ein paar Monate lang«.

Befragt, wie ich mich nach der Enthüllung fühlte, gab ich erstens zur Antwort, als moralische Instanz sei er für mich erledigt, wohl wissend, dass die »geradezu lächerlich deutsche Sucht nach Vorbildern« (Margarete Mitscherlich) auch mich betraf, und zweitens, mich verteidigend, warum ich nie auf die Idee gekommen war, Grass zu fragen, ob er Mitglied der Waffen-SS gewesen war. »Das wäre für mich so absurd gewesen wie den ehemaligen Nazi-Marinerichter Filbinger, später Ministerpräsident des Landes Baden-Württemberg, zu fragen, ob er im Widerstand gegen Hitler aktiv war.«

Man hätte, warf ich mir lieber selbst vor, dennoch darauf kommen können, dass es etwas bislang Unbekanntes im Leben des Günter Grass gegeben haben muss, begraben unter Geröll, das nachfragend wegzuräumen war, um es zu entdecken. Man hätte, warf ich mir ärgerlich selbst vor, bei der Lektüre seiner öffentlichen Einreden Verdacht schöpfen müssen und nachhaken sollen. Beispielsweise bei jener Rede unter dem nunmehr fast anstößig klingenden Titel »Ich erinnere mich«, die er im Oktober 2000 während der Litauisch-deutsch-polnischen Gespräche in Vilnius hielt: »Ich erinnere mich oder ich werde erinnert durch etwas, das mir quer steht, seinen Geruch hinterlassen hat oder in verjährten Briefen mit tückischen Stichworten darauf wartet, erinnert zu werden ... Sprachlose Gegenstände stoßen uns an; Dinge, die uns seit Jahren, so meinten wir, teilnahmslos umgaben, plaudern Geheimnisse aus: peinlich, peinlich! Dazu Träume, in denen wir uns als Fremde begegnen, unfassbar, endloser Deutung bedürftig ...«

Die Reaktion auf das späte, das viel zu späte Bekenntnis des Nobelpreisträgers war auch ganz allgemein eindeutig. Entsetzen. Sprachlosigkeit. Nicht etwa, weil er als verblendeter Jüngling freiwillig die Uniform der SS-Verbrecher mit den Runen getragen hatte, sondern weil er diese Schande solange mit sich herumgeschleppt hatte. »Mit dieser Enthüllung«, kommentierte die »New York Times«, sei Günter Grass »sein eigenes letztes Kapitel geworden«.

Man stelle sich nur mal vor, eine Replik von Grass auf das unsägliche Buch des rechtsradikalen Republikanerchefs Franz Schönhuber »Ich war dabei«, womit er die SS meinte, begeistert begrüßt von allen ewig Gestrigen, hätte gelautet: Ich auch – um dann zu begründen, warum das erst recht eine Verpflichtung für ihn sei, wo auch immer, für wen auch immer, seine Stimme zu erheben und das Lied der Demokratie zu singen. Weshalb hat er keine der aus oft gegebenen Anlässen – Rede an die Anhänger der NPD, Reden über deutsche Schuld in Israel etc. – zahlreichen Chancen benutzt, von der eigenen Schuld zu reden statt nur die der anderen anzuprangern? Hatte er geschwiegen, weil er wusste, dass er sonst nie den Nobelpreis bekommen würde? Die Vermutung, er müsse jetzt vielleicht den Preis zurückgeben, wurde vom Nobelkomitee in Stockholm als absurd gekontert. Das sei keinen weiteren Gedanken wert. Gleichfalls verschwand bald die zunächst von Lech Walesa erhobene Forderung, nunmehr müsse er die Ehrenbürgerschaft seiner Heimatstadt Danzig zurückgeben.

War der von ihm gewählte Zeitpunkt, seine Scham und dies auch noch in einem Interview mit der ihm jahrelang suspekten »FAZ« öffentlich zu machen, in Wahrheit nur eine perfekt getimte PR-Aktion zum Verkauf seines Buches? Es passt zur Affäre um den Sprachbildhauer Grass, der Absurdes schätzt, dass sein Verleger Gerhard Steidl nicht etwa das späte Bekenntnis seines berühmten Hausautors für moralisch fragwürdig hielt, sondern die »marktschreierische Aufmachung« der Zeitung, in der Grass – autorisiert von ihm selbst – im oben zitierten Interview seine Vergangenheit enthüllte. Als moralisch »ziemlich infam« empfand Steidl die Vorabmeldung der »FAZ«, wenn auch journalistisch virtuos und effektiv. Was ihm fürs »Häuten der Zwiebel« höchst effektive Verkaufszahlen garantierte, denn die erste Druckauflage von 150 000 Exemplaren war schnell vergriffen.

Andere sahen das mit der Moral anders. Arno Lustiger, Historiker, der die Konzentrationslager überlebte: »Der einfache Anstand hätte es geboten, vor der Bitburg-Zeremonie (als der damalige Bundeskanzler Helmut Kohl mit dem damaligen US-Präsidenten Ronald Reagan auf dem Soldatenfriedhof Bitburg die Toten des Zweiten Weltkriegs ehrte, Anm. d. Verf.), wo mehrere seiner Waffen-SS-Kameraden begraben sind, mit der Wahrheit herauszurücken. Was für eine verpasste Gelegenheit, der Nation die Gründe für die Verführungen und Verirrungen einer ganzen Generation am eigenen Beispiel zu erläutern«.

Der bereits todkranke Joachim Fest, der im gleichen Atemzug das literarische Werk von Grass wie zum Beispiel »Das Treffen von Telgte« oder »Die Blechtrommel « pries: »Kein anderer hat sich so sehr als moralisches Gewissen der Nation aufgeplustert. Kein anderer hat so gerne ethische Noten verteilt. Kein anderer saß auf einem so hohen Roß. Kein anderer fällt nun so tief«.

Louis Begley, Amerikaner, geboren 1933 in Polen, dessen erster Roman »Lügen in den Zeiten des Krieges« die Judenverfolgung aus der Sicht eines kleinen Jungen schildert: »Paul Celan machte Günter Grass beim Schreiben der Blechtrommel Mut und hörte ihm zu, als er ihm daraus vorlas; ob Grass ihm bei der Gelegenheit erzählt hat, dass er Mitglied der Frundsberg-Divsion der Waffen-SS war? … Hätte Celan es erfahren, wäre er geflohen vor seiner eigenen, plötzlich Fleisch und Blut gewordenen Albtraumvision – der Vision von dem Mann, der spielt mit den Schlangen der schreibt … Er wäre geflohen, so schnell und so weit ihn die Füße getragen hätten«.

Einer aus der Generation der Flakhelfer, der Schriftsteller Walter Kempowski, konterte die nachgetragene Erklärung man habe sich der Aufforderung nicht entziehen können, im Korps der Waffen-SS das Vaterland zu verteidigen: »Auch ich habe vor dem Tisch der SS-Werber gestanden, nur mit dem Unterschied, dass ich nicht freiwillig vor sie geführt wurde und nicht siebzehn Jahre alt war, sondern erst fünfzehn und damals habe ich schlicht und einfach nein gesagt. Ich wusste damals schon, dass die SS ein Verbrecherhaufen ist. Grass hat das erst beim Nürnberger Tribunal erfahren? Der muss uns doch für verrückt halten, der Mensch, wenn er uns so was erzählt.« Manfred Rommel, im demokratischen Deutschland viele Jahre lang Oberbürgermeister von Stuttgart, bekam beispielsweise von seinem Vater, Generalfeldmarschall Erwin Rommel, wahrlich kein Widerstandkämpfer, eine gewaltige Ohrfeige, als er, damals knapp sechzehn Jahre alt, ihm mitteilte, sich freiwillig zur Waffen-SS melden zu wollen.

Daniel Kehlmann, Bestsellerautor aus der nachgeborenen anderen Generation, sah Konsequenzen voraus für das Image der Deutschen überhaupt, denn wenn schon der berühmteste deutsche Moralist »die Uniform der Mörder trug, könnte man fragen, ob es in seiner Generation überhaupt einen Deutschen gibt, der frei von Schuld ist«.

Dass allerdings ausgerechnet Peter Handke im Chor der Kritiker die Stimme erhob, die Beichte als »Schande für das Schriftstellertum« insgesamt bezeichnete, und die eigene Schande unerwähnt ließ, dem serbischen Kriegsverbrecher Milosevic am Grab die Ehre erwiesen zu haben, gab wiederum allen Verteidigern von Grass Rückenwind.

Zu denen gehörten John Irving – »Grass bleibt für mich ein Held, als Schriftsteller und moralischer Kompass« – und Salman Rushdie – »Er ist eine außergewöhnliche Kraft. Das wird nicht widerlegt durch einen Fehler, den man an ihm entdeckt«. Zu denen gehörten Walter Jens, dem seine Mitgliedschaft in der NSDAP auch ziemlich spät eingefallen war – »Ein Meister der Feder hält Einkehr und überlegt sich: Was hast du im langen Leben zu berichten vergessen? Das hat er getan und er verdient meinen Respekt« – und Martin Walser – »Grass hat durch die souveräne Platzierung seiner Mitteilung diesem aufpasserischen Moral-Klima eine Lektion erteilt. Dafür dürfen wir ihm dankbar sein«. Ivan Nagel bewunderte die »Kraft«, dass Grass, der weder amerikanischen Offizieren 1945 noch im privaten Kreis der Familie seine Vergangenheit verschwiegen hatte, nunmehr auch öffentlich den verborgenen Rest seiner Biografie erzählte. Fritz J. Raddatz lobte die literarische Kraft des Buches, Klaus Staeck, bekennender Grassianer und Präsident der Berliner Akademie der Künste betonte, dass nach dem Bekenntnis die »politische und moralische Integrität außer Zweifel« stünden, und Christa Wolf sah in den Angriffen auf Grass eine an »Hysterie grenzende Kampagne«, die »diesem oder jenem« die Gelegenheit gebe, einen unbequemen Zeitgenossen endlich mundtot zu machen.

Es schwiegen Marcel Reich-Ranicki – »Kein Wort« –, aber auch Peter Rühmkorf und Siegfried Lenz, und dies bestimmt nicht, weil niemand sie befragt hatte. Ihr Schweigen könnte man beredt nennen.

Grass selbst schwieg erst einmal auch. Dann stellte er sich in einem TV-Interview Ulrich Wickert und gab dabei zu, scheinbar demütig, man könne durchaus kritisieren, dass »ich erst jetzt darüber öffentlich spreche. Aber es ist auch mein gutes Recht, die Gründe dafür zu nennen ...«, womit der ausgewiesene Rechthaber seine zukünftige Verteidigungslinie vorgab, denn »ich war erst jetzt in der Lage, das so zu machen, und wer richten will, mag richten«.

Eigentlich war er zutiefst beleidigt wegen der Angriffe. Eigentlich wollte er gelobt werden, weil er sein Schweigen gebrochen hatte. Eigentlich wollte er, wie es seine Art ist, allen Kritikern das Maul stopfen, aber in dem Fall ging das nicht mehr so einfach wie früher. Er war beschädigt, das wusste er, also wartete er erstens den Erfolg des Buches ab, der sich bald auf den Bestsellerlisten ganz oben ablesen ließ und zweitens bereitete er sich darauf vor, seiner Gemeinde höchst selbst zu erklären, was so vielen unerklärlich schien und war und auch blieb. »Ich habe nicht geglaubt, dass Literaturkritiker, die doch von morgens bis abends mit Büchern umgehen, so unter ihrem Niveau argumentieren können«, verkündete er unter starkem Beifall bei einer Lesung in Berlin und weil er an diesem Abend spürte, dass seine Leser mit ihm den Schulterschluss üben wollten, beginnt er, der alte Grass schon wieder, bei den nächsten Veranstaltungen auszuteilen: »Ich stehe weiterhin auf zwei Beinen und werde auch weiterhin den Mund aufmachen.«

Doch was die nervenden, manchmal nervigen, aber stets Anstoß gebenden politischen Mahnungen des Bürgers Grass betrifft, vor allem die Reden und Einwürfe über die nie eingestandene Schuld der Väter, die Heil-Hitler-gläubig dabei waren und darüber nach 1945 den Mantel des Schweigens breiteten (was der eigentliche Grund war für den heute gern geschmähten Aufstand einer einst jungen Generation 1967), auch Günter Grass gehört nunmehr zu denen, die viel zu lange schwiegen und die Begründung, warum sie es taten, also Scham und Angst etc. hätte ihnen der Dichter nie durchgehen lassen: »Die Geschichte, genauer, die von uns angerührte Geschichte, ist ein verstopftes Klo. Wir spülen und spülen, die Scheiße kommt dennoch hoch«, lautet ein Zitat aus seiner Novelle »Im Krebsgang« und als sie erschien, wäre niemand auf die Idee gekommen, dass er dabei auch die eigene Geschichte beschrieb.

Das schlechte Gewissen der Nation, das für alle sichtbar selbst ein schlechtes hatte, wird mit dem, was er als seine Schuld beschreibt, weiter leben müssen. »Wenn ein Anlass vorliegt, etwas zu sagen, wo auch hingehört wird, dann tue ich es«, hatte der überzeugte Kleinbürger einst stolz postuliert. Das wird er bestimmt weiterhin tun, doch darf bezweifelt werden, ob noch jemand hinhört.

Im Leben gibt es Versäumnisse, schrieb ein ihm naher Freund, die schmerzen bis zum Ende aller Tage. Diese Schmerzen hat sich Günter Grass verdient. Das Knacken der Nüsse, das mal aus seinem Grab dringt, wird fortan verdächtig klingen. Woran nagt er noch? Ist da noch mehr, was man nicht weiß? Und was eigentlich ist die Moral der Geschichte von der Moral eines Dichters?

Die letzte dichtende moralische Instanz in England, sagte mir mit feiner Ironie der so uneitle Schriftsteller John Le Carré, und hob dabei sein halbvolles Glas, war George Bernhard Shaw. »Seitdem geht es bei uns nur noch darum, ob einer schreiben kann oder nicht.« Das wiederum kann Günter Grass.

Letztlich ist Günter Grass ein Deutscher wie so viele andere seiner Generation. Nicht weniger. Aber eben auch nicht mehr.

Zeittafel

Orte, Daten, Ereignisse, Werke, Ehrungen

1927–1944 Am 16. Oktober **1927** wird Günter Grass als Sohn des Ehepaares Helene und Wilhelm Grass in Danzig geboren. Die Eltern besitzen ein Kolonialwarengeschäft im Vorort Langfuhr. **1930** bekommt Günter eine Schwester, die Waltraut heißt. **1933** beginnt seine Schulzeit in Danzig. Im Sommer **1944** muss er zum Arbeitsdienst.

1944–1946 Flakhelfer und Soldat. Verwundet bei Cottbus. Lazarett in Meißen und in Marienbad, Kriegsgefangenschaft in Bad Aibling und Munster Lager. Nach der Entlassung Landarbeiter, danach Koppeljunge in einem Kalibergwerk. Er trifft seine Familie wieder, die aus Danzig vertrieben wurde.

1947 Steinmetzlehre in Düsseldorf, Arbeit auf dem Bau.

1948–1952 Studium Düsseldorfer Kunstakademie bei Sepp Mages und Otto Pankok, spielt das Waschbrett in einer Jazzband, erste Auslandsreisen per Autostopp nach Italien, Frankreich und in die Schweiz.

1953–1956 Schüler von Karl Hartung an der Hochschule für Bildende Künste in Berlin. **1954**: Ehe mit der Schweizer Ballettstudentin Anna Margaretha Schwarz. Im selben Jahr stirbt seine Mutter Helene. **1955**: Für Gedicht »Lilien aus Schlaf« dritter Preis im Lyrikwettbewerb des Süddeutschen Rundfunks. Erste Lesung vor der Gruppe 47. **1956**: Erster Gedichtband »Die Vorzüge der Windhühner«, erste Ausstellung mit Plastiken und Grafiken in Stuttgart.

1956–1959 Anna und Günter Grass in Paris. Geburt der Zwillinge Franz und Raoul am 4. September **1957**. Grass schreibt Gedichte, Theaterstücke und beginnt mit seinem ersten Roman.

1957 Uraufführung von »Hochwasser« in Frankfurt am Main. Ausstellung mit Plastiken und Grafiken in Berlin.

1958 Uraufführung von »Onkel, Onkel« in Köln. Preis der Gruppe 47 nach Lesung aus der »Blechtrommel«. Reise nach Danzig und nach Warschau. Förderpreis des Kulturkreises im Bundesverband der Deutschen Industrie.

1959 »Die Blechtrommel«, Roman. Uraufführung des Balletts »Fünf Köche« in Aix-les-Bains und des Balletts »Stoffreste« in Essen. Uraufführung der Einakter »Noch zehn Minuten bis Buffalo« in Bochum und »Beritten hin und zurück« in Frankfurt am Main. Der Bremer Senat verweigert Verleihung des Günter Grass zuerkannten Bremer Literaturpreises.

1960 Rückkehr nach Berlin. Gedichtband »Gleisdreieck«.

1961 Uraufführung »Die bösen Köche« in der Werkstatt des Schiller-Theaters. Geburt der Tochter Laura. »Katz und Maus«, Novelle. Erste Bearbeitung von Wahlreden für Willy Brandt.

1962 Französischer Literaturpreis »Le meilleur livre étranger« für »Die Blechtrommel«.

1963 »Hundejahre«, Roman. Aufnahme in die Berliner Akademie der Künste.

1964 Uraufführung »Goldmäulchen« an den Münchner Kammerspielen. Erste USA-Reise.

1965 Geburt des Sohnes Bruno. Wahlkampfreise für die SPD. Georg-Büchner-Preis. Ehrendoktor des Kenyon-College, USA.

1966 Uraufführung des Dramas »Die Plebejer proben den Aufstand« am Berliner Schiller-Theater. Verfilmung von »Katz und Maus«. Gemeinsam mit Elisabeth Borchers und Klaus Roehler Herausgeber von »Luchterhand Loseblatt Lyrik«.

1967 »Ausgefragt«, Gedichtband. Carl-von-Ossietzky-Medaille. Wahlkampf für die SPD in Schleswig-Holstein.

1968 »Über das Selbstverständliche«, Reden und Aufsätze. Fontane-Preis.

1969 »örtlich betäubt«, Roman. Uraufführung »Davor« am Schiller-Theater. Theodor-Heuss-Medaille. Gründung der SPD-Wählerinitiativen. Wahlkampf für Brandt.

1970 Uraufführung des Balletts »Vogelscheuchen« an der Deutschen Oper Berlin. Begleiter von Bundeskanzler Brandt bei der Unterzeichnung der Warschauer Verträge.

1971 Wahlkampf in Schleswig-Holstein.

1972 »Aus dem Tagebuch einer Schnecke«, Roman. Wahlkampf für Willy Brandt, Umzug nach Wewelsfleth.

1973 »Mariazuehren«, Gedichte und Grafiken mit Fotos von Maria Rama. Reise mit Brandt nach Israel.

1974 »Liebe geprüft«, Radierungen und Gedichte. Geburt der Tochter Helene. »Der Bürger und seine Stimme«, Aufsätze.

1975 Erste Asienreise, mit Volker Schlöndorff, nach u. a. Indien, China.

1976 Zusammen mit Carola Stern und Heinrich Böll Herausgeber der Zeitschrift »L 76«. Gründung des Autorenbeirats bei Luchterhand. Bundestagswahlkampf für die SPD. »Mit Sophie in die Pilze gegangen«, Gedichte und Lithografien. Ehrendoktorwürde der Universität Harvard.

1977 »Der Butt«, Roman. Preis Premio Internazionale Mondello. »Als vom Butt nur noch die Gräte geblieben war«, Radierungen und Gedichte.

1978 Gründung der Alfred-Döblin-Stiftung. Essayband: »Kafka und seine Vollstrecker« und »Im Wettlauf mit den Utopien«. Internationaler Literaturpreis Viareggio. Alexander-Majkowski-Medaille, Danzig. Scheidung von Anna Grass. Geburt der Tochter Nele (von Ingrid Krüger). »Denkzettel«, Reden und Aufsätze.

1979 »Das Treffen in Telgte«, Erzählung. Hochzeit mit Ute Grunert. Tod des Vaters Wilhelm Grass.

1980 »Kopfgeburten«, Roman. Mitherausgeber »L 80«. Schlöndorffs Verfilmung der »Blechtrommel« bekommt den Oscar.

1982 Eintritt in die SPD. »Im Hinterhof«, Reisebericht Nicaragua. Mappe »Vatertag« mit 22 Lithografien. Feltrinelli-Preis.

1983 »Ach Butt, dein Märchen geht böse aus«, Gedichte und Radierungen. Wahl zum Präsidenten der Berliner Akademie der Künste.

1984 »Widerstand lernen«, politische Gegenreden.

1985 Schenkt sein Haus in Wewelsfleth der Stadt Berlin als Aufenthaltsort für Stipendiaten des Döblin-Preises.

1986 »Die Rättin«, Roman. Ab August Aufenthalt in Calcutta. Danach Umzug nach Behlendorf. »In Kupfer, auf Stein«, Werkverzeichnis der Radierungen und Lithografien.

1987 Zehnbändige Werkausgabe. Gemeinsam mit Günter »Baby« Sommer »Es war einmal ein Land«, Lyrik und Perkussion.

1988 »Mit Sophie in die Pilze gegangen«, Gedichte und Lithografien. »Zunge zeigen«, Mappe mit Radierungen aus Calcutta.

1989 »Zum Beispiel Calcutta«, Skizzenbuch. Austritt Akademie der Künste. Rede vor dem Club of Rome.

1990 »Totes Holz«, Zeichnungen. »Deutscher Lastenausgleich« und »Wider das dumpfe Einheitsgebot«, Reden und Gespräche. »Deutschland, einig Vaterland?«, Streitgespräch mit Rudolf Augstein. Gastdozentur Poetik mit der Vorlesung »Schreiben nach Auschwitz« im Wintersemester an der Universität Frankfurt am Main. »Ein Schnäppchen namens DDR«, »Kahlschlag in unseren Köpfen«, Lithografienmappe. Ehrendoktorwürde der Universität Poznań.

1991 »Brief aus Altdöbern«. Werkstattbericht »Vier Jahrzehnte«.

1992 »Unkenrufe«, Erzählung. Preis Premio Crinzane Cavour. Gründung der Daniel-Chodowiecki-Stiftung. »Rede vom Verlust«. Plakette der Freien Akademie der Künste Hamburg. Austritt aus der SPD wegen der Änderung des Asylparagrafen.

1993 Premio Hidalgo, Madrid. »Novemberland«, 13 Sonette. Ehrendoktor und Ehrenbürger Gdansk. Wechsel in den Steidl Verlag, Göttingen. »Da sagte der Butt«, Audio-Aufnahme mit Günter »Baby« Sommer.

1994 »Angestiftet, Partei zu ergreifen«. Großer Literaturpreis der Bayerischen Akademie der Künste. Karel-Čapek-Preis (gemeinsam mit Philip Roth) in Prag.

1995 »Ein weites Feld«, Roman. Hermann-Kesten-Medaille. Hans-Fallada-Preis. Briefwechsel mit Kenzaburô Ôe.

1996 Sonning-Preis in Kopenhagen. Thomas-Mann-Preis Lübeck. »Der Schriftsteller als Zeitgenosse«.

1997 »Fundsachen für Nichtleser«, Gedichte und Aquarelle. Werkausgabe in sechzehn Bänden. »Der Autor als fragwürdiger Zeuge«. Laudatio auf Yasar Kemal in der Paulskirche. Gründung einer Stiftung zugunsten der Kultur von Sinti und Roma.

1998 Wahlkampf für die SPD. Ringvorlesung an der Medizinische Universität Lübeck. Ausstellung von Zeichnungen, Radierungen, Lithografien in Kiel. Erneut Eintritt in die Berliner Akademie der Künste. Ausstellung von Grafiken in Hamburg. »Vom Abenteuer der Aufklärung«, Werkstattgespräche (mit Harro Zimmermann).

1999 Literaturnobelpreis. »Mein Jahrhundert«. Prinz-von-Asturien-Preis.

2000 Wahlkampf für die SPD in Schleswig-Holstein. Gründung der Wolfgang-Koeppen-Stiftung. Szenische Aufführung »Mein Jahrhundert« am Hamburger Thalia-Theater. Günter-Grass-Stiftung für Ton- und Filmdokumente in Bremen gegründet (www.guenter-grass.de).

2001 Werkstattbericht »Fünf Jahrzehnte«. Uraufführung von »Novemberland« als »musikalisches Statement« mit Günter »Baby« Sommer in Mainz.

2002 »Im Krebsgang«, Novelle. Gründung der Nationalstiftung in Halle. Zum fünfundsiebzigsten Geburtstag am 16. Oktober: Bildband (Fotograf Dirk Reinartz) mit seinen Skulpturen unter dem Titel »Gebrannte Erde«, »Fundsachen für Grass-Leser« und Herausgeber zusammen mit Johano Strasser und Daniela Dahn des politischen Reportagebandes »In einem reichen Land«.

2003 »Letzte Tänze«, Gedichte. Briefwechsel Günter Grass mit Helen Wolff (Sammlung)

2005 Ehrendoktor der Freien Universität Berlin

2006 »Beim Häuten der Zwiebel«, Autobiografie

2007 »Dummer August. Gedichte, Lithographien, Zeichnungen«

Bibliografie

Werkausgaben

Werkausgabe in zehn Bänden, hrsg. von Volker Neuhaus, Darmstadt/Neuwied: Luchterhand 1987

Band I: Gedichte und Kurzprosa
Band II: »Die Blechtrommel«
Band III: »Katz und Maus«. »Hundejahre«
Band IV: »örtlich betäubt«. »Aus dem Tagebuch einer Schnecke«
Band V: »Der Butt«
Band VI: »Das Treffen in Telgte«. »Kopfgeburten oder Die Deutschen sterben aus«
Band VII: »Die Rättin«
Band VIII: Theaterspiele
Band IX: Essays, Reden, Briefe, Kommentare
Band X: Gespräche

Studienausgabe, Göttingen: Steidl 1993/94

Band 1: »Die Blechtrommel«
Band 2: »Katz und Maus«
Band 3: »Hundejahre«
Band 4: »örtlich betäubt«
Band 5: »Aus dem Tagebuch einer Schnecke«
Band 6: »Der Butt«
Band 7: »Das Treffen in Telgte«
Band 8: »Kopfgeburten oder Die Deutschen sterben aus«
Band 9: »Die Rättin«
Band 10: »Unkenrufe«
Band 11: Gedichte und Kurzprosa
Band 12: Theaterspiele

Werkausgabe, hrsg. von Volker Neuhaus und Daniela Hermes, Göttingen: Steidl 1997

Band 1: Gedichte und Kurzprosa
Band 2: Theaterspiele
Band 3: »Die Blechtrommel«
Band 4: »Katz und Maus«
Band 5: »Hundejahre«
Band 6: »örtlich betäubt«
Band 7: »Aus dem Tagebuch einer Schnecke«
Band 8: »Der Butt«
Band 9: »Das Treffen in Telgte«
Band 10: »Kopfgeburten oder Die Deutschen sterben aus«
Band 11: »Die Rättin«
Band 12: »Unkenrufe«
Band 13: »Ein weites Feld«
Band 14: Essays und Reden I
Band 15: Essays und Reden II
Band 16: Essays und Reden III

Einzelausgaben

»75 Jahre Meierei Bolle, Berlin«, Reklameschrift, Texte: Günter Grass, Berlin: Kluge 1956
»Die Vorzüge der Windhühner«, Gedichte, Prosa, Zeichnungen, Neuwied/Berlin: Luchterhand 1956
»Die Blechtrommel«, Roman, Neuwied/Berlin: Luchterhand 1959
Horst Geldmacher, Günter Grass, Herman Wilson: »O Susanna», ein Jazzbilderbuch mit Blues, Balladen, Spirituals, Jazz, Köln: Kiepenheuer & Witsch 1959
»Gleisdreieck«, Gedichte und Zeichnungen, Neuwied: Luchterhand 1960
»Stoffreste« Ballett, Berlin: Bote & Bock 1960
»Katz und Maus«, Novelle, Neuwied: Luchterhand 1961
»Die Ballerina«, Berlin: Friedenauer Presse 1963
»Hochwasser«, Stück in zwei Akten, Frankfurt am Main: Suhrkamp 1963
»Hundejahre«, Roman, Neuwied: Luchterhand 1963
»Dich singe ich Demokratie«, mit den Reden »Es steht zur Wahl«, »Ich klage an«, »Des Kaisers neue Kleider«, »Loblied auf Willy« und »Was ist des Deutschen Vaterland«, Neuwied: Luchterhand 1965
»Onkel, Onkel«, Spiel in vier Akten, Berlin: Wagenbach 1965
»Rede über das Selbstverständliche«, Neuwied: Luchterhand 1965
»März«, Gedicht, Neuwied: Luchterhand 1966
»Die Plebejer proben den Aufstand«, Ein deutsches Trauerspiel, Neuwied: Luchterhand 1966
»Ausgefragt«, Gedichte und Zeichnungen, Neuwied: Luchterhand 1967
»Der Fall Axel C. Springer am Beispiel Arnold Zweig«, Eine Rede, ihr Anlaß und die Folgen, Berlin: Voltaire 1967

Günter Grass, Pavel Kohout: »Briefe über die Grenze«, Versuch eines Ost-West-Dialogs, Hamburg: Wegner 1968
»Danach«, Neuwied: Luchterhand 1968
Grass unter dem Pseudonym Artur Knoff: »Geschichten«, Berlin: Literarisches Colloquium Berlin 1968
»Über das Selbstverständliche«, Reden, Aufsätze, Offene Briefe, Kommentare, Neuwied/Berlin: Luchterhand 1968
»Über meinen Lehrer Döblin und andere Vorträge«, Berlin: Literarisches Colloquium Berlin 1968
Günter Grass: »Freiheit – Ein Wort wie Löffelstiel«; Paul Schallück: »Gegen Gewalt und Unmenschlichkeit«, Zwei Reden zur Woche der Brüderlichkeit, Köln: Schäuble 1969
»örtlich betäubt«, Roman, Neuwied/Berlin: Luchterhand 1969
»Die Schweinekopfsülze«, Zeichnungen von Horst Janssen, Vier Blätter, Hamburg: Merlin 1969
»Über das Selbstverständliche«, Politische Schriften, München: dtv 1969
Theaterspiele (darunter: »Hochwasser«, »Onkel, Onkel«, »Noch zehn Minuten bis Buffalo«, »Die bösen Köche«, »Die Plebejer proben den Aufstand«, »Davor«), Neuwied/Berlin: Luchterhand 1970
Günter Grass, Hans Peter Tschudi, Arthur Schmid: »Demokratie und Sozialismus«, Bern: Verlag der Sozialdemokratischen Partei der Schweiz 1971
»Gesammelte Gedichte«, Neuwied/Berlin: Luchterhand 1971
»Günter Grass – Dokumente zur politischen Wirkung«, hrsg. von Heinz Ludwig Arnold und Franz Josef Görtz, München: edition text + kritik 1971
»Aus dem Tagebuch einer Schnecke«, Roman, Darmstadt/Neuwied: Luchterhand 1972
»Mariazuehren. Hommageàmarie. Inmarypraise«, Mit Abbildungen von Maria Rama, München: Bruckmann 1973
»Der Schriftsteller als Bürger – eine Siebenjahresbilanz«, Wien: Dr.-Karl-Renner-Institut 1973
»Der Bürger und seine Stimme«, Reden, Aufsätze, Kommentare, Darmstadt/Neuwied: Luchterhand 1974
»Der lesende Arbeiter« und »Bildungsurlaub«, Zwei Reden vor Gewerkschaftern, Stuttgart: 1974
»Liebe geprüft«, 7 Radierungen und Gedichte, Bremen: Schünemann 1974
»Mit Sophie in die Pilze gegangen«, Lithographien und Gedichte, Mailand: Upiglio 1976
»Als vom Butt nur die Gräte geblieben war«, Mappe mit 7 Radierungen, Berlin: Galerie Andre, Anselm Dreher 1977
»Der Butt«, Roman, Darmstadt/Neuwied: Luchterhand 1977
»Denkzettel«, Politische Reden und Aufsätze 1965–1976. Darmstadt/Neuwied: Luchterhand 1978
Volker Schlöndorff, Günter Grass: »Die Blechtrommel als Film«, Frankfurt am Main: Zweitausendeins 1979

»Das Treffen in Telgte«, Erzählung, Darmstadt/Neuwied: Luchterhand 1979
»Aufsätze zur Literatur«, Darmstadt/Neuwied: Luchterhand 1980
»Kopfgeburten oder Die Deutschen sterben aus«, Roman, Darmstadt/Neuwied: Luchterhand 1980
»Nachruf auf einen Handschuh«, 7 Radierungen und ein Gedicht, Berlin: Galerie Andre, Anselm Dreher 1982
»Zeichnungen und Texte 1954–1977, Zeichnen und Schreiben I.«, hrsg. von Anselm Dreher, Darmstadt/Neuwied: Luchterhand 1982
»Vatertag«, Mappe mit 22 Lithographien, Hamburg: Edition Beck 1982
»Ach Butt, dein Märchen geht böse aus«, Gedichte und Radierungen, Darmstadt/Neuwied: Luchterhand 1983
»Die Vernichtung der Menschheit hat begonnen«, Rede anläßlich der Verleihung des Feltrinelli-Preises am 25. November 1982, Hauzenberg: Edition Toni Pongratz 1983
»Radierungen und Texte 1972–1982. Zeichnen und Schreiben II.«, hrsg. von Anselm Dreher, Darmstadt/Neuwied: Luchterhand 1984
»Widerstand lernen«, Politische Gegenreden 1980–1983, Darmstadt/Neuwied: Luchterhand 1984
»Die Rättin. 3 Radierungen und 1 Gedicht«, Homburg/Saar: Edition Beck 1985
»In Kupfer, auf Stein«, Die Radierungen und Lithographien 1972–1986, Steidl 1986
»Die Rättin«, Roman, Darmstadt/Neuwied: Luchterhand 1986
»Graphik und Plastik«, Ausstellungskatalog des Museums Ostdeutsche Galerie (Regensburg), bearbeitet von Werner Timm, Regensburg: 1987
»Günter Grass. Hundert Zeichnungen 1955–1987«, Ausstellungskatalog der Kunsthalle zu Kiel, hrsg. von Jens Christian Jensen, Kiel 1987
»Mit Sophie in die Pilze gegangen«, Göttingen: Steidl 1987
»Calcutta«, Mappe mit Radierungen, Göttingen: Steidl 1988
»Calcutta«, Zeichnungen, Austellungskatalog der Kunsthalle Bremen, bearbeitet von Fritze Margull und Gerhard Steidl, Bremen 1988
»Die Gedichte 1955–1986«, Darmstadt: Luchterhand Literaturverlag 1988
»Zunge zeigen«, Darmstadt: Luchterhand Literaturverlag 1988
»Meine grüne Wiese«, Kurzprosa, Zürich: Manesse 1989
»Skizzenbuch«, Göttingen: Steidl 1989
Tschingis Aitmatow, Günter Grass: »Alptraum und Hoffnung«, Zwei Reden vor dem Club of Rome, Göttingen: Steidl 1989
Françoise Giroud, Günter Grass: »Wenn wir von Europa sprechen«, Ein Dialog, Frankfurt am Main: Luchterhand Literaturverlag 1989
»Deutscher Lastenausgleich. Wider das dumpfe Einheitsgebot«, Reden und Gespräche, Frankfurt am Main: Luchterhand Literaturverlag 1990
»Ein Schnäppchen namens DDR. Letzte Reden vorm Glockengeläut«, Frankfurt am Main: Luchterhand Literaturverlag 1990
»Kahlschlag in unseren Köpfen«, Lithographiemappe, Göttingen: Steidl 1990
»Schreiben nach Auschwitz«, Frankfurter Poetik-Vorlesung, Frankfurt am Main: Luchterhand Literaturverlag 1990

»Tierschutz«, Gedichte, Ravensburg: Otto Maier 1990
»Totes Holz«, Ein Nachruf, Göttingen: Steidl 1990
Rudolf Augstein, Günter Grass: »Deutschland, einig Vaterland?«, Ein Streitgespräch, Göttingen/Leipzig: Edition Steidl im Linden Verlag 1990
»Brief aus Altdöbern«, Remagen/Rolandseck: Rommerskirchen 1991
»Gegen die verstreichende Zeit«, Reden, Aufsätze und Gespräche 1989–1991, Hamburg/Zürich: Luchterhand 1991
»Vier Jahrzehnte«, Ein Werkstattbericht, hrsg. von G. Fritze Margull, Göttingen: Steidl 1991
»Rede vom Verlust, Über den Niedergang der politischen Kultur im geeinten Deutschland«, Göttingen: Steidl 1992
»Unkenrufe«, Erzählung, Göttingen: Steidl 1992
»Novemberland«, 13 Sonette, Göttingen: Steidl 1993
Günter Grass, Regine Hildebrandt: »Schaden begrenzen oder auf die Füße treten«, Ein Gespräch, Berlin: Volk und Welt 1993
»Angestiftet, Partei zu ergreifen«, München: dtv 1994
»Die Deutschen und ihre Dichter«, München: dtv 1995
»Ein weites Feld«, Roman, Göttingen: Steidl 1995
Günter Grass, Kenzaburô Ôe: »Gestern, vor 50 Jahren«, Ein deutsch-japanischer Briefwechsel, Göttingen: Steidl 1995
»Die polnische Post«, Göttingen: Steidl 1996
»Der Schriftsteller als Zeitgenosse«, München: dtv 1996
»Vatertag«, Göttingen: Steidl 1996
»Der Autor als fragwürdiger Zeuge«, München: dtv 1997
»Fundsachen für Nichtleser«, Gedichte und Aquarelle, Göttingen: Steidl 1997
»Meine grüne Wiese«, Göttingen: Steidl 1997
»Ohne die Feder zu wechseln«, Zeichnungen, Druckgraphiken, Aquarelle, Skulpturen, Ausstellungskatalog des Ludwig Forums Aachen, Göttingen: Steidl 1997
»Rede über den Standort«, Göttingen: Steidl 1997
»Mein Jahrhundert«, Göttingen: Steidl 1999
»Fünf Jahrzehnte«, ein Werkstattbericht, hrsg. von G. Fritze Margull, Göttingen: Edition Welttag 2001
»Ich erinnere mich…«, in: Günter Grass, Czeslaw Milosz u. a.: Die Zukunft der Erinnerung, Göttingen: Steidl 2001
»Mit Wasserfarben«, Göttingen: Steidl 2001
»Im Krebsgang«, Novelle, Göttingen: Steidl 2002
»Letzte Tänze«, Gedichte, Göttingen: Steidl 2003
»Briefe 1955–1994«, Briefwechsel zwischen Helen Wolff und Günter Grass, herausgegeben von Günter Grass und Daniela Hermes, Göttingen: Steidl 2003
»Beim Häuten der Zwiebel«, Autobiografie, Göttingen: Steidl 2006
»Dummer August. Gedichte, Lithographien, Zeichnungen«, Göttingen: Steidl 2007

Schallplatten/Tonbandkassetten/Compact Discs/CD-ROMs für Windows und Macintosh/Videos

»Es war einmal ein Land«, Lesung aus der »Blechtrommel« und der »Rättin«, begleitet von dem Perkussionisten Günter »Baby« Sommer, 2 Langspielplatten, Steidl 1987
»Wer lacht da, hat gelacht?«, Lesung aus »Blechtrommel«, »Hundejahre« und »Rättin«, begleitet von dem Perkussionisten Günter »Baby« Sommer, Kassette, Steidl 1988
»Da sagte der Butt«, Lesung aus »Der Butt«, begleitet von dem Perkussionisten Günter »Baby« Sommer, Lesebuch und 2 CDs in Kassette, Steidl 1993
Günter Grass liest »Das Treffen in Telgte«, 5 CDs, Steidl 1995
Günter Grass liest »Die Blechtrommel«, 23 CDs, Steidl 1997 (Bestandteil der Werkausgabe)
Günter Grass liest »Mein Jahrhundert«, Deutsche Grammophon, Steidl 1999
Günter Grass »Als ich 32 Jahre alt war, wurde ich berühmt«, akustische Collage aus Originaltönen, Radio Bremen, Audio Verlag 2001
»Günter Grass«, CD-ROM, Aufnahme 72910161, Steidl/Radio Bremen 1998
»Reden anlässlich der Verleihung des Nobelpreises für Literatur« von Heinrich Böll (1973) und Günter Grass (1999), Deutsche Grammophon/Radio Bremen 2000
»Katz und Maus« (1966), Transit Film München, Transit Classics 1999
»Die Blechtrommel« (1978), Arthaus Video, Kinowelt
»Lübecker Werkstattbericht«, Sechs Vorlesungen an der Medizinischen Universität Lübeck auf drei Videokassetten, Steidl Verlag, Kunsthaus Lübeck, Militzke Verlag 1998

Hörspiele

»Zweiunddreißig Zähne«, Süddeutscher Rundfunk 1959
»Noch zehn Minuten bis Buffalo«, BBC London 1962
»Eine öffentliche Diskussion«, Hessischer Rundfunk 1963
»Die Plebejer proben den Aufstand«, Süddeutscher Rundfunk 1966
»Hochwasser«, Deutschlandfunk 1977

Theaterstücke

»Hochwasser«, Zwei Akte, Uraufführung: neue bühne, Frankfurt am Main, 19. 1. 1957
»Onkel, Onkel«, Uraufführung: Bühnen der Stadt Köln, 3. 3. 1958.
»Beritten hin und zurück«, Ein Vorspiel auf dem Theater, Uraufführung: neue bühne, Frankfurt am Main, 16. 1. 1959

»Noch zehn Minuten bis Buffalo«, Stück in einem Akt, Uraufführung: Schauspielhaus Bochum, 19. 2. 1959

»Die bösen Köche«, Drama, Uraufführung: Schiller-Theater-Werkstatt, Berlin, 16. 2. 1961

»Goldmäulchen«, Eine öffentliche Diskussion, Uraufführung: Kammerspiele Werkraumtheater, München, 1. 7. 1964

»Die Plebejer proben den Aufstand«, Ein deutsches Trauerspiel, Uraufführung: Schiller-Theater, Berlin, 15. 1. 1966

»Davor«. Ein Stück, Uraufführung, Schiller-Theater, Berlin, 14. 2. 1969

Sekundärliteratur (Auswahl)

Arnold, Heinz Ludwig (Hrsg.): »Die Gruppe 47«, Sonderband Text + Kritik, 10., überarbeitete Ausgabe, München 1995

Arnold, Heinz Ludwig (Hrsg.): »Peter Rühmkorf«, Text+Kritik 97, München 1988

Arnold, Heinz Ludwig (Hrsg.): »Hans Magnus Enzensberger«, Text+Kritik 49 München 1985

Arnold, Heinz Ludwig (Hrsg.): »Alfred Döblin«, Text+Kritik 13/14, München 1977

Arnold, Heinz Ludwig (Hrsg.): »Ingeborg Bachmann«, Text+Kritik 6, München 1995

Arnold, Heinz Ludwig (Hrsg.): »Christa Wolf«, Text+ Kritik 46, München 1994

Arnold, Heinz Ludwig (Hrsg): »Hans Joachim Schädlich«, Text+Kritik 125, München 1995

Arnold, Heinz Ludwig (Hrsg.): »Siegfried Lenz«, Text+Kritik 52, München 1982

Arnold, Heinz Ludwig (Hrsg.): »Heinrich Böll«, Text+Kritik 33, München 1982

Arnold, Heinz Ludwig (Hrsg.): »Uwe Johnson«, Text+Kritik 65/66, München 2001

Arnold, Heinz Ludwig (Hrsg.): »Günter Grass«, Text+Kritik, Heft 1/1a, München 1971, [7]1997

Bachmann, Ingeborg: »Ein Ort für Zufälle«, mit Zeichnungen von Günter Grass, Berlin 1999, einmalige Ausgabe zum 35-jährigen Bestehen des Wagenbach-Verlages

Baring, Arnulf: »Machtwechsel«, Stuttgart 1982

Bartl, Eder, Fröhlich, Post, Regener (Hrsg.): »In Spuren gehen«, Festschrift für Helmut Koopmann, Tübingen 1998

Biermann, Wolf u. a.: »Die Ausbürgerung«, Anfang vom Ende der DDR, Berlin 2001

Bissinger, Manfred/Hermes, Daniela (Hrsg.): »Zeit, sich einzumischen«, Die Kontroverse um Günter Grass und die Laudatio auf Yasar Kemal in der Paulskirche, Göttingen 1998

Brandes, Ute: »Günter Grass«, Berlin 1998
Brandt, Willy: »Erinnerungen», Berlin 1989,
Brandt, Willy: »Mehr Demokratie wagen«, Innen- und Gesellschaftspolitik 1966-1974, Berliner Ausgabe, Bonn 2001
Brandt, Rut: »Freundesland«, Hamburg 1992
Brunssen, Frank »Das Absurde in Günter Grass' Literatur der achtziger Jahre«, Würzburg 1997
Casanova, Nicole: »Atelier des métamorphoses«, Paris 1979
Dahn, Daniela/Lattmann, Dieter/Paech, Norman/Spoo, Eckart: »Eigentum verpflichtet«, Die Erfurter Erklärung, Heilbronn 1997
Elsner, Gisela/Roehler, Klaus: »Wespen im Schnee«, Berlin 2001
Engel, Henrik D.K.: »Die Prosa von Günter Grass in Beziehung zur englischsprachigen Literatur«, Frankfurt 1997
Enzensberger, Hans Magnus: »Mittelmaß und Wahn«, Frankfurt 1998
Günter Grass/Mathias Döpfner »Die Springer Kontroverse – ein Streitgespräch über Deutschland«, herausgegeben von Manfred Bissinger, Göttingen: Steidl 2006
Gruettner, Mark Martin: »Intertextualität und Zeitkritik in Günter Grass' Kopfgeburten und Die Rättin«, Tübingen 1997
Harpprecht, Klaus: »Im Kanzleramt«, Reinbek 2000
Hasselbach, Ingrid: »Interpretationen – Günter Grass: Katz und Maus«, Unterrichtshilfen, München 1990
Hermes, Daniela/Neuhaus, Volker: »Günter Grass im Ausland«, Texte, Daten, Bilder, Eine Materialsammlung, Frankfurt/M. 1990
Höntsch, Ursula/Münzberg, Olav (Hrsg.): »Was ist des Deutschen Vaterland?«, Lesebuch, Berlin 1993
Honsza, Norbert: »Günter Grass. Skizze zum Porträt«, Wroclaw 1997
Irving, John: »Die imaginäre Freundin«, Vom Ringen und Schreiben, Zürich 1996
Jendrowiak, Silke: »Günter Grass und die ›Hybris‹ des Kleinbürgers«, Heidelberg 1979
Jurgensen, Manfred (Hrsg.): »Grass – Kritik.Thesen. Analysen«, Bern1973
Kaiser, Gerhard: »Günter Grass Katz und Maus«, München 1971
Karasek, Hellmuth: »Deutschland, deine Dichter«, Hamburg 1970
Karasek, Hellmuth: »Karambolagen«, Hamburg 2002
Kipphardt, Heinar: »Ruckediguh – Blut ist im Schuh«, Band 2, Reinbek 1989
Laboisse, Gerd/Van Stekelenburg, Dick (Hrsg.): »Günter Grass: Ein europäischer Autor?«, Amsterdam 1997
Lenk, Wolfgang/Rumpf, Mechthild/Hieber, Lutz: »Kritische Theorie und politischer Eingriff«, Oskar Negt zum 65. Geburtstag, Hannover 1999
Lenz, Siegfried: »Wie ich begann«, Hamburg 2000
Leonard, Irène: »Günter Grass«, Edinburgh 1974
Magenau, Jörg: »Christa Wolf. Eine Biografie«, Berlin 2002
Mannoni, Olivier: »Un écrivain à abattre. L'allemagne contre Günter Grass«, Paris 1996
Mannoni, Olivier: »L'honneur d'un homme«, Paris 2000
Mayer-Iswandy, Claudia: »Günter Grass«, München 2002

Michelsen, Peter: »Zeit und Bindung», Göttingen 1976
Moser, Sabine: »Günter Grass. Romane und Erzählungen«, Berlin 2000
Negt, Oskar (Hrsg.): »Der Fall Fonty – ›Ein Weites Feld‹ von Günter Grass im Spiegel der Kritik«, Göttingen, 1996
Neubauer, Martin: »Katz und Maus von Günter Grass«, Interpretationen für den Unterricht, München 1998
Neuhaus, Volker: »Erläuterungen und Dokumente. Günter Grass: Die Blechtrommel«, Stuttgart 1990
Neuhaus, Volker: »Schreiben gegen die verstreichende Zeit. Zu Leben und Werk von Günter Grass«, München 1997
Neuhaus, Volker: »Günter Grass«, Stuttgart 1993
Nitsche, Rainer/Roehler, Klaus (Hrsg.): »Das Wahlkontor deutscher Schriftsteller«, Berlin 1990
Raddatz, Fritz J. (Hrsg.): »ZEIT-Bibliothek der 100 Bücher«, Frankfurt 1980
Raddatz, Fritz J.: »Günter Grass. Unerbittliche Freunde. Ein Kritiker. Ein Autor.«, Hamburg-Zürich 2002
Reddick, John: »The Danzig Trilogy of Günter Grass«, A Helen and Kurt Wolff Book, London 1974
Reich-Ranicki, Marcel: »Günter Grass«, Aufsätze, Frankfurt 1994
Reich-Ranicki, Marcel: »Mein Leben«, Stuttgart 1999
Richter, Hans Werner: »Reisen durch meine Zeit«, München 1994
Richter, Hans Werner (Hrsg.): »Plädoyer für eine neue Regierung oder keine Alternative«, Reinbek 1965
Richter, Hans Werner: »Im Etablissement der Schmetterlinge«, München 1986
Richter, Toni: »Die Gruppe 47 in Bildern und Texten«, Köln 1997
Rühmkorf, Peter: »Tabu I«, Tagebücher 1989-1991, Reinbek 1991
Rühmkorf, Peter: »Schachtelhalme«, Reinbek 2001
Rühmkorf, Peter: »Die Jahre die ihr kennt«, Reinbek 1999
Rushdie, Salman in: »Günter Grass on Writing and Politics«, New York 1986
Schlöndorff, Volker: »Die Blechtrommel», Tagebuch einer Verfilmung, Neuwied 1979
Schulz, Günther: »Rezensierte Gedichte«, Berlin 1971
Steidl, Gerhard: »Stockholm«, Tagebuch mit Fotos, Göttingen 2000
Stern, Carola: »Doppelleben«, Köln 2001
Stock, Adolf: »Heinar Kipphardt«, Reinbek 1987
Stolz, Dieter: »Vom privaten Motivkomplex zum poetischen Weltentwurf«, Nürnberg 1994
Tank, Kurt Lothar: »Günter Grass«, Berlin 1974
Vollmann, Rolf: »Der Romannavigator – zweihundert Lieblingsromane von der Blechtrommel bis Tristram Shandy«, Frankfurt 1998
Vormweg, Heinrich: »Günter Grass«, Reinbek 1986 (überarbeitete Ausgabe 2002)
Walser, Martin (Hrsg.): »Alternative oder Brauchen wir eine neue Regierung?«, Reinbek 1961
Walther, Joachim: »Sicherungsbereich Literatur« – Schriftsteller und Staatssicherheit in der Deutschen Demokratischen Republik (durchgesehene Ausgabe), Berlin 1999

White, Ray Lewis: »Günter Grass in America. The Early Years«, Hildesheim/New York 1981
Willy Brandt Kreis (Hrsg.): »Zur Lage der Nation«, Leitgedanken für eine Politik der Berliner Republik, Berlin 2001
Zimmermann, Harro: »Günter Grass – Leben und Werk«, 2 MC, Hörverlag 2002
Zimmermann, Harro: »Günter Grass unter den Deutschen – Chronik eines Verhältnisses«, Göttingen: Steidl 2006

Archive und Zeitschriften

Günter Grass Archiv
»Tintenfaß 21«, Diogenes Verlag, Zürich 1997
Fontane Blätter des Theodor Fontane Archivs, Band 61, 1996, Band 71, 2001
Marbacher Magazin 60/1992, Deutsche Schillergesellschaft, Marbach am Neckar
Stiftung Archiv der Akademie der Künste Berlin
Günter Grass Stiftung
Archiv Gruner + Jahr
Bundesarchiv. Stiftung Parteien, Massenorganisationen. Zentralkomitee. Zentrales Parteienarchiv. IV A 2/2.024/11 Bestand Büro Kurt Hager
Videoausschnitte, Tondokumente, Interviews, Fotos und Musik samt biografischen Daten und Bibliografie auf der CD-Rom für Windows und Macintosh, produziert von Jörg-Dieter Kogel und Kai Schlüter für Radio Bremen, zu beziehen über Steidl Verlag, Göttingen

Hörfunk- und Fernsehdokumentationen (Auswahl)

»Grass, Günter, Jahrgang 1927«, TV-Portrait von Adalbert Wiemer. Erstausstrahlung am 24. 8. 1995, ARD
»Comeback eines Abgeschriebenen«, Günter Grass im Gespräch mit Ulrich Wickert und Hansjürgen Rosenbauer, Erstausstrahlung am 24. 8. 1995, ARD
»Günter Grass 1981«, Film von Carin Liesenhoff und Peter Malchus, Erstausstrahlung 1981, ARD
»Von unten gesehen«, Günter Grass im Gespräch mit Pierre Bourdieu, aufgezeichnet am 20. 11. 1999, Sendung am 5. 12. 99, Radio Bremen
»Ein Mann wie ein Baum«, Film von Roman Brodmann, 25. 10. 1987, ARD Eins Plus
»Querköpfe«, Film von Wolfgang Tumler, Mai 1984, Nord 3
»Kleckerburg verloren«, Film von Hans-Christoph Blumenberg, Erstsendung 14. 8. 1994, ZDF
»Dialog Günter Grass und Helmut Schmidt«, Die Zeit TV Magazin, 26. 12. 1996, Vox
»Meine Bildergeschichte«, Grass und seine Liebe zu Goya, Film von Heinrich Breloer, 14. 8. 1994, ZDF
»Günter Grass – Martin Walser«, Erstes und Zweites Gespräch über Deutschland, Lohr, Stephan (Moderation): Aufnahme des NDR, Edition Isele, 1994 und 1999

Personenregister

Bildnachweis

Stiftung Archiv der Akademie der Künste, Berlin/Günter Grass Archiv/Sammlun Maria Rama 24, 30, 70, 73, 77, 87 o., 87 u., 94, 123, 141, 177, 186, 205, 232, 239, 248, 268, 287, 304, 322, 406, 326 o., 326 u.
Robert Lebeck/Picture Press 33
Renate von Mangoldt/Literarisches Colloquium, Berlin 37, 100, 108, 198, 210, 279, 296, 314, 365
Gustav Kiepenheuer Bühnenvertriebs-GmbH, Berlin (Foto: Orgel Köhne) 114
Stefan Moses 157, 160, 193, 417
Thomas Höpker 223
Ullstein Bilderdienst 258, 348, 420
Martin Athenstädt/dpa 354
Heinz Wieseler/dpa 362
Dirk Reinartz 376 o., 376 u., 377, 386
Barbara Klemm/FAZ 423, 426
Paulus Ponizack 432

MICHAEL JÜRGS

Eine berührbare Frau

Das atemlose Leben der Eva Hesse

384 Seiten

Ihre Schönheit betörte die Männer, und ihre Werke berühren die Menschen. Ihre Ängste überschatteten ihr Leben, und ihre Stärke besiegte ihre Depressionen. Ihre Kunst macht sie unsterblich, und ihre Skulpturen sind Millionen wert. Als Kind von den Nazis aus Hamburg vertrieben, aufgewachsen in New York, mit vierunddreißig Jahren gestorben: Die Biografie der Eva Hesse ist eine deutsch-jüdische Geschichte — und die Geschichte von der Sehnsucht einer jungen Frau nach Ruhm und der großen Liebe.

»Jürgs erzählt mit einer fast schmerzlichen Intensität und Nähe.

Frankfurter Allgemeine Zeitung

C. Bertelsmann